Philipp Ruch

Ehre und Rache

Eine Gefühlsgeschichte des antiken Rechts

Campus Verlag
Frankfurt/New York

MIX
Papier aus verantwortungsvollen Quellen
FSC® C089473
www.fsc.org

Promotion, Humboldt-Universität zu Berlin, Kultur-, Sozial- und Bildungswissenschaftliche Fakultät, 2016

ISBN 978-3-593-50720-0 Print
ISBN 978-3-593-43639-5 E-Book (PDF)

Umschlaggestaltung: Campus Verlag GmbH, Frankfurt am Main
Gesetzt aus: Garamond
Druck und Bindung: Beltz Bad Langensalza GmbH
Printed in Germany

www.campus.de

Inhalt

»Für jedes Land ist das Gestern des anderen Landes
eine Art Zukunft.«

Günther Anders

Erster Teil: Ehre

I. Menschen ohne Ehre

1. Einleitung

Gegenstand und Zielsetzung der Untersuchung

Aus der Geschichte der Physik ist die Erkenntnis überliefert, dass ein und dasselbe Naturphänomen, unter zwei Paradigmen betrachtet, mehr oder minder widerspruchsfrei als vollkommen unterschiedlichen Gegenstandsbereichen zugehörig wahrgenommen und konzeptualisiert werden kann. Zwei Physiker aus gegensätzlichen Schulen können denselben Untersuchungskörper vor Augen stellen und Unterschiedliches *sehen*. Als Thomas KUHN sich damit auseinandersetzte, was wissenschaftstheoretisch geschah, als die Idee des Gases vor dem geistigen Auge des Physikers hinzutrat, gibt er seinen Beobachtungen die Form eines Arbeitsauftrages: »nicht nur das Gas selbst zu sehen, sondern auch, was das Gas war.«[1] Die vorliegende Arbeit ist nach diesem Auftrag gegliedert. Es wird auf die Erkenntnis ankommen, *dass ›Ehre‹ ist und was sie ist.*

KUHN bezeichnet den Augenblick, in dem ein Physiker zum ersten Mal das Gas ›sieht‹, als »Gestaltwandel« – als Kipppunkt, an dem die alte Wahrnehmung in die neue umschlagen kann.[2] Zwar wird immer wieder bestritten, dass es historisch jemals zu abrupten Umschwüngen in den Naturwissenschaften kam (vielmehr soll sich die alte Vorstellung mit den Implikationen einer neuen Theorie überlagert haben und vermischen),[3] aber gerade aus der Rückschau existiert die Wahlmöglichkeit zweifelsohne, die Welt unvermittelt mit und ohne Gastheorie zu betrachten. Der Begriff ›Ehre‹ enthält vielleicht diese seltene Gelegenheit, die Welt des Politischen

1 Vgl. Kuhn (1973), S. 82.

2 Vgl. Ebd., S. 120, 152 u. 159. Zur bildlichen Evidenz im vexierhaften Hasen-Enten-Kopf: Wittgenstein (1984), S. 520.

3 Vgl. Shapin (1998), S. 9ff.

mit anderen Augen wahrzunehmen und die neue in eine alte Welt umschlagen zu lassen. Der Vexierpunkt bedarf allerdings der Vorbereitung, des Sehen-Lernens und der Verabschiedung von herkömmlichen Vorstellungen über die Natur von Ehre und Rache.

Analog zu den physikalischen Kernbegriffen ›Kraft‹, ›Raum‹, ›Masse‹ und ›Energie‹[4] stellen sich auch beim politikwissenschaftlichen Pendant ›Ehre‹ Verständnis- und Übertragungsschwierigkeit ein. Das Selbstverständnis westlicher Gesellschaften scheint nicht *auf* ›Prestige‹,[5] ›Reputation‹,[6] ›Ansehen‹[7] oder ›Anerkennung‹[8] zu gründen, wie sich älteren Autoren die Macht der Ehre aufdrängt. Äquivalenzbegriffe decken die Eigenschaften eines alten Schlüsselbegriffs gemeinhin zu. Zusatzbegriffe wie ›Nachhaltigkeit‹ reichen nicht an das antike Interesse an Unvergesslichkeit heran, das teilweise in den Quellen aufscheint.[9] Es kommt zu einer Spannung zwischen Begriffs- und Phänomenaktualität,[10] die zu Irrtümern und Unterstellungen führt.[11] Dieser Bedeutungsverlust wirkt sogar retroak-

4 Vgl. die epistemologischen Probleme der Begriffskonstanz bei Newton und Einstein: Kuhn (1973), S. 73, 140 [»Aber die physikalischen Beziehungen dieser Einsteinschen Begriffe sind auf keinen Fall mit denen der Newtonschen Begriffe gleichen Namens identisch.«], 141 [»Dieser Zwang, die Bedeutung von feststehenden und vertrauten Begriffen zu ändern, ist der Brennpunkt der revolutionären Wirkung der Einsteinschen Theorie.«] u. 189.

5 Vgl. Deutsch (1968), S. 35ff. u. 64ff.; Bowman (2006), S. 213 u. 216f.

6 Vgl. Dinges (1994), S. 23; Disselkamp (2002), S. 17, 20 u. 172.

7 Vgl. Sterchi (2005), S. 23 (Anm. 34) u. 231; Stolle (1999), S. 25, 50 u. 197.

8 Vgl. Honneth (2003); Ricoeur (2006). Das gilt auch für Fukuyamas Analysen, dessen Anerkennungsbegriff den Ehrbegriff absorbiert und Vorstellungen von Ehrlosigkeit und Superiorität inkorporiert: Fukuyama (1992).

9 Vgl. Fn. 419 [›Fn.‹ werden im Folgenden die Fußnoten abgekürzt, die sich auf die vorliegende Arbeit beziehen; ›Anm.‹ steht für Fußnoten und Anmerkungen in anderen Texten].

10 Eingehender zu diesem Problem anhand von Behelfsbegriffen wie ›Stolz‹, ›Status‹, ›Image‹, ›Integrität‹, ›Kredibilität‹ oder ›Selbstbewusstsein‹: Vogt (1997), S. 41 u. 233; Roodenburg (1998), S. 368; Fetscher (1991), S. 5; Burkhart (2006), S. 114ff.

11 Beispielhaft: »Das Reden über Ehre ist innerhalb der ständischen Ordnung Reden über den Anspruch auf Macht. Mit dem Wort Ehre wird er erhoben oder bestätigt und in ein euphemistisches Gewand gekleidet.« Schuster (1998), S. 47. In der *Enzyklopädie der Neuzeit* etwa heißt es unter dem Lemma Adelsehre: »Offen ist aber beispielsweise die Frage, welche konkrete Rolle das Handlungsmotiv des Gewinnens von Nachruhm in politischen Entscheidungsprozessen besaß.« Graf (2005), Sp. 55. Dass ausgerechnet für die Ehre des Adels eingestanden wird, dass es sich um ein unerforschtes Phänomen handelt, ist einigermaßen bemerkenswert.

tiv[12] auf die Erforschung der Geschichte zurück. Das Lemma ›Ehre‹ kommt in zahllosen Nachschlagewerken wie im *Metzler-Lexikon Antike* schon gar nicht mehr vor.[13]

Otto BRUNNER weist darauf hin, dass die Begriffe, welche Geisteswissenschaftler gedankenlos aus der Alltagssprache aufgreifen und auf das historische Material anwenden, stets Teil des Erkenntnisproblems sind.[14] Die bekannten Begriffe bringen zu Fall, was eigentlich ergriffen werden sollte. Sie sägen das menschliche Verhalten auf Bekanntes nach anderen Vorstellungen zurecht. Deshalb fällt BRUNNERS Wahl bewusst nicht auf einen der hegemonialen politikwissenschaftlichen Deutungsbegriffe wie ›Macht‹ oder ›Prestige‹, sondern er reaktiviert die Originale ›Ehre‹ und ›Fehde‹, um das politische Verhalten einer vergangenen Zeit einzuholen: »Jede politische Geschichte des Mittelalters, die an der Fehde vorbeisieht, versperrt sich selbst den Zugang zu Einsichten, aus denen politisches Handeln im Mittelalter erst verstanden werden kann.«[15]

Was zunächst aufgegeben werden muss, ist die Selbstgewissheit überlegener historischer Einsichten.[16] Wie Frank J. FROST darstellt, ist das Wesen der attisch-adligen Politik in frühklassischer Zeit »dominated not by motives of economic gain *and certainly not by political ideology, but by pride, honor,* self-esteem and the respect of others«.[17] In modifizierter Form, aber

12 Die Theorie der Retroaktivität, bei der alte Inhalte im Lichte neuer Erfahrungen rückwirkend uminterpretiert werden, ist sehr alt. Thukydides berichtet, die Athener seien sich zur Zeit der Pest uneins gewesen, ob es Seuche oder Hunger in einem alten Sprichwort hieß: »Es siegte aber unter diesen Umständen, wie nicht anders zu erwarten, die Ansicht, es habe ›Seuche‹ geheißen, denn die Menschen lenken ihre Erinnerung immer nach dem Erlebten.« Thukydides II. 54 [Übers. Vretska/Rinner].

13 Vgl. Brodersen (2006). Zum Befund: Vogt (1997), S. 19f.; Burkhart (2006), S. 15f. Appiahs Proklamation dürfte nicht völlig falsch sein: »Wir mögen glauben, mit der Ehre abgeschlossen zu haben, aber die Ehre hat nicht mit uns abgeschlossen.« Appiah (2011), S. 18.

14 Vgl. Brunner (1984), S. 119 u. 161–163.

15 Ebd., S. 108. Brunner zielt auf Grundsätzliches: »was Politik in der Vergangenheit jeweils heißen kann und unter welchen Voraussetzungen politisches Handeln möglich ist«. Ebd., S. 2.

16 »[B]ut here perhaps we need to give his [Homers, Anm. P.R.] accounts of how decisions are reached, and on what grounds, more credence than our own cultural asumptions and our confidence in the possession of superior historical insight would always suggest.« Gould (1989), S. 67.

17 Vgl. Frost (1981), S. 37 [eig. Hervorh.]. Zu derselben Erkenntnis für die Politik des frühen 19. Jahrhunderts: Aschmann (2010), S. 24f.

am deutlichsten, zeichnet Jean-Marie MOEGLIN den epistemologischen Anspruch vor, indem er die Ehre von Politikern für mehr hält »als lediglich eine anekdotische und leicht veraltete Arabeske; sie bestimmte – neben den sehr realen territorialen Einsätzen – zentral ihr politisches Handeln.«[18] Die Ehre sei – genauso wie ihre Wiederherstellung durch ›Rache‹ (oder ›Fehde‹) – als politische Kategorie unverzichtbar, um Verhalten zu interpretieren, Entscheidungen zu erklären und Prognosen zu wagen. Als hätte MOEGLIN den Erkenntnisauftrag KUHNS vernommen, nämlich sehen zu lernen, *dass* Gas ist und *was* es ist,[19] bezeichnet er Ehre als Kategorie, in der und durch die alles geschieht.[20] Ehre und Rache bilden tragende und tragfähige Fundamente des Politischen.

Die Entscheidung, sich moderneren Begriffen zu verweigern (die Nachkommenden ebenso befremdlich erscheinen dürften[21]) und auch keinen neuen Begriff mit altem Quellenmaterial anzureichern,[22] sondern stattdessen einen alten Denkhorizont, ein altes Paradigma, zu rekonstruieren, soll Ernst machen mit dem geisteswissenschaftlichen Pendant naturwissenschaftlicher Grundlagenforschung: untergegangene Schlüsselkategorien kommen zu neuem Recht, nicht nur um das Alte begreif- und erkennbar zu machen, sondern um *in ihnen* die eigene Zeit sehen zu lernen.

Mit überalterten Begriffen kann am politischen Geschehen der Gegenwart etwas sichtbar werden, das bislang unkenntlich geblieben ist. Der Anspruch, mit aktuellen Begriffen in die Vergangenheit zu leuchten, lässt sich so auf den Kopf stellen, »denn die Vergangenheit birgt wertvolle Kräfte zum Aufbau der Gegenwart und Zukunft.«[23] Erkenntnisse werden mitunter weniger dadurch gewonnen, moderne Begriffe der Geschichte aufzunähen, als in scheinbar antiquierten Begriffen die Moderne zu betrachten und

18 Vgl. Moeglin (1995), S. 90.

19 Vgl. Fn. 1.

20 Vgl. Moeglin (1995), S. 78ff. Ähnlich schreibt Ludgera Vogt: »daß man von der Ehre wie von einem Tenor, der ihrem gesamten Lebensgefühl Färbung gab, sprechen kann. Diese Ehrauffas[s]ungen formten jahrhundertelang den Lebensstil großer Teile der vormodernen Gesellschaft«. Vogt (1994), S. 14.

21 Vgl. Appiah (2011), S. 15 u. 17.

22 Exemplarisch ist Bernhard Sterchis Vorhaben: »Der Begriff des Ansehens wird in den vorliegenden Betrachtungen primär deswegen bevorzugt, weil er historisch und konzeptuell am wenigsten vorgeprägt ist.« Sterchi (2005), S. 233. Vgl. Fn. 7.

23 Vgl. Conrad (1954), S. VII [dort gemünzt auf Rechtsgeschichte].

durch *interpretatio moderna*[24] einen Beitrag zur Bewältigung der Gegenwart zu leisten. Es ist zumindest prüfenswert, ob einstmals »gefundene Antworten nicht nur ›modern‹ anmuten, sondern es in vielem auch (noch) sind.«[25] Selbsterkenntnis wird durch vergangene Begriffe nicht erschwert, sondern erleichtert. Antiquierte Begriffe reißen den Menschen aus seiner Zeit und stellen ihn auf einen anderen Boden.[26] Die Verheißung ist daher, dass die ›Ehre‹ anderes und mehr sehen lässt – an der Vergangenheit ohnehin, aber auch an Gegenwart und Zukunft.

Als ersten Begriff, der aus der dystopischen Kunstsprache ›Neusprech‹ verschwindet, nennt George ORWELL – vor den politischen Schlachtbegriffen Gerechtigkeit, Moral, Demokratie oder Wissenschaft – den der Ehre.[27] Georg SIMMEL warnt vor diesem Verschwinden: »Eine Gesellschaft, in der der Ehrbegriff verschwände, würde damit ihren sittlichen Verfall bekunden und ihren äusserlichen einleiten.«[28] Auch Bernard Mandeville ist die Ehre das verlässlichste Bindemittel des *body politic.* Ohne sie sagt er der Menschheit voraus, »innerhalb großer Gemeinschaften bald zu tyrannischen Schurken und zu verräterischen Sklaven« auszuarten.[29] Nun lassen sich die Zeitdiagnosen, nach denen die sittlichen Grundlagen der modernen Gesellschaft erodiert sein sollen, kaum noch zählen. Aber ORWELLS apokalyptische Vision einer Gesellschaft, die den Begriff Ehre nicht mehr versteht, ist Wirklichkeit geworden.

In früheren Gesellschaften ist Ehre eine »absolute[n] Herrscherin über die sozialen Beziehungen«,[30] ein Schlüsselbegriff »zum Verständnis des Funktionierens von Ordnungssystemen«,[31] der »Knotenpunkt sozialhistorischer Forschungsmöglichkeiten«,[32] – und zwar grundlegend für das

24 Zum Begriff: Böhme (2011), S. 19.

25 Vgl. Barta (2010), S. 102.

26 Vgl. 9. Brief: Schiller (2009), S. 35 u. 38.

27 Vgl. Orwell (2001), S. 367.

28 Simmel (1989), S. 190.

29 »Obgleich es sich der Hauptsache nach aus unsern Schwächen ableitet, hat doch keine – wenigstens keine mir bekannte – Tugend gleich erfolgreich an der Zivilisierung der Menschheit mitgewirkt: der Menschheit, die innerhalb großer Gemeinschaften bald zu tyrannischen Schurken und zu verräterischen Sklaven ausarten würde, wenn die ›Ehre‹ keinen Platz mehr bei uns fände.« Mandeville (1957), S. 194f.

30 Vgl. Graf (2005), Sp. 54.

31 Vgl. Kramer (1974), S. 46.

32 Vgl. Dinges (1989), S. 438.

»Selbstverständnis als auch für den Zusammenhalt der Gemeinschaft«.[33] Im 21. Jahrhundert ist Ehre dagegen weit davon entfernt, die »Ordnungsgrundlage«[34] des Daseins zu bilden. Ehre wie öffentliche Schande scheinen »in modernen westlichen Gesellschaften und wissenschaftlichen Diskursen eine geringe Rolle zu spielen«.[35] Sind wir Menschen ohne Ehre?

In der Selbstbeschreibung von Individuen oder Staaten taucht der Begriff selten auf. Die postheroische Gesellschaft ist im Kern eine »post-honor society«,[36] wenngleich deutsche Politiker das semantische Potenzial von Ehrenwörtern unlängst ausbeuteten, um sich als Männer von Ehre zu inszenieren, deren Wort (noch) etwas gilt. Der Vergleich mit dem ganzen unehrenhaften Rest der Gesellschaft sollte Korruptionsbeziehungen mit der beinahe ›klassischen‹ Vorstellung verdecken, dass Ehre sich eigenmächtig über Recht hinwegsetzt und hinwegsetzen kann.[37] Es bleibt beim altmodischen, angestaubten, feudalen und anachronistischen Klang eines Begriffs,[38] zu dem allerhöchstens gegriffen wird, um den eigenen Handlungen einen chevaleresken Glanz zu verleihen: »Die Ehre hat man ins Exil auf ein philosophisches St. Helena geschickt, wo sie ihre verblassenden Epauletten betrachtet und erlebt, wie ihr einst glänzendes Schwert in der salzigen Luft rostet.«[39] Ludgera VOGT bestreitet diese Antiquiertheit, indem sie aus Zeitungsartikeln 389 Belegstellen herausfiltert.[40] Damit setzt sie allerdings Gebrauchsfrequenz (oder Begriffskonjunktur) unzulässig mit Aktualität gleich. Ehre mag vielleicht nicht ins *Kleine Lexikon untergegangener Wörter*[41] gehören. Aber die Dauerpräsenz eines Wortes widerlegt nicht dessen altmodischen Klang, wenngleich die dramatische Wortfeldreduktion innerhalb von zwei Jahrhunderten (von 324 Lemmata in Grimms Wörterbuch auf 99 im Duden) einen gewissen Abwärtstrend markiert.[42]

33 Vgl. Brüggenbrock (2006), S. 58.

34 Vgl. Zunkel (1975), S. 2f.

35 Vgl. Meyer (2011), S. 87 (Anm. 5).

36 Der Begriff stammt von Akbar S. Ahmed. Vgl. Bowman (2006), S. 25.

37 Zum Missbrauch deutscher Ehrenwörter: Vogt (1997), S. 127; Speitkamp (2010), S. 229f.

38 »Wer heute mit Zeitgenossen über ›Ehre‹ redet, gerät leicht in den Verdacht, hoffnungslos altmodisch zu sein.« Fetscher (1991), S. 4.

39 Appiah (2011), S. 193.

40 Vgl. Vogt (1997), S. 225ff.

41 Vgl. Osman (1997).

42 Vgl. Burkhart (2006), S. 227f. (Anm. 3). Zum Begriffssterben im anglo-amerikanischen Wortschatz, vgl. Bowman (2006), S. 10, 33, 221 u. 298.

Bemüht – und gebraucht – wird ›Ehre‹ zumeist für das große Gegenüber des Westens, den Antimodernismus fremder Kulturen, entweder um sich von deren überkommenem Denken abzusetzen[43] oder um »jüngst generierte Konfliktpotentiale der globalisierten Moderne wie zwischen Schiiten und Sunniten« zu verschleiern und die Konsequenzen eigener politischer (Kriegs-)Entscheidungen fernzuhalten.[44] Wenn ein pakistanischer Politiker den Westen als *bay ghairat* (ohne Ehrgefühl) beschimpft,[45] bleibt der Vorwurf nicht nur unwidersprochen, sondern wird zum Anlass, den so Sprechenden nicht mehr ganz ernst zu nehmen und auf der Höhe der Zeit zu wähnen. Wie James BOWMAN demonstriert, greift unter amerikanischen Politikern sogar eine Scham um sich, den Begriff der Ehre öffentlich zu benutzen,[46] da er den Sprecher in archaischen Denkstrukturen positioniert und dem Anspruch auf Fortschrittlichkeit zuwiderläuft.[47]

---

43 S.u. S. 206ff.

44 Vgl. Turner (2008), S. 69f. Zu demselben Verdacht bei ›Ehrenmorden‹: Speitkamp (2010), S. 272f.

45 Vgl. Appiah (2011), S. 167. Appiah sieht undogmatisch keinen grundsätzlichen Widerspruch zwischen Menschenrechten und Ehre. Er rät, die diskursive Macht der Ehre nicht absichtlich zu verschenken. Statt gegen die Ehre zu wettern, könne sie immer auch gegen Phänomene wie Ehrenmorde in Stellung gebracht werden (wenn sie das Ansehen eines Landes senken). Allzu oft verschenkten westliche Politiker fahrlässig dieses Druckmittel im Kampf gegen Menschenrechtsverbrechen. Er rät zu weniger Apellen an die Menschenrechte und mehr diskursivem Einfühlungsvermögen in die Ehrsemantik. Vgl. Ebd., S. 181, 184 u. 187f.

46 »[...] honor having become an embarrassment to the official culture«. Bowman (2006), S. 177. In *Die Zeit* bedingt sich ein deutscher Soldat für die Berichterstattung über seinen Berufsstand aus, ohne Nachnamen oder Bild zu erscheinen. Seinen Horror vor der medialen Sichtbarkeit begründet er mit einer Furcht vor Ehre: zwei unglückliche Kameraden, denen das Ehrenkreuz für Tapferkeit verliehen worden sei, wurden dafür mit »Hass-Mails und Drohanrufe[n]« überschüttet. Vgl. Dausend (2011), S. 4.

47 »When America and its allies went to war in Iraq, it seems never to have occurred to anybody [...] that such a move could be, let alone should be, justified in terms of national honor. To that primitive way of thinking«. Bowman (2006), S. 3. »It would be interesting to see what would happen if a politician today had the temerity to cite the avenging of American national honor as a reason for the employment of American troops, but it doesn't take much acquaintance with the media and popular culture to realize the dangers«. Ebd., S. 32. Daraufhin legt Bowman die Sprachmanöver amerikanischer Politiker ›schamlos‹ offen, die eine Begründungslücke aufreißen, wo der passende Begriff fehle: Ebd., S. 215, 239ff., 297, 303 u. 308.

Die Ehre ist nicht mehr ›self-evident‹. Ihre *enargeia* scheint aufgebraucht.[48] Aber wie konnte es dazu kommen? Warum und vor allem wann die Transformation zur »post-honor society«[49] ihren Lauf nahm, darüber existieren unzählige Spekulationen, Datierungsversuche und Erklärungsmodelle: politikwissenschaftliche (Anarchie – Gewaltmonopol), demokratietheoretische (Hierarchie – Egalität),[50] religionstheoretische (Bergpredigt – Rache)[51] und soziologische (Kollektivismus – Individualismus).[52] Bis

---

48 Zur *enargeia* (Eindringlichkeit), die etwas in Bewegung zu versetzen vermag, weil Bilder vor dem inneren Auge entstehen: Gödde (2001), S. 246 u. 249.

49 Wie Fn. 36.

50 Nach dieser Hypothese müsse die Durchsetzung der egalitären Demokratie die Bedeutung einer hierarchisch strukturierten Ehre nivellieren und vice versa. Dazu: Vogt (1997), S. 369. Zur Zerstörung der Egalität durch den Bedeutungsgewinn der Ehre seien die Theorien zum Ehrgefühl der Magistrate genannt, das sich in der Dialektik eines ›Ehrungsschraubstocks‹ befinde (im Osten zu gottgleichen Herrschern gemacht – in Rom auf den egalitären Boden der Optimatenherrschaft zurückgeworfen): Till (2003), S. 147 u. 207f.; Sehlmeyer (1999), S. 209 (Anm. 33) u. 211. Sehlmeyer glaubt, die hellenistisch geprägte Verehrung Caesars habe in Rom »zumindest auf die republikanisch gesinnten Senatoren irritierend gewirkt«, »da sie solche Ehrenstatuen mit ihrem Standesbewußtsein nicht vereinbaren konnten.« Vgl. Ebd., S. 236.

Zum konträren Befund, dass gerade egalitäre Gesellschaften versessen auf Ehre sind und Ehren ganz allgemein innerhalb sozialer Homogenität – diesseits der Gleichrangigkeit – stratifizieren können: Erkelenz (2003), S. 68; Brüggenbrock (2006), S. 37; Sehlmeyer (1999), S. 279 u. 282; Flaig (1995), S. 116ff., 122f.; Stolle (1999), S. 12 u. 24; Till (2003), S. 148; Speitkamp (2010), S. 79; Bailey (2010), S. 63. Zur passenden ›Theorie‹ dazu: »Es hat noch keinen Staat gegeben, der auf Rangstufen, Beförderungen und, das Äußerlichste von allem, auf Orden und Ehrenzeichen hätte verzichten können.« Drexler (1967), S. 465. Historisch betrachtet wurden Hierarchien unter dem Schlagwort Ehre sogar beseitigt. Vgl. Dinges (1994), S. 269; Appiah (2011); Kloosterhuis (2006a), Sp. 85 [»Damit bildeten Ehrenzeichen bis weit ins 19. Jh. keineswegs feudale Relikte in liberal fortgeschrittenene gesellschaftlichen Ordnungssystemen, sondern wirkten [...] beziehungsstiftend zwischen Individuum und Staat«].

51 Zur Hypothese, dass sich das Christentum an der Überwindung der homerischen Ethik abgearbeitet habe: Taylor (1996), S. 127; Dihle (1962), S. 42ff. u. 72ff.; Bowman (2006), S. 21, 40 u. 47ff.

Schon Machiavelli greift die christliche Demütigungshabitualisierung aus diesem Grund scharf an (Fn. 742). Mandeville scheint dem beizupflichten: »Die Religion befiehlt uns, alle Rache Gott zu überlassen, die Ehre fordert, sie niemandem als nur uns selbst anzuvertrauen [...] die Religion beruht auf Demut, die Ehre auf Stolz«. Mandeville (1957), S. 197. Gegen die Bergpredigt (Matthäus 5. 38f.) lassen sich aber immer auch ausreichend konträre testamentarische Belegstellen identifizieren, die eine erhebliche Affinität zu Ehre und Rache aufweisen: Probst (1992), Sp. 2f.; Jacoby (1983), S. 35 [»the great tragic theme of sixteenth- and seventeenth-century religious

weit ins 18. Jahrhundert gilt das Streben nach Geld in vielen Gesellschaften als verunehrend. Aus der Dichotomie zwischen Adel und Händlern lässt sich auch ein ökonomisches Paradigma der Ehre[53] gewinnen. Es gibt zu-

---

teaching is God's revenge for sin«], 89ff., 108f., 112 u. 130ff. Das Rittertum versöhnt den vermeintlichen Antagonismus von christlicher Bergpredigt und Gewalt gar in der Ritterehre: Bowman (2006), S. 51; Althoff (1988), S. 298; Keen (1991), S. 155. Wie Jacoby nachweist, wird religions- wie kulturgeschichtlich Rache durch das Christentum nicht abgeschafft, sondern eine Trennlinie gezogen zwischen (illegaler) privater und (legaler) öffentlicher Rache: »Control of unlawful revenge is a basic tenet of both Judaism and Christianity, but revenge on behalf of religion itself has been a bloody leitmotif of western history.« Jacoby (1983), S. 68. »In the Elizabethan era, with its inescapable Christian theology, the distinction between godly public revenge and sinful private vengeance was basic to literature, religious thought, and historical analysis.« Ebd., S. 34. Dazu: Fn. 1293.

52 Zur Auffassung, dass das Verhältnis zwischen Einzelnem und Gemeinschaft im ›Urzustand‹ durch naturalistische ›Ungeschiedenheit‹ charakterisiert sei und diese wahlweise durch Arbeitsteilung, institutionelle Pluralisierung oder ›Ausdifferenzierung‹ aufgebrochen wurde (bzw. dass Standesehre Individualität blockiere): Sier (2002), S. 66 [»Im Horizont einer aristokratischen Weltsicht, die ihre Legitimation aus der Ungeschiedenheit von sozialer Geltung und innerem Wert bezieht – beides zusammen macht die ›Ehre‹ (timē) der Person aus«]; Schuller (2008), S. 45 [»Loslösung des Individuums aus hergebrachten Bindungen«]; Wechsler (1991), S. 397; Kloosterhuis (2006), Sp. 81; Bowman (2006), S. 36f.; Frevert (2013), S. 16, 35f., 79 u. 178 [»Möglich aber wurde ›innere‹ Ehre erst in dem Umfang, wie jene Kreise [ständische, Anm. P.R.] sich mit anderen ›kreuzten‹ und dabei ihre Definitionsmacht einbüßten.«]. Zur ideengeschichtlichen Genese dieser Vorstellung bei Durkheim: Kelsen (1941), S. 23.
Strasburger bringt seine Vorbehalte gegen derartige Ansichten auf den Punkt: »In die sagenhafte Frühzeit eines Volkstums geheimnißt man gern einen idealen Kollektivgeist hinein«. Strasburger (1969), S. 99f. Statt davon auszugehen, dass Phänomene wie Eigennutz, Individualität oder Gemeinsinn immer schon da sind, wird auch der römische Bürgerkrieg noch vor dem Hintergrund der »Schockerfahrung« der ›Entdeckung‹ des Eigennutzes rekonstruiert. Vgl. Dingmann (2007), S. 343. Dieselbe Entdeckung soll auch in der Neuzeit die »Selbstgewißheit [...] eines an Ehre und Ruhm orientierten« Lebens erschüttert haben. Vgl. Roth (1981), S. 306. Allerdings: wenn Aischines Demosthenes' Ehrung vereiteln will, entlarvt er dessen Ehre als eigennützige Fassade, hinter der umso mächtiger und unberechenbarer *pleonexia* lodere. Vgl. Brüggenbrock (2006), S. 275. Allgemein zum Gefühlsmanagement in den attischen Gerichtsreden und zur Eigennützigkeit von Politikern als rhetorischer Figur: Sanders (2012), S. 379ff.; Roth (1981), S. 320f.; Münkler (1987), S. 156.

53 Bis ins 18. Jahrhundert gilt das Streben nach Geld in vielen Gesellschaften als verunehrend: »die Vorstellung, daß er [der Händler, Anm. P.R.] ein gewöhnlicher, schäbiger und geistloser Geselle sei, konnte sich noch lange halten.« Hirschman (1987), S. 67. Ein Jahrhundert darauf vermag der Gelderwerb nicht mehr in Schande zu ziehen: »Wie konnte es geschehen, daß Handel, Bankwesen und ähnliche, dem Gelderwerb

dem kulturgeschichtliche (Scham – Schuld)[54] und psychologische Modelle (Ehre – Gewissen). Letztere lassen auf ein gewandeltes Selbstverständnis

---

dienende Tätigkeiten an einem gewissen Punkt der Moderne ehrbar wurden, nachdem sie jahrhundertelang als Geiz, Gewinnsucht und Habgier verurteilt oder verachtet worden waren?« Hirschman (1987), S. 17. Zum Befund: Fn. 443.

Zur Hypothese, dass der Kapitalismus das Streben nach Geld auf- und das Streben nach Ehre abwerte: Weber (2005), S. 683ff., 698, 737ff. u. 805; Burkhart (2006), S. 40–42 u. 78f.; Bowman (2006), S. 73ff.; Strauss (2001), S. 17, 134f., 138, 140f. (Anm. 46*), 148, 186 (Anm. 120), 196f. u. 407. Strauss legt den Triumph des Strebens nach Geld als größtmöglichen Schaden für das Politische aus: »jeder Kampf gegen das Politische im Namen des Ökonomischen setzt die vorgängige Entwertung des Politischen voraus. Diese Entwertung vollzieht sich so, dass das Politische verhüllt oder offen als die Domäne der Eitelkeit, des Prestiges, des Geltungswillens dem Ökonomischen als der Welt vernünftiger, sachlicher, bescheidener Arbeit entgegengesetzt wird.« Strauss (2001), S. 259. Genau betrachtet wird aber nicht »das Politische« entwertet, sondern die aristokratische (Standes-)Ehre. Die Furcht vor Tod, die Hobbes zum Selbsterhaltungstrieb (*conatus*) umstilisiert, soll ein sicherer Boden gegen das gefährliche Streben nach Ehre und für die politische Stabilität sein. Nicht zufällig ist dieser selbsterhaltende ›Trieb‹ allem entgegengesetzt, worin ein Aristokrat seine Ehre ›setzt‹. Als antiaristokratische Selbsterhaltung triumphiert die ›Furcht vor Tod‹ denn auch über die ›Furcht vor Schande‹. Vgl. Ebd., S. 24 (mit Anm. 20) u. 197. Zur antiaristokratischen Konzeption bei Hobbes: Ebd., S. 8ff., 28ff., 59, 74, 99, 117, 134, 140, 146, 151ff., 187ff. u. 250. Mit untrügerischem Spürsinn deckt Strauss die ideengeschichtliche Kontinuität dahinter auf: »Es ist also eine spezifisch moderne Gesinnung, die sich in der Entgegensetzung von Eitelkeit und Furcht (oder Bescheidenheit) ausspricht. Dieser Gegensatz stellt sich auf den ersten Blick dar als die säkularisierte Form des Gegensatzes von *superbia* und *humilitas*.« Ebd., S. 259f.

54 Zur Hypothese von Schamkulturen, die aus Furcht vor Scham die Menschen zur ›Wahrung‹ der Ehre (durch Suizid) drängten: Benedict (1989), S. 134ff. Auf die griechische Antike ›appliziert‹: Lanni (2006), S. 28; Wißmann (1997), S. 17f.; Cohen (1995), S. 61ff.; Dodds (1951). Die ›Schamkulturen‹ müssten eigentlich ›Schamfurchtkulturen‹ heißen, ein Begriff, gegen den sich Aristoteles schon aus topographischen Gründen gewehrt hätte (»Sollte also jemand Scham als ›Furcht‹ bezeichnen [...] Denn die Scham ist im denkenden Seelenteil, die Furcht aber im mutigen; und der Schmerz ist im begehrenden«. Topik 126 a6). Scham wird dabei regelmäßig als kollektiv, Schuld als individuell gedacht [vgl. Meyer (2011), S. 87], was der Reflexion durch Wörter wie »Beschämung« kaum standhalten kann. Abseits der Ideale und der Ethiken (Fn. 622) wird selten hinterfragt, ob die Griechen überhaupt eine Schamkultur der Definition nach sein konnten. Die persische Invasion Attikas (s.u. S. 335), die Gefangennahme von 120 höchstehraffinen Spartanern in Messenien während des Peloponnesischen Krieges (vgl. S. 37) und die Melier (die auf eine spartanische Intervention warten und behaupten, durch Unterlassung würden die Spartaner einen Gesichtsverlust erleiden und dann prompt mitansehen müssen, wie diese Intervention ausbleibt; vgl. Fn. 759) sind nur drei historiographische Beispielfälle, die illustrieren, wie gut sich Griechen, vor die

des Menschen durch die Interiorisierung der Gefühle schließen.[55] Alle diese Ansätze sind eigenartig grobschlächtig, geschichtsphilosophisch und wi-

Wahl zwischen Ehre und Leben gestellt, schämen konnten. Für die untersuchte griechische Zeit scheint mir eher zu gelten: Scham verpflichtet zu Rache, nicht zu Selbstmord. Die Ehre muss nicht um jeden Preis gewahrt und Schande schicksalshaft abgewehrt werden, sondern man wartet auf ein Fenster zur Rache, um mit seinen Beschämern abzurechnen (vgl. Fn. 1807). In aller Regel ziehen die griechischen Städte ein Leben in Schande dem Tod vor. Vgl. Fn. 460. Wenn schon, dann sind die Griechen eine Siegerkultur: »Die Ehre, der Achilles sowohl wie Odysseus nachfolgen, hat nichts mit ›Schande‹ zu tun (wie die Anthropologen meinen), sondern mit dem Verlangen an der Spitze zu stehen, der Beste zu sein und als solcher anerkannt zu werden. Ehrenliebe [...] ist die Wurzel agonistischen Strebens im alten Griechenland und sogar auch heute bei uns.« Raubitschek (1980), S. 4. Vgl. dazu: Fn. 476ff. u. 817.

55 Zur Aufspaltung innerer und äußerer Wertschätzung durch den Protestantismus: Bowman (2006), S. 63ff. u. 80ff.; Appiah (2011), S. 203. Bei Montaigne klingt das so: »Jeder wahrhaft ehrbare Mensch aber entscheidet sich eher für den Verlust seiner Ehre als für den seines reinen Gewissens.« Montaigne: Essais II. 16 [Übers. Stilett]. Über einen Mann, dem die öffentliche Ehre (Fremdschätzung) unwichtig sei, schreibt er: »Ein solcher Mann steht fünfhundert Klafter über allen Königreichen und Herzogtümern«. Essais I. 42 [Über die zwischen uns bestehende Ungleichheit]. Allgemein zu seiner Ehrenverachtung: Essais I. 42 [Schluss; König Pyrrhos]; III. 10.
Diese Dialektik in der Ehrenforschung: Roth (1981), S. 193; Taylor (1996), S. 325, 328 u. 337; Speitkamp (2010), S. 107ff. Da Montaigne antike Quellen und Grundlagen für seine Form von ›Ehrlichkeit‹ (*honnêté*) abschöpft, ist die Unterscheidung zwischen innerer (Eigenschätzung) und äußerer Ehre (Fremdschätzung) mitnichten protestantisch, geschweige denn neuzeitlich. Vgl. Montaigne: Essais II. 16 [*De la gloire*]. Die ›Innerlichkeit‹ ist kein neuzeitliches Phänomen, obschon davon viele auszugehen scheinen. Vgl. Burkhart (2006), S. 12ff.; Frevert (2013), S. 34ff.; Dülmen (2001). Schmitz verlegt den dahinterstehenden Prozess der *Interiorisierung der Gefühle* in die klassische Antike zurück: »Das wichtigste Ereignis in der Geschichte des menschlichen Selbstverständnisses ist die Introjektion, die sich in Europa im 5. und 4. vorchristlichen Jahrhundert durchsetzt.« Schmitz (1981), S. 406. S. Aristoteles' Degradierung der Ehre als äußeres Gut, u. S. 86.
Gegen allzu großen Stolz auf die Interiorisierungsleistung ist der Verweis auf die »Verkerkerung« der Gefühle hilfreich: Böhme (1997), S. 539. Die paralytische Wirkung der Interiorisierung geht aus der unbedarften Gegenüberstellung von Heiner Hastedt hervor: »So lässt sich geradezu ein Spannungsbogen denken vom ›Odysseus‹ des Homer ins Jahr 1914 zum ›Ulysses‹ des James Joyce. Während Homers Odysseus Gefühle nur als äußerliche Schicksalsmächte kennt, die über ihn ohne sein Zutun hereinbrechen, stellt Joyce zu Beginn des 20. Jahrhunderts die Innerlichkeit in den Mittelpunkt. Die Innerlichkeit eines Menschen ist so reich und differenziert, dass er für deren Darstellung an einem einzigen Tag 1.000 Seiten braucht«. Hastedt (2007), S. 56f. Auch wenn das fortschrittsuggerierende ›nur‹ den Wert des homerischen Epos herunterspielen soll – der Kampf um die ›Entdeckung‹ an sich ist phänomenologisch noch

dersprüchlich. Jeder dieser Erklärungsversuche kann durch gegenteilige Befunde falsifiziert werden. Die Datierung eines Vexierpunkts von ehr-affinen zu ehr-aversen Gesellschaften wird schlicht unmöglich.[56] Die chronologischen Unstimmigkeiten seien kurz am politikwissenschaftlichen Ansatz illustriert. Nach dieser Auffassung gehe der Bedeutungsverlust der

---

längst nicht entschieden: »Der Mensch findet sich in *eros, eris, phobos oder deimos* (*deos, deima*) vor oder wird von ihnen erfüllt, weil er selbst aus Elementen und mithin aus den mächtigen Strebungen des Streits oder der Liebe gemischt ist«. Böhme (2009), S. 160. Die emotionale Verkerkerung erscheint nicht nur als Garant für literarischen Mehrwert, sondern auch als erfahrungsverarmend, wenn nicht gar erfahrungsverletzend. Vgl. Taylor (1996), S. 229; Böhme (2009), S. 157ff.; Böhme (1997), S. 529ff. Aus politiktheoretischer Perspektive – mit ihrem Primat auf der Handlungsermöglichung – kann ein 1.000-Seiten-Konvolut ebenfalls schwerlich beeindrucken: »In der philosophischen Tradition wird durchgehend die Aktivität als edler, vornehmer und wünschenswerter als die Passivität aufgefasst.« Newmark (2008), S. 20. Newmark verpasst es, die Handlungsblockaden eines *passivierten* Gefühlsbegriffes herauszuarbeiten. Die Präferenz für Aktivität gegenüber der Wertschätzung der Innerlichkeit verkörpert den Konflikt zwischen Bewegen und Bewegtwerden, zwischen Handeln und Erleiden. Zum Ideal des *honnête homme*: Frevert (2012), S. 32 (sie deutet Castiglione als Ursprung). Zunkel sieht in dem Menschentypus die »psychologischen und sozialen Spannungen abgeschwächt und aufgefangen«, die »die gewaltsame Einfügung der vom altadligen Ideal der Ungebundenheit, Unabhängigkeit und regellosen wie eigenmächtigen Lebensführung bestimmten Aristokratie in den Hof- und Staatsdienst des absolutistischen Staates mit sich brachte.« Zunkel (1975), S. 18f. Zu diesem Deutungsstrang: Roth (1981), S. 199, 246, 308 u. 315 (Anm. 49); Lepenies (1972), S. 56ff. 62, 64 u. 71; Münkler (1987), S. 156.

56 Plausibel erscheint mir, den Zeitpunkt des Verschwindens der Ehre aus westlichen Gesellschaften in die Mitte des 20. Jahrhunderts zu verlegen – im Zweifelsfall nach Ende des Zweiten Weltkrieges. Da die NS-Propaganda weitgehend den tradierten Mustern folgt und auch kaum in entsprechender Weise auf den englischen Sprachraum gewirkt haben dürfte, ist auch an dieser Stelle trotz der naheliegenden Schlussfolgerung eher mit Kontingenz als mit Interdependenz zu rechnen. Zu den NS-Ehrvorstellungen: Fetscher (1991), S. 6; Speitkamp (2010), S. 187. Interessant wäre die Hypothese, dass der Völkermord nach dem Zweiten Weltkrieg keine »Schande« sein durfte und im Begriff einer ›Schuld‹ moralisch heruntergespielt werden sollte. Nach aristotelischer Definition wäre der Holocaust Schande: »Auch (schämt man sich), wenn man Werke und Dinge hat, die einen beschämen werden, entweder von einem selbst oder von den Vorfahren oder von irgendwelchen anderen, zu denen eine gewisse Nähe für einen besteht.« Aristoteles: Rhetorik 1385 a2 [es wird durchgehend aus d. Übers. v. Rapp zitiert]. Noch heute erscheint die Annahme plausibler, dass Amerikaner sich für den ungehegten Drohnenkrieg schämen, als dass sie sich ›schuldig‹ fühlen. Aber auch in diesem Falle wäre eine ›Kontamination‹ des englischen Sprachraums unwahrscheinlich, weshalb man es eher mit einem Symptom als einer Ursache zu tun hat.

Ehre mit ›der‹ staatlichen Gewaltmonopolisierung einher.[57] Da private Gewaltrechte bis in die Gegenwart juristisch nicht kategorisch ausgeschlossen sind,[58] entpuppt sich der Begriff ›Gewaltmonopol‹ allerdings schnell als unterreflektiert und muss für die trennschärfere Differenzierung einem *Gewaltvorrang des Staates* weichen.[59] Die Hypothese selbst wird aber durch

57 »Mit zunehmender Verrechtlichung der Gesellschaft und der damit einhergehenden Tendenz zur Durchsetzung eines staatlichen Gewaltmonopols verlor die Ehre seit der Frühen Neuzeit ihre Funktion als ergänzendes und konkurrierendes Normensystem zum Recht. Sie wurde zumindest von der Obrigkeit zunehmend als anachronistische Last gesehen bzw. unter obrigkeitliche Verfügungsgewalt genommen.« Schuster (1998), S. 65f. Auch: Roodenburg (1998), S. 368; Disselkamp (2002), S. 23; Schünemann (1985), S. 4 (Anm. 21). Selbst Brunner steht ein Kampf gegen Selbsthilfe vor Augen. Vgl. Brunner (1984), S. 17.
Für die Antike: Latte (1920), S. 69; Fatheuer (1988), S. 20; Stein-Hölkeskamp (1989), S. 34–40; Burkert (1994), S. 22; Hölkeskamp (1999), S. 223f.; Hansen (2002), S. 41; Barta (2011a), S. 123–125, 479, 488 [ohne Rache werde »Staatlichkeit möglich.«] u. 489 [»Erst das Bannen der Rachegeister, ermöglicht eine entwickelte Staatlichkeit (der Polis), denn Rechtssicherheit – und alles, was darauf aufbaut, kann unter einem Racheregime nicht gedeihen.«]. Vgl. Fn. 1108, 1440, 1443 u. 1649. Zu antiken Flächenstaaten: Gschnitzer (1969), S. 275ff.; Gschnitzer (2003), S. 190ff.; Schuller (2008), S. 41; Fn. 1057. Die Hypothese geht im Übrigen zumeist mit einer denkwürdigen Glorifizierung der antiken Tyrannis einher: Ferla (1996), S. 53f. u. 295; Ruschenbusch (2005), S. 213; Gehrke (1985), S. 359. Zu Zweifeln an der Rolle der griechischen Tyrannis als Katalysator zentralisierter Institutionen und Gewalten und zur angeblichen Unvereinbarkeit von Adel und *polis*: Barta (2011a), S. 51. Rechtsgeschichtlich gibt es so manchen Befund, der nicht »ins Bild einer erst im Laufe der (Rechts-) Geschichte absterbenden Selbsthilfebefugnis« passen mag. Vgl. Schünemann (1985), S. 2. Mit dankenswerter Klarheit legt er die Zuordnung von Selbsthilfe als »das Natürliche« und dem Recht als künstlich *ad acta*. Vgl. Ebd., S. 5 (Anm. 29). Weitere Kritikpunkte in: Dinges (1994), S. 426; Schreiner/Schwerhoff (1995), S. 23 u. 25; Schuster (1998), S. 63f.; Deutsch (2008), Sp. 1228ff.; Turner/Schlee (2008), S. 20 u. 34.

58 Vgl. Fn. 1490 [mit Text]. Auch das *innerfamiliäre* Überwintern der ›Eigenmacht‹ in den Beziehungen und die Abwesenheit des Strafrechts dort enthält »an unmistakable social judgment – a judgment that a man may [...] inflict violence that would be punished if it were directed toward anyone else.« Jacoby (1983), S. 226.

59 »Darf der staatliche Rechtsschutz mit innerem Grund hier wie dort die Selbsthilfe also nur dann zurückdrängen, wenn er deren Platz auch tatsächlich auszufüllen vermag, so beginnt ein legitimes Betätigungsfeld des privaten Rechtsschutzes auch im modernen Gemeinwesen jedenfalls dort, wo die staatliche Rechtsschutzorganisation an die zeitlichen Grenzen ihrer Wirksamkeit stößt. Der Respekt vor dieser Forderung liegt dabei durchaus im Interesse der Rechts- bzw. Friedensordnung selber. Denn das Friedensgebot behält nur so lange auch soziale Geltung, wie die Rechtsgenossen von der praktischen Wirksamkeit der staatlichen Rechtsschutzaktivitäten überzeugt werden können. Sofern man hier keinen Traum von staatlicher Omnipotenz träumen will,

etwas anderes angefasst – durch die beinahe vergessene Geschichte, »dass auch Europäer *bis weit ins 20. Jahrhundert hinein* ein empfindliches Ehrgefühl kultivierten.«[60] Im Sommer 1870 eskalieren Beleidigungen zwischen Frankreich und Deutschland zu einem regelrechten »Duellkrieg«.[61] In wilhelminischer Zeit, zu einem Zeitpunkt also, als die Gewalt längst staatlich vorrangig oder monopolisiert sein müsste, ist den Menschen Ehre enorm wichtig.[62] Mehr als zehn Prozent der strafrechtlichen Verurteilungen gehen Jahr für Jahr auf das Konto von Ehrverletzungsklagen.[63] Die Marokko-Krise von 1911 lässt sich kaum mit ökonomischen Interessen, wohl aber mit dem Streben nach Ehre verstehen.[64] Der Erste Weltkrieg wird für Max WEBER »[u]m Ehre, nicht um Änderung der Landkarte und des Wirtschaftsprofits« geführt.[65] Mitten im Krieg wirft er Ernst TROELTSCH vor, »ohne nationales Ehr- u Würdegefühl«[66] zu sein (weil dieser Gaben im Übrigen an französische Kriegsgefangenen nicht verhindert). Nach dem Krieg wird die Besetzung des Rheinlandes als »schwarze Schmach« und »Mulattisierung [...] bislang rein weißer Gebiete« angeprangert.[67] Im Vorfeld des Zweiten Weltkrieges sieht es kaum besser aus: »Es gibt zahlreiche andere Beispiele, welche die These erhärten, dass das Ehre-und-Schande-Syndrom wenn nicht das entscheidende, so doch ein ganz wesentliches Element der Formulierung von Politik im weitesten Sinne gewesen ist, und es griffe viel zu kurz, wollte man den Verlauf der Innen- und Außenpolitik

---

sofern man die kaum bestreitbare Möglichkeit von Situationen bejaht, in denen der staatliche Rechtsschutzapparat nicht schnell genug mobilisiert werden kann, muß man auch legislativ dem Phänomen Rechnung tragen, daß die Selbsthilfe [...] immer eine Rolle im Rechtsleben wird spielen müssen. *Kein staatliches Rechtsschutzmonopol, wohl aber ein Vorrang staatlichen Rechtsschutzes ist demnach gerechtfertigt und geboten.*« Schünemann (1985), S. 9f. [eig. Hervorh.].

60 Vgl. Frevert (2013), S. 20 [eig. Hervorh.].

61 Vgl. Aschmann (2005a), S. 164.

62 Vgl. Lembke (2007), S. 58; Vogt (1994), S. 15.

63 Vgl. Speitkamp (2010), S. 147.

64 »Für vage Hoffnungen auf Bodenschätze konnte man die Nation weniger mobilisieren als für die deutsche Ehre.« Ebd., S. 156.

65 Vgl. Weber (1988), S. 176. Zum übergreifenden Befund: »The causes of the war could almost be summed up in the wish [...] to claim the [...] honor, of ›top nation‹«. Bowman (2006), S. 110.

66 So zumindest berichtet es Troeltsch am 22.10.1917 an Heinrich Dietzel. Vgl. Bernard/Raulff (2005), S. 47.

67 Vgl. Speitkamp (2010), S. 174f.

nur nach den standardisierten rationalen Kategorien bewerten, die uns selbstverständlich geworden sind, obwohl sie es nie waren oder auch sind.«[68] BOWMAN arbeitet heraus, dass die Alliierten weder aus weltanschaulichen, noch aus moralischen Erwägungen in den Krieg gegen Hitler ziehen, sondern – passgenau – nach den Regeln von Ehre und Vergeltung.[69] Nicht ohne Humor halten auch Günther SCHLEE und Bertram TURNER dem Pathos der modernen Ehrenferne entgegen: »Man könnte allerdings genauso gut den Text mancher Nationalhymne oder manches Stück europäischer Militärmusik anführen, um die musikalische Verarbeitung des Themas Vergeltung zu illustrieren.«[70]

Das Gewaltmonopol oder der Gewaltvorrang des Staates bedingt daher kaum die Abschaffung des Ehrgefühls, *sondern dessen Rezentrierung auf den Staat.*[71] Der territoriale Flächenstaat bedingt nicht zwangsläufig die Geburt entwürdigter oder entehrter Untertanen,[72] sondern die ›monolithische‹[73] Verschränkung des Ehrgefühls in kollektivierten Liebes- und ›Hassblöcken‹.[74] Selbst tyrannische Staaten sind nie auf Unterdrückung allein aus,

68 Salewski (2005), S. 176.

69 »Both America and Britain were still close enough to the events to remember that their entrance into the Second World War had been a matter of honor, not morality. [...] By comparison with the primal need to fight back when attacked, neither morality nor ideology had been of any importance in the decision to go to war.« Bowman (2006), S. 188. Zu Bowmans Begriffsunschärfen zwischen ›Ehre‹ und ›Rache‹ und den sich daraus ergebenden erkenntnistheoretischen Problemen: s.u. S. 230.

70 Turner/Schlee (2008), S. 16f.

71 S.u. S. 191; Fn. 779 u. 800. Weber gibt adjektivisch mit dem nationalen Ehrgefühl (Fn. 66) denselben Fingerzeig.

72 Zur Abgrenzung von horizontalem (Liebe der Bürger untereinander) und vertikalem (Liebe zum König) Patriotismus (bezogen auf die Unterschiede zwischen Frankreich/ Großbritannien und Deutschland): Frevert (2012), S. 118. Zur Entwürdigungsfrage am Beispiel Friedrich II.: Ebd., S. 42ff., 51ff. u. 74ff. Hobbes' *Leviathan* beruht hingegen auf der Prämisse, das Ehrgefühl als Stolz zu besiegen – statt als Würde zu schützen. Der Staat heißt Leviathan, »weil auch er und gerade er ›King of all the children of pride‹ ist. Nur der Staat ist imstande, den Stolz auf die Dauer niederzuhalten, ja sogar, er hat keine andere raison d'être als die, daß die natürliche Begierde des Menschen der Stolz, der Ehrgeiz, die Eitelkeit ist. In diesem Sinne sagt Hobbes von seinem Buch ›Leviathan‹, es sei *›Justitiae mensura, atque ambitionis elenchus‹*.« Strauss (2001), S. 26.

73 Zum Begriff: Benda (1983), S. 29, 36, 72 u. 153.

74 Vgl. Fn. 188.

sondern oszillieren zwischen Bedrohen und Mitreißen, Einschüchtern und Ehren.[75]

Verzweifelt über die Defizite der vorhandenen Erklärungsmodelle zur neuzeitlichen ›Unehrlichkeit‹ schreibt Werner DANCKERT: »Man spürt: alle bisherigen Erklärungsversuche bleiben im Peripheren stecken. Die Schwerpunktzone der Sinnknüpfung wird nicht erreicht.«[76] Dieses Gravitationszentrum scheinen auch die bisherigen Theoriebildungen zum Ableben der Ehre nicht zu erreichen. Sie sind daher *nicht* Gegenstand der Untersuchung (obschon sich an ihnen Entscheidendes über die Auswirkungen wissenschaftlicher Prämissen auf die Ergebnisse lernen ließe). Die vorliegende Arbeit versucht nicht primär, die moderne Ehrvergessenheit (*aphilotimia*)[77] zu erklären oder die Historie ihrer »langwelligen psychischen Energien«[78] nachzuzeichnen. Ziel ist nicht eine Erklärung, warum und wann die Ehre die Köpfe und Herzen der Menschheit verlaßen hat, *sondern warum sie diese überhaupt regieren konnte.* Es soll nicht um das Verschwinden der Ehre gehen, sondern um ihre Evidenz. Woraus gewinnen Ehre und Rache ihre Handlungs- und Gefühlsmächtigkeit? Weshalb besitzen sie überhaupt gesellschaftsbestimmende Zugkräfte? Ziel ist nicht die Klärung und Datierung der Untergangsfrage, diese erscheint aufgrund der angerissenen spekulativen und widerlegbaren Ansätze als undurchführbar, sondern die Erörterung ihres positiven Gegenstücks: *wie wird Ehre möglich.*[79]

Mit dieser merklich im Dienst von Leo STRAUSS stehenden Fragestellung legt die Arbeit eine Teilstrecke auf der Suche nach der Ermöglichung der Antike zurück. Erschüttert durch die Entdeckung, dass politische Theoriebildung nicht progressiv verläuft, suchte STRAUSS nach den Bedin-

75 In die Einschüchterung gesellt sich immer auch Beeindruckungspotenzial. Vgl. Beyme (1998), S. 241. Beyme bezieht den Gedanken auf Architektur, aber seine psychologischen Analysen sind von allgemeinem Wert: »Freiwillige Unterwerfung ist vielfach die antizipierende Reaktion der Menschen, die sich nicht einschüchtern lassen wollen und freiwillige Bejahung vorgeben.« Ebd., S. 249.

76 Danckert (1963), S. 20. Und davor: »Dem *circulus vitiosus* solcher Scheingründe zu entrinnen, fiel selbst erfahrenen Forschern schwer. An der Klippe der *fable convenue* scheiterten bislang alle, die das Thema ›Unehrliche Leute‹ behandelten.« Ebd., S. 19.

77 Die *aphilotimia* bezeichnet Menschen ohne Bedürfnis nach (bzw. Liebe zur) Ehre. Vgl. Aristoteles: Nikomachische Ethik 1107b 27ff. u. 1125 b10 [fortan zitiert als: EN]; Lykurg: Leokrates 69.

78 Vgl. Böhme (2006), S. 240.

79 Im Präsens des Möglich*werdens* kreuzt die Arbeit zwangsläufig den Weg der Erklärungsmodelle zum Bedeutungsverlust. S.u. S. 379ff.

gungen zur Wiederbelebung des antiken politischen Denkens.[80] Bis dahin herrschte die Gewissheit, dass die politische Philosophie – und mit ihr die Sozialwissenschaften – voran- und fortschreitet: »and therefore that a ›return‹ in philosophy makes as much sense as a return, say, to the medical science of Galen.«[81] Die Reaktion der politischen Wissenschaften auf die politischen Katastrophen des 20. Jahrhunderts machte für Strauss das Gegenteil eines Fortschreitens offenbar.[82]

Für die Fragestellung, wodurch Ehre und Rache ihre Handlungs- und Gefühlsmacht über den Menschen gewinnen, wären grundsätzlich sämtliche Epochen bedeutsam. Für die vorliegende Untersuchung wurde alles herangezogen, was an Studien über Ehre und Rache existiert. Der Schwerpunkt liegt zwar auf dem Zeitabschnitt von der homerischen bis zur klassischen Zeit der Antike, also auf den drei Jahrhunderten nach der schriftlichen Abfassung der homerischen Epen (um 650 v. Chr.[83]). Aber die Forschungsergebnisse zu späteren Epochen, die geeignet erschienen, Licht in die antike Dunkelheit zu bringen, bleiben präsent. Niemand wird abstreiten, dass epochenübergreifende Vergleiche legitim wie sinnvoll sein können. Aber in dieser Arbeit kommt es nicht nur zu epochenübergreifenden Vergleichen mit dem Quellenmaterial oder mit Studien zum Mittelalter. Es wird versucht, mit Erkenntnissen aus einer Zeit unvermittelt die andere aufzuschließen.

Es werden die politische Ideengeschichte, mittelalterliche und neuzeitliche Quellen, sowie die dazugehörigen Forschungsarbeiten herangezogen,

80 Vgl. Zuckert (2006), S. 30, 37, 41, 46 u. 52. »Die moderne Philosophie hat sich aber von Anfang an [...] als Fortschritt und fortschreitend verstanden«. Strauss (2001), S. 406. Dies sei ein Erbe der Verweigerung grundsätzlichen Fragens: »Daher die Unradikalität der modernen Philosophie: sie glaubt, die fundamentalen Fragen als schon beantwortet voraussetzen zu dürfen, und darum ›fortschreiten‹ zu können«. Ebd. Darüber findet Strauss zum Bild der zweiten Höhle unter der platonischen, in der die Moderne gefangen sei: »Kurz: mir scheint die moderne Philosophie, zu ihrem Ende gebracht, an den Punkt zu führen, an dem Sokrates beginnt. Die moderne Philosophie erweist sich so als eine gewaltige ›Destruktion der Tradition‹, aber nicht als ein ›Fortschritt‹. Sie hat sich freilich als fortschreitend verstanden«. Ebd., S. 415. Zur *querelle des Anciens et des Modernes*, die damit berührt wird: Dejean (1997), S. 42ff.

81 Vgl. Zuckert (2006), S. 46.

82 »Die ›neue Wissenschaft der Politik‹ fiedelt, während Rom brennt, aber sie weiß nicht, daß sie fiedelt, und sie weiß nicht, daß Rom brennt.« Kauffmann (2000), S. 40. S.u. S. 220; insbes. Fn. 1175.

83 Vgl. Fn. 223.

soweit sie dabei helfen, menschliches Verhalten diachron i.S. einer »Verstehenslehre«[84] zu erschließen und dadurch zu einer »Schwerpunktzone der Sinnknüpfung« vorzudringen. Lässt sich ein solches Vorgehen überhaupt rechtfertigen? Werner RIEß begründet exemplarisch die Notwendigkeit eines diachronen Forschungsansatzes, wenn er schreibt: »Da uns aus der Frühen Neuzeit ungleich mehr Quellen zur Verfügung stehen, lassen sich durch den Vergleich mit den antiken Überlieferungsresten Aussagen der Alten Welt oftmals weit besser verstehen und in ihre soziokulturellen Kontexte einordnen.«[85]

Die großen Lücken in der Überlieferung machen es für RIEß notwendig, sich in besser dokumentierten, quellenreicheren Zeiten umzusehen. Dennoch ist das nicht die ganze Wahrheit über das Verfahren, das hier Anwendung findet. Was haben BRUNNERS Einsichten zum mittelalterlichen Fehderecht neben Erkenntnissen zur römischen Historiographie, haftungsrechtliche Fragen, die Josef KOHLER in einem bahnbrechenden, längst vergessenen Buch über die in Shakespeares Werk kristallisierten Rechtsauffassungen aufarbeitet, neben Ausführungen zur fürstlichen Ehre verloren – und all das in einer Studie, die sich mit der griechischen Antike beschäftigt? Was sind die Kosten dieser Näherungsweise? Welche methodischen Probleme muss sie aufwerfen?

Methodologisch ist dieser Ansatz geeignet, die Ergebnisse an sich in Zweifel zu ziehen. Ein Beispiel: Die Probleme, mit dem Verständnis des mittelalterlichen Fehderechts eine Stelle bei Thukydides aufschließen zu wollen,[86] sind nicht zu leugnen. Können BRUNNERS Erkenntnisse über die gewaltgehegten Beziehungen der Fehde dabei helfen, Ereignisse aus dem Peloponnesischen Krieg nachzuvollziehen? Die Frage ist eher, welche Erklärungen für den nach damaligen wie heutigen Maßstäben überraschend gewaltarmen Auftakt des griechischen Bürgerkriegs überhaupt zurate gezogen werden dürfen. Gäbe es rechtsgeschichtliche Vorarbeiten zur Anwendung des mittelalterlichen Fehderechts auf die antiken Gewaltkonflikte, stünde die Argumentation methodologisch abgesichert da. So aber dauert es nicht nur lange, BRUNNERS Arbeit zu finden, sondern auch seine Relevanz in Thukydides' Schilderungen wiederzusehen. Es gibt weder Vorarbeiten, die die Bedeutung von BRUNNERS Thesen für die Antike

84 Vgl. Böhme (2009), S. 171; Böhme (2006), S. 237ff.
85 Rieß (2002), S. 207.
86 S.u. S. 282ff.

ausgelotet hätten, noch Autoren, die sich mit dem mittelalterlichen Fehderecht und seiner Anwendung auf die Antike befasst hätten. Das Forschungsfeld liegt brach und der Verfasser kann sich des Eindrucks nicht erwehren, dass das mit Vorannahmen zusammenhängt, die im zweiten Teil dieses Buches ausgeführt werden.

Für das methodische Verfahren, immer wieder neu aus der Zeit zu springen, um eben diese verstehen zu lernen, muss der Leser im Voraus um Nachsicht gebeten werden. Es wird nicht immer ersichtlich, bezogen auf welche Zeit Aussagen zu welcher Gesellschaft herangezogen werden, um die Eigentümlichkeit antiken Verhaltens zu deuten. Aussagen aus der Sekundärliteratur, die sich auf andere Epochen beziehen, unmittelbare Beweiskraft für die Antike zuzusprechen, ist mit den Konventionen auch unvereinbar. Ein gewisser Zug *argumentativer wie diskursiver Transhistorizität* macht daher den Charme wie – je nach Ansicht – großen Fehler der Untersuchung aus, ohne den der Gewaltgeschichte des Menschen mit der Antike nicht ein neuer, unerwarteter Abschnitt hätte eingeschrieben werden können.

Zur Problemstellung der Arbeit

Die Grundbehauptung, mit der Forschungsarbeiten sich gemeinhin der Ehre nähern, besteht in der These, *dass Ehre nicht ist.* Oder wie Mandeville es in der Bienenfabel zuspitzt: »›Ehre‹ im bildlichen Sinne ist ein Hirngespinst ohne Wahrheit und Wesen, eine Erfindung der Moralisten und Politiker«.[87] Als Konsequenz erscheinen vormoderne Menschen, wenn sie nach Ehre streben oder sie zu wahren versuchen, mehr oder weniger beschränkt, da sie etwas erstreben oder wahren, das in ›Wirklichkeit‹ gar nicht existiert. Diese Vorannahme hat Tradition. Machiavelli und Montaigne vermögen in der Ehre nicht mehr als einen Ballen Stoff zu erkennen, in den Männer sich hüllen und andere hinters Licht führen. Für beide Denker sind, wie Herfried MÜNKLER betont, »Stand und Stellung [...] eine Frage

87 Vgl. Mandeville (1957), S. 176. Dazu das, was er als ihren eigentlichen Sinn definiert: »Unter ›Ehre‹ im eigentlichen und echten Sinne verstehen wir durchaus nur die gute Meinung anderer, die höher oder geringer eingeschätzt wird, je nachdem sie mehr oder weniger geräuschvoll kundgetan wird.« Ebd., S. 60.

der Kleidung«.[88] Für Montaigne bestehen die Unterschiede zwischen Menschen tatsächlich in den Unterschieden ihrer Hosen:

»Wenn wir hingegen einen Bauern und einen König betrachten, einen Adligen und einen Bürgerlichen, eine hohe Amtsperson und einen gewöhnlichen Sterblichen, einen Reichen und einen Armen, dann springt uns prompt ein riesiger Unterschied in die Augen, obwohl sie sich doch, so könnte man sagen, durch nichts anderes als ihre Hosen unterscheiden.«[89]

Für Montaigne existiert keine *grandeur de l'âme.*[90] Alle Größe ist Größenprojektion, alle Ehrenhaftigkeit Inszenierung.[91] Diese Annahme ist die Geburtsstunde der Substitution von ›Ehre‹ durch ›Prestige‹, von lat. *parestigiae*, d.h. Gaukler- und Blendwerk.[92] Für Martin DISSELKAMP erwächst aus dieser Ästhetisierung der Ehre insbesondere durch die Arkanpolitik des 17. Jahrhunderts überhaupt erst der Antiheroismus der Frühaufklärung.[93] Hartmut BÖHME geht einen Schritt weiter und erblickt im Antagonismus von *dissimulatio* – *simulatio* die Wunden der erfahrungswidrigen Leitunterscheidung von Außen – Innen. Während der Hof »ein System der Täuschung und Finte, der Verhüllung und Verführung, der Diplomatie und der Manipulation, kurz: ein theatrales und rhetorisches

88 Vgl. Münkler (1987), S. 135f. Das Urteil lässt sich auf Hobbes' Auffassung ausweiten. Vgl. die Ehrungspraktiken des persischen Königs in: Leviathan X.

89 Montaigne: Essais I. 42 [Übers. Stilett].

90 »[J]edesmal, wenn ich außerordentliche Größen genau beobachtet habe, mußte ich feststellen, daß sie höchstens Menschen sind wie du und ich«. Montaigne: Essais III. 8 [Über die Gesprächs- und Diskussionskunst]. Die *démolition du héros* setzt sich ungebrochen bis in die Gegenwart fort: »Gefeiert wurde der ›große Mann‹, der aus der Masse herausragt und durch seine Taten die Geschichte bewegt.« Gerstner (2008), S. 199. Die antiheroische Gesinnung schlägt sich in den Anführungszeichen durch, die Größe schon der Möglichkeit nach bestreiten sollen.

91 Vgl. Disselkamp (2002), S. 419; Roth (1981), S. 312 (Anm. 31). Mehr in Fn. 103.

92 Vgl. Burkhart (2006), S. 225 (Anm. 20).

93 Vgl. Disselkamp (2002), S. 5, 14, 17, 20f. u. 22 (Anm. 67). Zur Zeit der Aufklärung sei die Präsenz von Ehre, Größe und Heroismus sogar eine »soziale Pathologie« (Ebd., S. 14). Ähnlich im Urteil: Roth (1981), S. 313; Böhme (1997), S. 538. Zu Lipsius' Empfehlungen im Einzelnen: Burkhart (2006), S. 58.
Herodot, Isokrates, Xenophon und Aristoteles traktieren die Ehre allerdings funktional, ohne damit Antiheroismus auszulösen. S.u. S. 133f.; Fn. 713; Kyropädie VIII. 3, 1 [Distribution medischer Roben]; Politik 1314 b19; Rhetorik 1356 b5–9.

System der Gefühlsspiele« entwickelt, kultiviert das Bürgertum umgekehrt die »Techniken des Enthüllens, aber der innigen Lektüre von Gefühlen«.[94]

Die Grundbehauptung einer nur äußerlichen (Schein-)Ehre wird durch eine Vielzahl an Quellen gestützt. Vor der Schlacht gibt Shakespeare seinem Sir John Falstaff zu bedenken, dass die beseelende Ehre durchaus auch zu entseelen vermag:

»Kann Ehre ein Bein ansetzen? Nein. Oder einen Arm? Nein. Oder den Schmerz einer Wunde stillen? Nein. Ehre versteht sich also nicht auf die Chirurgie? Nein. Was ist Ehre? Ein Wort. Was steckt in dem Wort Ehre? Was ist diese Ehre? Luft. [...] Wer hat sie? Er, der vergangene[n] Mittwoch starb. Fühlt er sie? Nein. Hört er sie? Nein. Ist sie also nicht fühlbar? [...] Ehre ist nichts als ein gemalter Schild beim Leichenzuge, und so endigt mein Katechismus.«[95]

Ehre sei nichts als ein überschätzter Begriff. Falstaff schlägt im Angesicht des Todes mit dem Hammer auf das Schlüsselwort und bemerkt, dass es innen hohl ist. Abgesehen vom sprachdelegitimatorischen Gedanken, der hinter die Wirkmächtigkeit der Worte zurückfällt,[96] ist Ehre gerade in Shakespeares Zeiten deutlich mehr als *nur* ein Wort: Ehrendienste werden mit ›Prisengeldanteilen‹ vergolten. Sie sind mit Prämien und Rentenzahlungen verbunden.[97] Der Adel genießt Steuerfreiheit, was gewaltige Zugkräfte in Richtung Standespromotion freisetzt.[98] Wenn das Wappenrecht mit dem Anspruch auf ein ›Lehnsland‹ einhergeht,[99] sind die Ehrgeizigen kaum glaubhaft Ästheten oder Schöngeister, die sich nach verzierten Wappenbil-

---

94 Vgl. Böhme (1997), S. 539.

95 Vgl. Shakespeare: Heinrich IV. Erster Teil. V. Akt, 1. Szene [Übers. Schlegel/Tiek].

96 Zu einer Beschreibung der phänomenologischen Wortwirkung anhand des Begriffs *megalopsychia*: »der Begriff dient neben anderen dazu, den Sinn des Griechen für alles Große, Bewundernswerte in ein Wort zu fassen. Er erzeugt daher eine Art Hochgestimmtheit im Hörer, also etwas Irrationales, was schon dadurch bewiesen wird, daß er nicht punktuell etwas Präzises ausdrückt [...] sondern mehr flächenhafte Wirkung hat. Er reißt nicht, qua Wort, um es pathetisch zu sagen, ganz neue, bisher unerhörte Wertdimensionen auf; er ist nicht in dem Sinn revolutionierend, daß einem hochgesinnten Manne wie Platon etwa die Idee hätte kommen können, darauf eine ganze Ethik aufzubauen.« Dirlmeier (1991), S. 371. Zur *megalopsychia*: Alexiou (1995), S. 212 (Anm. 51).

97 Vgl. Kloosterhuis (2006a), Sp. 84

98 Vgl. Powis (1986), S. 21; Hechberger (2004), S. 2; Rogge (1995), S. 111.

99 Vgl. Powis (1986), S. 36.

dern recken.[100] Montesquieu weist selbst auf den erheblichen Finanzbedarf der Ehre hin:

»In einer Monarchie herrscht allein die Ehre; der Herrscher würde mit Auszeichnungen belohnen, wenn die von der Ehre geschaffenen Auszeichnungen nicht mit *einem Luxus* verbunden wären, *der notwendigerweise Ausgaben macht:* der Herrscher belohnt hier also durch Ehrenämter, *die zu Reichtum verhelfen.*«[101]

Beim Streben nach Ehre geht es um ökonomisches Handeln, mitunter ums finanzielle Überleben. Ehren sind kein schöner Wahn, sondern wegen ihres materiellen Wertes attraktiv und begehrt. Dass materielle Anreize selbst eine Kursbasis der Ehre bilden können, davon kündet der Begriff für Entlohnung, ›Honorar‹, bis in die Gegenwart.

Aber die intuitive Lesart, dass Falstaff die Ehre als idealistisches Streben degradieren will,[102] trügt ohnehin. Falstaff vertritt nicht das »Pathos der Redlichkeit, das wir überall auf dem Grund des Positivismus finden: den Ekel vor dem ›schönen Wahn‹, vor dem ›Erhabenen‹, vor der ›Zauberkraft hoher Worte‹.«[103] Wenn Falstaff behauptet, Ehre sei »nichts als ein gemalter Schild beim Leichenzuge«,[104] geht es ihm weniger um den gemalten Schild, als um den Leichenzug. Angesichts des heraufziehenden Blutvergießens scheint Falstaff zu fragen, wann die Kosten den Nutzen von Ehre aufzehren. Die Wurzeln dieser Frage, die BOWMAN bei Shakespeare zu einem »statement of almost unimaginable radicalism for the time« herauslackiert,[105] reichen aber in die Antike zurück.[106] Augustinus vertritt die Auffassung, dass Ehre buchstäblich *fumus* sei. Nach ihm »braucht menschliche Ehre nicht für etwas so Großes gehalten zu werden, denn sie hat so wenig Gewicht wie der Rauch.«[107] Von Euripides in den politischen

---

100 »Der Terminus *êre* bzw. lateinisch *honor* geht insofern über den heutigen Wortsinn hinaus, als er nicht nur ›Ansehen‹ bedeutete, sondern auch die daraus kraft Standeszugehörigkeit folgende Berechtigung auf Abgaben oder Lehnsbesitz (Amtslehen).« Burkhart (2006), S. 33.

101 Vgl. Montesquieu: Vom Geist der Gesetze V. 18 [Übers. Weigand; eig. Hervorh.].

102 Vgl. Bowman (2006), S. 61.

103 Strauss (2001), S. 206 [dort nicht zu Falstaff].

104 Wie Fn. 95.

105 Vgl. Bowman (2006), S. 261.

106 Damit zerbricht Bowmans Konstruktion einer Shakespeare zuschreibbaren Invention. Vgl. Ebd., S. 61.

107 Vgl. Augustinus: Der Gottesstaat V. 17 [Übers. Perl]. Augustinus gelingt die Darstellung seiner Position meisterhaft mit Brutus, der den Gewaltzwängen ausgeliefert ist,

Abgrund gestürzt und aller ihrer Ehren beraubt, meint Hekabe – immerhin einstige Königin Troias – über das Geehrtsein: »das ist nur ein Nichts, ist Ausgeburt des Wahns / und Wortgeklingel.«[108]

Die Athener verhöhnen die Melier[109] damit, »doch hoffentlich nichts von der [...] ›Ehre‹« zu halten. Als hätten sie Shakespeare gelesen, lassen sie nachfragen, ob man denn wirklich »der Kraft eines Zauberwortes« erliegen wolle, das so viele, »geblendet von einem Wort«, ins Unglück gestürzt habe?[110] Ehre sei eben nur ein Wort und passe nicht zu Menschen, die am Abgrund stehen und sich eigentlich retten müssen.[111] Den Meliern, die *schönen* Widerstand leisten wollen, präsentiert Athen die Kosten derartiger Schönheit. Durchaus nicht ohne Feingefühl machen sie ihre Gegner damit vertraut, dass ihr Streben nach Ehre lebensbedrohlich für sie ist: »Ihr meint also nicht, daß der Nutzen mit der Sicherheit geht, während das Schöne und Gerechte zu vollbringen gefährlich ist«?[112] Der Dezisionismus der Melier lässt die Athener schließlich argumentativ versiegen. Die Frage klingt wie ein letztes Abtasten der melischen Standhaftigkeit: »Denn ihr werdet doch nichts geben auf die in schmählicher, selbstgewählter Gefahr so vielfach den Menschen verhängnisvolle Ehre.«[113] Auch hier liegt jedoch kein epochaler Umbruch vor, der sich geschichtsphilosophisch oder entwicklungsdeterministisch herauskehren ließe.

Die wichtigste Wurzel der geleerten Ehrenvorstellung lässt sich aus Homers *Ilias* selbst ausgraben. Der angeblich so ehrbewusste und heroische Achilles hinterfragt angesichts seines nahenden Todes die Bedeutung der Ehre. Agamemnon bietet ihm einen ganzen Berg von Ehrengeschen-

---

seine Söhne für sein »vergängliches irdisches Vaterland« zu töten. Das kommentiert er folgendermaßen: »Wenn also für die Freiheit von Menschen, die dem Tode ausgeliefert sind, und für die Begierde nach einem Lob aus dem Munde von Sterblichen Söhne vom eigenen Vater gemordet werden konnten [...]«. Ebd., 18. Er entwertet die Ehre systematisch mit dem Fingerzeig auf das Weiterleben »im Munde der Lobredner«. Vgl. Ebd., 14. Zum Verhältnis von Lob und Ehre: Aristoteles: EN 1101 b32; 1103 a9; Rhetorik 1366 a23ff.; 1414 b30. Zu einer eindrucksvollen Reaktivierung dieser Psychologie unter Rückgriff auf David Humes Konzept von *pride* und *humility*: Lüthe (2011), S. 82.

108 Vgl. Euripides: Hekabe V. 628 [Übers. Ebener].

109 Zum politischen Hintergrund, s.u. S. 140ff.

110 Thukydides V. 111, 3 [Übers. Vretska/Rinner].

111 Vgl. Ebd., 101.

112 Thukydides V. 107 [Übers. Landmann].

113 Ebd., 111, 3.

ken an, um ihn in den Krieg zurückzulocken. Mehr noch als bei Shakespeare vermag die Katalogisierung des Geschenkebergs bei Homer zu zeigen, dass die homerische Ehre keineswegs von *horror vacui* ergreifbar ist: zehn Talente Gold, sieben Städte, Dreifüßer, Becken, Rennpferde, Frauen und eine Tochter von Agamemnon mit Brautschatz.[114] Sind diese Ehren Luft, Rauch und Wortgeklingel?

Auch wenn Homer seine Zeitgenossen den Heroen – wie Jacob BURCKHARDT behauptet – »als das Geringere« gegenüberstellen will,[115] die darauffolgende Reflexion von Achilles ist gänzlich antiheroisch. Statt sich erwartungsgemäß für die Ehre(n) ins Schlachtgetümmel zu stürzen, sinniert Achilles darüber, dass kein Geschenk der Welt seinen Tod aufzuwiegen vermag. Zwar geht Achilles nicht so weit wie Falstaff, die Ehre für ein luftiges Wort zu halten. Aber Achilles hängt merklich an seinem Leben und ist keineswegs angstbefreit:

»Nichts ersetzt mir das Leben, nicht einmal der Reichtum, den Troja, / heißt es, besaß [...] Wie mir die göttliche Mutter [...] / mitteilt, steht mir der Tod auf zweierlei Wegen in Aussicht: / Bleibe ich hier und führe den Kampf um Troja noch weiter, / kehre ich niemals heim, doch ewiger Ruhm ist mir sicher; / fahre ich aber zurück in die teure Heimat der Väter, / geht mir der Ruhm verloren, doch ist mir beschieden ein langes / Leben, und schwerlich dürfte ein früher Tod mich ereilen.«[116]

Um das Skandalon dieses Zögerns zu erfassen, sei es mit Sarpedons und Glaukos' dezisionistischer Haltung verglichen.

»Glaukos! warum sind wir beide wohlgeehrt am meisten / Mit Ehrensitz und Fleischstücken und vollen Bechern / In Lykien, und alle blicken auf uns wie Götter? / Und ein Landgut, ein großes, bebauen wir an des Xanthos Ufern, / Ein schönes, mit Baumgarten und Saatfeld, weizentragendem. / Darum müssen wir bei den Lykiern jetzt unter den Ersten / Stehen oder uns der brennenden Schlacht entgegenwerfen.«[117]

---

114 Zur Inventarisierung der Geschenke, s. Fn. 540.

115 »Vom heroischen ist der homerische Mensch in dem Sinn zu trennen, als sich die Kultur desjenigen Zeitalters, in welchem die beiden Gedichte entstanden, in denselben noch besonders verrät; wiederholt stellt ja Homer seine Zeitgenossen [...] den Heroen gegenüber, und zwar als das Geringere.« Burckhardt (1982), S. 51.

116 Homer: Ilias IX. 408ff. [Übers. Ebener]. Die *Ilias* wird fortan als ›Il.‹ zitiert. Zur Entwicklung der griechischen ›Ruhmesbegriffe‹: Steinkopf (1937).

117 Il. XII. 310–316 [Übers. Schadewaldt].

Und Glaukos stellt klar, dass sie sich der Ehre würdig erweisen wollen:

»Wahrhaftig! nicht ruhmlos herrschen in Lykien / Unsere Könige und speisen fette Schafe / Und Wein, auserlesenen, honigsüßen; nein, auch die Kraft / Ist tüchtig, da sie bei den Lykiern unter den Ersten kämpfen!«[118]

Sarpedon und Glaukos sehen sich wegen der üppigen Ehrengeschenke geradezu *verpflichtet*, in die Schlacht und einen möglichen Tod zu gehen. Beide stehen fest auf der Seite Troias. Mit dem Problem des – für Gefallene – wertlosen Leichenzuges halten sie sich nicht groß auf. Sie wirken deutlich kampfbereiter als der nachdenkliche Achilles.

Obgleich Christel BRÜGGENBROCK erkennt, dass »in homerischer Zeit die Ehre noch eng mit materiellen Gütern verbunden ist und über diese erlangt und ausgetauscht werden kann«, gelingt es ihr nicht, diese Anomalie mit ihren Vorannahmen zu harmonisieren: »Ein Paradoxon, da es sich gerade bei der Ehre *um ein rein imaginäres Gut handelt, das als soziales Konstrukt in den Köpfen der Menschen geschaffen wird.*«[119] Dieses knappe Urteil ist ein Glücksfall. Selten liegen Vorstellungen derart verdichtet und unverhüllt vor einem. Die Ehre soll demnach nicht nur körperlos, sondern im Kern ein sozial konstruiertes Phantasma (»in den Köpfen der Menschen«) sein. Genauer, wenngleich unfreiwillig, lässt sich eines der Leitparadigmen zur Ehre nicht auf den Punkt bringen.

Der Regelfall in der Forschung ist, die Körperlosigkeit der Ehre als Prämisse vorauszusetzen, um dann das Kunststück zu vollbringen, ihre breite Objektkultur gar nicht erst wahrzunehmen. Martin DINGES etwa, der Ehre als Instrument der gesellschaftlichen Selbstregulierung untersuchen will, legt sich nicht eine einzige Ehrenstatue vor.[120] Wie soll die Dimension der sozialen Selbststeuerungskraft adäquat ausgelotet werden, ohne die Denkmäler zu berücksichtigen, die heroische Taten, vorbildliche Handlungen und entschlossene Haltungen als *exempla* aufspeichern, prämieren und präsentieren?[121] Durch Taten verleiht man seinem Leben

---

118 Il. XII. 318–321 [Übers. Schadewaldt].

119 Vgl. Brüggenbrock (2006), S. 46 [eig. Hervorh.].

120 Vgl. Dinges (1995), S. 48 u. 52 (Anm. 68). Dinges fällt die Entscheidung, die Fragestellung »vom Wesen der Ehre zu den Regeln der Herstellung von Ehre« zu verlagern, gelinde gesagt, übereilt. Vgl. Dinges (1994), S. 26.

121 *Exempla* speichern kanonische Handlungsrepertoires; »eine vorbildhafte und nachahmbare Handlung eines konkreten Individuums in einer bestimmten Situation«. Vgl. Flaig (1995), S. 132f. Ehrenstatuen sind ein entscheidender Teil der Moralkommunikation.

Glanz.[122] Den Glanz der Handlungen speichern und präsentieren materielle Träger wie Statuen, Münzen oder Wappenschilder – wenn ihnen nicht gleich ganze Gebäude »aufgeprägt«[123] werden. Thukydides prophezeit, dass die sichtbaren Monumente der Nachwelt ein völlig falsches Bild von der Ehre Athens vermitteln könnten, weil Sparta nicht baue.[124]

DISSELKAMP, der die kommunikative Nutzung der Ehre untersuchen will, legt einzig Texte vor und übersieht alle dinglichen, überaus kommunikativen und anschaulichen *exempla*.[125] Ute FREVERT interpretiert Ehre gar gleich als reines Gefühl:

»Ist sie überhaupt ein Gefühl, fragen viele. Die Frage ist selber ein Indiz für die These, dass Ehre an den Rand des sozialen Gefühlsraums gerückt ist, nachdem sie lange in dessen Mitte angesiedelt war. Dass Ehre ›im Herzen eingewurzelt‹ sei, hielten Zeitgenossen 1774 für selbstverständlich; um 1900 hieß es, Ehre werde, zumindest teilweise, ›physiologisch empfunden‹.«[126]

Nach Flaig werden auch deliktische *exempla* gebildet: Ebd., S. 126 (mit Anm. 26) u. 133 (Anm. 48). Dazu: »There is, however, another kind of memory which influences action by calling forth past greatness.« Immerwahr (1960), S. 282. Dazu auch: Döbler (1999), S. 171; Till (2003), S. 124 u. 148ff.; Sehlmeyer (1999), S. 11ff., 68, 267f. u. 283; Fn. 894. Zur Finanzierung von Ehrenstatuen (›Statuengeld‹): Erkelenz (2003), S. 69f., 72 u. 74; Sehlmeyer (1999), S. 217. Zum Kampf der Rhetorik gegen die Vormacht der Ehrenstatuen: Fn. 602, 627 u. 652. Die Petrifizierung der Taten hingegen als Sicherung des familiären Herrschaftsanspruches zu bezeichnen, ist sophistisch. Vgl. Sehlmeyer (1999), S. 108. Derartiges ließe sich auch von einer Bankkontoeröffnung behaupten. Falsch ist es nicht, aber kaum entscheidend.

122 Vgl. Alexiou (1995), S. 15.

123 Vgl. Isokrates: Rede an Demonikos [I], 8 [alle Isokrates-Übersetzungen im Folgenden: Ley-Hutton].
Zu Gebäuden, die Rom ›zum Glänzen‹ bringen: Döbler (1999), S. 172; Stolle (1999), S. 23; Till (2003), S. 80; Sehlmeyer (1999), S. 220f.; Dingmann (2007), S. 335. Da Theater aus temporären Materialien wie Holz bestehen, ist die Verwendung von Stein für Pompeius' Monumentalbau bedeutsam i.S.d. Unsterblichkeit: Sehlmeyer (1999), S. 157. Knoche sieht Pompeius sich deshalb mit festen Materialien dem »Bruch der Ruhmesidee« (durch Bürgerkrieg) entgegenstellen: Knoche (1967), S. 436.

124 Vgl. Thukydides I. 10.

125 Disselkamp verlegt sich auf die »Funktions- und Darstellungslogik von Größenbildern«. Vgl. Disselkamp (2002), S. 19. Statt exemplarischer Orientierung erscheint ihm Ehre als »Technisierung einer Stilsymbolik und einer kommunikativen Praxis« (Ebd., S. 21).

126 Frevert (2013), S. 17. Zu Freverts problematischem entwicklungsdeterministischen Ansatz, vgl. Fn. 52 [Zit. Frevert].

Diese Gleichsetzung zeugt von einer erheblichen Materialvergessenheit. Nach der implizierten Logik müssten Geld, Pferde oder ganze Schlösser Gefühle sein, sobald sich Quellenbelege beibringen ließen, in denen diese Dinge als Angelegenheiten ›des Herzens‹ bezeichnet werden. Es gibt *ein* Ehrgefühl. Aber Ehre ist wesentlich mehr als ein Gefühl.[127] Die Bedingungen einer anderen »medialen Epoche«, [128] in der nicht Journalisten, Fotografen und Fernsehkameras, sondern Bildhauer, Architekten, Maler, Dichter und Sänger die antiken Massenmedien kontrollieren, müssen beachtet werden. Die Visualisierung und Vermarktung der Ehre ist *die* zentrale Aufgabe der Künste. Der »Statuenkrieg« in der römischen Republik ist nur das bekannteste Beispiel für den treibenden Motor Ehre, der die künstlerischen Formelnsprachen im Monatstakt zu revolutionieren vermag.[129] Wo Heldentaten von Kunstmedien nicht massenverbreitet werden können, dringen sie mittelbar über Statuen, Gebäude und Gemälde in die antiken Kommunikationszentren des Klatsches (Schuhmacherläden, Friseursalons, Parfümerien).[130] Die kulturelle Produktion von Bildhauern, Malern, Schriftstellern oder Sängern regt die Menschen an, entsprechende Gefühle um die Ehre herum zu bilden.

Weil schöne Taten in Vergessenheit geraten (oder wie Pinder es ausdrückt: »ohne Erinnerung sind die Sterblichen«[131]), müssen sie in die Massenmedien gelangen. Für Herodot gehören selbstverständlich menschliche Handlungen zu den Sehenswürdigkeiten, die bei Stadtrundgängen angesehen, bewundert und bestaunt werden können.[132] Materielle Träger der Ehre visualisieren und verkünden »die Frucht ihrer [des Menschen, Anm. P.R.] Körper«.[133] Die *Ehrenkörper*[134] machen Ernst mit Theognis' Aus-

127 Zum Verhältnis von Ehre und Gefühlen eingehend, s.u. S. 82ff. u. 206ff.

128 Der Begriff stammt von Marc Bloch, der sich im Schützengraben des Ersten Weltkriegs »mitten in einer anderen medialen Epoche« wiederfindet, nämlich der Macht der Gerüchte. Vgl. Neubauer (1998), S. 131. Die Gerüchteküchen entdeckt er als »mentalitätsgeschichtliches Zentrum des Krieges.« Vgl. Ebd., S. 114.

129 Vgl. Sehlmeyer (1999), S. 12 (Anm. 7), 16, 18ff., 213f. u. 230. Für die Neuzeit: Burkhart (2006), S. 62–64.

130 Vgl. Neubauer (1998), S. 22.

131 Vgl. Pindar: Isthmische Oden VII. 17 [Übers. Bremer].

132 Vgl. Immerwahr (1960), S. 267ff.

133 So die treffende Formulierung in einer Wappenverleihungsurkunde aus dem Jahre 1450. In einem gedrängten Text werden auf einmalige Weise grundlegende Funktionen erläutert: »John Smert genannt Garter, Wappenkönig des Königreiches England, grüßt und empfiehlt sich in Ergebung allen Gegenwärtigen und Zukünftigen, die diese

spruch: »Edles lernst du von Edlen.«[135] Wo lässt sich die selbstregulierende Orientierungskraft einer Gesellschaft eher finden als in petrifizierten Leitbildern?

Ein Beispiel: entgegen Klaus M. GIRARDETS Behauptung, Tyrannentötung habe in Griechenland keine philosophisch-ethische Legitimation erfahren,[136] ist sie für Aristoteles eine herausragende Okkasion, Ehre zu erwerben.[137] Das Epigramm unter der Statue der attischen Tyrannentöter[138] hämmert den Betrachtern in der Interpretation von Fernande HÖLSCHER täglich die Botschaft ein, den Naturzustand der Tyrannis[139]

Urkunde sehen oder hören. Recht und Billigkeit gebieten und verfügen, daß Männer von Tugend und edlem Mut den Lohn der Anerkennung für ihre Verdienste haben sollen, und dies nicht nur für ihre eigene Person in diesem sterblichen und vergänglichen Leben, sondern in der Weise, *daß nach ihren Tagen die Frucht ihrer Körper an allen Orten beständig vor anderen in Ehren gehalten werden durch bestimmte Zeichen und Insignien der Ehre und der vornehmen Geburt. Das bedeutet: durch Wappenschild, Helm und Helmzier, damit durch ihre Beispiele andere dazu ermutigt werden, noch mehr danach zu streben*, ihr Leben mit Waffentaten und anderen tugendhaften Werken zu verbringen, um den Ruhm alter Adelsgeschlechter in ihr eigenes Geschlecht und in ihre Nachkommenschaft zu verpflanzen.« Keen (1991), S. 248f. [eig. Hervorh.]. Zur Auswertung: [1.] Es wird ein historisches Bewusstsein um Gegenwart und Zukunft geschaffen, [2.] die Nachkommenden sollen zu Heldentaten animiert werden, [3.] Taten sind als Werke des Körpers zu begreifen, [4.] die Ehre überbrückt die Vergänglichkeit und Sterblichkeit dieses Körpers in Zeit und Raum (»an allen Orten«) zur Nachwelt hin, [5.] der Geehrte soll nicht übersehen, sondern sein Kopf ›gerechnet‹ und ›gezählt‹ werden.

134 Um die Vorstellung von der Körperlosigkeit der Ehre zu konterkarieren, sei dieser Begriff geprägt. Zu den philosophischen Grundlagen der Verkörperungstheorie: Krois (2011), S. 24ff., 76ff., 176ff., 210ff. u. 252ff.

135 Vgl. Aristoteles: EN 1172 a15 [durchgehend nach der Übers. v. Gigon zitiert].

136 Vgl. Girardet (2005), S. 171.

137 Vgl. Aristoteles: Politik 1312 a21ff.

138 Wie Girardet hervorhebt, impliziert der Begriff ›Mörder‹ fälschlicherweise »eine Tötung aus niederen Beweggründen, *a priori* die ethische Disqualifizierung einer Tyrannentötung«, worauf der Akt gerade nicht zielt. Vgl. Girardet (2005), S. 161. Zur Statuengruppe: Fn. 885.

139 Der Tyrann »plündert außerdem die Heiligtümer der Götter, tötet die besten unter den Bürgern, mißtraut den engsten Angehörigen und lebt keineswegs leichter als Menschen, die im Gefängnis auf ihre Hinrichtung warten, sondern wird zwar wegen äußerer Güter beneidet, in seiner Seele ist er aber betrübter als alle anderen.« Isokrates: Helena [X], 33. »Was nämlich ist schlimmer als in ständiger Furcht zu leben, von jemandem aus der unmittelbaren Umgebung getötet zu werden, und die Beschützer nicht weniger zu fürchten als die, die einem nachstellen? Da Theseus also alle Menschen solcher Art verachtete und er zu der Überzeugung kam, diese Menschen seien nicht Herrscher, sondern krankhafte Geschwüre ihrer eigenen Polis«. Ebd., 34.

abzuwenden: »Jeder in der Volksversammlung sollte also zu einem potentiellen Tyrannenmörder werden, wenn ein einzelner die Macht an sich zu reißen suchte«.[140] Die Statuengruppe sichert die attische Gesellschaft gegen die politische Gefahr des Strebens nach Alleinherrschaft ab und setzt auf selbstregulierende, dezentrale Bestrafung. Das Denkmal von Harmodios und Aristogeiton veranschaulicht »*the ›democratically correct‹ response* of Athenian citizens to threats of the democratic order«.[141]

Weil sie eine Immaterialität und Imagination der Ehre voraussetzen, entschlüpfen DINGES, DISSELKAMP und FREVERT schlicht die Macht der Artefakte. Die Vorstellung einer körperlosen Ehre sieht teilweise durch den dicksten Ehrenfirn – bestehend aus Ehrenroben, -statuen, -mälern, -geldern, -ämtern – hindurch.[142] Die immaterielle Prämisse erklärt zumindest teilweise, weshalb eine systematisch angelegte Studie zur honorigen Objektkultur bislang fehlen kann.

Diese Vorannahme, dass die Ehre ›in Wirklichkeit‹ gar nicht ist, wirkt nicht nur auf das Gewinnen der Ehre. Die Vorstellung erstreckt sich auch auf das Verlieren. Beleidigungen vermögen bei der Ehre zu ›packen‹ und den Körper ›anzugreifen‹.[143] Gerade die körperlichen Schmerzen werden immer wieder mit Erstaunen, Skepsis und Ratlosigkeit von der Forschung zur Kenntnis genommen,[144] wenn sie nicht geleugnet oder abgestritten werden.[145] Erklärungshypothesen treiben mitunter absurde Blüten. Hans-Joachim GEHRKE deutet die Empfindlichkeit für Ehre als Pathologie eines archaischen Narzissmus.[146] Gabriel HERMAN erklärt Ehre zu einer den Menschen umgebenden »bubble«.[147] Kwame Anthony APPIAH versteinert

---

Es ist bemerkenswert, dass sich in dieser Schrift, die zu Isokrates' unbedeutendster erklärt wird – vgl. Van Hook (1961), S. 58 –, beinahe wortgleiche Formulierungen zu Hobbes' *Leviathan* finden.

140 Hölscher (2010), S. 245. Zu dem von Simonides verfassten Epigramm: Ebd., S. 247.

141 Vgl. Ober (2003), S. 220 [eig. Hervorh.].

142 Eine Ausnahme bildet Taylor, der anhand von Bildern immerhin eine Archäologie des ›Moralbewusstseins‹ der Möglichkeit nach anerkennt: Taylor (1996), S. 183.

143 Vgl. Kramer (1974), S. 48.

144 Zum Befund: Frevert (2013), S. 80f.; Dinges (1994), S. 139ff.

145 »Die heutige Leugnung der Realität von Ehre und Ehrverletzungen ist so sehr Teil einer als selbstverständlich empfundenen Welt, daß es einer bewußten Anstrengung bedarf, dies überhaupt als Problem zu sehen.« Berger/Kellner (1987), S. 76.

146 Vgl. Gehrke (1987), S. 145ff.

147 »If we regard honour as a bubble surrounding a person, a typical tribesman with a highly inflated sense of honour might be said to be surrounded with an enormously

die Beobachtung, dass die Furcht vor einem Verlust der Ehre den Körper anzufassen vermag. Wie kann das Reich der *phantasia* (dem er die Ehre zuschlägt) reale Körper versehren? Die Ursache für den *horror infamia* erblickt APPIAH allen Ernstes im Verlust eines ›Imagefaktors‹.[148] Diese Deutung ist umso erstaunlicher, als APPIAH auch ›Verbrechen‹ aus verlorener Ehre untersucht, bei denen der Entzug der imaginären Ehre zur Beseitigung des Betroffenen führt (Ehren- oder ›Fememord‹). Die *Rechtsfolgen* eines Ehrverlustes bleiben bei APPIAH unverstanden, weshalb er die Todeswürdigkeit kulturalistisch wendet: gewaltbereite ›Kulturen‹ töteten eben.[149] Aber dass ›Kulturen‹ den Verlust der Ehre als Tötungs*pflicht* interpretierten, ist eine einigermaßen verkürzte Deutung. Nicht Kulturen, sondern (geschriebene wie ungeschriebene) *Gesetze* machen die Ehre möglich.

Die Frau, die um ihre Ehre besorgt ist, fürchtet kaum den Verlust ihres Images, sondern ihres Lebens. In einer späteren Arbeit über die kretische Gesetzgebung urteilt GEHRKE zwar weiterhin unscharf, aber gegenüber APPIAH ungemein präziser: »Der Verlust der Ehre aber war in dieser Gesellschaft tödlich, bedeutete den Verlust der sozialen Existenz.«[150] Der Nebensatz baut die eigentliche Erkenntnis unzulässig zurück. Gesetze können bei Ehrverlust die Beseitigung des ›Entehrten‹ vorschreiben. Dann bedeutet der Verlust der Ehre den Verlust des Lebens. Die Schlüsselfrage, ob die kretischen Gesetze die Tötung gestatten oder aber vorschreiben, lässt GEHRKE beiseite.[151]

Die letale Rechtsfolge entspringt keinem überspannten kulturellen Imaginarium, keinem archaischen Narzissmus und keiner Blase, sondern Gesetzestexten. Die »Angst vor *deshonneur*«[152] und die damit einhergehende körperliche Empfindlich- und Verletzbarkeit erscheinen dadurch in anderem Licht. Das (straf-)rechtliche Szenario einer Entsicherung muss zwangsläufig dafür sorgen, dass Beleidigungen bei der Ehre ›packen‹ und

large, thin bubble which is easily punctured; the Athenians, by contrast, were required to carry around their persons tiny, thick-skinned bubbles which were remarkably hard to puncture.« Herman (1995), S. 59.

148 Vgl. Appiah (2011), S. 35.

149 Vgl. Ebd., S. 182.

150 Gehrke (1997), S. 32.

151 Auch Kelsen weicht der Frage umständlich aus: »so wie persönliche Wesen überhaupt wegen ihnen zugefügter Verletzungen Vergeltung üben und zu üben befugt, wenn nicht gar verpflichtet sind.« Kelsen (1941), S. 11. Zur Antwort ausführlich: u. S. 311ff.

152 Vgl. Sterchi (2005), S. 245 [Zit. Hugues de Lannoy].

zu erhöhter Acht- oder Sorgsamkeit zwingen (wenn nicht zu *horror infamia*).[153] Aus Inquisition oder NS-Herrschaft lassen sich die verkürzten Rechtswege von Beleidigung oder Verrufung zur physischen Vernichtung ersehen, ebenso wie die Schutzfunktion eines ›guten Rufes‹.[154]

Diese Arbeit wird diesen Weg einschlagen und versuchen, *die Macht der Ehre aus den Rechtsfolgen zu erklären.* Die antiken Formen der Ehre sollen nicht unspezifisch aus der ›Kultur‹ – genauso wenig wie die Rache aus der menschlichen ›Natur‹ – abgeleitet werden,[155] sondern aus den Einrichtungen des antiken Rechts. Der Gewinn oder Verlust von Ehre zeitigt konkrete, wenig imaginäre Rechtsfolgen. In Athen werden ›Ehrlose‹ (*atimoi*) von der *agora*, den Gerichten und Tempeln verbannt. Die Topographie steht nicht für wohlklingende Stätten, sondern metonymisch für die dort ausgeübten *Rechte*: Amts-, Rede- und Stimmrechte in der Volksversammlung, Klage-, Richter- und Zeugenrechte in den Gerichten, Schutz- und Asylrechte in den Heiligtümern.[156] Wer seine Ehre ›verliert‹, wird politischer Rechte beraubt, kann nicht vor Gericht erscheinen, gegen ein an ihm begangenes Verbrechen klagen, geschweige denn es bezeugen, und erhält keinen Asylschutz in Tempeln – ein Schutz, der für gewöhnlich selbst Skla-

153 Vgl. Kramer (1957), S. 147; Kramer (1961), S. 141; Burkhart (2006), S. 13. Zur Öffentlichkeit der Widerrufsformeln von Ehrverletzungen: Kramer (1974), S. 47 u. 51; Wagner-Hasel (2000), S. 181f.; Dülmen (1999), S. 11 [›aufs Maul schlagen‹, um Schimpfwörter in den Körper des Beleidigers zurückzustoßen].

154 Vgl. Krause (2004), S. 88; Schmitz (2004), S. 270 u. 273f.; Dinges: 134ff.; Dülmen (1999), S. 9f.; Schuster (1998), S. 58. Trägt der Beschimpfte bei der Inquisition das Teufelszeichen am Leib, wird er hingerichtet: Rummel (1993); Stuart (1998), S. 324. Zumeist bleibt aber der Zusammenhang zwischen beleidigender Ehrverletzung und Entrechtung, d.h. zwischen Ehre und Recht, ausgeblendet. Für Japan wird gar das Sprichwort bezeugt, der ›Spötter‹ sei »der Mörder an einer Seele«. Vgl. Albrecht (2011), S. 183.

155 Das Verhältnis von Ehre und Gewalt sei, die Schwächen anderer Untersuchungen darlegend und reflektierend, begrifflich als *Rache* präzisiert. Zur Begründung ausführlich: s.u. S. 217ff. Zu den Versuchen, Rache aus der menschlichen Natur abzuleiten: Fn. 1220f.

156 Vgl. Raaflaub (1980), S. 11, 19f. u. 45; De Coulanges (1981), S. 266f.; Dietrich (2007), S. 199; Danckert (1963), S. 9f. u. 12; Hansen (1995), S. 101; Ruschenbusch (2005), S. 45 u. 83. Die Entehrung steht auf Kapitalverbrechen wie Hochverrat, Fahnenflucht oder Bürgerkrieg: Thalheim (1896), Sp. 2101f.; Youni (2001), S. 129ff.; Harrison (1998), S. 170; MacDowell (1986), S. 44; Debrunner Hall (1996), S. 84ff.

ven eingeräumt wird.[157] In archaischer Zeit soll der *atimos*, der diese Orte widerrechtlich betritt, erschlagen werden.[158]

Der Gewinn oder Verlust von Ehre ist aber stets unmittelbar an die Verleihung oder den Entzug von Rechten geknüpft. Eine *Ehrung* stattet den Geehrten mit Vorrechten aus. Eine *Entehrung* mindert oder vernichtet die Rechtsfähigkeit der Person. Die Betroffenen kämpfen gegen *Derogation* und für ›*Prärogation*‹. Sie nennen das ›Ehre‹. Aber sie *meinen* ihre Rechte. Die Bedingungen für ein gesteigertes ›Ehrgefühl‹ liegen im antiken Recht selbst. Das Recht ist die *conditio* des Ehrgefühls. Das Gefühl der Ehre wird durch die faktische Kraft des Normativen (wie Rechtsfolgen charakterisiert werden können) regelrecht erzwungen.

Die Ehre wird dabei auch nicht zunehmend verrechtlicht. Die Formulierung einer Verrechtlichung der Ehre suggeriert die Vorstellung eines *vorrechtlichen*, unregulierten Zustands.[159] Zwischen Recht und Ehre besteht aber in der griechischen Antike weitgehend Identität.[160] Deshalb muss es sich um ein schwerwiegendes Missverständnis handeln, Ehre als *kontrarechtliches* Normensystem (›Stammesehre‹, ›Ehrenkodex‹) zu denken.[161] Die Ehre ist kein »ergänzendes und konkurrierendes Normensys-

---

157 Vgl. Chaniotis (2007), S. 238 u. 242f. [Sklaven werden von ihren Besitzern in die Tempel verbracht, um sie für die Dauer des Verfahrens vor dem Zugriff der Gegenseite zu schützen]. Dietrich verortet in den Tempeln auch die Gerichtsprozesse selbst. Vgl. Dietrich (2007), S. 199 u. 203. In Athen soll der Eigentumsschutz gefehlt haben, vgl. Barta (2011b), S. 370. Dihle missversteht den Tempelbann als Blockierung der rituellen Schuldreinigung; da dieser Vorgang die Einwilligung der Opferfamilie voraussetzt, ist das unwahrscheinlich. Vgl. Dihle (1962), S. 20. Dazu: Scheibelreiter (2012), S. 27; Eichhoff (1871), S. 26; Schmitz (2004), S. 374.

158 Vgl. Ruschenbusch (2005), S. 87. Zur Begriffsgeschichte von *atimos*: Ebd., S. 82ff. (mit Anm. 58); Weiss (1923), S. 166 (Anm. 7). Nach Ruschenbusch handelt es sich um innerattische Stätten, die durch Pflock und Seil, Zweig und Schnur abgegrenzt sind. Dazu: Rieß (2012), S. 23 u. 25. Ganz anders deutet Koerner das Gesetz. Er setzt voraus, dass der Täter attisches Gebiet generell nicht unerlaubt betreten kann: »Es wird allerdings nicht klar, ob diese Grenzmärkte auf attischem oder außerattischem Gebiet lagen. Da aber ein Betreten attischen Gebietes für den flüchtigen Mörder oder Totschläger sowieso verboten war, können hier nur Grenzorte im außerattischen Gebiet gemeint sein.« Koerner (1993), S. 39.

159 Vgl. die Ausführungen zur Geltungskraft ungeschriebener Gesetze: u. S. 66ff.

160 S.u. S. 160ff.

161 Zu Untersuchungen, die das versuchen: Appiah (2011), S. 208f.; Ignatieff (2000), S. 140ff.; Schreiner/Schwerhoff (1995), S. 9; Kloosterhuis (2006), Sp. 77; Dinges (1994), S. 13; Dinges (1995), S. 59; Kloosterhuis (2006), Sp. 77; Speitkamp (2010), S. 70;

tem zum Recht«,[162] sondern sie verkörpert unmittelbar Rechtsfähigkeit, was nur BRUNNER[163] und RUSCHENBUSCH[164] überhaupt aufgefallen zu sein scheint.[165]

Simmel (1989), S. 190 [»Die Ehre sichert der Gesellschaft das zweckmässige Verhalten ihrer Mitglieder in den Fällen, in denen es durch äusserliche Gesetzgebung nicht erreicht werden kann«]; Fetscher (1991), S. 4ff.; Vogt (1997), S. 389f.; Girtler (1994), S. 214ff.; Herman (1995), S. 61; Zmora (1995), S. 100. Auch: Fn. 1108. Instruktiv ist auch die pirouettenhafte Verleugnung der Realität, Ehre als geltendes Recht zu analysieren bei Schnitzler, der sie für »die ungeschriebenen Gesetze eines Wertesystems, das die öffentlichen Räume [...] bis in die frühe Neuzeit beherrschte« hält. Vgl. Schnitzler (1995), S. 285. Diese Art der Aufweichung der Erkenntnisse durch einen Jargon der Uneigentlichkeit (›Wertesystem‹) ist symptomatisch.

162 Vgl. Fn. 57 [Zitat Schuster].

163 »Wer sein Recht [...] nicht zu erhalten vermag, würde mit seinem Recht, das er sich widerstandslos nehmen läßt, auch auf seine Ehre verzichten. Denn Ehre (*honos*) und subjektiver Rechtsanspruch fallen im mittelalterlichen Denken in eins.« Brunner (1984), S. 48f. Zur Trennung von subjektiver und objektiver Rechtsverletzung: Probst (1992), Sp. 5. Auch der von Orth angeführte Conz Echter, dem Recht »gegen die Ehre gehen« will, meint mit ›Recht‹ nur ein Gerichtsverfahren. Vgl. Orth (1973), S. 81 (Anm. 365).

164 »[D]er Staat muß sich [...] damit begnügen, dem Täter, seinen Söhnen und seinem Eigentum den Rechtsschutz zu entziehen, in der Erwartung, daß sich irgend jemand den Entzug des Rechtsschutzes zunutze machen würde, um den Rechtlosen anzugreifen.« Vgl. Ruschenbusch (2005), S. 48. Zur Frage der Strafwahrscheinlichkeit (durch desymbolisierungsresistente Ehren) aus meiner Sicht: Fn. 864.

165 Leo Strauss geht so weit, die Existenz von Bürgerrechten in den *poleis* zu leugnen: »daß die moderne Politik vom ›Recht‹ ausgeht, die antike Politik hingegen vom ›Gesetz‹.« Strauss (2001), S. 177. Hobbes habe das *right of nature* zur Grundlage der modernen Politik gemacht. Auch Barta will keinen Begriff für die ›Rechtsfähigkeit‹ der Person vorfinden. Vgl. Barta (2011a), S. 360 (Anm. 2135). Ehre deutet er strikt persönlichkeitsrechtlich: »Daher der früh und hoch entwickelte rechtliche Schutz der Ehre, der bereits bei Solon einen beachtlichen persönlichkeitsrechtlichen Kern enthält, der um die Mitte des 5. Jahrhunderts zu einer Art allgemeinem Persönlichkeitsrecht erweitert [...] wird.« Barta (2011b), S. 150. Es verdient Erwähnung, dass er die Regelungen in Teilen immerhin für fortschrittlicher hält als das moderne Persönlichkeitsrecht (vgl. Fn. 941).
Auch Schmitz verklausuliert die Verbindung im Jargon der Uneigentlichkeit: Ehrenstrafen seien der »Ausschluß aus der [...] normtragenden Schicht«. Vgl. Schmitz (2004), S. 401. Es geht nicht um den Ausschluss aus einer ›normtragenden‹, *sondern aus der rechtsfähigen Schicht*. Kramer interpretiert Ehre zwar als »Angelpunkt der Strafrechtspflege«. Vgl. Kramer (1957), S. 96. Zu den Voraussetzungen der ›Rechtsverantwortlichkeit‹ (eigener Herd), Wohn- und Bürgerrecht: Ebd., S. 38 u. 42f. Aber er wehrt sich gegen ein Identitätsverhältnis: »Ehrlosigkeit ist zu einem beträchtlichen Teil gleichzusetzen mit Rechtlosigkeit.« Kramer (1974), S. 57. Woraus der unbeträchtliche Teil

Grundzug des antiken Rechts: der *nomos tyrannos*

Für Aristoteles leiden die Menschen aus drei Gründen Gefahren: »wegen der gesetzlichen Strafen«, »wegen der Schande« und wegen »den Ehrungen«.[166] Die äußeren Glieder dieser Aufzählung umreißen den Aufbau dieses ersten Teils: (a) Ehrungen sind im antiken Denken rechtliche bzw. gesetzliche Belohnungen (*positive Rechtsfolgen*). (b) Entehrungen und Ehrenstrafen sind – auf derselben Ebene – Sanktionen (*negative Rechtsfolgen*).[167] Ehren (besichert mit der gesetzlichen Kraft von Dekreten[168]) und Strafen stehen als gleichwertige Teilfunktionen auf *einer* Ebene.[169]

---

gestrickt sein soll, behält er für sich. In der Regel wird die Identität von Ehre und (Voll-)Rechtsfähigkeit verunklärt und mit einschränkenden Bemerkungen und Vorbehalten versehen, um die zutage tretenden Einsichten schnellstmöglich wieder zu ›vergraben‹ (zum Sinn dieses Bildes: Fn. 1461). Hupp fällt dagegen bei der Durchsicht von Schmähbriefen in beachtlicher Weise der *gewohnheitsrechtliche* Status der Ehre auf: »daß es sich bei diesen Briefen nicht [...] um willkürliche Wutausbrüche einzelner handelt, sondern um die sittengeschichtlich wichtigen Spuren eines sehr alten, durchaus wohlgeordneten Gewohnheitsrechts.« Vgl. Hupp (1930), S. 5ff.

166 Vgl. Aristoteles: EN 1116 a18.

167 S.u. S. 160ff.

168 Vgl. Fn. 420 u. 895.

169 Dies wird bislang nur unzureichend anerkannt. Heubeck wehrt sich in einer flüchtigen Begriffsgeschichte von *timē* dagegen, die Strafvorstellungen als sekundäre Bedeutungen des Begriffs abzutun: »Nun birgt aber *timē* neben der ursprünglichen A-Bedeutung ›Ehre, Ansehen, Hochschätzung‹ auch die in den Kreis von B gehörende Bedeutung *poinē*.« Heubeck (1949), S. 252. Er spricht sich für ursprüngliche Gleichwertigkeit aus: »Die ursprüngliche Einheitlichkeit und Zusammengehörigkeit der beiden Bedeutungen hat ihre Fortsetzung im griechischen ›Ehrbegriff‹ gefunden.« Ebd., S. 253. Auch die Definitionen, die für gewöhnlich nach 1), 2), 3) abstufen, konterkarieren durch diesen formalen Aufbau in der Regel die Gleichrangigkeit. Vgl. Fn. 1563. »Stellt euch nun vor, Ihr wäret Kampfrichter über staatsbürgerliche Verdienste und überlegt Euch nur das eine, daß Ihr dann, wenn Ihr die Belohnungen wenigen Würdigen *und zwar den Gesetzen gemäß erteilt,* viele Wettkämpfer um den Preis der Bürgertugend haben werdet, wogegen dann, wenn Ihr Jedem, der es wünscht und durchzusetzen weiß, willfahret, auch bessere Charaktere durch Euch verdorben werden.« Aischines: Gegen Ktesiphon [3], 180 [Übers. n. Benseler; eig. Hervorh.]. Bei Herodot wird ein spartanischer Deserteur, der im Krieg die zweite Gelegenheit erhält, sich auszuzeichnen, deshalb nicht geehrt, da er nur seine Ehre zurückgewonnen habe. Vgl. Herodot VII. 231.

Abb. 1. Detail aus der Nordwand von Ambrogio Lorenzettis Allegorie des buon governo: die Gerechtigkeit straft mit dem Schwert und belohnt in demselben Augenblick mit der Krone. Während die Sanktionsgewalt als Ausdruck des Rechts uns durchaus vertraut zu sein scheint, präsentiert die Krönung einen Überrest des antiken Verständnisses von Ehre als positiven Rechtsfolgen. Ehrungs- und Strafgerechtigkeit liegen (auch) frühneuzeitlich gleichauf und illustrieren zwei Funktionen von Gesetzen. Die vermeintliche iustitia distributiva scheint dabei weniger auf den Rang, als auf die Tat zu achten.

Für Aristoteles sind Gesetze Werke der politischen Kunst.[170] Das in den Hintergrund gedrängte[171] Ziel dieser politischen Kunst sei es, die Bürger zu befähigen, Schönes zu tun.[172] *Gesetzgeber* sollen nicht nur diejenigen strafen, die Schändliches tun, sondern auch diejenigen ehren, die Schönes tun. Das ist für Aristoteles der Kernauftrag der Gesetzgeber.[173] Deshalb wendet er sich überhaupt der Untersuchung der Leidenschaften zu (»im Hinblick auf Ehrungen und Züchtigungen«[174]):

»*Das Gesetz* schreibt vor, die Werke des Tapferen zu verrichten, also seinen Posten nicht zu verlassen, nicht zu fliehen und nicht die Waffen wegzuwerfen, ebenso die Werke des Besonnenen, also nicht Ehebruch zu treiben und Gewalttaten zu begehen, und die des Sanftmütigen, also nicht zu schlagen oder zu schimpfen. Ebenso ist es mit den anderen Tugenden und Lastern. *Es befiehlt das eine, verbietet das andere*«[175]

Noch in der Neuzeit erscheinen von Machiavelli bis Diderot Belohnungen und Strafen stets *gleichauf*. So schreibt Machiavelli über die wohlgeordnete Republik:

»Vielmehr setzt sie Belohnungen für gute und Strafen für schlechte Taten fest, und wenn sie einen für etwas Gutes belohnt hat, so züchtigt sie ihn danach, wenn er etwas Schlechtes getan hat [...] Wenn eine Republik auch arm ist und wenig geben kann, so darf sie doch nicht versäumen, dies wenige zu geben, denn die kleinste Belohnung für eine noch so große Tat empfindet der Empfänger als ehrenvoll und bedeutend.«[176]

---

170 Vgl. Aristoteles: EN 1181 b1.

171 »In den meisten Staaten vernachlässigt man dies, und jeder lebt, wie er will, und spricht Recht wie die Kyklopen über Weib und Kind.« EN 1180 a26.

172 Vgl. EN 1099 b30. Ähnlich: Platon: Politeia 544d; 599c-600e; Nomoi 643e; Polybios VI. 47. Zur Ideengeschichte: Jaeger (1936), S. 153 u. 158; Jaeger (1947), S. 289ff. u. 298ff. Jaeger überträgt diese Idee auf Dichter als die »höchsten Gesetzgeber des menschlichen Lebens«. Vgl. Ebd., S. 298. Selbst die Kunstrichter sollten »nicht Schüler, sondern Lehrer des Publikums sein.« Ebd., S. 307.

173 Vgl. Aristoteles: EN 1113 b23. Weil *kalos* nicht naturgesetzlich wirkt – also keine zwingende Gewalt besitzt –, müsse der Gesetzgeber das Schöne kennen, um den Staat schön zu machen. Vgl. 1110 b9; 1169 a7; 1180 a14–25; Fn. 624.

174 Vgl. EN 1109 b30.

175 Vgl. EN 1129 b19–25 [eig. Hervorh.]. Ähnlich die Argumentation in 1115 a32, wenn man voraussetzt, dass Ehren mit Prärogativen identisch sind (s.u. S. 120ff.).

176 Machiavelli: Discorsi I. 24. [Übers. Oppeln-Bronikowski]. Als Beispielfall für letzteres versteht Machiavelli im Übrigen nicht einen desymbolisierbaren Orden, sondern die Vergabe von »zwei Morgen Land«.

Diderot schreibt als Aufgabe dem »*Gesetzgeber*« zu, das Gefühl der Ehre zu »wecken«.[177] Der Inhalt der dyadischen Ehre-/Schande-Gesetze in der Antike ist oftmals unbekannt und doch drängt ihre Existenz von allen Seiten in die Quellen. Leonidas' Truppen sollen laut Herodot einem Gesetz (*nomos*) gehorcht haben, als sie an den Thermopylen ausharrten und – aristotelisch – Gefahren litten.[178] Das Epigramm ihres Ehrenmals trägt den Wanderern auf, in Sparta ihr Schicksal zu verkünden: dass sie unter der Erde liegen »wie *das Gesetz* es befahl.«[179]

Der Verweis auf ein Gesetz wird in der Regel erst verständlich, wenn in Betracht gezogen wird, was besagter *nomos* für die alternative Möglichkeit einer Flucht vorgesehen haben muss. Da das entsprechende Gesetz (wie das meiste aus Sparta) nicht überliefert ist, müssen vergleichbare Rechtsquellen herangezogen werden. Die Flucht taucht in unzähligen Gesetzgebungen als Straftatbestand auf. Deshalb kann die Annahme zumindest nicht ausgeschlossen werden, dass die griechische, römische oder germanische ›Tapferkeit‹ weniger der Seele als der Gesetzeslage entspringt und zwar in erster Linie den Sanktionen auf gewöhnliche, in gewissem Sinne verständliche, aber entehrende Handlungen wie der Flucht. Statt Kulturen voreilig blockartig zu ›Schamkulturen‹ zu erklären,[180] durch die das mystische Hirngespinst der Ehre (»*Honneur vainc tout!*«[181]) und die übermenschliche Furcht vor (eitler) Schande geistern, lohnt sich der Blick auf die Gesetze. Wenn Soldaten im aussichtslosen Kampf sterben, weil sie den Verlust von Ehre mehr fürchten als den Tod, haben sie nicht unbedingt einen imaginierten Gesichts-, sondern ihren kriegsrechtlich vorgeschriebenen Kopfverlust vor Augen.[182] Auf Angst, Flucht und Schande stehen mit

177 Vgl. Fn. 786.

178 Vgl. Herodot VII. 209, 3.

179 Vgl. Schiller (2007), S. 231.

180 Vgl. Fn. 54.

181 Vgl. Keen (1991), S. 264.

182 »Tapferkeit vor dem Feinde bis zur Hingabe des Lebens für das Vaterland wird jetzt eine Forderung, die *das Gesetz* an die Bürger stellt und deren Nichterfüllung es *mit schwerer Strafe* ahndet«. Jaeger (1936), S. 148 [eig. Hervorh.]. Zu den Sanktionen für Deserteure, Befehlsverweigerer oder Schildverlierer, s.u. S. 172ff. Die homerische ›Hundefreiheit‹: Fn. 948. Nikias fürchtet das Kriegsgericht in Athen: Thukydides VII. 48, 4. Polybios dokumentiert die überragende Wirkung der Rechtsfolgen auf römische Ehrverluste: »Manche, die im Kampf Schild, Schwert oder eine andere Waffe verloren haben, stürzen sich verzweifelt mitten unter die Feinde, um entweder das Verlorene zurückzugewinnen oder durch den Tod der öffentlichen Schande und der

dem Verlust der Ehre drakonische Strafen, weshalb Soldaten es durchaus vorziehen können, an den Thermopylen zu fallen, statt die Rechtsfolgen zu leiden.

In den attischen Gerichtshöfen taucht Diderots Devise, mittels Rechtsfolgen etwas wachzurütteln, formalisiert auf. Beim Fehlen einer gesetzlichen Strafnorm wird der Kläger gefragt, welcher Strafe er den Angeklagten für schuldig hält (*timema*). Den Angeklagten bietet sich die Möglichkeit einer Gegenschätzung (*antitimema*). Als Sokrates danach gefragt wird, welcher Strafe er sich für würdig hält, antwortet er mit der Speisung an der Staatstafel im Prytaneion,[183] wo das ewige Feuer des Staatsherdes brennt.[184] Seine Schlachten auf dem Gebiet des Geistes will Sokrates mit derselben Ehre gewertschätzt wissen, wie Generäle und Olympiasieger gratifiziert werden. Die Gleichrangigkeit von Ehrungen und Strafen auf *derselben* Stufe sind Sokrates nicht fern.

Dass Aristoteles' Ausführungen zur Funktion der Gesetze nicht idealistisch, sondern empirisch gemeint sind, lässt sich an der spartanischen Gesetzgebung zeigen. Auch wenn immer wieder versucht wird, die rechtlichen Leistungen Spartas als vor- oder unpolitische Residuen atavistischer Stammesverhältnisse abzuwerten,[185] sollte vor dem Hintergrund erodierender Bürgerbeteiligung nicht vorweg feststehen, wo die Grenze zwischen Atavismus und politischer Leistung verläuft. Das ›Nationalgefühl‹ des 19.

---

schmachvollen Bestrafung durch die eigenen Kameraden zu entgehen.« Polybios VI. 37 [Übers. Drexler]. Feigheit trifft die Strafe des *fustuarium* (Stockschläge und Steinigung). Bezeichnend ist der vermeintliche Bestrafungs-›Brauch‹ für fliehende Kontingente (Ebd., 38). Auch Tacitus enthält den Hinweis auf den germanischen Ehrverlust: »Den Schild im Stich gelassen zu haben ist die größte Schande, und dem Entehrten weder Opfern beizuwohnen noch in eine Versammlung zu kommen gestattet; ja, viele, welche sich aus den Kriegen gerettet, haben ihrer Schande durch Erhängen ein Ende gemacht.« Tacitus: Germania 6 [Übers. Bötticher/Schaefer]. Im Ersten Weltkrieg werden 346 britische Soldaten wegen Feigheit erschossen. Vgl. Bowman (2006), S. 161. Im Zweiten Weltkrieg werden auf deutscher Seite mindestens 15.000 Deutsche auf der Grundlage dieses ›Delikts‹ exekutiert. Vgl. Ebd., S. 163.

183 Vgl. Platon: Apologie des Sokrates 36d.

184 Vgl. Demosthenes: Gegen Leptines [20], 120. Zum diachronen Motivationswert der ›Ehrentafeln‹: Vgl. Homer: Odyssee XV. 506f. [die *Odyssee* wird im Folgenden als ›Od.‹ zitiert]; Herodot V. 18 [Frauen bereiten den Männern nach dem Gastmahl »Augenschmerzen«]; VI. 128. Zu Weiterentwicklungen, insbes. zu ›Ehrentrünken‹ (und aus dem Staatsschatz gegossenen Tellern und Bechern): Sissakis (2005), S. 49f.

185 Vgl. Fn. 52 u. 1031; Barta (2011b), S. 356f.

Jahrhunderts mag als herausragende Leistung der europäischem Nationalstaaten gelten,[186] die antiken *poleis* kodifizieren bereits denselben Hitzegrad der politischen Leidenschaften.[187] Statt das Charakteristikum, die Leidenschaften aller Mitglieder in monolithischen ›Hassblöcken‹ bis zum Äußersten mobilisieren zu können,[188] als politische Leistung anzuerkennen, wird die starke Involvierung des Einzelnen zumeist als ›natürliche‹ Vergesellschaftungsform verachtet.[189] Thomas FATHEUER meint dagegen:

---

186 »Vor allem erfassen sie große Gruppen von Menschen, die sie früher niemals berührten. Waren etwa von den Bürgerkriegen, die Frankreich im 16. und gegen Ende des 18. Jahrhunderts aufwühlten, erstaunlich wenige Menschen wirklich in ihrer Seele betroffen, war die Geschichte noch bis ins 19. Jahrhundert hinein von langen europäischen Kriegen erfüllt, die dem weit überwiegenden Teil der Bevölkerungen, abgesehen von den materiellen Schäden, die sie anrichteten, vollkommen gleichgültig waren, so gibt es heute wohl kaum mehr eine Seele in Europa, die nicht berührt wäre oder berührt zu sein meinte von Rassen- oder Klassen- oder Nationalleidenschaft und meistens sogar von allen dreien. Anscheinend vollzieht sich dieselbe Entwicklung auch in der Neuen Welt, und selbst im Fernen Osten erwachen riesige Menschengemeinschaften«. Benda (1983), S. 87. Auch: Ebd., S. 222ff. [Anm. A]. Zur Verwunderung der an Kabinettskriege gewöhnten deutschen Beobachter über die Mobilisierungskräfte der »enthusiasmierten französischen Volksheere[n]«: Dörner (1994), S. 80ff. Eichhoff sieht 1871 in Frankreich »fast das ganze Volk von dem Gedanken der Rache erfüllt«. Vgl. Eichhoff (1871), S. 4. Ähnlich: Wechsler (1991), S. 396; Vogt (1997), S. 266; Aschmann (2010), S. 23 u. 43f.; Appiah (2011), S. 80 u. 104.

187 Vgl. Stein-Hölkeskamp (1989), S. 230; Kiechle (1969), S. 532 [Zit. Philippson]; Jaeger (1936), S. 152.

188 Den Gedanken von Hassblöcken entwirft Benda. Die Entstehung dieser homogenen Leidenschaftsmaßen setzt er allerdings mit dem 20. Jahrhundert an (Fn. 186). Darin erkennt er die *differentia specifica*: »Unsere Zeit wird man einst das Jahrhundert der intellektuellen Organisation des politischen Hasses nennen.« Benda (1983), S. 102f. Während frühere Jahrhunderte »in lockerer Ordnung haßten«, bilde sich »heute eine kompakte Leidenschaftsmasse«. Vgl. Ebd., S. 88. Kleinstaatliche Hassgefühle lösten sich auf »in einer großen nationalen Leidenschaft«. Vgl. Ebd., S. 90. Bendas Idee trägt Wesentliches zur Theoriebildung der Rache bei, da sie die Verschränkung eines Gefühls mit Zeit und Raum in den Blick nimmt. Das Bedürfnis nach Rache wird in Hass proliferiert (vgl. Fn. 1267 u. 1269). Brückner stellt bei einer Analyse der Transformation politischer Wunden in Rache in diesem Sinne fest: »Wie wenig derartige Demonstrationen in erster Linie der Lebensbedrohung der Gemeinten gelten, sondern allgemeiner Ausdruck feindlicher Haltungen darstellen, zeigt immer wieder der Haß über den Tod hinaus.« Brückner (1966), S. 194. Er setzt dem das »Bildhaftmachen einer politischen Idee durch optisch wirksame Fiktionen« (S. 25) entgegen, die »für das Volk bestimmte politische Demonstrationen bildlichen Ausdruck suchen ließen« (S. 204f.).

189 Vgl. Barta (2011b), S. 153 u. 185 (Anm. 1148).

»Strukturen der gesellschaftlichen Kohäsion sind nicht Merkmale verschiedener evolutionärer Stufen«.[190]

Die spartanischen Gesetze fixieren, wie BURCKHARDT unnachahmlich schreibt, »die nach Allseitigkeit strebende Individualität in einer einseitigen Staatsnützlichkeit«. [191] Die Derogation individueller Rechte, die »Einschmelzung« des Einzelnen »in die eine staatliche Zwangsanstalt«,[192] ist um nichts weniger *ein rechtlicher Vorgang*. Plutarch beschreibt die Wirkung spartanischer Gesetze folgendermaßen:

»Die Zucht erstreckte sich bis auf die Erwachsenen. Keinem stand es frei zu leben, wie er wollte, sondern sie lebten in der Stadt wie in einem Feldlager *nach strengen Vorschriften* für all ihr Verhalten und ihre Beschäftigung in der Öffentlichkeit, *und überhaupt glaubten sie nicht sich, sondern dem Vaterlande zu gehören.*«[193]

Lykurg habe die Bürger daran *gewöhnt*,

»[...] ein Privatleben weder zu wünschen noch zu kennen, sondern *wie die Bienen fest mit der Gemeinschaft verwachsen* und miteinander um den König gedrängt beinahe aus sich selbst herauszutreten vor Begeisterung und Ehrbegierde, und ganz dem Vaterlande zu gehören.«[194]

Dieses summende ›Kunststück‹ glückt dem Gesetzgeber Lykurg kaum durch moralische Appelle oder erbauliche Literatur. Im Hintergrund steht unausgesprochen dyadisches Ehren und Strafen. Bei Aischylos wünschen die Erinyen den Bürgern Athens, »einträchtig auch im Haß!« zu sein.[195] Diese feindselige Gefühlseintracht muss hergestellt werden. Monolithische Bindungskräfte zwischen Bürgern und Staat sind nie einfach da oder natürlich gewachsen. Die Kohäsionsleistung von *en bloc*-Verbänden wird instrumentell bewirkt. Entwicklungsdeterministische Ansätze mögen die Autonomie des Individuums aus ›Stämmen‹ oder ›Ständen‹ feiern,[196] politisch steht dem die umgekehrte Leistung, eine große Menge Vereinzelter zu einem *body politic* zusammenzuschweißen, gleichwertig gegenüber.[197]

---

190 Vgl. Fatheuer (1988), S. 37.

191 Vgl. Burckhardt (1982), S. 211.

192 Die Formulierung ist geborgt aus: Weber (1960), S. 105 [dort geht es um das Einschmelzen von Verbänden in den Staat, nicht Einzelnen].

193 Plutarch: Lykurg 24 [Übers. Ziegler; eig. Hervorh.].

194 Ebd., 25.

195 Vgl. Fn. 1793.

196 Vgl. Fn. 52.

197 Zur Unentscheidbarkeit beider Ansichten: S. 191ff.

Bindungskräfte von Gruppenverbänden repräsentieren nicht die primordiale Ordnung der Steinzeit, sondern müssen artifiziell erst hergestellt werden. Die *ars specifica* dieses Herstellungsprozesses ist das Recht, das sich nicht nur gebrauchen lässt, um das Individuum (privatrechtlich) freizusetzen und zu schützen,[198] sondern auch, um es in einem Personenverband auf- oder untergehen zu lassen.

Nicht erst im 20. Jahrhundert erzeugt der Nationalsozialismus mittels drückender Gesetzgebung, die die »Abschaffung der Rechte des Individuums«[199] enthalten, die klaustrophobische Enge einer ›Volksgemeinschaft‹. Schon die Tyrannis des Peisistratos und seiner Söhne sei »drückend« gewesen.[200] Hermann STRASBURGER sieht diese Möglichkeit, das Individuum *kraft der Gesetze* an seine Mitbürger anzuleinen. Die vorwurfsvollen Worte, die er mit Bedacht wählt, verraten einen Gedanken, der dem Nationalsozialismus etwas grundsätzlich anderes vorwirft, als den Schein der Legalität gewahrt zu haben. STRASBURGER anerkennt die rechtlichen Grundlagen vermeintlich primitiver Stammesgebilde als »sklavische[n] Unterwerfung unter den *despotēs nomos*, die ihn [den Einzelnen, Anm. P.R.] als willenloses Objekt im völkischen Kollektiv aufgehen läßt«.[201]

In der Auslegung Egon FLAIGS will Pindar mit dem berühmten Ausspruch des *nomos basileus* eigentlich *nomos tyrannos* schreiben, vermag es aber semantisch (noch) nicht.[202] Pindars *nomos basileus* triebe demnach um, was STRASBURGER in Ermangelung einer einheitlichen Terminologie als *despotēs nomos* fasst und FLAIG auf den *nomos tyrannos* zuspitzt: dass Gesetze *tyrannisch* Gefühle, Leistungen, Kollektivismus oder Gewaltpflichten vorgeben können.[203] Aischylos erfasst diese Potenz mit dem epochemachenden

198 Vgl. Barta (2011b), S. 44 (Anm. 267).

199 Vgl. Benda (1983), S. 30.

200 Vgl. Thukydides VI. 53, 3 [Übers. Vretska/Rinner]. Die drückenden, sprichwörtlich ›drakonischen‹ Strafen stellen ein weiteres Indiz für diese Ansicht dar: Fn. 1746.

201 Vgl. Strasburger (1969), S. 120.

202 »Nomos, der König von allem, der Menschen und Götter, führt mit überlegener Hand und rechtfertigt die größte Gewalttat. Ich bezeuge dies mit den Werken des Herakles: Weder erbat er noch zahlte er die Rinder des Geryon; Er trieb sie zur kyklopischen Schwelle des Eurystheus.« Pindar fr. 169 [Übers.: Flaig (2006), S. 45].
Es ist nach wie vor umstritten, was Pindar mit der Formulierung meinte. Vgl. Race (1997), S. 385. Herodot legt Pindar in jedem Fall (retroaktiv) falsch aus. Vgl. Fn. 330. Barta sieht eine semantische Entgegensetzung von *nomos* und *basileus*: Barta (2010), S. 344. Zum Gesamtproblem: Barta (2011a), S. 26. Ich folge Flaigs Darstellung.

203 Werner Jaeger ereilt diese Einsicht, er missdeutet sie allerdings. Vgl. Fn. 182 u. 1744.

Sprachbild eines »Riff des Rechts«, an dem das (alte) Glück zerschellt sei.[204]

Neben der Derogation lohnt auch der Blick auf die spartanischen Besitz-, Haftungs- und Gebrauchsrechte,[205] um die Konturen eines ›drückenden‹ *nomos tyrannos* zu erkennen. Spartas *Recht* zwingt seine Bürger zu der sprichwörtlich gewordenen Lebensweise,[206] so dass »zwischen der Menge und den größeren Besitzern die Unterschiede der Lebensweise ziemlich aufgehoben« sind.[207] Wie Eigentumsrechte zur Bekämpfung der Geldliebe ausgesehen haben könnten, ist über Rom rekonstruierbar.[208] Der römische Senat bringt mehrfach Gesetzespakete auf den Weg, um Schmuck, Kleidung, Kutschen, Wagen und Sklaven zu verbieten.[209] Diese Gesetze bekämpfen weniger *luxuria* und *ambitio*,[210] als dass sie eben jene (spartani-

---

204 Vgl. Fn. 1769.

205 Vgl. Xenophon: Die Verfassung der Spartaner VI. 3; VII. 2; 6; XIV. 2f.

206 Zur gänzlich unspartanischen Lebensweise des archaischen Adels: Fn. 546.

207 Vgl. Thukydides I. 6, 3 [Übers. Landmann].

208 »Die Quellen unserer Kenntnis dieses merkwürdigen Organismus sind leider z.T. ziemlich trübe.« Jaeger (1936), S. 116. Die Materialdecke in Xenophons Bericht ist ebenfalls zu dünn, lässt aber eine Sanktionierung der Geldliebe erkennen, weshalb ich die römischen Gesetze zurate ziehe. Vgl. Xenophon: Die Verfassung der Spartaner VII. 2; XIV. 2f. »Die Eigentümlichkeit der spartanischen Verfassung [...] sei erstens die Bestimmung über den Grundbesitz, von dem keiner mehr haben dürfe als andere, sondern alle gleich viel, zweitens die über den Besitz an Geld, das bei ihnen völlig wertlos sei, so daß Habsucht und Neid aus ihrem Staatswesen verbannt seien«. Polybios VI. 45 [Übers. Drexler]. Auch Plutarch berichtet, dass bei den Spartanern »Reichtum schlechthin nicht mehr ein Gegenstand des Strebens und der Ehre« sei. Vgl. Plutarch: Lykurg 24 [Übers. Eyth]. »Das Geld, einst in Sparta fast unbekannt, war in Strömen in das Land geflossen, und ernste Warner hatten einen alten Orakelspruch ›entdeckt‹, daß die Geldgier, sonst nichts, Sparta vernichten werde.« Jaeger (1936), S. 118.

209 Zur *lex Oppia sumptuaria* (215–195 v. Chr.) und zu den *ambitio*-Gesetzen von 184 v. Chr.: Stolle (1999), S. 22, 51 (Anm. 27), 69, 74 u. 147. Zu den Gesetzen ab 64 v. Chr. (Verbot von Volksspeisungen, Spielen und *nomenclatores*): Jehne (1995), S. 52, 66 u. 70. Unter ambitus werden verbotene Beeinflussungsversuche der *fama popularis* durch aufstrebende Kandidaten in weißen Togen (*candida*) gefasst: Stimmenkauf, Volksversammlung oder Anmietung von Personen als aufmerksamkeitsheischende patronale Anhängerschaft. Vgl. Döbler (1999), S. 189; Jehne (1995), S. 51; Dingmann (2007), S. 351.

210 »Die Maßnahmen der Jahre 182 bis 180 zeigen, daß die Senatsaristokratie – nachdem der herausragende Einfluß der Magistrate der großen Kriege durch die Angriffe auf sie entscheidend gemindert worden war – nun versuchte, den Ehrgeiz ihrer Mitglieder einer objektivierten Kontrolle durch Gesetze zu unterstellen, da der *mos* allein keine

sche) Gleichstellung von »größeren Besitzern« mit der Lebensart der »Menge« garantieren.[211] Die für Griechenland ungewöhnlich freie Stellung der dorischen Frauen ist kein »Zug [...] dorischer Stammesart«,[212] sondern das Resultat der spartanischen Eigentumsrechte. Zwei Fünftel Lakedaimoniens sind im Besitz von Frauen.[213]

Die Gestalt der Haftungsrechte lässt sich über die ›Sippenhaftung‹ des germanischen Racherechts[214] oder Giano della Bellas florentinische Gesetze im 13. Jahrhundert rekonstruieren.[215] Von individueller Haftung auf eine »Haftung von Geschlecht zu Geschlecht« umzustellen, erfordert entgegen der Vorstellung, dass die Rechtsentwicklung irreversibel von Kollektiv- zur Individualhaftung als *causa finalis* des Zivilisationsprozesses verläuft,[216] keine sonderlich große Phantasie, sondern nur den Blick auf die Diktaturen des 20. Jahrhunderts.[217] In der Lage zu sein, »to walk the streets with reasonable confidence that we will not be blamed for the crimes of

Handhabe gegen die diejenigen bot, die sich aufgrund ihres persönlichen Ehrgeizes darüber hinwegsetzen wollten.« Stolle (1999), S. 66.

211 Die römischen Gesetze verhinderten die »übermäßige Herausstellung gegenüber den Standesgenossen [...], z.B. durch auffälligen Luxus bei der Repräsentation – etwa durch Statuen – oder im Privatleben.« Sehlmeyer (1999), S. 158.

212 Vgl. Jaeger (1936), S. 139.

213 Vgl. Aristoteles: Politik 1270 a24.

214 »Die Fehde war rechtlich anerkannte Form der Rache des Verletzten und seiner Sippe und der Sippe des Erschlagenen (der toten Hand) gegen den Täter und seine Sippe (die lebende Hand)« Conrad (1954), S. 66. »Bei einem Totschlag richtete sich die Fehde oft gar nicht in erster Linie gegen den Täter, sondern den besten Mann der feindlichen Sippe«. Ebd.

215 Jacoby (1983), S. 121.

216 Vgl. Kohler (1883), S. 151. Kohler analysiert die haftungsrechtliche Dimension von Familien- statt Einzelfehden (Ebd., S. 139) und geht teleologisch von einem Urgrund der Kollektivschuld aus, »die erst allmählig zur Individualschuld zusammenfliesst« (Ebd., S. 151). Abgesehen vom entwicklungsgeschichtlichen Paradigma lässt sich aber aus der Beobachtung, »dass die ganze Familie des Mörders mit ihrem Blute haftet« (Ebd., S. 152), mehr gewinnen als eine antiquierte Rechtsvorstellung.

217 Die Tatsache, dass das ›Recht auf Sklaven‹ [vgl. Montesquieu XV. 6] die Sklaverei absichert und dass in den Konzentrationslagern zur Anwendung gekommene ›Arbeitsgesetze‹ das Gegenteil dessen bewerkstelligten, was Gesetze nach rechtsstaatlichem Verständnis leisten sollten – nämlich zu schützen, statt auszubeuten –, stellt in meinen Augen eine eindrückliche Mahnung gegen jeden entwicklungsdeterministischen Ansatz dar.

our parents, siblings, and cousins«, ist ein gesetzlich herzustellender, keineswegs unumkehrbarer Zustand.[218]

Aber auch der Blick auf attische Haftungsrechte hilft, die Kraft antiker Gesetze zu verstehen. In den attischen Phratrien (die irrtümlich mit ›Stämmen‹ übersetzt werden, wo es sich gerade um *nichtverwandte* Rechtshilfe- und Rachevereine handelt[219]) wird Rachehilfe jenseits verwandtschaftlicher Beziehungen artifiziell sicher- und hergestellt: »Falls es keine Angehörigen gab, ging die Zuständigkeit für eine eventuelle Blutrache auf zehn aus dem Adel auszuwählende Phratriegenossen über«.[220] Adlige, die mit niederen Bauern oder Händlern noch nicht einmal blutsverwandt waren, gewährten diesen über ihren Tod hinaus Rechtshilfe. Weshalb sollten sie das tun? Die Phratrienverbände werden rechtlich-instrumentell über Heirat und sog. ›Bräuche‹, deren Stellenwert methodisch gleich durchgearbeitet werden soll, zusammengeschweißt.[221]

Zu den wenigen Forschern, die die Rechtsgrundlagen der spartanischen Lebensweise erkannt haben, statt sie als Abdruck der Natur herunterzuspielen, gehört Humphrey KITO. Seine Schlussfolgerungen lesen sich wie eine Paraphrase der aristotelischen, vermeintlich idealisierten Rollenbeschreibung des griechischen Gesetzgebers:

> »In der Geschichte muß man auf der Hut sein, daß man nicht über dem Selbstverständlichen das Bedeutsame versäumt; [...] Die Gesetze der Spartaner leisteten so ganz, was die Griechen für die höchste Aufgabe des Gesetzes hielten. Unsere Auffassung von den Gesetzen ist so völlig von den Römern bestimmt, daß es uns schwerfällt, in ihnen etwas Schöpferisches, eine gestaltende Kraft zu sehen; aber genau das war die normale griechische Vorstellung.«[222]

Die griechischen Gesetze sind auf die Gestaltung von Menschen aus – auf Gefühls-, Gewalt- und Handlungsdesign. Die Instrumente dieser Kunst sind, um Aristoteles zu variieren, die gesetzlichen Ehren und Strafen.

---

218 Vgl. Jacoby (1983), S. 119. Sie schreibt diese Leistung allerdings unspezifischen »restraints on vengeance« zu.

219 Zu den attischen Phratrien: Fn. 220. Zum nordischen Recht: »Die Rache oblag naturgemäss in erster Reihe der Familie, aber es gab auch Blutsvereine, deren Mitglieder sich zur gegenseitigen Rache verpflichteten.« Kohler (1883), S. 172.

220 Vgl. Stein-Hölkeskamp (1989), S. 161 (Anm. 36).

221 Vgl. Ebd., S. 161. Zur Geltungskraft der Bräuche: Fn. 1017.

222 Kito (1967), S. 134.

2. Methodische Vorüberlegungen

Antike Texte als Rechtsquellen

Lange wurde die ›Bibel‹ der Griechen – um 650 v. Chr. in den »Sog der Schriftlichkeit« geraten – vom Paradigma einer polykephalen Gesellschaft deformiert.[223] Demnach bewegten sich Homers *basilees* in einer anarchischen, vorrechtlichen, vorstaatlichen Welt. Die Widersprüche blieben der Forschung lange verborgen, wie Fritz GSCHNITZER meint:

»Charakteristisch ist die Neigung, staatliche Institutionen weitgehend zu leugnen [...] Sie macht dabei natürlich auch vor der Sphäre des Rechts nicht halt; vielmehr neigt sie dazu, auch die Existenz einer Rechtsordnung zu leugnen oder diese doch ganz an den Rand zu drängen und die Sitte über das Recht in derselben Weise dominieren zu lassen wie die Gesellschaft über den Staat.«[224]

Dem Paradigma einer »moral- und rechtlosen Zeit«[225] kommt Homer *als Dichter* entgegen. Geschichtenerzähler sind keine Juristen. Homer will keine institutionellen Wirklichkeiten abbilden, sondern die Handlungsmacht seiner Protagonisten betonen, weshalb er die institutionellen Einrichtungen eher herunterspielt.[226] Dichter blenden das als langweilig und routiniert wahrgenommene institutionelle Gesellschaftsgefüge weg, weil sie sich schon aus rein dramaturgischen Bedürfnissen für den Ausnahmezustand interessieren – den Krisen- und Konfliktfall politischer Institutionen.[227] Heroismus besteht gerade, wie DISSELKAMP darlegt, funktional einerseits in der »Bewältigung politischer Komplexität«,[228] andererseits in der »Illu-

223 Vgl. Rösler (2011), S. 204 u. 208. Zur Entstehung und Verschriftlichung der homerischen Werke: Fatheuer (1988), S. 13ff. Zur »Herabdatierung«: Wagner-Hasel (2000), S. 72.

224 Gschnitzer (1991), S. 185.

225 Vgl. Maschke (1926), S. 1.

226 Gschnitzer (1991), S. 193. Homers Epen neigten dazu, »vor unseren Augen das Bild von einer Welt entstehen zu lassen, in der gewissermaßen alles möglich, alles offen, nichts durch feste Institutionen eingeengt oder festgelegt ist.« Ebd., S. 194.

227 »Zudem bevorzugt die Dichtung als solche den dramatischen Konflikt vor dem alltäglichen, langweiligen Normalfall; sie wird uns also, soweit sie uns Institutionen überhaupt vorführt, diese in der Regel nicht als funktionierende Institutionen vor Augen führen, sondern viel eher in ihrem Versagen; wir erleben dann bürgerkriegsähnliche, anarchische Zustände«. Ebd., S. 193.

228 Vgl. Disselkamp (2002), S. 369.

sion epischer Handlungsfähigkeit«.[229] Da antike Dichter nicht in gleicher Weise am Recht interessiert sind wie Juristen, an dessen Existenz aber nicht spurlos vorbeikommen, entsteht für Robert ROLLINGER eine dichterische Verzerrung.[230] Susanne GÖDDE bezeichnet diese genauer als »poetische[n] Modellierung des Rechts«, [231] die das grundlegende Rechtsdenken konserviert. Das gilt auch für die Historiker. Dafür, dass Thukydides als Theoretiker der Macht vereinnahmt wird[232] und seine Heimatstadt eine »island of relative security in a sea of violence« sein soll,[233] verweist er auffallend häufig auf Vertragsrecht und -entwürfe.[234] Thukydides' Werk enthält »in hohem Maße rechtliches Substrat«.[235]

Poetische Modellierungen mögen gewöhnungsbedürftig und verklausuliert sein, aber man kann sie *lesen lernen*. Selbst wenn Homer – wie Thukydides den Dichtern vorwirft – »alles mit höherem Glanze« schmückt, um »die Befriedigung der Hörlust« zu bewerkstelligen,[236] zeigt er sich dennoch ausgiebig an Konfliktlösungsmechanismen interessiert. FLAIG will daher

---

229 Vgl. Ebd., S. 22 (Anm. 67). Da die Geschichte genügend Beispiele für *grandes âmes* kennt, die aufgrund dieser »Illusion« epische Taten vollbracht und Geschichte geschrieben haben, sollte das Wort vielleicht durch *Bedingung* ersetzt werden.

230 Vgl. Rollinger (2004), S. 376 u. 378 (Anm. 61).

231 Vgl. Gödde (2012), S. 158.

232 Zur Forschungsliteratur, die Thukydides rechtspositivistisch auslegt: Wendt (2011), S. 218. Für Wendt sind Thukydides' Verhandlungspartner »bedacht darauf, sich völkerrechtlich nicht offen ins Unrecht zu setzen.« Vgl. Ebd., S. 221. Wo gegen geltendes Recht verstoßen wird, deutet der Historiker das an. Dennoch widerlege ich Wendts These einer durch Athen vorangetriebenen ›Rechtsentwicklung‹ (Ebd., S. 220) vom gleichberechtigten Verkehr aller Mitgliedsstaaten des attisch-delischen Seebundes (Thukydides I. 77) zur auf Melos vorgetragenen Position, Recht gelte nur in den Beziehungen der Gleichstarken (V. 89). Wendt übersieht, dass die Athener immer schon konsequent naturrechtlich argumentieren, sobald es um *Nichtunterzeichnerstaaten* geht – auch vor Kriegsausbruch schon. Melos ist *kein* Vertragsstaat des Seebundes. Vgl. Fn. 720. Deshalb gilt gerade für Melos, was die Athener schon auf dem Rachekongress sagen. In diesem Argument liegt nicht Rechtsentwicklung, sondern Statik vor. S.u. S. 361f.

233 Vgl. Rieß (2012), S. 393.

234 Vgl. die ›Eroberung‹ Plataias und die Entzifferung der historiographischen Modellierung, u. S. 78f.

235 Vgl. Scheibelreiter (2011), S. 161. Ähnlich: Ebd., S. 153 [»hohe Dichte an rechtlich relevanten Sachverhalten«]. Zu zwölf Gesetzen des antiken Kriegsrechts, die aus von Thukydides' berichteten Verbrechen abgeleitet werden können: Jordović (2005), S. 24–26.

236 Vgl. Thukydides I. 21, 1 [Übers. Vretska/Rinner].

die Epen nicht als unpolitisch verstanden wissen: »Der Dichter leistet politische Reflexion in atheoretischer Form.«[237]

Thukydides' Verachtung der Dichter dagegen ist gewöhnungsbedürftig. Das lässt sich erkennen, wenn man sie mit Aristoteles' Auffassung vergleicht: »Deshalb ist die Dichtung auch philosophischer und bedeutender als die Geschichtsschreibung. Die Dichtung nämlich stellt eher etwas Allgemeines, die Geschichtsschreibung Einzelnes dar.«[238] Geschichte beschäftigt sich mit dem konkreten Einzelfall, Dichtung mit dem Allgemeingültigen. Gehrke betrachtet Euripides deshalb auch als Großmeister einer politischen Verhaltenslehre.[239] Im Unterschied zu Thomas Hobbes will Francis Bacon daher nicht nur Historiographie, sondern auch Dichtung in die politische Analyse der Gefühle mit einbeziehen.[240] Die Diskussion setzt sich bis in den Methodenstreit der modernen Soziologie[241] und Geschichtswissenschaft[242] fort.

Antike ›Dichter‹ entsprechen nicht ganz den modernen Vorstellungen eines Dichters. Antike Autoren wie Tyrtaios sind staatliche Pädagogen, die die Einheit des Volkes betreiben und den Bürgern *service* für die Gemeinschaft einbläuen.[243] Aischylos dichtet seine Tragödien nicht fernab der

---

237 Flaig (1994), S. 31.

238 Vgl. Aristoteles: Poetik 1451 b6 [Übers. Schmitt]. »›Etwas Allgemeines‹ aber meint, dass es einem bestimmten Charakter mit Wahrscheinlichkeit oder Notwendigkeit zukommt, Bestimmtes zu sagen oder zu tun. Dieses versucht die Dichtung darzustellen, die Namen werden dazugesetzt; ›Einzelnes‹ meint: das, was Alkibiades getan und was er erlitten hat.« Ebd.

239 »Da er nun menschliches Verhalten mit aller intellektuellen Schärfe analysiert und mit großer Eindringlichkeit vorgeführt, ja ins Scheinwerferlicht gestellt hat«. Gehrke (1987), S. 126

240 S.u. S. 90f. Dennoch übersetzt Hobbes *Ilias* und *Odyssee*. Vgl. Hobbes (1994a).

241 Zum Streit darüber, wer die Gesellschaft besser beschreiben kann – Dichter oder Soziologen – im paradigmatischen Konflikt zwischen Curtius und Mannheim: Lepenies (1988), S. 377–402.

242 »Der Wahlspruch Lamprechts, *scire est per causas scire*, mußte jedem Georgianer als Kampfansage erscheinen, und erst recht [...] das Vertrauen in eine Statistik, die sich geradezu als die systematische Verdrängung des Individuums aus der Wissenschaft beschreiben ließ.« Vgl. Ebd., S. 334.

243 Vgl. Jaeger (1936), S. 129 u. 134. Jaeger neigt allerdings zur Übertreibung: »Tyrtaios hat seine Bürgerschaft für immer mit dem neuen Gemeinschaftsgedanken erfüllt, und der Heroismus, den er lehrte, gab dem spartanischen Staat sein historisches Gepräge.« Ebd., S. 136. Von gravierenden Rechtsfolgen für Feigheit (s.u. S. 172ff.) ist dagegen nur am Rande die Rede. Vgl. Fn. 182.

Welt, sondern kämpft bei Marathon, Salamis und Plataia gegen die Perser,[244] bevor er das politische Denken seiner Mitbürger jenseits aller Faktionskämpfe durch Tragödien schult. Die Parteistreitigkeiten könnten der Grund für die exoterische mythologische Verschlüsselung der *Orestie* sein.[245] Kunst und Dichtung befördern weniger die ästhetische, als die politische Rezeption.[246] Euripides reflektiert die Politik Athens auf der Bühne in der Gestalt gewalttätiger Frauen.[247] Dass die Kunst als Medium politische Transgressionen vordenkt,[248] ist unwahrscheinlicher als die umgedrehte Hypothese, dass dem Politischen Transgressionen entschlüpfen, angesichts derer die Kunst sich damit begnügt, die Scherben aufzuführen. Die Transgressionen, die Euripides in Gestalt von Frauen präsentiert, sind ohne die vorangegangenen politischen Ereignisse unvorstellbar. Euripides' *Hekabe* scheint Handlungen der attischen Politik zu spiegeln und zu vertiefen, statt sie ihr beizubringen.[249] Gibt es einen Primat des Politischen gegenüber der vermeintlich »transgressiven Funktion der Kunst«?[250]

Bei der Auslegung der Epen stößt GSCHNITZER auf die Anomalie, dass viele Wendungen »trotz der etwas anderen Sprache, aus den Institutionen, dem Denken und der Praxis der klassischen Polis ohne weiteres verständlich, gänzlich unverständlich dagegen für jeden, der in der *Ilias* nur ›vorstaatliche‹ oder ›vorrechtliche‹ Zustände sieht.«[251] So manche Formulierung sei deshalb »eine höchst formelle und höchst offizielle Sache, *die sehr*

---

244 Vgl. Kito (1967), S. 159; Barta (2014), S. 46.

245 »Hier, im politischen Denken jenseits aller Parteiungen, lag deren eigentlich politischer, die Bürgerschaft betreffender Gehalt. Denken und Dichten waren in jener Zeit noch kaum geschieden. Die Tragödie erreichte breiteste Schichten. In ihr konnte sich also die lange Tradition politischen Denkens fortsetzen in die attische Demokratie hinein.« Meier (1983), S. 157. Auch: 156f.
Einen anderen Grund nennt Jacoby: »the projection of revenge was politic in the primary dictionary definition (i.e., prudent), not merely because it kept the author's head safely attached to his neck but because it afforded a measure of psychic distance between the audience and a profoundly disturbing subject.« Jacoby (1983) S. 20.

246 Vgl. Barta (2014), S. 64.

247 Vgl. Ferla (1996), S. 304.

248 Vgl. Ebd., S. 1. Mir scheint aber das Politische in Sachen Transgressionsevolution den Künsten oftmals um Jahrzehnte vorauszueilen.

249 Zur Verbindung der Uraufführung der *Hekabe* mit Kleons Plädoyer zur Vernichtung Mytilenes: Kito (1967), S. 205. Die Uraufführung der *Andromache* identifiziert Kito mit dem Schicksal Plataias vor den spartanischen Richtern (s.u. S. 78f.): Ebd., S. 211.

250 Vgl. Ferla (1996), S. 300.

251 Vgl. Gschnitzer (1991), S. 196.

gut in eine entwickelte Gemeindeverfassung paßt, gar nicht aber zu den formlosen, verfließenden, ›vorstaatlichen‹ und ›vorrechtlichen‹ Zuständen«.[252] Das führt zwangsläufig zur Frage, ob Gesellschaften ohne Recht überhaupt bestehen können (und bestanden haben).[253] Homers *poleis* zeigen zumindest alle Anzeichen einer weit fortgeschrittenen institutionellen Rechtsentwicklung. Sie stehen mit den attischen Institutionen in bemerkenswerter Kontinuität,[254] was allerdings das Bild trübt, dass Athen seine Institutionen *ex nihilo* geschaffen habe.[255] Homers *poleis* verfügen über Ämter, Rat, Volksversammlung, Gerichte und Strafzahlungen.[256] Homers *agora* ist (längst) »öffentlich-rechtlicher Natur«,[257] wenn auch mitunter durchzogen von den Zwängen einer Schweigespirale.[258] Agamemnon ist nicht nur weithin herrschend (*eurykreion*),[259] er spricht Recht.[260] Hektor verkörpert keinen *amor privatus*, sondern seine Ehre ist mit der Ehre seiner *polis* auf Gedeih und Verderb verknüpft.[261]

Für FATHEUER sind

»[...] die Grundzüge einer Gesellschaftsordnung in den Epen durchaus konsistent dargestellt [...] Insbesondere die Odyssee ist voll von Details über gesellschaftliches

---

252 Vgl. Ebd., S. 195 [eig. Hervorh.].

253 Vgl. Barta (2010), S. 180.

254 »Der Weg führte nicht vom adeligen Geschlechterstaat und nicht von der akephalen Gesellschaft zur Polis; er führte nicht unwesentlich von der bäuerlichen Ordnung zur bürgerlichen Ordnung.« Schmitz (2004), S. 489.

255 Vgl. Barta (2010), S. 107.

256 Vgl. Schmitz (2004), S. 491; Nicolai (1993), S. 334f.; Hölkeskamp (1994), S. 145. Zu Strafgeldern: »Wie man angesichts von Stellen wie diesen dem homerischen Staat (ich gebrauche den Ausdruck mit vollem Bedacht) Zwangsmittel gegen seine Angehörigen absprechen will, ist mir rätselhaft.« Gschnitzer (1991), S. 198.

257 Vgl. Ebd., S. 196.

258 So klagt Mentor: »Vielmehr empört mich die Haltung des übrigen Volkes: *Ihr sitzet / schweigend herum* und gebietet nicht einmal mit scheltenden Worten / Einhalt der Handvoll von Freiern, *obwohl ihr die Überzahl bildet!*« Od. II. 238ff. [Übers. Ebener; eig. Hervorh.].

259 Vgl. Kito (1967), S. 97.

260 »[E]iner sei Herrscher, / Einer König allein, dem der Sohn des verschlagenen Kronos / Zepter verlieh und Gesetze [*themistas*], daß er der Menge gebiete.« Il. II. 204–206 [Übers. Rupé]. Ähnlich: IX. 98f. [»und Zeus dir selber des Zepters / Macht und Gerechtsame [*themistas*] gab, auf daß du alle beratest.«].

261 Vgl. Fn. 1027ff.

Leben, die oft scheinbar beiläufig in die Handlung eingefügt sind. Gerade die Summe der Details macht die dichterische Erfindung unwahrscheinlich.«[262]

Für Gerhard THÜR lässt sich von »zufällig überlieferten Einzelheit auf den sonst nicht mitgeteilten Normalfall schließen.«[263] Aufgrund des Mangels an fachjuristischen Quellen müssen deshalb aus literarischen Quellen kulturelle Vorannahmen und Rechtsvorstellungen herausgearbeitet werden. Der Krieg zwischen Griechen und Troern etwa ist voraussetzungsvoll verrechtlicht, von einer Vielzahl institutioneller Arrangements nicht nur flankiert, sondern in seiner Gewalt reguliert. Philipp SCHEIBELREITER schließt »aus der wiederholten, schablonenhaften Beschreibung bestimmter Verhaltensmuster der Kriegspraxis, dass diese ein rechtliches Fundament hatten.«[264] Ohne Waffenstillstandsverträge kommt es nicht zur Herausgabe der Toten. Die Einhaltung sakralrechtlicher Bestattungsgesetze erzwingt immer wieder aufs Neue Gewaltpausen.[265] Die *monomachia* (der historische Vorläufer des Duells) hegt das exzessive Blutvergießen durch den Zweikampf ein.[266] Es gibt ausdifferenzierte Gast-, Arbeits-, Asyl-[267] und Schadensersatzrechte.[268] Diplomaten genießen panhellenisch Schutz.[269] Die Könige von Sparta und Ithaka – Menelaos und Odysseus – gelangen aufgrund derartiger Regelungen geschützt ins Innere von Troia, um einen Friedensvertrag auszuhandeln.[270] Grotius mag als Erfinder des Völkerrechts gelten, die Griechen schöpfen zwei Jahrtausende zuvor längst *antikes Völkerrecht*;[271] im Kern eine Mischung aus Vertrags- und Gewohnheits-

262 Vgl. Fatheuer (1988), S. 15.

263 Vgl. Thür (2007), S. 83 [nicht anhand Homers].

264 Vgl. Scheibelreiter (2011), S. 157.

265 Vgl. Il. II. 123; III. 71; 94; 256; 323; IV. 14; 158; 245; 267.

266 Vgl. Il. III. 250ff. Dazu: Baltrusch (2008), S. 8. Zum Synonym von *duellum – bellum* (Cicero): Burkhart (2006), S. 68.

267 Vgl. Fn. 273.

268 S.u. S. 288ff.

269 Vgl. Wolff (1961), S. 24; Wéry (1979), S. 13ff.; Alonso (2007), S. 220; Baltrusch (2008), S. 30. Für Rom: Sehlmeyer (1999), S. 63ff.

270 Vgl. Il. III. 205ff.

271 Vgl. Fn. 267; Baltrusch (1994), S. 201f.; Baltrusch (2008), S. 3; Scheibelreiter (2011), S. 153ff. u. 160ff.; Barta (2010), S. 510.

recht.[272] Victor ALONSO zählt nur einige der vorgefundenen Rechtsregeln auf:

»Before it comes to war, the offended party can request or receive a conciliatory proposal on the basis of satisfaction (*poine*). If armed conflict proves inevitable, the combatants have at their disposal a series of institutions and customary rules to limit and avoid its devastating effects: the proclamation of the conflict, the inviolability of heralds (*kerykes*), the possibility of diplomatic negotiations through ambassadors (*angeloi*), the recourse to single combat (*monomachia*) with the intention of sparing widespread bloodshed, the use of truces for the recovery of bodies, the condition of suppliant (*Hiketes*), the inviolability of sanctuaries and sacred persons (*asylia* [...]), the contractual status of ally (*epikouros*), the regulated distribution of booty, including the honorary share of the leader (*geras*) and, of course, the figure of the primary combatant or head of the coalition (Agamemnon, Priam).«[273]

Wie passt das zu der Lehrmeinung, die Vorgänge der homerischen Zeit seien recht- und gesetzlos? Ernst BALTRUSCH zieht aus dem Quellenmaterial für die politische Ideengeschichte einen folgenreichen Schluss:

»Wenn Homer wirklich [...] eine authentische Quelle für das 8. Jahrhundert darstellt, dann ist von vornherein die in der Neuzeit insbesondere seit Hobbes vertretene, lange vorherrschende und auch heute noch nicht ganz verschwundene These vom naturgemäßen Kriegszustand aller gegen alle in den archaischen Gesellschaften widerlegt.«[274]

BALTRUSCH empfiehlt das *Sehen-lernen* all dessen, was nicht ins Paradigma von einer rechtlosen Zeit passen will. Wenn Achilles sagt, die Troer hätten ihm nichts getan, keine Felder verwüstet und kein Eigentum geplündert – schließlich seien Troia und Phthia durch »waldige Berge« und »des Meeres tönende Brandung« zu weit voneinander entfernt,[275] um in Beziehung zu treten –, handelt es sich keineswegs um bäuerlich-rückständiges Denken, wie STRASBURGER urteilt.[276] Achilles bringt in eigenen Worten den völkerrechtlich bedeutsamen Sachverhalt zum Ausdruck, dass der Feind in das eigene Territorium hätte eindringen müssen, um den *casus belli* zu

272 Vgl. Ebd., S. 436. Andere sehen nur Gewohnheitsrecht und übersehen das umfangreiche, etwa bei Thukydides dokumentierte, Vertragsrecht: Wendt (2011), S. 219 [»Völkergewohnheitsrecht«]; Scheibelreiter (2011), S. 156; Kiechle (1969), S. 576.

273 Alonso (2007), S. 210 [eig. Hervorh.].

274 Baltrusch (2008), S. 7. Ähnlich: Ebd., S. 88.

275 Vgl. Il. I. 156f.

276 Vgl. Strasburger (1969), S. 106.

konstruieren (allerdings unterschlägt Achilles auch, dass Paris' Raub den *casus foederis* geschaffen haben könnte).

Homer ist zwar nicht mit den modernen juristischen Fachbegriffen vertraut, aber BARTA wettert dagegen: »Wie wenn eine unverständliche und mit *termini technici* gespickte (Fach)-Sprache jemals einen juristischen Leistungsnachweis und ein (Wissenschafts)Kriterium der Jurisprudenz bedeutet hätten!«[277] Für die epistemologische Blindheit gegenüber dem griechischen Entwicklungsstand hat er nur Sarkasmus übrig: »es fehlt nur der Hinweis, dass das Altertum keine dem Bonner Grundgesetz gleichwertige Formulierung gekannt hat!«[278] Während es Wolfgang SCHULLER der »generellen Rechtsfremdheit unseres Bildungswesens« anlastet,[279] das rechtliche Substrat zu übersehen, moniert BARTA die »mittlerweile irreversible Demontage der Rechtsgeschichte aus den Studienplänen des gesamten deutschen Sprachraums«.[280] Griechisches Recht verschwand allerdings lange davor – aus der Rechtsgeschichte selbst. BARTA bezeichnet die antigraezistische Herleitung des europäischen Rechts aus Rom als »›Rufmord‹ am griechischen Recht und Rechtsdenken«.[281]

Nach seiner Darstellung wirkt die Verdichtung hunderter griechischer *poleis* auf engstem Raum, die feindliche wie freundschaftliche Berührungsintensität, notwendig rechtserzeugend. Nicht trotz, sondern aufgrund der Zersplitterung Griechenlands sei ein relativ einheitliches Instrumentarium der Gesellschaftssteuerung mit Schiedsgerichten, internationalen Verträgen und religiösen Vorschriften entstanden,[282] das wesentlich älter sei »als der Staat/die Polis selbst.«[283] Die Feindberührung (in Konflik-

277 Barta (2011a), S. 134.

278 Vgl. Barta (2011b), S. 158 (Anm. 977). »Darin liegt eine Schwäche der oft unkritisch übernommenen These, die dem griechischen Recht und Rechtsdenken ›Primitivität‹ und ›Naivität‹ attestiert. Ich halte dem entgegen: In Griechenland vor der Mitte des 5. Jahrhunderts [...] einen Weg in Richtung theoretische Jurisprudenz/ Rechtswissenschaft einzuschlagen, wäre gar nicht möglich gewesen [...]. Eine praktische Jurisprudenz (mit klugen und phantasievollen Juristen, die als Gesetzgeber, Richter, Beamte und in Rechtsberufen tätig waren) hat aber bestanden.« Barta (2014), S. 105.

279 Vgl. Schuller (2008), S. 92.

280 Vgl. Barta (2010), S. 30.

281 Vgl. Ebd., S. 59. Rechtsgeschichte sei »zu einer eindimensional römischrechtlichen verkümmert«. Barta (2011a), S. 49.

282 Vgl. Barta (2010), S. 184ff. u. 431. Auch: Wagner-Hasel (2000), S. 276.

283 Vgl. Barta (2011b), S. 39. Zur Frage der Vorstaatlichkeit des Gewohnheitsrechts: Barta (2011a), S. 347.

ten und Kriegen),[284] genauso wie die Freundberührung (in Verkehr und Handel), hätten den Rechtskorpus homogenisiert.[285] Erfahrungen mit den geschichtsträchtigen Mächten Krieg und Handel schufen transnationale Seehandelszonen,[286] Bündnis-, Handels-, Rechtshilfe- und Auslieferungsverträge.[287] Richter wurden als Streitschlichter in die Ferne entsandt. Staaten verliehen sich gegenseitig Bürgerrechte.[288] Und nicht zuletzt die massenhafte Ausgründung von Kolonien und Kleruchien habe zur Reflexion des Rechts geführt, da die Gesetze der Tochterstädte in den Mutterstädten abgefasst und als utopische Entwürfe gleichsam befreit von alten Zwängen in den ›rechtsfreien‹ Raum imaginiert und gesatzt werden konnten.[289] Die Kolonisation habe zu einem »jurisprudentiellen Innovationsschub« geführt.[290]

Die modernen Erfahrungslücken mit dem Recht sind der Antike unbekannt. Es gibt keine Entfremdung durch juridische Rationalisierung.[291] Rechtskenntnisse sind durch alltägliche Übung verbreitet. Seit Solon ist die attische Volksversammlung in politische (*ekklesia*) und rechtliche (*heliaia*) Gewalt geteilt.[292] In der Versammlung zeugen die Bürger das Recht, das sie in den Gerichten anwenden.[293] In klassischer Zeit richtet die *heliaia* sogar

---

284 Vgl. Barta (2010), S. 181 u. 363; Barta (2011b), S. 64f.

285 Vgl. Barta (2011a), S. 320 u. 327.

286 Vgl. Barta (2010), S. 144ff., 158, 173ff. u. 485. Zur zivilisierenden, verbindenden und verpflichtenden Kraft des *doux commerce* in gefühlspolitischer Hinsicht: Hirschman (1987), S. 68ff., 85 u. 116; Taylor (1996), S. 380. Der *doux commerce* ist für Platon der Anlass, Perikles als schlechten Bäcker zu verschreien (vgl. Fn. 820).

287 Vgl. Barta (2010), S. 413 u. 434. Zu den Rechtshilfeverträgen (*symbolai*) auch: Brodersen (1992), S. 30. Zu Künstler-, Schifffahrts-, Handels- und Begräbnisvereinen: Barta (2011a), S. 576.

288 Vgl. Barta (2010), S. 443 (Anm. 2101).

289 Vgl. Ebd., S. 365; Barta (2011a), S. 454. Vgl. Isokrates: Panegyrikos [IV], 35 u. 39. »Dessen [Delphis, Anm. P.R.] Priesterschaft griff mit Orakelsprüchen wegweisend in den Prozeß der Koloniegründung ein und trug damit zur Erschließung neuer geographischer Räume, aber auch zur politischen Konfliktregulierung in den ›internationalen‹ Beziehungen zwischen einzelnen Poleis bei.« Wagner-Hasel (2000), S. 263f.

290 Vgl. Barta (2010), S. 379.

291 Vgl. Ebd., S. 153 (Anm. 628).

292 Vgl. Barta (2011a), S. 336. Die Rechtsprechung geht als Privileg des Adels auf das Volk über (Ebd., S. 32).

293 Vgl. Ebd., S. 124.

über die Streitfälle im gesamten Bündnisgebiet.[294] Die fünf Kammern (*dikastēria*) der attischen *heliaia* zählen 6.000 jährlich ausgeloste Richter (*dikastai*).[295] Große Teile der Bevölkerung werden auf einen Schlag rechtskundig, da sie ab dem dreißigsten Lebensjahr an 240 Gerichtstagen im Jahr menschliches Verhalten juristisch bewerten.[296] Alexander DEMANDT deutet die Partizipation der Bevölkerung als institutionalisiertes Misstrauen,[297] statt die »Bürgernähe der Justiz«[298] festzustellen.

Gewohnheitsrecht

Schriftlichkeit mag heute das Hauptkriterium des Rechts sein, aber mit WEBER und BARTA wird in dieser Arbeit auf einen einheitlichen und erweiterten Rechtsbegriff zurückgegriffen, der ungeschriebene wie außerstaatliche Gesetze nicht in die Sphäre der Vorrechtlichkeit abdrängt.[299] WEBER definiert das Recht als Ort, an dem »die Bedeutung der Geltung einer Norm darin besteht: daß die Art der Orientierung des Handelns an ihr überhaupt irgendwelche ›Rechtsfolgen‹ hat«.[300] Damit geraten Quellen abseits des Staatsrechts in den Blick: Hausrecht (durch den Hausherrn besichert), Kriegsrecht (das der Befehlshaber pflegt),[301] gesellschaftliche Konventionen[302] und Sakralrecht.[303] Für WEBER muss das Recht nicht

294 Vgl. Demandt (1995), S. 217. Zu der im attisch-delischen Bündnisvertrag festgelegten rechtlichen Gleichstellung: Baltrusch (2008), S. 49f.

295 Die Mitglieder sind keine Geschworenen: Barta (2010), S. 151; Rieß (2012), S. 9 (Anm. 44).

296 Vgl. Barta (2011a), S. 335, 340 u. 342.

297 Vgl. Demandt (1995), S. 223.

298 Vgl. Barta (2011a), S. 80.

299 »Erstrebenswert ist ein wenigstens in seinen Grundzügen einheitlicher Rechtsbegriff, der die Anfänge von Recht – nicht bloß von Normativität! – ebenso einschließt, wie entwickeltere Rechtsstufen bis hin zur Moderne.« Barta (2011a), S. 467.

300 Vgl. Weber (1960), S. 55. »Wir wollen vielmehr überall da von ›Rechtsordnung‹ sprechen, wo die Anwendung irgendwelcher, physischer oder psychischer, Zwangsmittel in Aussicht steht, die von einem Zwangsapparat, d.h. von einer oder mehreren Personen ausgeübt wird, welche sich zu diesem Behuf für den Fall des Eintritts des betreffenden Tatbestandes bereithalten«. Ebd., S. 59.

301 Vgl. Ebd., S. 67.

302 Weber spricht von ›Konventionen‹, wo die Rechtsverletzung faktische Zwangsmittel ermöglicht, aber nicht monokausal garantiert. Gewohnheitsrecht sei demgegenüber »eine zu erzwingende Rechtspflicht«. Beides könne dazu führen, »um sie gegen Er-

staatlich garantiert sein, sondern kann auch außerstaatlich und indirekt garantiert gedacht werden.[304] Bei Homer vermag etwa Penelopes Aufschrei über die mangelnde Zivilcourage ihres Sohnes die indirekte Garantiertheit des (Gast-)Rechts zu illustrieren.

»Was für eine Tat ist hier im Saale geschehen! / Und du ließest so ruhig den armen Fremden mißhandeln. / Wie nun, wenn ein Fremder in unserm Hause verweilte / Und hier leiden müßte, weil man ihn schmerzhaft mißhandelt, / Würde dir das nicht unter den Menschen Schande bereiten?«[305]

Das Drohszenario von Schimpf, Schande und Verachtung soll und kann Schutzpflichten garantieren. Eine Regel muss dabei nicht publiziert sein, um als Rechtsnorm zu gelten. Die schriftliche Kodifizierung stellt in der Antike lediglich eine von drei Quellen dar. Daneben gibt es Gewohnheits- und Vertragsrecht. BARTA weist darauf hin,

»[...] dass wichtige Bereiche des griechischen Rechts überhaupt nie ›verschriftlicht‹ wurden: nämlich das Fremdenrecht, das Völkerrecht – als Handels(verkehrs)recht, auch das Naturrecht, nicht zuletzt wichtige Teile des Privatrechts und anderer Rechtsgebiete; sie alle waren von einer vollständigen Positivierung, also Verschriftlichung weit entfernt.«[306]

GÖDDE vermisst zwischen dem 8. und 5. Jahrhundert ein »fest umrissenes und überregional gültiges Corpus von Gesetzen«[307] und vermag ein »kanonisch gewordenes überregionales Gesetzeskonvolut« nicht zu finden.[308]

---

schütterungen zu sichern, ausdrücklich unter die Garantie eines Zwangsapparates gestellt, also ein gesatztes Recht werde.« Ebd., S. 67.

303 Vgl. Fn. 1104 [Zitat Weber].

304 »Nicht nur eine theoretisch konstruierbare anarchistische Gesellschaft [...], sondern zahlreiche, in der realen Welt existierende Vergesellschaftungen verzichten auf den Rechtscharakter ihrer konventionellen Ordnungen einfach deshalb, weil angenommen wird: die bloße Tatsache der sozialen Mißbilligung ihrer Verletzung, *mit ihren oft höchst realen indirekten Konsequenzen für den Verletzenden, werde und müsse als Sanktion genügen.*« Weber (1960), S. 70 [eig. Hervorh.]. Zur Trennung zwischen garantiertem und »indirekt garantiertem‹ oder ›ungarantiertem‹ Recht«: Ebd., S. 55.

305 Od. XVIII. 221–225 [Übers. Scheffer].

306 Barta (2010), S. 153f. Auch: Camassa (1994), S. 106f.

307 Vgl. Gödde (2012), S. 158.

308 Vgl. Ebd., S. 159. Das sei gehalten gegen: »Demgemäß empfindet das hellenische Volk selbst sein Recht in gewissem Umfange als eine Einheit.« Weiss (1923), S. 10.

Dennoch scheint es »ungeschriebne, ewige, göttliche Gesetze«,[309] genauso wie ›Bräuche‹ der Väter[310] und sogar die »Gesetze der Griechen« zu geben.[311] Die ungeschriebenen Rechtsregeln werden durch alltäglichen *usus* verbindlich, mündlich tradiert, auf Festen gesungen, als Sprichwörter überliefert oder in Stoffe gewebt.[312]

Das Gewohnheitsrecht wird panhellenisch in den Heiligtümern, Kulten, Mysterien und Orakelstätten ausgebildet und gepflegt.[313] Tempelstätten entwickeln dezidiert Strafrecht, das überregional gilt. Das in dieser Arbeit vorgelegte Beispiel ist die Schöpfung und Verbreitung des Blut*rechts*, das in Delphi entwickelt und über Nomotheten in die einzelnen *poleis* exportiert wird.[314] Wenn GÖDDE einen kanonischen Gesetzeskorpus vermisst, stellt sie entweder unzulässig chronologisch später ausgeprägte Schriftlichkeitsanforderungen an frühgriechische Gesetze oder legt den Maßstab gesetzgeberischer Lückenlosigkeit an, der die Natur des Anwendungsgebietes ungeschriebener Gesetze verkennt. Geschriebene griechische Gesetzestexte beanspruchen weder, lückenlos zu sein,[315] noch dient Kodifizierung dazu, Lücken zu füllen. Lücken werden absichtlich eingelassen, um dem Gewohnheitsrecht und Rechtsgefühl (›Billigkeit‹) nicht den Boden zu entziehen.[316]

Die ungeschriebenen Gesetze werden vor Gericht damals (wie heute) bei Gesetzeslücken herangezogen und angewendet.[317] Unter modernen

309 Vgl. Sophokles: Antigone V. 454 [Übers. Willige]. Dazu: Fn. 960; Platon: Nomoi 793a; Aristoteles: Rhetorik 1375 b6; Weiss (1923), S. 73ff.

310 Vgl. Platon: Nomoi 793b. Dazu: Nicolai (1993), S. 338 (Anm. 107).

311 Vgl. Thukdides I. 41. Auch: III. 56; 59.

312 Vgl. Barta (2011a), S. 467; Weiss (1923), S. 17ff. Die Gesetze Gortyns verfügen über ihr memorierendes Singen: Barta (2011b), S. 289. Zu Bildteppichen: Wagner-Hasel (2000), S. 189f.

313 Vgl. Barta (2010), S. 161ff., 188ff., 198ff., 224, 334, 337 u. 353ff.; Barta (2011b), S. 58.

314 S.u. S. 301ff.; Fn. 1640f.

315 Vgl. Barta (2011a), S. 71, 190 u. 309; Barta (2011b), S. 59.

316 Das Zurückdrängen des Gewohnheitsrechts kommt dem Einschränken des Rechtsgefühls (›Billigkeit‹) gleich: Ebd., S. 101. Dazu Jaeger: »Die antiken Quellen betrachten diesen Zug [nicht kodifizierten Rechts, Anm. P.R.] nicht als einen Rest primitiver Zustände, sondern erkennen in ihm im Gegensatz zu der Paragraphenmacherei der Demokratie des 4. Jhrh. die vorausschauende Weisheit des Lykurg, der die Macht der Erziehung und die Bildung [...] für wichtiger hielt als geschriebene Bestimmungen.« Jaeger (1936), S. 120.

317 »Das, was wir Gewohnheitsrecht nennen, floss bei den Griechen über die ›Rechtsidee‹, das Dikaion, in die richterliche Entscheidung(sfindung) ein. Das Gewohnheitsrecht

Gesichtspunkten wird Gewohnheitsrecht als verinnerlichte ›Ethik‹[318] oder kontrarechtlicher ›Kodex‹ missverstanden.[319] Die ›Gewohnheiten‹ und ›Bräuche‹ sind den Quellen nach *fest und geheiligt*. Ihre Befolgung ist zwingend.[320] Wer mit ihnen bricht, stellt sich außerhalb der griechischen Lebensweise.[321] Gewohnheitsrecht kommt daher dieselbe Geltungskraft zu wie geschriebenen Gesetzen. Bei der Untersuchung zeigt sich, dass Gewohnheitsrecht überhaupt nicht aus dem besteht und bestehen kann, was gemeinhin unter ›Bräuchen‹,[322] ›Sitten‹[323] oder ›Gewohnheiten‹ verstanden wird. Was landläufig unter Bräuchen gefasst wird, geht gerade auf überkommene Lagen *außer Kraft gesetzten Rechts* zurück. Geltendes (vielfach: sakrales) Recht wird reformatorisch abgeschafft, sinkt zum ›Brauch‹ herab und wirkt abgeschafft anomalisch i.S.v. juridischer Ungleichzeitigkeit weiter.[324] Wenn Bräuche definiert werden als außer Kraft gesetztes Recht, als antiquierte Rechtspraktiken,[325] dann handelt es sich beim antiken Gewohn-

---

bedurfte demnach gar nicht der ausdrücklichen Anerkennung als Rechtsquelle, wurde es doch als Teil der Gerechtigkeit betrachtet.« Barta (2011a), S. 347.

318 Die griechische Geisteshaltung sei eine »Sieges-, Ruhmes- und Racheethik«. Vgl. Walter (2003), S. 88. Vgl. auch: Fn. 1254; Gehrke (1987), S. 143; Whitlock Blundell (1989), S. 17; Taylor (1996), S. 89, 102, 127, 143, 218f. u. 381. Zur Trennung ethischer und sittlicher Normen: Weber (1960), S. 69. Appliziert man Webers definitorischen Maßstab, erscheint die Behauptung geradezu absurd, die Griechen hätten bei Ehre und Rache (i.S.v. Ehren- und Racheethik) einen »aus letzten Axiomen des Geltenden zu entfaltenden Maßstab des Sichverhaltens« entwickelt (Ebd.).

319 Dieses Modell ist gerade für die Ehre beliebt: Fn. 161.

320 Vgl. Barta (2010), S. 157.

321 »Die Anerkennung dieses [Gesandschaftsrechts, Anm. P.R.] sakral verankerten Rechts bedeutete Teilhabe an der ›zivilisierten‹ Völkergemeinschaft, wie umgekehrt die Verletzung des Gesandtenrechts ›barbarisch‹ war«. Baltrusch (2008), S. 30. Ausführlich und akribisch am Beispiel des Ehrverlustes, s.u. S. 170ff. Am Beispiel der Rache: S. 301ff.

322 Für Kramer zeichnen sich Bräuche durch »Gruppengebundenheit, Raumgebundenheit, Termin- oder Anlaßgebundenheit« aus. Vgl. Kramer (1978), S. 78.

323 Vgl. ›Sitten‹ als gewohnheitsmäßiges »Massenhandeln«: Weber (1960), S. 63.

324 Weber zielt bedauerlicherweise zu sehr ins Universalistische, statt diese Dekadenz nachzuvollziehen: »Es gibt kein sozial wichtiges ›sittliches‹ Gebot, welches nicht irgend einmal irgendwo ein Rechtsgebot gewesen wäre.« Ebd., S. 70. Kohler, der die Volkstümlichkeit der Bräuche immerhin einen »Moloch früherer Rechtsanschauung« nennt, formt diese Einsicht nicht zur Theorie. Vgl. Kohler (1883), S. 41.

325 Zu plastischem Anschauungsmaterial, das diese These zu belegen vermag, vgl. die islamischen Bräuche bei: Kohler (1883), S. 15f. Auch: Hölkeskamp (1994), S. 145; Barta (2010), S. 242.

heitsrecht um alles, nur nicht um Bräuche. Tatsächlich bezeichnet die griechische Rechtsterminologie nirgends Volksbräuche, sondern ungeschriebene Gesetze mit identischer Geltungskraft.[326] Wer die nichtkodifizierten Rechtsregeln wegen einer zeitlich später eingeführten Schriftlichkeitsanforderung aus dem geltenden Rechtskorpus ausstößt, liest ein modernes Vorurteil in das antike Material hinein. Die fahrlässig als ›Gewohnheiten‹ oder ›Eigentümlichkeiten‹ fremder Völker betrachteten Handlungen sind im Kern in der Regel: *Pflichten*.[327]

Die modernen Übertragungen *ethnologifizieren* tendenziell den juristischen Sachverhalt. Können Begriffe wie *dikas* oder *themistas* bei Homer tatsächlich Bräuche bezeichnen, wenn er schreibt, Polyphem kenne sie nicht? Oder meint er nicht vielmehr »Recht [*dikas*] und Gesetz [*themistas*]«?[328] GSCHNITZER gelangt in seiner begriffsgeschichtlichen Untersuchung zu dem Schluss:

»Es spricht aber doch einiges dafür, die Beziehung auf das Recht für das Ursprüngliche zu halten: *themis* ist, was erlaubt bzw., in der formelhaften Negation, was verboten ist, und *themistes* sind die Gebote, Urteile und Gerechtsame des Königs und Richters.«[329]

Auch dem angeblich ethnologisch interessierten Herodot geht es kaum um volkstümliche Bräuche. Herodot ist kein Vorreiter der Ethnologie, sondern er erkundete *den Geist der Gesetze*. Wenn er Pindars Wort des *nomos basileus* retroaktiv umformt, wird *nomos* gemeinhin mit ›Sitte‹ oder ›Brauch‹ wiedergegeben.[330] Kann Herodot wirklich Sitten und Bräuche gemeint haben? Mit erkennbarer Ironie berichtet Herodot zwar, dass die Griechen sich über die Inder beschweren, weil diese ihre Toten essen, während die Inder sich über die Griechen beschweren, weil diese ihre Toten verbrennen. Derartige Begebenheiten werden Herodot als volkstümliches Interesse an uralten ›Bräuchen‹ oder Traditionen ausgelegt. Aber Herodot beschreibt nur die für beide Seiten verbindlichen Vorschriften, die korrekt mit

---

326 Vgl. Barta (2011a), S. 361. Zur Begriffsgeschichte der griechischen Rechtsbegriffe: Gschnitzer (1997), S. 5 u. 7; Barta (2011b), S. 72ff. u. 95f.; Weiss (1923), S. 19ff. u. 56ff.; Gödde (2012), S. 161 u. 174.

327 Zur Geburt der antiken Rache*verpflichtung*, s.u. S. 301ff.

328 Vgl. Od. IX. 215 [Übers. Weiher].

329 Gschnitzer (1997), S. 9.

330 Vgl. Herodot III. 38. Zur Vorlage Pindars: o. S. 53.

Gesetzen – in diesem Fall: Bestattungsgesetze – wiedergegeben werden.[331] Diese sind für Inder wie Griechen verbindlich. Ihre rechtliche Geltung wird nicht von der Tatsache angefasst, dass sie außerhalb Indiens oder Griechenlands mit gegensätzlichen Vorschriften kollidieren. Herodot zielt bereits auf das, was Montesquieu den *Geist der Gesetze* nennt.[332]

Gesetzes- und Vertragsrecht

Warum die materielle Publikation des Rechts in Griechenland einsetzt, ist umstritten.[333] Die drakontischen Gesetze werden auf hölzernen *axones* in Athen weithin sichtbar ausgestellt. Solons Reformgesetze, die das Blutrecht in vielen Punkten entschärfen, werden in Stein gemeißelt.[334] Dennoch greift die schriftliche Publizität *rechtlichen Denkens* tiefer. Es gibt Schriftklagen, Register, Urkunden, Archive, Grundbücher, Schuldnerlisten und -steine, Ehren- und Schandstelen.[335] Notare, Anwälte, Logographen und Bankiers entwickeln und lösen rechtliche Probleme mit hohem Sachverstand.[336] Rhetoren edieren und verkaufen Gerichtsreden, von denen nur 165 überliefert sind.[337]

Das Vertragsrecht muss ausführlicher erläutert werden. Griechen erweisen sich als außerordentlich vertragsfreudig und -kundig. ROLLINGER attestiert den in der *Ilias* präsentierten *Vertragstexten* eine »erstaunliche Systematik«.[338] Von Homer bis Thukydides sind vertragsrechtliche Verhältnisse gehüllt in die Praktik des Schwörens.[339] Hektor schlägt Achilles vor

331 S.u. S. 120; 177f. Vgl. Schmitz (2004), S. 168ff. Wandel im Begräbnisrecht: Frisone (2011), S. 179ff.

332 Montesquieu: Vom Geist der Gesetze I. 1, II. 1–5 u. V. 1.

333 Vgl. Camassa (1994), S. 106. Zu den widersprüchlichen Hypothesen: Hölkeskamp (1999) S. 282; Assmann (1994), S. 68; Barta (2011a), S. 342 u. 454f.; Schmitz (2004), S. 371 (Anm. 189); Gschnitzer (1997), S. 4 (Anm. 1); Thür (2007), S. 84. Zu den zeitlichen Wellen der Verschriftung: Barta (2010), S. 76.

334 Vgl. Barta (2011a), S. 79 u. 319 (Anm. 1853).

335 Vgl. Ebd., S. 74; Weiss (1923), S. 276ff., 355ff., 391ff. u. 426ff. Zu Schuldnerlisten: Demisch (1910), S. 44ff. Zu Schandstelen: Fn. 915ff.

336 Vgl. Barta (2010), S. 11, 69 (Anm. 261), 89, 92 u. 370ff.

337 Vgl. Sanders (2012), S. 359.

338 Vgl. Rollinger (2004), S. 378.

339 Vgl. Fn. 1888. »Denn ohne starke Bindung wollen Verträge nicht fest bleiben. Ihre Verträge beschwören aber diese Völker ganz gleich wie die Hellenen, nur daß sie dazu

dem Kampf einen ›Vertrag‹ vor und will die Götter als Zeugen anrufen. Er will vereinbaren, dass die Leiche des Unterliegenden nicht misshandelt, sondern im Gegensatz zur Rüstung ausgehändigt wird.[340] Achilles schmettert den Vorschlag mit der denkwürdigen Begründung ab, dass es weder zwischen Löwen und Menschen, noch zwischen Wölfen und Schafen Verträge geben könne.[341] Er will Rache durchsetzen. Noch im Sterben versucht Hektor, einen Vertrag abzuschließen.[342]

Verträge setzen Rechtsbeziehungen.[343] Menschen, Organisationen und Staaten binden sich vertraglich aneinander. Da das griechische Völkerrecht zu einem Großteil auf Vertragsrecht basiert (auch die EU ist das Produkt des Vertrages von Maastricht),[344] werden Verträge zwischen Staaten mit Eiden besichert.[345] Bei Thukydides beklagen sich korinthische Diplomaten vor der attischen Volksversammlung über das ›blockfreie‹, von Verträgen ungebundene Kerkyra:

»Und ihre Stadt dank ihrer unabhängigen Lage ermöglicht ihnen, selbst Richter zu sein über die Schädigungen, die sie anderen zufügen, statt an Verträge gebunden zu

---

noch den Arm aufritzen und einer dem andern das Blut ableckt.« Herodot I. 74 [Übers. Marg].
Zur Identität von Eid und Vertrag aus rechtsgeschichtlicher Perspektive: Rollinger (2004), S. 384ff.; Hirzel (1902), S. 65ff.; Barta (2010), S. 263, 467 u. 490. Zu den Schwurgesten: Knippschild (2002), S. 29ff., 60f., 64ff. u. 92ff. Zum Schuldigschwören von Angeklagten vor Gericht: Latte (1933), Sp. 286; Luhmann (1987), S. 112; Schmitz (2004), S. 65. Auch Ehrengeschenke können Verträge stiften: Fn. 777.

340 »Laß die Götter uns rufen dazu – sie werden die besten / Zeugen des Eides ja sein und unseres Bundes Bewahrer – / Denn nicht werde ich dich mit Schmach mißhandeln, gewährt mir / Zeus zu siegen die Kraft und dir das Leben zu rauben, / Sondern sobald ich die rühmliche Wehr dir entrissen, Achilleus, / Geb' ich den Toten zurück den Achaiern. Versprich mir das gleiche.« Il. XXII. 254ff. [Übers. Rupé].

341 Vgl. Il. XXII. 261ff.

342 »Kaum noch atmend entgegnete ihm der strahlende Hektor: / Flehend beschwör' ich beim Leben dich hier, deinen Knien und Eltern, / Laß die achaiischen Hunde mich nicht bei den Schiffen zerreißen, / Sondern nimm dir Erz und Gold in genügender Menge, / Gaben, welche mein Vater dir gibt und die würdige Mutter. / Meinen Leib aber gib zurück, auf daß in der Heimat / Trojas Männer und Frauen den Toten in Ehren verbrennen.« Il. XXII. 337ff. [Übers. Rupé].

343 Vgl. Gschnitzer (1997), S. 4.

344 Vgl. Fn. 272.

345 Vgl. Scheibelreiter (2008), S. 170.

sein, weil sie fast gar nicht fremde Häfen anlaufen, sehr häufig aber andere, die notgedrungen anlegen, bei sich aufnehmen.«[346]

Vertragsfreiheit herrscht dabei möglicherweise in einem engeren Wortsinn. Vertragsrecht dürfte bis in die frühe Neuzeit dem gesatzten Recht vorgegangen sein. Vertragspartner können sich ›Unsittliches‹ wie ein Stück Fleisch am eigenen Körper, die Seele oder ›Menschenpfand‹ zusichern und vor Gericht auf Vertragseinhaltung pochen.[347] In einer erhaltenen Urkunde aus Köln verspricht der Vertragspartner, »sich im Falle der Zuwiderhandlung enthaupten lassen zu wollen«.[348] Staatliche Gesetze tasten derartige Zusicherungen nicht an. *Vertragsrecht geht vor Staatsrecht.*[349]

Selbst die Rache wird im Rahmen von Emotionalverträgen geschworen.[350] Achilles schwört Rache für Patroklos und bindet sich damit gleichsam selbst.[351] Die Pfeile treffen in der Antike nicht die Herzen; es sind keine Pfeile der Liebe, sondern: *Pfeile des Hasses.*[352]

Noch etwas Unsittliches, aus epistemologischer Sicht aber Zentrales, wird geschworen: Feindschaft. Menschen und Staaten versichern sich durch Vertrag und Eid ihrer Feindschaft. Moderne Kommentatoren pflegen einen Widerspruch darin zu finden, dass Kriegsverbrechen des Gegners als *hybris* oder Frevel angeklagt, eigene ›Kriegsverbrechen‹ aber geehrt

346 Thukydides I. 37, 3 [Übers. Vretska/Rinner].

347 Zum Menschenpfand: Nikias' Vertragsentwurf auf Sizilien, (Fn. 2006). Zum anderen: Kohler (1883), S. 71ff., 81 u. 98.

348 Vgl. Ebd., S. 60.

349 Vgl. Ebd., S. 66.

350 Den Begriff prägt Antenhofer für die von Freundschafts- und Eheverträgen erwarteten Gefühle in der Neuzeit, aber er scheint noch besser auf eidlich besicherte Feindschaften und Rache zu passen: »›Emotionalverträge‹ bestanden nicht unausgesprochen zwischen Personen, vielmehr wurden sie auf Papier bzw. Pergament geschlossen, als Hochzeits- oder Freundschaftsvertrag, mit nachfolgender Verpflichtung zu Gefühlen wie Liebe, Treue und Freundschaft. Diese galten als geradezu angeborene Pflichthaltungen«. Antenhofer (2007), S. 269.

351 Vgl. Fn. 1599.

352 Zu durch Pfeil besiegelte Racheschwüre: Fn. 1317 u. 1983. Zum dahinterstehenden Gedanken der *Treuhänder göttlicher Rache*, also der Exekution göttlicher Racherechte, s.u. 334ff. Weitere Racheschwurgesten enthält: Salvo (2012), S. 251ff. Über die Ikonographie von Amors Liebespfeilen: »der Antike war dieses Motiv völlig unbekannt. Zwar war Venus bzw. Aphrodite dort unzweifelhaft die Liebesgöttin, doch mit dem Herzen der Menschen brachte man sie nicht in Zusammenhang. Auch Amor schoss mit seinem Bogen nicht auf dieses Ziel. Erst in der Renaissance stellte man diese Beziehungen her und machte sie allmählich populär.« Brakensiek (2006), S. 240.

und belohnt werden.[353] Ähnlich missverstanden wird die Tatsache, dass Odysseus und Nestor stolz von ihren Raub- und Pirateriezügen berichten können – »gewiß nicht, um sich in ein schlechtes Licht zu rücken.«[354] Die Ehre aus Raubkriegen, die selten rein privater Natur sind,[355] wird als Indiz für ein fehlendes »Unrechtsbewusstsein«[356] gesehen und die bellizistische Handlungslogik als ›Prinzip der Exodoulie‹ anthropologisiert.[357]

Die Vorwürfe und die Missverständnisse beruhen auf der Prämisse des modernen Menschenrechts. Aber nicht Menschenrechte sind für das antike Völkerrecht verbindlich, sondern die *Freund-/Feinddefinitionen*.[358] Nicht die allgemeine Erklärung der Menschenrechte oder der kategorische Imperativ leiten das Völkerrecht an, sondern die juristische Unterscheidung zwischen Freund und Feind, *philotēs* und *polemios*.[359] Bündnispartner müssen

353 Vgl. Trampedach (2005), S. 157–165; Brunner (1984), S. 6 u. 85; Wechsler (1991), S. 148.

354 Vgl. Fatheuer (1988), S. 35. Selbst Thukydides stellt darüber irritiert fest, dass das Ausplündern den Organisatoren in archaischer Zeit nicht zur Schande, sondern zur Ehre gereicht habe. Vgl. Thukydides I. 5, 1.

355 Zur Unterscheidung privater Raubzüge und öffentlicher Rachekriege: Baltrusch (2008), S. 7. Ich kann seiner Interpretation nicht zustimmen, den Raub Helenas als *privatrechtliches* Delikt zu werten (Ebd., S. 6 u. 24). Vordergründig private Angelegenheiten werden schnell zu öffentlichen. Vgl. Ruschenbusch (2005), S. 211. Zur haftungsrechtlichen Dimension scheinbar privater Raubzüge sei auf Gschnitzers Exegese des eher *öffentlichen* Feldzugs des jungen Odysseus gegen Messenien (Od. XXI. 16) verwiesen: »Deliktschuld, völkerrechtliche Haftung des Staates für seine Angehörigen, Vertretung der Geschädigten durch König und Rat«. Gschnitzer (1991), S. 197.

356 Vgl. Barta (2011b), S. 313–316.

357 »Wenn gestohlen und geraubt wird, dann stiehlt beispielsweise der Delpher nicht in Delphi, der Stymphalier nicht in Stymphalos, sondern im gegenüberliegenden Pellana bzw. im benachbarten Demetrias (=Sikyon). Dieses Bild zeigt schon Homer und dieses Bild zeigen auch die Rechtshilfeverträge.« Ruschenbusch (2005), S. 150. Zum Prinzip selbst: Wickert-Micknat (1983), S. 125ff.; Fatheuer (1988), S. 26 u. 138.

358 Vgl. Whitlock Blundell (1989), S. 39; Youni (2001), S. 133; Alonso (2007), S. 212. Selbst wenn Aristoteles die Öffentlichkeit einer ›Menge‹ preist, die durch die große Zahl der Urteile die Gültigkeit moralischer Urteile gewährleistet (Politik 1306 b33), darf das nicht darüber täuschen, dass es um eine abgezirkelte Menge, eine Öffentlichkeit hinter Stadtmauern, nicht um ›Weltöffentlichkeit‹ geht. Wenn er schreibt, was allen nützt, erklärten Gesetzgeber für gerecht (EN 1160 a14; zur Vermischung von Gerechtigkeit und Schönheit: Rhetorik 1358 b1ff.), bleibt dieses ›allen‹ im Zweifelsfall eines Kriegszustandes, wo des einen Schaden des anderen Nutzen ist, auf das eigene Territorium begrenzt.

359 Zu den Freund-/Feind-Pflichten in Bezug auf Rache ausführlich: Descharmes (2013), S. 67ff.

dieselben Staaten als Freunde und Feinde erkennen. Die Bündnisverträge deuten formelhaft diese Eineindeutigkeit der Setzungen an.[360] Es geht um rechtlich-instrumentell herzustellende Blockbildung. Partikulare Friedensschlüsse zwischen Blockfeinden sind undenkbar,[361] genauso wie Krieg unter Blockfreunden. Feinde müssen Feinde und Freunde Freunde bleiben.[362] Die Bündnispartner des delphischen Amphiktyonenbundes schwören, keines ihrer Mitglieder »zu zerstören, noch sie auszuhungern oder vom fließenden Wasser abzuschneiden, ob im Krieg oder im Frieden.«[363]

Stets wird nicht natur- oder menschen-, sondern feindrechtlich gedacht. Die an Feinden verübten Kriegsverbrechen werden nicht menschenrechtlich, sondern als Erfüllung von Rechtspflichten wahrgenommen. Wie Freunden geholfen werden muss, *muss* Feinden nach dem Schaden getrachtet werden.[364] Deshalb verdienen Verfassungsumstürzler, Massenmörder und Vergewaltiger auch Ehre, wenn sie Feinden schaden.[365] ›Ehre‹ und

---

360 Vgl. Thukydides I. 35; 40; 41; 44; III. 70; VII. 33; 36; Fn. 916; Aristoteles: Staat der Athener 23, 5; Xenophon: Hellenika II. 2, 20; Anabasis: II. 5, 39. Dazu: Bickerman (1969), S. 480f. u. 488; Baltrusch (1994), S. 17ff.; Barta (2010), S. 456ff.

361 Deshalb windet sich Thukydides, den Vertrag zwischen Athen und Plataia als Bündnis (*symmachia*) zu bezeichnen und bezeichnet die Beziehung als *epimachia*. Vgl. Baltrusch (1994), S. 18. Die private Gastfreundschaft, die 419 v. Chr. zum Abbruch der Kampfhandlungen zwischen Sparta und Argos führt, endet in der Entrechtung des Spartaners Agis. Vgl. Thukydides V. 59f.

362 Politisch gesetzte Staatsfeinde kollidieren aber immer wieder mit privat beschworenen Gastfreundschaften, d.h. private Freunde verheddern sich in den Anforderungen des Staates und werden zu öffentlichen Feinden. Agesilaus: »Aber diese Männer, wenn ihre Staaten gegeneinander in den Krieg ziehen, kämpfen mit ihren Vaterländern sogar gegen ihre alten Gastfreunde und töten einander«. Xenophon: Hellenika IV. 1, 34. Ähnlich: Fn. 1546. Zu Begriffsgeschichte und Konzept der *xeinia*: Wagner-Hasel (2000), S. 81ff., 91ff. u. 104; Stein-Hölkeskamp (1989), S. 31 u. 52; Wagner-Hasel (2000), S. 91ff.; Jordović (2005), S. 152–155.

363 Vgl. Barta (2010), S. 446. Dazu: Kiechle (1969), S. 538.

364 »Greek popular thought is pervaded by the assumption that one should help one's friends and harm one's enemies. These fundamental principles surface continually from Homer onwards«. Whitlock Blundell (1989), S. 26.

365 Vgl. Blech (1982), S. 157. Die Inschrift eines Kalksteinpfeilers, mit der Arbinas geehrt werden soll, liest sich auf den ersten Blick nicht als Katalogisierung von Helden-, sondern von Schreckenstaten: »Dieser herrschte über Lykien mit seinem Verstand und an Macht der Stärkste. Noch im ganz jugendlichen Alter hat er binnen eines Monats drei Städte zerstört: Xanthos sowie Pinara und Telmessos mit seinem schönen Hafen; weithin unter den Lykiern Schrecken verbreitend herrschte er als Tyrann über sie. [...] weihte der Leto er mich als sein eigenes Standbild, dessen Haltung zum Ausdruck

›Schande‹ sind keine naturrechtlichen, sondern territorial gültige Begriffe. Die Ehre zweier Machtblöcke verhält sich zwischen Feinden inversiv-relational zueinander. Was dem einen Machtblock zur Ehre gereicht, macht dem feindlichen Schande.[366]

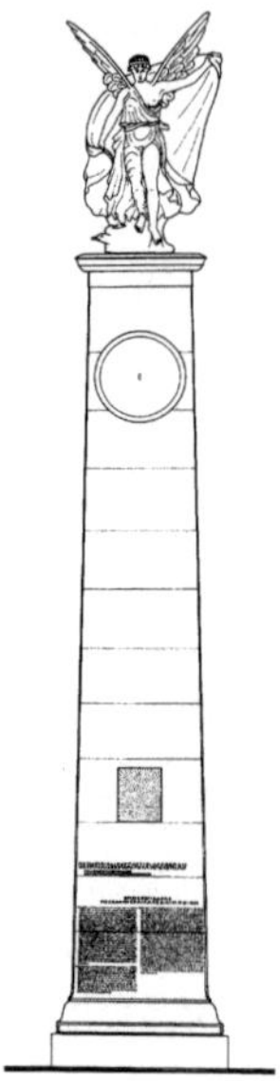

Abb. 2. Unter Feinden verhalten sich Ehre und Schande notwendig inversiv-relational. Die Rekonstruktion des Pfeilers der Nike von Paionios führt dies anschaulich vor: der 8,45 Meter hohe, als ›Weihgeschenk‹ gebaute Pfeiler verkündet in Olympia den Sieg Messeniens über Sparta. Die Siegesgöttin mit einer Höhe von 2,5 Metern thront auf dem Pfeiler und demütigt jeden daherkommenden Spartaner. Dass die Schande Spartas

bringt die Bedeutung seiner Taten. Denn viele erschlug er, verherrlichte mit Ruhm seinen Vater Gergis und zerstörte viele Städte: Herrlichen Ruhm im ganzen Lande Asiens Arbinas sich und seinen Vorfahren hinterlassen«. Brodersen (1996), S. 83. Mit dem modernen Naturrecht erscheinen die aufgeführten ›Kriegsverbrechen‹, also das massenhafte Erschlagen von Menschen oder das Einäschern dreier Städte gleich zu Karrierebeginn, nicht vereinbar.

366 Von der Ehre, die Carl Schmitt dem Feindbegriff unterschieben will, bleibt in klassischer Zeit wenig übrig: »Es gehört ja gerade zum Bürgerkrieg, den Feind zum gemeinen Verbrecher zu erklären und dadurch die Ehre, deren der Feindbegriff fähig ist, zu zerstören.« Carl Schmitt an Paul Bockelmann (1950), in: Bernard/Raulff (2005), S. 183.

im Auge des Betrachters den Messeniern zur Ehre gereichen muss, daran lässt das Monument keinen Zweifel.

Ein derartiger ›Relativismus‹ ist in den Quellen überaus präsent. Dazu sei Isokrates' rhetorische Modellierung der Eroberung Plataias herangezogen. Die stolzen Plataier führen zu Beginn des 5. Jahrhunderts v. Chr. an der Seite Athens den Wendepunkt in der abendländischen Geschichte herbei und siegen über das persische Invasionsheer. Um die Gefallenen, 192 an der Zahl, zu ehren, wird ein *war-memorial* auf dem Schlachtfeld errichtet.[367] Die erbeuteten persischen Bronzewaffen werden zu einer über fünf Meter hohen Schlangensäule geformt.[368] Aber nicht nur an die Schändung der Perser wird gedacht. Auch die Nichtteilnehmer sollen mit einer perfektionierten visuellen Demütigungsstrategie für ihre Abwesenheit in der Entscheidungsschlacht beschämt werden.[369]

Im Peloponnesischen Krieg glückt 427 v. Chr. Theben dann die Eroberung Plataias. Viele Bewohner flüchten zum geschichtsträchtigen Bündnispartner, der aber unwillig ist, sich für Plataia einzusetzen und thebanisches Unrecht zu rächen. Als alle Argumente aufgezehrt sind, erinnern die Bittsteller an das gemeinsam errichtete Ehrenmal:

»Selbst wenn ihr also beschlossen habt, euch nicht um uns selbst zu kümmern, kann es dennoch nicht in eurem Interesse sein, die Zerstörung unseres Landes zu

367 Vgl. Thukydides III. 58, 4.

368 »Goldender Dreifuß mit Kessel [...] auf den Schlangenköpfen einer aus drei ineinander gewundenen Schlangen bestehenden Bronzesäule (diese 5,35 m hoch) [...] Das ganze Denkmal hatte einst eine Höhe von ca. 10 m.« Pfohl (1980), S. 52f. Die *tropaia* markieren die Stelle, an der der Feind sich wendet (*trepein*) und flieht. Diese Orte sind heilig. Vgl. Hurschmann (2002), Sp. 872.

369 »Deren Gräber also waren alle besetzt. Die übrigen Städte aber, von denen auch Grabmale bei Plataiai zu sehen sind, *die schämten sich,* wie ich in Erfahrung gebracht habe, daß sie an der Schlacht nicht teilgenommen hatten, und schütteten leere Grabhügel auf, der Nachwelt wegen.« Herodot IX. 85 [Übers. Marg; eig. Hervorh.].
Burckhardts Interpretation der Leerstellen als Vakuum-Sog des Ehrgeizes für Zuspätgekommenen ist mit dieser Herodot-Stelle widerlegt: »Welche Ambition sich daran knüpfte, geht daraus hervor, daß von solchen Bevölkerungen, die nicht mitgekämpft hatten, um künftiger Geschlechter willen leere Grabhügel errichtet wurden.« Burckhardt (1982), S. 223. Die unbestückten Gräber sollen nicht dazu einladen, sie ehrenhaft mit toten Körpern zu ›schmücken‹, sondern die blanken Anlagen sollen die *poleis* beschämen, die aus Furcht vor der persischen Rache die historische Schlacht ausgelassen haben.

dulden, in dem sehr bedeutende Zeichen als Erinnerung an eure Tapferkeit und an die all jener zu finden sind, die mit euch gekämpft haben.«[370]

Nachdem alle rationalen Gründe für eine humanitäre Intervention Athens versagt haben, soll es das Szenario der architektonischen Zerstörung der Ehre richten.[371] Darauf folgt ein in tiefer Verzweiflung geäußerter Schlüsselsatz, der das griechische Bewusstsein um die territoriale Dimension der Ehre bezeugt.[372] Die Thebaner würden »verständlicherweise diese Denkmäler einreißen, *denn jene Erinnerungszeichen an die damaligen Ereignisse sind für sie eine Schande*«.[373] Die Flüchtlinge geben zu verstehen, dass die Bauwerke auf ihrem Territorium Athen und Plataia Ehre bereiten, alle anderen Griechen rings herum aber *beschämen* – und das seit über 80 Jahren. Für Theben seien diese »sehr bedeutenden Zeichen als Erinnerung an eure Tapferkeit« schlicht Schande, die die Thebaner bei nächster Gelegenheit desakralisieren werden, so das Drohszenario bei Nichtintervention.

Entfernt man die *historiographische Modellierung* dieses Vorfalls bei Thukydides, erscheint das antike Völkerrecht deutlich differenzierter, als gemeinhin angenommen.[374] An der Eroberung Plataias durch Theben und Sparta lassen sich die relevanten Bedingungen, Voraussetzungen und Unterscheidungen gewinnen, die bei der Eroberung von *poleis* trotz oder wegen des Krieges einzuhalten sind. Thukydides Schilderung lässt nämlich erkennen, dass Sparta angestrengt nach einem halblegalen, völkerrechtlich unvorgesehenen Weg sucht, die Stadt ohne Gewalt zu ›nehmen‹. Statt sie zu erobern, lässt man sich auf Kapitulationsverhandlungen ein.[375] Ob Pla-

370 Isokrates: Plataikos [XIV], 58.

371 Vgl. Isokrates: Rede an Philipp [V], 148.

372 »Built in a particular place and by an individual person at a specific time, they are first of all intended to impress a local public. Even where they are meant to spread the fame of their authors over the whole world, this fame begins in a certain place and has thus a local reference.« Vgl. Immerwahr (1960), S. 271.

373 Isokrates: Plataikos [XIV], 59 [eig. Hervorh.].

374 Vgl. Kiechle (1969), S. 529–532; Konstan (2006), S. 70. Neben dem Folgenden auch: dem Kriegsrecht *gemäß* wollen die Athener in Boötien das Land erobert haben. Zu diesem Recht gehöre die Pflicht, den religiösen Dienst in den Tempeln »in den früher gebräuchlichen Riten nach bestem Können« zu gewährleisten. Vgl. Thukydides IV. 98, 2 [Übers. Vretska/Rinner]. Eine weitere Voraussetzung könnte der *Feindstatus* der eingenommenen *polis* sein. Nur wenn Melos nicht »offen in den Krieg« (vgl. Fn. 718) eingetreten wäre, hätte die Vernichtung völkerrechtswidrig sein können.

375 Kapitulations*verträge* sind allgemein ein Anzeichen dafür, dass die eigentlich unterlegene Partei im Besitz eines Unterpfandes ist, der sie vorläufig schützt. So gestehen die

taia eingenommen wird oder freiwillig kapituliert, zeitigt völkerrechtliche Folgen, die Sparta antizipiert und umgehen will.[376] Was ist der Grund für dieses merkwürdige Verhalten? Der spartanische Befehlshaber erläutert, er wolle die Stadt

»[...] nicht gewaltsam nehmen – diesen Befehl hatte er aus Sparta erhalten, damit, wenn einmal Friede würde mit Athen und sie übereinkämen, alle im Krieg eroberten Plätze zurückzugeben, sie Plataia als freiwillig übergetreten nicht herausgeben müssten.«[377]

Sparta will seine Eroberungen *vor* Frieden schützen. Mit Gewalt eroberte *poleis* werden in Friedensverträgen rückabgewickelt, was eine derart verbindliche Richtlinie darstellt, dass die Spartaner großen Wert darauf legen, Plataia nicht mit Gewalt, sondern rechtskonform zu annektieren. Während die gewalttätige Eroberung eineindeutig geregelt ist, herrscht für den Fall einer *vertraglich* überantworteten Stadt im Krieg Rechtsungewissheit. Die Rückversicherung Plataias besteht also in der Nichtregulierung des *casus*, dass sich eine Stadt vor dem Eindringen des Feindes per Vertrag selbst ausliefert.[378] Die Kreation dieser Rechtsunsicherheit für den Fall eines zukünftigen Friedensvertrages bedarf der Zustimmung Plataias, weshalb überhaupt mit den Bewohnern verhandelt wird. Spartas Plan geht auf. Plataia wird 421 v. Chr. auf Grundlage des Nikiasfriedens nicht zurückgegeben. Den Thebanern gelingt mit Hinweis darauf, dass Plataia nicht »gewaltsam« genommen wurde, die Besitzstandswahrung.[379]

Plataias Auslieferungsvertrag ist noch in anderer Hinsicht lehrreich. Nachdem sich die Bevölkerung in die Hand Spartas übergeben hat, werden fünf spartanische Richter herbeigeschafft, die über das Schicksal der

attischen Generäle nach Kapitulationsverhandlungen den Einwohnern von Poteidaia vertraglich zu: »Es sollten freien Abzug haben die Männer, die Kinder, die Frauen und die Hilfstruppen, jeder mit einem Kleid, die Frauen mit zwei, und mit einer verabredeten Summe als Reisegeld.« Thukydides II. 70, 3 [Übers. Vretska/Rinner].

Nikias und Demosthenes dagegen besitzen auf Sizilien kein derartiges Unterpfand – zu offensichtlich hat sich Athen völkerrechtlich ins Unrecht gesetzt. Die Vertragsverhandlungen scheitern prompt, s.u. S. 375ff.

376 Vgl. Bickerman (1969), S. 482.

377 Vgl. Thukydides III. 52, 2 [Übers. Vretska/Rinner].

378 Ob der Auslieferungsvertrag dagegen freiwillig oder auf äußeren Druck zustande kommt, spielt offenbar keine Rolle. Relevant ist einzig die Frage, ob der Feind *mit Gewalt* in die Stadt eindringt.

379 Vgl. Thukydides V. 17.

Bevölkerung entscheiden sollen. Die Thebaner fordern (blutig) Rache und wollen die Richter dazu bringen, die Rechtsfähigkeit der Bewohner zu annullieren. Mit einem einzigen Satz schließen sie dabei die Hintergrundvorstellung auf: »sie sind ja nicht, wie sie behaupten, Kriegsgefangene, die sich mit erhobenen Händen ergaben, sondern Männer, die sich selbst vertraglich dem Gerichtsverfahren auslieferten.«[380] Diese Aussage der Ankläger wird von Plataia selbst nicht angezweifelt. Allen Prozessteilnehmern ist offenbar bewusst, dass *nicht* über Kriegsgefangene gerichtet wird. Aber wenn die Bewohner Plataias juristisch keine Kriegsgefangenen sind, was sind sie dann?

Die Handlungsoptionen verdienen es, durchgespielt zu werden. Eine *polis*, die nicht kapituliert, läuft Gefahr, gewalttätig erobert zu werden. Dann kann mit den Bürgern buchstäblich alles geschehen. Wer sich während des Kampfes durch das Heben der Hände demobilisiert oder in der Schlacht nicht getötet wird, genießt Kriegsgefangenenstatus. Durch das Händeheben fließen einer Person Asylrechte zu.[381] Eine Tötung oder Verstümmelung wäre fortan illegal.[382] Der Chor berichtet bei Euripides etwa, dass *Gesetze* die Tötung des Feindes verhindern. Der Bote fragt ungläubig: »Warum? Verschmähen sie es, einen Feind zu töten?« – »Ja, wenn im Kampf sie lebend ihn gefangennahmen.«[383] Kriegsgefangene können sich zudem durch Geld aus der Gefangenschaft auslösen.[384]

Beide Voraussetzungen sind für die Einwohner Plataias nicht gegeben. Weder haben sie sich im Kampf ergeben, noch wurden sie verschont. Sie haben sich durch Vertrag selbst ausgeliefert. Vertragsrecht geht gesatztem Recht vor. Da die Richter dem Antrag der thebanischen Ankläger stattge-

380 Ebd., III. 67, 5 [Übers. Vretska/Rinner]. Scheibelreiter übersieht diese entscheidende Differenz zwischen Kriegsgefangenschaft und vertraglicher Selbstauslieferung. Vgl. Scheibelreiter (2011), S. 153ff.

381 Vgl. Thukydides: III. 58, 3; Knippschild (2002), S. 75ff.; Chaniotis (2007), S. 235; Baltrusch (2008), S. 108; Fn. 2006. Zur *hikesis*: Fn. 342; Il. XXIV. 477ff.; Euripides Hekabe V. 836f.

382 Gegen Plataia wird der Vorwurf erhoben, widerrechtlich Thebaner getötet zu haben, »die sich mit vorgestreckten Händen in die Gefangenschaft ergaben«. Thukydides III. 66 [Übers. Vretska/Rinner]. Für Polyxena, die als *Kriegsgefangene* hingerichtet wird, fragt Hekabe, nach welchem *nomos* oder *thesmion* denn dies geschehen sei. Vgl. Euripides: Die Troerinnen V. 266f. Zur Illegalität von Körperverletzung auch: Xenophon: Hellenika II. 1, 31.

383 Vgl. Euripides: Die Kinder des Herakles V. 965f. [Übers. Ebener].

384 S.u. S. 201; Fn. 1083f.

ben und die Männer hinrichten, Frauen in die Sklaverei verkaufen und die *polis* in ein gigantisches Rasthaus verwandeln,[385] bleibt ganz eigentlich fraglich, warum Plataia sich auf dieses Spiel mit der Rechtsunsicherheit überhaupt einließ. Wenn von vornherein feststand, dass das fünfköpfige Richtergremium Todesurteile über die Bewohner verhängen wird,[386] warum hat Plataia dann nicht gekämpft und kollektiv die Hände gehoben? Offenkundig sahen sie einen Vorteil in der vertraglichen Auslieferung, den der Kriegsgefangenenstatus nicht bot. Das Gerichtsverfahren muss in der Weise ergebnisoffen gewesen sein, dass zumindest die Aussicht auf Freiheit bestand.[387]

385 Vgl. Thukydides III. 68.

386 Es ist kein Kriegsgericht. Es geht nicht um Kriegsgefangene, sondern um In-Besitz-Genommene.

387 Die Kapitulation mit Vertrag scheint die Rechtslage für Sieger und Besiegte daher auf ganzer Linie ungewiss gemacht zu haben. Erstere können bei Friedensverträgen auf Besitzwahrung hoffen, letztere schwanken zwischen Freiheit, Tod und Sklaverei. Erstere Option hätte sich Kriegsgefangenen gar nicht eröffnet.

II. Der Gewinn der Ehre

1. Ehre und Materie

Die Ehre im Spiegel politischer Anthropologie

In welcher Beziehung stehen Ehre und Gefühle? Aus erkenntnistheoretischer Sicht transformiert der Begriff der ›Gefühle‹ bereits den Gegenstandsbereich, weil die Kategorie Gefühle voraussetzungsreich und wenig allgemeingültig ist. Hartmut BÖHME fasst das Problem in denkbarer Schärfe: »Jeder Satz, der über Gefühle gesagt wird, ist von Traditionen getragen, aber auch belastet, und in jedem Fall strittig.«[388] In einem »Atlas des Geistes« sind Gefühle keineswegs zu allen Zeiten an derselben Stelle kartiert.[389] Die Standorte von Wahrnehmungen, Vorstellungen, Wünschen, Absichten, Begierden und Willenskräften sind ideengeschichtlich nicht einheitlich, sondern umstritten und teilweise überraschend anders gedacht.[390] Auch wenn man geneigt ist, »den eigenen Raum [...] als den Theorieraum schlechthin anzunehmen«,[391] dürfen die epistemologischen Unterschiede im Atlas des Geistes nicht übergangen werden.

Gehören Gefühle zum Willen oder sind sie sein Widersacher? Sind sie ein Teil der Wahrnehmung oder stören sie diese? Stellen Gefühle Handlungen dar oder blockieren sie diese?[392] Gehören Gefühle zum Denken oder

388 Böhme (1997), S. 527.

389 »Was hier als Emotion erscheint, mag dort zu einer völlig anderen psychologischen Kategorie gehören. Um dergleichen Verschiebungen nachvollziehen zu können, benötigt man so etwas wie einen Atlas des Geistes, dessen Karten die unterschiedlichen Auffassungen der menschlichen Psyche oder des menschlichen Selbst abbilden«. Konstan (2009), S. 41.

390 Vgl. Newmark (2008), S. 19ff., 36ff., 72ff., 96ff., 148ff. u. 161ff.

391 Vgl. Perler (2011), S. 23.

392 Bedeutsame Leitlinien aus der Geschichte der Philosophie zur Verortung von Gefühlen finden sich bei: Landweer/Renz (2012a), S. 5ff.; Perler (2011), S. 7f., 23ff., 31f. u. 35ff.; Frevert (2011a), S. 11; Schützeichel (2010), S. 106f.; Newmark (2010), S. 47;

durchkreuzen sie dieses? Umstritten sind auch die Fragen mit erweiterter Brennweite, die eine Geschichte der Gefühle erst möglich machen: Gehören Gefühle zum Individuum oder zur Gesellschaft?[393] Sind sie Teil der Natur oder Kultur des Menschen?[394] Sind sie innerlich oder äußerlich, spontan oder normiert, authentisch oder inszeniert?[395] Gehören sie zum Geist oder zum Körper? Sind sie objektiv oder subjektiv, rational oder irrational, aktiv oder passiv,[396] zentrierend oder dezentrierend, geschlechtsneutral oder -spezifisch,[397] privat oder öffentlich?[398]

Statt den modernen Gefühlsbegriff parachron in die Quellen hineinzulesen,[399] verdient die antike Position, in ihrer Differenz dargestellt zu werden. Als Erstes fällt auf, dass die Griechen das menschliche Verhältnis zur Ehre als *Liebe* denken.[400] Der prägende Begriff ist nicht das Gefühl, der Geiz oder die Sucht, sondern: die ›Liebe zur Ehre‹ (*philotimia*). Für Xe-

---

Fortenbaugh (2008), S. 29ff.; Coli (2006), S. 75ff.; Dixon (2003), S. 3ff., 62ff., 98ff. u. 249f.; Hübsch (1999), S. 138f.

Diese Abrisse machen deutlich, dass es letztgültige Antworten schon deshalb nicht geben kann, weil das Verständnis der Gefühle vom Verständnis des Geistes – und damit von den – von Böhme herausgestellten – (Denk-)Traditionen abhängt (Fn. 388).

393 Vgl. Althoff (2000), S. 82ff.; Frevert (2011b), S. 267ff.

394 Vgl. Kitayama/Markus (1994)

395 Vgl. Scheer (2011), S. 41ff.; Althoff (2000), S. 82ff.; Kessel (2000), S. 165

396 Vgl. Newmark (2008), S. 19, 21, 23 u. 167ff.

397 Vgl. Honegger (1991); Frevert (2013).

398 Vgl. Böhme (1997), S. 543.

399 Vgl. Böhme (2011), S. 9; Bergemann [u.a.] (2011), 43ff.

400 Aristoteles spricht ausführlich durch, ob die Ehrliebe Begierde (*epithymia*), Lust (*hêdonê*) oder Affekt (*pathos*) ist. Vgl. EN 1155 b18; 1156 a10; 1159 a19; 1168 b19; Rhetorik 1369 b16 u. 1371 a9. Man beachte die Konsequenz, mit der die Argumentation durchgehalten wird, dass die Ehre keine Begierde oder Lust sei: Menschen, die nach zuviel Ehre strebten, seien nicht zügellos, sondern nur ›unbeherrscht‹. Die Zügellosigkeit bleibt den Begierden vorbehalten. Vgl. 1117 b32, 1147 b30 u. 1148 b8. Zum Verständnis: 1170 a20 u. 1173 a16. Selbst wer sich in der Absicht, den Eindruck von Ehre zu erwecken, bedeutender macht, als er sei, ist »noch nicht allzu tadelnswert«. Vgl. 1148 a23.

Aristoteles unterscheidet dabei eher unsystematisch zwischen Begierden und Affekten (*pathei*), was eine abschließende Beurteilung unmöglich macht. Nach Konstan bildet *pathos* in der *Rhetorik* die Oberkategorie, unter die Begehren und Ehrgeiz fallen: Konstan (2009), S. 39. Seine Beobachtung einer Neuabsteckung des Begriffsfeldes (Ebd., S. 40) führen mich dazu, ebenso wie Bemerkungen über die Uneinigkeit der aristotelischen Gefühlskataloge, den Gefühlsbegriff in der vorliegenden Arbeit unscharf zu stellen. Vgl. Newmark (2008), S. 41 u. 44f.; Krajczynski/Rapp (2009), S. 63–65 u. 72.

nophon ist die Möglichkeit, die Ehre *zu lieben*, der prägende Unterschied zwischen Mensch und Tier.[401] Es gibt keine *ambitio* oder *ambizione*, keine ›Ehrsucht‹ und keinen ›Ehrgeiz‹. Das bestimmende Verhältnis von Mensch und Ehre wird als *Liebe* und damit – nach alter Kartierung – nicht als ephemerer, afferenter *pathos*, sondern als dauerhafte, efferente ›Leidenschaft‹ gedacht.[402]

Die antike Anthropologie identifiziert und differenziert drei Grundkräfte menschlichen Handelns: die Macht des Geldes,[403] die Macht der Lust (*hēdonē*) [404] und die Macht der Ehre. [405] Allerdings sprechen die

---

401 Vgl. Xenophon: Hieron VII. 3. Auch Barbaren besitzen kein ›Gefühl‹ für ihre Ehre, vgl. u. S. 136f.

402 Zur Konstatierung des Phänomens kurzfristiger *Affekte* gegenüber langfristig-habituellen *Leidenschaften*: Hübsch (1999), S. 138f.; Heins (2010), S. 116; Schützeichel (2010), S. 107f.; Frevert (2011a), S. 12 u. 24ff. Die Kurzformel dieser Denktradition lautet: *»Affekte vergehen, Leidenschaften bleiben.«* Schützeichel (2010), S. 107 [eig. Hervorh.]. Zur terminologischen Ausarbeitung des Phänomens: Schützeichel (2010), S. 108 [»Von Affekten werden wir bewegt, mit unseren Leidenschaften können wir hingegen die Dinge bewegen.«]. Schützeichel geht allerdings weiter, indem er Leidenschaften auf Seiten der *ratio* (Erkenntnisvermögen) und Affekte *vis-à-vis* im Begehrungsvermögen verorten will. Ebd., S. 102f. Schützeichels Intention könnten mit Schmitz' Gefühlsphänomenologie unterfüttert werden: ›Affekte‹ als auf den Einzelnen hereinbrechend und ›Leidenschaften‹ als umgekehrt auf die Welt ausgreifend. Zur phänomenologischen Inbesitznahme des Menschen durch Affekte: Dixon (2003), S. 243. Griech. *pathos* von *paschein* (widerfahren) rechtfertigt die Konstruktion von Affekten als Widerfahrnissen. Vgl. Fitzgerald (2008), S. 2. Frevert will Gefühle grundsätzlich i.S.d. *pathei* als flüchtig und vergänglich definieren: Frevert (2013), S. 7.

403 Zur Vereinheitlichung wird in theoriebildender Absicht das Streben nach Reichtum (*ploutos*), Besitz oder Schätzen (*chrēmata*), die Liebe zum Gewinn (*philokerdeia*) und die Habgier (Hirschman) einheitlich als *Geldliebe* erfasst. Das auf Geld oder *profit* ausgerichtete Leben ist traditionell unehrenhaft und unterliegt dem auf die Ehre (*timē*). S.u. S. 92; Fn. 443. Für die Antike: »Vielmehr scheinst du ein Schiffsherr, einer von denen, die immer / Wieder kommen auf Schiffen mit zahlreichen Rudern; ein Krämer / Denkt an nichts als an Fracht, hält Ausschau einzig nach Ladung; / Gelder will er nur raffen!« Od. VIII. 161–164 [Übers. Weiher]. Sophokles: Antigone V. 296ff.; Aristoteles: Politik 1258 b2–8; EN 1122 a1. Als eine der Ausnahmen vertritt Hesiod die Interessen der Unter- und Mittelschicht: »Arbeit ist nimmermehr Schande, doch Scheu vor der Arbeit ist Schande.« Hesiod: Werke und Tage 310 [Übers. Schirnding]. Ähnlich steht es um den ionischen Dichter Pythermos: »Nichts ist wichtig – außer Geld«. Vgl. Kito (1967), S. 126 [zur Konvention: Ebd., S. 331f.]. Und in der Handelsmetropole Athen soll man »wegen Müßigganges« verurteilt worden sein. Vgl. Plutarch: Lykurg 24 [Übers. Ziegler].

404 Vgl. Demosthenes: Über Chersonese [8], 71; Xenophon: Gespräch über die Haushaltsführung XIV. 10; Platon: Politeia 580e - 581d.; Nomoi 870a-c. Während die

Philosophen nicht von Mächten oder Antrieben, sondern von *Zielen.* Nicht nur Begierden oder die Vergangenheit, sondern auch Ziele werden als Ursachen menschlicher Handlungen anerkannt.[406] Bewegungen und Gefühle werden archivarisch beobachtet und zu diesen drei Lebenszielen typologisiert. Die Frage, warum Menschen sich so verhalten, tritt als zweitrangig zurück. *Dass* sie sich so verhalten, ist ausschlaggebend.[407] Alle Menschen streben entweder nach Geld, Lust oder Ehre. Diese anthropologische Architektur ist erschöpfend gemeint, wie Isokrates verdeutlicht: »alle Menschen tun alles entweder aus Lustgewinn, materiellem Gewinn oder um der Ehre willen. *Außer danach kann ich bei den Menschen kein anderes Verlangen beobachten.*«[408] Aristoteles legt ebenfalls großen Wert darauf, dass die Liste vollzählig und allgemeingültig ist. Lust, Geld und Ehre seien »die Ziele, nach denen *jedermann* strebt.«[409] Das klingt zunächst einfach. Gegen die Tendenz, auf das anthropologische Wissen der Antike herabzuschauen, wendet Francis FUKUYAMA ein:

»Viele gedankenlose Kommentatoren von heute rümpfen die Nase über Platons allzu simple Psychologie, die die Seele in drei Teile zerlegt. Dabei übersehen sie allerdings, daß viele Denkschulen des zwanzigsten Jahrhunderts, darunter die Psychoanalyse, der Behaviorismus und der Utilitarismus noch einfacher gestrickt sind, denn sie reduzieren die Seele ganz auf ihre begehrende Komponente und

---

Nikomachische Ethik alle drei Motive nennt (vgl. EN 1095 a23), sieht die *Politik* Geld und Lust zusammen und weist nur Ehre und Reichtum aus. Zur philosophischen Rechtfertigung: »Diejenigen, die aber auch das vollkommene Leben anstreben, suchen das Leben körperlicher Genüsse. Und da auch deren Befriedigung durch den Besitz ermöglicht zu werden scheint, richtet sich ihr ganzes Tun und Trachten auf gewinnbringende Tätigkeit«. Aristoteles: Politik 1258 a4 [es wird durchgehend Schütrumpfs Übersetzung verwendet], sowie: EN 1096 a6 [»Offensichtlich ist der Reichtum nicht das gesuchte Gute.«], 1096 b23 u. 1168 b16. Zur Systematik: Politik 1266 b36 u. 1271 a16f. Zum Grund aus meiner Sicht: Fn. 414.

405 Ehre sei »das Ziel des politischen Lebens«. Vgl. Aristoteles: EN 1095 b23.

406 Vgl. Aristoteles: EN 1102 a2. Die Güter, nach denen Menschen streben, seien *Endziele.* Vgl. 1096 a24; 1097 a29; Politik 1257 b40ff.

407 Vgl. Aristoteles: EN 1098 b1.

408 Isokrates: Antidosis [XV], 217 [eig. Hervorh.]. Zum Stellenwert der Ehre bei Isokrates: »Auch Forscher, die die literarische oder erzieherische Bedeutung des Isokrates gewürdigt haben, tendieren eher dazu, seinen Ehrgeiz zu entschuldigen, als sein Wesen und seine Funktion im isokrateischen Werk zu erkennen.« Alexiou (1995), S. 132. Ähnlich: Ebd., S. 112, 130 u. 206 (Anm. 3); Orth (2003), S. 1; Brodersen (1993), S. 2; Engels (2003), S. 181.

409 Vgl. Aristoteles: Politik 1311 a30 [eig. Hervorh.].

gestehen der Vernunft nur eine instrumentelle Funktion zu; *thymos*, der Stolz, aber ist ganz von der Bildfläche verschwunden.«[410]

Gegenstand der antiken Diskussion ist, welche Ziele die menschliche Natur entfalten und welche ›Liebesziele‹ sie deformieren. Für Aristoteles deformieren Lust- und Geldliebe die menschliche Natur.[411] Platon identifiziert eine vierte Gruppe ›Weisheitsliebender‹ (*philosophoi*)[412] – eine Auffassung, die der traditionell eher schlechten Meinung über das Wissen entgegensteht.[413] Aristoteles setzt die platonische Agenda einer Wissensliebe handwerklich geschickt um, indem er die Ehre der Kategorie ›äußerer‹ Güter zuschlägt.[414] Die Ehre sei das größte Gut unter äußeren Gütern.[415] Die Begründung liegt in der Analyse des Begehrens: die Ehre werde nicht aus sich selbst heraus begehrt, sondern für etwas *außer ihr* liegendes.[416] Das eigentliche Ziel sei nicht Ehre, sondern Selbstgewissheit über die eigenen

410 Vgl. Fukuyama (2002), S. 168f. Der platonische *thymos* zielt auf Ehre. Zur Ausarbeitung einer politischen Theorie aus der platonischen Psychologie: Fn. 1236; Bloom (1987), S. 326f. u. 329f.; Fukuyama (1992); Sloterdijk (2006), S. 22ff., 89ff. u. 171ff. Zur Verschüttung von *appetitus* und *aversio* in modernen Rekonzeptualisierungen: Böhme (1997), S. 541.

411 Vgl. EN 1099 a12ff. u. 1130 a33. Im Zirkelschluss verrät der, der nach Geld oder Lust strebt, deshalb seine Defizite. Vgl. 1123 b2 mit b23 u. 1125 a25. Er macht die Größe der Seele am menschlichen Verlangensgrad nach Ehre fest: Rhetorik 1390 b15ff.

412 Vgl. Platon: Politeia 416a u. 581a.

413 »Die meisten Menschen sind nämlich zu der Überzeugung gelangt, Wissenschaften dieser Art seien leeres Geschwätz und Haarspalterei. Ihrer Ansicht nach ist keine dieser Wissenschaften im privaten oder öffentlichen Leben von Nutzen«. Isokrates: Antidosis [XV], 262. Kleon zeugt ebenfalls von einer gewissen Verachtung wissenschaftlich-diskursiver Politikberatung in Athen: »Euch durch den neuartigen Glanz einer Rede täuschen zu lassen, das versteht ihr vortrefflich, ebenso wie bewährtem Rat nicht folgen zu wollen, (ihr) Sklaven des jeweils Außerordentlichen, Verächter des Gewöhnlichen, jeder nur darauf versessen, selber reden zu können. [...] So jagt ihr gleichsam einer andern Welt nach, als in der wir leben, versteht euch aber nicht einmal hinreichend auf die Gegenwart; kurz und gut, der Hörlust erlegen, gleicht ihr mehr herumlungernden Bewunderern von Wanderrednern als Männern, die für eine Stadt zu sorgen haben.« Thukydides III. 38, 5–7 [Übers. Vretska/Rinner].

414 Aristoteles kategorisiert *seelische* (Wissen), *körperliche* (Lust) und *äußerliche* Güter (Ehre, Geld, Herkunft, Freunde, Macht). Vgl. Rhetorik 1360 b27; EN 1124 a20.

415 Vgl. EN 1097 b2 u. 1098 b13.

416 Vgl. EN 1177 b18.

Vorzüge.[417] Aristoteles versucht in der Folge beständig, *timē* und *kalos* auseinanderzurechnen und ersteren Begriff für die äußeren, letzteren für die ›seelischen‹ Ziele zu vereinnahmen.[418]

Nichtsdestotrotz besitzt die Liebe zur Ehre für Platon eine hohe, beobacht- und sichtbare Evidenz, die er Diotima in den Mund legt:

»*Du siehst,* wie die Menschen sich aufs äußerste anstrengen, um namhaft zu werden und unsterblichen Ruhm auf alle Zeiten zu erwerben; *alle sind bereit,* deshalb Gefahr zu leiden, mehr als um der Kinder willen, und den Besitz aufzuopfern und jede Anstrengung auf sich zu nehmen und für die Sache zu sterben. Oder glaubst du etwa, daß [...] Achill um Patroklos in den Tod gegangen [...] wenn sie nicht gewußt hätten, daß ein unsterbliches Gedächtnis ihrer Tugend fortdauern werde, wie dasselbe jetzt wirklich bei uns fortlebt?«[419]

Attische Ehrendekrete loben noch im 4. Jahrhundert v. Chr. die Ehrliebe der Geehrten.[420] Dass angesichts der *philotimia* eine *timē* existieren muss, die geliebt oder begehrt werden kann, liegt auf der Hand. Woraus aber diese

---

417 »Ferner scheint man die Ehre zu suchen, um sich selbst zu überzeugen, daß man gut sei.« EN 1095 b26. Ähnlich: b30f.; 1097 b5; 1159 a13 [wer nach Ehre strebe, wolle »eher geliebt werden als lieben«].

418 Nach konventioneller Anschauung sind Ehre und Schönheit allerdings gleichbedeutend: EN 1125 b13 [die *philotimoi* sind »Liebhaber des Schönen«]; 1169 a19–b1. Die platonisch-aristotelische Agenda: Rhetorik 1359 a2–6; 1366 b36; 1367 a4; 1367 b12 [»Überhaupt muss man das Ehrenwerte in das Schöne überführen, weil sie verwandt zu sein scheinen.«]; 1396 a13ff. [»Alle bilden nämlich das Lob aus den vorhandenen oder scheinbar vorhandenen schönen Taten. Und ebenso tadeln alle aus dem Gegenteil, indem sie darauf schauen, ob ihnen etwas derartiges (Schändliches) zukommt oder zuzukommen scheint«]; EN 1113 b9f. [schöne und schändliche Taten]; 1114 b24; 1148 a29 [Ehre sei schön]; 1169 a20. Dazu auch das Problem der hochmütig erscheinenden Großgesinnten, weil ihnen die Ehre wenig gilt. Vgl. 1124 a6–30; 1125 a6. Rapp erkennt auf aristotelischer Grundlage die *philotimia* allen Ernstes als »eingeschränkt auf das Streben nach expliziten Ehrerweisungen, während ›Ehrgeiz‹ auch *weniger oberflächliche Formen* der ambitionierten Rivalität mit einschließt.« Vgl. Rapp (2002), S. 674 [eig. Hervorh.]. Perler will im Ehrgeiz ein Phänomen erblicken, das »eher zur Kategorie der Charaktereigenschaften« gehört. Vgl. Perler (2011), S. 25. Zur antiken Evidenz des *kalos*: Alexiou (1995), S. 73; Snell (1986), S. 240. Zu den epistemologischen Hintergründen, Schönheit nicht als politikwissenschaftliche Kategorie akzeptieren zu wollen: Ruch (2012b).

419 Platon: Symposion 208c [Übers.: Burckhardt (1982), S. 220; eig. Hervorh.].

420 »[D]ie staatliche Sprache benutzt den Begriff [*philotimia*, Anm. P.R.] ständig im positiven Sinne zusammen mit Tugendbegriffen zur Bezeichnung der Motivation für die guten Leistungen des Geehrten dem athenischen Demos gegenüber.« Alexiou (1995), S. 48.

timē geschaffen ist – ob sie objekthaft oder imaginär ist –, geht aus der Analyse der *philotimia* nicht hervor. Dennoch rollt die von Platon und Aristoteles propagierte Wissensliebe den Teppich für eine Entwertung der Ehre aus. Von Aristoteles' Ausführungen über die äußere Ehre ist es ein kurzer Weg zur philosophischen Verachtung ›äußerlicher‹ Verkörperungen der Ehre als (neuzeitlich besonders schön) »Würdenschnack«.[421]

Für die politische Anthropologie der Neuzeit hält das antike Verständnis der Ehrliebe, wie es exemplarisch aus Diotimas Aussage hervorgeht, einen fundamentalen Dissens bereit, für dessen Herausarbeitung ausgeholt werden muss. Die menschlichen Leidenschaften bilden lange vor dem *emotional turn* in den Geisteswissenschaften des frühen 21. Jahrhunderts den Kernbestand der politischen Philosophie, wenngleich die in der Neuzeit erkletterte Gedankenhöhe, Artikulationsleistung, Reflexionsdichte, Phänomenologie und Typologie der Gefühle von der Gegenwart unerreicht geblieben sein dürfte.[422] Das Wegschließen dieser Kenntnisse in den

421 So Ferdinand Freiliggraths Verdikt über die Ehre. Vgl. Burkhart (2006), S. 83. Machiavellis und Montaignes Interpretation der Ehre als Stoffballen steht auf diesem aristotelischen Teppich, genauso wie der ›Prestige‹-Begriff. S.o. S. 32. Zum Verständnis der Äußerlichkeit: wie »die Seele geradezu erfunden wurde, um die Verinnerlichung der Gefühle zu ermöglichen« [Böhme (2009), S. 161], ermöglicht der Begriff des ›Außen‹ oder der ›Außenwelt‹ die *Veräußerlichung* von Objekten. Zum Problem der Unterteilung von Dingen in die *res extensa*: »fällt das Ding in ein opakes, um seine Kraft beraubtes An-sich zurück wie umgekehrt das Ich in seine inkompossible Leere.« Böhme (2006), S. 98. Dazu: Ebd., S. 139 u. 209–211. Der Begriff einer ›Außenwelt‹ ist gefräßig – immerhin tendiert er dazu, die gesamte ›äußere‹ Welt einer ›Innerlichkeit‹ als gleichrangig gegenüberzustellen und damit letztlich zu nivellieren.

422 »Allerdings gerieten Emotionen bald aus dem Blickfeld der neuen Disziplin. Im 20. Jahrhundert hatte sich die Forschung in Bezug auf die Emotionen weit von dem Wissensstand Descartes' entfernt.« Wassmann (2002), S. 26. Frevert attestiert lexikalisch eine »Kontraktion des Gefühlsvokabulars«: »Im Rückblick fällt auf, dass im 20. Jahrhundert [...] die Lexikoneinträge technischer und knapper wurden. Das ging entschieden auf Kosten ihrer sozial- und kulturhistorischen Informationsdichte. Hatte etwa die vierte, in den frühen 1930er Jahren erschienene Auflage des *Herder* nicht mit gesellschaftlichen und religiösen Ratschlägen zur Erziehung der Gefühle gegeizt, beschränkte sich die fünfte Auflage in den 1950er Jahren auf definitorische Halbsätze.« Frevert (2011a), S. 38. Aschmanns Urteil fällt höflicher aus: »Einzelne Philosophen wie Aristoteles und Descartes entwickelten bereits Konzepte, die im Ansatz fast alle Aspekte der modernen Emotionstheorien umschließen.« Aschmann (2005), S. 18f. Zur Aufarbeitung: Landweer/Renz (2012); Kingston (2008), S. 111ff.; Perler (2011), S. 278ff. [Descartes] u. 355ff. [Spinoza]; Küchenhoff (2006), S. 29ff. Für ein ausgewogenes Urteil in dieser Frage vgl. die politische Applikation der Psychoanalyse

sozialwissenschaftlichen Giftschränken des 20. Jahrhunderts führte, wie Marcus LLANQUE betont, »nicht zu dessen phänomenalem Verschwinden in der Politik, sondern zur Erblindung der Politischen Theorie«.[423]

Die neuzeitlichen Staatstheoretiker sind »von Anfang an der Überzeugung, daß Herrschaft eine Frage der Kenntnis und zielgerichteten Nutzung menschlicher Affektivität sei: *a notitia affectuum rectum imperium*.«[424] Unter dem Eindruck politischer Instabilität setzen sich die Philosophen – Machiavellis *Discorsi* folgend – an das Studium von Historiographie und Literatur,[425] um Leidenschaften zu analysieren und zu systematisieren.[426] Für Bacon sind es nicht nur Historiker, sondern auch Dichter, die

> »[...] mit großer Lebendigkeit darstellten, wie Affekte entzündet und angespornt werden; [...] wie sie sich offenbaren, wie sie wirken [...] wie man (so sage ich) Affekt gegen Affekt einsetzt und den einen durch den anderen beherrscht: So wie wir das Tier mit Hilfe des Tieres hetzen und den Vogel mit Hilfe des Vogels jagen [...] Denn wie es bei der Regierung von Staaten mitunter notwendig ist, eine Fraktion durch eine andere einzudämmen, so verhält es sich auch mit der Regierung unseres Innern.«[427]

Im doppelten Wortsinne von Aischylos' *pathei mathos*[428] – *pathos* als Leidenserfahrungen, wie Gefühlsmasse[429] – versuchen die neuzeitlichen

---

mit der neuzeitlichen politischen Anthropologie: Klingemann/Kaase (1981); Krovoza (1996); Lipowatz (1998); Brunner [u.a.] (2012). Zur Rolle von Emotionen in Freuds Theorie: Jensen (2008), S. 140ff. u. 149ff.

»[D]ass das von der Philosophiegeschichte oft als randständig behandelte Gebiet der Emotionslehren im Selbstverständnis der klassischen Philosophie durchaus als zentrales Feld gilt. Man kann eine Geschichte der Philosophie nicht nur als Geschichte des Erkenntnisproblems schreiben, sondern – zumindest für die Zeit bis 1800 – auch als Geschichte des Passionsproblems.« Newmark (2008), S. 12. Vor dem *emotional turn* klagt Hübsch: »Die wortführenden Philosophien unserer Tage zeigen kein oder nur wenig Interesse am Thema der Emotionen; nur wenige Autoren scheinen um das Gewicht zu wissen, das ihm in der Geschichte der europäischen Philosophie stets beigemessen wurde.« Hübsch (1999), S. 137.

423 Vgl. Llanque (2012), S. 105. Zum Vorgang selbst, Gefühle aus den Wissenschaftszweigen auszusperren: u. S. 206ff.

424 Weber (1998), S. 76. Zur Neubelebung von Gefühlspolitik: Heidenreich (2012), S. 21.

425 Vgl. Fn. 435.

426 Vgl. Hirschman (1987), S. 24. Zur Chronologie: »Hobbes beruft sich ursprünglich vorzüglich auf die [...] Geschichte, später vorzüglich auf das direkte Studium der Leidenschaften.« Strauss (2001), S. 132.

427 Zit. n. Hirschman (1987), S. 31.

428 Vgl. Aischylos: Agamemnon V. 177.

Gelehrten, aus den Leiden *und* Leidenschaften zu lernen: »nicht in der Welt der Ideen, sondern in der Natur des Menschen sind die Prinzipien zu finden, nach denen Politik betrieben werden muß; nicht über, sondern in den Menschen ist die Wahrheit des Politischen begründet«.[430]

Wenn Hobbes Politik begründen will, legt er im ersten Drittel des *Leviathan* profunde Kenntnisse über den Menschen dar.[431] Die Erkenntnisfortschritte befeuern »eine blühende affektwissenschaftliche Debatte«.[432] In den erfahrungsgesättigten Schubladen der ›politischen Wissenschaft‹[433] türmen sich Untersuchungsblätter zu den Leidenschaften. Dabei kommt es zu methodischen Differenzen. Hobbes, der im Unterschied zu Bacon Thukydides' Verachtung der Dichter teilt,[434] schließt Literatur aus dem Untersuchungskanon und setzt allein auf Historiographie und Erfahrung. Hobbes »Wendung der Philosophie zur Geschichte«,[435] die eine

---

429 Zu den Rahmenbedingungen für die Transformation vom Leiden (»vor der philosophischen Aufklärung der Griechen«) zu interiorisierten Gefühlen: Böhme (2009), S. 157. Dazu: Fn. 55 u. 400 [Konstan].

430 Münkler (1987), S. 32. »Die gründliche Erkenntnis der Leidenschaften ist die unerläßliche Bedingung für die Beantwortung der Frage nach der richtigen Ordnung des menschlichen Zusammenlebens, insbesondere nach der besten Staatsform.« Strauss (2001), S. 129.

431 Von den 47 Kapiteln drehen sich die ersten 16 um den Menschen. Vgl. Hobbes: Leviathan I-XVI, insbes. Chapter VI. [*Of the Interiour Beginnings of Voluntary Motions; commonly called the Passions. And the Speeches by which they are expressed*] u. Chapter X. [*Of Power, Worth, Dignity, Honour, and Worthinesse*]. Zur Analyse der Gefühle, auch: Hobbes: Human Nature IX.
»Die zentralen Kapitel seiner Anthropologie, diese Kapitel, die vielleicht mehr als alles, was er sonst geschrieben hat, seinen Ruhm als Schriftsteller und Menschenkenner für alle Zeiten begründet haben.« Strauss (2001), S. 51. Ähnlich: Ebd., S. 110 u. 127.

432 Vgl. Weber (1998), S. 78.

433 »Die politische Wissenschaft ist von der Naturwissenschaft unabhängig, weil ihre Prinzipien nicht von dieser Wissenschaft erborgt [...], sondern durch die Erfahrung – durch die Erfahrung, die ein jeder von sich selbst hat – dargeboten, vielmehr durch die Selbsterkenntnis, die Selbstprüfung jedes einzelnen erarbeitet werden. Infolgedessen ist die Evidenz der politischen Wissenschaft von einer ganz anderen Art als die Evidenz der Naturwissenschaft. [...] ihr Gegenstand und ihre Begriffe sind nicht so wesentlich unpopulär wie der Gegenstand und die Begriffe der Mathematik«. Strauss (2001), S. 20. Vgl. Fn. 2047.

434 Vgl. Fn. 236.

435 Vgl. Strauss (2001), S. 135. Strauss erkennt zwar, dass dieser Hinwendung die Einsicht in die destruktiven Folgen des Ehrgefühls zugrunde liegt, er lässt allerdings offen, wie er dazu steht. Zum Verhältnis von Geschichte, Erfahrung und menschlichen Gefühlen: Ebd., S. 61, 98 [»durch Erzählungen die Erfahrung des Menschen zu

Abkehr von illusionären Theoriegebäuden zur Realität markieren soll, birgt methodisch bereits einen Keim des Scheiterns. Statt des erhofften Meerzuganges zur Wirklichkeit bieten die Geschichtsbücher nämlich keinen unverstellten Blick auf menschliche Gefühle, sondern den Zugang zu *literarisch modellierten* Gefühlen.[436] Es ist bemerkenswert, Historiographie als Textgattung zu verstehen, die enthalte, was geschehen sei. Nicht, dass Geschichtsbücher nicht unvergleichlich mehr und widersprüchlicher die Gefühle taxieren als Ethiken. Aber weshalb sollten Geschichtsbücher deshalb enthalten, was in der menschlichen Seele vor sich gegangen *ist*? Weshalb sollte Thukydides' Darstellung des ›*Civill War*‹ auf Kerkyra einen schärferen Blick auf die menschliche Natur ermöglichen als der des Dichters? Weshalb sollte nicht gerade Thukydides die Triebkräfte der menschlichen Seelen durch Darstellungskonventionen zerstört haben?[437]

Thukydides wird zwar gefeiert, aufgrund eines wissenschaftlichen Genauigkeitsanspruchs fünf ›Begierden‹ als Ursachen des griechischen ›Fiebers‹ identifiziert zu haben: *philotimia*, Habgier, Missgunst, Hass und Rache.[438] Aber warum sollte gerade diese Gefühlshypostase nicht antike Lese- und Sehgewohnheiten wiedergeben, um die Komplexität von Kriegshandlungen zu reduzieren?[439] MONTGOMERY spricht diesen kritischen

erweitern«], 100, 101 (Anm. 8), 104, 107 (Anm. 32), 110, 113, 126, 150 u. 172; Disselkamp (2002), S. 71.

436 Zur methodischen Grundlegung poetischer Modellierungen, s.o. S. 58f.

437 Vgl. Chaniotis (2012), S. 19ff.; Chaniotis (2012a), S. 103ff. u. 109ff. Zur Darstellungskonvention des die Institutionen auf Kerkyra erodierenden *phthonos*: Sanders (2012a), S. 151–165. Montgomery vertritt die These, dass Thukydides die von Herodot übernommenen Gefühle vom Einzelnen (d.h. von Politikern und Königen) auf Massen ›verkollektiviere‹: Montgomery (1965), S. 69f. u. 83ff.

438 Vgl. Thukydides III. 82, 8; 84, 2. Den Fehler, dass Gehrke in seiner Interpretation nur zwei dieser Gefühle – *philotimia* und *pleonexia* – überhaupt herausgreift, steht *pars pro toto* für die epistemologischen Probleme, die die Ausstoßung der Gefühle aus den Wissenschaften im 20. Jahrhundert hervorruft (dazu, s.u. S. 206ff.): Gehrke (1985), S. 338 (Anm. 43). Zum mathematischen Genauigkeitsanspruch: Jaeger (1936), S. 489–491 u. 496f. Aus der Beziehung Jaeger – Strauss (der bei Jaeger studierte) geht nie ganz hervor, wer wen eigentlich kopiert hat. Dies gilt insbesondere für die Thesen zu Thukydides. Jaegers Gedanken werden in dem Jahr publiziert, in dem Strauss seine Arbeiten am Hobbes-Buch beendet.

439 Strauss ist sich mit Hobbes (und Jaeger) in der Sache einig: »Thukydides ragt vor den übrigen Historikern insbesondere dadurch hervor, daß er diejenigen gewöhnlich verleugneten Leidenschaften zur Sprache bringt, welche das Zusammenleben der Menschen vorzüglich bestimmen. Die Tiefe seiner Einsichten«. Strauss (2001), S. 128.

Punkt nur für die Präsentation der Gefühle bei Herodot durch, aber er kann genauso auf Thukydides ausgeweitet werden:

»Das Bizarre und scheinbar Launenhafte der Heranziehung seelischer Vorgänge zur Erklärung einer Handlung gibt der Darstellung ihre besondere Note: Herodot ist der Künstler und Zauberer, der mit diesen Mitteln etwas Vergangenes heraufbeschwört und vergegenwärtigt und ihm neues Leben verleiht. *Soweit kann man hierin die literarischen Stilmittel eines freischaffenden Künstlers erkennen.*«[440]

Mit seiner Ablehnung der Dichtung und der Anerkennung der Historiographie als primärer Erkenntnisquelle für die menschlichen Gefühle macht sich Hobbes methodisch etwas vor. Die Möglich- und Glaubwürdigkeiten beider Quellengattungen liegen auf derselben dichterisch-literarischen Ebene. Thukydides könnte mit seiner Darstellung von Begierden genau das verfolgt haben, was er dem Dichter ganz eigentlich vorwirft: »die Befriedigung der Hörlust« seines Publikums.[441]

Der Widerspruch aus Diotimas Aussage zur neuzeitlichen Anthropologie kann nur verstanden werden, wenn mittels einheitlicher Begriffsbildung durch die mehrere Jahrtausende übergreifende Sprachentwicklung hindurchgegriffen wird. Albert O. HIRSCHMAN unternimmt einen solchen Versuch, indem er die ›*Liebe* zum Geld‹ aus dem neuzeitlichen Begriff ›*Interesse*‹ birgt, der die antike Geldliebe gezielt *de-emotionalisierte*. Thomas Hobbes, David Hume und Adam Smith spielten für die Ära des Handels die Rolle, die Rousseau für die Romantik innehielt. Sie lieferten »die Sprache, durch die sich die radikale Anschauung artikulieren läßt.«[442]

Die antike *Geldliebe* wird von den neuzeitlichen Philosophen nicht länger als große und mitreißende Leidenschaft gedacht, sondern konsequent als ›*interest*‹ auf Seiten der *ratio* re-semantisiert.[443] Diese Neuterminologisie-

---

440 Montgomery (1965), S. 43 [eig. Hervorh.].

441 Wie Fn. 236. Zur Interpretation dieser Begierden mit dem Bellizismus: u. S. 263ff.

442 Vgl. Taylor (1996), S. 630 [dort auf Rousseau gemünzt].

443 »Daß nämlich eine Gruppe von Leidenschaften, die bislang verschiedentlich als Gier, Habsucht oder Gewinnsucht bekannt waren, nutzbringend eingesetzt werden könnten, um andere, wie Ehrgeiz, Machtgier oder sexuelle Begierde zu bekämpfen oder zu zügeln.« Hirschman (1987), S. 49.
»In den vielen, im 17. Jahrhundert erschienenen Abhandlungen über die Leidenschaften wird die Habgier unverändert als die ›schlimmste von allen‹ beurteilt und hält noch immer ihre Stellung als die tödlichste aller Todsünden inne, die ihr gegen Ende des Mittelalters zugewiesen worden war. Sobald aber der Gelderwerb mit dem Etikett des ›Interesses‹ versehen war und in diesem Gewand erneut in den Wettbewerb mit den

rung sei keinen Übersetzungsfehlern, Überlieferungslücken oder *creative misreadings* geschuldet.[444] Die nach antiker Vorstellung zähe und heißblütige *Geldliebe* wirkt als ›*interest*‹ derart rationalisiert (und rationiert), dass sie zur Ikone des Unterkühlten und Rechnenden aufsteigen kann. Selbst der romantischen Konterrevolution fällt die Grundkraft des von ihr verachteten *bourgeois* nicht mehr auf. Der geld*gierige* Menschenschlag sei leidenschaftslos und liebesverarmt. Von einer vermeintlichen Leidenschaftsleere der Bürgerlichkeit erdrückt, sehnt sich das ausgehende 18. Jahrhundert nach den großen Gefühlen als »Salz des Lebens« zurück.[445]

HIRSCHMAN gelingt es nun, gegen diesen romantischen Vorstellungskosmos die ursprüngliche Hitze und Leidenschaftlichkeit der Geldliebe zu bergen. Was selbst Charles TAYLOR etwas unglücklich der moder-

---

übrigen Leidenschaften eintrat, wurde er plötzlich anerkannt und sogar mit der Aufgabe betraut, jene anderen Leidenschaften einzudämmen, die lange Zeit als viel weniger tadelnswert gegolten hatten.« Ebd., S. 50. »Denn als Besonderheit dieser Leidenschaft, die sie von anderen unterschied, wurden gerade ihre Beständigkeit, ihre Beharrlichkeit und die Tatsache wahrgenommen, daß diese Leidenschaft von einem Tag zum anderen - und von einem Menschen zum anderen - unveränderlich blieb. Hume spricht in seinen Essays von der Habgier - ohne sich die Mühe zu machen, sie als ›Interesse‹ zu tarnen - als einer ›hartnäckigen Leidenschaft‹; in einem anderen Essay führt er aus: ›Habgier, oder das Verlangen nach Gewinn, ist eine universelle Leidenschaft, die zu allen Zeiten, an allen Orten und auf alle Menschen wirkt.‹« Ebd., S. 63. Dieser Ansicht ist auch Aristoteles: »Deswegen scheinen Menschen in diesem Alter besonnen zu sein; denn die Begierden haben nachgelassen und sie laufen dem Gewinn nach.« Rhetorik 1390 a15.

In Strauss' Hobbes-Auslegung ist dies die Umetikettierung der Todesfurcht in einen rational-vernünftigen ›Selbsterhaltungstrieb‹: Fn. 1875. Vgl. Blumenberg: »Es gibt Begriffe, die für eine geschichtliche Formation dieselbe Bedeutung haben wie Leitfossilien für eine geologische. Für die frühe Neuzeit ist von solcher Signifikanz der Begriff der Selbsterhaltung.« Blumenberg (1970), S. 3.

444 Zu Übersetzungs- und Übertragungsfehlern: Bergemann [u.a.] (2011), S. 48–54. Mit Bezug auf die Ehrsemantik: Sterchi (2005), S. 238. Zum *creative misreading*: Böhme (2011), S. 20 (mit Anm. 30). Zur Sprachentwicklung des ›Interesses‹: Hirschman (1987), S. 27, 36, 40f., 44, 46f., 51 u. 63. Zu Beobachtungen von Hobbes' Begriffsgebrauch: Strauss (2001), S. 16f. [»der stoische Affektbegriff muß sich von Grund auf wandeln, wenn er von einem Philosophen rezipiert wird, der die Möglichkeit der *beatitudo* grundsätzlich leugnet, für den der Gegensatz zum Affekt nicht mehr ein Zustand der Ruhe ist.«]. Zur stoischen *apatheia* aus gefühlsgeschichtlicher Sicht: Krajczynski/Rapp (2009), S. 52; Landweer/Newmark (2009), S. 83ff.

445 So der treffende Ausdruck von Christina von Schweden. Vgl. Landweer/Newmark (2009), S. 89. Vgl. Kessel (2000), S. 165ff.; Heins (2010), S. 115 u. 121; Böhme (1997), S. 544.

nen Psychologie anlastet, »daß ihr stillschweigend vorausgesetztes Bild der menschlichen Motivation von unerhörter Eindimensionalität ist«,[446] interpretiert HIRSCHMAN als philosophiegeschichtlich geplantes Projekt. Der Vorwurf einer abgeflachten eindimensionalen Seele sei

»[...] ein wenig ungereimt, denn ursprünglich wurde vom Kapitalismus ja gerade erwartet und erhofft, daß er bestimmte menschliche Neigungen und Triebe unterdrücken und eine weniger vielgestaltige, weniger unberechenbare und eine eher ›eindimensionale‹ menschliche Persönlichkeit prägen würde. Diese Auffassung, die heute so fremd klingt, ergab sich aus der tiefsten Unruhe.«[447]

Mit anderen Worten: der Kapitalismus wird von der Romantik für das gehasst, was er am erfolgreichsten betreibt – und in den Augen der politischen Anthropologie auch betreiben sollte: die Eindimensionierung menschlicher Gefühle, die Bändigung des Trieblebens und zwar auf Wohlstand oder Lust – weg von der Ehre.[448] Bei genauerem Hinsehen lässt sich allerdings zeigen, dass auch das dritte Ziel in der antiken Anthropologie, die Ehre, nicht von allen Menschen gleichermaßen ›geliebt‹ worden sein kann. Wie bei allen Liebesbeziehungen existieren hitzige und unterkühlte Naturen. Platon gibt unumwunden zu, dass das Geld auf die große Masse die stärkste Wirkung hat.[449] Die Ehrliebenden bilden also eine Minderheit. Aristoteles räumt diese soziale Wirklichkeit in den *poleis* beiläufig, an eine Beschimpfung gebunden, ein: *»Die Mehrzahl der Leute* und die rohesten wählen die Lust.«[450]

446 Vgl. Taylor (1996), S. 362f. Da der Mensch alternative Denk- und Konzeptionsmöglichkeiten braucht, um sich selbst verständlich zu werden, geht Taylor den Weg von Leo Strauss, nämlich die vergessenen Alternativen (bei Strauss: aus dem abendländischen Philosophie- und Literaturkanon) zu bergen. Vgl. Taylor (1996), S. 68, 75, 93, 97, 103, 134, 203, 207, 209, 325 u. 622. Zu Strauss' Projekt am Treffendsten (vgl. Fn. 80): »how human beings are and what they do depends to a large degree on how they understand themselves, their situation, and their rights and duties.« Zuckert (2006), S. 73. Vgl. Bluhm (2002), S. 18 u. 72ff.
In Unkenntnis des Strauss'schen Projektes skizziert Perler denselben Weg: Perler (2011), S. 34.

447 Hirschman (1987), S. 141. Zur emotionalen Entzifferung dieser Unruhe, s.u. S. 233.

448 Vgl. Fn. 447. Ferner: Hirschman (1987), S. 53, 66f., 90, 128ff. u. 145.

449 »Dasjenige erreicht zu werden *nach welchem die große Menge die meiste und stärkste Sehnsucht empfindet, nämlich das Geld,* dessen Macht den unaufhörlichen und unersättlichen Trieb nach endlosem und unermeßlichem Besitze desselben erzeugt«. Platon: Nomoi 870a [Übers. Schleiermacher/Susemihl; eig. Hervorh.].

450 Vgl. Aristoteles: EN 1095 b15 [eig. Hervorh.]. Sie sind »Sklaven ihrer Lüste« (b19).

Durch die Beschimpfung geht beinahe unter, dass die Mehrzahl der Leute die Lust wählt. Diese Erkenntnis, dass die breite Masse auch in der antiken Wirklichkeit geld- und besitzliebend ist,[451] stellt die *psychomachia* zwischen Ehr- und Geldliebe auf eine andere, von HIRSCHMAN ungesehene Grundlage.[452] HIRSCHMAN setzt die Unbeständigkeit der Ehrliebe voraus, statt den Wahrheitsgehalt dieser Annahme kritisch zu prüfen. Die Liebe zum Geld sei ein ruhiges und beständiges ›Interesse‹. Die Langfristigkeit der Geldliebe sei die Grundlage von Berechen- und Kalkulierbarkeit, der ›Rationalität‹ gegenüber eines als irrational geltenden Ehrgeizes.[453] Aufgrund ihrer *Beständigkeit* wird die Geldliebe gegenüber der unbeständigen Ehrliebe zur Konzeption einer ruhigen Politik vorgezogen. Die Aussage von Diotima dokumentiert das umgekehrte Denken: Die Geldliebe ist nach antiker Vorstellung eine kurzfristige und niedrige, wenngleich die breite Masse dominierende *epithymia*, die Ehrliebe eine schöne, seltene, beständige und kalkulierbare, allerdings seltene ›Leidenschaft‹.

Genau darin besteht der grundlegende Dissens zwischen antiker und neuzeitlicher Anthropologie. Nach der neuzeitlichen Philosophie vermag die Geldliebe die Macht der Ehrliebe zu brechen,[454] für die antike Philosophie *siegt* Ehrliebe, soweit vorhanden, stets über die Liebe zum Geld. Diotima spricht aus, dass Menschen wegen der Ehre bereit sind, »*den Besitz* aufzuopfern und jede Anstrengung auf sich zu nehmen und für die Sache zu sterben.«[455]

Mit Glaukos, Sarpedon, Archidamos und Brasidas lassen sich Heroen als Anschauungsmaterial herbeiziehen, die getreu der Definition des *hērōs* für Ehre nicht nur Geld und Besitz, sondern ihr Leben opfern.[456] Die vermeintlich selbstverständliche Prämisse einer anthropologisch dominanten Begierde nach Geld, welche die Begierde nach Ehre bändigt, muss im

451 Vgl. Aristoteles: Rhetorik 1366 b9, 1382 b5. Auch der gesellschaftliche Rang habe nichts mit *philotimia* zu tun: 1371 b29; EN 1095 b20; 1176 b19. Dergestalt ist auch sein ›Witz‹ gemeint, die Ungleichheit des Besitzes führe zum Aufstand der Masse, die Ungleichheit der Ehre zum Aufstand der »Besseren«. Vgl. Politik 1266 b38f.

452 Vgl. Hirschman (1987), S. 29f.

453 »Durch eine seltsame Wendung, wohl weil das Denken nach Hobbes hauptsächlich um die Unbeständigkeit des Menschen kreiste, wurde gerade diese Unersättlichkeit nunmehr zu einer Tugend, weil sie Beständigkeit implizierte.« Ebd., S. 65.

454 Vgl. Ebd., S. 27, 33 u. 56.

455 Vgl. Fn. 419 [eig. Hervorh.].

456 Vgl. Fn. 499, 622 u. 1908; S. 122.

Lichte des antiken Quellenmaterials geradezu in Frageform auflaufen: Wie sehen die Affektstärken zwischen Ehr- und Geldliebe in der menschlichen Seele aus?

Dass die Liebe zur Ehre keineswegs affektschwächer sein kann als die Liebe zum Geld, lässt sich noch heute aus Konflikten ersehen, die ›allen ökonomischen Interessen‹ spotten.[457] Auch wenn Julien BENDA es anzugreifen versucht, konserviert er noch im Spott eine uralte anthropologische Weisheit:

»Die Verherrlichung der Ehre, wobei wir mit diesem Wort das Aggregat all jener Regungen bezeichnen, mit denen der Mensch jenseits und unabhängig von praktischen Interessen – eben um der Glorie willen – sein Leben aufs Spiel setzt [...]«[458]

Dieses Aggregat der Ehre, das zur (Ab-)Gabe des Lebens für das Politische drängt, ist aus dem antiken Heroismus rekonstruierbar.[459] Ein derart ausuferndes Ehrenaggregat ist unter Menschen selten, gewiss.[460] Deshalb ste-

---

457 Ein Beispiel unter vielen: »[T]o establish the fact that the bank is responsible for the two-dollar error on our monthly statement, to lose a day's work by fighting a twenty-dollar parking ticket in court.« Jacoby (1983), S. 181. Über einen Grundstückeigentümer, der in Gießen dem städtischen Fuhrwerk und zahllosen Friedhofsbesuchern das Leben schwer macht: »Es gehört zum Wesen solcher Konflikte, dass aus einem kleinen Ärger über einen beschädigten Zaun schnell eine Ehrenfrage wird. Und dann werden keine Kosten und Mühen gespart, werden *ungeachtet jeder ökonomischen Kosten-Nutzen-Rechnung alle auch noch so widersinnigen Mittel ergriffen,* um das verletzte Ehrgefühl zu beruhigen.« Speitkamp (2010), S. 238 [eig. Hervorh.]. »Die Freunde, und in manchen Fällen auch die Gerichte, werden ihm zuhilfe kommen, wenn etwa die Beleidigung ihn so aus dem Gleichgewicht bringt, daß er seine Selbstachtung verliert oder einen Nervenzusammenbruch erleidet. Liegt jedoch keine solche Schädigung vor, so werden ihm so gut wie sicher Anwälte wie Freunde gleichermaßen den Rat geben, die ganze Sache einfach zu vergessen. Mit anderen Worten, man wird die *Realität* der Kränkung leugnen.« Berger/Kellner (1987), S. 76.

458 Benda (1983), S. 175. Zu seiner pejorativen Auslegung: Fn. 1133.

459 Vgl. Punkt [1.], S. 120ff.

460 Es existiere nur »eine sehr kleine Zahl«, die »sich um den Erhalt des Lebens« nicht schert. Vgl. Aristoteles: Politik 1312 a31. Für die Mehrzahl der Menschen sei der Tod das Furchtbarste: EN 1115 b26. Vgl. Thukydides V. 59 [Thrasylos' Flucht an den Altar] oder Archilochos' Elegie: »An dem Schild hat jetzt irgendein Saier seine Freude. Ich ließ ihn an einem Busch zurück [...]. Mich selbst aber hab' ich gerettet. Was kümmert mich jener Schild?« Archilochos 5 W = 6 D [Übers. Nickel]. Zum Sinn von Archilochos' ›Schanddichtung‹: Schmitz (2004), S. 278. Auch Xerxes, der philosophisch die Kürze des Lebens beklagt: »daß das Menschenleben alles in allem so kurz ist, wo von all diesen hier nach hundert Jahren niemand mehr da sein wird.« Herodot: VII. 46 [Übers. Marg].

chen Heroen gerade heraus und erscheinen den antiken Zeitgenossen als übermenschlich – heroisch im Wortsinn.[461] Aber die neuzeitliche Philosophie argumentiert nicht in Mehrheitsverhältnissen, sondern in *Affektstärken.*

Von Platon oder Aristoteles wird nicht in Zweifel gezogen, dass nur wenige dieses Aggregat der Ehre besitzen. Aber dass dessen Kraft schwächer sei als die des Geldes, dass diese »babylonische Liebe«, wie HIRSCHMAN sie an einer Stelle selbst nennt,[462] gar nicht so babylonisch sei, diese Annahme findet sich nicht. Selbst Augustinus, der nichts mit der Ehrliebe zu tun haben will, meint, dass die Römer die Ehre nicht nur »glühend« liebten, nein: »seinetwegen [den Ruhm, Anm. P.R.] wollten sie leben, für ihn zögerten sie nicht hinzusterben. *Dieser einen übermäßigen Begierde zuliebe unterdrückten sie die übrigen.*«[463] Auch wenn er die ›Ehrbegierde‹ als Laster deklassiert (und damit stilbildend für die Wahrnehmung des neuzeitlichen ›Ehrgeizes‹ ist[464]), so sieht er einigermaßen klar, dass sie der Ehrliebe »viele andere, nicht zuletzt die Geldsucht, opferten.«[465]

Zur Außergewöhnlichkeit der Präferenz des Todes gegenüber einem Leben in Unehre, s.u. S. 138f. Die soziale Wirklichkeit wird auch greifbar aus Archidamos' Kritik an der Unwilligkeit der Bürger, ihr Leben für die Ehre der *polis* zu geben: »Freilich wundere ich mich über das Verhalten von Leuten, die zwar für ihren eigenen Ruhm zu sterben bereit sind, jedoch nicht die gleiche Einstellung haben, wenn es um den Ruhm der Gemeinschaft geht. Für diesen aber müßte man alles in Kauf nehmen«. Isokrates: Rede des Archidamos [VI], 92.

461 Vgl. Fn. 615.

462 »So spricht Augustin von der ›Bürgertugend‹ - charakteristisch für die frühen Römer, die ›eine babylonische Liebe für ihr irdisches Vaterland bewiesen‹ und die *›das Verlangen nach Reichtum* und manche andre Laster um ihres einen Lasters willen unterdrückten, nämlich der Liebe zum Ruhm.‹« Hirschman (1987), S. 18 [eig. Hervorh.]. Zur Superiorität von Ehrgeiz über Habgier: Ebd., S. 37.

463 Wie Fn. 775 [eig. Hervorh.].

464 Augustinus steht fest in der Rezeption von *ambitio* als römischer Untergangsursache. Vgl. Fink (1969), S. 5f.; Keen (1991), S. 146 u. 151; Taylor (1996), S. 128; Disselkamp (2002), S. 414 [»geldgeitz, ehrsucht und wollustseuche«]; Sterchi (2005), S. 296; Bowman (2006), S. 51f.; Burkhart (2006), S. 26. Auch Luther übernimmt diese Denktradition, wenn er das Streben nach ›eitler Ehre‹ – mit dem Neid – unter »Habgier« subsumiert. Vgl. Weber (1998), S. 79 (Anm. 23). Zur (neuzeitlichen) Klassifikation des Ehrgeizes als *Affekt*: Roth (1981), S. 307 (Anm. 14). Engl. *ambition* erhalte erst im 19. Jahrhundert einen positiven Klang: Bowman (2006), S. 83.

465 Augustinus: Der Gottesstaat V. 13 [Übers. Perl]. Die Ruhm- oder Gefallsucht zähme den Menschen sogar, während die Ruhmesverachtung ihn entfessle. Vgl. Ebd., 19.

Aus den nicht unerheblichen finanziellen Investitionen in die Ehre sind weite Teile »der Kulturgeschichte Westeuropas« hervorgegangen.[466] Auch der ökonomische ›Irrsinn‹, sich für die Anschaffung von Jagdfalken, Türmen oder Rennpferden zu verschulden, sei in diesem Sinne angeleuchtet.[467] Die staatsnützliche Affektstärke der *philotimia*, für die Ehre (nicht nur) finanziell zu bluten, sondern auch physikalisch, wird arkanpolitisch als ›Ehrgefühl‹ anerkannt, traktiert und entwickelt.[468] Die antiken Zeitgenossen wissen daher nicht minder *aus Erfahrung*, dass die Ehrliebe die Geldliebe niederzuhalten vermag. Diese Unterdrückung ist selten und ereignet sich in unterschiedlichen Abstufungen (von Geld bis Leben). Aber *philotimia* ist nach übereinstimmender Meinung empirisch stärker als *philokerdeia*.

Zeus' Armut

Schopenhauer bezeichnet die Ehre als billigstes Zahlungsmittel eines Staates, um sich Loyalität zu erkaufen. Soldaten und Staatsbeamte seien chronisch unterbezahlt: »Zur andern Hälfte werden sie daher mit der Ehre bezahlt.«[469] Ehrenorden seien »Wechselbriefe, gezogen auf die öffentliche Meinung: ihr Wert beruht auf dem Kredit des Ausstellers.«[470] Was Schopenhauer in aphoristischer Verkürzung entwickelt, überliefert in Form einer herrschaftskritischen Spitze die Rationalität staatlicher Ehrungen. Zur Hälfte in Ehre zu bezahlen, erfordert die Erschließung des Reservoirs der Gefühle zur Entlastung klammer Staatshaushalte. Das Gefühl der Ehre wird zum Wohl des Staates angezapft. Schopenhauer lässt anklingen, dass er neuzeitliche Traktate paraphrasiert: »weshalb in jeder Menschendressierungskunst die Weisung, das Ehrgefühl rege zu erhalten und zu schärfen, eine Hauptstelle einnimmt«.[471]

466 Vgl. Powis (1986), S. 37. Zur herausragenden Rolle der Künste bei der Ehrenproduktion: o. S. 37f.

467 Vgl. Keen (1991), S. 235.

468 Vgl. S. 98ff.

469 Schopenhauer (1994), S. 466.

470 Vgl. Ebd., S. 431.

471 Ebd., S. 424. Zu den historischen Quellen: »Wenn wir sagen, vom regierenden Fürsten geht alle Ehrung aus, so bedeutet dies, daß er mit Hilfe von Titeln oder Zeremonien oder beidem zugleich die Macht hat, jedem, der ihm zusagt, eine Auszeichnung zu

Diese Entlohnungshalbheit breitet sich in Griechenland früh aus. Statt Dienstleistungen zu bezahlen, wird der ›Wohltäter‹ von der *polis* mit Eichenblättern, Myrte oder Efeu bekränzt. In Ehre besteht das Tauschgeschäft für staatsbürgerliche Wohltaten, die zumeist aus Opferbereitschaft bestehen.[472] Wie bei Falstaff und Achilles sind die Akteure auf eigene Überlegungen zur Kosten-Nutzen-Rechnung angewiesen.[473] Für Aristoteles ist die Gratifikation der Wohltätigkeit evident: »Ehre ist ein Zeichen des Rufes, Wohltätiges zu tun; und zu Recht und am meisten werden die geehrt, die Wohltätiges getan haben«.[474] Aristoteles nimmt Schopenhauers Pointe vorweg, wenn er festhält, dass kein Mensch es länger aushalte, »in allem zu kurz zu kommen. Wer also finanziell zu kurz kommt, erhält die Ehre«.[475] Die Ehrliebenden sind hier wie dort die Betrogenen.

Eine hervorstechende Okkasion, Ehre zu erringen, ist der Sieg.[476] Im agonalen Wettstreit in Olympia gilt ein Sieg »als das Höchste auf Erden, in-

---

verleihen, die dieselbe Gültigkeit wie das von ihm geprägte Geld haben und dem Besitzer die Wertschätzung anderer, ob er sie nun verdient oder nicht, verschaffen soll.« Mandeville (1957), S. 60.

472 »So scheint es auch im Staate zu gehen. Wer zum Gemeinsamen kein Gut beisteuert, erhält keine Ehre. Denn die Gemeinschaft gibt dem, der der Gemeinschaft Gutes getan hat, und was sie gibt, ist die Ehre.« Aristoteles: EN 1163 b4ff.

473 S.o. S. 34f.

474 Aristoteles: Rhetorik 1361 a27f. Auch: 1411 b7.

475 Vgl. EN 1163 b8.

476 »Peleus wandte sich mahnend, der Greis, zum Sohne Achilleus, / Immer sich tapfer zu zeigen und hoch als der erste von allen.« Il. XI. 783f. [Übers. Scheffer]. Dasselbe Erziehungsprinzip gilt auf der Seite der Feinde: »Und er [Hektors Vater, Anm. P.R.] entsandte mich fort nach Troia und legte ans Herz mir, / Immer mich tapfer zu zeigen und hoch als der Erste von allen / Und nie Schande zu machen dem Hause der Väter, die immer / Weit die besten waren in Ephyre und auch in Lykien / Das ist das Blut und die Sippe, woher ich zu stammen mich / rühme.« Il. VI. 207–212 [Übers. Scheffer]. Vgl. Il. VI. 444. Die assoziative Nähe von Ehre und Sieg klingt in einer Beschreibung der Jugend von Aristoteles an: »Sie sind ungestüm und jähzornig [...] *wegen des Ehrgeizes* nämlich halten sie es nicht aus, herabsetzend behandelt zu werden, sondern sind unwillig, wenn sie meinen, dass ihnen Unrecht geschehen ist. *Auch sind sie ehrgeizig, und mehr noch sind sie auf Sieg aus; denn die Jugend begehrt Überlegenheit,* der Sieg aber ist eine Art von Überlegenheit. Und dies beides sind sie mehr, als dass sie geldgierig wären«. Aristoteles: Rhetorik 1389 a10 [eig. Hervorh.]. Diese Siegesgewissheit werde später erschüttert, weshalb die Jugend *noch* großgesinnt sei: »denn sie sind noch nicht vom Leben erniedrigt worden [...] und wenn man sich selbst bedeutender Dinge für würdig hält, das ist Großgesinntheit« (b33). Mit dem Alter hielten sich die Menschen nicht mehr ganz so bedeutender Dinge für würdig. Die Alten sind sogar »kleingesinnt,

dem er dem Sieger verbürgt, was im Grunde das Ziel jedes Griechen ist, dass er im Leben angestaunt und im Tode hochgepriesen werden muss.«[477] Aristophanes' Göttin der Armut Penia empört sich darüber, wie die siegenden Athleten in Olympia gratifiziert werden:

»Reich nennt ihr den Zeus? Und ich sag': er ist arm, und ich will es euch schlagend beweisen: / Wenn er Reichtum besäße, wie käm' er dazu, [...] / Zu verkünden dem Volke durch Heroldsruf: er bekränze den Sieger im Kampfe / Mit dem Ölbaumkranz? – *›Mit der Krone von Gold!‹, so lautet' es, säß er im Reichtum!*«[478]

Auch für ihren Dialogpartner Chremylos beschenkt Zeus »die Sieger mit Lumperei'n und behält für sich selber den Reichtum.«[479] Die Wertlosigkeit der olympischen Ölzweigkränze gerät sogar in den Fokus der philosophischen Nachdenklichkeit. Angesichts der aus heutiger Sicht eher unsportlichen Wettkämpfe, in denen die Gegner schon mal ihr Leben lassen,[480] zeigt sich Aristoteles erstaunt, dass es Athleten gibt, die sich freiwillig diesen Gewaltorgien unterziehen. Ob das Ziel, »der Kranz und die Ehrungen, um derentwillen *alles* geschieht«,[481] derart angenehm sei? Um die Zeitenwende fasst Philon diese Frage noch drastischer: für die Wettkämpfer sei es offenbar ehrenvoll, »für einen Kranz aus Olivenblättern oder Eppich zu sterben«.[482] Letzteres bezeichnet Efeu, aber auch Sellerie.

Die Siegessemantik findet sich auch abseits sportlicher Wettkämpfe. Ziel der Kriegsstrategik ist der Sieg.[483] Nach jeder Schlacht werden Siegeszeichen aufgestellt. BURCKHARDT wirft Alkibiades vor, Athen mit *philonikon* und *philoproton* angesteckt zu haben – also ›Liebe zum Sieg‹ und ›Liebe zum Ersten‹.[484] Alexander ist *Sieger* über die bewohnte Welt. Er hält sich

---

weil sie vom Leben erniedrigt wurden; sie begehren nämlich keine bedeutende oder außergewöhnliche Sache, sondern nur das zum Leben (notwendige).« (b25).

477 Vgl. Brüggenbrock (2006), S. 88. Zur Reichweite athletischer Ehren: Bentz/Mann (2001), S. 225ff.

478 Aristophanes: Plutos 582ff. [Übers. Seeger; eig. Hervorh.].

479 Vgl. Aristophanes: Plutos 589 [Übers. Seeger].

480 Zur Brutalität der griechischen Schwerathletik, bei der Kontrahenten sich in den Tod prügeln: Stähli (2005), S. 29; Bentz (2005), S. 129ff.

481 Vgl. EN 1117 b2 [eig. Hervorh.]. Auch: Rhetorik 1370 b5.

482 Philon: Über die Freiheit des Tüchtigen 113 [Übers. Bormann].

483 Vgl. EN 1097 a19.

484 Vgl. Burckhardt (1982), S. 217. Zum Motiv des Ersten bei Homer, vgl. Fn. 476. *philonikein* kennt auch Thukydides: Thukydides III. 82.

für unbesiegbar (*anikētos*) – genauso wie der zweite Alexander aus Rom, der 876 Städte ›besiegt‹ haben will (*Pompeius invictissimus*).[485]

Der Lohn, den Brasidas für seinen Sieg von den Skioniern erhält, erscheint angesichts der Gefahren regelrecht absurd. Er wird mit Stirnband und Blumen überschüttet.[486] Weil Söldner gegen derartige Betrügereien – verständlicherweise – immun sind und die Immunität die Staatskasse leert, will Machiavelli die Landesverteidigung von der Macht des Geldes auf die Macht der Gefühle umstellen:[487] Die Kraft der Ehre soll die Kraft des Soldes ersetzen. Schopenhauer, Aristoteles, Mandeville, Aristophanes und Machiavelli blicken auf eine Empirie, in der einfache Laubkränze für Menschen und Staaten buchstäblich *Gold* wert sind. Wie ist das möglich?

Zwar schütteln Aristophanes und Schopenhauer über den halluzinogenen Akt den Kopf. Aber die Staatstheoretiker erkennen die sich bietende Gelegenheit.[488] Männer riskieren ihr Leben im Sport, im Krieg oder auf diplomatischen Missionen und werden dafür mit Eichenlaub, heiligen Ölen, eindrucksvoll klingenden Titeln oder Blechkreuzen behangen. Die Ehre scheint nichts als ein schönes Grab zu sein.[489] Mandeville radikalisiert die aristophanische Darstellung:

»[W]elcher Sterbliche, der nie einen Soldaten gesehen hätte, könnte sich sonst ohne Lachen einen mit so viel buntem Zeug und affektiertem Putz ausstaffierten Menschen ansehen? [...] um zu erreichen, daß er sich für geringe oder gar keine Kosten womöglich wie ein Offizier vorkommt, wird sein Hut an Stelle von Silber- oder Goldborte mit einer weißen oder gelben Wollschnur besetzt, für die andere Leute verdienen würden, nach Bedlam ins Irrenhaus zu kommen. Und doch haben diese schönen Lockmittelchen nebst dem Lärm, den man auf einem Kalbsfell macht, tatsächlich mehr Männer herumgekriegt und dem Verderben geweiht, als alle unwiderstehlichen Blicke und bezaubernden Stimmen der Frauen je im Scherze töteten.«[490]

---

485 Vgl. Sehlmeyer (1999), S. 209; Till (2003), S. 131.

486 Vgl. Fn. 525.

487 Vgl. Münkler (1987), S. 233. Dies sei gegen die Behauptung aus den Geschichtswissenschaften gestellt, Ehre sei erst im Verlauf des 19. Jahrhunderts »in Verbindung mit Vaterland, Volk, Staat und Nation« getreten. Vgl. Schreiner/Schwerhoff (1995), S. 27. Zur gefühls- und ideengeschichtlichen Einordnung dieses Befunds: Fn. 186.

488 Vgl. Weber (1998), S. 81 u. 91.

489 Wie Fn. 95.

490 Mandeville (1957), S. 193.

Mandeville erscheint gar nicht erst gewillt, die eine Hälfte ›in Bar‹ vorzustrecken. Stattdessen setzt er voll auf Intelligenzminderung durch das Ehrgefühl:

»Den Großen schmeichelt man nicht umsonst mit ihrer hohen Geburt. Es geschieht, um ihr Selbstgefühl zu reizen und sie zu ruhmvollen Taten zu begeistern, wenn wir ihre Abstammung preisen, ob sie es nun verdient oder nicht [...] Die festgewurzelte Eitelkeit, die von den bereits mit Titeln Versehenen unzertrennlich ist, veranlaßt sie oft, ebensosehr danach zu streben, ihrer nicht unwürdig zu erscheinen, als der noch frische Ehrgeiz andern, die noch keine Titel haben, sich aber welche verdienen wollen, unermüdlichen Fleiß verleiht.«[491]

Nicht nur der geschäftliche Erfolg im Handel mit der Eitelkeit, Adelstitel staatlich zu verschachern, bestätigt Mandeville sozialhistorisch.[492] Das heute vorherrschende Bild einer imaginären Ehre gewinnt seine scheinbare Evidenz aus der Gratifikation großer Wohltaten mit Eichenblättern, Ölzweigen und Blech.

Aber das Gegenteil ist – in groben Zügen – in homerischer Zeit zu beobachten. Homers Ehre*n* sind kein »imaginäres Gut [...] als soziales Konstrukt in den Köpfen der Menschen geschaffen«, wie BRÜGGENBROCK die gängige Vorstellung unfreiwillig auf den Punkt bringt.[493] Die Ehre besteht aus wertvollen Geschenken:[494] Gold, Rennpferde (für den Zweitplatzierten[495]), Frauen (wie Briseis[496]) und sogar ganze Städte.[497] Daher rührt Hesiods Vorwurf geschenkefressender Könige.[498] Grundbesitz verirrt sich zuhauf in die klassischen Ehrenkataloge.[499] Wie imaginär oder idealistisch

491 Ebd., S. 196f.

492 Vgl. Veyne (1992), S. 252ff.; Arndt (2001), S. 124; Powis (1986), S. 30; Zmora (1995), S. 101 u. 402; Weber (1998), S. 91 (Anm. 65).

493 Fn. 119.

494 Die *timai* hatten »erheblichen materiellen Wert«. Vgl. Schmitt (1993), S. 144. Auch: Fn. 1563.

495 Vgl. Fn. 845.

496 S.u. S. 133ff.

497 Vgl. Fn. 540.

498 Vgl. Hesiod: Werke und Tage 39 [*basilēas dōrophagous*]. Zur Gegenmeinung: »Aber diese haben sich sicherlich nicht als gemeine Diebe angesehen, sondern sahen im ›Gabenverschlingen‹ ihr gutes Recht, das ihnen aufgrund ihrer *time* zusteht.« Fatheuer (1988), S. 159.

499 Vgl. Fn. 117. Zu den homerischen Landgütern (*temenos basileion*) mit ihren landwirtschaftlichen Erträgen: Il. VI. 194; IX. 577f.; XVIII. 550; XX. 391. Od. VI. 293f.; XI. 185; XVII. 299. Das Land wird von Priestern abgeschnitten (*temnein*). Vgl.

kann das Streben nach einer Form von Ehre sein, die als Landsitz distribuiert wird?

Homers Ehren liegen als materielle Wertgegenstände, als *Ehrenkörper*, vor.[500] BRÜGGENBROCK gelingt es nicht, diese Anomalie in angemessener Weise anzuerkennen und aus den »Störungen der Erwartungen«[501] eine neue Anschauung zu formen. Sie perpetuiert die paradigmatische Vorstellung einer körperlosen, sozial konstruierten Imagination. FATHEUER, mit der Gabe ausgestattet, von Dogmen unbeeindruckt zu bleiben und sich von Anomalien durchaus aus der Ruhe bringen zu lassen, bekommt die Kollision von wissenschaftlicher Erwartung und Quellenwiderstand zu fassen:

»›Ehre‹ ist in unserem Sprachgebrauch der Vorstellung von materiellen Vorteilen geradezu entgegengesetzt, etwas ehrenhalber tun, heißt ja, es ohne Entgelt zu tun. Das Konzept *time* aber ist untrennbar mit materiellen Gütern verbunden.«[502]

Die Ehren sind materiell. Geschenke *verkörpern* die Ehre einer Person. Der Singular ›Ehre‹ explodiert förmlich in Dingkultur. Das Streben nach Ehre verschlingt endlose Gütermengen: Denkmäler, Kronen, Münzen, Rangabzeichen, Gemälde, Wappen, Togen, Gravuren. Bei Homer setzen diese Objekte Werthaftigkeit voraus. Um die Macht der ›Leidenschaft‹ nach Ehre zu erklären, bedarf es nicht der Hypothese eines Trophäensammlerinstinktes,[503] sondern – in homerischer Zeit – schlicht der Geldliebe, Habgier und Interessen.[504]

BURCKHARDT mag die Immaterialität der Ehre und den Idealismus einer Zeit voraussetzen,[505] die Zeugnisse weisen in eine ganz andere Richtung

---

Fatheuer (1988), S. 60. Zu den Erträgen: Wagner-Hasel (2000), S. 179. Zum Zusammenhang der Fruchtbarkeit dieser Ländereien mit der Gerechtigkeit ihrer Inhaber: Kelsen (1941), S. 182 u. 218. Immobilienbesitz liegt auch bei Thukydides und Aristoteles nicht jenseits, sondern diesseits der Ehre: Thukydides V. 11; Fn. 703 (»Grundstücke«).

500 S.o. S. 37f.

501 Vgl. Kuhn (1973), S. 12.

502 Fatheuer (1988), S. 54.

503 Vgl. Kloosterhuis (2006a), Sp. 84.

504 Vgl. Fn. 864. Zur Geldliebe: Fn. 403 u. 443.

505 »So wird nach dem Ausgang des heroischen Königtums alles höhere Leben der Griechen, das äußere wie das geistige, zum Agon. [...] der Agonalsieg, d.h. der edle Sieg ohne Leidenschaft, erscheint uns in dieser Zeit als der altertümliche Ausdruck für den

tung. Hesiod bemerkt etwa, dass dem Reichtum Ehre folgt.[506] Tyrtaios besteht darauf, dass nicht der Reiche, sondern der Durchhaltende zu ehren sei[507] – dass er dies lehren muss, wirft ein Licht auf die soziale Wirklichkeit. In der Gefallenenrede bei Thukydides, mit der die erste ›Ernte‹ des Krieges auf attischer Seite geehrt wird,[508] kündigt Perikles an, die Nachkommen »auf öffentliche Kosten« großzuziehen. Die Hinterbliebenenfamilien werden also finanziell entschädigt. So, erläutert Perikles, setze man einen »wertvollen Kranz für solche Kämpfe« aus.[509] Platon warnt, die Transformation eines Ehrliebenden in einen Geldliebenden gehe schnell und heftig vonstatten.[510] Bei Isokrates lässt sich Ehre in Geld ummünzen.[511] In seiner Kindheit hätten die Armen sich als Reiche ausgegeben, um an Ehre zu gewinnen.[512] Aristoteles dokumentiert gegen seine philosophische Intention die Verwobenheit von Ökonomie und Ehre. Obschon er systematisch zwischen Geld und Ehre differenzieren will, sieht er sich genötigt, in mühevoller Kleinstarbeit darzulegen, was jeweils ein Teil der Ehre und was zum Besitz gehört.[513] Beides scheint in der sozialen Wirklichkeit unge-

---

friedlichen Sieg einer Individualität. Von dieser Form des Wetteifers (*philotimia*) kam man auf den verschiedensten Gebieten nicht mehr ab.« Burckhardt (1964), S. 70.

506 Vgl. Hesiod: Werke und Tage 312.

507 Vgl. Jaeger (1936), S. 130f.

508 Vgl. Thukydides II. 34. Zur Logik der Erstlingsgaben: Fn. 1534.

509 Vgl. Ebd., 46 [Übers. Vretska/Rinner].

510 »Nicht anders, sagte er, ist ein so schneller und heftiger Umschwung eines ehrgeizigen [*philotimou*] Jungen in einen habgierigen [*philochrēmaton*] möglich.« Platon: Politeia 553d [Übers. Andreae].

511 Vgl. Isokrates: Rede an Nikokles [II], 32.

512 »Als ich nämlich ein Kind war, hielt man den Reichtum für etwas so Sicheres und Ehrwürdiges, daß beinahe alle vorgaben, mehr zu besitzen als sie tatsächlich hatten, aus dem Wunsch heraus, das Ansehen zu genießen, das Reichtum mit sich bringt.« Isokrates: Antidosis [XV], 159.

513 Das Geschenk sei »eine Weggabe von Besitz *und* ein Zeichen von Ehre«. Bei diesem Geschenk handelt es sich auch kaum um wertlosen Besitz, denn: »sowohl *die Geldgierigen* als auch die Ehrgeizigen« strebten danach. Die nachgeschobene Erklärung enthüllt, dass Ehre und Besitz offenbar in demselben Objekt vorliegen: »Für beide nämlich hat es das, was sie begehren: Denn *es ist ein Besitz, wonach die Geldgierigen streben,* und es enthält Ehre, welche die Ehrgeizigen erstreben.« Rhetorik 1361 b1 [eig. Hervorh.]. Zu Versuchen, die Ehre vom Reichtum abzugrenzen: »Macht und Reichtum sind wegen der Ehre begehrenswert; wer sie besitzt, will ihretwegen geehrt werden«. EN 1124 a17. Ähnlich: 1124 a20. Oder auch: die Reichen seien frei; es sei ehrenvoller, »keine Handwerkskunst auszuüben; denn es gehört sich für einen freien Mann, nicht für einen anderen zu leben.« Rhetorik 1367 a33. Auch: 1381 a23; EN

trennt in ein- und denselben Gegenständen vorzuliegen. Auch Aristoteles muss akzeptieren, dass die Regierungsform, die »auf der Vermögenseinschätzung« basiert, *timokratia* heißt.[514] Die antike Historiographie nennt *philotimia* und *pleonexia*, *ambitio* und *avaritia*, Ehrgeiz und Habgier stets im selben Atemzug.[515] Entfernt man »die philosophische Übermalung«, bleibt »als historisches Bild«[516] eine eigenartige Verbindung von Ehre und Besitz zurück.

Wie idealistisch kann ein Streben nach Ländereien, Pferdestuten, Frauen, Lehnsland, Statuen, Beute und Rentengeldern sein? Aus Sicht der politischen Anthropologie führt diese Erkenntnis, dass hinter der ›Liebe zur Ehre‹ die ›Liebe zum Geld‹ zumindest lauern kann, in Aporie.[517] Was bringt die anthropologische Zieldifferenzierung von Geld und Ehre, wenn sich hinter dem, was Ehre ist, Geld verbirgt bzw. *philotimia* und *pleonexia* zusammenfallen?[518] Gerade *poleis* geizen nicht gerade mit finanziellen Anreizen zur Leistungserbringung.[519] – Noch im Mittelalter treibt es keine Idealisten zu den Turnierstätten, die sich für Ehre zu Tode trampeln lassen wollen.[520] Das Streitgedicht *Phyllis und Flora* enthüllt die Motivation des ritterlichen Ehrgeizes: »Nicht die Liebe macht junge Ritter mutig, sondern

---

1125 a1. Zu einer typischen Belehrungsform: »Auch alles das ist schön, wofür Ehre die Belohnung ist, *und besonders das, wofür mehr Ehre als Geld* die Belohnung ist.« Rhetorik 1366 b35 [eig. Hervorh.]. Es ist möglich, dass mit mehr Ehre als Geld belohnt wird, aber es schließt eben nicht aus, dass mit Geld belohnt bzw. geehrt werden kann.
Zur aristotelischen Agenda: S. 87; Fn. 418; Politik 1308 b36 [»Wenn diese Leute aber den Eindruck haben, daß die Amtsinhaber öffentliche Mittel unterschlagen, dann schmerzt beides, von der Ehre öffentlicher Ämter und von Gewinn ausgeschlossen zu sein.«], 1309 a13 [»Um zu fördern, daß man das Amt ohne persönlichen Gewinn führt, sollen öffentliche Auszeichnungen für alle, die sich hierin besonders bewähren, durch Gesetz vorgesehen sein.« – Was nicht ausschließt, dass gerade Bescheidenheit *vergoldet* wird bzw. werden muss] u. 1311 a6.

514 Vgl. EN 1160 a34. Dazu: Frost (1981), S. 37. Max Weber veranschaulicht, wie kostenintensiv der honorig-timokratische Lebensentwurf ist: Weber (2005), S. 678 u. 684f.

515 Vgl. Fn. 438 u. 590; Stolle (1999), S. 20, 45, 54, 78f., 83, 92 (Anm. 138) u. 93.

516 Die Metapher ist geborgt aus: Jaeger (1936), S. 122.

517 S.o. S. 87ff.

518 Luther schematisiert nach dieser Einsicht: Fn. 464.

519 S.u. S. 162f.

520 Vgl. Keen (1991), S. 135.

die Armut«.[521] Die Aussicht auf Reichtum und Lösegelder (für gefangene Menschen oder Pferde) treibt sie an.

2. Desymbolisierungsresistente Ehren

Der antike Ehrenmaterialismus

Die Anomalie, dass Ehre in der Antike (wie in der Gegenwart[522]) vom rein symbolischen Charakter[523] erheblich abweichen kann, führt zur Notwendigkeit, zwei Kategorien von Ehre zu differenzieren. Die *obolenhaften* Ehrungspraktiken gehören zur Kategorie *desymbolisierbarer Ehren*: Orden, sofern sie nicht aus Gold bestehen, Blumen, Salben, Bäder, Weihgüße, Zeus' olympischer Sellerie.[524] Brasidas wird von den Skionern rein desymbolisierbar geehrt: »die Bürger schmückten ihn mit Wollbändern und den ersten Blumen wie einen Wettkämpfer.«[525] Ein Diadem ist in seiner Materialität ein mehr oder weniger wertloses Stück Textil. Ebenso verweisen Erstlingsblumen auf die Idiotie, Entbehrungen und Schmerzen im Austausch für Stirnbänder und Blumen zu ertragen.

Wenn Sparta, der delische Seebund oder das römische Imperium als Emittenten verschwinden, wird bei desymbolisierbaren Ehren die Kreditfähigkeit des »Ausstellers« (Schopenhauer[526]) annulliert. In der Stunde des Untergangs beweist sich die ganze Wahrheit hinter BRÜGGENBROCKS Prämisse: desymbolisierbare Ehren mutieren zum Wolkenkuckucksheim, zu einer Massensuggestion, an die lediglich kollektiv geglaubt wurde.

---

521 Vgl. Ebd., S. 137.

522 Der ›Ehrensold‹ ehemaliger Bundespräsidenten betrug im Jahre 2012 199.000 Euro. Die Ehrung durch den Friedensnobelpreis ist mit neun Millionen Schwedischen Kronen dotiert.

523 Der Symbolbegriff meint allzu oft ein Geschehen, »das in Wahrheit gar nicht stattfindet«. Vgl. Meyer (1995), S. 319. Ähnlich: Veyne (1992), S. 76.

524 Vgl. Wagner-Hasel (2000), S. 112–122 u. 152ff.

525 Vgl. Thukydides IV. 121 [Übers. Landmann]. Möglicherweise ist der Kranz staatlich verordnet. Die weiteren Ehrungen sind wohl privat initiiert. Hornblower hält die Lesart allgemein für ein Missverständnis und sieht keine Blumen, sondern den Vorgang einer Annäherung der Bürger an Brasidas beschrieben. Vgl. Hornblower (1996), S. 380 u. 382ff.

526 Vgl. Fn. 470.

Die antike Siegerikonographie ist mittlerweile aus dem kollektiven Bildgedächtnis verschwunden. Würde Brasidas mit Blumen und Diadem im Haar stolz durch eine deutsche Stadt schreiten, hielten ihn die Menschen nicht für einen griechischen Helden, sondern für einen Hippie. Dass der Kranz Unverletzlichkeit versichert,[527] den Staat visualisiert,[528] das Haupt strahlend macht[529] und es sonst nur Götter sind, die Erstlingsgaben empfangen,[530] bleibt unverstanden. Geehrte wie Brasidas stehen mit ›Falschgeld‹ in den Kulissen eines Potemkinschen Dorfes,[531] das sich allerhöchstens mit dem Abstand mehrerer Jahrzehnte in Kulturschätze rückverwandelt, wenn die Symbole den Träger nicht gar stigmatisieren.[532]

527 Vgl. Hirzel (1907), S. 81.

528 Was der Kranz war, ist mittlerweile der Orden: »Orden machen den Staat sichtbar, holen ihn aus der Sphäre des Abstrakten auf die wahrnehmbare Ebene herunter, zeigen seine Präsenz«. Vogt (1997), S. 250.

529 Vgl. Wagner-Hasel (2000), S. 159 u. 161.

530 Vgl. Fn. 1534.

531 Die Potemkinschen Titel »bieten eine pittoreske Fassade, hinter der bis auf wenige Ausnahmen keine bemerkenswerten Macht- und Einflußstrukturen mehr zu finden sind.« Vogt (1997), S. 259.

532 Auf die Ehrungen der DDR bezogen: »Der Besitz dieser Art von symbolischem Kapital ist nach dem Systemwechsel im sozial-moralischen, mitunter sogar im juristischen Sinne ›strafbar‹ und kann zumindest mit öffentlicher Skandalisierung geahndet werden.« Ebd., S. 299.

Abb. 3. Bronzekopie einer Siegerstatue (5. Jh. v. Chr.).

Aber daneben gibt es eine zweite Kategorie: die *desymbolisierungsresistenten Ehren*, an der die sozialkonstruktivistischen Auffassungen abprallen müssen. Derartige Ehren liegen materiell in beweglichen (Waffen, Vieh, Goldkränze oder -becher) oder immobilen Körpern vor. Um es aus der

Materialformel des Kranzes zu schöpfen: Laubkränze besitzen bis ins 6. Jahrhundert Seltenheitswert.[533] Isokrates' Schüler empfangen *goldene* Kränze für ihre Politikberatung wie für ihre finanziellen Leistungen für die *polis*.[534] Athen ehrt mit Goldkränzen im Wert von 1.000 Drachmen.[535] In hellenistischer Zeit sind die Kränze ein Euphemismus für Sondersteuern.[536] Alexander soll Ehrenkränze im Wert von 15.000 Talenten empfangen haben.[537] Auch wenn die Emittenten dieser Ehren verschwinden, bleibt der materielle Wert des Kranzes den Geehrten erhalten. Desymbolisierungsresistente Ehren widersetzen sich der Entzauberung. Eben deshalb muss das Streben nach desymbolisierungsresistenten Ehren anthropologisch kanalisierte Geldliebe sein.

Homers Ehren fallen zu großen Teilen in die letztere Kategorie der Desymbolisierungsresistenz. Wie wertvoll die Verkörperungen der Ehre sein müssen, erweist eine Szene, in der die Griechen versuchen, Achilles' Ehre mittels Gaben wieder zu ›verherrlichen‹.[538] Die ausufernde Liste an Lösegaben, die Achilles' ›Groll‹ abkaufen sollen,[539] zeigt, dass die geschädigte Ehre mit der Herausgabe von Briseis allein nicht zu reparieren ist. Agamemnon bietet an:

»Zehn Talente von Gold und sieben dreifüßige Kessel, / Ungeschwärzt von Feuer, und zwanzig schimmernde Becken, / Zwölf der kräftigsten Rosse, gekrönt mit

533 Vgl. Blech (1982), S. 48, 146f., 391. Blech untersucht die botanischen Bezüge und die Gerinnung der Bekränzung zur »Formel« und vertritt dabei die These, dass das Laub einem Bedürfnis zur Verzeitlichung der Ehre, zur *Temporalisierung des Ruhmes*, entsprochen habe (*›winner of the day‹*). Durch das Welken werde der Ehre ein Verfallsdatum eingeschrieben.

534 Vgl. Isokrates: Antidosis [XV], 94–96.

535 Vgl. Brodersen (1992), S. 122.

536 Vgl. Schmitt (1993), S. 145.

537 Vgl. Blech (1982), S. 160 (Anm. 258).

538 Thetis ringt Zeus das Versprechen ab, das griechische Heer sieglos zu belassen, »bis daß die Achaier / Meinen Sohn mir geehrt und mit schuldiger Ehre verherrlicht!« Il. I. 509f. [Übers. Rupé].

539 Ausdrücklich rekurriert Aias auf den rechtlichen Vorgang des Gewaltabkaufs (vgl. Fn. 1566) und stellt ihn gegen Achilles' Zorn: »dir aber flößten die Götter / rasende, endlose Wut ein, um eines einzigen Mädchens / willen! Wir bieten dir nunmehr sieben erlesene Frauen, / vieles andre dazu noch! Zeige dich endlich doch milde, / denk an die Ehre des Hauses«. Il. IX. 636ff. [Übers. Ebener]. Zur poetischen Modellierung rechtlicher Vorgänge in den Epen aus methodischer Sicht: Fn. 230. Zum Gewaltabkauf durch Lösegaben ausführlich: S. 289ff.

Preisen des Wettlaufs. / [...] Sieben Weiber auch geb' ich, erfahren in zierlicher Arbeit, / Lesbische Fraun; [...] welche die sterblichen Weiber an Reizen besiegten.«[540]

Das ist noch nicht alles. Dazu kommen: Briseis, eine Option auf zwanzig Frauen des Feindes – Frauen, »[d]ie nach Helena selbst die allerschönsten erscheinen.«[541] Sind sie dann ins Heimatland zurückgekehrt, will Agamemnon Achilles zudem ehren wie seinen Sohn Orestes. Und Achilles soll sich eine seiner drei Töchter zur Gemahlin aussuchen:

»[D]azu noch geb' ich den reichen / Brautschatz, mehr als je ein Mann der Tochter gegeben. / Sieben reichbevölkerte Städte will ich ihm schenken [...] / Und es bewohnen sie Männer, begütert an Schafen und Rindern, / Welche ihn wohl mit Geschenken, wie einen Unsterblichen, ehrten / Und, vom Zepter beherrscht, ihm steuerten reichliche Schatzung. / Alles bring' ich ihm dar, sobald er den Zorn überwunden. / Mög' er sich zähmen!«[542]

Der heroische Achilles gibt sich ganz schön ehrenresistent – heute würden wir sagen: unkäuflich. Nirgends wäre es so falsch wie an dieser Stelle, Ehre als »rein imaginäres Gut« zu definieren, »das als soziales Konstrukt in den Köpfen der Menschen geschaffen wird.«[543] Die dargebotenen Ehren sind resistent gegen Desymbolisierungsversuche. Auch Idealismus und Bescheidenheit mischen bei Achilles' Ablehnung der Ehrengeschenke nicht mit. Ein schlichtes griechisches Selbstbild kommt frühestens mit Solon auf.[544] Die homerische wie archaische Oberschicht eifert dem Wohlstand

540 Il. IX. 122–130 [Übers. Rupé]. Die homerische Terminologie für diesen Geschenkeberg ist nicht einheitlich: Agamemnon nennt die Lösegaben *apoina* (IX. 120), Odysseus und Achilles *dōra* (IX. 261; 378) und Aias *poinē* (IX. 633). Zur Gabensemantik allgemein: Wilson (2002), S. 7ff., 21ff. u. 147ff. Zur Semantik in den Tragödien: Descharmes (2013), S. 36ff. u. 44ff.

541 Il. IX. 140 [Übers. Rupé].

542 Il. IX. 147–158 [Übers. Rupé].

543 Wie Fn. 119.

544 Vgl. Fn. 603 u. 873; Thukydides II. 37 u. 40; Snell (1986), S. 146, 148, 150, 170 u. 308 (Anm. 26); Barta (2011b), S. 172f. [Solons Lehre als »Sieg über sich selbst.«]. Pausanias Armee findet im eroberten persischen Lager »Zelte mit Gold und Silber ausgerüstet, Liegen, reich mit Gold und Silber verziert, goldene Mischkrüge und Schalen und sonstige Trinkgefäße. Und auf Wagen fanden sie Säcke, aus denen Kessel von Gold und Silber zum Vorschein kamen.« Der spartanische Feldherr blickt auf das Inventar »mit all ihrem Gold und Silber und den bunten Teppichen«, »die gold- und silberglänzenden Liegen mit ihren wunderbaren Polstern und die Tische, auch mit viel Gold und Silber gearbeitet, und die prächtige Zurüstung der Speisen«. Pausanias lässt alle Hellenen zusammenrufen und spricht: »Meine Herren aus Hellas, das ist's,

der orientalischen ›Trendsetter‹ noch hinterher.[545] Selbst die Spartaner leben gänzlich unspartanisch.[546] Erst später wird genau dort gesetzgeberisch durchgegriffen und Ehre erkennbar und systematisch von Geld getrennt – angeblich, um die Geldliebe zu besiegen und damit Bürgerkriege zu vermeiden.[547]

Als der Geschenkeberg den Freund nicht umzustimmen vermag, macht Phoenix in auswegloser Lage ein wahrhaft frevelhaftes Angebot: Achilles soll nach Art der Götter geehrt werden. Konsekration zu Lebzeiten?[548] Wie werden Götter geehrt? Rührt die Idee symbolischer Gratifikation aus den transzendentalen Beziehungen mit dem Olymp? Was sind »die saftigen Stücke der Schenkel von Rindern und / Ziegen«, die Chryses für Apollon verbrennt,[549] damit der Gott entweder vom Duft erweicht wird oder sich vom aufsteigenden Opfer nähren kann?[550] Selbst einem toten Patroklos

---

weswegen ich euch zusammenrief; ich wollte euch doch den Unverstand dieses Feldherrn der Meder vorführen, der solch ein Leben führt und gegen uns zog, um uns, die wir ein so dürftiges Leben haben, noch etwas wegzunehmen.« Vgl. Herodot IX. 80–82 [Übers. Marg].

545 »Lydische Kleidung [...], lydische und phrygische Musikinstrumente und generell orientalische Gebräuche waren bei der athenischen Oberschicht gegen Ende des sechsten Jahrhunderts tatsächlich sehr en vogue«. Stein-Hölkeskamp (1989), S. 107. Dazu auch: Wiesehöfer (2004), S. 302ff.; Snell (1986), S. 308 (Anm. 22); Hutzfeldt (1999), S. 10f. Zu Homer: Stein-Hölkeskamp (1989), S. 45–48, 66ff. u. 104ff.; Wagner-Hasel (2000), S. 105.

546 Vgl. Bernhardt (2003), S. 192 u. 322.

547 S.o. S. 54.

548 In der *Ilias* können Menschen *wie* Götter geehrt werden. Nestor berichtet, die Pylier hätten ihn mit Zeus auf eine Stufe gestellt: Il. XI. 761.

549 Vgl. Il. I. 40f. [Übers. Scheffer]. Hektor verbrennt nach Zeus' Auskunft Schenkel von Stieren. Vgl. Il. XXII. 170. Dazu Apollons Aussage zu Hektors Gaben: Fn. 1330. Dies scheint mir zu zeigen, dass die Hypothese, dass olympische Opfer gegessen, chthonische verbrannt werden, so einfach nicht sein kann. Dazu: Boehringer (2001), S. 39; Burkert (1972), S. 10; Laxander (2000), S. 39 (Anm. 187); Frateantonio (2002), Sp. 421.

550 Vgl. Il. VIII. 550–552; IX, 499f.
Bei Herodot ereilt Periander von seiner verstorbenen Gattin die Nachricht, sie sei nackt und friere: »Von den Gewändern nämlich, die ihr ins Grab mitgegeben wurden, habe sie keinen Nutzen, da sie nicht verbrannt seien.« Der Tyrann lässt die Frauen im Heratempel zusammenrufen. Sie strömen »aufs festlichste angekleidet« herbei und: »er aber hatte die Wächter im Versteck bereitgestellt und ließ sie die Frauen ausziehen«. Die Kleider werden in eine Opfergrube gelegt und unter Anrufung des Namens von Perianders Frau verbrannt. Vgl. Herodot V. 92g [Übers. Marg].

werden mehr Ehren zuteil (Schafe, Rinder, Pferde, Hunde und Troer).[551] Tierblut und Wein (»Weihguß, den die Erde trank«[552]), die auf den Boden oder in Opfergruben geschüttet werden, damit Götter nicht verdursten,[553] erscheinen entzauberbar. Hesiod bezeichnet denn auch die Transformation nichtessbarer Opfertierteile in Ehrenbezeugungen an die Götter protoaristophanisch als prometheischen Betrug.[554]

Dennoch: auch die Ehre der Götter besteht nicht nur aus brennbaren Gerstenkörnern oder Lorbeerblättern;[555] schließlich stirbt nicht jeden Tag ein Gott (der einzig angemessene Fall, um die Ehren für Götter mit den Ehren für Patroklos zu vergleichen). Wenn Odysseus von den Phaiaken wie ein Gott geehrt werden soll,[556] verspricht ihm Zeus: »reichste Geschenke« – Erz, Gold, Kleider –, »Mengen, wie sie Odysseus aus Troja niemals mit sich nahm«.[557] Als Odysseus erwacht, zählt er »so manchen herrlichen Dreifuß, Becken und Gold und Gewebe und herrliche Kleider.«[558] Auch Kroisos reicht Delphi eher weltliche Opfer dar: er »schichtete einen gewaltigen Scheiterhaufen auf und verbrannnte auf ihm Liegen, mit Gold und Silber überzogen, und goldene Schalen und purpurne Mäntel und

551 »Bauten das Totengerüst, je hundert Fuß im Gevierte, / Legten die Leiche dann oben darauf, bekümmerten Herzens. / Viele gemästete Schafe und Rinder mit schleppendem Gange / Zogen sie ab und besorgten sie dort an der Stätte; von allen / Nahm er das Fett und bedeckte den Toten vom Kopf zu den Füßen, / Schichtete dann die gehäuteten Leiber, der stolze Achilleus. / Doppelhenklige Krüge, gefüllt mit Honig und Salböl / Lehnte er gegen das Lager, und vier halskräftige Rosse / Warf er stracks auf das Scheitergerüst mit heftigem Stöhnen. / Hunde hatte der Herrscher neun am Tische gefüttert; / Auch von diesen warf er ein Paar auf den Haufen, geschlachtet, / Zwölf der edelsten Söhne dazu von den mutigen Troern, / Die er gewürgt mit dem Erz – so Böses ersann er im Herzen –, / Ließ des Feuers Gewalt, die eiserne, alles verzehren, / Jammerte dann und rief mit Namen den lieben Gefährten«. Il. XXIII. 164–178 [Übers. Rupé].

552 Vgl. Aischylos: Choephoren V. 164 [Übers. Ebener].

553 Vgl. Il. XVI. 231.

554 Vgl. Hesiod: Theogonie 536–557. Zur sakralen Bedeutung des Fleischkonsums: Laxander (2000), S. 38f.; Grethlein (2005), S. 268.

555 Vgl. Burkert (1972), S. 140; Drexler (1967), S. 462; Boehringer (1996), S. 51.

556 Vgl. Od. V. 36.

557 Vgl. Ebd., XIII. 137 [Übers. Weiher].

558 Vgl. Ebd., 217f.

Kleider, in der Hoffnung, hierdurch den Gott immer noch mehr zu gewinnen.«[559]

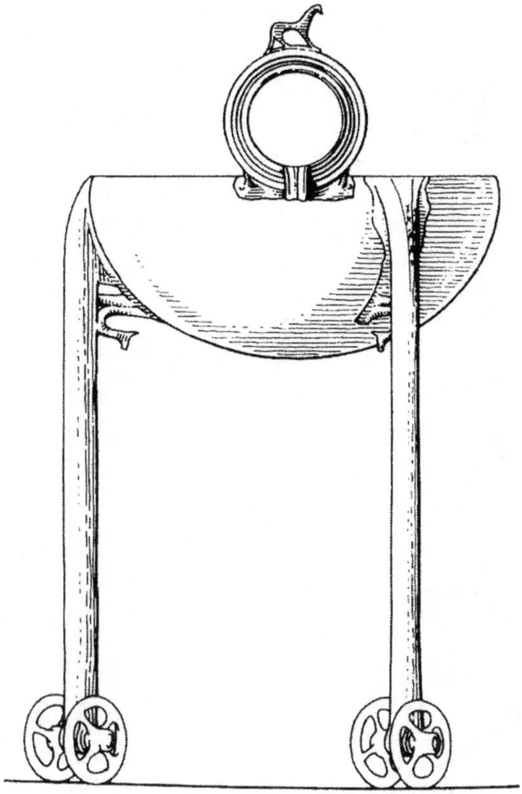

Abb. 4. Schema eines Dreifußes auf Rädern aus einer Höhle bei Ithaka (spätes 8. Jh. v. Chr.).

In Delphi fällt nicht nur Laub und Getreide an. Das Gold der 31 Schatzhäuser Delphis kann immer wieder zur Kriegsfinanzierung heran-

559 Herodot I. 50 [Übers. Marg]. Zur Interpretation der Stelle: Bremer (1996), S. 40. Zur Kostbarkeit des Purpurs: Wagner-Hasel (2000), S. 94. Zum delphischen Orakelspruch für Gyges und Kroisos: Ebd., 13, 2 u. 91, 1f.

gezogen werden.[560] Hekataios rät, sich durch die Konfiskation von Kroisos' Weihgeschenken in Branchidai die nötige Finanzkraft für einen Seekrieg gegen die Perser zu beschaffen.[561] Im delphischen Apollon-Tempel, dessen Plünderung Philipp II. in Rage versetzt,[562] lagern ebenfalls offenbar alles andere als Gerstenkörner.

Die Ehrenverkörperungen der Götter weisen stellenweise absolute Desymbolisierungsresistenz auf. Die olympische Statue des Zeus von Phidias, die zu den sieben Weltwundern der Antike zählt, besteht aus Gold und Elfenbein.[563] Die Statue von Athene in ihrem ›Jungfrauenzimmer‹ (*parthenon*) – das die »Unversehrtheit der von der Göttin beschützten Stadt« stellvertreten soll[564] – ist mit 40 Talenten aus Gold behangen. Der Wert privater und staatlicher Weihungen soll für den Parthenon über 500 Talente betragen haben.[565]

Erst durch wertvolle Ehrengüter erklärt sich Isokrates' Ausspruch: »Denn den Göttern zu opfern, ist ein Zeichen deines Wohlstandes«.[566] Die normative Vorstellungskurve dessen, wie Götter zu ehren sind, lässt sich an den Bronzefunden olympischer Ausgrabungen ablesen: zwischen 1050–750 v. Chr. 49 Funde, von 750 bis 450 v. Chr. 948 Bronzegaben und zwischen 450–150 v. Chr. 77 Funde.[567] Philosophische Maßregelungen gegen die Praktik, der Ehre der Götter gabentauschmäßig gerecht werden zu wollen, kommen spät,[568] genauso wie Klagen über die Hungrig- und Käuflichkeit der Götter.[569]

560 Vgl. Maass (2010), S. 64f. u. 68f.; Bernhardt (2003), S. 99ff.; Burkert (1998), S. 167; Bremer (1996), S. 38. »Die ›Heilige Straße‹ in Delphi ist gesäumt von den Monumenten der Siege, mit denen die Griechen im 5. und 4. Jh. sich selbst zerstört haben.« Burkert (1977), S. 120.

561 Vgl. Herodot V. 36.

562 Diodor XVI. 33, 2; 56, 5.

563 Vgl. Sehlmeyer (1999), S. 227f. u. 279.

564 Vgl. Hirschberger (2011), S. 282.

565 Vgl. Thukydides II. 13.

566 Isokrates: Rede an Demonikos [I], 13.

567 Vgl. Bremer (1996), S. 42. Eine Apollon-Bronzestatue um 700 v. Chr. ist die älteste bekannte Götterstatue. Vgl. Burkert (1998), S. 158.

568 »Auch in den Geschenken die er den Göttern weiht muß ein maßvoller Mann das richtige Maß beobachten. [...] Gold und Silber aber [...] ist nur ein Neid erregendes Besitztum. [...] Die allerbesten Geschenke für die Götter aber sind Vögel und Bilder welche ein einziger Maler an einem Tag vollendet hat.« Platon: Nomoi 955e-956b [Schleiermacher/Susemihl]. Isokrates rät, »möglichst gut und gerecht« zu opfern, was

Über Schopenhauers Aphorismus, dass der Staat zur Hälfte in Ehre bezahlt, hätten die Angestellten Achilles und Aias nicht gelacht.[570] Wer bei Homer geehrt wird, muss zwangsläufig etwas Wertvolles erhalten. Der Wert eines Geschenks indiziert den Wert des Geehrten. Eine kostbare Pferdestute *beweist* den ›teuren Freund‹. Eine Immobilie vermittelt die Unersetzlichkeit des Geehrten.[571] Die größtmögliche Ehrung ist das bestgelegene Grundstück, die attraktivste Frau oder das meiste Gold. Der oberste Heerführer könnte Achilles noch so oft *sagen*, wie unersetzlich er für ihn sei. Achilles muss die Unersetzlichkeit *gezeigt* bekommen: »der Wert einer Person ist über Dinge anzeigbar.«[572]

Das Objekt macht aber keine grundsätzlich unsichtbare Ehre sichtbar. Es holt nicht etwas Abstraktes in den Bereich des Konkreten, sondern eine erbeutete Frau etwa ist in der *Ilias* die besichtigungsfähige, einsehbare, verletz- und raubbare *Verkörperung* der Ehre. Achilles fordert Briseis, weil es sich gehört, dass er ein besonders schönes Ehrengeschenk (*geras*) erhält.[573] Wenn Agamemnon ihm eine verschrumpelte, großmütterliche Fischerin als ›Beweis‹ für seine Ehre gäbe, zöge Achilles das Schwert. Wenn der Ehrenkörper Achilles' Wert verkörpert, muss die Fischerin ihn beleidigen.

Die Antastung desymbolisierungsresistenter Ehrenkörper

Die Okkupation, der Diebstahl oder die Verstümmelung ihrer Körper versehrt die Ehre des Eigentümers. Ehrenkörper und Eigentümer gehen ein

---

offenbar im Widerspruch damit steht, »viele Opfertiere zu schlachten«. Wer gut und gerecht opfert, habe »bessere Aussichten, von den Göttern Gutes zu erfahren, als alle, die viele Opfertiere schlachten.« Isokrates: Rede an Nikokles [II], 20. »Keiner kann da nach Würdigkeit vergelten, wenn er es aber nach seinen Kräften tut, so wird man ihn für anständig halten.« Aristoteles: EN 1163 b17.

569 Vgl. Burkert (1972), S. 14; Burkert (1998), S. 175.

570 »[D]ie Einschätzung einer Person als ›geachtet‹ oder ›mißachtet‹ hängt von der Zuwendung von Gaben oder Diensten ab, die diese erfährt.« Wagner-Hasel (2000), S. 166.

571 Vgl. Veyne (1992), S. 19ff.; Stein-Hölkeskamp (1989), S. 51.

572 Vgl. Wagner-Hasel (2000), S. 92.

573 Zum Begriff *geras* und zur engen Verzahnung mit der *timē*: Descharmes (2013), S. 50f.; Wagner-Hasel (2000), S. 166. Mit Jacob Grimm leitet sie Gaben von Binden und Geschenke von Einschenken her (Ebd., S. 73). Wenn ich vereinheitlichend »Ehrengeschenk« schreibe, sind dagegen Erwartungen, Bindungen und Verpflichtungen mitgemeint. Vgl. Fn. 777. Unter *geras* fallen auch die Mahlzeiten. Vgl. Ulf (2011), S. 268.

›synaptisches‹ Verhältnis ein, durch das letzterer buchstäblich bei der Ehre gepackt – die Ehre läuft in Form von Rindern oder Frauen in homerischer Zeit mehr oder weniger frei herum – werden kann. Das griechische Heer lagert vor den troischen Stadtmauern, um einen Körper der königlichen Ehre Menelaos' zurückzugewinnen.[574] Patroklos stirbt für die Ehre von Spartas König.[575] Die spartanische Königin Helena ist ein Ehrenpokal, den Menelaos erstritten und Paris unter Bruch des Gastrechts entrissen hat.[576] Dass Paris sich gegen Macht (Hera) und Stärke (Athene) und für Schönheit (Helena) entscheidet, hängt mit der Ehre zusammen, wie Isokrates berichtet:

»[E]r wollte Schwiegersohn des Zeus werden; er glaubte, diese Ehre sei viel größer und schöner als die Königsherrschaft über Asien und große Machtbereiche und Herrschaftsgebiete würden auch einmal unbedeutenden Menschen zufallen, *kein Mensch zukünftiger Generationen würde jedoch einer solchen Frau für würdig befunden werden.*«[577]

---

574 Vor Troia wird für die verkörperte Ehre (*timê*) des Brüderpaares Menelaos (König von Sparta) und Agamemnon (König von Mykene) gekämpft. Vgl. Il. I. 159; V. 552; Od. XIV. 70 u. 117.

575 Menelaos: »Und den Patroklos, welcher doch mir zur Ehre [*timês*] gefallen!« Il. XVII. 92 [Übers. Rupé].

576 Heiratsfähige Frauen werden in agonalen Wettkämpfen erstritten. Der reiche Vater *wählt* dann den Sieger und gibt ihm seine Tochter als hochdotierten Pokal (mit Mitgift). Zur Mitgift als vorgestreckter Abfindung auf das väterliche Erbe nichterbberechtigter Töchter: Barta (2011a), S. 333 u. 567. Zur Haftung bei Verlöbnissen durch Brautpreis, der bezahlt wird, um bei Heirat als Mitgift doppelt zurückgezahlt zu werden: Ebd., S. 374 u. 390. Zur Hypothese, dass die Mitgift in der Verfügungsgewalt der Frau bleibt, ihren Unterhalt sichert und sie vor Scheidung schützt: Schmitz (2004), S. 218ff. Dazu passten die Schätze (*ktēmata*), die stets mit Helena erwähnt werden. Vgl. Il. III. 282; 285; 458.
Alkibiades' Frau Hipparete soll es so neben ihrem körpereigenen Gewicht auf zehn Talente (300 kg Silber) gebracht haben. Vgl. Plutarch: Alkibiades 8. Isokrates schreibt: »Danach heiratete er meine Mutter. Ich glaube, *auch sie hat er als ehrenden Preis bekommen*, denn ihr Vater Hipponikos, durch seinen Reichtum ein führender Mann unter den Griechen, an Herkunft keinem seiner Mitbürger nachstehend, unter seinen Zeitgenossen verehrt und bewundert, gab seiner Tochter eine sehr reichliche Mitgift und größten Ruhm mit in die Ehe, und obwohl alle Welt eine Heirat mit ihr wünschte, obwohl die ersten Männer der Griechen Anspruch darauf erhoben, wählte er meinen Vater aus allen aus und wollte ihn zum Schwiegersohn machen«. Isokrates: Über das Pferdegespann [XVI], 31 [eig. Hervorh.].

577 Isokrates: Helena [X], 43 [eig. Hervorh.]. Aristoteles deutet Helena nicht als Verkörperung von Schönheit, sondern Lust. Vgl. EN 1109 b8.

Odysseus' Ehre wird von 108 jungen Adelssöhnen buchstäblich aufgeschmaust,[578] nicht zuletzt mit dem Ziel, Penelope zur Wiederverheiratung zu bewegen. Statt Ehrengeschenke (wie »Rinder zum Mahl der Freundschaft«[579]) mitzubringen, verzehren sie Odysseus' Besitz und sorgen dafür, dass das Haus, wie sein Sohn dem Volk klagt, »[w]irklich nicht mehr in Schönheit« ist.[580]

Am besten lässt sich die Berührung der Ehre durch den Ehrenkörper am Konflikt zwischen Agamemnon und Achilles demonstrieren. Ehre erscheint dabei als Euphemismus für *Kriegsbeute*. Wem welche Beute zufällt, prä- wie deskribiert die gesellschaftliche Rangordnung.[581] Die wichtigste Verkörperung der Ehre zur Visualisierung der Hierarchie sind erbeutete Frauen.[582] Odysseus erklärt unumwunden, wo diese herstammen, bevor sie als Geschenke zirkulieren:

»Fort von Ilion trug mich der Wind; zum Land der Kikonen / Kam ich, nach Ismaros. Ich zerstörte die Stadt und die Männer / Ließ ich erschlagen. Doch nahmen wir Weiber und Mengen von Gütern / Mit aus der Stadt zum Verteilen; zu kurz sollte keiner mir kommen.«[583]

Die Verkörperung der Ehre wird auffallend häufig direkt aus den Besitzüberresten des Feindes gewonnen.[584] Die berühmtesten ›Ehrengeschenke‹ hören in der *Ilias* auf die Namen Chryseis (für Agamemnon) und Briseis (für Achilles). Erstere ist die Tochter des Priesters von Apollon und wird als bestes Beutestück dem König von Mykene als Geschenk zu seiner Ehre dargereicht. Ihre Stellung lässt die Transformation einer Troerin in eine Verkörperung der Ehre allerdings prekär werden. Zumindest dem Va-

578 »[D]erweil aber essen mir die dort / Arm unser Haus«. Od. XVI. 127f. [Übers. Weiher].

579 Vgl. Ebd., XVIII. 278.

580 Vgl. Ebd., II. 63f.

581 Vgl. Burkert (1994), S. 21; Wagner-Hasel (2000), S. 12 u. 166ff.; Böhme (2006), S. 289ff.

582 Auch sonst sind Frauen wichtig: »Gastfreundschaft, Gabentausch und Heiratsallianzen schaffen Verbindungen zwischen den *oikoi* (und nur diesen!) verschiedener Gemeinden.« Fatheuer (1988), S. 20. Zur Deutung von Frauen als sozialanthropologischer Friedensressource: Dinges (1995), S. 56. Zu Frauen als Besicherungsmittel von Verträgen (die Frauengabe/-tausch sichere als *depositum* Rechtsforderungen ab): Barta (2011a), S. 369.

583 Od. IX. 39–42 [Übers. Weiher].

584 S.o. S. 74f.

ter Chryses ist seine Tochter zu teuer, um die Ehre von Sterblichen zu verkörpern. Es muss ihm Schande machen, wenn seine Tochter als griechische Ehrenverkörperung zirkuliert. Der Apollon-Priester fordert die Rückabwicklung des Geschenks in eine wohlgeborene Tochter und bietet dafür ansehnliche Lösegaben.

Statt die Beute herauszugeben, verjagen die Griechen den Priester. Der bittet seinen Vorgesetzten um Unterstützung und Apollon schickt Pfeile mit ›Pest und Tod‹. Nachdem der Seher Kalchas die göttliche Ursache identifiziert hat,[585] mag keiner mehr am direkten Draht von Chryses zu seinem Vorgesetzten zweifeln. Der Heerführer steht vor dem Dilemma, das Geschenk (seiner Ehre) zurückzugeben oder erneut den Zorn des Gottes in Form von Seuchen zu leiden.

Agamemnon verlegt sich nicht auf atheistische Spekulationen, sondern ist bereit, seinen Ehrenkörper zu den Schiffen zu bringen. Durch das Betreiben der Rückabwicklung des Ehrenkörpers beginnt seine Machtbasis allerdings zu bröckeln. Es scheint sich zu rächen, auf der Schändung des Feindes die Grundlagen der eigenen Machtstruktur aufzubauen. Agamemnon hält eine Ansprache über die sicherheitspolitischen Risiken, die seine Verweigerung für die Gemeinschaft zur Folge hätte. Sein Ehrengeschenk habe er der kollektiven Sicherheit geopfert: »Lieber will ich die Rettung des Volkes als sein Verderben.«[586]

Der heroische Akt lässt Agamemnon aber umso ehrbedürftiger erscheinen. Durch die Rückabwicklung der Kriegsbeute in den Rohstoff einer Priestertochter steht er als oberster Feldherr immerhin geschenklos – und nackt – vor versammelter Mannschaft da. Er fordert von der Menge: »Aber schafft mir sogleich ein Geschenk, auf daß ich allein nicht / Ohne Geschenk sei unter dem Volk; nie wäre das schicklich! / Seht ihr doch alle, mir geht die Ehrengabe verloren.«[587] Achilles will ihm eine Option auf zukünftige Ehre vermachen – nach dem Sieg über Troia will er ihm »[d]reifach und vierfach« die Ehre ersetzen.[588] Aber Agamemnon denkt nicht daran, die Eroberung der Stadt und ein ordentliches Verfahren abzuwarten. Er will sein Geschenk hier und jetzt, von Achilles, Aias oder

585 Vgl. Il. I. 95.

586 Il. I. 116 [Übers. Rupé].

587 Ebd., 117ff.

588 Ebd., 128.

Odysseus: »der wird wohl zürnen, welchem ich nahe!«[589] Da sich an Achilles' Absichtserklärung eine Kritik an Agamemnons Führungsstil anschließt,[590] der doch gerade meint, höchste *leadership* bewiesen zu haben und nackt vor die Versammlung zu treten, platzt dem spartanischen König der Kragen.

Agamemnon ist erbost darüber, dass Achilles sich ihm gleich fühlt. Er unterscheidet zwischen gleichen Ehren und ungleichen Gewalten.[591] Nicht nur aus kompensatorischen, sondern aus didaktischen Gründen lässt er Achilles' Ehrengeschenk holen. Agamemnon will ihm eine Lehre über die Gewalt des Mächtigeren erteilen und entreißt ihm die »schönwangige«[592] Briseis, bloß weil er es vermag: »das du es gut weißt, / Wieviel besser ich bin als du, und daß auch ein anderer sich hüte, / Sich mir gleich zu dünken und gleichzustellen ins Angesicht!«[593]

Achilles bezeichnet Agamemnon daraufhin als König, der sein Land und Volk auffrisst (*dēmoboros basileus*).[594] Er fühlt sich öffentlich und vorsätzlich gedemütigt: »Siehe, des Atreus Sohn, der gewaltige Fürst Agamemnon, / Hat mich entehrt [*ētimēsen*] und behält mein Geschenk, das er selbst mir entrissen!«[595] Dabei euphemisiert er keineswegs seinen inneren Gefühlsbrand, wenn er den Diebstahl retrospektiv als Betrug beklagt.[596] Achilles wird tatsächlich betrogen. Die Ehre verbietet Eingriffe in sein Eigentum und garantiert Rechtsschutz. Agamemnon behandle ihn, den hochdekorierten und verdienten Krieger, »wie irgendeine[n] ehrlosen [*atimēton*] Zugewanderten«.[597] Ehrlose Zugewanderte könne man des Eigentums berauben. Aber seine Ehre garantiert Rechtssicherheit – wie die des Besitzes. Was die psychologische Krise Achilles' heraufbeschwört, scheint weniger der Raub der Verkörperung seiner Ehre zu sein (davon dürfte er mehr als genug haben). Die Krise besteht in der Verletzung der

589 Ebd., 139.

590 »Ruhmvoller Atreussohn, in Habgier [*philokteanōtate*] unübertroffen!« Ebd., 122. Und: 150ff.

591 Vgl. Ebd., 175ff. [ebenso Nestor (277)]. Spiegelbildlich beschwert sich Achilles über die Ehrengeometrie (Gleiches für Bessere und Schlechtere): Ebd., IX. 319.

592 Il. I. 184 [Übers. Schadewaldt].

593 Il. Ebd., 185f.

594 Vgl. Ebd., 231. Vgl. Hesiod: Fn. 498.

595 Il. I. 355f. [Übers. Rupé]

596 Vgl. Il. IX. 371–376.

597 Il. IX. 648 [Übers. Schadewaldt]. Auch: XVI. 59.

Rechtssicherheit, in der partiellen Entrechtung, die nicht ungestraft bleiben kann. Wie die modernen Bürgerrechte sind auch die homerischen Ehren Versprechen auf Unantastbarkeit. Sie spenden das Gefühl von Sicherheit, nicht die Sicherheit selbst. Deshalb ist Achilles tatsächlich der Betrogene. Antike Ehren können wie moderne Rechte jederzeit deliktisch entzogen und verletzt werden. Deshalb ist es mit einer Auf- oder Überwiegung seiner Ehre nicht getan. An Ort und Stelle will Achilles deshalb den Missetäter strafen und töten. Aber Athene hindert ihn daran.[598] Achilles beeidet seine bellizistische Abstinenz[599] und wird dadurch zu jenem Mann, der »die Seelen so vieler gewaltiger Helden zum Hades« sendet.[600]

3. Desymbolisierbare Ehren

Die Produktion von Sichtbarkeit und Präsenz

Auch desymbolisierbare Ehren sind weit mehr als eine kollektive Suggestion. Dieser Kategorie tut man Unrecht, sie sozialkonstruktivistisch aufzulösen.[601] An drei Beispielen soll eine Gemeinsamkeit herausgearbeitet werden.

[1.] Das vom Staat ausgerichtete öffentliche Begräbnis gilt von Thukydides bis Polybios als eine der höchsten Ehren.[602] Für Herodots Solon ist etwa Kroisos, der den Besucher durch seine goldgefüllten Schatzkammern führen lässt, unglücklicher als der einfache Tellos, der »den schönsten [*kallistan*] Tod« für seine Stadt findet: »die Athener richteten ihm ein Staatsbegräbnis aus, dort, wo er gefallen war, und erwiesen ihm große Ehre [*etimēsan megalōs*].«[603] Das Prinzip, Ehre im Wechsel für den Körper zu erhalten, soll – in Anlehnung an den Goldstandard – als *Körperstandard der Ehre* bezeichnet werden.

598 Vgl. Fn. 1197.

599 Vgl. Il. I. 233ff.

600 Vgl. Il. I. 3 [Übers. Rupé].

601 Vgl. Fn. 119.

602 Vgl. Thukydides II. 34ff.; Platon: Menexenos 234c; Aristoteles: Fn. 703; Polybios: Fn. 612.

603 Vgl. Herodot I. 30 [Übers. Marg]. Ähnlich: I. 37; VI. 109.

Bei Aischylos ist Ares der »*Gold*wechsler« toter Körper: »anstelle der Helden jedoch / kehren Urnen und Asche zurück / in eines jeden Heim.«[604] Demosthenes verwandelt die (Teil-)Inzahlunggabe des Körpers in eine Erklärung für Philipp von Makedoniens Aufstieg: »Verlust des Auges, Bruch des Schlüsselbeins, Verstümmelung des Arms, des Beins; er war bereit, jeden Teil herzugeben, den das Schicksal seinem Leib entreißen wollte, nur um mit dem Rest in Ruhm und Ehre zu leben«.[605] Philipp steigert seine Ehre, indem er sich körperlich schützend vor die Gemeinschaft stellt[606] und dabei allerlei Körperteilen, Organen und Gliedern verlustig geht. Er tauscht Körperteile gegen Ehre. Die wenigsten Tauschpartner dürften allerdings anstreben, dem Politischen ihren ganzen Leib zu vermachen. Ihre Liebe dürfte sich auf Ehren unterhalb der eines schönen Grabes beschränken. Der Tod ist demgegenüber ein kosmischer Ausrutscher, ein schönes Übel (*kalon kakon*),[607] ein Unfall beim Versuch, an die weniger unsterblichen Ehren zu gelangen, wie etwa der des Sieges, einer Statue oder Standespromotion.[608]

Beim attischen Staatsbegräbnis handelt es sich um eine Innovation des archaischen Bestattungsrechts.[609] Die im Dienste der *polis* Gefallenen werden fortan mit schönen Gräbern geehrt, wobei die Schönheit für Sichtbarkeit steht. Gewöhnliche Tote werden auf dem Kerameikos außerhalb der Stadtmauern beigesetzt. Die politisch Gratifizierten aber liegen im Staatsgrab (*dēmosion sēma*) innerhalb der Mauern – »in der schönsten Vorstadt« Athens.[610] Um die politisch Gestorbenen zu ehren, dürfte Athen Wett-

604 Vgl. Aischylos: Agamemnon V. 434–437. [Übers. Ebener]. Zur Frage, ob die phonetische Ähnlichkeit von Körper (*sōma*) und *sēma* (Ehrenstatue, Grabmal) mehr als ein Zufall ist: Sier (2002), S. 69.

605 Demosthenes: Über den Kranz [18], 67 [Übers. n. Zürcher].

606 Zur Ehrung von Schutz bzw. ›Tapferkeit‹: Isokrates: Über das Pferdegespann [XVI], 36; Keen (1991), S. 251; Braun (1990), S. 89.

607 Vgl. Hesiod: Theogonie 585 [dort über Pandora].

608 Mandeville überliefert dazu: »Dem Krieger, den zur Schlacht man trieb, / Ward Ehre, wenn er leben blieb.« Mandeville (1957), S. 60.

609 Möglicherweise bedingt durch Kimons Rückführung der Gebeine von Theseus, die er in den zurückeroberten Gebieten (Eion und Skyros) gefunden haben will. Vgl. Herodot I. 67f.; Barta (2011a), S. 593; Frisone (2011), S. 191.

610 Vgl. Thukydides II. 34, 5 [Übers. Vretska/Rinner].

kämpfe, Pferderennen, Grabspenden, musische Darbietungen [611] und Leichenzüge veranstaltet haben.[612]

Dennoch knüpft diese Praktik an ältere Traditionen an. Heroen werden gewohnheitsrechtlich Kuppelgräber am (Un-)Glücksort ihres Todes oder im Zentrum einer *polis* gebaut, die sie gerettet oder befreit haben.[613] Der Begriff *hērōs* bezeichnet einen Menschen, der seinen Körper zur Rettung des Staates aufgesetzt hat und dadurch göttergleiche Qualitäten beweist.[614] Übermenschlichkeit wird durch die Tat bewiesen: Weil der *hērōs* für den Staat stirbt, begeht er eine Tat, die die menschliche Natur übersteigt – also muss er übermenschlich sein. Was Helden tun, gedenkt man sonst nur bei Göttern zu finden.[615] Der achillesgleiche[616] Brasidas stirbt auf diese Weise in der Entscheidungsschlacht um Amphibolis. Wie Thukydides berichtet, reißen die Bewohner der ›geretteten‹ Stadt den Tempel für ihren bisherigen Stadtgründer nieder und errichten Brasidas ein Ehrenmal innerhalb der Stadtmauern.[617] Durch seinen Tod steigt er zum Retter (*sotēr*) der *polis* auf und erhält einen eigenem Kult.[618]

Seine Heroisierung, mit der Brasidas immerhin den Stadtgründer Hagnon aus dem Ehrenrennen wirft, eröffnet keinen antiken Nihilismus, wie IMMERWAHR die entsprechende Thukydides-Stelle deutet.[619] Krieg produziert vielmehr nicht nur nihilistische Ungewissheiten, sondern auch über-

---

611 Vgl. Isokrates: Euagoras [IX], 1f.

612 In Rom verkörpern bei der *pompa funebris* Schauspieler die geehrten Gestorbenen; für Polybios die schönste Art, junge Männer zur Ehre zu animieren. Vgl. Polybios VI. 53f. Dazu: Till (2003), S. 148; Flaig (1995), S. 124. Gegen bildmagische Interpretationen der *imagines*: Brückner (1966), S. 16ff., 25 [»[D]as Bildhaftmachen einer politischen Idee durch optisch wirksame Fiktionen.«], 202 u. 212.

613 Zum Gleichklang von Rettung und Befreiung: Herodot VII. 139, 5. Die Zeus-Statue auf der *agora* (Zeus Sotēr) trägt den Beinamen ›Eleutherios‹.

614 Vgl. Herodot I. 168; VI. 38. Heroische Verehrung für Lebendige sind dagegen unmöglich. Der Tod ist *conditio sine qua non*. Vgl. Till (2003), S. 88 (mit Anm. 361). Auch für Cicero ist die Erhaltung des Staatswesens eine götterähnliche Tat. Vgl. Ebd., S. 91. In der Tradition eines *conservator* des Vaterlandes gefällt Caesar sich. Ebd., S. 206.

615 Vgl. Isokrates: Panegyrikos [IV], 60.

616 Vgl. Platon: Symposion 221c.

617 Vgl. Thukydides V. 11.

618 Vgl. Ebd. Zur Frage, ob in Amphibolis tatsächlich Gebäude abgerissen oder nur Plaketten und Inschriften ausgetauscht werden: Hornblower (1996), S. 455. Thukydides selbst, der die thrakischen Goldminen besetzt hält, ist der Grund für Brasidas' Sturm auf Amphibolis. Vgl. Thukydides IV. 105.

619 Vgl. Immerwahr (1960), S. 282f., 286, 288 u. 290.

menschliche Gelegenheiten. Mit der Heroisierung existiert eine Ehrungsform, die die Ehre der Gründung einer Stadt durch ihre Rettung übertrifft. Brasidas wendet die Knechtschaft der Bevölkerung ab und erhält im Austausch die unsterbliche Ehre, Retter einer *polis* zu sein.[620]

Ob seine Absicht allerdings war, »des Todes Los«[621] zu ziehen, ist eine andere Frage. Ob er vor der Schlacht wie Archidamos[622] oder wie Falstaff dachte, ist nicht überliefert. Aber den falstaffschen Gedanken, dass die höchsten Ehren den Tod nicht aufwiegen, hegte, wie wir gesehen haben, bereits sein Vorbild Achilles.[623] Ein griechisches Sprichwort besagt, das Schwierige und daher Seltene sei schön.[624] In diesem Sinne war es für Brasidas zu schwierig, sich an den weniger unsterblichen Ehren festzuhalten.

---

620 In diesem Sinne ist es zu verstehen, wenn Plataia in Sparta nachfragen lässt, ob es zu ihrem Retter werden möchte. Vgl. Thukydides III. 59.

621 Vgl. das Epigramm für die in den Perserkriegen gefallenen Megarer: Pfohl (1980), S. 75.

622 Isokrates lässt Archidamos sagen: »Wir wollen uns von der Überzeugung leiten lassen, daß es besser ist, einen sterblichen Leib gegen unsterblichen Ruhm einzutauschen«. Isokrates: Rede des Archidamos [VI], 109. Thukydides' Bild scheint dem entgegengesetzt zu sein. Dort behauptet Archidamos, der Krieg sei »nicht so sehr eine Sache der Waffen wie der Geldmittel«. Vgl. Thukydides: I. 83 [Übers. Vretska/Rinner]. Worauf die Korinther kontern, ihre Macht gründe sich mehr in Menschen als im Geld). Vgl. Ebd., 121, 3. Zum Hintergrundverständnis: Perikles wirft den ehr- und rachebewussten Korinthern vor, in die Waagschale des Krieges lieber Körper als Geld zu werfen. Vgl. Ebd., 141, 5. Vgl. Isokrates: Rede an Nikokles [II], 36; Eugoras 3; Rede an Philipp [V], 135. Beim Hermestempel in Koroneia wünschen die Bürger lieber den Tod zu ›finden‹, als Schande in der Flucht. Vgl. Aristoteles: EN 1116 b18. Es gibt ohne Zweifel jede Menge suizidanleitender Pamphlete, die sich gegen die Selbsterhaltung richten: »So wie es für die Vortrefflichsten unter den Menschen wünschenswerter ist, ruhmvoll zu sterben als in Schande zu leben, so sei es auch für die Poleis, die alle anderen überragen, vorteilhafter, aus den Augen der Menschheit zu verschwinden als in einem Zustand der Knechtschaft gesehen zu werden.« Isokrates: Panegyrikos [IV], 95. Oder: »Uns Lakedaimoniern jedoch ist es nicht möglich, mit allen Mitteln die eigene Rettung zu betreiben«. Isokrates: Rede des Archidamos [VI], 91. Die Wirkung der Schande kleidet Archidamos in ein fulminantes Waldbild (zur Bedeutung dieser Metaphern, vgl. Fn. 1940f.): der Ruhm, »den unsere Vorfahren unter vielen Gefahren in siebenhundert Jahren erworben und uns hinterlassen haben«, könne jederzeit durch Schande ›gefällt‹ werden (12). Was in 700 Jahren Zucht sorgsam emporwächst, werde durch eine einzige Schandtat oder politische Fehlentscheidung wieder *gefällt*.

623 S.o. S. 34ff. Zu Brasidas' Vorbild: Fn. 616.

624 Aristoteles: EN 1109 a29f. »Auch die denkwürdigen Dinge, und je denkwürdiger sie sind, um so schöner sind sie.« Rhetorik 1367 a23.

[2.] Der enorme Präsenzeffekt von Ehrenstatuen bleibt einem reizüberfluteten Zeitalter der Massenmedien vielleicht verborgen, in dem Skulpturen aufmerksamkeitsökonomisch in einer Stadtkulisse versinken können.[625] Unter anderen medialen Bedingungen wird aber mit Statuen, Gräbern, Bildwerken oder Gesang gearbeitet, um bleibenden Eindruck auf das noch ungeborene Publikum zu machen. Pindar reflektiert die Potenziale seiner Dichtung und hebt sie bezeichnenderweise von Ehrenstatuen ab: »Nicht Statuenbildner bin ich, daß ich zum Ruhen bestimmte Bildwerke schaffen könnte, die auf ihrem Sockel / stehen; vielmehr *auf jedem Lastschiff und im Boot, süßes Lied, / schreite aus Aigina fort und verkünde*«.[626] Pindar reflektiert seine Verse unter dem Gesichtspunkt der Massenvervielfältigung, die von seiner Dichtung angeblich weit höher und besser geleistet wird als von Statuen. Irgendetwas scheint daran aber nicht zu stimmen, denn noch Isokrates kommt mit demselben Argument auf die Macht der Statuen zurück, als er sich Euagoras als dessen ›Homer‹ empfiehlt: »Bildwerke (können) notgedrungen nur dort sein, wo sie aufgestellt sind, während Reden in Griechenland verbreitet werden können«.[627]

Die Präsenz des Einzelnen wird durch schweigsame Ehrenstatuen monumentalisiert. Menschen sind die vergänglichen »Schatten eines Traumes.«[628] Statuen sind göttergleich, d.h. unvergängliche und ewige Abgüsse von Sterblichen. Sie sind wegen ihrer steinernen oder metallenen Materialität unsterblich.[629] Sie bilden das Einfallstor mündlich überlieferter Legen-

625 Vgl. Vogt (1997), S. 288ff. u. 292.

626 Vgl. Pindar: Nemeische Oden V. 1ff. [Übers. Bremer; eig. Hervorh.].

627 Vgl. Isokrates: Euagoras [IX], 74. Die Erscheinung der Statue orientiere ohnehin schlechter als die eloquent beschriebene Tat (65f.). Isokrates will Nikokles ›Ehre‹ erweisen, indem er ihm verschriftete Ratschläge übergibt anstelle von wertvollen Geschenken. Vgl. Isokrates: Rede an Nikokles [II], 1 u. 54.

628 Vgl. Snell (1986), S. 231.

629 Vgl. Fn. 602, 627, 652f. u. 892. Die Vorstellung wirkt auch zurück und bildet die Hintergrundvorstellung von Perikles' Gefallenenrede (Fn. 652) und Euripides' Polyxena, die zu Ehren Achilles geopfert wird. Vgl. Euripides: Hekabe V. 560ff. Man will sie fesseln, aber Polyxena besteht darauf, sich frei und ›unberührt‹ von ihren Mördern abschlachten zu lassen. Dadurch ›erstarrt‹ sie in einer Situation, die Furcht und Selbsterhaltungstrieb erwarten lässt. Euripides schildert die Körperhaltung skulptural ab. Statue und Unsterblichkeit sind derart synonym, dass sie poetisch ver- und austauschbar werden. Vgl. Gödde (2001), S. 256.

den.[630] Und sie verstetigen die ›Kunde‹ (*kleos*)[631] von der Existenz des Geehrten visuell und akustisch.

[3.] Bei Wettkämpfen wird der Sieger mit etwas Trag- oder Präsentierbarem geehrt, das ihn in der Regel visuell hervorhebt und damit *sichtbar macht*.[632] Krieger werden hoch dekoriert.[633] Die Verzierung aber – in der Regel von Helm, Schild oder Waffen – ist kein Spiel von Ästheten.[634] Die Buntheit visualisiert Befehlsgewalten und sichert Rangfolgen auch im unübersichtlichen Schlachtgetümmel, im Nebel des Krieges, ab. Die Hochgeehrten stechen mit ihren verzierten Rüstungen vor dem Hintergrund einer eisenblanken Masse in die Augen. In den teichoskopischen Heeresschauen der *Ilias* fallen den zumeist weiblichen Schaulustigen die Ehrenverkörperungen – wie Erzwaffen, Wappen und Abzeichen – durch Funkeln, Strahlen, Gleißen, Blitzen, Flammen oder Blenden auf.[635] Die Verzierung schützt aber auch wirksam vor überstürzten Verbrechen in Kriegsgefangenschaft.[636]

BURKERT verleiht der These, dass Helmzier nicht nur ästhetisch und im Handumdrehen desymbolisierbar ist, ein eindrückliches anthropologi-

630 Zu den antiken Zentren des Klatsches und Hörensagens: Fn. 130. Wer dem ›Original‹ der Ehrenstatue über den Weg läuft, dürfte ›wie vom Blitz getroffen‹ das Gefühl ereilen, dem ›Leibhaftigen‹ zu begegnen (mit Sportlern, Sängern oder Medienstars vergleichbar).

631 Analytisch ist der homerische Begriff Hörensagen bzw. ›mündliche Überlieferung‹. Vgl. Snell (1986), S. 140; Steinkopf (1937), S. 4ff., 14ff. u. 23ff. Zur Unsterblichkeit als Synonym von Göttlichkeit: Knoche (1967), S. 425.

632 Vgl. Brasidas: Fn. 525. Vielen desymbolisierbaren Ehren ist eine Trag- und Vorzeigbarkeit gemein. Vgl. Kloosterhuis (2006a), Sp. 85. Ehrenämter werden bis heute ›bekleidet‹. Vgl. Drexler (1967), S. 464.

633 Vgl. Achilles' Schild, u. S. 291f.

634 Vgl. Il. XVI. 138; Sehlmeyer (1999), S. 203; Demel (2005), S. 58; Buchholz (2012), S. 189 (mit Abb. 76–115). Mittelalterlich werden »Schild und Umhang« geehrt, vgl. Keen (1991), S. 252.

635 Vgl. Gödde (2001), S. 249ff.; Drexler (1967), S. 459. Der Waffenglanz hängt mit der Nähe zu den Göttern zusammen: Wagner-Hasel (2000), S. 95–97.

636 Da die Wahrscheinlichkeit hoch ist, mit verzierten Kriegern anders zu verfahren als mit der grauen Masse an Fußsoldaten, ist das Herausstechen auch eine prototypische Form der Menschenrechte, nämlich Achtung und Respekt für den Träger zu heischen und ihn vor allzu rabiaten Übergriffen (zumindest durch Unbefugte) zu schützen. Bredekamp deutet Kleidung allgemein i.S.v. Rüstungen als »Überkleidung«, d.h. als »Formen der schützenden und reflexiven Selbstdistanzierung des Menschen von sich und seiner Umwelt«. Vgl. Bredekamp (2005), S. 137.

sches Gerüst: »Die Menschen haben Helmbusch, hohen Hut und militärische Schulterstücke erfunden, um ihren Umriß zu vergrößern; Unterwerfung bedeutet, all dies abzunehmen, auch imponierende Kleidung.«[637] Mit anderen Worten: die Symbole von Schulterabzeichen, Textilborten oder Ärmelaufschläge (*chevrons*) sind niemals rein willkürlich.[638] Desymbolisierbare Ehren verstärken den Auftritt ihres Trägers.[639] Ähnlich wie der Liedschatten das Auge zur Geltung bringt, konturiert die Staffage die Umrisse des Körpers und vertieft den Eindruck. Die verstärkte Körperlichkeit imponiert ganz ohne kulturelles Hintergrundwissen.

Verdienstorden werden an die Brust geheftet. [640] Togen oder Triumphgewänder stufen Ehren und Ränge ab.[641] Abzeichen, Münzen[642] oder Ehrenkreuze[643] erfüllen dieselbe ›schöne‹ Funktion. Zarin Katharina II. gibt nach der Seeschlacht bei Tscheschme Siegesrubel aus, denen aufgeprägt ist: »Ich war auch dabei«.[644]

Die vorzustellende Hypothese lautet: der gemeinsame Nenner desymbolisierbarer Ehren ist ihre Sichtbarkeit. Sie gewährleisten und steigern die *Präsenz* des Trägers. Gräber, Statuen, aber auch Helmbusch, Erzwaffen, Orden oder Togen sind ›Beeindruckungs- und Einschüchterungsarchitektur‹. Desymbolisierbare Ehren sind darauf aus, den Betrachter freiwillig mitzunehmen, aber auch seinen Stolz zu brechen und ihn

---

637 Vgl. Burkert (1998), S. 108.

638 Vgl. Lessings Unterscheidung natürlicher von willkürlichen Zeichen: Sier (2002), S. 68 (Anm. 14).

639 Dagegen die apotropäische Interpretation: Buchholz (2012), S. 185ff. u. 199 (Abb. 116–119); sowie Mandevilles Kritik: Fn. 490.

640 Nicht zufällig ist diese Körperregion topographisch der Regungsherd von Mut, Stolz und Ehrgefühl. Zu einem attischen Epigramm nach den Perserkriegen: »So hatten diese stahlharten Mut *in ihrer Brust*«. Brodersen (1992), S. 24 [eig. Hervorh.]. Zur Gefühlstopographie der Brust: Fn. 712; Ruch (2009).

641 Vgl. Till (2003), S. 103 u. 180–188; Dingmann (2007), S. 107.

642 Vgl. Herodot IV. 166. Zur Zirkulation von »Bildern, Ideen und politische Vorstellungen« auf Münzen: Eck (2006), S. 14.

643 Vgl. Demandt (2003), S. 313; Münkler (2009), S. 267.

644 Vgl. Kloosterhuis (2006a), Sp. 84.

sich zu unterwerfen.[645] Desymbolisierbare Verkörperungen der Ehre wollen mittels visueller *soft power* beeindrucken und einschüchtern.[646]

Die antike ›Ehrliebe‹ zielt in nicht geringem Maße darauf, sich der Gedanken-, Gefühls- und Vorstellungswelt einer imaginierten *posterité* aufzudrängen.[647] Dafür müssen Menschen in die antiken Massenmedien gelangen.[648] Ehrengräber, Ehrenstatuen, Wappen und Siegesrubel haben nicht nur einen erheblichen Präsenzeffekt. Unter veränderten medialen Bedingungen sind sie Teil der ›Medienindustrie‹; effiziente Instrumente, um in die »Echokammern des Hörensagens«[649] vorzudringen und der Nachwelt die Kunde von der eigenen Existenz zu senden. Das obsessive Bedürfnis, im Mauer-, Bild-[650] oder Liedgut »der kommenden Menschengeschlechter«[651] vorzukommen, kann nur im Flutlicht moderner Massenmedien befremdlich wirken. Das Ehrenmal, vor dem Perikles seine Rede hält, soll die Zurückgebliebenen zwingen, über die Leistung der Gefallenen zu reden. Das Nonverbale des stummen Grabes ist dabei zentral und sticht gerade Dichtung und Rhetorik aus, wie Perikles paradigmatisch vordenkt:

»Und *mit sichtbaren Zeichen* üben wir wahrlich *keine unbezeugte Macht, den Heutigen und den Künftigen zur Bewunderung*, und brauchen keinen Homeros mehr als Sänger unsres Lobes noch wer sonst mit schönen Worten für den Augenblick entzückt.«[652]

---

645 Auf diesen Effekt zielen nicht nur Gebäude, durch die Beyme zu dieser Formulierung findet, sondern alle desymbolisierbaren Ehren. Vgl. Beyme (1998), S. 240f. Dazu: Fn. 75.

646 Zur *türöffnenden* Beeindruckungsdynamik: Wagner-Hasel (2000), S. 140 u. 193; Sterchi (2005), S. 231 u. 232 (Anm. 5).

647 Vgl. Knoche (1967), S. 422f.; Stein-Hölkeskamp (1989), S. 120f.

648 S.o. S. 39f.

649 Vgl. Neubauer (1998), S. 67.

650 »Die symbolische Macht dieser Bilder unterjochte sich das Streben und Sehnen der Adligen. Ob man Ahnenbilder hatte oder nicht, man litt unter ihnen.« Flaig (1995), S. 129.

651 Vgl. Il. VI. 358 [Übers. Rupé].

652 Thukydides II. 41, 4 [Übers. Landmann; eig. Hervorh.]. Zu den stummen Zeugnissen, die Homer auffallen: Snell (1986), S. 140. In Ägypten stehen *erga*, die Herodot den *logos* verschlagen. Sie erscheinen ihm nicht mehr beschreib- und vergleichbar. Vgl. Herodot II. 35, 1; 124, 3ff. Auch Isokrates deutet die Wortkargheit in Sprachlosigkeit um; die Vorkämpfer gegen die Barbaren seien die besten Männer gewesen, so »daß kein Dichter oder Gelehrter über sie etwas hätte sagen können, was ihrer Leistung gerecht geworden wäre.« Isokrates: Panegyrikos [IV], 82.

Worte sind vergänglich, desymbolisierbare Ehren aber – für Thukydides' Perikles – noch nicht einmal desymbolisierbar. Seinem Verständnis nach könnte Athen morgen untergehen, die Monumente blieben und zeugten vom Glanz und Ruhm. Sie hätten einen mündlichen PR-Effekt, auf den er glücklicherweise eingeht:

»Hervorragenden Männern ist die ganze Erde Grab; und nicht nur eine Inschrift auf dem Ehrenmal [*sēmainei*] in der Heimat kündet von ihnen, sondern auch in der Fremde wohnt in jedermann ungeschriebenes Gedenken – mehr ihres Wesens als ihrer Taten.«[653]

Die Ehre der Gefallenen soll nicht nur das Gesagte, sondern auch das Geschriebene – die Schrift – ausstechen. Die Botschaft von der Existenz der Männer gehe weltweit um. Sie lebten im ungeschriebenen, mündlich tradierten Gedenken überall fort. So unerträglich dieser Idealismus erscheinen mag, genau das ist der Anspruch, den alle Verkörperungen der Ehre – ob desymbolisierbar oder desymbolisierungsresistent – durchzusetzen versuchen.

Die Sichtbarmachungsfunktion der Ehre ist ohne festen Körper denkbar, weshalb auch körperlose Ehrungsformen wie Gedenktage,[654] Widmungen,[655] Dankesfeste[656] oder Straßennamen in die Kategorie der desymbolisierbaren Ehren gehören. Ehre lässt sich subtil abstufen und bemessen: die Strecke, die ein Fürst auf der Schloss- und Schautreppe seinem Besucher entgegenläuft,[657] der Distanzraum beim Abnehmen des Hutes,[658] die Größe der Maibäume im Garten,[659] die Zahl der Liktoren im Leichen-

---

653 Thukydides II. 43, 3 [Übers. Vretska/Rinner]. »[...] richtet sich die Botschaft des *semas* [...] an die vorbeiziehenden Fremden künftiger Generationen.« Wagner-Hasel (2000), S. 211.

654 Vgl. Till (2003), S. 87 (Anm. 352), 92f. (Anm. 377) u. 93 (Anm. 384).

655 Vgl. Aristoteles' Ethiken für Nikomachos und Eudemos.

656 Zu den römischen *supplicationes*: Marius erhält fünf, Pompeius zehn, Caesar vierzig und Octavian fünfzig Tage zugesprochen. Vgl. Behr (1993), S. 37f. Zu Caesar: Sehlmeyer (1999), S. 225.

657 Vgl. Beyme (1995), S. 309f.

658 Vgl. Frevert (2012), S. 70f.

659 Am 14. Mai 1660 notiert Samuel Pepys über seinen Besuch in Holland: »Also spazierten wir weiter durch die Stadt [...] und [...] erfuhren viel über bestimmte Dinge, wie zum Beispiel die Bedeutung der Maibäume, die wir vor dem Haus jedes angesehenen Mannes stehen sahen, in unterschiedlicher Größe je nach der Stellung der Person.« Pepys (2004), S. 25.

zug,[660] die Topographie eines Kusses,[661] die Anzahl entgegengestreckter Finger[662] oder der Handschlag des Reichspräsidenten.[663] Diese Formen hochkultivierter Ehrungen sind symbolische Vorteilswirtschaft,[664] jederzeit entzauber- bzw. desymbolisierbar. Aber sie umschwebt ein Geheimnis, das die nächsten beiden Abschnitte ergründen sollen, bevor ihre *Garantiertheit* in einem dritten Abschnitt (D.1) aufgedeckt wird.

Die Ehre im Raum[665]

Der Raum kann so strukturiert sein, dass Einzelne weithin sichtbar herausragen. Die Siegertreppe ist ein gutes Beispiel dafür. Dass Ehre verräumlicht wird, zeigt der Ausspruch bei Homer, dass man durch einen »Ehrensitz« maximal »wohlgeehrt« sei.[666] Auch Herodot und Aristoteles halten privilegierte Sitzpositionen für zentrale Komponenten der Ehre.[667] In den Dionysien *thront* der Priester auf einem Marmorsessel (*Abb. 5*). Der Thron als Hochsitz (von Sänften ganz zu schweigen) bezieht die Vertikale des Raumes mit ein.[668] Die Sichtbarkeit im Raum ist ein beliebter Rohstoff zur Herstellung von Ehre. Ehrenplätze sind räumlich sichtbare, in der Regel entweder vertikal abgesonderte, materiell andersgeartete oder zentralge-

---

660 Ehre wird durch Liktoren sicht-, mess- und fühlbar: Flaig (1995), S. 134ff.

661 »Begegnen sie [die Perser, Anm. P.R.] sich auf der Straße, so kann man sehen, ob sie gleichen Ranges sind, und zwar daran: Statt einander ein Grußwort zu sagen, küssen sie sich auf den Mund; ist der eine etwas geringer, küssen sie sich die Wangen«. Herodot I. 134 [Übers. Marg].

662 Vom österreichisch-ungarischen Außenminister Graf Kalonky wird berichtet, »die Zahl der zur Begrüßung gereichten Finger der Hand« nach der Ehre stratifiziert zu haben. Vgl. Hartmann (1990), S. 106.

663 Münkler leitet vom Tag von Potsdam eine Theorie des *Sakralitätstransfers* her – mit Hindenburg als »oberste[m] Priester«. Vgl. Münkler (2009), S. 275ff., 283f. u. 526 (Anm. 28). Derartige Glanztransferversuche sind gegenwärtig zwischen Politik und Fußballweltmeisterschaften mit den Sportlern in der Rolle der obersten Priester zu sehen.

664 Vgl. Powis (1986), S. 21.

665 Teile dieses und des nächsten Abschnitts wurden bereits publiziert, vgl. Ruch (2012).

666 Vgl. Fn. 117.

667 Vgl. Fn. 703 u. 1634.

668 »Angekommen setzten sie sich in das *hohe* Gestühle.« Od. VIII. 422 [Übers. Weiher; eig. Hervorh.].

stellte Sitzplätze. Diese existieren in Kirchen, bei Staatsfeiern und an Tafelrunden.[669]

Abb. 5. Marmor-Ehrensitz des Dionysos-Priester im Dionysos-Theater von Athen (4. Jh. v. Chr.).

Die Gratifikation mit Sichtbarkeit – als in den Raum übertragene Vorrangigkeit – zieht sich von Homer über Aristoteles bis ins Hofzeremoniell der Neuzeit. Dem Geehrten wird der vorderste Rang ›zugemessen‹. Räumlich wird oft auch ein Kreis um ihn gezogen, der Distanz- und Abstandsverhältnisse präskribiert. Das Maß der Ehre gibt den Zwischenraum vor. Staatsgästen, Botschaftern und sonstigen Ehrengästen wird (ihre) Ehre räumlich-körperlich gezollt, indem Abstand gehalten, Vortritt gelassen, der

669 Zu religiösen Raumstrukturen: Dinges (1994), S. 157 u. 158. Zum Kampf um die Kirchenbänke: Dinges (1995), S. 59. Zu Tafelrunden: Powis (1986), S. 21.

Hut abgenommen oder überschwänglich gegrüßt wird.[670] Jede kultivierte Form der ›Ehrerbietung‹ besteht in einer zuvorkommenden räumlichen Behandlung. Herodot beschreibt ein eigentümliches Ritual bei Spartanern und Ägyptern:

»Wenn Jüngere Älteren begegnen, geben sie ihnen den Weg frei und treten beiseite, und sie stehen auf von ihrem Platz, wenn die kommen. Dies jedoch haben sie mit keinem hellenischen Volk gemein: Statt einander auf der Straße mit Worten zu begrüßen, verbeugen sie sich tief und senken die Hände vor die Knie.«[671]

Die räumlichen Distanzverhältnisse sind beim ehr(er)gebenen Verhalten zentral.[672] Aristoteles nennt in seiner Taxonomie der Ehre das »Aus-dem-Weg-Gehen« – eine Geste, die er als barbarisch empfindet und angreift.[673] Auch soziales Fehlverhalten ist die Verweigerung von Raum: einem Höhergestellten nicht auszuweichen, zu nahe zu kommen, rangwidrig vorzutreten oder aufdringlich, satisfaktionsfordernd zu ›fixieren‹ (Blickraum). Ehrbezeugungen und Ehrabschneidungen funktionieren oder scheitern über körperliche Bewegungsmuster im Raum.[674] Die Ehre ist im zwischenmenschlichen Distanzfeld berühr- und bestreitbar. Das Heben der Hand oder das Ballen der Faust können ausreichen, um zu kränken.[675]

Das höfische Zeremoniell regelt Rangfolgen, Sitzordnungen und Verhalten deshalb so penibel,[676] weil Verletzungen der Räumlichkeit Bestreitungen des Vorrangs *sind*. Die Verletzung der Ehre wird durch die räumliche Translation möglich und für ein Publikum fühl- und verstehbar. Die Strukturierung des Raumes, mitsamt Anordnungs- und Verhaltens-

---

670 Vgl. Weller (2008), S. 388f.

671 Herodot II. 80 [Übers. Marg].

672 Der zwischenmenschliche Distanzraum weite sich im 5. Jahrhundert v. Chr. auf griechischen Vasen: »Vater und Sohn, sind nicht mehr wie früher in einer naiven und unreflektierten Unterhaltung begriffen, sondern stehen sich mit Bewußtheit und Distanz als Einzelne gegenüber«. Neumann (1965), S. 10 u. 11 (Abb. 2). Linke verfolgt diesen Distanzraum in der Adels- und Gelehrtenkorrespondenz, wo der Abstand zwischen Anrede und Text die zugemessene Ehre ausdrückt: »wenn in Briefen der Abstand zwischen den Anredefloskeln und dem eigentlichen Brieftext besonders groß gehalten ist und damit in ikonischer Form auf die respektvolle Körperdistanz des Sprechers zum Angesprochene verwiesen wird.« Linke (2004), S. 267 (mit Anm. 55).

673 Vgl. Fn. 703.

674 Zum Fußfall Friedrich I. Barbarossas: Görich (2001), S. 92.

675 Vgl. Schwerhoff (1995), S. 277; Burkhart (2006), S. 7ff.

676 Vgl. Hartmann (1990), S. 107; Demel (2005), S. 62; Weller (2008), S. 384ff.; Burkhart (2006), S. 51f. u. 64f.

grenzen, ist ein klassischer Kristallisationspunkt für politische Konflikte. In den mittelalterlichen »Sesselstreitigkeiten« etwa eskaliert an Pfingsten 1063 ein Streit um die Sitznähe zum Mainzer Erzbischof zwischen zwei Kontrahenten zum Blutbad – mitten im sakralen Raum des Goslarer Doms.[677] Von einer ähnlichen Kollision um den Vortritt in das Wormser Münster zeugt der Konflikt zwischen Kriemhild und Brünhild.[678] Fragen zur Ehrerbietung werden in der Neuzeit auf den Raum des Meeres übertragen, wo sie Völkerrecht zeugen. Am 29. November 1661 notiert Samuel Pepys in sein Tagebuch: »Nach Whitehall, wo der Herzog uns in seinem Privatzimmer empfing und wissen wollte, ob die Regel gelte, daß fremde Schiffe auf See vor unseren die Segel streichen.«[679]

Herakleides von Kyme berichtet über das Hofzeremoniell des persischen Königs, dass er auf sardischen Teppichen durch die Räume schreitet, die kein anderer betreten darf.[680] Dem König wird der Mittelstreifen in den Palastgängen zugesprochen, während die Diener sich mehr oder minder ehrlos am Rand durch den Raum drängen müssen. Diese sardischen Teppiche sind keineswegs archaische Relikte totalitärer Ordnungen. Demokratien kennen verräumlichte Ehrungen genauso, nehmen sie aber unter Schlagwörtern wie ›roter Teppich‹, ›erster Rang‹, ›Leibwächter‹, ›Exklusivität‹, ›Motorrad-Eskorte‹[681] oder ›Justizpalast‹[682] nicht als antiegalitär wahr.

Der hochexklusive rote Teppich steckt ein Verhaltens- und Bewegungsschema am Boden ab. Dieses schafft zwei räumlich abgezäunte Kreise: den ehrbaren Personenkreis und den weniger ehrbaren, der erste-

677 Vgl. Althoff (2003), S. 103.

678 Vgl. Speitkamp (2010), S. 84.

679 Pepys (2004), S. 94. »Auf dem Nachhauseweg ging ich am Kirchhof von St. Paul's vorbei und kaufte mir *Mare Clausum*, mit der Absicht, mich über die Praxis des Segelstreichens zu informieren und darüber einen Bericht zu verfassen, den ich dem Herzog vorlegen will.« Ebd. Am 15. Dezember 1661 notiert er dann: »Habe mir fest vorgenommen, etwas über das Segelstreichen fremder Schiffe auf See zu schreiben und studiere deshalb fleißig Selden, Grotius und andere.« Ebd., S. 96.

680 Vgl. Bernhardt (2003), S. 131 (Anm. 53).

681 Vgl. Hartmann (1990), S. 223.

682 »Der Rechtsstaat hatte die geringsten Hemmungen, in der Architektur einschüchternd aufzutreten. In keinem Bereich sind die alten Schloßformen so zahlreich vertreten wie in Bauten von Organen der Rechtspflege.« Beyme (1998), S. 243. Vgl. auch: Beyme (1995), S. 311. Vgl. die Anrede des Richters (»Euer Ehren«), die nicht als Teil der »zeremoniellen Verhaltensweisen« wahrgenommen wird: Burkert (1998), S. 110.

ren umstehen soll.[683] Soziale oder politische Ungleichheit wird performativ realisiert und bei gesellschaftlichen Anlässen sogar tausendfach abfotografiert, ohne dass sich dadurch jemand in seinem Demokratieverständnis getroffen fühlte. Die Visualisierung von Rangfolge »bewirkt, was sie abbildet«.[684] Die räumliche Einteilung konstituiert Über- und Unterlegenheitsverhältnisse. Der rote Teppich oder die Leibwächter sind Sinnbilder für die räumliche Präskription von Rangordnungen, Bewegungsabläufen und Bildern, die provoziert und orchestriert werden.[685]

Herodot setzt der räumlichen Distanzierungsstrategie mit dem Politiker Deiokes ein Denkmal. Der soll zum König der Meder ernannt werden, stellt aber Bedingungen: »sie sollten ihm ein Haus bauen, des Ranges ihres Königs würdig, und seine Stellung stärken durch eine Leibgarde.« Dieses Haus, das sich der majestätischen Ehre als würdig erweisen kann, wird von sieben Burgmauern ringförmig umgeben. Die Zinnen der innersten Mauern sind aus Gold und Silber. Zudem verfügt Deiokes – im Übrigen als erster, »der solches getan« – ein grundsätzliches Abstandsgebot: »Zu dem König durfte niemand hineingehen, sondern alles wurde durch Boten erledigt, und den König bekam niemand zu sehen«.[686] Herodot liefert eine Erklärung für diese seltsamen Forderungen, mit der er in Sachen politischer Klugheit beweist, es mit dem ›historischen Bewusstsein‹ eines Thukydides[687] aufnehmen zu können:

»Mit solcher Hoheit umgab er sich darum, weil er sorgte, die Jugendfreunde, die mit ihm aufgewachsen und von nicht geringerem Herkommen waren und nicht

683 Hartmann kolportiert den Fall einer Staatskanzlei, die sich gegen die Anschaffung eines roten Teppichs wehrt und als Kompromiss einen grauen Teppich ankauft: »Auf dem grauen Beton des Flugplatzes war der graue Läufer für niemanden zu erkennen [...] Der graue Läufer war nur noch Form, machte aber nichts mehr sichtbar.« Hartmann (1990), S. 109.

684 Vgl. Weller (2006), S. 49. Die Formulierung geht zurück auf: Stollberg-Rilinger (1997), S. 96.

685 Vgl. Hartmann (1990), S. 110.

686 Herodot I. 99 [Übers. Marg]. Vgl. die Reaktion des Spartaners Pausanias nach dem Sieg bei Plataia (persisches Gewand, Leibwache, Hochmut): Thukydides I. 130; Kyros' analoge Forderung des Sichtentzugs: Xenophon: Kyropädie VII. 5, 37.

687 »Thukydides ist nicht der Anfang der griechischen Geschichtsschreibung, daher ist es der erste notwendige Schritt zu seinem Verständnis, zu sehen welche Stufe das historische Bewußtsein schon vor ihm erreicht hatte. Da zeigt es sich, daß es überhaupt nichts Vergleichbares vor ihm gibt«. Jaeger (1936), S. 479. Dieses Urteil wird nicht nur von der Deiokes-Stelle kassiert.

weniger tüchtig als er, würden sich kränken, wenn sie ihn vor sich sähen, und sich gegen ihn verschwören; bekämen sie ihn aber nicht zu Gesicht, würde er ihnen als ein Wesen anderer Art vorkommen.«[688]

Deiokes betreibt Neidabwehrpolitik durch den Sichtentzug. Er bedingt sich für seine Herrschaft aus, den Boden- und Luftraum um seine Person weiträumig abzusperren. Er hält andere auf Abstand, darunter auch die Helfeshelfer seines Aufstiegs, um ihnen als »Wesen anderer Art« (nicht) zu erscheinen. Deiokes setzt für seinen Machterhalt rigoros auf räumliche »Distanzgebärden«.[689] Er nutzt die *res extensa* politisch zur Verräumlichung seiner Ehre. Auch andere Autoren beobachten und reflektieren das kalte Pathos der Distanz. Ostentantiv stolzes und distanziertes Verhalten trägt zwangsläufig den Lackanstrich von Superiorität auf.[690] Die staatspolitischen Schriften des 17. Jahrhunderts perfektionieren derartige Erkenntnisse, indem sie dem Herrscher eine Aura der Unnahbarkeit empfehlen, um dem Volk als groß zu erscheinen.[691]

Da die Ehre am menschlichen Körper berühr-, antast- und verwundbar ist, fordert Deiokes auch *Leib*wächter, die ein striktes Berührungsverbot durchsetzen. Den Wächtern obliegt es, die Unantastbarkeit performativ gegen Widerstände auszuhandeln. Konstitutiv für Deiokes' Überlegenheit ist der räumliche Abstand, der, einmal perfektioniert, in visuellem Entzug

688 Herodot I. 99 [Übers. Marg].

689 Zum Begriff: Beyme (1998), S. 244.

690 Vgl. Herodot: 1, 139; Isokrates: Rede an Nikokles [II], 34; Aristoteles: Rhetorik 1367 a33ff. [»eine selbstgefällige Person als großgeartet und ehrwürdig«] u. 1401 b21f. Isokrates rät Alexander, sich von der Eristik fernzuhalten, weil sie ungeeignet sei für einen Politiker, »der eine große Menschenmenge führt oder eine Alleinherrschaft ausübt, denn es sei weder nützlich noch angebracht für *Menschen, die über allen anderen stehen wollen,* mit ihren Mitbürgern zu streiten oder andere dazuzubringen, ihnen zu widersprechen.« Vgl. Isokrates: Brief an Alexander 3 [eig. Hervorh.]. »Überheblichkeit habe nämlich auch Anteil an Würde, einer angesehenen Eigenschaft, und überhebliche Menschen besäßen in den Augen aller mehr Seelengröße als Menschen, die sich für das Prinzip der Gleichheit einsetzen«. Isokrates: Panathenaikos [XII], 242.

691 Vgl. Disselkamp (2002), S. 163 u. 220.

mündet.[692] Mit diesen Hoheitsgebärden herrscht Deiokes immerhin raumgreifende 53 Jahre.[693]

Keine politische Schicht hat diese Raum- und Körperwirkung verfeinert wie der Adel.[694] Wer eine hohe Meinung von sich hegt, drückt das in gesteigerter Körperkontrolle aus. Gerade die überflüssigen, quasiornamentalen Körpergesten demonstrieren Überlegenheit durch Körperbeherrschung. Der Adel normiert Körper und Gebärden auf Raumwirkung hin und triumphiert über Menschen, die sich nicht zu ›geben‹ wissen.[695] Der Adel wirkt *mit seinem Körper* auf das Volk[696] und versucht, sich den Pöbel auch in größter Not vom Leib zu halten.[697] Affektkontrolle ist Körperkontrolle.[698]

Angelika LINKE entdeckt auf Bildern adeliger Körperperformanz ein ganzes Repertoire ausgestorbener ehrerbietender Körpergesten.[699] LINKE deutet die Sprache als Repräsentationsmedium des Bürgertums, den Körper als Medium des Adels.[700] Der Niedergang der Aristokratie habe Europas Kultur in ein Zeitalter der *Entkörperung* gerissen. Begriffe wie ›Con-

---

692 Vgl. Leonardos Mutmaßungen zur ›orientalischen‹ Verschleierungspraktik: »weil sie glauben, sie minderten ihren Ruhm und Ansehen, indem sie ihre Gegenwart öffentlich und vulgär machen?« Zit. n. Bredekamp (1995), S. 134. Zum Verbergen als sublimer Kraft auch: Wyss (1966), S. 33.

693 Vgl. Herodot I. 102. Die meisten Übersetzungen geben die Regierungslänge mit 22 Jahren als zu kurz an. Zu den mathematischen Grundlagen der korrekten Berechnungen: Strasburger (1956), S. 136.

694 Vgl. Linke (2004), S. 261 u. 264.

695 Zumeist die Angestrengtheit und Bürde eines normierenden Über-Ichs zu überbetonend: Wrede/Carl (2007), S. 13f.; Simmel (1992), S. 820ff.

696 Magnus Graf von Moltke: »Der Adel, welcher auch vorzüglich mit dazu berufen, durch eine gewandte und edle Darstellung in seiner äußern Erscheinung auf das Volk zu würken, und durch eine imponierende Haltung es im Gehorsam zu bestärken«. Zit. n.: Linke (2004), S. 260. Ähnlich: Bumke (1994), S. 68f. [»Reitersiegel zeigen, wie adlige Gesinnung sich in körperlicher Haltung ausdrückte.«].

697 Vgl. Od. XVII. 578; Hesiod: Werke und Tage 316; Herodot III. 53. Die Romantik wiederbelebt dieses Bild, indem der Mann mit Ehrgefühl über dem Demütigenden, Erdrückenden und Erniedrigenden (über dem »Diktat der Umstände«) steht. Vgl. Disselkamp (2002), S. 4.

698 Vgl. Münkler (1987), S. 146 u. 161; Dinges (1994), S. 281 [der Maurermeister als »frecher Drängler«].

699 Bei der Wissensspeicherung um die Bedeutung der ›Beredsamkeit des Leibes‹ verweisen selbst die Anstandslehrer auf Bilder wie das des Kavaliers, der eine Dame zum Tanz bittet. Vgl. Linke (2004), S. 250 (Abb. 1).

700 Vgl. Ebd., S. 267.

versation‹ oder ›Compliment‹ hätten ihre Körperlichkeit verloren (»hinauskomplementieren«) und seien auf die Bedeutung der Lautartikulation verengt worden.[701] Mit Blick auf die griechische Antike muss diese Großthese allerdings revidiert werden. Laut Aristoteles galten Tragödien als vulgär, weil sie auf Körpergebärden (*schēmata*) setzten, während die epische Dichtung intellektuell sei, weil ihre gebildeten Zuhörer »Gebärden bei der Darstellung überhaupt nicht nötig haben«, um der Handlung zu folgen.[702] In der Tragödie wird der Einsatz des Körpers nicht zum Über-, sondern zum Unterlegenheitsmerkmal. Mit dem Adel dürfte daher auch nicht der Körper als Medium verschwunden sein, sondern seine stolze, würde-, eindrucksvolle und ehrgebietende Kommunikation.

Die Ehre im Leib

In der *Rhetorik* gibt Aristoteles einen Abriss der Bestandteile der Ehre, die er für bedeutend hält:

»Die Teile der Ehre sind: Opfer, Schriften zum Gedenken entweder in Versen oder in Prosa, Ehrengeschenke, zugeeignete Grundstücke, vordere Sitze bei Versammlungen, öffentliche Begräbnisse, Standbilder, freie Speisung, barbarische Sitten wie das Sich-auf-den-Boden-Werfen und das Aus-dem-Weg-Gehen sowie Geschenke, die bei jedermann hochgeachtet sind.«[703]

Zwei Ehrenteile kreisen um einen performativen Aspekt, nämlich die »barbarische[n] Sitten wie das Sich-auf-den-Boden-Werfen und das Aus-dem-Weg-Gehen«. Dieses als *barbarisch* empfundene Verhalten ist in einem vor Überlegenheitsgefühlen strotzenden Athen Gesprächs- wie Sprengstoff. Barbaren disqualifizieren sich durch unterwürfiges Verhalten, wofür sie Kopfschütteln, Abscheu oder Fremdscham ernten.[704] Auf einem Kannenbild unterlässt ein Perser selbst den Versuch einer Ehrenrettung, indem er sich, an Unterwerfung und Entehrung längst gewöhnt, zwecks Penet-

701 Vgl. Ebd., S. 252f.

702 Vgl. Aristoteles: Poetik 1462 a3 [Übers. Schmitt].

703 Rhetorik 1361 a35. Es sei die unausgewogene Kommentierung Rapps bemerkt, dem es gelingt, den Glücksgütern ganze siebzehn Seiten, den Verkörperungen der Ehre zwei zu widmen. Das Missverhältnis, in dem selbstverständliche Passagen zu kommentierungs- und erklärungsbedürftigen stehen, machten den Apparat für mein Thema unbrauchbar. Vgl. Rapp (2002), S. 324–341 u. 345f.

704 Vgl. Aristoteles: Rhetorik 1384 b13 (mit 1371 a23).

ration *zur Erde* beugt.[705] Der hellenische Überlegenheitsgestus beruht zu einem guten Teil auf der visualisierten Ehrlosigkeit der Barbaren.

Grundlage zum Verständnis dieser Gebärden ist der menschliche Körper im Verhältnis zur Erde.[706] Das lat. Wort für Erdboden (*humilis*) steht nicht zufällig hinter den lateinischen und englischen Begriffen für Demut und Demütigung.[707] Dem Körper kommt es zu, ›Reverenz‹ zu erweisen, indem er sich zu Boden senkt. Steht ein Perser tiefer als ein anderer, »fällt er nieder und zeigt dem anderen so seine Ergebenheit.«[708] Menschen mit Ehrgefühl werfen sich aber vor Sterblichen nicht zu Boden. Die Spartaner Sperthias und Bulis gelangen nach Susa, wo sie den persischen Großkönig verehren sollen. Dort »sagten sie erstens, das würden sie, *selbst wenn man ihnen den Kopf auf den Boden stieße,* nie tun; denn es sei bei ihnen nicht Brauch, vor einem Menschen niederzufallen«.[709]

Abb. 6. Dirck Volkertsz' Die Unterwerfung des Landgrafen Philipp von Hessen (1556).

705 Dem »in kaninchenartiger Duldungsstarre zur Penetration gebeugten Orientalen« sind die Worte »ich stehe vornübergebeugt« (*kybade hesteka*) beigeschrieben. Vgl. Wannagat (2001), S. 51f. (Abb.) u. 71.

706 Zu Anschauungsmaterial für diese These: Muth (2009), S. 213 [Abb. 14; Herakles drückt Antaios zu Boden]. Exemplarisch für Körperblindheit: Sissakis (2005), S. 45f.

707 Vgl. Burkert (1998), S. 108f.

708 Vgl. Herodot I. 134 [Übers. Marg].

709 Ebd., VII. 136 [eig. Hervorh.].

Abb. 7. Vincent van Goghs Kreidezeichnung einer Bäuerin (1885). Ergebenheitsgesten bemessen sich durch den Abstand des menschlichen Körpers zum Boden (abgeschlossen in Proskynese oder Prostation). Das lat. Wort für Erdboden (humilis) bildet nicht zufällig die Wurzel der romanischen Begriffe für Demütigung und Demut.

Aristoteles will auffallen, dass die Körper der Freien aufrecht geformt sind im Unterschied zu den durch Feldarbeit gekrümmten Sklavenrücken: »die einen stark für die Verrichtung der notwendigen Arbeiten, *die anderen dagegen aufrecht* und untauglich für solche Tätigkeiten, jedoch tauglich für eine politische Existenz«.[710] In der Gefallenenrede analogisiert Perikles den Anblick einer Ehrenstatue mit dem der attischen Macht. Beide sollen die Trauergemeinde körperlich wieder aufrichten.[711] Noch die Stiftungsurkunde des Eisernen Kreuzes zeugt in erstaunlicher Konkordanz zur antiken Physiologie von dieser Wirkung.[712]

710 Aristoteles: Politik 1254 b27ff. [eig. Hervorh.]. Der Nacken der Sklaven ist stets »schief« oder gekrümmt. Vgl. 1258 b35ff.

711 Vgl. Thukydides II. 43. Zur Ehrenstatue als Hintergrundmetapher: Gödde (2001), S. 255 u. 258f.

712 »In der jetzigen großen Katastrophe, von welcher für das Vaterland alles abhängt, verdient der kräftige Sinn, der die Nation *so hoch erhebt, durch ganz eigenthümliche Monumente verehrt und verewigt* zu werden. Daß die *Standhaftigkeit*, mit welcher das Volk die unwider-

Isokrates lässt seiner Verachtung von Menschen ohne Ehrgefühl, die sich allzu bereitwillig unterwerfen, freien Lauf. Die Barbaren

»[...] waren ihr Leben lang gegenüber den einen gemein und arrogant, gegenüber den anderen sehr devot [...] auf Grund ihrer Monarchie aber sind sie in ihrer Seele unterwürfig und äußerst furchtsam, sie finden sich beim Königspalast ein, werfen sich vor Ehrfurcht zu Boden und zeigen in jeder Beziehung eine kleinmütige Gesinnung: Vor einem Sterblichen fallen sie auf die Knie, reden ihn als Gott an, die Götter aber achten sie weniger als die Menschen.«[713]

Sich vor dem Kleinen zu verneigen und das Große zu verachten, genauso wie Feinden wohlzutun und Freunden zu schaden, derartige Paradoxien beschäftigen Isokrates immer wieder aufs Neue.[714] Das Volk von Athen ist selbst aber nicht frei von Forderungen nach barbarischen Sitten.

»Überdies würden die Bündner, wenn sie nicht zu den Gerichtsverhandlungen herzukommen hätten, von den Athenern nur die in Ehren halten, die zu Schiffen ausfahren [...]; tatsächlich aber ist es das Gesamtvolk von Athen, dem jeder einzelne der Bündner schmeicheln muß, [...] und er ist gezwungen, in den Gerichtshöfen sich auf die Knie zu werfen und, sobald einer eintritt, ihn bei der Hand zu fassen. *Deshalb also stehen die Bündner eher als Sklaven des Volkes von Athen dar.*«[715]

Die körperliche Beugungslogik verbirgt sich noch in den strafrechtlichen Praktiken. Diebe werden an Armen und Hals in eine Holzvorrichtung mit Namen *kyphon* gespannt. Da diese Vorrichtung in der Überlieferung bildlos

stehlichen Uebel einer eisernen Zeit ertrug, nicht zur Kleinmüthigkeit herabsank, belegt der hohe Muth, *welche jetzt jede Brust belebt*«. Zit. n. Münkler (2009), S. 267 [eig. Hervorh.]. Dem Autor der Stiftungsurkunde geht es um die Vorstellung aus der antiken Physiologie, dass Großgesinntheit (*megalopsychia*) die Brust *aufrichtet*. Diese Wirkung bezeugt auch Demandts Quelle Eylert überragend: »Der Blick auf's Kreuz sollte zu dem kühnen Heldenmuthe erheben, entweder zu siegen, oder zu sterben.« Vgl. Demandt (2003), S. 313. Zur ikonografisch-körpertopografischen Konkordanz mit der Brust: Ebd., S. 312; Münkler (2009), S. 269f.

713 Isokrates: Panegyrikos [IV], 151.

714 Vgl. Antidosis [XV], 302f. [die attischen Richter seien freundlich zu denen, die Schande bringen und unfreundlich zu denen, die Ehre erringen]; Panegyrikos [IV], 152 [die Barbaren verachten ihre Bundesgenossen und tun den Feinden »schön«] u. 155 [»Wieso soll man die Freundschaft mit solchen Menschen pflegen, die sich an ihren Wohltätern rächen, ihren Übeltätern aber so offensichtlich schmeicheln?«]; Rede an Demonikos [I], 29 [wer schlechten Menschen Gutes tut, wird »die gleiche Erfahrung machen wie Leute, die fremde Hunde füttern«].

715 Ps.-Xenophon: Die Verfassung der Athener 18 [Übers. Kalinka; eig. Hervorh.].

geblieben ist,[716] lohnt sich die körperliche Vorstellung: Nacken und Kopf werden zum statisch fixierten *kyphon* niedergedrückt und der Körper gekrümmt. Nach mehrtägigem Stehen ist dem Bestraften ein Bandscheibenvorfall sicher, weshalb er zeitweilig gar nicht mehr in die vorteilhafte Lage eines aufrechten Ganges (*homo erectus*) zurückgerenkt werden kann.[717]

Zwischen den Großkriegen, die retrospektiv im Peloponnesischen Krieg vereint werden, entbrennt während des Nikiasfriedens 416 v. Chr. der Konflikt um die spartanische Kolonie Melos. Melos ist völkerrechtlich kein Vertragsstaat des attisch-delischen Seebundsystems.[718] Die Insel gehört zunächst zu den ›blockfreien‹ Staaten,[719] die mit Athen im Verhältnis der »Nicht-Beziehung« verkehren – »wegen des Fehlens friedensrechtlicher Normen« kann es in diesen ungeregelten Verhältnissen zu erheblicher Rechtsunsicherheit kommen,[720] die Athen auf einen Schlag beseitigt, indem es Melos durch fehdeförmige Plünderungen in den Krieg zwingt.[721]

Die Insel bietet in nichtöffentlichen[722] Unterhandlungen Neutralität und Frieden an, aber Athen fordert Unterwerfung. Die Melier denken nicht daran, sich zu *beugen*. Ihre Überzeugungen sind durchzogen von starker Körperlichkeit. Sie wollen gegen Unrecht aufrecht stehen.[723] Sie sind

---

716 Vgl. Schmitz (2004), S. 407.

717 Vgl. Ebd., S. 387f. Zur Phänomenologie dieses körperlichen Agierens: »Und wenn körperlich gesunde Menschen mit Ehrgefühl daran denken, dass sie Anspruch auf Respekt haben, kommen sie ganz buchstäblich erhobenen Hauptes daher. Wir können ihre Selbstachtung förmlich sehen, und sie selbst spüren sie an der Hebung ihres Brustkorbs und der Straffung ihres Rückgrats. Wer dagegen gedemütigt wird, krümmt den Rücken und senkt den Blick.« Appiah (2011), S. 16.

718 »Die Melier stammen von Auswanderern der Lakedaimonier und [...] schlossen sich zunächst keinem der beiden Gegner an und verhielten sich ruhig; später dann, als die Athener sie durch Verwüstung des Landes zwingen wollten, traten sie *offen* in den Krieg ein.« Thukydides V. 84, 2 [Übers. Vretska/Rinner; eig. Hervorh.]. Zur Differenzierung von offenem und verdeckten Krieg, wobei die territoriale Transgression den offenen Krieg (*polemon phaneron*) konstruiert: Thukydides V. 25; VI. 105; VII. 18. Der territoriale Einfall und der Bruch mit den Schutzgöttern sind gravierende Angelegenheiten: Alonso (2007), S. 218.

719 Zu den Blocksystemen: S. 71f. Dazu: Fn. 232.

720 Vgl. Baltrusch (2008), S. 7.

721 Die »Verwüstungen des Landes«, vgl. Fn. 718.

722 Den Athenern wird nicht erlaubt, vor dem Volk zu sprechen. Die Verhandlungen finden im Rat statt. Vgl. Thukydides V. 84, 3.

723 Vgl. Ebd., 102.

entschlossen, das attische »Joch« vom Rücken zu schütteln. Freiheit sei ihr höchstes Gut. [724] Der melische Dezisionismus steht von Anfang an unerschütterlich fest. Die Antworten der attischen Unterhändler sind dabei denkbar weit von einem unverhüllten Plädoyer für Machtpolitik entfernt, das, wie RAAFLAUB behauptet, »allen schmückenden Beiwerks entledigt« sei.[725] Die Dezision der Melier, für die Ehre zu sterben, wird überhaupt erst in den revelatorischen Aussagen der Athener greifbar. Deren dialogische Krise[726] wird durch die melische Standhaftigkeit eingeläutet. Melos ist entschlossen, sich nicht zu unterwerfen, sondern im Kampf um die eigene Ehre zu sterben: ›Lieber Tod als Schande‹.[727] Den Meliern geht es tatsächlich um ein unbelastetes körperliches Rückgrat, das nicht zur Erde gekrümmt wird und ihnen den ungesenkten aufrechten Blick ermöglicht. Sie ziehen den Auf-Stand – und damit Tod – der Verbeugung vor.

Man darf sich »Schicksalsschlägen nicht beugen« und seine Ehre verlieren. Selbst die »Götterfügung muss man mit Gelassenheit tragen, Feindesschläge mit Manneskraft. Solche Gesinnung war in dieser Stadt schon früher Sitte und darf in euch jetzt nicht erlöschen.«[728] Wer für die Freiheit der *polis* stirbt, erbringe »das schönste Opfer«.[729] Geeigneter lässt sich die melische Position nicht vortragen: »erkennt das wahre Glück in der Freiheit, die Freiheit aber in kühnem Mut und schaut nicht ängstlich auf die Gefahren des Krieges.«[730]

Das Problem ist nur: diese Worte stammen nicht von den Meliern, sondern aus dem Mund des verstorbenen Anführers ihrer Feinde. Die attischen Repliken des Melierdialogs sind nicht »allen schmückenden Beiwerks entledigt«, sondern kreisen um den Versuch, den Verrat der eigenen Ideale mit schmückendem Beiwerk zu dissimulieren. Die Athener kennen ihren

---

724 Vgl. Ebd., 92; 100. Die Melier stilisieren sich als Männer, denen Vorteil nichts, Ehre und Recht alles bedeuten. Rhetorisch drängen sie die attischen Diplomaten in die gegenüberliegende Ecke von Geldliebe, Profitgier, Eigennutz und Schande.

725 Vgl. Raaflaub (1988), S. 330.

726 Vgl. Fn. 110–113.

727 Das sprechen die Melier nicht aus, ihr unerhörter Dezisionismus wird erst durch die attische Ratlosigkeit offensichtlich. Zum Ausspruch: Powis (1986), S. 20. Ähnlich im Beowulflied: »Besser ist der Tod als ein Leben in Schande«. Vgl. Burkhart (2006), S. 22.

728 Thukydides II. 64, 1f. [Übers. Vretska/Rinner].

729 Ebd., 43, 1.

730 Ebd., 43, 4.

Gegner besser, als der sich selbst, weil dieser die eigenen Ideale hochhält. Im Eid von Plataia schwören die Athener: »Ich werde kämpfen, solange ich lebe, und werde nicht höher achten zu leben als frei zu sein«.[731] Aristoteles mag nicht an Melos gedacht haben, aber die Melier nehmen seine Gedanken vorweg: wer gleichmütig bleibe, »wenn er Prügel bekommen soll«, den will er nicht als tapfer verstanden wissen.[732] Kallikles wird im platonischen *Gorgias* noch deutlicher:

»Von Natur ist nämlich alles hässlicher und schändlicher, was auch schlechter ist, also Unrecht leiden. Denn dies zu erleiden, nämlich sich Unrecht zufügen zu lassen, ist auch nicht Art eines Mannes, sondern eines Sklaven, für den es besser ist tot zu sein als zu leben, der, wenn er ungerecht behandelt und in den Dreck getreten wird, sich selbst nicht helfen kann und auch keinem anderen, der ihm nahesteht.«[733]

In großem Unglück erhalte man die Gelegenheit, seine Ehre zu beweisen.[734] Es gehe darum, das Schicksal in guter Haltung,[735] furchtlos,[736] »am schönsten« zu tragen.[737] Derartige Sentenzen sind aber nicht auf devotes Hinnehmen, sondern *auf Rache* aus. Wenn Aristoteles den Tapferen als »unerschrocken [...] vor einem edlen Tode« charakterisiert,[738] ist das nicht weit vom melischen Ideal entfernt. Der Tapfere hänge nicht am Leben,[739]

---

731 Brodersen (1992), S. 23.

732 Vgl. EN 1115 a23. »[V]on Unmännlichkeit und Feigheit nämlich rührt das Erdulden und das Sich-nicht-Wehren her«. Rhetorik 1384 a23.

733 Platon: Gorgias 483a-b [Übers. Dalfen]. Die Melier wollen alles, nur nicht hässlich sein. Der fehlende Sinn für Schönheit (*apeirokalos*), die Abscheu (i.S.v. *aversio*) vor dem Unwürdigen und Hässlichen, ist ein zentrales Argument in der platonischen und aristotelischen Ethik. Vgl. Platon: Politeia 403c; 405b; Nomoi 775b; Aristoteles: EN 1107 b19; 1116 a26; 1122 a32; 1128 b12. Das gilt nicht für die breite Masse, die Schönheit nicht zu fesseln vermag. Sie lieben das Schöne nicht – »vom Schönen und wahrhaft Lustvollen aber haben sie nicht einmal einen Begriff, da sie nie daran geschmeckt haben.« 1179 b8–17.

734 Vgl. Isokrates: Rede des Archidamos [VI], 102.

735 Vgl. Aristoteles: EN 1100 b 33 u. 1101 a1.

736 Vgl. Ebd., 1100 b30; 1104 b1; 1117 a17.

737 Vgl. Ebd., 1100 b20ff. Das sei der Endzweck aller Tugend (1115 b13 u. b23). Zum Hintergrund: 1120 a23. Das Schöne sei ein Ziel, auf das sich das Leben ausrichten lässt. Vgl. 1121 b4; 1122 b6.

738 Vgl. EN 1115 a33; 1169 a19.

739 Vgl. Rhetorik 1389 b33.

»[...] er wird lieber ein Jahr lang schön leben als viele Jahre beliebig, und lieber eine große und schöne Tat ausführen als viele kleine. Auch der Großgesinnte schont dann sein Leben nicht, da es sich nicht lohnt, unter allen Umständen zu leben.«[740]

Der Glutkern, die *enargeia* jedes politischen Liberalismus' ist ohne die *körperliche* Unbeugsamkeitsvorstellung undenkbar. Die standhaften Republikaner fürchten nichts so sehr wie die Krümmung ihres Rückens durch das ›Joch‹ politischer Abhängigkeit.[741] Machiavelli lässt sich ausführlich darüber aus, dass Menschen – von der christlichen Lehre in Fesseln gelegt – Ehrverletzungen und Demütigungen ertragen, statt sie zu rächen. Seine Anklage verrät eine tiefere Reflexion darüber, was eigentlich geehrt werden sollte:

»Unsere Religion hat mehr die demütigen und beschaulichen Menschen als die tätigen selig gesprochen. Sie hat das höchste Gut in Demut, Entsagung und Verachtung des Irdischen gesetzt [...]. Verlangt auch unsre Religion, daß man stark sei, so will sie doch, daß man diese Stärke im Leiden und nicht in kraftvollen Taten äußert. Diese Lebensweise scheint also die Welt schwach gemacht und sie den Verbrechern zur Beute gegeben zu haben. Die können ungefährdet über sie schalten, denn sie sehen ja, daß die große Mehrzahl der Menschen, um ins Paradies einzugehen, *mehr darauf bedacht ist, Beleidigungen zu ertragen als zu rächen.*«[742]

Die Einführung der demütigenden barbarischen Sitten ist mit Alexanders Forderung nach göttlichen Ehren, der Proskynese, verbunden.[743] Dem ungeübten Leser mag die *hybris* der Forderung entgehen (ähnlich des Namenszusatzes ›der Große‹, durch den der makedonische Herrscher verdächtig persisch herausragt).[744] Alexander fordert mit der fußfälligen Unterwerfung, Ehren zu empfangen, die sonst nur Göttern zustehen. Kallisthenes verweigert dem Makedonen die barbarische Sitte. Seine Weigerung ist aber nicht Ausdruck von Frömmigkeit oder Ehrfurcht. Das Gefühl für seine Ehre verbietet ihm die Unterwerfung. Männer mit

740 Vgl. EN 1124 b9.

741 Vgl. Münkler (1987), S. 283 [Zit. Botero]; Disselkamp (2002), S. 18; Gerstner (2008), S. 242.

742 Machiavelli: Discorsi II. 2 [Übers. Oppeln-Bronikowski; eig. Hervorh.].

743 Vgl. Wiemer (2005), S. 138ff.

744 Die Titulierung des Großen ist bis zu Alexander nur für den persischen Großkönig (*megas basileus*) bekannt. Rosenberger vermutet, dass die Prägung aus dem Umfeld von Isokrates' Schule stammt und »durch die Ähnlichkeit mit dem Titel des persischen Großkönigs bedingt – stets problematisch war«. Vgl. Rosenberger (1998), S. 489.

ausgeprägtem Ehrgefühl hegen zu allen Zeiten einen körperlichen Ekel davor, zu Boden zu gehen. Menschen mit Ehrgefühl verbeugen sich nicht vor Gleichgestellten. Diese Unterwerfungsgeste ist den Göttern vorbehalten.[745]

Im 18. Jahrhundert kommt es wegen der europäischen Verweigerung des Kotaus vor dem chinesischen Kaiser zu diplomatischen Verwerfungen.[746] Die *körperlich* auszuführende Unterwerfungsgeste wird von den Europäern als derart selbsterniedrigend empfunden, dass Hegel eine regelrechte Fanfare gegen die Barbarei anstimmt.[747] Der politische Zündstoff entsteht, wo einer der Beteiligten sich asymmetrisch über dem anderen wähnt, während der andere hartnäckig an symmetrische Verhältnisse weiterglaubt. Auf der einen Seite steht das Ehrgefühl des Machthabers, das Ehre einfordert, die er für seine (zumeist überragenden) Wohltaten zu verdienen glaubt. Auf der anderen Seite steht der Stolz derer, die nicht zu Boden gehen wollen.

Zwischen Menschen fehlen allerdings markante Trennungsmerkmale, wie sie etwa zwischen Löwen und Hasen bestehen. In Antisthenes' Fabel fordern Hasen Rechtsgleichheit von den Löwen, getreu der aristotelischen Maxime: es sind »immer die Unterlegenen, die Gleichheit und Recht suchen, während die Mächtigen sich darum nicht scheren.«[748] In der politischen Ikonographie der Antike stehen Löwen für Ehre,[749] die Hasen als

745 Später auch Lehnsherren. Vgl. Althoff (1997), S. 27ff.; Althoff (2003), S. 106ff. u. 119ff.; Stollberg-Rilinger (2004), S. 501ff.

746 Vgl. Mittag (2008), Sp. 103.

747 »Doch ist notwendig in China der Unterschied zwischen der Sklaverei und Freiheit nicht groß, da vor dem Kaiser alle gleich, d.h. alle gleich degradiert sind. Indem keine Ehre vorhanden ist, und keiner ein besonderes Recht vor dem Anderen hat, so wird das Bewußtsein der Erniedrigung vorherrschend, das selbst leicht in ein Bewußtsein der Verworfenheit übergeht. Mit dieser Verworfenheit hängt die große Immoralität der Chinesen zusammen; sie sind dafür bekannt, zu betrügen, wo sie nur irgend können«. Hegel (1986), S. 165.

748 Aristoteles: Politik 1318 b5.

749 Vgl. Münkler (1987), S. 176. In der neuzeitlichen politischen Ikonographie kommt es dagegen zur Ausdifferenzierung von Ehre und Gewalt. Auf einem Holzschnitt von Lucas Cranach (um 1532) machen die Löwen »kurzen Prozess mit den Forderungen der Hasen. [...] Hier wird nicht mit dem Recht des Stärkeren argumentiert, hier wird es kurzerhand praktiziert.« Ebd., S. 196. Aufs Blut gereizt, fressen die barbarischen Löwen ihre Gegner auf.

*Flucht*tiere für das exakte Gegenteil.[750] Die Löwen glauben an eine Trübung des Sehsinns der Langohren und weisen diskret auf deren körperlichen Schwächen hin: »Euren Reden fehlen die Klauen und Zähne, die wir besitzen«.[751] – Dieser Konflikt zwischen zwei ungleichen Gegnern macht Aristoteles' Gerechtigkeitsdefinition verständlich, die naturale Überlegenheitsverhältnisse einzurechnen scheint: es sei gerecht, Gleiches von Gleichen und Ungleiches von Ungleichen zu fordern.[752] Löwen können von Hasen ungleich mehr einfordern als umgekehrt.

Zwischen Kallisthenes und Alexander fehlen derart markante Unterscheidungsmerkmale. Sie blasen – wie Antiphon es ausdrückt – »*alle* den Atem durch den Mund und durch die Nase in die Luft, und wir lachen, wenn wir uns im Herzen freuen, oder weinen, wenn wir traurig sind«.[753] Deshalb lässt sich ›die Realität‹ nicht gewaltfrei ermitteln. Kallisthenes wird für seine Ehrverweigerung hingerichtet.[754] Das Gefühl der Superiorität auf der einen, das Absprechen der Gleichheit auf der anderen Seite, daraus besteht auch das Konfliktpotenzial auf Melos in Thukydides' historiographischer Modellierung. Nicht nur Menschen, auch Staaten wollen sich nicht unterwerfen. Athen rottet die Melier kurzerhand aus. Was die Athener aussprechen, dürfte auch die Löwen und Alexander beschlichen haben: dass es Schande bedeute, einem Überlegenen nicht die geforderte Ehre abzustatten.[755] Wie die Hasen Gleichheit von Überlegenen zu fordern, ist selbst ungerecht.

Allerdings sind auch im Politischen die Kräfteverhältnisse nicht immer derart offensichtlich wie zwischen Löwen und Hasen. Einerseits ist da die unsteuerbare *tychē*, die Athen nicht nur unvorhersehbare Glücksfälle, sondern auch die unberechenbare Pest beschert, die unterschiedslos menschliche Löwen und Hasen fortreißt: »der Starke unterschied sich bei dieser

---

750 Bei Herodot gebärt eine Stute beim Anblick des vorbeiziehenden persischen Heeres einen Hasen: »Leicht zu deuten war es so: Xerxes werde ein Heer gegen Hellas führen in aller Pracht und Herrlichkeit, auf dem Rückzug aber werde er, wenn er an der gleichen Stelle vorbeikommt, um sein Leben laufen.« Herodot VII. 57 [Übers. Marg].

751 Vgl. Aesopica 450 [eigene Übers.].

752 Vgl. EN 1099 a3 mit 1163 a25. Vgl. auch Kallikles (Platon: Gorgias 483c-d) oder Thrasymachos (Politeia 338c).

753 Vgl. Antiphon fr. A II u. III. Zit. n.: Schirren/Zinsmaier (2003), S. 195 [eig. Hervorh.].

754 Vgl. Wiemer (2005), S. 140.

755 Vgl. Thukydides V. 111, 4.

Krankheit in nichts vom Schwachen«.[756] Die Melier warnen Athen vor dem launischen Kriegsglück. Andererseits betont Thukydides unablässig, dass der Schwache durch starke Bündnisse vermeintliche Übermächte besiegen kann.[757] Gerade für Melos, eine südägäische Insel in geostrategischer Schlüssellage, die Sparta als maritimer Flottenstützpunkt dient,[758] sind Über- und Unterlegenheitsverhältnisse nicht einfach da, sondern müssen ausgehandelt werden. Die Melier warten auf eine spartanische Intervention.[759] In Antisthenes' Fabel eingepasst: die Hasen schließen um ein Haar eine Allianz mit den Wildjägern, die es schwierig gemacht hätte, die Überlegenheit Athens zweifelsfrei festzustellen. Das Überlegenheitsgefühl der Löwen kann in einer Welt der unwägbaren Seuchen und Bündnisschlüsse lächerlich werden.

Wie sehen die ›realen‹ Machtverhältnisse überhaupt aus? Athen zählt 38 Schiffe, 2.400 Hopliten, 300 Bogenschützen und 20 berittene Schützen.[760] Diese vermeintlich übermächtige Front wird in einer nächtlichen Attacke von den Meliern durchbrochen.[761] Melos fällt zuletzt nicht einmal wegen der attischen Löwenkrallen, sondern wegen eines inneren Verrats.[762] Thukydides' Hinweis auf die Existenz von inneren Verrätern (die mit der Schande eines gebeugten Rückgrades zu leben wüssten), ist wenig schmeichelhaft für die angebliche Übermacht Athens.

Ein in jeder Hinsicht instruktiver Fall von Revelation eines außerordentlichen körperlichen Ehrgefühls ereignet sich am 23. Februar 1981 im spanischen Parlament.[763] In einem Staatsstreich stürmen Angehörige der *Guardia Civil* das Gebäude, schießen in den Saal und kommandieren die Parlamentarier unter die Holztische. Drei Männer widersetzen sich den Befehlen der Franco-Anhänger und bewahren Haltung und Ehre. Vor allem die Standhaftigkeit des Generals und Vizepräsidenten Manuel Gutiérrez Mel-

756 Vgl. Thukydides II. 51, 3 [Übers. Vretska/Rinner].

757 Vgl. Ebd., I. 122, 2; III. 11; 59; IV. 17; 60ff.; VI 79,3; VII. 61.

758 Vgl. Ebd., VIII. 39, 41.

759 Im Falle unterlassener Hilfeleistung würden, so die Melier, Spartas »Freunde in Hellas sie treulos, ihre Feinde sie hilfreich nennen.« Ebd., V. 106 [Übers. Landmann].

760 Vgl. Ebd., 84. Das Aufgebot ist dabei geringer als das des ersten Feldzugs. Vgl. Geske (2005), S. 47–49.

761 Vgl. Thukydides V. 115.

762 Vgl. Ebd., 117.

763 Vgl. Cercas (2011).

lado ist es, die durch die Fernsehbilder weltberühmt wird.[764] Anstatt sein Leben unter den Klapptischen des Parlaments zu retten, bleibt er aufrecht stehen. Die Putschisten versuchen mehrfach, ihn zu Boden zu zwingen. Aber Mellado biegt sich demonstrativ wieder gerade. Was es dem ranghöchsten Militär im Raum verbietet, auf die Knie zu gehen und sein Leben zu schützen, dürfte das Gefühl für seine Ehre gewesen sein.

Abb. 8. Momentaufnahme aus dem spanischen Parlament vom 23. Februar 1981, unmittelbar vor dem Eindringen von Putschisten.

764 Die Präsenz der Fernsehkameras, das Bewusstsein von der weltweiten Übertrag- und Sichtbarkeit der Schande, dürfte eine nicht unbedeutende Rolle bei Mellados Entscheidung gespielt haben. Dass die Kamerapräsenz allerdings keine zwingende Voraussetzung des Ehrgefühls ist, zeigt das politische Verhalten der Generäle der Vereinten Nationen bei der Nichtverteidigung der bosnischen ›Schutzzone‹ Srebrenica im Juli 1995. Vgl. Fn. 837.

Abb. 9. Der General und Vizepräsident Manuel Gutiérrez Mellado bleibt im Anzug in leicht kavalierhafter Haltung (rechts) vor den uniformierten Putschisten stehen, während beinahe alle Parlamentarier unter den Klapptischen verschwunden sind.

Die Brauchbarkeit des Ehrgefühls fällt gerade und zumeist in Fällen auf, in denen es sich Unrecht aktiv entgegenstellt.[765] BOWMAN sieht durch die Macht des Ehrgefühls eines der vier Flugzeuge am 11. September 2001 in Shanksville, Pennsylvania abstürzen. Die Milliardeninvestitionen in westliche Sicherheitstechnik interpretiert er als Preis für das verloren gegangene Vertrauen in ein ungebeugtes Rückgrad und unterbreitet den Vorschlag,

»[...] to pay less attention to making airport security so tight that a nail file or a cigar cutter is confiscated as a potential weapon, and more attention to the response people are encouraged to make to any potential airline hijacking. *The passivity of the crews and passengers on three of the four jets hijacked on September 11 was characteristic of post-honor society.*«[766]

765 S.u. S. 162.

766 Bowman (2006), S. 310 [eig. Hervorh.].

Exkurs: Grundriss des Ehrgefühls in systematischer Absicht

Aus ideen- wie begriffsgeschichtlicher Perspektive wirft die Unterstellung *einer* Ehre ein transformatorisches Problem auf. Nicht nur der Gefühlsbegriff ist uneinheitlich, geschichtlich und zeitbedingt,[767] sondern auch der Ehrbegriff. Wie lässt sich da semantische Grobkörnigkeit rechtfertigen?[768] Es gibt drei mögliche Antworten: (a) Aristoteles' Konzeption einer politischen Wissenschaft, die aufgrund ihrer *unbeständigen* Gegenstände Unschärfe im Fragen und Behandeln zulassen muss.[769] (b) Es entspricht gängigen Forschungsgewohnheiten, die eine Ehre zu unterstellen,[770] obschon bislang niemandem eine zufriedenstellende Definition der Ehre gelungen ist.[771] Martin DINGES vergleicht die Ehre gar mit dem Ungeheuer von Loch Ness: »Es gibt Zeitgenossen, die dieses Tier ganz bestimmt gesehen haben, aber selten erfährt man Genaueres.«[772] (c) Begriffliche Unschärfe lässt sich durch gewinnbringende Erkenntnisse rechtfertigen. Mittels einheitlicher Begriffsbildung durch die Sprachentwicklung hindurchzugreifen, muss nicht schädlich, sondern kann für das philosophische Durchdringen produktiv sein.[773]

Die Ergebnisse eines solchen Vorgehens seien hier exkursorisch ausgebreitet. Der Grundriss des Ehrgefühls müsste in mindestens vier konzentrischen Kreisen gezeichnet werden. Wer über Ehre schreibt, rekurriert auf genau einen von vier Kreisen: *die Ehre des Einzelnen, die Ehre der Gruppe, die Ehre des Staates oder die Ehre der Menschheit.*

---

767 Vgl. Fn. 388.

768 Zum Problem der Depräzision beim Gefühlsbegriff und aus Sicht der politischen Theorie dafür votierend: Heidenreich (2012), S. 9 (Anm. 1) u. 19 (Anm. 13). Den Auftrag der politischen Theorie für die Erforschung der Gefühle fasst er methodisch denkbar offen. Die Wissenschaft solle den Gefühlen einen »Reflexionsraum« ermöglichen: »Die Politische Theorie der Emotionen verhält sich dann zur *politics of emotions* wie die Theologie zum Glauben: thematisierend, zivilisierend, reflektierend, kritisch.« Ebd., S. 11. Gegen begriffliche Unschärfe sprechen sich aus: Burkhart (2006), S. 26f.; Dixon (2003), S. 16, 109ff., 233 u. 242ff.; Fitzgerald (2008), S. 2ff.

769 Ihre Gegenstände sind für Aristoteles das Gute, Schöne, Edle und Gerechte. Vgl. EN 1094 b8ff.; 1095 a14 u. b5. Diese Gegenstände seien keineswegs beständig. Ihre *Unbeständigkeit* mache es erforderlich, »in groben Umrissen das Richtige anzudeuten«. 1094 b19.

770 Methodisch in Form der Prämisse *eines* Ehrenkodex: Fn. 161.

771 Vgl. Aschmann (2010), S. 27. Ähnlich: Speitkamp (2010), S. 19.

772 Dinges (1989), S. 409.

773 S.o. 92ff.

Wenn Thukydides Alkibiades einer ›privaten‹ *philotimia* bezichtigt und dieser sogar die Schuld am Untergang Athens gibt[774] oder wenn Sallust die *ambitio mala* für den Untergang der Republik verantwortlich macht,[775] indiziert dies den Konflikt zwischen erstem und dritten Kreis. Wenn die Ehre des *oikos*, der Familie, des Standes, der Zünfte, Phratrien oder Verbände bemüht wird, betrifft das den zweiten Kreis.[776] Gerade die Bande zwischen

---

774 Für die politische Elite nach Perikles, der Ehre für die *polis* (dritter Kreis) ersehnt habe, gelte: »Sie aber taten von allem das Gegenteil und rissen außerdem aus persönlichem Ehrgeiz und zu persönlichem Gewinn den ganzen Staat in Unternehmungen, die mit dem Krieg ohne Zusammenhang schienen und die [...] eher einzelnen Bürgern Ehre und Vorteil brachten, im Fehlschlag aber die Stadt für den Krieg schwächten.« Thukydides II. 65, 7 [Übers. Landmann].

Alkibiades habe die sizilische Expedition aus privater *philotimia* betrieben. Thukydides sieht in seiner Pferdezucht allen Ernstes einen Grund für den Angriff auf Sizilien, ja sogar einen »der Hauptgründe für den Untergang Athens«. Vgl. Ebd., VI. 15, 3. Zur Deutung: Fn. 808; Hornblower (1991), S. 342f.

»[...] hoffte dadurch Sizilien zu erobern [...] und für sich selbst zugleich, wenn er Erfolg habe, Geld und Ruhm zu gewinnen. Denn hoch angesehen in der Stadt, frönte er großen Leidenschaften über sein Vermögen mit den Pferden, die er hielt, und sonstigem Aufwand.« Thukydides VI. 15, 2. Nikias' Rede ist von derselben Überzeugung getragen (VI. 12, 2).

Zur Assoziation von Reichtum mit *hybris*: Isokrates: Rede über den Frieden [VIII], 119; Fisher (1992), S. 213ff.; Bernhardt (2003), S. 62ff.; Stein-Hölkeskamp (1989), S. 111; Jordović (2005), S. 146–148 (mit Anm. 89). Erst im neuzeitlichen Denken bringt Reichtum nicht *hybris*, sondern depolitisierendes Unternehmertum hervor. Vgl. Hirschman (1987), S. 131.

775 Die *ambitio mala* verführe Menschen zur Politik, »denen der persönliche Erfolg alles und das Wohl der *res publica* wenig bedeutete.« Vgl. Malitz (1975), S. 62. Rom steuere als singuläre Begierde »ungeheuren Ruhm und ehrbaren Reichtum« an. Zit. n.: Augustinus: Der Gottesstaat V. 12 [Übers. Perl]. Letztere Wendung verweist allerdings überrestartig darauf, dass Reichtum gerade bei machtfernen Autoren nicht nur verunehrt.

776 Zum *oikos*: Hölkeskamp (1989), S. 160 (Anm. 31). Zum *oikos* als *juristischer Person*: Barta (2011a), S. 572 (Anm. 3748). Zur Standesehre: Speitkamp (2010), S. 92ff. u. 176f.; Simmel (1989), S. 189. Neugebauers Beobachtungen zur mangelnden Loyalität der Aristokratie in Preußen führen dazu, dass er nicht von einem »preußischen Adel«, sondern von einem »Adel in Preußen« schreiben will. Vgl. Neugebauer (2001), S. 50 u. 56. Der Adel transzendiert die territorialen Bindungen, was ihn in Konflikt mit dem dritten Kreis bringt. Ähnlich resistent verhält sich der Adel im frühen 20. Jahrhundert beim Loyalitätswechsel vom Kaiser auf die Nation (Treueschwur): Wrede/Carl (2007), S. 18. Bei Paul Freiherr von Schoenaich, der über Nacht zum Demokraten mutiert und dafür aus Offiziersvereinigungen ausgeschlossen, des Eidbruches und der Fahnenflucht bezichtigt wird, geraten beispielhaft der zweite und dritte Kreis aneinander:

oikos und Einzelnen (wie auch die Beziehungen zwischen den *oikoi*) werden über Ehrengeschenke festgezogen und stiften überzeitliche »Nahverhältnisse«. [777] Mit der »Pflege *außerpolitischer* Bindungen von Mensch zu Mensch«[778] hat das nichts zu tun. Die semantische Gleichwertigkeit von ›Treue‹ und ›Ehre‹ mag eine Erfindung der mittelalterlichen Politik sein,[779] die Verkörperungen der Ehre sollen den Nehmer auf den Geber verpflichten. Der homerische Adel benutzt die Ehren zur *politischen* Beziehungspflege – um als *body politic* vor Troia gemeinsame Interessen durchzusetzen. Im normativen Idealfall stiften die Geschenke beim Geehrten ›Liebe‹,[780] im schlimmsten Fall ist es *vice versa* und die Ehrung bindet den Ehrenden an den Geehrten, d.h. – paradoxerweise – *den Geber an den Nehmer*.[781]

Conze (2007), S. 367f. u. 373. Zu Zünften: Fn. 1009. Zu Verbänden: Krug (1965). Sollten nach diesem Modell etwa Familien- und Standesehre in Konflikt kommen, muss der Kreis weiter ausdifferenziert werden.

777 Vgl. Wagner-Hasel (2000), S. 130. Zur bindenden Kraft dieser Gaben: Ebd., S. 81ff., 109–111, 127–130 u. 167. Sie begreift Ehre nicht als Macht, sondern als »Grundlagen des Systems der Rekrutierung von Diensten und Gaben«. Ebd., S. 168. Zum Aspekt der Zeitlosigkeit: »Es geht bei der Darreichung von Erinnerungsgaben also nicht nur um das Knüpfen von Beziehungen zwischen Individuen, sondern es werden auch die nicht anwesenden oder zukünftigen Familienmitglieder einbezogen.« Ebd., S. 109. Der klassischen Zeit ist das dann als Käuflichkeit verdächtig: »Wer es sich zur Gewohnheit gemacht hat [...] Kleidungsstücke, Bronzegegenstände, verarbeitetes Gold oder sonst irgend etwas Käufliches zu bringen [...] erweckt bei mir allzusehr den Eindruck, nicht ein Geschenk, sondern ein Handelsgeschäft zu machen.« Isokrates: Rede an Nikokles [II], 1. Zur Bindungsdynamik in Rom: Jehne (1995), S. 55; Drexler (1967), S. 456; Stolle (1999), S. 20ff., S. 18f.

778 Vgl. Strasburger (1969), S. 115 [eig. Hervorh.].

779 Zur Kollokation ab Mitte des 14. Jahrhunderts, bis die ›fürstliche Ehre‹ den lehnsherrischen ›Trewe‹-Schwur kannibalisiert und selbst neuzeitlich wiederum von der ›nationalen Ehre‹ abgelöst wird: Moeglin (1995), S. 80; Weber (1998), S. 73; Wechsler (1991), S. 397; Dinges (1994), S. 147; Speitkamp (2010), S. 122ff. u. 157; Burkhart (2006), S. 90ff. u. 106ff. Zur Entwicklungsgeschichte ständischer Ehre: Ebd., S. 28ff. Zur Zielrichtung dieser Entwicklungen: »Integraler Bestandteil dieser Nationsidee in Deutschland ist, daß Bürgertum und Adel in ihr harmonisch zusammengeführt werden. Die Synthese der Ehrsemantiken: der ständischen, adelig dominierten Ehre einerseits, der ›inneren‹ Bürgerehre [...] andererseits«. Dörner (1994), S. 84. Kritisch zur empirischen Wirkung des ›Nationalgefühls‹: Langewiesche (2012), S. 196ff. u. 207.

780 Vgl. Aristoteles: Rhetorik 1381 b22.

781 Dass die Gabe den Nehmer verpflichtet (*do ut des*), gehört nicht selten in den Bereich der Ethik. Vgl. Hesiod: Werke und Tage 349; Thukydides II. 40. Aristoteles erläutert mit sophistischen, dennoch nicht falsifizierbaren Argumenten, wie der Geber mit Geschenken statt des Nehmers einzig *sich selbst* (dem Nehmer gegenüber) verpflichtet:

Die *polis* rezentriert (bzw. extendiert) das Ehrgefühl des Einzelnen auf die *polis*.[782] JAEGER betont, dass diese Transformation historisch nicht vom ersten in den dritten, sondern vom zweiten in den dritten Kreis verlaufen sei: »Wenn früher der Sieg nur das Geschlecht des Siegers berühmt machte, so diente er zu den Zeiten wachsenden Solidaritätsgefühls der ganzen Bürgerschaft *ad maiorem patriae gloriam*.«[783] Mandeville berichtet aus erster Hand von der Rezentrierung der Ehre auf den Staat:

»Nachdem aber allen Drachen die Flügel abgehauen, die Riesen umgebracht und die schönen Fräuleins allerorts in Freiheit gesetzt waren – einige wenige in Spanien und Italien ausgenommen, die noch von ihren Ungeheuern gefangen gehalten blieben –, nachdem, wie gesagt, dies alles geschehen, ist die Ritterwürde, mit der der alte Ehrbegriff verbunden war, für einige Zeit beiseite gelegt worden. [...] so ward das Ehrenprinzip im Anfang des letzten Jahrhunderts gänzlich umgeschmolzen und ein neuer Ehrbegriff geschaffen.«[784]

Diderot weist die *extensio* des Ehrgefühls ausdrücklich dem Gesetzgeber zu – es klingt nicht zufällig wie eine Paraphrase von Plutarchs Lykurg-Beschreibung:[785]

»Der Gesetzgeber wird das Gefühl der Ehre wecken [...], den Wunsch, geehrt zu sein, ja besondere Ehrungen zu erfahren. Dies ist eine notwendige Triebfeder aller Regierungen; *doch wird der Gesetzgeber dafür sorgen, daß dieses Gefühl wie in Sparta und*

Aristoteles: EN 1124 b12; 1167 b33; 1168 a4. Ähnlich argumentiert Thukydides, wenn es um die Bindungskraft der Ehre geht: statt Dankbarkeit ernte der Ehrende die *hybris* des Geehrten. Vgl. Fn. 1406 u. 1866. Eine Untersuchung zur Verpflichtungskraft von Pompeius' Gaben versucht die Hypothese gar historisch belegbar zu machen: »Die so genannten *amici inferiores*, die Tribune und Legaten, hätten mit Pompeius verbunden sein müssen, weil sie ihm ein *beneficium* geleistet bzw. eines von ihm empfangen hatten. Es zeigte sich jedoch, dass dieser punktuelle Leistungsaustausch in der überwiegenden Mehrheit der Fälle gar keine längerfristigen *amicitia*-Bindungen hervorrief. Die anzunehmenden sozialen Beziehungen wurden im Gegenteil bald beendet und verkehrten sich z.T. sogar in Gegnerschaft, wenn die eigenen, sachlichen Interessen beider Seiten mit der sozialen Konvention kollidierten.« Dingmann (2007), S. 335. Ähnliches beklagt Caesar: Raaflaub (1974), S. 120.

782 S.u. S. 191.

783 Jaeger (1936), S. 151.

784 Mandeville (1957), S. 194. Auch diese Erläuterungen sind in den Kontext gesetzgeberischer und politischer Aufgaben gesetzt. »Ich möchte nicht, daß jemand, der über den niedrigen Ursprung der Ehre nachdenkt, sich darüber beklagt, betrogen und von schlauen Politikern eingefangen worden zu sein.« Ebd., S. 196.

785 Vgl. Fn. 194.

Rom mit dem Geist der Gemeinschaft verknüpft ist und daß der auf seine eigene Ehre und seinen eigenen Ruhm bedachte Staatsbürger, wenn möglich, noch mehr auf die Ehre und den Ruhm seines Vaterlandes bedacht ist.«[786]

Die Bindungskraft zwischen *polis* und Bürgern besitzt viele Namen: ›Treue‹, ›Loyalität‹,[787] ›Dankbarkeit‹,[788] ›Gunst‹,[789] ›Liebe‹. Aristoteles rät Tyrannen wegen der Bindungskräfte, Ehrungen persönlich vorzunehmen und Bestrafungen an Dritte abzudelegieren.[790] Demosthenes will nicht aus Eitelkeit durch das Volk (und nicht vom Rat) bekränzt werden, sondern aufgrund der Kohäsionskräfte. Er will das Treueband von sich zum Volk knüpfen.[791] Die Namen der Geehrten werden in Marmor geschlagen, damit – wie es in einem Ehrendekret aus Thomis unverblümt heißt – »durch die öffentlich bekundete Dankbarkeit des Volkes auch die anderen Bürger zu stärkerer Betätigung ihrer Vaterlandsliebe angespornt werden.«[792] Die *polis* wickelt die Gefühlsstränge des Einzelnen um die Ehre des Staatswesens – den dritten Kreis.

---

786 Art. »Gesetzgeber (Politik)«, in: Enzyklopädie. Band IX [1765]. Zit. n.: Diderot (1961), S. 272f. [Übers. v. Theodor Lücke; eig. Hervorh.]. Zu staatstheoretischen Überlegungen zum Ehrgefühl: s.o. S. 82ff.; Fn. 481f.

787 Vgl. Vogt (1997), S. 265; Wiedenmann (2008), S. 39ff.; Buschmann/Murr (2008); Weber (1998), S. 97. Weber begreift die Bindungskräfte der nationalsozialistischen Ehrungen als eine Ursache für fehlenden Widerstand gegen Hitler. Vogt betrachtet das Ehrungsverbot der Weimarer Verfassung als eine Ursache für die fehlende Bindung zwischen Bürger und Staat: Vogt (1997), S. 251.

788 Vgl. Fn. 895. Am Weitesten in der Konzeption gediehen: Speitkamp (2010), S. 244ff.

789 »So freuen sie sich, wenn sie von den Mächtigen geehrt werden, in der Hoffnung, sie würden, wenn sie etwas bedürften, es von ihnen erlangen. Also freuen sie sich an der Ehre als einem Zeichen späterer Gunst.« Aristoteles: EN 1159 a21. Auch: Fn. 794.

790 Vgl. Aristoteles: Politik 1315 a3f.

791 Vgl. Brüggenbrock (2006), S. 280 (Anm. 240). Zur Frage, ob Öffentlichkeit allgemein konstitutiv für die Bindungsenergien ist: Speitkamp (2010), S. 17 [bejahend: »Ehre entsteht in der Kommunikation, sie wird durch Sprache, Gesten, Symbole und Dinge vorgeführt und ausgehandelt. Sie ist insofern nur vor einer Öffentlichkeit denkbar«]; Sterchi (2005), S. 243 [bejahend am Beispiel des Ritterschlags]; Ferla (1996), S. 42 [verneinend am Modell der Symposien, die gewillt seien, »Konventionen zu etablieren, die denen der restlichen Gemeinschaft fundamental entgegengesetzt sind.«]; Vogt (1997), S. 309 [verneinend am Beispiel der DDR-Staatssicherheit, die verdienstvolle Mitglieder für besonders »schwere Aufgaben« unter Ausschluss der Öffentlichkeit ehrt].

792 Wie Fn. 895.

Da diese Loyalitäts- und Treuepolitik aktiv auch von anderen *poleis* und sogar von den Persern[793] vorangetrieben wird, bilden sich sakralrechtliche Verfahren zur Abwicklung der Bindungsenergien heraus. In Athen müssen Bürger die Ehrenkränze anderer *poleis* Athene ›weihen‹. Aischines erläutert den Sinn des eigentümlichen Rituals: »weil der Kranz von auswärts kommt, deshalb wird er für heiliges Gut erklärt, damit Niemand die Gunst bei Auswärtigen höher achte als sein Vaterland und dadurch unzuverlässiger in seiner Gesinnung werde.«[794] Die Ehrung, die Treueverhältnisse zu Feinden wie Sparta stiften könnte, wird sozialverträglich an die Götterwelt entsorgt.

Die Unterteilung des Ehrgefühls in konzentrische Kreise bildet den zentralen Einwand gegen die geschichtsphilosophische Prämisse, dass der Gewaltvorrang des Staates die Bedeutung der Ehre beseitigen müsse.[795] Ein derartiger Grundriß umgeht auch das Problem holzschnittartiger Bewertungen des Ehrgeizes,[796] wie sie STOLLES Gefühlsgeschichte der römischen Republik durchkreuzen. Die eigennützige *ambitio* wird dort gegen eine gemeinwohlorientierte *invidia* ausgespielt.[797] Während die *ambitio* als Vertreter des *amor privatus* erscheint, wird *individia* zur treibenden Kraft des *bien commun*.[798] Aber Ehrgeiz muss sich nicht auf die eigene Person be-

793 Der Großkönig versucht, Athen zu einem antipeloponnesischen Bündnis umzustimmen, indem er Ehren anbietet. Vgl. Isokrates: Panegyrikos [IV], 94.

794 Vgl. Aischines: Gegen Ktesiphon [3], 46 [Übers. nach Benseler].

795 S.o. S. 25ff.

796 »Bei ihrer äußeren Politik ist die eine Triebfeder der persönliche Ehrgeiz [...]. Der Erfolg einer Unternehmung bringt den Einzelpersönlichkeiten in höherem Grade Ehre [...], der Mißerfolg fällt allein dem ganzen Staate zur Last. [...] Nicht mehr die Ehre der Polis ist das Primäre, sondern der Anspruch des Einzelindividuums macht sich selbstsüchtig breit«. Bender (1938), S. 75.

797 Vgl. Stolle (1999), S. 16, 19, 73, 77, 113 (Anm. 8) u. 201. Zur Genealogie dieser Vorstellung: Fn. 1496.

798 Ebd., S. 44f., 58 [»Triebfeder für die übrigen Senatoren, die jeweiligen Antragsteller zu unterstützen, war ihre *invidia*; sie sahen die Standesgleichheit und damit ihre eigene Stellung bedroht.«] u. 151. Die Schwäche dieser *psychomachia* ist ihre Frontstellung. Empirisch laufen Menschen grundsätzlich nicht mit nur einem Gefühl herum. Während Stolle den Magistraten den Ehrgeiz (*ambitio*) und den Senat den Brutkasten des Neides (*invidia*) zuweist, kommen ihr mit der historischen Wirklichkeit ehrgeizige Senatoren und neidische Magistrate in die Quere (Ebd., S. 151). Die Lehre aus ihrer Studie ist, Gefühlsgeschichte nie einseitig zu gruppieren und dann gegeneinander auszuspielen. Gefühle sind unter Menschen im Zweifel eben auf beiden Seiten zu finden.

schränken, sondern kann sich auf den Staat erstrecken, wie Sallust es für Rom anerkennt.[799]

Den antiken *poleis* gelingt es in erstaunlicher Weise, die Ehrliebe in produktive und zivilisierte Bahnen zu lenken, die nicht »systemsprengend, sondern systemerhaltend wirkte[n].«[800] Helden streben nach Ehre,[801] aber um dieses Ziel zu erreichen, müssen sie den Umweg über den dritten Kreis, die *polis*, nehmen.[802] Wer dies unterlässt und im ersten Kreis verbleibt, wird kritisiert.[803] Dazu gehören auch die Ehrliebenden, die eine chronisch defizitäre Verwaltung unterhalten, nur um für sich selbst Ehre abzuernten.[804] Die *philotimia* kann übermäßig sein, solange sie den dritten Kreis nicht erreicht und nichts zum Gemeinwohl beiträgt.[805]

Gerade die Rezentrierung auf den Staat macht die Unterscheidung allerdings mitunter schwer, ob der Einzelne für die Ehre des Staates oder nur für seine eigene kämpft. Wer vermag eindeutig zu bestimmen, ob Louis XIV.' *›L'état c'est moi‹*, *›nec pluribus impar‹* oder Kaiser Karl V.' *›plus oultre‹* in den ersten oder dritten Kreis gehören? Thukydides will Perikles' *philotimia* im dritten und Alkibiades' Ehrliebe im ersten Kreis verorten. Er legt Alkibiades eine erstklassige Rechtfertigung seiner *philotimia* in den Mund, welche die Stadt nichts koste, sondern ihr nur nütze:

---

799 Vgl. Fn. 775.

800 Vgl. Till (2003), S. 153 [über Rom]. Für Griechenland: Alexiou (1995), S. 5 u. 49. Aus moderner Sicht: Vogt (1997), S. 224; Speitkamp (2010), S. 146, 156 u. 176.

801 »Ehrgeizige und großartige Menschen [...] sind weit mehr um ihren Ruhm bemüht [...] und setzen alles daran, eine unsterbliche Erinnerung an ihre Person zu hinterlassen.« Isokrates: Euagoras [IX], 3.

802 »Denn der Großartige macht keine Ausgaben für sich selbst, sondern für die Gemeinschaft, und die Geschenke haben eine Ähnlichkeit mit Weihegaben.« Aristoteles: EN 1123 a4.

803 »Schon oft hat mich bei denen, die unsere Festversammlungen eingeführt und die sportlichen Wettkämpfe begründet haben, dieses erstaunt: Sie meinten, unsere körperlichen Vorzüge verdienten so große Auszeichnungen, während sie all denen, die sich in Eigeninitiative für das Gemeinwohl eingesetzt und ihre geistigen Fähigkeiten auch zum Nutzen für andere ausgebildet haben, keinerlei Anerkennung zukommen ließen.« Isokrates: Panegyrikos [IV], 1.

804 Vgl. Isokrates: Rede des Nikokles oder Rede an die Zyprioten [3], 20.

805 Alexiou behauptet dagegen, Isokrates' *philotimia* setze die Gesetz des Maßhaltens außer Kraft. Vgl. Alexiou (1995), S. 130 u. 205 (Anm. 151). Das behauptet Isokrates zwar vordergründig (vgl. Isokrates: Rede an Philipp [V], 135), aber würde Philipp seine Ehre in sportlichen Wettkämpfen statt in der Verteidigung der Ehre Griechenlands suchen, wäre Isokrates der erste, der die Unersättlichkeit seines Begehrens angeprangert hätte.

»Worob nämlich mein Name in aller Munde ist, das trägt meinen Vorfahren und mir Ruhm ein, und der Vaterstadt sogar auch Nutzen. Denn die Hellenen hielten Athen, über all seine Macht hinaus, für noch größer wegen meines glanzvollen Auftretens als Festbote in Olympia, nachdem sie eine armgekämpfte Stadt erwartet hatten, weil ich sieben Wagen ins Rennen schickte, so viele wie kein einfacher Bürger je zuvor, und Sieger wurde und Zweiter und Vierter [...] So ist diese Torheit nicht überflüssig, wenn einer auf eigne Kosten nicht bloß sich selbst, sondern auch der Stadt Vorteil schafft. Es ist auch kein Unrecht, wenn einer, der von sich selber groß denkt, sich nicht mit allen gleichstellt, [...] Ich weiß aber, daß solche Männer, alle, die sich irgendwie leuchtend hervortaten, in ihrem eignen Leben Anstoß erregen – am meisten bei ihresgleichen [...] aber was von ihnen bleibt, ist Anspruch späterer Menschen, mit ihnen verwandt zu sein, auch solcher, die es nicht sind, und Stolz der Stadt, aus der sie stammen.«[806]

Alkibiades will Athen größer und glanzvoller machen. Er krönt seine *polis* und selbst die Nachkommenden wollen sich mit ihm verwandt fühlen.[807] Ein Zerrbild, gewiss, aber das Urteil über Alkibiades vermag zu zeigen, wie Perikles betrachtet worden wäre, hätte er sich gegen seine Gegner nicht durchsetzen können. Alkibiades »ganz überbürgerliche[n] Lebensführung«, maßgeblich seine Vorliebe für Pferde,[808] schreckt die Athener immer wieder – »als wolle er Tyrann werden«.[809] Seine Pferde belegen bei den olympischen Spielen (in einem Rennen) den ersten, zweiten und vierten Platz. In Olympia werden aber nicht nur Sieger, sondern auch ihre Heimatstädte geehrt.[810] Herolde rufen den Namen der siegreichen Athleten und den Namen ihrer *poleis* aus,[811] die im Sockel der Ehrenstatue zusammengefügt werden.[812] Wie Siege Gaben der Götter sind,[813] sind die Sieger Gaben

806 Thukydides VI. 16, 1–6 [Übers. Landmann].

807 Dagegen fragt Appiah an: »Wenn jemand durch sein Handeln meinem Land Ehre macht, ist nur schwer einzusehen, warum ich – im Unterschied zu meinem lobenswerten Landsmann – deshalb Achtung verdienen sollte.« Appiah (2011), S. 109.

808 Zur Verbindung von Persern und Pferden: Hutzfeldt (1999), S. 17; Scheidel (2002), S. 488f.

809 Vgl. Thukydides VI. 15, 4 [Übers. Landmann]. Zur Etymologie von *tyrannis* aus dem Lydischen (*tûran*): Fadinger (1993), S. 307; Girardet (2005), S. 164–167; Youni (2001), S. 130.

810 Isokrates: Über das Pferdegespann [XVI], 32.

811 Vgl. Blech (1982), S. 110f.; Bentz/Mann (2001), S. 225, 238, 240 (»weil jeder Sieg eines Athleten unbestritten auch ein Sieg seiner Polis war.«). Zu Olympioniken als heimlichen Botschaftern ihrer *poleis*: Raubitschek (1980), S. 1.

812 Vgl. Flaig (2010), S. 362.

ihrer *polis*.[814] Oder wie Isokrates es formuliert: »Unser Land kann Männer hervorbringen, die besser sind als alle anderen«.[815]

Hätte ein festgefahrener Machtkampf gerade Perikles nicht jenen Vorwurf eingetragen, den Sokrates' Ankläger gegen Alkibiades und Kritias erheben: »die ehrgeizigsten von allen Athenern, sie wollten, daß alles durch sie geschehe und daß sie den berühmtesten Namen von allen trügen.«[816] Nicht nur Alkibiades,[817] auch Perikles versucht, seinen Namen mittels Bauprogramm (Parthenon) und Gesetzgebung (Diätenzahlungen) unsterblich zu machen. Auch Perikles werden Tyrannisabsichten unterstellt[818] und die Luft aus »the pushing politician of the 460s and 450s« entweicht erst in der historischen Rückschau.[819] Platon wirft ihm vor, nach Art eines schlechten

813 Vgl. Burkert (1977), S. 120; Veyne (1992), S. 242; Sehlmeyer (1999), S. 163; Till (2003), S. 26–29, 34, 43f., 85 (Fn. 335), 111, 112 (Fn. 124) u. 195. Sulla habe mit der Verehrung der *felicitas* »streng genommen nicht seiner Sieghaftigkeit ein bleibendes Andenken setzen wollen, sondern der Gottheit, die in ihm wirkte.« Behr (1993), S. 142f.

814 Das Verhältnis ist zunächst offenbar identisch. Athen kommt nicht zufällig von der Göttin Athene: Stein-Hölkeskamp (1989), S. 150f. [Peisistratos befestigt ihren Kult]. Peisistratos' Konkurrent Kimon huldigt Theseus (Fn. 1068). Zum Ausgang des Machtkampfes: Kimon vermacht seinen zweiten olympischen Sieg zwar Peisistratos. Als er dessen Nachkommen beim dritten Sieg in Olympia dieselbe Aushändigung von Ehren verweigert, richten die ihn kurzerhand hin. Vgl. Herodot VI. 103, 2. Dazu: Seibert (1979), S. 14f.; Stahl (1987), S. 119f.

815 Isokrates: Rede über den Frieden [VIII], 94.

816 Xenophon: Erinnerungen an Sokrates I. 2, 14 [Übers. Jaerisch].

817 Alkibiades will alle Rekorde brechen und »der Bewunderung der Sieger zu seiner Zeit ein Ende« setzen, weil er »keine Möglichkeit gelassen hatte, ihn zu übertreffen.« Vgl. Isokrates: Über das Pferdegespann [XVI], 34. Er will also *der Maßstab* sein. Irgendetwas muss er damit erschüttert haben, denn noch sechzig Jahre später verleiht Athen keine goldenen Ehrenkränze: »Die fehlende Bekränzung eines Atheners läßt sich nicht allein als eine Überlieferungslücke begreifen, vielmehr muß es mit den politischen Erfahrungen des vorausgegangenen Jahrzehntes und der wachen Eifersucht des Demos erklärt werden, die jeder herausragenden Stellung im Staate die offizielle Bestätigung durch eine Auszeichnung zu versagen suchte.« Blech (1982), S. 156.
Aus diesem Bestreben lässt sich ermessen, dass *philotimia* keine Norm im eigentlichen Sinne ist, sondern dass die Norm gerade darin besteht, die *Norm zu übertreffen* (das *telos* ist das Außergewöhnliche) – also kein »normgerechtes Handeln« – vgl. Brüggenbrock (2006), S. 235 –, sondern normkonstitutives.

818 Vgl. Jordović (2005), S. 135ff.; Grütter (1997), S. 124.

819 »But in most respects it is hard to see what was so ›new‹ or different about Pericles' successors, especially if they are compared not with Pericles the senior statesman but with Pericles the pushing politician of the 460s and 450s.« Hornblower (1991), S. 346.

Bäckermeisters »die Stadt angefüllt [zu haben, Anm. P.R.] mit Häfen und Werften und Mauern und Zöllen und derartigem Quatsch«.[820]

Urteile über gescheiterte Gestalten als eigennützig und habgierig, während die Gewalten, die den »Staat zu repräsentieren scheinen, [...] aus ›politischen‹ Motiven« gehandelt haben sollen,[821] sind zumindest fragwürdig. Diderot hält es für eine gefühlspolitische[822] Frage, das Ehrgefühl mit der »Liebe zum Vaterland« zu verkuppeln, um sich in der *psychomachia* gegen den ersten Kreis durchzusetzen.[823]

Aus humanistischer Sicht hat Julien BENDA eingewendet, was es einzuwenden gibt: dass der Kampf gegen privaten Egoismus blind machen kann dafür, im Dienste nur weitaus größerer Egoismen zu stehen – wie dem der Familie, der *polis* oder des Nationalstaates.[824] Der dritte Kreis ist daher nicht der äußerste.[825] Auf den vierten stößt APPIAH durch die Vivisektion einer Anomalie in Gestalt des Soldaten Ian Fishback. Der scheint das Ehrgefühl, das Soldaten für gewöhnlich in gehobenem Maße während der Ausbildung eingetrichtert wird,[826] naturrechtlich zu verstehen. Statt Ehre relational auf seine Gruppe zu beziehen, die ›Verräter‹ wie ihn gemeinhin ächtet und ausstößt,[827] bezieht er sie auf die Menschheit und vermag den Bruch der Genfer Konventionen als ›unehrenhaft‹ zu empfin-

---

820 Vgl. Platon: Gorgias 518b-519a [Übers. Dalfen]. Bei Isokrates wird Athen zur Entertainment-Industrie, »für ihre Besucher die ganze Zeit über ein Ort der Feste«. Vgl. Isokrates: Panegyrikos [IV], 46. Zum Hafen und Handel: Ebd. 42.

821 Vgl. Brunner (1984), S. 4f.

822 Unter Gefühlspolitik sei der politische Umgang mit Gefühlen, nicht romantische oder sentimentale Politik verstanden (s.o. S. 88f.): »Affektive Empfindungen und Einstellungen sind hier nicht Motive, sondern Ressourcen, Werkzeuge und Objekte politischen Handelns.« Frevert (2012), S. 16. Frevert verengt den Begriff allerdings zu sehr auf die Kommunikationsbeziehung zwischen Politikern und »Stimmvolk« (Ebd., S. 18).

823 »Ist das Gefühl der Ehre von der Liebe zum Vaterland getrennt, so kann es die Staatsbürger wohl zu großen Leistungen für das Vaterland befähigen, sie aber nicht miteinander verbinden; [...] das Interesse des Staates wird zuweilen der Ehre eines einzigen Staatsbürgers geopfert«. Diderot (1961), S. 273.

824 Vgl. Benda (1983), S. 30, 58, 63 u. 81.

825 Vgl. die Appelle an ›die Griechen‹ als fester rhetorischer Figur: Aristoteles: Rhetorik 1397 b26.

826 Vgl. Bowman (2006), S. 37.

827 Vgl. Ebd., S. 4 u. 24.

den.[828] In diesen Kreis dürften retrospektiv betrachtet – entgegen aller Beteuerungen zur Ehre Deutschlands[829] – auch die Bemühungen der Attentäter des 20. Juli 1944 fallen, die »Um der Ehre willen«[830] die Schande ihrer Regierung nicht länger (körperlich) ›tragen‹ wollen.[831] Das Epigramm des Ehrenmals im Bendlerblock zeugt von der Kraft eines menschenrechtlich extensivierbaren Ehrgefühls,[832] das »das große Zeichen der Umkehr«[833] gab. Weit davon entfernt, sanfte Regung zu sein, detoniert dieses gebeutelte Gefühl am 20. Juli 1944 im Schwarzpulvergroll unter einem massiven Holztisch in der Wolfsschanze. Die epigrammatische Interpretation ist nicht retrograd ins Material hineingelesen.[834] Die Attentäter selbst sind in

828 Vgl. Appiah (2011), S. 213–215. Fishbacks Brief an Senator McCain, der den Schutz der Menschenrechte einklagt, trägt den Titel »A Matter of Honor«. Vgl. Ebd., S. 252 (Anm. 17).

829 Dagegen die Interpretation Fetschers, die Attentäter hätten nach Maßgabe eines nationalen Ehrgefühls gehandelt: Fetscher (1991), S. 16. Zur Begründung meiner These, vgl. Text zu Fn. 836.

830 Vgl. Dönhoff (1994).

831 Die von Edwin Redslob gedichteten Zeilen lauten (in Kapitalis): »Ihr trugt / die Schande nicht. / Ihr wehrtet Euch. / Ihr gabt / das große / ewig wache / Zeichen der Umkehr. / Opfernd / Euer heisses Leben. / Für Freiheit, / Recht und Ehre.«

832 Vgl. Fetscher (1991), S. 16. Fetscher beharrt darauf, die Ehre sei »nicht einfach ein altmodischer Luxus, auf den man in einer modernen, pluralistischen Gesellschaft [...] verzichten könnte.« Ebd., S. 15f. Ohne Bezug oder Verweis auf Stauffenberg, aber mit derselben Intention: Appiah (2011), S. 48, 56 u. 177. Appiah legt dar, dass die Verteidiger der Humanität »eines Gefühls für Ehre« bedürfen, um »etwas zu unternehmen, wenn andere auf der eigenen Seite niederträchtige Dinge tun«. Vgl. Ebd., S. 220. Auch Bowman drängt darauf, »to reinvent a usable form of honor consistent with Western and especially American prejudices«. Vgl. Bowman (2006), S. 307.

833 Wie Fn. 831.

834 »Die absolute Gehorsamsverpflichtung, wie sie von den Nazis propagiert wurde, war mit wirklicher Ehre unvereinbar. Der Widerstand, den die Männer des 20. Juli geleistet haben, dürfte nicht zuletzt auch darauf zurückzuführen sein, daß sie das Gefühl für die Ehre des Soldaten und des Angehörigen einer herausgehobenen Führungsschicht bewahrt hatten, das die Naziführung weithin zu zerstören bemüht war. Sie blieben ihrer eigenen Ehre treu, indem sie versuchten, die geschändete Ehre der Wehrmacht durch eine mutige Tat wiederherzustellen. Auch wenn sie wußten, daß ihr Aufstandsversuch scheitern konnte, fühlten sie sich verpflichtet, das Wagnis einzugehen, weil schon der Versuch ein Beitrag zur Rettung jener Ehre sein würde, deren Verlust sie stärker traf als der Tod.« Fetscher (1991), S. 6f. Schoeps sieht darin »eine Ehrenrettung des anderen Preußens.« Vgl. Schoeps (1951), S. 7. Zur Frage, ob die Attentäter einen Eid brechen (und dadurch ehrlos werden): Salewski (2005), S. 179.

der Lage, ihr Ehrgefühl als treibenden Akteur zu benennen.[835] Auf dieser emotionalen Grundlage *wahren* sie das Recht – nur eben nicht Landes- oder Staats-, sondern Menschenrecht.[836]

Die Verpflichtung auf den dritten, statt auf den vierten Kreis vermag womöglich auch Licht auf das erklärungsbedürftige Versagen des Ehrgefühls der UN-Soldaten in Potočari bei Srebrenica zu werfen.[837] Statt ihre Ehre in der Verteidigung des vierten Kreises zu suchen, blieb ihr Ehrgefühl auf die holländische Flagge eingeengt.

4. Ehre und Recht

Die rechtliche Limitierung der Ehre

Medaillen, Orden, Titel und Ämter lassen sich unerschöpflich stiften, pressen, giessen oder drucken.[838] In der antiken Maxime, Ehre zu erweisen, wem Ehre gebühre,[839] kommt die Vorstellung von *limited goods* gar nicht erst auf. Ehre gehört zwar für Aristoteles (wie das Geld) zur Klasse der »umkämpften Güter[n]«,[840] aber ist sie als Ressource endlich?

Desymbolisierbare Ehren sind zumindest keine *limited goods*. Staatsbegräbnisse oder Helmbüsche, zumal wenn sie, wie in Athen, aus Pferdehaaren verarbeitet werden,[841] wären jederzeit für alle attischen Bürger

---

835 Die Konfirmationsrede von Henning von Tresckow im April 1943 dokumentiert die Spaltung zwischen *service* für den Staat bzw. preußischer Unterordnungstugend einerseits und totaler Schande, moralischem Ruin und Preisgabe preußischer Superiorität andererseits. Vgl. Münkler (2009), S. 287.

836 Die Attentäter dürften den Augenblick erfahren haben, den Kohler als höhere Form der Rache konzipiert, »wo sich der Einzelne als de[r] Vollstrecker einer ganzen Allgemeinheit erkennt«. Vgl. Kohler (1883), S. 74.

837 Die Erklärungsbedürftigkeit betonte Münkler im Rahmen einer Podiumsdiskussion, s. Ruch (2010).

838 Von Napoleon soll ein Ausspruch stammen, der nicht gerade davon zeugt, dass er die Knappheit der Ehren als Bedingung des reibungslosen Funktionierens verstanden hätte: »Geben Sie mir genügend Medaillen, und ich gewinne Ihnen jeden Krieg«. Weber (1998), S. 97 (Anm. 77).

839 Vgl. Demosthenes: Gegen Leptines [20], 5; Aristoteles: EN 1130 b31; 1131 a25.

840 Vgl. EN 1169 a20.

841 Vgl. Sophokles: Antigone V. 116.

denk- und herstellbar. Ein *peak honor,*[842] bei dem die Verbrauchsmenge die Fördermenge übersteigt, existiert bei desymbolisierbaren Ehren nicht. Aber auch die Rohstoffe der desymbolisierungsresistenten Ehren sind nicht immer *limited goods.* Selbst wenn Statuen aus den kostbarsten Edelmetallen gearbeitet werden – dass eine Ehrung aufgrund von Rohstoffknappheit abgesagt werden musste, davon ist nicht einmal im Kriegsfall die Rede.[843] Sind kriegserbeutete Frauen wie Chryseis oder Bryseis knappe Güter im engeren Sinne?[844] Als Achilles bei Patroklos' Leichenagon dem Zweitplatzierten Antilochos den Preis entreißen will, um ihn dem Letztplatzierten zu schenken, verrät Antilochos etwas über die Ehrenressourcen, das der Vorstellung einer knappen Gütermenge zuwiderläuft:

»Tut er dir aber so leid und hast du so lieb ihn gewonnen, / Wohl, *so gibt es doch Gold genug und Erz in dem Zelte, / Vieh und Mägde gibt es genug und stampfende Rosse. /* Nimm doch davon und gib ihm sogar einen höheren Kampfpreis.«[845]

Antilochos sagt also, dass im Zelt nebenan genug von alledem einlagert, was Achilles ihm wegnehmen will. Soll er sich doch dort bedienen. Die Annahme, dass in der politischen *natura* Ehrenverkörperungen wie Goldkränze, Vieh oder Ländereien nicht allzu knapp vorhanden sind und durch Krieg, Revolution oder Tod kontinuierlich verfügbar gemacht werden, erscheint jedenfalls nicht abwegig.

Nicht nur an den Verkörperungen der Ehre mangelt es nicht. Auch die Gelegenheiten, Ehre zu erwerben, sind kaum spärlicher gesät. Neben den klassischen Agonalstätten Olympia, Delphi, Nemea und Korinth werden Wettkämpfe veranstaltet, um die Toten zu ehren, Bräute zu erstreiten, Gäste zu empfangen oder vor Gericht das geradeste Urteil zu fällen.[846] Es

---

842 Der Terminus *peak oil* von Marion King Hubbert bezeichnet den Zeitpunkt, an dem die Fördermenge des Erdöls ihren globalen Höhepunkt erreicht und daraufhin – aufgrund von Ressourcenknappheit – abnimmt.

843 Im Ausnahmezustand des armenischen Winters verlegt sich Xenophons Armee höchstens darauf, die Kränze aus Heu zu flechten. Vgl. Xenophon: Anabasis IV. 5, 33.

844 Diese Hypothese vertritt: Brüggenbrock (2006), S. 46.

845 Il. XXIII. 548 [Übers. Rupé; eig. Hervorh.]. Anders sieht das Ulf: »dass die Zahl von Luxusgütern trotz des Bemühens, eine reiche und prächtige Welt darzustellen, generell niedrig ist.« Ulf (2011), S. 269.

846 Vgl. Fn. 611f. u. 1579; Flaig (2010), S. 358 u. 363; Stahl (2003), S. 56; Stein-Hölkeskamp (1989), S. 49f., 118ff.

wimmelt nur so von Okkasionen für Jäger der (verlorenen) Ehre. Auf einem Krug aus Ton prangt die älteste erhaltene griechische Inschrift: »Wer jetzt von allen Tänzern am anmutigsten tanzt, der soll dies bekommen!«[847]

Die *poleis* schreiben alle staatlichen Dienstleistungen als Ehrenaufträge aus, für deren Erbringung ›große Ehren‹ in Form von Siegespreisen, Goldkränzen oder Prämienzahlungen winken.[848] Regierende Politiker oder Privatmänner stiften Preisgelder, für die Kopfgeldjäger in einen agonalen Überbietungswettstreit treten. Die Ehren sind *das* Betriebsmittel des Politischen. Diese Ehren können desymbolisierbar sein, wenn die Auftragsnehmer dafür Infrastruktur bauen, Rüstungsgüter liefern, Theaterstücke finanzieren oder öffentliche Projekte (*leitourgia*) organisieren.[849] Aber je schwieriger der Auftrag und je größer die Gefahr, desto desymbolisierungsresistenter werden verständlicherweise die Ehren.[850] Hektor verspricht für die griechische Feindaufklärung den prunkvollen Wagen von Achilles.[851] Die Troer versprechen Aeneas ein Stück Land, wenn er Achilles tötet.[852] Die Euboier, bedrängt vom persischen Heer, versprechen Themistokles dreißig Silbertalente, wenn er die Griechen zum Kampf

847 Vgl. Pfohl (1980), S. 9.

848 Vgl. Isokrates: Rede an Philipp [V], 145; Rede an Nikokles [II], 11, 13; Aristoteles: Rhetorik 1388 b12–22; Finley (1986), S. 52f. Für die Neuzeit: Coffey (2007), S. 230f.; Powis (1986), S. 37. Deshalb schreibt Augustinus: »Diesem Laster also haben die Römer nicht nur nicht widerstanden, sie meinten vielmehr, es anregen und entflammen zu müssen, im Glauben, es sei dem Staate nützlich.« Augustinus: Der Gottesstaat V. 13 [Übers. Perl]. Vgl. dazu: Till (2003), S. 152; Sehlmeyer (1999), S. 276. Zum Zusammenhang von Wohltaten und Ehren: Fn. 472.

849 Vgl. Frost (1981), S. 37; Sehlmeyer (1999), S. 249 [Rettung des Staates als Privatauftrag]; Aristoteles: EN 1122 b20 [Weihgeschenke, Zurüstungen, Opfer, Götterkulte, Theateraufführungen, Kriegsschiffe, Volksspeisung]; Veyne (1992), S. 191ff. [*epidoseis*]. Dazu: Aristoteles: EN 1119 b21ff.; 1120 a32–b3; 1121 a5 u. b16ff.; Rhetorik 1366 b8; Herodot VI. 122 [Kallias]; Thukydides VI. 16 [Alkibiades]; Isokrates: Über das Pferdegespann [XVI], 34ff.

850 In Rom erhalten getötete Diplomaten Ehrenstatuen auf dem Forum (*in rostris*). Vgl. Sehlmeyers (1999), S. 66. Griechische Gesandtschaften seien dagegen für den Erfolg geehrt worden. Vgl. Ebd., S. 279 (Anm. 33). Montesquieu sieht dagegen wachsende Desymbolisierungsresistenz als ein Zeichen der Staatsdekadenz: »Nach einer allgemeinen Regel sind große Belohnungen in Monarchien und Republiken Zeichen ihrer Dekadenz [...]. Auf der einen Seite besitzt die Idee der Ehre nicht mehr so viel Kraft, auf der anderen Seite ist der Bürgersinn schwächer geworden.« Montesquieu: Vom Geist der Gesetze V. 18 [Übers. Weigand].

851 Vgl. Il. X. 322ff.

852 Vgl. Il. XX. 184.

überredet.[853] Perikles lobt Pensionen für Angehörige von Gefallenen aus, um Nachzügler zu animieren.[854] Bei Sophokles wirft Kreon einem Wächter, den er als Täter verdächtigt, vor: »für Silber gabst du deine Seele hin.«[855] Aus »Hoffnung auf / Gewinn« habe er Polyneikes bestattet.[856]

Xenophons Simonides glaubt, dass durch Belohnungen jedes Problem gelöst werden könne.[857] Für Demosthenes müssen Städte mit Ehre entlohnen.[858] Wo keine »öffentlichen Ehren« locken, existiere keine Ehrliebe, schreibt Cicero.[859] Ohne die *philotimoi* lägen zentrale staatliche Aufgaben brach. Das reicht bis zur Eintreibung von Strafen und Zöllen.[860] Eine Gesetzesinschrift aus dem frühen 3. Jahrhundert v. Chr. verspricht ein Talent Silber und zwei Drachmen täglich, sowie allerlei Ehrungen (Bronzestatue, Speisung, Ehrenplatz) für die Tötung von Tyrannenanwärtern.[861]

Belohnungsgelder stehen auf die Ermittlung, Fahndung und Anklage von Verbrechen.[862] Auf dem Schildbild von Achilles werden zwei Talente Gold für das beste Gerichtsurteil ausgelobt.[863] Gerade die Strafwahrscheinlichkeit ist in archaischer Zeit weniger »eine Frage des Vergeltungswillens der Öffentlichkeit«,[864] als von elementaren Belohnungssummen.

853 Vgl. Herodot VIII. 5.

854 Vgl. Fn. 509.

855 Vgl. Sophokles: Antigone V. 322 [Übers. Willige].

856 Vgl. Ebd., 221f.

857 Xenophon: Hieron IX. 4ff.

858 Vgl. Demosthenes: Gegen Leptines [20], 71.

859 »[S]ie ließen sich nicht von Ruhmsucht [*gloriae cupiditate*] hinreißen, einfach deshalb nicht, weil es dort, wo es keine öffentlichen Ehren [*honos publice*] gibt, auch keine Ruhmsucht [*gloriae cupiditas*] geben kann; kein Streit, kein Ehrgeiz [*ambitione*] entzweite sie«. Vgl. Cicero: Über das Siedlergesetz II. 91 [Übers. Kasten].

860 Zölle werden an Privatpersonen ›verpachtet‹, die die geschätzten Steuereinnahmen vorstrecken und selbst eintreiben. Vgl. Demandt (1995), S. 224. Zum privaten Eintreiben von Bußgeldern (immerhin von einem Trierarchen): Demosthenes: Gegen Evergus und Mnesibulus [47], 49ff.

861 Vgl. Youni (2001), S. 131; Ober (2003), S. 226. Tyrannis ist in vielen *poleis* ein Straftatbestand: Fn. 925. Für Athen: Ruschenbusch (2010), S. 77; Pfohl (1980), S. 115.

862 Zur Fahndung: Krause (2004), S. 62; Rubinstein (2000), S. 97. Bei der Anklage (Popularklagen) durch Beteiligung am Bußgeld: Brodersen (1992), S. 92.

863 Vgl. Fn. 1579.

864 Vgl. Ruschenbusch (2005), S. 81. »Doch solange der Staat sich damit begnügte, lediglich bei Straftaten, die die Existenz des Staates und somit die leidenschaftliche Erregung der Bürger hervorriefen, die Atimie zu verhängen, konnte er mit einem Vollzug der Strafe rechnen.« Ebd. Auch wenn es der Überlegung wert ist, Rachegefühle (»Vergeltungswillen der Öffentlichkeit«) als Erfüllungsgehilfen des archaischen Straf-

Der Strafvollzug wird nicht durch die Ehrliebe, sondern durch die Züchtung der *Geldliebe* gesichert (Kopfgelder, Belohnungen, Prämien, Vermögensbeteiligungen).[865] Eine Marmorbasis aus Milet stellt nicht nur formal die Verbannung mehrerer Bürger fest – darunter der Sohn eines gewissen Nympharetos mitsamt Nachkommen (Familienhaftung) –, sondern verspricht auch feierlich,

»[...] wer einen von diesen tötet, soll einhundert Statere erhalten aus dem Vermögen des Nympharetos. Die Epimenioi [...], unter denen (diejenigen) auftreten {oder: vorstellig werden}, welche die Tötung ausgeführt haben, sollen den Geld(-betrag) auszahlen, sonst sollen sie selbst (den Betrag) schulden. Wenn die Stadt (die Verbannten) in ihre Gewalt bekommt, sollen sie töten lassen die Epimenioi, unter denen sie ergriffen worden sind. Wenn sie sie nicht töten lassen, sollen sie jeder fünfzig Statere schulden; der (leitende) Epimenios soll, wenn er (dies) nicht (zur Entscheidung) vorlegt, hundert Statere schulden.«[866]

Die Inschrift schreibt eine Prämie für den Strafvollzug aus, regelt sogar deren Herkunft – aus dem konfiszierten Vermögen des Entehrten – und antizipiert nicht nur den gesetzlichen Ungehorsam der Monatsbeamten (*epimenioi*), sondern denkt auch deren Bestrafung gleich mit.[867] Andere Prämien geben eine gegen Ladungsungehorsam gerichtete, äußerst sinnvolle Abstufung zu erkennen; auf den Kopf von Diagoros setzt Athen ein Talent für seine Tötung, aber zwei Talente für seine Gefangennahme aus.[868]

Die Voraussetzungen für die Limitierung der Ehre liegen weder in den Rohstoffen selbst, noch in den Anlässen, sie zu gewinnen, *sondern in ihrer rechtlichen Regulierung.* Nicht ihre Endlichkeit macht Ehrenvorkommen zu *limited goods*, sondern die An- bzw. Vor-Rechte auf sie. Bei den desymbolisierbaren Ehren ist das auffallender – alle Athener hätten ein ›Adelspatent‹ erhalten oder ins Staatsgrab geworfen werden können. Aber dies gilt in hohem Maße auch für die desymbolisierungsresistenten Verkörpe-

---

rechts zu denken, so blendet Ruschenbusch doch die Macht der Belohnungsgelder vollständig aus.

865 Vgl. Fn. 443 u. 453.

866 Vgl. Brodersen (1992), S. 29.

867 Über die Strafandrohungen für Beamte: »the normal incentive applied to them was the stick rather than the carrot [...] With a few notable exceptions [...], it seems that the ›stick incentive‹ on its own represented the preferred method of making an official or board of officials overcome any personal fear of retaliation by the debtor or his associates, be it in the form of physical violence or litigation.« Rubinstein (2010), S. 202.

868 Vgl. Seibert (1979), S. 76f. Andere Fälle: Herodot VII. 213 [Ephialtes].

rungen der Ehre. Zwar können nicht alle Athener täglich an der Speisung im Prytaneion teilnehmen,[869] da die Lebensmittelvorräte schnell aufgegessen wären, aber doch einige. Nicht alle Akteure können Ländereien oder Frauen erhalten, aber doch mehr.

Um eine Ehre wie die Speisung auf Staatskosten zum Ereignis zu machen, darf sie: (a) nicht käuflich, (b) nicht bedingungslos und (c) nicht für alle oder viele Menschen verfügbar sein. Die Ehren müssen nichtkäuflich bzw. unbezahlbar gemacht werden. Dazu müssen Vorschriften oder Gesetze erlassen werden, die (b) die Bedingungen festlegen, unter denen die Ehre zugänglich wird und (c) alle anderen davon aussperren. Um die Schlussfolgerung in ihrer Tragweite zu entwickeln, soll die Frage anders gestellt werden: Was geschieht, wenn die Bediensteten den sardischen Teppich betreten und sich angewöhnen, auf ihm durch die Hallen zu schlendern? Was ist damit gemeint, dass nur der persische König die sardischen Teppiche betreten *darf*?

Wie jede Vorschrift sind auch die zur Ehre ein Einfallstor für Transgressionen und Missachtungen. Die Übertretung »folgt der Norm wie ein Schatten.«[870] Die *Unverschämten*[871] flechten sich eigenmächtig einen Kranz aus Efeu – der nicht gerade knapp wächst –, verweigern Begrüßungsrituale und treten auf den sardischen Teppich. Jeder kann seinen Schuh auf den Teppich des Königs stellen. Aber kein Perser darf sich der Illusion hingeben, damit nur auf den Teppich und nicht auf die staatliche Ordnung zu treten.[872] Die Übertretung einer räumlichen Grenze im königlichen Palast verletzt nicht nur eine Anordnung oder die Ehre eines Ein-

869 Vgl. Fn. 184.

870 Vgl. Hahn (2002), S. 452. Wie Hahn nachweist, ist ein politisches Handeln, das danach trachtet, Transgression generell zu unterbinden, zum Scheitern verurteilt. Durch restriktivere Vorschriften werden höchstens Toleranzschwellen gesenkt. Allerdings bleibt bei ihm ungesehen, dass es politischen Entscheidungsträgern in der Regel nicht um die Drosselung der Transgression, sondern um die der Häufigkeit (Verbrechensfrequenz) geht.

871 Elias definiert das Schamgefühl (»oberflächlich betrachtet«) als: »eine Angst vor der sozialen Degradierung, oder, allgemeiner gesagt, vor den Überlegenheitsgesten Anderer«. Vgl. Elias (1990), S. 397.

872 Das ›Zeremoniell‹ hatte nicht zu allen Zeiten dispositiven Charakter, wie am 21. September 1949, als Adenauer das Besatzungsstatut der Alliierten entgegennimmt: »Adenauer verließ den ihm zugewiesenen Platz, trat auf den den Hohen Kommissaren vorbehaltenen Teppich und beseitigte so die diskriminierende zeremonielle Schranke.« Vgl. Hartmann (1990), S. 109.

zelnen, sondern schnell die des ganzen Staates (oder Gottes). Aischylos schildert genau diesen Fall als Verletzung göttlicher Ehre. Agamemnon zögert, seinen Fuß nach *barbarischem Recht* auf ein Purpurfell zu setzen:

»Auch sonst beschenk mich nicht, als wäre ich ein Weib, / mit Prunk, auch grüß mich nicht, *nach Weise [dikē] der Barbaren, / hin in den Staub gestreckt, lauthals, mit offnem Munde,* / und lenke nicht durch Breiten von Gewändern *Neid* / auf meinen Weg! Nur Götter soll man derart ehren! / *Auf bunte Prachtgewebe kann ich meinen Fuß / als Sterblicher, nicht ohne tiefe Sorge setzen.* / Erweise Achtung mir als Menschen, nicht als Gott!«[873]

Weil er als Geehrter aber gezwungen ist, den Teppich zu betreten, zieht Agamemnon vor lauter Bedenken die Schuhe aus. Er will nicht die mörderische Missgunst eines Gottes erregen.

Gesetze müssen Besitz- und Zugangsrechte der Ehrenverkörperungen regeln und limitieren. Der Anspruch auf einen Ehrensitz bei einer griechischen Theateraufführung, bei der Herolde den Namen des Geehrten ausrufen (*prohedrie*), ist ein solches *Recht.*[874] Wer in Rom die *corona civica* für eine Rettung trägt, genießt das Recht, bei Spielen im Rang der Senatoren zu sitzen.[875] Die Eichenblätter, aus denen der Kranz (*corona*) besteht, wachsen nicht nur im hintersten Teil Asiens. Jeder könnte sich einen solchen Kranz flechten und aufsetzen. Jeder könnte einem Botschafter den Weg abschneiden. Jeder könnte sich zuoberst auf die Siegertreppe stellen. Jeder könnte sich eine Motorrad-Eskorte anmieten. Genau deshalb müssen Rechtsfolgen die Exklusivität der Verkörperung der Ehre besichern. Was jenen zustößt, die den Schmuck anlegen, »den allein die vom Feldherrn wegen Tapferkeit Geehrten anlegen dürfen«,[876] verraten die Quellen in der Regel nicht. Hinter den Formulierungen des ›Dürfens‹ kann aber die *gesetzliche Besicherung der Ehren* erkannt und herausgearbeitet werden. Die Verletzung des Vortrittsrechts ist noch in der Neuzeit mittels Injurien- und Insubordinationsklagen justiziabel.

Die Ehren zirkulieren durchgängig in Form von Rechten: gerichtliche Bevorzugung (*prodikia*),[877] Besitzrechte,[878] Steuerbefreiung (*ateleia*),[879]

873 Aischylos: Agamemnon V. 918ff. [Übers. Ebener; eig. Hervorh.].

874 Vgl. Stein-Hölkeskamp (1989), S. 126 (Anm. 11); Schmitt (1993), S. 145.

875 Vgl. Till (2003), S. 64 u. 189–191; Sehlmeyer (1999), S. 234.

876 Vgl. Polybios VI. 39 [Übers. Drexler].

877 Vgl. Schmitt (1993), S. 145. Zu Kroisos' Bevorzugung in Delphi: Fn. 1634.

878 Vgl. Brodersen (1992), S. 122 u. 137.

Monopolrechte, Jagdrechte, Luxusrechte, Wappen- oder Waffenrechte (›Bannerrecht‹),[880] Adels- und Ritterpatente.[881] Selbst das Verleihen der Bürgerrechte gehört dazu. Eine Stele am Südhang der Akropolis ehrt einen gewissen Acheloion und seine *lineage*:

»Wenn jemand den Acheloion tötet oder einen seiner Söhne im Gebiet einer der Städte, welche die Athener beherrschen, soll die Stadt fünf Talente Buße zahlen *wie wenn ein Athener getötet worden ist.* Die Klage soll in Athen erfolgen in derselben Weise, wie wenn ein Athener getötet worden ist.«[882]

Acheloions Familie wird damit derselbe Rechtsschutz wie attischen Bürgern verliehen. Bei seiner Tötung wird Schadensersatz fällig. Gerichtsort ist Athen. Die *honneurs du Louvre* können das Gemeinte vielleicht am besten illustrieren. Diese Ehren erlauben es dem Geehrten, mit der Kutsche im Innenhof des Louvre vorzufahren.[883] Das Vor- oder Zugangsrecht, mit dem hälftig oder ganz bezahlt wird, bezieht sich auch hier auf die Gratifikation mit Sichtbarkeit und Vorrangigkeit.

Auch das Recht auf eine Ehrenstatue vermag die These zu untermauern. Wenngleich private Statuensetzungen auf Friedhöfen oder in Tempeln ein anderes Bild Griechenlands vermitteln: »Die Auszeichnung einzelner Personen durch eine Bildnisstatue war eine Praxis, die in der egalitären Gesellschaft Athens eine extreme Ausnahmestellung bedeutete und darum höchst umstritten war.«[884] Die bis 393 v. Chr. einzige Statue im Machtzentrum Athens ehrt die Tyrannen(bruder)töter von Hipparchos.[885] Erst danach wird Konon mit zwei Statuen (auf Agora und Akropolis) geehrt.[886]

---

879 Vgl. Inschrift der Manes-Stele aus Kyzikos: Ebd., S. 10.

880 Das Bannerrecht ist eine Gewaltlizenz. Der entsprechend Geehrte kann eine fünfzigköpfige Streitmacht unter seinem Banner aufstellen und führen. Vgl. Keen (1991), S. 256.

881 Vgl. Ebd., S. 223. Zu Adelszugehörigkeitsverzeichnissen: Kloosterhuis (2006), Sp. 80f.

882 Brodersen (1992), S. 41 [eig. Hervorh.]. Auch: Ebd., S. 60 u. 95.

883 Vgl. Roth (1981), S. 198.

884 Vgl. Hölscher (2010a), S. 142. »Zwar waren Heroenkulte weit verbreitet, aber die kultische Verehrung von – in unserem Sinne – ›historischen‹ Personen hielt sich in engen Grenzen.« Bentz/Mann (2001), S. 237. Zur Abgrenzung der Kulte untereinander: Barta (2010), S. 303ff.

885 In Athen herrscht Hippias, der erst vier Jahre nach dem Tod seines Bruders durch eine spartanische Intervention gestürzt wird. Die exilierten Alkmeoniden erbauen nach zwei gescheiterten Interventionen in Delphi den zerstörten Apollon-Tempel in neuem Glanz. Die Spartaner werden wiederum von Delphi zur Intervention gebracht. Vgl.

Das Gewohnheitsrecht auf Ehrenstatuen ist bislang nur für Rom untersucht.[887] Das Recht auf ein Bildnis (*ius imaginis*) ist dort exakt geregelt und streng limitiert.[888] Statuen bedürfen eines Senatsbeschlusses.[889] Dennoch sind private Statuensetzungen gegen das Anmieten des öffentlichen Bodens an der Tagesordnung.[890] Widerrechtlich aufgestellte Bildnisse, denen die Legalität durch Volks- oder Senatsbeschluss fehlt, werden mindestens zweimal, 179 u. 158 v. Chr., großflächig von den Ehrenfeldern abgeräumt.[891]

Als Caesar das zerstörte Siegerdenkmal von Marius in einer Nacht- und Nebelaktion auf dem Kapitol mitsamt Bildsäulen und Siegesgöttinnen aus Gold restaurieren lässt, reagieren die Bürger folgendermaßen: »Staunen erfaßte die Bürger ob der Dreistigkeit des Stifters (man wußte ja, wer es war), und schnell durcheilte die Kunde die Stadt und lockte jung und alt zu dem Anblick.«[892] In diesem Bruch mit dem Gewohnheitsrecht ist bereits Caesars »Regierungskriminalität« angelegt.[893]

Auch die Portiken des Augustus-Forums halten nach dem Ende der römischen Republik eine limitierte Anzahl Plätze für einhundert Statuen

Herodot V. 62f. Zur Erinnerungspolitik: Schubert (2012), S. 52ff.; Boehringer (1996), S. 49.

886 Nur sieben weitere Statuen folgen überhaupt: für Iphikrates, Chabrias, Timotheos, Solon, Kallias, Diphilos und Demades. Vgl. Sehlmeyer (1999), S. 1999, S. 23ff. Zur Ehrungstopographie: Boehringer (1996), S. 50.

887 Vgl. Erkelenz (2003), S. 67, 69, 73 (Anm. 23) u. 78. Er geht gar von strafrechtlicher Immunität aus, die die Ehrenstatuen garantieren sollen. Vgl. Ebd., S. 71 (mit Anm. 17) u. 80.

888 Vgl. Stolle (1999), S. 19 u. 121f.

889 Vgl. Sehlmeyer (1999), S. 157f.; Till (2003), S. 103 u. 180ff.

890 Vgl. Ebd., S. 157; Matthäus (1993), S. 173; Till (2003), S. 154 (Anm. 51).

891 Vgl. Sehlmeyer (1999), S. 154, 158 u. 177.

892 Plutarch: Caesar 6, 1–2 [Übers. Wuhrmann]. Zum Vorfall (allerdings apologetisch): Sehlmeyer (1999), S. 217, 227, 231, 235 u. 273 (Anm. 7).

893 Vgl. Girardet (2005), S. 170f. Zur Kriminalität: Libero (1992), S. 107. Jehne glaubt, dass der Ernstfall eines Marsches auf Rom nie antizipiert wurde. Einerseits unterstelle der Senat Caesar skrupellose Machtpolitik, aber als er tatsächlich die Entscheidungen trifft, die sie von ihm erwarten, sind die Senatoren unvorbereitet und entsetzt. Vgl. Jehne (2009), S. 98f. Till sieht in Caesar dagegen »einen außergewöhnlichen Beitrag zur Erhaltung der Republik«. Vgl. Till (2003), S. 207. Bei ihr erscheint Caesar immer erst am Ende einer langen Kette transgressiver Überbietungen (Ebd., S. 125 u. 147).

frei.[894] Die Plätze und Vergabekriterien für Ehrenstatuen sind immer rechtlich limitiert. Sie müssen es sein, damit die Verkörperungen der Ehre überhaupt begehrt werden. Mit anderen Worten: *nicht die Ressourcen der Ehre sind knapp, sondern der Rechtsanspruch auf sie.* Deshalb ist in einem Ehrendekret aus Tomis (3. Jahrhundert v. Chr.) von bedauerlicherweise nicht weiter ausgeführten Beschlüssen die Rede, deren Kraft durch Sichtbarkeit besichert werden soll:

»*Die Beschlüsse* aber und die Namen jener sollten auf einen Pfeiler aus Marmor aufgezeichnet und dieser da aufgestellt werden, wo jene es wünschen, damit durch die öffentlich bekundete Dankbarkeit des Volkes auch die anderen Bürger zu stärkerer Betätigung ihrer Vaterlandsliebe angespornt werden.«[895]

Griechische Ehrendekrete enthalten auch ungewöhnliche Regelungen. Um 335 v. Chr. wird in einem Dekret aus Erythrai verfügt, Sorge dafür zu tragen, die Statuen »frei von Rost« zu halten und an Neumond zu bekränzen.[896]

894 Vgl. Sehlmeyer (1999), S. 268. Die Tagespolitik sollte dort Inspiration schöpfen: »die Taten der dargestellten *summi viri* sollten sowohl dem Senat als auch den Prokonsuln zum Vorbild dienen.« Ebd., S. 270.

895 Janell (1906), S. 40 [eig. Hervorh.]. Beinahe wortgleich eine Inschrift aus Eretria aus dem 1. Jahrhundert v. Chr.: Chaniotis (2012), S. 13f.

896 Vgl. Janell (1906), S. 42. Die Sorge wird den Agoranomen überstellt. Zu möglichen Rechtsfolgen (anhand einer Atatürk-Büste), vgl. Fn. 2038.

III. Der Verlust der Ehre

1. Entehrungen im Staatsrecht

Die »Angst vor *deshonneur*«[897]

Rechtsfolgen generieren Gefühle und Verhalten. Die bisherige Untersuchung ergab, dass die Ehre wegen Rechtsfolgen begehrt und durch sie begrenzt wird. Rechtsfolgen sind die faktische Kraft des Normativen. Unnachahmlich stellt FLAIG die Evidenz der Trennlinie zwischen Freien und Sklaven heraus. Das »Klatschen« der Peitsche sei

> »[...] täglich im klassischen Athen zu hören, zusammen mit den Schmerzensschreien der Gepeinigten, inmitten der Polis, an einem zentralen Ort. Diese alltägliche Erfahrung schärfte allen ein, wo die politische Grenze verlief und was sie bedeutete.«[898]

Was bei FLAIG auf das Verhältnis von Freien und Sklaven beschränkt bleibt, gilt angesichts der staatsrechtlichen *Verlierbarkeit* der Ehre auch zwischen ehrenwerten Freien und Ehrlosen (*atimoi*).[899] Den Athenern frischt das Klatschen der Peitsche, ein Brandzeichen auf der Stirn oder ein abgeschnittenes Ohr das Bewusstsein um den Vollbesitz der eigenen Ehre auf. Nicht Kulturen disponieren Ehrgefühle, sondern ihr Recht.[900] Die Kreati-

---

897 Wie Fn. 152.

898 Vgl. Flaig (2001), S. 39. Zur Kritik an seiner Interpretation, vgl. Fn. 1082. Diese läßt aber die *evidentia* dieser unberührt. Dieses Klatschen gilt auch für Rom: 51 v. Chr. entzieht der Senat den Bürgern der von Caesar gegründeten Stadt Novum Comum das römische Bürgerrecht. Da gegen den Beschluss Veto eingelegt wird, lässt der Konsul als Zeichen der Rechtskräftigkeit des Beschlusses »einen sich in Rom aufhaltenden Bürger dieser Stadt auspeitschen und zu Caesar schicken.« Libero (1992), S. 44.

899 In homerischer Zeit handelt es sich eigentlich um *Verwirkbarkeit*, da das Verfahren erst auf eine begonnene Strafe folgt. S.u. S. 324f. Walter Burkert bestreitet die Verlierbarkeit irrtümlich für Athen (Fn. 1003).

900 S.o. S. 41ff.

vität des vormodernen Strafrechts, dessen Leitprinzip »Anschaulichkeit« lautet, ist dabei ein nicht zu unterschätzender Faktor:

»Nicht nach der Logarithmentafel [...] errechnete man das Strafmaß; was man anordnete, war vielmehr konkret, farbkräftig, auf den Einzelfall bezogen. *Anschaulichkeit war das oberste Prinzip* [...] Die Kluft zwischen Leben und Recht war noch nicht aufgerissen.«[901]

Wie KOHLER treffend bemerkt:

»[W]as die Peinigung im Punkte der Ehre betrifft, so ist das cultivirte Rechtsleben so exquisit gewesen, dass die kühnste Phantasie nicht genügen würde, alle die Quälgeister zu ersinnen, welche die Rechtsidee auf das unglückliche Haupt des Schuldners geladen hat.«[902]

Für das Heer der Gepeinigten, Gepeitschten, Enteigneten, Gekreuzigten oder Gepfählten ist der Verlust ihrer Ehre nicht Ausdruck einer Schamkultur, schon gar kein gekränkter Narzissmus, frustrierter Ehrgeiz[903] oder eine kollektive Fata Morgana. Die Entehrung ist ein peitschender, körperlich spürbarer Rechtsakt.

Rechtsfolgen stellen den Schlüssel zur Aufklärung der emotionalen Wirksamkeit der Ehre dar. Hinter der Empfindlichkeit für die Ehre verbirgt sich, neben den juristischen Annehmlichkeiten und abgesehen vom Gewaltpotenzial,[904] die Furcht vor den Konsequenzen ihres Verlustes. Solange die Zeitgenossen die Steinigung, Totalwüstung oder soziale Exklusion derjenigen *sehen*, die die Ehre verlieren, haben sie allen Grund, ihre Achtsamkeit, Wahrnehmungskraft und Sensibilität in Ehrensachen zu steigern.

Die rechtlichen Folgen eines Ehrverlustes (*atimia*) sind uneinheitlich und in ihrer historischen Entwicklung, statt eines klar erkennbaren Musters

901 Vgl. Kramer (1957), S. 97 [eig. Hervorh.]. Zur memorierenden Funktion von Anschaulichkeit und Einprägsamkeit: Wagner-Hasel (2000), S. 74f. Schmitz sieht sogar die antike Komödie aus der strafrechtlichen Kreativität, dem *théatre de rue*, hervorgehen: Schmitz (2004), S. 282.

902 Kohler (1883), S. 18.

903 Nach neuzeitlichen Ansätzen bedingt der größere Ehrgeiz (nicht: die größere Ehrliebe) den größeren *horror infamia* und *vice versa*. Vgl. Dinges (1994), S. 154ff.; Sterchi (2005), S. 245.

904 Die positiven Rechtsfolgen handelte das letzte Kapitel ab. Zum Gewaltpotenzial: u. S. 211ff.

zu folgen, diskontinuierlich.[905] Unter der Strafe der *atimia* wird je nach Ort und Zeit die Derogation ganz unterschiedlicher Rechte verstanden; von der demonstrativen Beschämung in durchsichtigen Prostitutiertenkleidern über Partialwüstungen bis zu distinguierten Tötungsmethoden. Weil die Strafformen keinen unilinearer Entwicklungsverlauf nehmen, sondern sich diskontinuierlich entwickeln, seien die Derogationen typologisch herausgearbeitet. Sechs Rechte sind es, die *in und mit der Ehre* aberkannt werden können. Jedes Derogationsszenario muss ureigene Ängste vor *deshonneur* wecken. Aber alle sechs verleihen der ›Empfindlichkeit‹ oder ›Nervosität‹ um die Ehre eine andere Bedeutung.[906] Die Verlierbarkeit der im Folgenden aufgeführten Rechte stellt ein ansehnliches Motiv dar, seine Ehre zu wahren, zu verteidigen und unter keinen Umständen zu verlieren.

[1.] Das Recht auf Leben (Existenzrecht). Wird auf Todeswürdigkeit erkannt, ist der Körper des Betroffenen nach archaischem Denken ›erlaubt‹. Die Tötung geschieht dann »im Einklang mit den Gesetzen« (Aristoteles).[907] Die Angehörigen können keinen »Prozeß wegen Mordes« einleiten (Demosthenes).[908] Die Tötung des Ehrlosen stellt »keine strafbare Handlung« dar.[909]

---

905 Zu der im zweiten Teil entwickelten These, dass nicht der Gewaltabkauf (Lösegelder), sondern die Handelsverbote mit der Rache eine sekundäre Entwicklung darstellen, passt allerdings ins Bild, dass die *polis* bei der strafrechtlichen Entwicklung des Ehrverlustes (*atimia*) in der ersten Zeit ebenfalls eher durch Verschärfung auffällt. Der Verbrecher wird gesteinigt oder vom Felsen gestürzt, sein Haus niedergebrannt und die Vorfahren aus den Gräbern geworfen. Die Rechtsfolgen der *atimia* werden unter dem Einfluss der Staatsbildung im ausgehenden 7. Jahrhundert v. Chr. nicht milder, sondern – gerade unter den Bedingungen der Freund-Feind-Blockbildung im Wortsinn ›drakonisch‹. Vgl. Weber (2010), S. 161; Schmitz (2004), S. 371ff.; Latte (1920), S. 73ff.

Das Polisrecht versucht zunächst, die humaneren Zustände loszuwerden und durch den Griff ins Sakralrecht zum *nomos tyrannos* (Fn. 202) zu schmieden. S.u. S. 301ff.

906 S.u. S. 211.

907 Vgl. Aristoteles: Athenaion Politeia 57, 3. Gerechtfertigte Tötung wird seit archaischer Zeit im Delphinion, dem Tempel des Apollon Delphinios, verhandelt. Zur Verbindung von Delphinion mit Delphi: Barta (2011a), S. 167f. (Anm. 971). Mord wird vor dem Areopag verhandelt, unvorsätzliche Tötung kommt vor das Palladium: Scholten (2003), S. 202; Ruschenbusch (2005), S. 78. Der Ort wird möglicherweise im Rahmen einer Vorverhandlung entschieden: Latte (1933), Sp. 282.

908 Vgl. Demosthenes: Dritte Rede gegen Philipp [IX], 44 [Übers. Unte].

909 Ebd.

In klassischer Zeit wird die Todesstrafe staatlich vollzogen, etwa durch den *apotympanismos*: »Die Delinquenten wurden mit Eisenklammern an einem Holzpfahl fixiert und einem langsamen Tod durch Durst und Entkräftung anheimgegeben.«[910] Für Athen ist der Sprung in den Steinbruch westlich des Nymphenhügels (*barathron*) belegt, die attische Variante des Tarpejischen Felsens in Rom, wo die Ehrlosen an ihre rechtmäßigen Besitzer, die Götter, zurückgestürzt werden.[911] GEHRKE will Ächtungen als außenpolitisches Mittel zur Bestrafung abfallender *poleis* deuten, deren innenpolitische Nützlichkeit erst nach und nach entdeckt worden sei.[912] Eberhard RUSCHENBUSCH vertritt die plausiblere, entgegengesetzte These, wonach die Rechtsentwicklung den Weg vom konkreten Einzelfall zur Exklusion aus der »Völkerrechtsgemeinschaft« nahm.[913]

Gelingt dem Verbrecher die Flucht, gilt das als Widerstand gegen die Staatsgewalt und Behinderung der Justiz.[914] Die *poleis* ahnden Ladungsungehorsam, indem sie den Geflüchteten zum Staatsfeind erklären und seinen Namen öffentlich an bronzenen Stelen (*stēlitai*) anschlagen.[915] Dies dürfte den Anstiftern in Kerkyra widerfahren sein.[916] Nachdem Alkibiades

---

910 Krause (2004), S. 22. »Dies konnte mehrere Tage dauern, da die Verurteilten anders als die Gekreuzigten, deren Füße und Hände angenagelt wurden, keinen Blutverlust erlitten.« Eine andere Hypothese zur Todesursache vertritt Jacobs: »Der durch die eingeschränkte Atemtätigkeit herbeigeführte CO2-Überschuß bedingt ein Erstickungsgefühl und Angstzustände. Den Todeskampf begleitet u.U. Fieber, ausgelöst durch Schmerz und Trauma.« Jacobs (2009), S. 137.

911 Vgl. Aristophanes: Die Ritter 1362; Wolken 1450; Weiss (1923), S. 169; Seibert (1979), S. 18. Der Fels sei die ›Fortentwicklung‹ der Steinigung: Schmitz (2004), S. 398; Gehrke (1985), S. 251 (Anm. 6). Zum Tarpejischen Felsen: Bergemann (1992), S. 53, 57f. u. 63. Zur Deutung der Steinigung gibt es drei Hypothesen: [1.] Als fernwirksame Tötung, um Blutschuld zu verhindern. Vgl. Hentig (1954), S. 111. [2.] Als Fortentwicklung des Menschenopfers. Vgl. Danckert (1963), S. 24. Am Plausibelsten erscheint mir: [3.] Zur Prävention von Rache durch einen gemeinschaftlich vollzogenen Akt, so »daß alle sich an der Austreibung beteiligen und damit eine Zustimmung und Bereitschaft zur Verantwortung zu erkennen geben, die wohl geeignet war, die Verwandten des Täters von einer Hilfe abzuschrecken«. Vgl. Latte (1933), S. 279.

912 Vgl. Gehrke (1985), S. 209.

913 Vgl. Ruschenbusch (2005), S. 41 u. 47. Zum Begriff der »Völkerrechtsgemeinschaft«: Fn. 1832.

914 Vgl. Kohler (1883), S. 34.

915 Vgl. Demosthenes: Dritte Rede gegen Philipp [IX], 45; Thukydides I. 131.

916 Zumindest lässt die Beschreibung darauf schließen. Der attische General verlangt, dass die Versammlung zehn Männer als Hauptschuldige dem Gericht überantwortet, »Männer, die den Ort schon verlassen hatten, die übrigen sollten wohnen bleiben,

sich einen anderen Staat aussucht, prangt auch sein Name auf einer solchen Stele.[917]

Was leicht als Symbolpolitik missverstanden werden könnte, stellt einen Rechtsakt dar, mit dem das Todesurteil rechtskräftig wird.[918] Stelen sind ein »Mittel rechtlicher Publizität«,[919] die den Tötungsbefehl petrifizieren. Es gibt eine eindeutige Tötungspflicht: »›Als Ehrloser [*atimos*] soll er sterben.‹«[920] Wenn Leodamas aus dem Exil heraus die Tilgung seines Namens von einer Stele betreibt, motiviert ihn weniger Eitelkeit, als der Wille zur Selbsterhaltung.[921] Seinen Mördern sichert der Verweis auf die Stele innerhalb des gesamten Bündnisgebietes nicht nur strafrechtliche Immunität, sondern auch Kopfgeld.[922] Selbst staatliche ›Häscher‹ sind nachgewiesen.[923]

Die Tötung des Ehrlosen wird nicht selten feindrechtlich begründet. Gegen Arthmios wird auf der Akropolis in Athen um 460 v. Chr. eine Bronzesäule mit folgender Weisung errichtet:

Frieden schließen untereinander und einen Vertrag mit Athen, wonach sie alle Freundschaft und Feindschaft gemeinsam haben wollten.« Thukydides III. 75, 1 [Übers. Landmann]. Zehn Flüchtige werden also *in absentia* verurteilt, wobei ihre Absenz Beweis für ihre Schuldigkeit ist.

917 Vgl. Isokrates: Über das Pferdegespann [XVI], 9. Zum Hochverrat von Alkibiades: Thukydides VI. 89–92.

918 Die Säule sei »ein klarer Beweis für ein formales Verfahren.« Vgl. Schmitz (2004), S. 364. Zur Aufstellung der Stelen: Weiss (1923), S. 534; Seibert (1979), S. 17.

919 Vgl. Barta (2011a), S. 598 [dort über Schuldsteine]. Die Stelen transformieren sich im 4. Jahrhundert v. Chr. zu Steintafeln: »Die Vorsteher sollen die Namen der Geächteten auf eine steinerne Tafel aufzeichnen.« Janell (1906), S. 43. Frühneuzeitlich sind Bildnishinrichtungen (*executio in effigie*) belegt: Brückner (1966), S. 188ff. u. 262ff.

920 Demosthenes: Dritte Rede gegen Philipp [IX], 44 [eigene Übers.].

921 Vgl. Aristoteles: Rhetorik 1399 b33. Da Leodamas den Versuch einer Namenstilgung unternehmen kann, ist nicht auszuschließen, dass die Stelen nur auf Ladungsungehorsam wie im mittelalterlichen Recht zielen: »Die proscriptio macht den Reichsächter lediglich gerichtsunfähig und stellt zunächst mehr ein prozessuales Zwangsmittel dar. Erst nach Jahresfrist folgt bei Verharren im Ungehorsam die definitive Ex-lex-Stellung, die Aberacht als deutlicheres Strafmittel.« Brückner (1966), S. 198f., 218, 223 u. 262.

922 S.o. S. 162f.

923 Vgl. Seibert (1979), S. 367.

»Arthmios aus Zeleia, Sohn des Pythonax, Ehrloser und Feind [*atimos kai polemios*] des Volkes von Athen *und seiner Verbündeten,* er selbst und sein Geschlecht. [...] Weil er persisches Gold zur Peloponnes geschafft hat.«[924]

Diese Bronzesäule ›für‹ Arthmios erlaubt einen seltenen Blick auf die strafrechtliche Praxis. Die Wendung »er selbst und sein Geschlecht« deutet an, dass sich die Haftung auf die Familie erstreckt.[925] In den attischen Phratrien werden die Kinder zu Eidesleistungen hinzugezogen,[926] möglicherweise um diese Form der Haftungserweiterung bei schweren Verbrechen kontraktualistisch zu ermöglichen. Die Angehörigen können sich vom Täter losschwören, um einer Haftung zu entgehen.[927] Aus anderen Zeiten sind weitere denkwürdige Rechtsfolgen belegt. Da die Ächtung eine »Rechtlosigkeit an Leben und Gut« ist,[928] wird eine Ehefrau unabhängig von der Frage, ob ihr Mann physikalisch noch am Leben ist oder nicht, zur Witwe und die Kinder zu Halbwaisen erklärt;[929] Verwitwung und Verwaisung unehrenhalber.

Es gibt aber auch Hoffnung für den Verurteilten. Weil sich die Machtkoalitionen und Freund-/Feinddefinitionen verschieben, müssen in Athen mitunter für die neuen Bündnispartner »peinliche Stelen« weggeschafft werden.[930]

[2.] Der Schutz des Hauses (Hausfriedensrecht). Der Friedensbereich des Hauses ist sakralrechtlich durch Zeus geschützt, der in jedem *oikos* mit Altar ver-

---

924 Vgl. Demosthenes: Dritte Rede gegen Philipp [IX], 42 [Übers. u. Hervorh. P.R.]. Philipp von Makedonien zwingt Amphipolis dazu, zwei Bürger zu ächten: »und wenn sie irgendwo ergriffen werden, als Landesfeinde behandelt und ungestraft getötet werden dürfen; ihr Vermögen verfällt dem Staate«. Janell (1906), S. 43. Vgl. auch: Weiss (1923), S. 168f.; Worthington (1992), S. 309ff.; Youni (2001), S. 129; Gehrke (1985), S. 222 (Anm. 22f. u. 25).

925 Zur Existenz der Familienhaftung: »Wenn einer überführt wird, an die Tyrannen das Volk der Erythraier zu verraten, so soll er getötet werden, ohne daß dies gesetzlich geahndet wird, *und desgleichen auch dessen Kinder, sofern sich nicht der Nachweis erbringen läßt, daß dessen Kinder dem Volk der Erythraier und dem Volk der Athener gegenüber eine freundschaftliche und wohlgesinnte Haltung einnehmen.*« Brodersen (1992), S. 40 [eig. Hervorh.].

926 Vgl. Weiss (1923), S. 196.

927 Vgl. Ebd., S. 197. Für das französische Recht: Kohler (1883), S. 170.

928 Vgl. Danckert (1963), S. 12.

929 Vgl. Conrad (1954), S. 531.

930 Vgl. Pfohl (1980), S. 109.

ehrt wird.[931] Ohne Zustimmung des Eigentümers dürfen Fremde die Umfriedung des Hauses nicht übertreten.[932] Das Eindringen in den *oikos* ist sexuell konnotiert.[933] Selbst ein Alkibiades bleibt im *Symposion* angetrunken auf der Schwelle stehen.[934]

Der ungenehmigte Schwellenübertritt ist ein Kapitalverbrechen. Charondas Gesetze (550 v. Chr.) vermögen das eindrücklich zu dokumentieren. Körperverletzung ist mit 100 Drachmen, der Grenzübertritt aber mit 1000 Drachmen straftaxiert.[935] Provokateure versuchen nach allen Künsten, den Hausherrn aus der rechtsgeschützten Häuslichkeit in die ungeschütztere Öffentlichkeit zu zerren.[936] Vermutet ein bestohlener Besitzer sein Eigentum in einem Haus, kann er es nur nackt betreten.[937]

Dennoch ist der Schutz des Hauses kein absolutes Rechtsgut, sondern kann mit und in der Ehre entzogen werden, was bei temporärem Entzug zu Partialwüstungen wie dem Einschlagen von Tür oder Fenstern, Aushacken des Daches, Zerstörung des Herdes oder des Brunnens[938] und bei dauerhaftem Verlust zur Totalwüstung führt, also dem Niederbrennen und Abreißen des Hauses.[939] Totalwüstungen sind schon für Homer belegt,

---

931 Vgl. Od. XXII. 334f.

932 Vgl. Demosthenes: Gegen Androtion [XXII], 52.

933 »At the same time, penetration into a house always had a sexual connotation«. Vgl. Rieß (2012), S. 76.

934 Vgl. Platon: Symposion 212d.

935 »[W]enn einer eine Türe einschlägt, büße er es mit einer Mine. Wenn einer mit der Faust schlägt, büße er es mit einer weiteren Mine. Wenn einer das Haus in Brand steckt *oder die Grenzen überschreitet*, sei ihm eine Strafe von 1.000 Drachmen auferlegt, und wenn er Schaden dabei verursacht, zahle er das Doppelte (des Wertes)«. Vgl. Schmitz (2004), S. 308 [eig. Hervorh.]. 1 Mine entspricht 100 Drachmen.

936 Vgl. Ebd., S. 293 u. 302. Für die Neuzeit: Kramer (1974), S. 34; Dülmen (1999), S. 15f.; Dinges (1994), S. 319 u. 322 [»Ein guter Ehrspieler beschädigt nicht irgendwelche Objekte zu irgendeinem Zeitpunkt, sondern nähert sich [...] langsam dem Hauptziel des Angriffs, dem Gegner. Diese Einkreisungsstrategie verdeutlicht besonders gut die Rolle der Objekte als angreifbare Vorposten eines Territoriums und als Stellvertreter für den Besitzer.«].

937 »Sokrates: Komm, leg den Rock ab! / Strepsiades: Was verbrach ich denn? / Sokrates: Nichts! Unbekleidet tritt man hier nur ein. / Strepsiades: Ich kam ja nicht, gestohlnes Gut zu suchen.« Aristophanes: Die Wolken 495ff. [Übers. Seeger]. Vgl. Weiss (1923), S. 229; Harris (2007), S. 168.

938 Vgl. Schmitz (2004), S. 295ff. u. 357.

939 Vgl. Herodot VI. 72; Thukydides V. 63; Isokrates: Über das Pferdegespann [XVI], 26. Dazu: Schmitz (2008), S. 161; Schmitz (2004), S. 269, 277 u. 281. Bei den Wüstungen könnte es sich allgemein um ein verzeitlichtes Strafverfahren nach dem Muster von

wenn er schreibt, der Ehrlose sei »ohne Geschlecht, ohne Gesetz, ohne Herd«.[940]

[3.] Der Schutz der Toten (Bestattungsrecht). Dem Körper fließen *post mortem* Bestattungsrechte und -pflichten zu.[941] Die Bestattungspflichten vermögen den Krieg gegen Troia zu dispensieren.[942] Im Peloponnesischen Krieg werden Heerführer dafür zum Tode verurteilt, dass sie nach einer Seeschlacht die »Gebliebenen nicht begraben hatten«.[943]

Patroklos kommt ohne die Ehre eines Begräbnisses nicht in den Hades.[944] Penelope knüpft Laertes' Leichentuch, damit ihr niemand vorwerfen kann: »es fehlt seiner Leiche das Laken.«[945] Hektor will sich mit Achilles vertraglich einigen, damit seine Leiche kein Fraß für die Fische wird.[946] Als Achilles das Recht des Toten leichtfertig und wiederholt verletzt, grollen ihm die Götter und zwingen ihn zur Herausgabe.[947]

Mit dem Verlust der Ehre wird der *Körper* teilweise lange nach dem letzten Atemzug an die freie Luft oder ins Wasser gehängt. Fische und Vögel sollen sich als drastischste Form der Missachtung darüber hermachen. Die Imagination von Hunden und Fischen, die an Todgeweihten zerren, überwiegt in den Epen die Aufzählung von Vögeln, weshalb statt Vogelfreiheit die Begriffe ›Hundefreiheit‹ und ›Fischfreiheit‹ geprägt werden müssen:

»Liege nur unten jetzt bei den Fischen; sie werden gefühllos / Ab von der Wunde lecken dein Blut, und es legt dich die Mutter / Nimmer mit Klagen aufs Totenbett;

Verwarnung (Partialwüstung) und Ausschluss (Totalwüstung) handeln: »das Türeinschlagen und das Herausfordern aus dem Haus waren Mahnungen, die endeten, wenn sich der Deviant den Regeln der Ordnung fügte.« Vgl. Ebd., S. 269.

940 Wie Fn. 1015.

941 Vgl. Barta (2011b), S. 150ff.; Barta (2010), S. 72.

942 Vgl. Fn. 265.

943 Vgl. Platon: Apologie 32b [Übers. Schleiermacher/Susemihl].

944 Vgl. Il. XXIII. 70f. »Der Tote wurde beschwichtigt durch ein möglichst hohes Maß von Trauerbekundungen, durch eine zahllose Trauerversammlung, die demonstrierten, daß das Leben für sie allen Wert verloren hatte [...] Es waren dies keine Menschenopfer, sondern der Beweis des Achill, was der Tod des Patroklos für ihn bedeutete, wenn er solche Besitztümer zerstörte.« Schmitz (2004), S. 179.

945 Vgl. Od. II. 102 [Übers. Weiher].

946 Vgl. Fn. 340ff.

947 Dazu eingehend, s.u. S. 245ff. Auch die Gaben, um Hektor auszulösen, sind nicht desymbolisierbar: kostbare Gewänder, Mäntel, Decken, zehn Talente Gold, Dreifüße, Kessel und ein Becher aus Thrakien. Vgl. Il. XXIV. 229ff.

der Strom des Skamandros / Führt dich strudelnd hinab zum räumigen Grunde des Meeres.«[948]

Die Wirkung der Gräber auf die Nachwelt einbeziehend,[949] handelt es sich beim Entzug des Bestattungsrechts und der Desakralisierung des Körpers um *damnatio memoriae.*[950] Wenn die unwürdigen Nachkommen sich des Hochverrats schuldig machen, haften die Toten mit und werden auch lange nach einer ehrenvollen Bestattung verflucht und aus den Gräbern geworfen.[951] Deshalb schreibt Aristoteles, dass es für die Toten »ein Gut oder Übel« gibt, selbst wenn sie lange tot sind; weiterhin vermöge das Ehre- oder Schandemachen der Nachfahren sie zu affizieren.[952]

948 Il. XXI, 122 [Übers. Rupé]. Dazu: Il. I. 4 [Hunde und Vögel]; II. 393 [Hunde und Vögel]; IV. 237 [Vögel]; XI. 394 [Vögel]; XV. 351 [Hunde]; XVII. 127 [Hunde]; XVIII. 179 [Hunde]; XXII. 89 [Hunde]; 335 [Hunde und Vögel]; XXIII. 21 [Hunde]. Od. III. 259 [Hunde und Vögel]; XIV. 135 [Hunde und Fische]; XXII. 30 [Geier]; XXIV 290 [Fische, wilde Tiere und Geier]. Es geht darum, dass der Leib den Tieren »frei und erlaubt« ist, »so daß Niemand gegen ihn einen Frevel begehen kann, dessen er büßen dürfe. So ist er auch allenthalben Ehrlos und Rechtlos, und man mag ihn tödten.« Vgl. Wigand (1825), S. 436.

949 Vgl. Fn. 630.

950 »[W]eil ihre Körper der Luft, dem Feuer oder Wasser übergeben wurden, um jede Erinnerung auszulöschen.« Dülmen (1999), S. 68.

951 Vgl. Schmitz (2004), S. 362; Sehlmeyer (1999), S. 274. Für Schuldner ist aus anderer Zeit ähnliches überliefert (die Totenruhe ist pfandrechtlich beleihbar): Kohler (1883), S. 19; Jacoby (1983), S. 41f.

952 Vgl. EN 1100 a18. Dazu auch: Isokrates: Rede an Demonikos [I], 38; Xenophon: Kyropädie VIII. 7, 18.

Abb. 10. Aktaion wird auf dieser attischen Amphora (um 490–480 v. Chr.) von seinen eigenen Hunden in Stücke gerissen. Eine bildliche Steigerung mißachtender Desakralisierung des Körpers – durch die eigenen Hunde – ist kaum noch vorstellbar.

Das Recht der *polis* und der *nomos* der Götter laufen nicht immer zusammen,[953] sondern können in Konflikt geraten. Der Staat entzieht Hochverrätern das Bestattungsrecht. Das Schicksal von Antigones Bruder Polyneikes kündet von dieser Strafe. Durch einen Angriff auf die Stadt begeht er Hochverrat. Kreon formuliert die Anklage so: »die Vatererde und die Götter unseres Lands, [...] mit Feuers Brand bis auf / den Grund vertilgen wollte, das verwandte Blut / einschlürfen wollt' und euch als Knechte schleppen fort«.[954] Das erfordert adäquate Strafe. Kreon entzieht Polyneikes das Bestattungsrecht[955] – immer im Begriff und Bild der ›Ehre‹.[956] Er verfügt, dass den Toten »im Grabe keiner bergen, keiner soll beklagen ihn / nein, ruhmlos, grablos lassen, Vögeln, die den Schatz, / den süßen,

953 Gegen das Folgende sei aber die *Möglichkeit* der Harmonie betont, s. Fn. 943.

954 Sophokles: Antigone V. 199ff. [Übers. Willige].

955 Vgl. Ebd., 21, 404f. u. 466f.

956 Kreon: »Kein Mensch soll diesen da in frische Erde hüllen! [...] Auf keinen Fall erweisest du dem Leichnam Ehren [*timēseis*]!« Euripides: Phoinikerinnen V. 1664 u. 1670 [Übers. Ebener]. Zur Ikonographie des Leichentuchs: Fn. 1073.

sich erspähen, zu willkommnem Fraß.«[957] Verstöße gegen seine Verfügung stellt er gleich mit unter Strafe. Wer diesen Verräter der Stadt bestatte, »dem ist der Tod der Steinigung durchs Volk bestimmt.«[958]

Antigone drängt darauf, ihren Bruder nach göttlichem Gebot zu bestatten. Letztlich wird sie mit der Befolgung des Sakralrechts Staatsrecht brechen.[959] Woher die Sakralpflicht stammt, vermag sie nicht zu bestimmen: »Denn nicht von heut und gestern, sondern immerdar / bestehn sie: niemand weiß, woher sie kommen sind.«[960] Die Bevölkerung Thebens will Antigone für ihre Unerschrockenheit gegenüber dem Machthaber materiellen Respekt zollen: sie sei »*goldne* Ehre zu empfangen wert«.[961] Aber Kreon besteht auf das Verbot, Polyneikes Körper zu bekränzen und mit Erde zu bedecken: »es werden nie bei mir / die Schlechten [*kakoi*] Ehre finden vor den Rechtlichen [*endikōn*].«[962] Argumentativ eindrucksvoll fragt er spöttisch, seit wann die Götter denn

»[...] ehrten wohl besonders als Wohltäter ihn / und bargen den, der ihrer Tempel Säulenbau / und die geweihten Gaben zu verbrennen kam / und zu vertilgen ihre Satzungen, ihr Land? / Wann sahst du Schlechte von den Göttern so geehrt?«[963]

Sophokles personifiziert mit Antigone und Kreon gekonnt die Kollision zweier Rechtssphären. Das Recht der Götter prallt auf das Recht der *polis*. Steht die Pflicht einer Schwester, ihren Angehörigen zu ehren über der Pflicht eines Königs, den Hochverräter mit Ehrlosigkeit zu bestrafen? Oder gibt es Gründe, dass staatlich verfügte Strafen göttlich verfügte Pflichten überwiegen?[964] Der Tragödiendichter entscheidet sich für die (gesinnungsethische) Macht des Olymps.[965]

Thebens Glück versiegt, die Götter treten in den Streik: »Denn Feuerstätten und Altäre sind uns jetzt / besudelt durch der Vögel und der

957 Sophokles: Antigone V. 27ff. [Übers. Willige]. Kreon erwähnt neben den Vögeln die Hunde, die am Verräter der Stadt zerren sollen (205f.). Vgl. auch Euripides: »grablos, klaglos bleibe er, ein Fraß den Vögeln!« Euripides: Phoinikerinnen V. 1634 [Übers. Ebener].

958 Sophokles: Antigone V. 36 [Übers. Willige].

959 Vgl. Ebd., 74 u. 480f. [*hybris*].

960 Vgl. Ebd., 456f.

961 Vgl. Ebd., 699 [eig. Hervorh.]. Dazu: 733.

962 Ebd., 207f.

963 Ebd., 284–288.

964 Vgl. Ebd., 450ff., 519 u. 695.

965 Zum Grund dafür, vgl. S. 253.

Hunde Fraß / [...] Die Götter nehmen Opfer und Gebete schon / nicht mehr von uns entgegen, nicht der Schenkel Brand.«[966] Die Ordnung gerät derart aus den Fugen, dass Bürgerkrieg droht.[967] So bleibt dem von Schicksalsschlägen gebeutelten Machthaber Kreon – politisch und poetisch korrekt – nur die Einsicht, das Sakralrecht besser nicht anzutasten: »Ich fürchte doch, das Beste ist's, bestehende / Gesetze wahren bis an unsres Lebens Ziel.«[968]

[4.] Das Recht auf Eigentum. Mit der Ehre wird durchgängig das Besitzrecht des Betroffenen aufgelöst.[969] Beim Sprung vom *barathron* wird der Zehnte des Eigentums der Stadtgöttin der Athene geweiht, neun Zehntel fallen an den Staat.[970] Solange Besitz vorhanden ist, scheint er die gefürchteten Ehren- und Körperstrafen abwenden zu können.[971]

Das Recht am eigenen Körper, das wir menschen- und freiheitsrechtlich verstehen, ist nach archaischer Rechtsauffassung ein Eigentumsrecht. Der Schuldner haftet mit seinem Körper für einen Kredit (*epi tois sōmasin*). Das stellt eine (enorme) Aufwertung des Gläubigerschutzes dar. Für den Fall des Zahlungsausfalls fällt das Eigentum bis zum Körper des Schuldners an den Gläubiger.[972] Eine Marmorstele aus Halikarnassos konserviert

966 Ebd., 1016ff.

967 »Doch Feindschaft wiegelt alle Städte auf, wo den / zerfetzten Leichen Hunde oder Raubgetier / den Segen geben«. Ebd., 1080–1082.

968 Ebd., 1113f.

969 Vgl. Fn. 924; Brodersen (1992), S. 29, 41 u. 59; Koerner (1993), S. 165; Seibert (1979), S. 370.

970 Vgl. Fn. 911; allgemein zum Zehnten an die Götter: Burkert (1977), S. 120. Die Logik der Heiligmachung zieht sich auch in Rom durch: Ciceros Häuser werden nach seiner Flucht im März 58 v. Chr. auf Grundlage der römischen Proskriptionsgesetze geplündert und ›heilig‹ gemacht. Land und Besitz des Geächteten werden in Abwesenheit ›geweiht‹ und zu neun Zehnteln der Staatskasse zugeschlagen. Vgl. Bergemann (1992), S. 52 u. 65 [Clodius weiht der *libertas* einen Schrein]; Fuhrmann (1979), Sp. 1187.

971 »Jeder, der es sich leisten konnte, regelte seine Schuld natürlich finanziell. Nur die Ärmsten [...] mußten ›in den sauren Apfel beißen‹ und sich prügeln lassen«. Rieß (2002), S. 215. Zu den Körperstrafen, s. nächster Punkt. Vgl. Isokrates: Über das Pferdegespann [XVI], 47 [lieber Metöke als *atimos*]; Barta (2011a), S. 427 [Subsidaritätsprinzip]. Dasselbe Verhalten in der Neuzeit: Schwerhoff (1993), S. 165; Schuster (1998), S. 58; Dülmen (1999), S. 70 u. 74; Schmitz (2004), S. 271 u. 346.

972 »Das ganze Land war in der Hand weniger Leute; und bezahlten sie (die Pächter) nicht ihre Pacht, wurden sie selbst und ihre Kinder pfändbar. Die Darlehen wurden von allen bis zur Zeit Solons durch leibliche Haftung gesichert«. Aristoteles: Staat der

den Geist dieses Gedankens: »Wenn ihm [dem Staatsschuldner, Anm. P.R.] nichts im Wert von zehn Stateren gehört, soll er selbst verkauft werden zur Ausfuhr (als Sklave), und keinerlei Rückkehr soll ihm möglich sein nach Halikarnassos.«[973]

Solons vielgerühmte Reformen schränken nur die *privaten* Gläubigerrechte – und nur in Athen[974] – ein. Für Schulden gegenüber dem Staat bieten Solons Gesetze weiterhin keinen Schutz vor Körperhaftung; ein Tatbestand, der in seiner Breite bisher nicht berücksichtigt wird.[975] Staatsschuldner kann im klassischen Athen bereits werden, wer als Angeklagter oder Kläger die Bußgelder nicht zahlen kann.[976]

Staatsschuldner, möglicherweise auch Handelsschuldner,[977] verlieren auch nach Solons Gesetzesreformen weiterhin ihre Ehre in Form des Eigentumsrechts am Körper. Durch Schuldentilgung lässt sich die verlorene Ehre beim Staat aber zurückkaufen und Rechtsfähigkeit wiederherstellen.[978] Die Antastung des Körpers ist deshalb immer auch ein »Offenbarungseid«,[979] dass die Ehrenrettung außerhalb der finanziellen Möglichkeiten des Bestraften liegt.[980]

[5.] Schutz vor Körperstrafen (Recht auf körperliche Unversehrtheit). Ehrenstrafen werden nicht an einer imaginären Ehre, sondern am Körper praktiziert. Weil man die Ehre, wie Schiller weiß, buchstäblich »im Leib« hat,[981] wird

Athener 2 [Übers. Chambers]. Zum Verkauf zahlungsunfähiger Schuldner: Barta (2011a), S. 427; Weiss (1923), S. 451; Stein-Hölkeskamp (1989), S. 64; Ruschenbusch (2005), S. 89–100.

973 Vgl. Brodersen (1992), S. 31.

974 Solons Reform »war eine ziemlich einzelstehende Ausnahme.« Vgl. Kohler (1883), S. 14. Kohler mutmaßt, dass Solon vom ägyptischen Recht inspiriert wurde. Vgl. Ebd., S. 19.

975 Vgl. die Hymnen auf Solon: Barta (2011a), S. 330 u. 337; Ruschenbusch (2005), S. 71 u. 213; Schmitz (2004), S. 306.

976 Erreicht ein Kläger etwa bei scheiternder *hybris*-Klage nicht ein Fünftel der Richterstimmen, muss er 1.000 Drachmen Strafe zahlen – was ihn in der Regel zum Staatsschuldner macht, also Ehre und Rechtsschutz auflöst. Vgl. Ebd., S. 246 u. 385; Krause (2004), S. 27.

977 Vgl. Kohler (1883), S. 13.

978 Zur Frage, ob dazu ein Volksbeschluss nötig ist: Weber (2010), S. 160.

979 Vgl. Rieß (2002), S. 215.

980 Die Drohung einer Ehrenstrafe vermag die Zahlungsmoral von Strafgeldern zu heben. Vgl. Demisch (1910), S. 28; Schmitz (2004), S. 346 (Anm. 71).

981 Vgl. Schiller (1962), S. 505 [Die Räuber, 1. Akt, 2. Szene].

sie in ihm auch gemindert und vernichtet. Eine Ehrenstrafe wird als »unauslöschliche[r] Makel«[982] buchstäblich in den Körper gebrannt. Die auf Sizilien ›privat‹ eingefangenen Athener werden mit einem Brandzeichen, einem Pferd, auf der Stirn versehen und teilweise als Sklaven verkauft.[983] Die Brandmarkung trifft sonst nur geflüchtete Sklaven.[984] Auch die Vorstellung der Abschneidung der Ehre ist durchaus körperteilig gemeint.[985] Rechtsbrechern werden Haare,[986] Ohren oder Nasen abgeschnitten.[987] Eine Person, die bei einer Schlägerei die Nase oder ein Ohr verliert, lässt sich die Intaktheit ihrer Ehre in der Neuzeit gerichtlich bescheinigen.[988]

Ehrenstrafen sind Körper- und Prügelstrafen. Menschen werden entehrt, indem ihre Körper gebrandmarkt, verstümmelt oder angegriffen werden.[989] Wie die Ehre durch Initiationsriten am Körper hergestellt werden

982 Vgl. Schwerhoff (1993), S. 174.

983 Vgl. Plutarch: Nikias 29. Zu den privaten Gefangennahmen: Fn. 1466. Samos soll Eulen auf die Stirn der Athener gebrannt haben. Vgl. Plutarch: Perikles 26, 4. Bei einer Verurteilung *ad metallum* wird der Betroffene nach römischem Recht gebrandmarkt und muss lebenslang in einem Bergwerk arbeiten: Rieß (2002), S. 214. Zu weiteren Stigmata: Ehrenberg (1968), S. 445 (Anm. 194). Neuzeitlich gilt der Gebrandmarkte als entehrt, »verliert damit seine bürgerlichen Rechte« und wird des Landes verwiesen.« Kramer (1957), S. 93. Dazu: Hentig (1954), S. 423ff.; Dülmen (1999), S. 67, 73 u. 79 [das Brandzeichen wird mit dem Stadtwappen versehen].

984 »Denn was hierzulande schändlich und verpönt ist durchs Gesetz, / Das ist unter uns, den Vögeln, alles löblich und erlaubt. / Wenn es hier für Infamie gilt, seinen Vater durchzubleu'n, / Ei, bei uns, da gilt's für rühmlich, wenn der Sohn den Vater packt, / Tüchtig prügelt und noch auslacht: ›Wehr dich, wenn du Sporen trägst!‹ / Ist bei euch gebrandmarkt einer als ein durchgebrannter Sklav', / Der erhält bei uns den Namen: buntgefleckter Pelikan« Aristophanes: Die Vögel 760ff. [Übers. Seeger].

985 Zu sexuellen Deutungen: Trexler (1995), S. 246; Frevert (2013), S. 25f. Zu einer Herleitung aus dem Abschneiden des Gewandes zum »Schandhemd«: Burkhart (2006), S. 49.

986 Vgl. Euripides: Die Troerinnen V. 1025f.; Kohler (1883), S. 63.

987 Vgl. Fn. 1683 [Hirzel]; Schmitz (2004), S. 340 u. 344; Rieß (2002), S. 223. Zur Neuzeit: Roodenburg (1998), S. 368; Schmidt (1994), S. 207. Zum Gesicht als Träger der »Ehrsamkeit«: Groebner (2004), S. 375; Dinges (1994), S. 324; Speitkamp (2010), S. 25ff. u. 67.

988 Vgl. Schwerhoff (1993), S. 166; Kramer (1957), S. 93.

989 Vgl. Althoff (1995), S. 71; Dinges (1994), S. 161; Kramer (1957), S. 93; Kohler (1883), S. 45ff.; Meyer (2011), S. 95. Die wissenschaftliche Obsession mit der neuzeitlichen Vernichtung der Ehre steht allerdings im Missverhältnis zur strafrechtlichen Praxis. Zwischen 1420 und 1495 seien in einer Stadt wie Konstanz ganze sechs Prangerstrafen dokumentiert. Vgl. Schuster (1998), S. 58. Man wünschte sich, die Historiker hätten nur einen kleinen Teil der Mühen auf das Feld der *Herstellung* von Ehre aufgewendet.

kann, wird sie ihm in demselben Medium genommen.[990] Im Mittelalter wird der Wappenrock entrissen, die Sporen gebrochen, die Haube heruntergeschlagen und das Schwert über dem Kopf des Angeklagten gebrochen: »um zu zeigen, daß er nun alle weltliche Wertschätzung verloren hatte, versetzte ihm ein Mann als Zeichen der Verachtung einen kräftigen Faustschlag.«[991] Prügel stellt die Ehrlosigkeit her.

Karl-Joachim HÖLKESKAMP traut seinen Augen nicht, dass Kriegsdienstverweigerer mit Ehrenstrafen (von ihm in Anführungszeichen gesetzt) davonkommen. Drei Tage müssen Betroffene nach Charondas Gesetzen in Frauenkleidern auf der *agora* ausharren: »Angesichts der realen und nicht zuletzt der ideologischen Bedeutung des Kriegsdienstes für die Polis und ihre Bürgerschaft sind ein solches ›mildes‹ Gesetz und eine solche Strafe eigentlich undenkbar.«[992]

Gleich zwei Vorurteile schreiben sich exemplarisch in dieses Urteil ein: dass Ehrenstrafen als milde Strafen empfunden und dass sie gegenüber härteren Sanktionen vorgezogen werden. Allerdings lässt der überlieferte Text drei elementare Peinigungspunkte offen, die eine derartige Beurteilung erst möglich machen. *Erstens:* Welche Frauenkleider müssen angelegt werden? Es dürfte sich um den für Prostituierte angemessenen Stoff(rest) eines durchsichtigen Chitons handeln.[993] Die damit intendierte Feminisierung von Kriegsdienstverweigerern, die die Stadt nicht beschützen können, dürfte mit Liebe zum Detail – bis zur Depilation der Schamhaare (*paratilmos*) – betrieben worden sein.[994] Wie drastisch und entehrend das Tragen von Frauenkleidern empfunden wird, geht aus einem Stück von Aristophanes hervor. Der Rat will Mnesilochos, der als Frau verkleidet enttarnt wird, öffentlich an ein Gerät (*sanis*) schnüren. Mnesilochos bettelt darum, die

990 Ehre wird *am Körper* hergestellt. ›Verstümmelungen‹ (Beschneidung, Schmiss, Mensur, chinesisches Fußbinden) können konstitutiv für die Ehre sein. Vgl. Burkert (1998), S. 202; Frevert (1991), S. 148ff.; Wannagat (2001), S. 59 (Anm. 28); Appiah (2011), S. 81.

991 Vgl. Keen (1991), S. 268. An dem Beispiel zeigt sich erneut, dass die Derogation der Ehre *gleichbedeutend* mit dem Verlust von (Vor-)Rechten ist, denn Sporen promovieren in den Ritterstand. Der Insignienverlust steht *pars pro toto* für die daran geknüpften Prärogative. Zur Bedeutung von Stock, Hand und Faust bei den Strafen: Kramer (1974), S. 50; Drexler (1967), S. 449.

992 Hölkeskamp (1999), S. 142. Zum Gesetzestext: Schmitz (2004), S. 384. Schon Montaigne interpretiert Charondas Gesetze als Abmilderung gegenüber der Todesstrafe (für Feigheit): Montaigne: Essais I. 16.

993 Vgl. Schmitz (2004), S. 349.

994 Vgl. Ebd., S. 340–342.

safranfarbenen Kleider ablegen zu dürfen.[995] Er zieht es vor, nackt statt in Frauenkleidern von den Bürgern gesehen zu werden.

Zweitens: Wie wird der Entehrte an Ort und Stelle fixiert, um seiner Schande immerhin drei Tage lang nicht entfliehen zu können? Für gewöhnlich werden die Füße in einem Holzblock (*podokake*) fixiert.[996] Für Lyktos auf Kreta ist bekannt, dass die Bestraften nicht nur angekettet, sondern zusätzlich mit Milch und Honig übergossen wurden, um Fliegen anzulocken.[997] *Drittens:* Wie verhalten sich die Zuschauer? Während der Sanktionszeit sind die Betroffenen aus der Rechtsgemeinschaft der Zuschauer ausgestoßen und damit rechtlos.[998] Der Strafvollzug bedient sich der Verachtung des Volkes als Instrument, durch das die Betroffenen ihre Ehre verlieren. Zu diesem Zweck sind Ehrenstrafen mit akustischen Effekten verbunden. Nicht, um in der Aufmerksamkeitsökonomie hervorzustechen,[999] sondern um – einer Bannglocke gleich – mit festen Erkennungsmelodien oder Instrumenten (Flöten) das Volk zu mobilisieren.[1000] Die am Boden fixierten Kriegsdienstverweigerer dürften von Kindern mit Sand, Kot oder Steinen beworfen, von Jugendlichen verprügelt, als Kriegsdienstverweigerer möglicherweise sogar sexuell gedemütigt oder auch vergewaltigt worden sein.[1001] Von Milde kann angesichts der psychischen Spätfolgen derartiger Degradierungen keine Rede sein.[1002]

995 »Befiehl dem Schergen, daß er mich / Nackt ausgezogen an den Pranger stellt, / Sonst wird' ich alter Mann mit Safrankleid / Und Haub' ein Spott der Raben, die ich füttre!« Aristophanes: Die Thesmophoriazusen 941ff. [Übers. Seeger]. Auf die *sanis* folgt die Hinrichtung, weshalb sie strafverschärfend *vor* die Todesstrafe tritt. Vgl. Ebd., S. 389.

996 Vgl. Herodot IX. 37; Schmitz (2004), S. 333, 382 u. 386. Zum *kyphon*: s.o. S. 140. Zu den neuzeitlichen Entehrungsbühnen, auf denen der Hals in einem Halseisen – der ›Pranger‹ – fixiert wird und die Zeit des Prangerstehens gerichtlich festgelegt ist (von 15 Minuten bis 12 Stunden): Hentig (1954), S. 405ff.; Schwerhoff (1993), S. 159ff.; Burkhart (2006), S. 47f.

997 Vgl. Schmitz (2004), S. 350; Mnesilochos' Furcht vor den Raben: Fn. 995.

998 »Alle diese Strafen hatten zum Ziel, das Opfer zu entehren und ihn damit aus dem Kreis derer, die politische Rechte ausüben durften, auszustoßen.« Ebd., S. 343.

999 Vgl. Kramer (1957), S. 95.

1000 Ehrenstrafen benötigen Mithelfer (zur Exekution wie Legitimation). Die Flötenmusik könnte dafür der antike ›Jingle‹ sein. Im 19. Jahrhundert wird gezielt die Bannglocke geläutet, um Menschen zu den nicht ganz einfach zu bewerkstelligenden Hauswüstungen zu rufen. Vgl. Schmitz (2004), S. 283, 377 u. 380.

1001 Zur sexuellen Demütigung von Ehebrechern: Ebd., S. 343.

1002 Vgl. Ebd., S. 279. Zu sozialen Folgen in der Neuzeit: Meyer (2011), S. 89. Zur Frage der zeitlichen Wirkung der Strafe: Kramer (1957), S. 97f.; Kramer (1961), S. 146. In

Im klassischen Athen verbieten die Gesetze zwar die körperliche Antastung der Bürger, aber eben nur, solange sie im Besitz ihrer Ehre sind. Ehrenwerte Athener können nicht gefoltert (›peinliche Befragung‹), körperlich gezüchtigt oder wie Sklaven ausgepeitscht werden.[1003] Der Definitionskreis von Ehrenbürgern steht aber nicht unabänderlich fest. Das attische Strafrecht kennt die Entehrung (*atimia*) – für wirtschaftliche Schulden wie deliktische Schuld gegen die *polis*.[1004] Der Verlust ihrer Ehre macht auch Athener antastbar und liefert sie der gesamten Palette strafrechtlicher Farbenpracht, Anschaulichkeit und Kreativität aus.[1005]

Vertrag mit dem Recht?

Die drastischen Rechtsfolgen der *atimia*, bestehen sie nun in Tötung, Totalwüstungen, Grabschändung, Freiheitsverlust oder Ohrabschneidung, stellen jeweils ansehnliche Motive dar, seine Ehre unter keinen Umständen durch ein ehrloses Verhalten – Pflichtverletzungen oder das Begehen eines Verbrechens – zu verlieren.[1006] Durch die typologisierten Formen entrechtender Ehrloserklärungen, Ehrenstrafen und Entehrungen scheint aber

---

Böotien wird Schuldnern ein Korb über den Kopf gestülpt, die Tyrrhener treiben sie durchs Dorf und die Kinder tragen hinter ihnen leere Säcke her: Schmitz (2004), S. 382. Im Mittelalter ist diese harmlos klingende Praktik als ›Satteltragen‹ bekannt: Conrad (1954), S. 231. Aber die Quellen wahren höchstens Diskretion: die Rückkehr dürfte ausgeschlossen sein. Schmitz scheint in seiner ›rationalisierenden‹ Entwicklungsgeschichte des attischen Schuldnerrechts zu übersehen, dass die *atimoi* nicht nur namentlich angeschlagen werden, sondern auch ins *desmoterion* wandern (Fn. 1591): »Die Polis hatte [...] dieses Verfahren versachlicht, da der zahlungsunfähige Schuldner nicht in persona mit einem leeren Korb auf dem Kopf auf die Agora gestellt, sondern nur sein Name zur Schande angeschlagen wurde.« Schmitz (2004), S. 383. In der Haftstrafe liegt gegenüber der Korbstrafe, verbunden mit Exklusion, keine ›Versachlichung‹ vor.

1003 Vgl. Demosthenes: Gegen Androtion [22], 54f.; Gegen Timokrates [24], 166f.; Rieß (2002), S. 207–214. Burkert geht davon aus, dass das attische Strafrecht nur Vermögens-, Verbannungs- und Todesstrafen und keine Ehrenstrafen kenne, woraus er die besondere *humanitas* Athens erklären will. Vgl. Burkert (1994), S. 29.

1004 Zu Staatsschulden: Punkt [4.]; zur Deliktschuld: Punkt [1.]. Ehrenstrafen werden gesondert beantragt und zusätzlich zu Bußgeldern verhängt: Schmitz (2004), S. 237f. u. 350.

1005 S.o. S. 171.

1006 »Rechtsfolgen knüpfen sich an die ›bona‹ oder ›mala fides‹, die ›Absicht‹ oder die aus dem Gesinnungstatbestand zu ermittelnde ›Ehrlosigkeit‹ eines Verhaltens«. Weber (1960), S. 69. Zur Pflichtverletzung am Beispiel der Rache, s.u. S. 318ff.

eine übergreifende ›Grundangst‹ durch: die Furcht vor dem Gemeinschaftsausschluss.[1007] Nicht nur das Recht wird über demjenigen gelichtet, der seine Ehre verliert, sondern er wird temporär oder dauerhaft *aus der Rechtsordnung* ausgestoßen. Bei temporärer Aussetzung wird Rache genommen für den Bruch, bei dauerhafter Aussetzung dürfte es sich um notwehrrechtliche Gefahrenabwehr von der Rechtsgemeinschaft handeln.[1008]

Neuzeithistorikern fällt die eminente Wirkung der Ausstoßungen auf den Gefühlshaushalt um die Ehre auf: »Die Entwicklung eines ganzen Spektrums von obrigkeitlichen Schandstrafen scheint die allgemeine Empfindlichkeit in Sachen Ehre noch angeheizt zu haben.«[1009] Der Ausschluss von Zunftmitgliedern als ›unehrlich‹ sei »zum Motor frühneuzeitlicher Sensibilität in Sachen Ehre« geworden.[1010] Die psychologische Wirkung derartiger Ausschlüsse darf nicht unterschätzt werden, zumal der mo-

1007 Bei Homer: Fn. 1015; im Völkerrecht: S. 173; Fn. 1589 u. 1832; innerhalb der Zünfte: Fn. 1009; bei Ehrenstrafen: S. 185f. Zur Verzeitlichung des Ehrverlusts bei Wüstungen: Fn. 939, bei Schuldhaft: Fn. 978, bei Ehrenstrafen: Fn. 998, auch (unfreiwillig) bei machtpolitischen Verschiebungen der Freund-Feind-Grenzen: Fn. 930. Zur räumlichen Begrenzung der *atimia* (Fn. 924 u. 930). Im mittelalterlichen Recht wird die Ehrlosigkeit hingegen bewusst geographisch abgestuft (Reichsacht, Oberacht, Bezirksacht): Conrad (1954), S. 582. Zur Wortbedeutung von ›Acht‹ (aus »echtlos«): »gesetzlos, außerhalb des Gesetzes stehend.« Vgl. Danckert (1963), S. 9.

1008 Das Siedlungsgesetz von West-Lokris hält fest: »Auf die Person, die das Gesetz übertritt, soll Zerstörung kommen, auf ihn selbst und sein Geschlecht und seinen Besitz.« Schmitz (2004), S. 367. Zur Unerbittlichkeit des Ausstoßes: »Niemanden von euch hat vielleicht je eine Schlange oder eine Spinne gebissen und möge es auch niemals tun. Aber dennoch tötet ihr alle diese Tiere, sobald ihr sie seht, sofort.« Demosthenes: Gegen Aristogeiton [25], 96. Vgl. Platons Worte in: Fn. 1107 u. Demokrits Ansichten: Fn. 1761. Noch nach mittelalterlichem Recht wird der Rechtsbrecher als Friedensbrecher aus der ›Rechts- und Friedensgemeinschaft‹ ausgeschlossen, d.h. friedlos ›gelegt‹. Ausgestoßene Bewohner jenseits der Stadtmauern sind diachron ehrlos, was nicht an nativistischer Xenophobie, sondern an der Verortung des Rechts innerhalb der Stadtmauern liegt. Vgl. Benda (1983), S. 120. Die Rechtsgemeinschaft lebt im abgezirkelten Bereich innerhalb der Stadtmauern. In Troizen wird um 275 v. Chr. Diomedes dafür geehrt, die Stadt wieder »mit den alten Gesetzen wohl umgeben« zu haben, denn »aus einem Haus hat Troizen zweimal die vaterländische Verfassung, *in seinen Mauern erblickt*; deswegen verehrt dich doppelt das Vaterland, den Mann und rühmend als Stifter des höchsten Rechts.« Vgl. Pfohl (1980), S. 63 [eig. Hervorh.].

1009 Schreiner/Schwerhoff (1995), S. 25. Ähnlich urteilen: Schuster (1998), S. 63f.; Kramer (1961), S. 141; Dülmen (1999), S. 12.

1010 Vgl. Schwerhoff (1993), S. 18.

derne Betrachter auf einem konstitutionellen Boden steht, auf dem das Verlieren oder Aussetzen der Menschenwürde *terra incognita* ist.[1011] Nebenher sei bemerkt, dass Max WEBER eine Androhung des Ausschlusses bereits als nicht-gewaltsames Zwangsmittel versteht, welches »mit stärkerer Gewalt« Recht garantieren könne als physische Zwangsgewalt.[1012] WEBER hält einen starken Staat nicht für das einzige Mittel, die Einhaltung der Gesetze zu garantieren. Staatliche Zwangsgewalten leisten dies für ihn sogar schlechter als furchtproduzierende Ausschlussdrohungen.

Was aber ist der Charakter dieses Ausschlusses? Verbrechen werden als Rechts- bzw. Wort- und Eidbruch gedacht.[1013] Schon in den homerischen Epen, in denen die *polis* eine »Wohn-, Kult- und Rechtsgemeinschaft« ist,[1014] werden Mitglieder bei schweren Delikten ausgestoßen. Nestor erläutert ein solches Verbrechen gegenüber Diomedes: eine Person, die Krieg im Volk (*polemos epidemios*) wage, sei »ohne Geschlecht [*aphrētōr*], ohne Gesetz [*athemistos*], ohne Herd [*anestios*]«.[1015] Aus dieser Beschreibung lässt sich nicht nur auf die Existenz einer Rechtsordnung schließen, die Geschlecht, Gesetz und Herd als eigenständige Rechtsgüter schützt, sondern auch die *polis* selbst und zwar vor Bürgerkrieg (›Krieg im Volk‹).[1016]

In den attischen Phratrien stiften ›Bräuche‹ ein als unzerreißbar imaginiertes Band zwischen nichtverwandten Bürgern und der als *immortal God* verstandenen *polis*.[1017] Reißfest ist das Band aber nicht, denn diejeni-

1011 Zur Unverlierbarkeit der Würde und zu den Rechtsfolgen, s.u. S. 382 (insbes. Fn. 2040 u. 2042).

1012 Vgl. Weber (1960), S. 58. Zu seiner Meinung auch: Fn. 1104.

1013 Ruschenbusch glaubt, in der Ehre einen prototypischen Versicherungsschutz zu erkennen. Vgl. Ruschenbusch (2005), S. 94. Schlee/Turner deuten die Rache gar als ›Haftpflichtversicherung‹. Vgl. Schlee/Turner (2008a), S. 36. Diese Thesen sind nicht falsch, aber es geht bei den konkreten Rechten, die mit der Ehre derogiert werden, nicht um Schadensersatz allein, wie die Typologie im vorhergehenden Abschnitt zeigt. Es geht nicht um allgemeinen Versicherungsschutz, sondern um einen Gesellschaftsvertrag.

1014 Vgl. Schmitz (2004), S. 131.

1015 Vgl. Il. IX. 63 [Übers. Schadewaldt].

1016 Zur *polis* als juristischer Person und Trägerin von Rechten und Pflichten: Barta (2011a), S. 70. Die *polis* sei ein Körper (*sōma*), ein ›body politic‹, gefüllt aus dem Volk, der verletzt werden kann, weshalb Strafgelder an sie fließen. Vgl. Ebd., S. 573 u. 577.

1017 »Diese Bräuche der Alten erklären sich durch ihre Vorstellung, daß jede Nahrung, die auf einem Altar zubereitet und von mehreren Personen gemeinsam verzehrt wurde, die Beteiligten durch ein heiliges, unlösbares Band vereinte, das nur der Tod zerreißen konnte.« De Coulanges (1981), S. 160. Ähnlich: Ebd., S. 172ff. u. 261ff. Zur

gen, die die Ehre verlieren, fallen. Die Bürger leisten in den Phratrien einen heiligen Eid auf die *Wahrung* der ebenfalls als heilig aufgefassten Gesetze. Brechen sie das Recht, brechen sie ihren Eid.[1018] Hinter dem Gedanken der Rechtswahrung verbirgt sich nicht zufällig eine Gelenkstelle zwischen Antike und Moderne.[1019]

Die Beobachtung eines Musters aus dem Völkerrecht, dass Mytilene sich präventiv aus dem Bund ausschwören muss, um Rache gegen sich zu legalisieren,[1020] lässt dieselbe Systematik für die politischen Kultgemeinschaften der griechischen *poleis* vermuten. Die Bürger schließen einen Vertrag *mit dem Recht:* für den Fall, dass sie die ›heiligen Gesetze‹ brechen, müssen sie sich präventiv in der Eidleistung ausschwören, um eine Ausstoßung zu legalisieren.[1021]

Rechtsdogmatisch wird der Eid durch das Recht angefasst oder gebrochen. Der Verlust der Ehre steht dann nicht für den Verlust der Rechtsfähigkeit allein, sondern auch für den Vertrags- und Wortbruch. Diese Hypothese macht aus Sokrates' Verhalten nach der Urteilsverkündung eine Anti-Antigone. Antigone zieht es vor, die göttlichen Gesetze nicht zu brechen und nimmt dafür den Tod auf sich. Sokrates aber zieht es vor, die Gesetze der *polis* nicht zu brechen und dafür – im Dienste der Staatsräson – zu sterben.[1022] Dadurch, dass Sokrates nicht aus Athen flieht, obschon selbst die Widersacher ihm dies nahelegen, versucht er seine Ehre zu wahren. Als Ratsherr hat er einen Eid auf die Gesetze geleistet und in den Phratrien dürfte er sich für den Fall seines Wortbruchs ausgeschworen und Gewalt gegen sich legalisiert haben. Sokrates will durch sein eigentümliches

---

Immortalität (gegen Hobbes): »Poleis aber müssen, da sie unsterblich sind, Strafen von Göttern und Menschen hinnehmen.« Isokrates: Rede über den Frieden [VIII], 120.

1018 Zu Rechtsbrüchen als Entweihung und Sakrileg: Eichhoff (1871), S. 6; Rieß (2002), S. 217; Barta (2010), S. 224; Fn. 1017 u. 1453. Zum sakralen Ursprung: Weiss (1923), S. 77.

1019 »An die Stelle des auf die Rechtswahrung verpflichteten mittelalterlichen Staates trat nun der Recht setzende, verändernde und gegebenenfalls auch brechende Machtstaat der frühen Neuzeit.« Vgl. Münkler (1987), S. 136. »Die politische Theorie des Mittelalters ist von der Norm her entwickelt, nicht von der Ausnahme. Ihr geht es um die Bewahrung der guten Ordnung, nicht um die Überwindung von Chaos und Unordnung.« Ebd., S. 188.

1020 S.u. S. 352.

1021 »Insofern kann man auch im griechischen Recht hier von einem Haftungsgeschäft sprechen.« Weiss (1923), S. 195.

1022 Vgl. Xenophon: Erinnerungen an Sokrates I. 1, 18; Huttner (2009), S. 295ff.

Verhalten seine Ehre wahren, indem er den Gesetzen des Staates treu bleibt.

2. Entehrungen im Völkerrecht

Die Totalität des Politischen

Neben den gesetzlich vorgeschriebenen Rechtsfolgen bei Ehrverlust in der *polis* gibt es einen zweiten Typus. Im Völkerrecht kommt die Ehre des Einzelnen durch Krieg abhanden. Heraklits Definition zeugt von den *gewohnheitsrechtlichen Folgen* des Krieges: »Krieg ist Vater von allen und König von allen. Die einen erweist er als Götter, die anderen als Menschen, *die einen macht er zu Sklaven, die anderen zu Freien.*«[1023]

Hektors Begründung für die Verteidigung Troias verrät dasselbe Bewusstsein: »der wehrte den Tag der Knechtschaft.«[1024] Seiner Frau Andromache legt er anschaulich dar, wie sich der Verlust ihrer Ehre auf ihren Alltag auswirkt: »Sitzt du dann drüben in Argos nach fremden Geboten am Webstuhl, / Schleppst du gar Wasser vom Quell Hypereia oder Messeis, / Still in verschlossenem Groll, doch mächtigem Drucke gehorchend«.[1025] Andromache wird in der Hand der Feinde zur wasserschleppenden Sklavin. In aller Öffentlichkeit – vor den Bündnispartnern – wiederholt Hektor dieses Motiv:

> »Nicht weil ich der Menge des Volks bedarf und entbehre, / Hab' ich jeden von euch hierher aus den Städten beschieden, / *Sondern damit ihr die Weiber und hilflosen Kinder der Troer / Willigen Herzens beschirmt* [...] Dies erwägend, bedrück' ich mit Speisesteuern und Lasten / Unser Volk, um jedem von euch den Mut zu erhöhen.«[1026]

FATHEUER schält aus Hektors Aussage einen *amor privatus* und vertritt die Großthese, dass Menschen wie Götter in den Epen ›noch nicht‹ ans Gemeinwohl denken, sondern nur an sich selbst und ihre Familien. Statt die Ehre der *polis* zu verteidigen, strebten die Protagonisten nur nach der

---

1023 Heraklit fr. B 53 (DK 22) [Übers.: Marciano (2007), S. 307; eig. Hervorh.].

1024 Il. VI. 463 [Übers. Scheffer].

1025 Ebd., 456–458.

1026 Il. XVII. 221ff. [Übers. Ruppé; eig. Hervorh.].

eigenen Ehre.[1027] In entwicklungsdeterministischen Theorien wimmelt es stets von Wörtern wie ›noch‹, ›erst‹ und ›schon‹, um Fort- und Rückschritte zu suggerieren. Nicht nur BRUNNER warnt davor, die Leistungen früherer Zeiten im Lichte späterer Entwicklungen auf einer Geraden als »unfertig« zu konstruieren.[1028]

Für die troischen Bündnispartner, deren Mut Hektor mit »Speisesteuern und Lasten« erhöhen will, mag die Hypothese zutreffen. Die Bündnispartner können offensichtlich nur mittels Ehrenprämien gelockt und gehalten werden. Aber trifft die wohlklingende These auf Hektor zu? Ideengeschichtlich geht die These auf JAEGER zurück, der den Einfluss der *polis* erst in Tyrtaios' Dichtung zu finden glaubt. Mit Tyrtaios setze eine ›Politisierung der Ehre‹ ein; eine gemeinwohlzentrierte Heroisierung, die den Helden in den Dienst der *polis* stellt und ihm buchstäblich alles abverlangt.[1029] JAEGERS und FATHEUERS Paradigma, merklich inspiriert von Hobbes' politischem Atomismus, planiert zwar in origineller Weise die Möglichkeit, die Geschichte der Menschheit nicht als Entstehung des Individuums aus Gruppenverbänden oder als Abspaltung einer ›inneren‹ Ehre durch soziale Ausdifferenzierung zu erzählen,[1030] sondern sein Gegenteil: als *Zurückdrängung des Individualismus*, als Bekämpfung des Individuums und seines Eigeninteresses. Um es in JAEGERS Worten wiederzugeben: »Das große soziale Problem aller späteren Erziehung war die Über-

1027 Vgl. Fatheuer (1988), S. 59, 75 u. 119. Auch die Götter sanktionierten nicht im Geist universaler Gerechtigkeit, sondern stets nur die persönliche Kränkung (Ebd., S. 156). Diese Auffassung vertritt auch: Dihle (1962), S. 22. Zum vermeintlich fehlenden Gemeinwohlinteresse: Nicolai (1993), S. 335; Ulf (2011), S. 271. Apollon und Zeus fallen eindeutig die Aufgabe zu, die Menschen zu strafen, die Unrecht tun. Vgl. die Formulierung von großer Rache für großes Unrechttun: Fn. 1617; Il. I. 43ff.; XVI. 384ff.; Od. XIII. 214. Kehlsen klärt den Irrtum einer persönlichen Kränkung der Götter auf. Vgl. Kehlsen (1941), S. 439 (Anm. 36) u. 440ff. (Anm. 61).

1028 Vgl. Brunner (1984), S. 108f., 114, 116, 123f., 156, 160f. u. 176–179. Zur methodischen Reflexion des Entwicklungsdeterminismus in der sozialwissenschaftlichen Theoriebildung bzw. zum Gegenbild langwelliger, diskontinuierlicher und chaotischer Wandlungsprozesse: Reiser/Schnapp (2007), S. 25ff.

1029 »Der Politisierung des Heldenideals folgt die Politisierung der Ruhmesidee auf dem Fuße; die Polis erreicht damit den höchsten Gipfel ihrer Idealität. Sie gibt dem Gefallenen im realen Sinn des Wortes die Unsterblichkeit, indem sie ihn als Heros verehrt.« Jaeger (1972), S. 124. Vgl. Jaeger (1936), S. 132. Für Jacob Burckhardt sind die Helden selbstsüchtig, immerhin aber auch »groß und *wohlwollend*.« Vgl. Burckhardt (1982), S. 31 [eig. Hervorh.].

1030 Vgl. Fn. 52.

windung des Individualismus und die Formung des Menschen nach einer für die Gesamtheit verpflichtenden Norm.«[1031]

Wie STRASBURGER notiert, ist nicht ganz von der Hand zu weisen, dass »die Fanatisierung des Freiheitsdranges für die politische Gemeinschaftsbildung im Kleinen wie im Großen eine ungünstige Voraussetzung gewesen« sein muss.[1032] Aber eine hypothetische Gerade vom Individualismus zum Patriotismus erscheint ebenso zweifelhaft wie das geschichtsphilosophische Gegenbild, das teleologische Paradigma von der Geburt des Individuums aus dem Kollektivverband. Angesichts derart antagonistischer Konstruktionen stellt sich eine Aporie ein, die höflich in aristotelischer Form zitiert sei: »Man mag mit Recht fragen, welcher der beiden Ansichten man folgen soll, da jede glaubwürdig ist.«[1033]

Was ist mit dem Begriff ›Politisierung‹ eigentlich gemeint? JAEGER ist nicht derart ahnungslos, eine durchpolitisierte von einer un- oder vorpolitischen Zeit zu unterscheiden. Diesen Fehler begehen STEIN-HÖLKESKAMP und Winfried SCHMITZ, die bei Hektor einen un- oder vorpolitischen Primat des *amor privatus* postulieren.[1034] Auch KITO glaubt, Hektor treibe nicht »ein Pflichtgefühl, wie wir es verstehen – eine Pflicht gegen andere« an, sondern »eine Pflicht gegen sich selbst.«[1035] JAEGER aber meint mit Politisierung die Macht der *polis*. Dadurch wird die These nicht glaubwürdiger. Wo spielt sich das Geschehen der *Ilias* denn ab? Umzingelt und belagert das griechische Heer einen *oikos*? Nein. Das zentrale Motiv der *Ilias* kreist um die Einnahme und Verteidigung einer *polis* – mit dem Namen

1031 Jaeger (1936), S. 120. Jaeger bekennt sich jedoch nicht wirklich zu dieser radikalen Annahme, sondern schildert sie als Resultat griechischer Rezeptionsleistung: »Was *mit den Augen des Plato oder Xenophon betrachtet* als das Werk eines einzigen programmatisch bewußten und mit überlegener Macht ausgerüsteten Erziehungsgenies erschien, *war in Wirklichkeit die Fortdauer einer einfacheren früheren Entwicklungsstufe des Gemeinschaftslebens von besonders zäher stammhafter Bindung und schwach entwickelter Individualisierung.*« Ebd., S. 121 [eig. Hervorh.].

1032 Vgl. Strasburger (1969), S. 113.

1033 EN 1168 b11.

1034 Vgl. Stein-Hölkeskamp (1989), S. 33, 176f. u. 231 [»Der Vereinzelung jedes Aristokraten und dem Partikularismus innerhalb des Adels korrespondierte ursprünglich eine ebenfalls nur sehr schwach ausgeprägte Bindung an das Gemeinwesen«]. Für Agamemnon: Ebd., S. 31; Schmitz (2004), S. 131.

1035 Vgl. Kito (1967), S. 86.

Troia.[1036] Die *Ilias* dokumentiert für diejenigen, die bereit sind, gegen allzu übermächtige entwicklungshistorische Deutungslinien anzusehen, keine polykephale Gesellschaftsordnung privater, isolierter *oikoi*,[1037] sondern die – schon ganz in JAEGERS Sinne – ›politische‹ Kohäsionsleistung der Ehre, also den Einfluss der *polis*.

Hektors Bemerkungen zur sexuellen Verfügungsgewalt von Frauen in den Händen des Feindes sind ein Darstellungs- und Erzähltopos,[1038] der gerade von der Sinnhaftigkeit des aktiven Schutzes des Staates und seiner Bevölkerung überzeugen soll.[1039] Die plastischen Schicksalsphantasien der eigenen Frauen und Kinder repräsentieren nicht Hektors *amor privatus*, sondern sie stehen vielmehr metonymisch für die *polis* Troia. Vor der Schlacht macht Hektor den Troern Mut:

»Und wer von euch / Von Wurf oder Hieb getroffen dem Tod und dem Schicksal folgt, / Der sterbe! Nicht unwürdig ist es ihm, sich wehrend um die Heimat / Zu sterben. Doch *seine Gattin ist sicher und seine Kinder* künftig, / Und sein Haus und sein Landlos unversehrt, wenn die Achaier / Fortziehen mit den Schiffen zum eigenen väterlichen Land!«[1040]

Wie Priamos die »verderblichen Achaierhände«, die an seinen Schwiegertöchtern zerren, ängstigen,[1041] verlaufen die Befehle der Griechen spiegelbildlich zu diesen Ängsten. Agamemnon trägt seinem Bruder die radikale Vernichtung der Stadt auf.[1042] Nestor gemahnt die Griechen, nicht nach Hause zurückzukehren: »Ehe er nicht *bei einer der troischen Frauen ge-*

1036 Vgl. Hoffmann (1969), S. 130. Für Fatheuer dagegen denkt und artikuliert Homer die Gesellschaft nur vom *oikos* aus: Fatheuer (1988), S. 28ff. Begriffe wie *demioergoi*, *thes* oder *hetairoi* beantworteten einzig, ob jemand dauerhaft oder temporär im *oikos* wohnt und ob er dort freiwillig ist, eingekauft oder geraubt wurde. Dadurch wird grundsätzlich fragwürdig, ob Menschen in homerischer Zeit tatsächlich (noch) in *oikoi* vergesellschaftet wurden.

1037 Gegen den *oikoi*-Atomismus: Schmitz (2004), S. 409. Zu den Anomalien: Gschnitzer (1991), S. 185ff.

1038 Vgl. Fn. 1300; Zimmermann (2009), S. 44. Von dieser Darstellungskonvention zeugt auch August Heinrich Hoffmann von Fallerslebens *Lied der Deutschen*: »Deutsche Frauen, deutsche Treue, / Deutscher Wein und deutscher Sang / Sollen in der Welt behalten / Ihren alten schönen Klang, / Und zu edler That begeistern / Unser ganzes Leben lang.« Vgl. Speitkamp (2010), S. 126.

1039 Vgl. Il. XVI. 830; XVIII. 265.

1040 Il. XV. 494 [Übers. Schadewaldt; eig. Hervorh.].

1041 Vgl. Ebd., XXII. 65.

1042 Vgl. Fn. 1610.

schlafen / Und Buße genommen für die Angst und das Stöhnen der Helena!«[1043] Achilles gibt zu Protokoll, er habe um der troischen Frauen willen nicht geruht.[1044]

Geht es bei der Nennung von Frau und Kind tatsächlich darum, dass die Verteidigung der *polis* »dem Kämpfer nur schmackhaft gemacht [wird] durch den Hinweis auf die eigene Familie und den eigenen Besitz«, wie STRASBURGER vermutet?[1045] Oder handelt es sich um eine Chiffre und auch Hektor und seine Soldaten kämpfen ganz eigentlich »für des Vaterlands Wohl, Kindern und Gattin zum Schutz«,[1046] wie es getreu dem Paradigma eigentlich erst später geschehen darf? Hektor lehrt mit dem Verlust der Ehre Andromaches *die Totalität des Politischen* – das Aufgehen des eigenen Schicksals im Schicksal der *polis*. Wie könnte es anders sein, der Krieg macht nicht erst mit Heraklit die Unterlegenen zu Sklaven, die Sieger zu Freien und gebietet als König über Freiheit und Sklaverei. Hektor hätte Perikles' Worte hergesagt, hätte er sie gekannt: »Hat ein Mann Glück in seinem eigenen Bereich, so geht er doch im Sturz des Vaterlandes auch selber mit zugrunde«.[1047] Was anderes malt er Andromache vor Augen, als mit ihrem Schicksal Perikles' Satz zu sich selbst zu sagen?

Zwar fleht seine Frau, er möge dem Gemetzel entfliehen. Aber Hektors Ehrgefühl zwingt ihn, zum Schutz der *polis* den eigenen Körper »aufzusetzen«,[1048] den der Feind er- und *unterdrücken* muss, um sich einen Weg ins Innere der Stadt zu bahnen. Mit anderen Worten: Seine Ehre kettet Hektor (längst) auf Gedeih und Verderben an Troia. Sein Streben nach Ehre

---

1043 Vgl. Ebd., II. 354f. [eig. Hervorh.].

1044 Vgl. Ebd., IX. 327.

1045 Vgl. Strasburger (1969), S. 103.

1046 Kallinos W1. Zit. n.: Fatheuer (1988), S. 119.

1047 Thukydides II. 60, 3 [Übers. Vretska/Rinner]. Genauso: Isokrates: Über das Pferdegespann [XVI], 39 u. 340.

1048 Die Formulierung stammt von Hanns Jacob Wagner von Wagenfels, der fordert, nicht nur »sein Vaterland zu lieben [und] zu ehren, sondern auch, wann es dessen Wohlstand also erfordert, für selbiges sein Leib und Leben selbst aufzusetzen.« Weber (1998), S. 92f.
Zur Arkanlogik in kritischer Absicht: »Sobald die Begriffe von Ehre und Schande bei einer sozialen Gemeinschaft Eingang gefunden haben, ist es nicht schwierig, die Menschen zum Kämpfen zu veranlassen. [...] Dann weise man sie darauf hin, daß ihr Eigentum, ihre Altäre, *Weiber und Kinder* und alles, was ihnen sonst wert und teuer ist, in dem vorliegenden Streite mit betroffen sind oder wenigstens später durch ihn in Mitleidenschaft gezogen werden können.« Mandeville (1957), S. 187 [eig. Hervorh.].

nimmt den Umweg über die Ehre der *polis*. Die Aussicht, als Kriegsverlierer in die Sklaverei abzuwandern, stellt ein eindrückliches Motiv dar, seine Ehre unter Einsatz seines Lebens an den Wehren Troias zu verteidigen. Der Kampf gegen den Feind ist ein Kampf gegen die Entehrung, gegen die Entrechtung, gegen Andromaches Wassertragen für eine griechische Besitzerin.

Wie sieht es im Lager des Feindes aus? Ist die Ehre der Griechen wenigstens de*polis*iert? Agamemnon, der sein Ehrengeschenk für die Sicherheit des Heeres opfert,[1049] entspricht nicht wirklich einem »Verantwortungsgefühl«, das »spätestens in dem Augenblick *hinter seine individuelle Ehrliebe* zurück[tritt], als ihm beides nicht mehr länger miteinander vereinbar erscheint.«[1050] Diese heroisch-politische Handlung Agamemnons dürfte es nach dem Paradigma einer posthomerisch politisierten Ehre gar nicht geben. Agamemnon stellt seine individuelle Ehrliebe hinter die politische Ehrliebe zurück.

Es gibt weitere Anomalien, die nicht zu den Vorgaben des Paradigmas passen. So kann das niedere Volk zwar im Anblick von Gefahr zu den Schiffen rennen, von den Adligen aber wird erwartet, dass sie ihren Körper dem Feind entgegenstellen.[1051] Nestor gemahnt:

»Freunde, bewährt euch als Männer und laßt euch vom Ehrgefühl [*aidô*] leiten / vor den anderen Menschen, dazu auch sollte ein jeder / *denken an Weib und Kind,* an seinen Besitz und die Eltern, / wem sie noch unter den Lebenden, wem bei den Toten sie weilen. / Ihnen, den Fernen, zuliebe, bitte ich herzlich und dringend: / Haltet beharrlich stand und wendet euch ja nicht zum Fliehen!«[1052]

Erster und dritter Kreis des Ehrgefühls prallen aufeinander.[1053] »[D]as Wegwerfen des Schildes oder das Fliehen« bilden nicht erst bei Aristoteles die Kerndefinition von Schande, die gesetzlich sanktioniert ist.[1054]

1049 S.o. S. 118.

1050 Vgl. Stein-Hölkeskamp (1989), S. 33 [dort über Hektor; eig. Hervorh.].

1051 »Erst gebietet dem Volk, zurück zu den Schiffen zu eilen, / Wir aber, die wir uns selbst zu den Tapfersten zählen im Heere, / Halten ihm stand und suchen der ersten Begegnung zu wehren«. Il. XV. 295ff. [Übers. Rupé]. Auch: Fn. 499. Thersites hingegen ist berüchtigt für seine ehrlosen Neigungen in der Schlacht. Vgl. Il. II. 252ff.

1052 Vgl. Il. XV. 661ff. [Übers. Ebener; eig. Hervorh.].

1053 S.o. S. 149ff.

1054 Vgl. Rhetorik 1383 b20. Des Weiteren sind schändlich: Diebstahl von Deposita, zügelloser Geschlechtsverkehr, Gewinnsucht, Schmeichelei, Verweichlichung und Nichtvergeltung von Wohltaten (1383 b22–84a5). Zur Gesetzgebung gegen Schande: Fn. 175.

Heraklits ›Drehkreuz‹ von Freien und Sklaven

Der Drehpunkt, die Nabe des herakleitischen Drehkreuzes von Freien und Sklaven liegt nicht auf einer ethnischen oder ideologischen Demarkationslinie, sondern auf der politischen Grenze verfeindeter Machtblöcke (Freund/Feind).[1055] Der Krieg macht nicht nur Andromache zur ehrlosen Wasserträgerin und Klytaimnestra zur höher geehrten Königin. In archaischer Zeit gewinnen auch innerhellenisch die einen Griechen Kontrolle über die anderen.[1056] Große Territorialmächte wie Sparta oder Thessalien rekrutieren unter den einheimischen Griechen ganze »Sklavenbevölkerung[en]«.[1057] Es ist nicht verwunderlich, dass der Krieg für Aristoteles daher ganz allgemein »unter die Erwerbskunst«[1058] fällt – mit dem Zweck der Sklavenbeschaffung. Die Ermahnungen, dass Griechen keine Griechen versklaven sollen,[1059] zeugen von der Existenz des Gegenteils.[1060] Der Ehrverlust ehemaliger Freier macht selbst vor der Versklavung von Adligen nicht Halt. Die Klagen über dieses schlimmste ›Los‹ sind in den Quellen nicht zu übersehen.[1061]

Die große Augenscheinlichkeit der existenziellen Auswirkungen eines Ehrverlusts liegt daher völkerrechtlich in der gängigen Versklavungspraktik politischer Feinde *durch Krieg* – seien es Barbaren, Adlige oder Durchschnittsgriechen. Im 5. Jahrhundert v. Chr. passieren einige griechische Städte das Drehkreuz, das aus freien Einwohnern Sklaven macht: Mykene (468 v. Chr.), Chaironeia (447), Kerkyra (427), Skione (421), Melos (416),

---

1055 S.o. S. 74f. Kambyses betrachtet die Ionier und Aioler als seine Knechte. Vgl. Herodot II. 1, 2. Auch die Dichtung stilisiert in finsteren Tönen die Despotie, hätten die Perser über die Griechen gesiegt. Vgl. Hutzfeldt (1999), S. 20–22.

1056 »In pre-Solonian Athens it must have been fairly common for free men to fall into slavery.« Harrison (1998), S. 164. Aber auch Solon schafft einzig privatrechtlich die Körperhaftung und nur in Athen ab (s. Fn. 975). In der Beziehung zwischen Staat und Bürger fällt der Körper des Schuldners weiterhin an den Staat. Auch außerhalb der aufsteigenden Handelsmetropole bleibt das Versklavungsrisiko durch Körperhaftung groß (Fn. 974).

1057 Vgl. Barta (2011a), S. 321 (Anm. 1866).

1058 Vgl. Aristoteles: Politik 1256 b23.

1059 Vgl. Platon: Politeia 469b-c; Xenophon: Hellenika I. 6, 14; Aristoteles: Politik 1255 a6 u. 1333 b38.

1060 Vgl. Herodot VIII. 144; Demosthenes: Über die falsche Gesandtschaft [19], 305f.

1061 Vgl. Stein-Hölkeskamp (1989), S. 83f.

Kedreiai (405) und Iasos (404).[1062] Auf Volksbeschluss oder auf Anordnung der Oberbefehlshaber werden die Entehrten entweder getötet oder ›konserviert‹;[1063] also an Händler überstellt, abtransportiert und auf volatilen Sklavenmärkten höchstbietend auktioniert.[1064] Das Verfügungsrecht des Siegers und die gewohnheitsrechtliche Derogation der Ehre des besiegten Feindes erläutert Xenophon:

»Es ist ein ewiges Gesetz unter allen Menschen, daß, wenn im Kriege eine gegnerische Stadt erobert wird, die Einwohner selbst und ihr Eigentum dem Eroberer zur freien Verfügung stehen. Was ihr euch aneignet, werdet ihr also nicht zu Unrecht besitzen, sondern ihr werdet den Besiegten aus reiner Menschenfreundlichkeit nicht weggenommen haben, was ihr ihnen etwa von ihrem Besitz zu behalten erlaubt.«[1065]

Die *Pflicht*, Feinden zu schaden, wurde bereits grundgelegt.[1066] Das antike Völkerrecht ist nicht menschenrechtlich, sondern freund-/feindrechtlich strukturiert, was zur *Relationalität von Ehre und Schande* führt. Unter Feinden muss die Ehre des einen die Schande des anderen bedeuten. Oder wie Archidamos in drehkreuzartiger Form dem spartanischen Heer zu bedenken gibt: die Schlacht bringt »je nach Ausgang größten Ruhm oder größte Schande«.[1067]

Eine Antwort auf die Frage, ob der besiegte Feind – sei er griechisch oder ungriechisch – auch seine Ehre verliert, gibt die politische Ikonographie Athens. Die Athener, die sich als Kinder von Theseus (*theseidai*) verstehen,[1068] verhandeln den Umgang mit dem Feind in Kampfbildern von Theseus und Minotauros. Bis 480 v. Chr. kämpfen beide agonal-gleichbe-

1062 Vgl. Thukydides I. 113; III. 68; IV. 48; V, 32; 116; Xenophon: Hellenika II. 1, 15. Zu Plataias Schicksal im Drehkreuz, s.o. S. 76f.

1063 Vgl. lat. *servare*.

1064 Vgl. Weiler (2003), S. 17 u. 219.

1065 Xenophon: Kyropädie VII. 5, 73 [Übers.: Kiechle (1969), S. 528]. Dazu: VI. 1, 55; VII. 1, 44; Hellenika V. 4, 11. Zum Rechtsgefüge des Kriegsgefangenenstatus: o. S. 80f.

1066 S.o. S. 74ff.

1067 Vgl. Thukydides II. 11, 9 [Übers. Vretska/Rinner].

1068 Vgl. Fn. 609. Der Theseuskult wird von Kimon ins Werk gesetzt. Theseus soll schon Kimons Vater Miltiades im Kampf gegen die Perser beigestanden haben. Er lässt dazu eigens ein Thesaion errichten. Vgl. Hölscher (2010a), S. 140; Stein-Hölkeskamp (1989), S. 214ff.

rechtigt,[1069] ab 480 v. Chr. entagonalisieren sich die Bilder. Statt des Wettkampfs rückt Theseus' Superiorität in den Vordergrund. Statt sich mit dem Minotauros zu messen, liegt der schon besiegt am Boden. Nach 480 wird er gar vom ebenbürtigen Gegner zum zusammengebrochenen Halbtoten degradiert.[1070] Auf einer Schale rammt Theseus ihm das Schwert in den Hals und packt ihn am rechten Horn.[1071] Auf einer anderen Darstellung schleift er ihn – maximal entwürdigend – am Ohr aus dem Labyrinth: »Dies ist um so auffälliger, weil die literarische Tradition von einem Herausschleifen des Minotauros aus dessen Labyrinth gar nichts weiß.«[1072] Ab 460 v. Chr. verschärft sich die Anwendung der Gewalt, indem Theseus seinen Kontrahenten mit dessen eigener Habe erschlägt.[1073]

1069 Vgl. Borg (2006), S. 228; Muth (2006), S. 264ff. (Abb. 4–6). Dasselbe gilt für die Darstellungen von Persern: Hutzfeldt (1999), S. 22f. (mit Abb. 1–6) u. 91; Muth (2009), S. 208. Zu Kritik: Stähli (2005), S. 32.

1070 Vgl. Von den Hoff (2001), S. 79; Bentz/Mann (2001), S. 238.

1071 Vgl. Muth (2006), S. 262 (Abb. 2).

1072 Vgl. von der Hoff (2001), S. 81f.

1073 Vgl. Ebd., S. 82 u. 86. Ähnlich: Muth (2009), S. 198f. (Abb. 3 u. 4). Dennoch ist diese Ikonographie nicht zwingend Teil der politischen Hetzpropaganda, sondern könnte auch Gewalt und Verbrechen am Körper des Feindes problematisieren, indem sie diese darstellt. Vgl. Borg (2006), S. 251; Muth (2006), S. 272ff. Eine offizielle attische Stele verzichtet bezeichnenderweise auf die Demütigung des Minotauros. Vgl. Von den Hoff (2001), S. 85. Auf anderen Bildtypen verschwindet der darniederliegende Körper sogar unter der Ehre eines Leichentuches (Ebd., S. 80).

Abb. 11. Schale von Aison (um 440/430 v. Chr.). Theseus schleift den halbtoten Minotauros am Ohr aus dem Labyrinth. Athene spendet die göttliche Absolution.

Selbst der politische Theseus Athen passiert Heraklits Drehkreuz und erleidet 413 v. Chr. das Schicksal eines Minotauros. Die Schlacht um Sizilien bedeutet, wie Thukydides es i.S.d. Drehkreuzes ausdrückt, »für die Sieger strahlendster Ruhm, für die Unterlegenen tiefstes Leid.«[1074] Um dem

1074 Vgl. Thukydides VII. 87, 5 [Übers. Vretska/Rinner]. Sprachbildgeschichtlich ließe sich das Rad der Fortuna darin unterstellen. Schon als die attische Flotte Kurs auf Sizilien nimmt und Syrakus angreifen, lassen die Feldherren der angegriffenen Insel (man beachte die Anklänge an Hektor) keinen Zweifel daran, was für die Bevölkerung jetzt auf dem Spiel steht: »Denn es sind unsere Feinde, unsere ärgsten Feinde, ihr alle wisst das. Sind sie doch in unser Land gekommen, es zu unterjochen, und hätten, wäre es ihnen

qualvollen minotaurischen Leid in den Steinbrüchen[1075] auf Sizilien zu entgehen, nehmen Soldaten des stolzen attischen Heeres sogar freiwillig die Identität von Sklaven an. Verloren und zerschlagen tarnen sich die Unterlegenen als Sklaven, was sie offenkundig besser schützt als ihre Herkunft aus Athen.

Die Evidenz des Sklavenstatus kann in der antiken Wirklichkeit nicht allzu offensichtlich gewesen sein, denn nur entlaufene Sklaven werden mit Brandzeichen markiert.[1076] Einigen Athenern glückt deshalb die Flucht von der Insel. Ein Gesetz aus Gortyn macht den Mangel an visueller Evidenz von Freien und Sklaven überaus deutlich: »Wenn aber die eine Partei *behauptet*, er sei ein Freier, die andere *behauptet*, ein Sklave, sollen die von beiden die stärkeren sein, die bezeugen, daß er ein Freier ist.«[1077] Die bloße Deklaration scheint auszureichen, solange sie nicht bestritten wird.

Hoffnungsfroh kann daher der zweite Teil der herakleitischen Definition stimmen. Der Krieg als Vater macht nicht nur Freie zu Sklaven, sondern auch Sklaven zu Freien. Mögen die Fallzahlen gering sein, es gibt eine *juristische* Exit-Option aus dem Sklavenstatus.[1078] Odysseus verspricht seinen Sklaven für ihre zwanzigjährige Treue Frauen, Besitztümer, Häuser und – im Angesicht von Gefahr – die rechtliche Gleichstellung mit seinem eigenen Sohn.[1079] Sparta verspricht Heloten für den Fall des Sieges regelmäßig die Freiheit.[1080] Für das Aufdecken politischer Komplotte verspricht Thasos Sklaven die Freiheit.[1081] Sklaven sind im antiken Griechenland keine Untermenschen. Die Sklaverei ist keine ethnische oder rassistische,[1082] sondern eine politisch-rechtliche Angelegenheit. Völkerrechtlich

geglückt, den Männern ärgsten Schmerz zugefügt, Kindern und Frauen schlimmste Schande und der ganzen Stadt den schmählichsten Namen.« Ebd., 68, 2. Mit Athenern, die derartiges vorhatten, wird abgerechnet.

1075 Dazu ausführlich, s.u. S. 377ff.

1076 Vgl. Fn. 984.

1077 Koerner (1993), S. 455 [eig. Hervorh.]. Für Athen: Thür (2007), S. 79.

1078 Klees kommt für Athen auf 50 freigelassene Sklaven im Jahr: Weiler (2003), S. 181ff.

1079 »Wenn ein Gott durch mich jene adligen Freier vernichtet, / Dann werd ich Weiber euch geben zur Ehe, Besitz auch verschaffen, / Feste Häuser neben dem meinen; ihr werdet Gefährten, / Brüder werdet ihr sein des Telemachos.« Od. XXI. 213–216 [Übers. Weiher].

1080 Vgl. Thukydides V. 34; Xenophon: Hellenika VI. 1, 15; MacDowell (1986), S. 39.

1081 Vgl. Brodersen (1992), S. 119f.

1082 Flaig hält die Griechen für »Erfinder eines kohärenten Rassismus«. Er unterstellt die Brachialthese einer »totale[n] Herrschaft« ohne Schutzrechte – als »den äußersten

hilft immer wieder Geld, um sich aus der Sklavenschaft zu befreien. Chalkider kaufen sich aus der attischen Gefangenschaft heraus[1083] und Kerkyra leistet sogar eine Bürgschaft von 800 Talenten, um Gefangene aus Korinth freizukaufen.[1084]

Punkt der rechtlich möglichen Unterwerfung von Menschen«. Seine Hypothese ist mit Erfahrungen des 20. Jahrhunderts angereichert: »Und im Grenzfall war die athenische Sklaverei näher an den Vernichtungslagern des NS als an der karibischen Zuckerplantage.« Vgl. Flaig (2001), S. 28ff. Der Regelfall ist allerdings für Athen bezeichnender als der Grenzfall, allein schon, weil dieser ›Grenzfall‹ in den NS-Konzentrationslagern den Regelfall darstellte. Seine Einschätzung hat Flaig später selbst revidiert. Vgl. Flaig (2006), S. 34f. (Anm. 16). Zu den Sklavenrechten und zur Rechtsfähigkeit von Sklaven: Thür (1998), Sp. 771; Schmitz (2004), S. 307; Barta (2011a), S. 459; Barta (2010), S. 37 u. 39ff.; Koerner (1993), S. 385; Weiler (2003), S. 28. Der Autor des Textes zur attischen Verfassung moniert etwa, dass Sklaven in Demokratien nicht geschlagen werden dürfen. Vgl. Ps.-Xenophon: Die Verfassung der Athener I. 10.

1083 »Mit der Zeit aber ließen sie sie frei um ein Lösegeld von zwei Minen je Kopf.« Herodot V. 77 [Übers. Marg].

1084 Vgl. Thukydides III. 70. Dazu die vorgeschlagenen Zahlungsmodalitäten der eingekesselten Athener auf Sizilien, s. Fn. 2006. Dass *proxenoi* die Auskaufsverhandlungen führen, scheint die Regel zu sein. Auch Priamos' Sohn Lykaon, den Achilles im Wert von 100 Rindern (u. S. 288) nach Lemnos verkauft, löst ein Gastfreund aus der Gefangenschaft aus (im Wert von 300 Rindern). Vgl. Il. XXI. 42; 79. Es handelt sich um Handelsgeschäfte: Weiler (2004), S. 277. Beinahe naturwissenschaftlich will Achilles daraufhin ergründen (»damit ich im Geist zu erkennen vermag und erforschen, ob er so gut auch von hier sich retten kann«, Il. XXI. 61 [Übers. Rupé]), ob die Erde ihn ›hält‹, wenn es ihm schon nicht gelingt, ihn in der Vergeiselung zu halten.

Zweiter Teil: Rache

IV. Zum Verhältnis von Ehre und Gewalt

1. Die Konstruktion aggressionsarmer Gesellschaften

Gefühle *aus* Ehre in der Forschung

Obgleich Gefühle in der zweiten Hälfte des 20. Jahrhunderts von den Geschichts- und Politikwissenschaften als »Auslaufmodelle« behandelt wurden,[1085] die aufgrund der ›Irrationalität‹ keinen stabilen Untersuchungsgegenstand abgeben sollen, beobachtet die Forschung permanent Gefühle, wenn sie das Territorium der Ehre exploriert. Nur werden diese Gefühle in der Regel als ›Affekte‹ abgelehnt.[1086] Es ist unmöglich, in einer Untersuchung über Ehre, »die Art und Weise, wie über Ehre gesprochen wurde«, nicht mitzureflektieren.[1087] Bei den wissenschaftlichen Auseinandersetzungen mit der ›Ehre‹ wird die Untertheoretisierung der Gefühle im 20. Jahrhundert besonders augenscheinlich. Seit der Entdeckung der Rationalität der Gefühle[1088] und der Kultur- wie Zeitgebundenheit ihrer Attribution als ›irrational‹[1089] springt förmlich ins Auge, wie kontaminiert der

---

1085 Vgl. Aschmann (2005), S. 27.

1086 »The question, therefore, is not why historians should study emotions – they have no choice –, but why they have not done so for the greatest part of the 20th century.« Chaniotis (2012), S. 12.

1087 Vgl. Speitkamp (2010), S. 23.

1088 Vgl. Maiz (2011), S. 32ff.; Krajczynski/Rapp (2009), S. 68–70; Voss (2009), S. 109ff.; Fortenbaugh (2008), S. 32; Kingston/Ferry (2008), S. 9ff.; Nullmeier (2006), S. 99f.; Nussbaum (2001), S. 65ff.; Newmark (2010), S. 46ff.; Heidenreich (2012), S. 17ff.; Diehl (2012), S. 159ff.; Damasio (1994); Konstan (2009), S. 40f. u. 44. Zu seiner Idee eines »Atlas des Geistes«, s.o. S. 82.

1089 Vgl. Landweer/Newmark (2009), S. 82; Konstan (2009), S. 32ff.; Plamper (2012), S. 53ff., 57 u. 342–345. Die wissenschaftliche Bergung der Gefühle (*›emotional turn‹*) vollzieht sich nach der Zerstörung der Irrationalitätsprämisse durch Damasio (Fn. 1088) in drei Schritten: [1.] Vorreiter sind die Kulturwissenschaften, wie sich aus den Publikationsjahren ergibt. Vgl. Böhme (1997), Benthien/Kasten (2000). [2.] Es folgen die Geschichtswissenschaften. Vgl. Frevert (2000); Aschmann (2005); Kaster (2005); Neu-

Ehrendiskurs mit einem Paradigma wissenschaftlicher »undisputed and omnipresent hyper-rationality«[1090] ist. Nach der Überwindung der Leitdichotomie von ›Denken‹ auf einer und ›Fühlen‹ auf der anderen Seite sticht heraus, wie – galant ausgedrückt – »wissen(schaft)sgenerierend« der Gegensatz von Rationalität und Emotionalität im 20. Jahrhundert war.[1091] Transformierende Dichotomien lassen sich immer auch positiv begreifen, denn »jede Transformation verändert, indem sie etwas Neues erzeugt, das Relationengefüge einer Kultur zu ihrer Vergangenheit, d.h. sie modifiziert und überschreibt die Vergangenheit selbst.«[1092] Dies ist in hohem Maße beim Ehrendiskurs der Fall, auch wenn dabei ein Stück Vergangenheit eher unter-, als aufging.

Die Gründe für die emotionale Sonnenfinsternis in den Wissenschaften – ob verursacht durch die Konstruktion eines linearen Zivilisierungsprozesses,[1093] des Rationalisierungsparadigmas,[1094] der nationalsozialistischen

---

mayr (2007); Borutta/Verheyen (2010); Frevert (2011); Frevert (2012); Frevert/Wulf (2012); Chaniotis (2012); Plamper (2012); Frevert (2013). [3.] Als Nachzügler sind Politikwissenschaft und Philosophie zu betrachten. Zur politikwissenschaftlichen Ergründung der Gefühle: Schützeichel (2006); Brunner (2010); Engelken-Jorge/Güell/del Río (2011); Heidenreich/Schaal (2012). Für die Philosophie sind zu nennen: Konstan (2006); Fitzgerald (2008); Kingston/Ferry (2008); Harbsmeier/Möckel (2009); Perler (2011); Landweer/Renz (2012). In der amerikanischen Debatte mag sich das etwas anders anordnen. Vgl. Taylor (1996); Nussbaum (2001); Dixon (2003). Querschläger, die das Ruder zum *emotional turn* nicht herumzureißen vermochten, sind ausdrücklich nicht mitgemeint. Vgl. Bloch/Braudel/Febvre (1977); Anders (1986); Hirschman (1987); Jäger (1988). Dass Gefühlstheorien immer schon zur DNA der politischen Theorie gehörten (s.o. S. 88f.), sei nicht bestritten: »sind Politische Theorien unvermeidlich auch Theorien der Regierung von Emotionen, die von [...] Möglichkeiten ihrer machtpolitischen Instrumentalisierung handeln.« Vgl. Heidenreich (2012), S. 16.

1090 Vgl. Maiz (2011), S. 29.

1091 Vgl. Jensen/Morat (2008), S. 24 (Anm. 53).

1092 Vgl. Böhme (2011), S. 24f.

1093 Vgl. Aschmann (2005), S. 27.

1094 Vgl. Weber (2005), S. 1038ff.; Radkau (2005). Schützeichel und Heins dekonstruieren jedoch die moderne Ansicht, dass das Schisma Emotion – Intellekt bei Weber überhaupt zu finden sei. Vielmehr werde es retrograd in seine Werke hineingelesen. Schützeichel weist nach, dass Webers Dichotomie zwischen subjektbewegenden Affekten und weltbewegenden Leidenschaften, also zwischen fremd- und selbstaffizierten Emotionen verläuft. Vgl. Schützeichel (2010), S. 108f. Für Heins ist »die zentrale Dichotomie« in den politischen Schriften Webers »nicht so sehr die von

Ausbeutung der Gefühle[1095] oder einer eigentümlichen Objektivitätsnorm[1096] – werden Gegenstand (wie Hochgenuss) einer zu schreibenden Geisteswissenschaftsgeschichte des 20. Jahrhunderts sein. In jedem Fall muss die Geschichte der Gefühle, wie Jan PLAMPER festhält, »zu einem großen Teil als Wissenschaftsgeschichte geschrieben werden«.[1097] Die Wissenschaftsgeschichte der Ehrenforschung bietet dafür ein hervorragendes Beobachtungsfeld, weil ihr zeittypische Vorannahmen über Gefühle eingeschrieben sind.

Richard MASCHKE, selten um ein charakteristisches Wort verlegen, buchstabiert aus, was bei vielen Wissenschaftlern nur eine uneingestandene Hintergrundvorstellung bleibt: »In der homerischen Welt überwiegt, wie dies bei dem relativ ursprünglichen Menschen natürlich und zumal im ionischen Charakter begründet ist, der Affekt gegenüber dem Verstande«.[1098] Hans KELSEN bekennt gleich im allerersten Satz von *Vergeltung und Kausalität*:

»Das Bewusstsein des Primitiven ist ganz wesentlich durch die Tatsache gekennzeichnet, dass in ihm die rationale, auf objektive Erkenntnis gerichtete Komponente weit hinter der emotionalen, dem Fühlen und Wollen entspringenden zurücksteht, die den Frühmenschen fast ausschliesslich beherrscht.«[1099]

Für BURCKHARDT sind die homerischen Heroen in ihrem Leidenschaftsexzess ein Extrembild der Menschheit, »welche[s] je nach Umständen die höchsten Verdienste und *die größten Verbrechen* gegenüber der Polis umfaßt«.[1100] Ein Exzess der Gefühle ist für ihn also die

Verstand und Gefühl als vielmehr die von Nervosität und Nervenstärke.« Heins (2010), S. 121. Dazu: Ebd., S. 116 u. 119.

1095 Vgl. Landweer/Newmark (2009), S. 80; Burkhart (2006), S. 15; Horn (2010), S. 46ff.; Frevert/Schmidt (2011), S. 11.

1096 Im Gegensatz zur Hypothese der nationalsozialistischen Gefühlsausbeutung wird die näherliegende Dichotomisierung ›Objektivität‹ – ›Subjektivität‹ bislang kaum als Ursache beachtet.

1097 Vgl. Plamper (2012), S. 85.

1098 Maschke (1926), S. 2.

1099 Kelsen (1941), S. 7.

1100 Vgl. Burckhardt (1982), S. 211 [eig. Hervorh.]. Die Privilegierung der Ausnahme (gegenüber der Vollkommenheit) dürfte nicht unerheblich auf die »Generation des Unbedingten« gewirkt haben. Ausnahme zu sein, scheint zu Beginn des 20. Jahrhunderts weit höher im Kurs zu stehen als der Anspruch, Ideal zu sein. Wie Allan Bloom beiläufig über Raymond Aron bemerkt: »He, too, drank at the same trough of German thought as did his contemporaries, but he reasoned about it, whereas they

Voraussetzung für große Gewaltverbrechen. KOHLER mutmaßt, dass es Jahrhunderte dauerte, »bis eine derartige Wildheit gezähmt« werden konnte.[1101]

Wie die Jahreszahlen dieser Publikationen indizieren, liegt das geschichtsphilosophische Paradigma einer in der griechischen Antike nichtvorhandenen ›Affektkontrolle‹ lange vor Norbert ELIAS' Schriften in der Luft.[1102] Für PLAMPER gießt ELIAS das »Großnarrativ eines Linearprozesses der Emotionskontrolle [...] Ende der 1930er Jahre« deshalb auch nur »in seine eleganteste – und verführerischste – Form«.[1103] Unter dem Einfluss der Psychoanalyse spricht ELIAS vormodernen Menschen ein gesellschaftliches ›Über-Ich‹ ab und verbindet die Moderne mit dem glänzenden Bild einer fortschreitenden Beherrschung und Kontrolle der Affekte. Bis heute lebt diese Abgrenzung früherer Zeiten von einem verhaltensdisziplinierten Epochenblock ›Moderne‹ im Begriff der »Affektkontrolle« fort: »In der Gesellschaft des Mittelalters und der frühen Neuzeit bestand eine große Bereitschaft zur gewaltsamen Konfliktlösung, die Affektkontrolle war nur mangelhaft ausgebildet.«[1104]

---

were more concerned with its emotive power.« Bloom (1990), S. 257. Zur Ideengeschichte der Generation des Unbedingten: Wildt (2003); Bloom (1993), S. 172 u. 184); Benda (1983), S. 69f., 87ff., 130ff. u. insbes. 200.

1101 Vgl. Kohler (1883), S. 172.

1102 Vgl. Elias (1990), S. 312ff., 351ff. u. 364ff. Zur Kritik der Vorstellung: Duerr (1987); Hinz (2002).

1103 Vgl. Plamper (2012), S. 61.

1104 Krause (2004), S. 204. Auch: Bellabarba (1999), S. 245; Sterchi (2005), S. 243; Dinges (1994), S. 28, 49, 139 u. 209. Dinges betont demgegenüber die Macht sozialer Selbstkontrolle in ›vormodernen‹ Gesellschaften. Zur philosophischen Grundlegung der Selbstkontrolle: »Schon die Art und Weise, in der wir gehen, uns bewegen, gestikulieren und reden, ist vom allerersten Augenblick an durch unser Bewußtsein geprägt, daß wir vor anderen auftreten, daß wir uns in einem öffentlichen Raum befinden, und daß dies der Möglichkeit nach ein Raum des Respekts oder der Verachtung, des Stolzes oder der Scham ist.« Taylor (1996), S. 36. Ähnlich: Ebd., S. 65, 438 u. 585. Max Weber geht den einzig gangbaren Weg, indem er eine Affektkontrolle durch den modernen Staat gar nicht erst postuliert. Zur Schwäche des Staatsrechts gegenüber Gesellschafts- und Sakralrecht hält er fest: »Die ›staatliche‹ Garantie der Rechte ist rein theoretisch betrachtet für keine grundlegende ökonomische Erscheinung unentbehrlich. Besitzschutz leistet auch die Sippenhilfe. Den Schutz der Schuldverpflichtung haben zuweilen religiöse Gemeinschaften [...] wirksamer als politische dargeboten.« Weber (1960), S. 81f. Ähnlich: Ebd., 60ff. u. 70ff.

Der Schluss von der ›Ehre‹ auf ›Affekte‹ erfolgte mit bemerkenswerter Selbstverständlichkeit: »*Orgē* – der Durchbruch südländischer Leidenschaft – als Grund von Ausschreitungen ist besonders häufig bei Auseinandersetzungen innerhalb der Poleis anzutreffen.«[1105] KITO gibt seinen Lesern zu bedenken: »Schließlich dürfen wir nicht vergessen, daß die Griechen Südländer sind. [...] Was nicht von beherrschter Leidenschaft zittert, ist nicht klassisches Griechentum.«[1106] FATHEUER formuliert die These nur sozialwissenschaftsgerechter: »In Gesellschaften, die keine öffentliche[n] Mechanismen zur Streitregulierung kennen (bzw. diese nicht anwenden wollen), ist die starke Betonung von Emotionen bei Kränkung typisch.«[1107]

Die Leitvorstellung einer unausgeprägten Affektkontrolle *regiert* den wissenschaftlichen Ehrendiskurs. Gekränkt in seiner Ehre, soll der archaische Grieche auf dem Weg durch die *polis* einen gefährlichen Hang zu »Urwaldsitten« und »zoologischen«[1108] Kriegen an den Tag gelegt haben. Die Ehre »verleitet stets zur Überschreitung ihrer eigenen und damit der sozial akzeptierten Regeln.«[1109] Ihre »habituelle Form« sei die »Bereitschaft zur Rache«.[1110] Die entwicklungslineare Konstruktion verhinderte vorurteilslose Interpretationen. Die »theoretische Normierungskraft« derartiger

1105 Kiechle (1969), S. 576 (Anm. 60).

1106 Vgl. Kito (1967), S. 340.

1107 Fatheuer (1988), S. 57.

1108 Zur Formulierung: Benda (1983), S. 33/206.

1109 Vgl. Brüggenbrock (2006), S. 24. Brüggenbrock verwandelt die Geschichte Athens in die Kollision zweier Normen: einer atavistischen Stammesehre (»Norm der Ehre«) und einer modernisierten Bürgerehre, die bei ihr fälschlicherweise »Norm der Polis« heißt. Die Stammesehre produziert dabei genauso eindimensional Gewalt, wie die Bürgerehre Zivilität. Vgl. Ebd., S. 27f., 234, 269 u. 308. Nach über dreihundert Seiten ›Normenkrieg‹ verkauft sie dann den Kollaps dieser Konstruktion als narrativen Mehrwert: »Von einem wirklichen Gegeneinander beider normativer Ansprüche kann nur in wenigen Ausnahmefällen gesprochen werden. [...] Das Verhältnis zwischen Ehre und Polis mit ihren jeweiligen normativen Ansprüchen kann deshalb eher als ein Miteinander charakterisiert werden.« Ebd., S. 319. Das Kriegsbeil zwischen den ›Normen‹ wird nach über dreihundert Seiten ohne jede weitere Erklärung zugunsten eines ›Miteinanders‹ begraben. Herman entwickelt das analoge ›Modell‹, nach dem ein Stammescode von einem Zivilcode abgelöst wird – ersterer meint ›Mord‹ (»have a high regard for honour«), letzterer nicht (»have a low regard for honour«). Vgl. Herman (1995), S. 51. Zur Kritik derartiger Konstruktionen: Speitkamp (2010), S. 321f.; Gehrke (1987), S. 125 (Anm. 20).

1110 Vgl. Brüggenbrock (2006), S. 29.

Konstruktionen behindert allgemein »unvoreingenommene Beobachtung«.[1111]

Das Ehr-*Gefühl* wird in der Forschung allerhöchstens rationalitätskonform terminologisiert: für Michael STAHL besitzen die Griechen kein Ehrgefühl, sondern ein »hochgezüchtetes und empfindliches individuelles Ehr*bewußtsein*«.[1112] Für Jens-Uwe KRAUSE erscheint das Gefühl als »sehr ausgeprägter *Sinn* für Ehre«.[1113] BARTA beobachtet gar ein »überempfindliche[s] griechische[s] Ehr*verständnis*«,[1114] das »insgesamt eher zuviel, als zu wenig ausgeprägt« ist.[1115] Ob die Disposition nun ›Gefühl‹ oder – rationalitätskonform – ›Bewußtsein‹, ›Sinn‹, ›Verständnis‹ oder ›Nerv‹ genannt wird, spielt allerdings eine untergeordnete Rolle gegenüber den Anspielungen, dass die Ehre *empfindlich* mache.

Die Sprachregelungen der Neuzeithistoriker hinterlassen einen ähnlich schalen Beigeschmack. Es wird eine »ausserordentliche Empfindlichkeit in Ehrensachen«,[1116] eine »Überempfindlichkeit der Ehre« unterstellt.[1117] Keine soziale Gruppe habe es gegeben, »die nicht *heftig* um ihre Ehre stritt«.[1118] Beleidigende Theaterstücke mündeten im Bürgerkrieg,[1119] Kränkungen entfesselten die »blutigsten Ehrenkämpfe«[1120] und die Elite rottete sich sinnlos im Duell aus.[1121] Aber auch der einfache Bürger habe seine Zeit mit »Abtastgefechten« und »sozialen Scharmützeln« vergeudet,[1122] die schnell zu Ehren- und Raufhändeln eskaliert seien: »Jeder Einzelne reagierte auf

---

1111 Vgl. Reiser/Schnapp (2007), S. 26ff. [dort über die Diskontinuität sozialen Wandels].

1112 Vgl. Stahl (1987), S. 87 [eig. Hervorh.].

1113 Vgl. Krause (2004), S. 32 [eig. Hervorh.].

1114 Vgl. Barta (2011a), S. 489 [eig. Hervorh.].

1115 Vgl. Barta (2011b), S. 150. Terminologisiert auch als »Sensibilität«, vgl. Ebd., S. 156. Ähnlich: Ruschenbusch (2005), S. 147ff.; Kito (1967), S. 334.

1116 Vgl. Wechsler (1991), S. 186. Auch: Rummel (1993), S. 89; Schreiner/Schwerhoff (1995), S. 4f.; Neubauer (1998), S. 24.

1117 Vgl. Kramer (1961), S. 141.

1118 Vgl. Dülmen (1999), S. 4 [eig. Hervorh.].

1119 Vor den Stadtmauern Avilas wird 1465 eine »schimpfliche Komödie« gegen Heinrich IV. aufgeführt, vgl. Brückner (1966), S. 205.

1120 Vgl. Speitkamp (2010), S. 21.

1121 Vgl. Powis (1986), S. 76f.; Speitkamp (2010), S. 131ff.; Appiah (2011), S. 47. Zum vermeintlich ausschweifenden Lebensstil: Zunkel (1975), S. 18f. Zu ganz anderen Einschätzungen des Adels kommen dagegen: Wrede/Carl (2007), S. 17; Bellabarba (1999), S. 244ff.

1122 Vgl. Rummel (1993), S. 88.

Ehrverletzungen überaus *empfindlich*, ja für unsere heutigen Vorstellungen sogar unbegreiflich heftig«.[1123] Die Raufhändel zeichnen sich aus durch »ein für unsere Vorstellung unglaubliches Maß an brutaler Gewalt.«[1124] Hemmungslos sei zum »nächstbesten Gegenstand« gegriffen worden,

»[...] um seinen Gegner zu verletzen: Krüge, Hacken, Dreschflegel, Sensen, Holzscheite, Stangen, ja Messer und Beile werden genannt. Meist wurde auf den Kopf geschlagen; gräßlichste Verletzungen der Gliedmaßen werden überliefert – die Baderrechnungen waren beträchtlich.«[1125]

Individuen, Gruppen und Staaten lauerten ›hypersensibel‹ auf jede Form der geringsten Missachtung.[1126] Sogar der Diebstahl von Pflaumen sei da als Verletzung der Ehre empfunden worden.[1127] Im Gedicht *Vom Ehrgeiz* gibt Machiavelli als Dichter einen Abriss über die globale Evidenz des Strebens nach Ehre:

»Denn von Skythien bis Ägypten, von Gibraltar zur Gegenküste, sieht man dies Übel keimen. Welches Land, welche Stadt ist frei davon? Welches Dorf, welche Hütte? Geiz und Ehrgeiz allenthalben [*l'Ambizione e l'Avarizia arriva*].«[1128]

1123 Dülmen (1999), S. 2 [eig. Hervorh.].

1124 Vgl. Ebd., S. 13.

1125 Ebd., S. 14.

1126 Vgl. Schwerhoff (1993), S. 188. In dieser Hypothese gründet auch Hobbes' Theorie. Vgl. Fn. 1264; Strauss (2001), S. 33.

1127 Vgl. Dinges (1994), S. 321. Vgl. Drexler (1967), S. 455 [»Personen und Sachen haben Ehre, genießen Ehre, werden geehrt *pro dignitate*, nach ihrem Rang und ihrem Wert. [...] Es kann auf alles angewandt werden, was einen Wert besitzt«]. Zum römischen *dignitas*-Begriff, der allgemein auf »die Würde einer besonderen sozialen Stellung« zielt: Burkhart (2006), S. 21.

1128 Vgl. Hoeges (2006), S. 145. Zu den Voraussetzung der *ambizione* in der historiographischen Rezeption der *ambitio* Roms: Fn. 464. Machiavelli ist kein Fürsprecher eines Ehrgeizes in der zweiten Reihe. Vgl. Weber (1998), S. 82. Die *ambizione* scheint für ihn das Bannwort für einen transgressiven Sieges- und Überbietungswillen zu sein, der seine Vorschläge ruinieren muss: »Andererseits sollte sein tatsächliches Verhalten keinesfalls nachgeahmt werden, *da der politische Erfolg daran hing, daß sich nur einer oder wenige der von Machiavelli empfohlenen Mittel bedienten*. Pointiert heißt das: War es das politische Ziel des Erasmus, daß möglichst viele Menschen den vorbildlichen Herrscher nachahmten, so sah Machiavelli die Erfolgsaussichten eines Politikers in dem Maße wachsen, wie sich nur wenige auf seine Methoden verstanden«. Münkler (1987), S. 63 [eig. Hervorh.]. Machiavelli geißelt Skrupellosigkeit – um nicht zu schreiben: ›Machiavellismus‹ – der Untergebenen, um den Ehrgeizigsten als Fürst inthronisieren zu können. Hahn bezeichnet derartige Tiraden als Interesse der Transgressoren »an der

Die Welt werde von dieser *potenzia occulta* in Schutt und Asche gelegt: »Vom Blut getrübt sind Gräben und die Wasser, voller Schädel, Beine, Hände und anderer zerfetzter, abgehackter Glieder.«[1129] Wie bei La Rochefoucauld ist das Streben nach Ehre unersättlich – allegorisch von Machiavellis dichterischem Talent unübertroffen in das Sprachbild einer Urne ohne Boden gekleidet.[1130]

Im Übergang zur Moderne sieht es nicht anders aus. Für Hegel gilt es als ausgemacht, dass »die Nationalehre das Treibende« sei, das Kriege entfachte.[1131] Als das algerische Staatsoberhaupt 1827 einen französischen Diplomaten mit dem Fächer verletzt, annektiert die französische Regierung das Land: »Dass ein Land wegen eines Fächers annektiert werden darf, erscheint heute unverständlich.«[1132] BENDA rafft das zeittypische (Vor-)Urteil paradigmatisch in einem Satz zusammen: »In der Tat ist ja nicht mehr zu zählen, wie oft in den letzten hundert Jahren beinahe ein Krieg die Welt in Brand gesetzt hätte, bloß weil sich ein Volk in seiner Ehre gekränkt sah.«[1133] Durch das Wort »bloß« dringt prismaartig der gebündelte Strahl des affektkontrollierten Überlegenheitsbewusstseins. Durch das Milchglas

---

Unzerstörbarkeit des von ihnen verletzten Tabus«. Vgl. Hahn (2002), S. 455. Siegt ein Peisistratos, Caesar oder Borgia im Kampf um die Vorherrschaft, geht ihm schlagartig der funktionale Sinn von Normeinhaltungen auf. Zu Peisistratos: Seibert (1979), S. 14f.; Stein-Hölkeskamp (1989), S. 149. Zu Caesar: Till (2003), S. 92f., 123 (Fn. 199) u. 142f. Immer getreu dem Motto: »Der Aufsteiger ist der radikalste Verfechter der Normen des Standes, in den er aufgestiegen ist«. Vgl. Stolle (1999), S. 48.

1129 Vgl. Hoeges (2006), S. 148. Der Ehrgeiz bemächtige sich des Menschen »als Herrn so vieler schöner Dinge«, um seine schöne Welt in den Abgrund zu reißen. Unter dem Brandwort *›ambizione‹* steigt Machiavelli eine »Erde voll von Blut und Tränen« und eine Luft, geschwängert von »Schreien, Schluchzen, Seufzen«, in Nase und Ohren. Vgl. Ebd., S. 149. Auch das Element der machinatorischen Phantasie (Fn. 1422) findet sich: »Beispiele, die die Welt noch nie gesehen!« Ebd. Den dichtenden Machiavelli packt der *horror* angesichts der Folgen: »oh Menschengeist, unersättlich, hoffärtig, tückisch und veränderlich, doch mehr als alles böse, heftig, wild und ungerecht, da durch deinen Ehrgeiz und Mutwillen der erste Mord auf dieser Welt geschah, das erste Gras sich rot gefärbt! [...] So kommt's, dass einer sinkt, der andere steigt«. Ebd., S. 146.

1130 Vgl. Ebd. Zu La Rochefoucauld: Fn. 55 [Roth].

1131 Vgl. Hegel (1967), S. 60. Ganz ähnlich das Urteil von Wolfgang Weber: Weber (1998), S. 71.

1132 Vöneky (2008), S. 151.

1133 Benda (1983), S. 95f.

der modernen Begriffe müssen, wie BRUNNER es ausdrückt, Bemühungen um die Ehre als eine einzige, »sinnlose Kraftvergeudung« erscheinen.[1134]

Nicht die Ehre selbst, sondern die wissenschaftlichen Aussagen über die Ehre, folgen einem durchaus kohärenten Muster: ein Gefühl, Bewusstsein, Sinn oder Verständnis für Ehre disponiert zu einer Verhaltens- oder Gefühlsauffälligkeit, die als Empfindlichkeit, Sensibilität oder Nervosität wahrgenommen wird. Wie ein Bein beim Schlag des ärztlichen Hammers auf die Patellarsehne unterhalb der Kniescheibe hochschnellt, sollen Menschen, in ihrer Ehre getroffen, aufschrecken. Einen scharfsinnigen Aphorismus HUPPS modifizierend, erscheint die Ehre als das »empfindlichste Organ des menschlichen Körpers [...] bei dessen bloßer Erwähnung schon das Wohlbefinden gestört werde und die Gemütlichkeit aufhöre.«[1135] In der empfindlich-sensiblen Kontaktzone soll es reflexhaft und unbedacht zu ›Affektausbrüchen‹ kommen:

»Beschimpfungen und Beleidigungen führten im äußersten Fall buchstäblich zu Mord und Totschlag. All dies ist im Lichte dessen, was wir über die Formen der Gewalt auch in anderen vormodernen Gesellschaften wissen, durchaus nicht überraschend.«[1136]

Analytisch betrachtet gestaltet diese Vorstellung die *philotimia* grundlegend um. Die langfristige ›Liebe zur Ehre‹ wird im Vorstellungskosmos des 20. Jahrhunderts, bedingt durch die Dichotomie ›Rationalität – Emotionalität‹, zu kurzfristig-irrationalen ›Affekten *aus* Ehre‹ umgeschmolzen.[1137] Die Ehre steht *a priori* als Aggregat heftiger Affektzuckungen fest.[1138] Welche Gefühle aber meint der Oberbegriff ›Affekte‹? Eine Antwort auf diese Frage verrät, welche Gefühle im 20. Jahrhundert überhaupt als geschichtswirksam angesehen wurden.

1134 Vgl. Brunner (1984), S. 11. Ähnlich: Görich (2001), S. 377.

1135 Bei Hupp ist es nicht die Ehre, sondern das Geld: »Der Anatom lehrt, das empfindlichste Organ des menschlichen Körpers sei der Geldbeutel, bei dessen bloßer Erwähnung schon das Wohlbefinden gestört werde und die Gemütlichkeit aufhöre. Die tägliche Erfahrung gibt dem Gelehrten recht.« Hupp (1930), S. 1.

1136 Krause (2004), S. 87.

1137 Vgl. Fn. 1091. Zur analytischen Trennung von kurzfristigen *Affekten* und langfristigen *Leidenschaften* im 19. Jahrhundert: Fn. 402.

1138 Vgl. Demel (2005), S. 63; Coffey (2007), S. 231; Powis (1986), S. 71.

Der Oberbegriff der Affekte bezeichnet nicht die Bandbreite menschlicher Gefühle – wie Trauer, Reue oder Zuneigung – oder einen romantisch verinnerlichten Strom zarter Gefühlsregungen.[1139] ›Affekte‹ bezeichnen *unisono* Gewaltbereitschaft.[1140] Selbst der Begriff der Affektkontrolle meint – unausgesprochen – weniger Gefühls-, als *Gewaltkontrolle*.[1141] Die Ehre erscheint als etwas, um das gekämpft, gemordet und gebrandschatzt wurde, das aber dieser Mühen gar nicht wert war.[1142]

›Ehre‹ geht mit ›Gewalt‹ eine kollokative Verbindung ein, die im Zweifelsfall stärkere Bindungskräfte besitzt, als die Wörter ›Hase‹ und ›Möhre‹ (die bei längerem Nachdenken auch nur über ikonische Evidenz zusammengehalten werden).[1143] Bei Winfried SPEITKAMP gipfelt die Kollokation in dem Satz: »Wer von Ehre spricht, darf von Gewalt nicht schweigen.«[1144] Und weiter:

»Ehre und Liebe, Gewalt und Tod – diese Begriffsverbindung scheint seit dem Ursprungsmythos des modernen Menschen, seit der *Ilias* von Homer, kaum noch aufzulösen zu sein und sich über das *Nibelungenlied*, Corneilles *Cid*, Fontanes Helden Effi Briest und Baron Innstetten bis zu aktuellen Ehrenmorden hinzuziehen.«[1145]

1139 Zum *homme sensible* wie zur *tenderness*: Dejean (1997), S. 31ff. u. 78ff.; Taylor (1996), S. 502ff., 521, 523ff., 534, 543, 555, 601, 629, 640, 646, 648, 656 u. 794; Landweer/Newmark (2009), S. 80 u. 89ff.; Frevert (2011a), S. 22ff.; Frevert (2012), S. 33–35.

1140 Frevert gelingt es mittels Lexikaquellen, die Begriffsgeschichte der Affekte geringfügig (»um eine Handvoll angeborener Triebe«) zu erweitern: »Affekte galten, laut *Brockhaus*, als heftige ›Gemütsbewegungen‹, die sich in leibhaftigen Zeichen kundtaten. [...] Sexualität, Aggression, Nahrungsaufnahme, Ausscheidung.« Frevert (2011a), S. 11f. An diesem Forschungsprojekt im Rahmen des MPI für Bildungsforschung *Geschichte der Gefühle* war der Verfasser beteiligt. Mir scheint sich das wissenschaftliche Verständnis von Emotionen im Ehrendiskurs gänzlich auf den zweitgenannten Punkt zu beschränken.

1141 Dieses Ergebnis ist nicht frei von Ironie, bezeichnete *affection* romantisch gesehen die Zu- und Hinneigung des Menschen, d.h. *appetitus*, nicht *aversio*. Vgl. Taylor (1996), S. 457. Über lat. *affectus* verläuft die Begriffsgeschichte dagegen stringenter, vgl. Perler (2011), S. 24.

1142 Zur Imaginationsprämisse der Ehre, s.o. S. 37ff.

1143 Zu Theorie und Definition semantischer Kollokationen und Bindungsstärken: Lutzeier (1995), S. 13, 88, 98; Schippan (1992), S. 61f. u. 198; Heringer (1999), S. 87; Tóth (2004).

1144 Speitkamp (2010), S. 21.

1145 Ebd., S. 70.

Das eindimensionale Verständnis von Ehre »als systematische[r] kognitive[r] Desorientierung ganzer Bevölkerungsgruppen« sagt, wie DINGES bemerkt, »mehr über das historiographische Vermögen des modernen Wissenschaftlers als über den zeitgenössischen Ehrbegriff« aus.[1146] Die Evidenz der »Vorstellung einer aus Ehren- und Vergeltungsideologie resultierenden Gewaltautomatik«[1147] scheint im wissenschaftlichen Ehrendiskurs kaum Erklärungs- oder Begründungsbedarf zu lassen.

Eigentlich hätte aber der Widerspruch zu Behauptungen wie der Mandevilles auffallen können: dass nichts so sehr »an der Zivilisierung der Menschheit mitgewirkt« habe, wie die Ehre.[1148] Untersuchungen, die Ehre als gewaltbremsende Kraft konzipieren, halten sich in überschaubaren Grenzen.[1149] Waren vormoderne Gesellschaften gewaltbereiter als die gegenwärtigen?[1150] Um diese Frage adäquat zu entwickeln, wird der zweite

---

1146 Vgl. Dinges (1994), S. 25.

1147 Vgl. Turner/Schlee (2008), S. 17.

1148 Wie Fn. 29.

1149 »Solche Kodizes [der Ehre, Anm. P.R.] mögen ebenso oft gebrochen wie befolgt worden sein, doch ohne sie ist ein Krieg kein Krieg mehr – sondern nur noch eine Metzelei.« Ignatieff (2000), S. 148. »Die Spielregeln in mittelalterlichen Lebensordnungen sehen bei näherem Hinschauen [...] ein breites und sehr spezifisches Spektrum an konfliktdämpfenden und konfliktbeilegenden Verhaltensweisen vor, die alle im Konzept Ehre verankert sind, denen darüber hinaus aber Züge, fast möchte man sagen pragmatischer Rationalität eigen sind, und das vor all den Prozessen der Rationalisierung, Professionalisierung und Modernisierung, die nach Meinung der Forschung nötig waren, um die archaischen in moderne Verhältnisse zu überführen.« Althoff (1995), S. 76. Auch: Moeglin (1995), S. 78ff; Dinges (1994), S. 172; Roth (1981), S. 304; Wechsler (1991), S. 228; Bowman (2006), S. 33.

1150 Nach der Jahrtausendwende lassen sich in Bezug auf die Antike immerhin Zweifel vernehmen: »Neben einer höheren Bereitschaft des antiken Menschen zur Ausübung physischer Gewalt ist auch die bisweilen geäußerte Ansicht, in Altertum oder Mittelalter seien die Menschen abgestumpfter gewesen, fraglich.« Zimmermann (2009), S. 21f. »Die spontane Rache, Blutfehden, Duelle, hatten in Athen spätestens im 5. Jh. ihre Legitimität verloren. Die Blutfehde [...] ist – wie auch später im Römischen Reich – nicht bezeugt«. Krause (2004), S. 32. »Wenn man sich die Gesamtheit der Quellen vor Augen hält, ergibt sich gleichwohl der Eindruck, daß die Menschen in Griechenland wie im Römischen Reich eher Grund hatten, um ihr Eigentum als um ihr Leben zu fürchten. Damit stünde die Antike in einem deutlichen Gegensatz zu zahlreichen anderen vorindustriellen Gesellschaften, die gerade durch ein hohes Maß an Gewaltbereitschaft charakterisiert sind.« Ebd., S. 203. »Die griechische Kultur war eine politisch in hohem Maße befriedete Gesellschaft; und dennoch eine blutige Kultur.« Flaig (2006), S. 29. Zu einem weiteren Ansatz: Reiss (2012), S. 7ff.

Teil der Arbeit das Verhältnis von Ehre und Gewalt explorieren. Ohne den Ergebnissen vorzugreifen,[1151] wohl aber um neben Mandevilles Überzeugung einen massiveren Zweifel zu setzen, sei darauf hingewiesen, dass der Teil über das Gewinnen der Ehre im ersten Teil der Arbeit (II.A.-D.) die Hypothese TURNERS mit dicker Linie unterstreicht: »Ehrediskurs und Gewaltlogik sind alles andere als ewige Zwillinge.«[1152]

Der antimoderne Ehrbegriff

Wer die gewaltmobilisierenden Affekte aus erhöhter Ehrempfindlichkeit ›hat‹, könnte auch an Tollwut leiden. Die dahinterstehende delegitimierende Strategie bewahrt ein französisches Sprichwort: »Wer seinen Hund ersäufen will, sagt, er sei tollwütig.«[1153] – Der Hund ist im vorliegenden Fall die Ehre selbst. Um sie zu ertränken, müssen Ehrverletzungen zu affektiver Tollwut führen. Nicht nur archaisch und anarchisch anmutende Begriffe wie Blutrache, Fehde, Todfeindschaft werden der Ehre angedichtet,[1154] sondern auch Jugendgewalt,[1155] Gewaltökonomien kollabierter Staaten (*failed states*)[1156] und Verbrechen aus Ehre (*honor crimes*[1157]). Das Präfix

1151 Meine Hypothese ergibt sich aus dem ab S. 312ff. vorgelegten Material.

1152 Turner (2004), S. 524.

1153 Benda (1983), S. 50.

1154 Zur Immunisierung der Hypothese von Fehden als Elementen der Anarchie: Brunner (1984), S. 30 u. 58 (mit Anm. 1); Turner/Schlee (2008), S. 21. Je eingehender das Präfix ›Blut‹ in ›Blutrache‹ oder ›Blutrecht‹ analysiert wird, desto unwahrscheinlicher erscheint mir, dass es überhaupt die Abstammung von Opfer und Racheverpflichteten und nicht das Verbrechen selbst – die *Bluttat* – meint. Zur Begriffsgeschichte von ›Blutrache‹: Cordes (2008), Sp. 623.

1155 »Eine ausgeprägte ›Ehrempfindlichkeit‹ legitimiert die Aggressionsbereitschaft bei beiden: Aussiedlerjungs und Macho-Türken.« Findeisen (1999), S. 85. Ähnlich: Ebd., 84 [»Gewalt hat bei diesen Jugendlichen einen Grund. Sie zeichnet sie als Kämpfer gegen Unrecht aus, sie wollen als Beschützer dastehen. Gewalt ist notwendig, um die Ehre zu verteidigen, Respekt herzustellen und um zu beweisen, daß man ein Mann ist.«], 88, 90 [»Der Schutz der ›Braut‹ ist Säule seines Selbstwerts und eine seiner Hauptsorgen.«], 141 [»Durch die Erziehung gemäß antiquierter Leitbilder von Männlichkeit wird in vielen Kulturen Heiratsfähigkeit erworben.«], 145 [»Beschützen bedeutet Besetzung der Gewaltmonopole: Polizei, Militär, Familienoberhaupt.«] u. 230 [Selbstwert werde durch Territorialverteidigung hergestellt: »Ehre ist die Dividende aus dieser Form von Wertschöpfung.«]. Vgl. auch: Bowman (2006), S. 286f.; Speitkamp (2010), S. 267ff.

1156 Vgl. Turner (2004), S. 522 (Anm. 1); Schlee (2006), S. 106ff. u. 159ff.; Lembke (2007), S. 48ff.; Speitkamp (2010), S. 278f.

des die medialen Empfindlichkeitszonen so verlässlich hochkochenden ›Ehrenmordes‹[1158] hebt die Ungewöhnlichkeit und Nichtakzeptanz derartiger Tötungsformen gegenüber den in Deutschland Sitte gewordenen ›Familienmorden‹ hervor, die medial offenbar als gesellschaftsfähiger angesehen werden. Ehrenmorde stehen quer zum eigenen Selbstverständnis. Das von Blutspritzern und Atavismus nicht blankzuputzende Präfix fungiert als Reizwort, das den Eindruck vermitteln soll,

»[...] jede Frau mit türkischer/kurdischer Herkunft sei eine latent von Gewalt bedrohte Trägerin archaischer Kultur und müsse um ihr Leben fürchten oder jeder Mann türkischer/kurdischer Abstammung könnte ein rückständiger Totschläger sein.«[1159]

Thomas FISCHER sieht sich im Kommentar des Mordparagraphen des deutschen Strafgesetzbuchs in bemerkenswerter Weise gezwungen, gegen derartige Vorstellungen anzuschreiben: »Die Annahme, schon einfache Beleidigungen würden die Tötung von Menschen zum zwingenden Gebot der ›Ehre‹ machen, ist auch in fremden Kulturkreisen durchweg fern liegend«.[1160]

Wahrnehmungsmuster der Ehrentollwut stellen dabei keinen deutschen Sonderweg nach zwei verlorenen Weltkriegen dar. BOWMAN dokumentiert dasselbe *antimodernistische* Wahrnehmungsmuster für den anglo-amerikani-

---

1157 Zur Unterscheidung von *honour crimes* (islamisch) und *passion crimes* (abendländisch) und zur phänomenologischen Ununterscheidbarkeit der darin katalogisierten Delikte: Ebd., S. 273f.

1158 Zwischen 1996 und 2005 wurden in Deutschland 55 potenzielle ›Ehrenmorde‹ registriert. Die Berichterstattung vermittelt ein anderes Bild. Vgl. Erbil (2008), S. 171. Da Ehrenmorde auch nach türkischem Strafrecht verboten sind (Fn. 1160), handelt es sich um von Migranten reaktualisierte ›Rechtsbräuche‹. Vgl. Ebd., S. 161 u. 173ff.; Speitkamp (2010), S. 270 u. 274; Bowman (2006), S. 19ff.
Offenbar räumen die Ehrenmorde funktional nicht die beschmutzte Frau, sondern das Menetekel einer die Männer beschmutzenden Frau aus dem Weg; die Schande findet sich weniger bei einer geschändeten Frau, als bei Männern, die die Frau nicht schützen konnten. Vgl. Appiah (2011), S. 169; Erbil (2008), S. 160; Jacoby (1983), S. 202 [»[I]t is impossible to overestimate the importance of a comprehensive set of laws stating unequivocally that the woman, not her husband or father, was the aggrieved party in a rape.«].

1159 Vgl. Erbil (2008), S. 175. Zur Ehre nach islamischem Recht: Heine (1995), S. 37ff.

1160 Fischer (2008), S. 1438. Zum Verbot im türkischen Strafrecht und zu seiner Geschichte: Erbil (2008), S. 125f. u. 131ff.

schen Sprachraum.[1161] Dem Westen wirft er ein »anti-honor sentiment«[1162] und »the growth of [...] an anti-honor culture« vor.[1163] Seit den 1920er Jahren sei der Begriff ›honor‹ gezielt attackiert, diffamiert und destruiert worden.[1164]

Die übermächtige Kollokation Ehre – Gewalt sorgt dafür, dass die Ehrsemantik, wenngleich ausgedünnt,[1165] von Aussterben und Inhaltslosigkeit heute weit entfernt ist. Statt blutleer zu sein,[1166] machen gerade bluttriefende Horrorbilder den Begriff zur *Chiffre des Antimodernismus.*[1167] Die Unterlegenheit archaischer Völker wird in den vermeintlichen Blutseen einer ›Ehrennorm‹ farbprächtig ausgemalt. In den septischen *agentes imagines* wird das ein- bzw. *ausgelagert,*[1168] was unverständlich erscheint. Die Nennung einer blutgetränkten Ehre soll kurzschlussartig die Vorstellung

---

1161 Vgl. Fn. 42 u. 46f.; Bowman (2006), S. 18ff., 23 [»we naturally regard it as an exotic growth, or perhaps a bizarre survival of an age long past in the West. Yet we are, in global terms, the odd ones out.«], 39 [»and the honor culture is despised as an offense to individual autonomy and moral progressivism.«], 34ff. u. 297.

1162 Vgl. Ebd., S. 31.

1163 Vgl. Ebd., S. 120.

1164 Zu Ursachenhypothesen: Ebd., S. 106. Mit der modernen Kriegsführung (als ›shell shock‹) meint er die kadmeischen Siege moderner Kriege und den daraus folgenden Pazifismus (Ebd., S. 294). Und unter ›psychotherapy‹ fasst er die Aufwertung von Leiden, die bis ins 20. Jahrhundert als unmännlich gegolten habe. Vgl. Ebd., S. 114ff., 120 u. 223.

1165 Vgl. Fn. 42.

1166 Vgl. Brüggenbrock (2006), S. 13; Salewski (2005), S. 183.

1167 Aus der antiken Rhetorik ist der Einsatz von Blutbildern bekannt, um Schlüsselepisoden zu betonen und unvergessen zu machen, sowie um Gefühle zu erregen. Vgl. Zimmermann (2009a), S. 170f., 174, 176 (Anm. 91) u. 181. Zum Blut als evidenzproduzierender Beweisführung für die Rückständigkeit einer Gesellschaft in der medialen Berichterstattung des Genozids in Ruanda: Ruch (2012a), S. 77ff. – Wer sein Blut nicht verhüllen kann, scheint das Wettrennen um Fortschrittshegemonie zu verlieren.

1168 Zur Theorie der Gewaltauslagerung (anhand von antiken Vasendarstellungen): »Unter Auslagerung sind Strategien der Verschiebung in der Thematisierung von Gewalt zu verstehen: [...] dieser Ausschluß, diese ideologische Differenzierung zwischen einem gewaltfreien Eigenen und einem gewalttätigen Anderen«. Fischer/Moraw (2005), S. 12. Ähnlich: Böhme (2009), S. 174. Vgl. Fn. 1183. Zur Anwendung dieser Theorie auf die Gewalt der antiken Tyrannen: Zimmermann (2009a), S. 165, 167, 175 [Timaios' Abrechnung mit den sizilischen Tyrannen »geschah weniger durch politische Analyse als vielmehr durch drastische Schilderung angeblicher Gewaltexzesse.«], 176 [»deckt sich mit entsprechenden Anweisungen in rhetorischen Handbüchern noch in der Spätantike, bei der Schilderung von Tyrannen müsse Gewalt fiktiv überzeichnet werden.«], 177 u. 180. Vgl. auch: Jordović (2005), S. 143–145 u. 162–165.

zentrifugaler Kräfte evozieren, die die Gesellschaft bedrohen,[1169] statt sie – wie Ehre in der Antike gedacht wird – zu organisieren.[1170]

Dieses gewaltunkontrollierte Bild funktioniert i.S.d. Transformationsparadigmas als »Selbstbeschreibung der jeweiligen Rezipientenkultur.«[1171] Die *enargeia* der Ehre wird als transformative Spiegelfunktion genutzt, um im Angesicht der Antiquiertheit antimoderner Gesellschaftsordnungen die Glorie der eigenen Affektkontrolliertheit zu evozieren. Der antimoderne Ehrbegriff ist eine Retroprojektion,[1172] die den eigenen, vermeintlich überlegenen Gewaltumgang begründen soll. Das Selbstverständnis der Gegenwart hat den Ehrbegriff daher nicht überkommen, sondern (miss-)braucht seinen Vorstellungskreis, um sich als überlegene Epoche abzugrenzen. Dahinter verbirgt sich der Anspruch auf Fortschrittlichkeit und Vorrangigkeit, wie er in der *Querelle des Anciens et des Modernes* ausgekämpft wurde.[1173] Dieser Anspruch wäre den mit den Blutorgien infamierten Zeiten als Anspruch auf Ehre geläufig gewesen:

»[T]he most important survival of honor in the West [...] lies in this sense of exclusivity *on the part of the englightened and progressive-minded honor group* who regard themselves as being above the demands of honor.«[1174]

Das Ungesehene und das Undenkbare sind zwei produktive epistemologische Kategorien, die davon künden, was eine Zeit nicht sehen und denken kann oder will. Einen Wegweiser zu dem, was ungesehen bleibt, stellt DINGES in einem spöttischen Kommentar auf: die Menschen aus vormodernen Gesellschaften diskreditierten sich durch einen tollwütigen Gefühlshaushalt, der »weniger frustrationstolerant, gefühlsgesteuerter, gewalttätiger, impulsiver war als das dann folgende 20. Jahrhundert, das anscheinend trotz Auschwitz und Kambodscha, Stalin usw. auf weichen Teppichböden gleitet.«[1175]

Wolfgang SOFSKY attackiert die Forschungschimäre der Moderne direkt:

1169 Gewalt wird in aller Regel als Zusammenbruch zivilisatorischer Normen wahrgenommen. Vgl. Fn. 1436.

1170 S.u. S. 225f.

1171 Vgl. Böhme (2011), S. 9.

1172 Zum Konzept von Retroprojektionen: Böhme (2011), S. 20.

1173 Vgl. Dejean (1997), S. 42ff.

1174 Bowman (2006), S. 39 [eig. Hervorh.].

1175 Dinges (1995), S. 58.

»Die Beteuerung, in einem Zeitalter sittlichen Fortschritts zu leben, zeugt nicht nur von Vermessenheit, sondern auch von historischer Verblendung. Sie gehört zur Mythologie der modernen Zivilisation. Die Chronik der Kriege und Massenverbrechen hat diesen Irrglauben längst dementiert.«[1176]

Die Deportationen, Vernichtungslager, Gulags und Tötungsmärsche des 20. Jahrhunderts zeugen nicht gerade von einer gelungenen Gewaltkontrolle. Obschon die Gewaltbilanzen des vergangenen Jahrhunderts geeignet sind, sämtliche Vorstellungen über vermeintlich ›barbarische‹ Vorzeiten in Scham versinken zu lassen, wird ausgerechnet der Gewaltumgang früherer Gesellschaften als vormodern, atavistisch und barbarisch gegenüber den Leistungen einer Affektkontrolle gebrandmarkt. Da die Tiraden auch nach dem Zweiten Weltkrieg nicht leiser werden, markiert das Überlegenheitsgefühl auf den eigenen Affekt- und Gewaltumgang – wenn er kein Gradmesser für Vergesslichkeit ist – einen toten Winkel des modernen Bewusstseins. Das Schlussplädoyer von Justice Jackson vor dem Militärgerichtshof in Nürnberg kündet von der konträren Einsicht:

»Zwei Weltkriege haben ein Vermächtnis von Toten hinterlassen, das nach Zahl größer ist als alle Armeen, die an irgendeinem Krieg des Altertums oder des Mittelalters beteiligt waren. [...] Der Schrecken des Torquemada verblaßt gegenüber der Nazi-Inquisition.«[1177]

Die Verbrechen des 20. Jahrhunderts könnten dem Mythos der Affektkontrolle auch einen eisigen, geradezu eichmännischen Sinn geben. Steht nicht die kühle und bürokratische Gewaltkalkulation in Zusammenhang mit einem affektregulierten Gefühlsboden?[1178] Die Tatsache, dass die Verbre-

1176 Sofsky (1996), S. 223.

1177 Vgl. Harris (2008), S. 457.

1178 »Nichts ist ihnen weniger anzusehen, als was sie auslösen könnten«. Anders (1994), S. 302. Zum Pflichtgefühl Himmlers bzw. zu dem »sehr schweren Befehl« des Führers: Longerich (2004), S. 149. Himmler experimentiert mit anderen Tötungsformen, nachdem er den ›Holocaust by bullets‹ aus nächster Nähe erlebt hat. Vgl. Hilberg (1994), S. 348. Auch Rudolf Höß stellt nach den Experimenten mit Zyklon B erleichtert fest: »Mir graute immer vor den Erschießungen, wenn ich an die Massen, die Frauen und Kinder dachte [...] Nun war ich doch beruhigt, daß uns allen diese Blutbäder erspart bleiben sollten, daß auch die Opfer bis zum letzten Moment geschont werden konnten«. Welzer (1995), S. 187. Das Ziel ›qualfreier‹ Tötungen gilt allerdings nicht den Opfern, sondern den seelischen Belastungen der Soldaten aus den Tötungskommandos (Angstgefühle, Magenbeschwerden, Depressionen). Vgl. Hilberg (1994), S. 335ff. u. 371f. Eichmann betrachtet die Vernichtung von Millionen Menschen als

chen vermeintlich ›rationaler‹ Gestalten wie Adolf Eichmann jeden ›Stammeskrieger‹ in Sachen Blutrünstigkeit übersteigen, verdeutlicht die Notwendigkeit, das Verhältnis von der Kontrolle der Affekte und der Limitierung der Gewalt strikt zu trennen und neu anzulegen.

Es kann nicht darum gehen, ›archaisch‹ – ›modern‹ vor der Folie von ›Irrationalität‹ – ›Rationalität‹ durchzuspielen: »Es gilt vielmehr, sowohl das Quasirationale im Elementaren als auch das Irrationale im bewußt Geplanten zu begreifen.«[1179] Die Hypostatisierung moderner, aggressionsarmer Gesellschaften, die nur unter Verlust zivilisatorischer Standards – statt aufgrund dieser – Gewaltapokalypsen anrichten,[1180] wirkt aus der Distanz wie eine trotzige, geschichtsferne Proklamation. Es dürfte eher gelten, was SOFSKY schreibt: »Die Gewalt [...] wird vollstreckt auf dem jeweiligen Stand der Destruktivkräfte. Von Rückschritten vermag nur zu reden, wer an Fortschritte glaubt.«[1181]

Die Einsicht in den Zusammenbruch des Fortschritts glückte empfindsameren Naturen wie Aby Warburg schon vor dem Abgrund des Ersten Weltkrieges.[1182] Dennoch werden die großen Gewaltkatastrophen des 20. Jahrhunderts selten der ›Moderne‹ *en bloc* zugerechnet, sondern in den

---

technisches Problem, das mit technischen Mitteln zu lösen sei. Gaskammern und Krematorien lösen zudem die Suffizienz der Gefühle ›Haß‹ oder ›Rache‹: während diese Gefühle irgendwann gestillt sind, können und sollen Krematorien gegen alle Sättigungsgrenzen ungebremst weiterqualmen und die politische Entscheidung affektunabhängig zu Ende bringen. Wie Adorno bemerkt, ist damit »nicht nur das Böse banal, sondern umgekehrt auch die Banalität bößartig geworden«. Vgl. Heins (2010), S. 123.

1179 Vgl. Burkert (1994), S. 15.

1180 »Denn entgegen der häufig anzutreffenden Vorstellung, Genozid sei ein atavistisches, ein anti-modernes Verbrechen, irrational in seiner an Besessenheit erinnernden Absolutheit, ist das Gegenteil richtig. Es ist modernes und rationales Denken, das Genozid befördert. Das Zeitalter der Aufklärung brachte schließlich nicht nur den Triumph der Vernunft, sondern auch den der Klassifikation. Alles sollte erklärt, in Tabellen und Stammbäume eingetragen werden. Genau wie Pflanzen und Tiere wurden nun auch Menschen klassifiziert«. Zimmerer (2010). »Fortschritt und Barbarei können seit Auschwitz nicht mehr getrennt voneinander betrachtet werden«. Brink (1998), S. 181. Auch der armenische Genozid ist weniger ein Projekt des Nationalstolzes bzw. der ›Ehre des Türkentums‹, als das einer Modernisierungsbewegung (›*Jung*-Türken‹), die den »kranken Mannes am Bosporus« kräftig auskurieren will. Vgl. Dabag (2002).

1181 Sofsky (1996), S. 226.

1182 Vgl. Böhme (2006), S. 238ff.

Ideologiebegriffen ›Nationalismus‹, ›Faschismus‹, ›Kommunismus‹ oder ›Stalinismus‹ partikularisiert.[1183] So sehr sich der Eindruck einer Gewalthegung statistisch aufdrängt,[1184] innerstaatliche Gewaltabrüstung war von der Antike bis in die Neuzeit mit dem Ziel verbunden, staatliche Gewalt außenpolitisch zu effektivieren.[1185] Globalbilanziert ist die Frage der staatlichen Gewaltlimitierung so aktuell wie je.[1186] Statt einer gesteigerten Kontrolle der Gewalt sollte mit der nötigen Skepsis vorsichtiger eine gesteigerte Ächtung der Gewalt diagnostiziert werden.[1187]

Antike Formen der Gefühlskontrolle

Die antiken Formen der Affektkontrolle, die bis heute mit und in Ehrsemantik übersetzt werden, hatten nie eine Chance, erwartungsstörend in das Zivilisierungsparadigma einzugreifen. Die Voraussetzung der Lehrmeinung gestiegener Affektkontrolle ist schließlich, »daß [...] die zu Disziplinierenden vorher undiszipliniert waren«.[1188] Aber von den homerischen Epen bis in die klassische Zeit wird weniger die Fähigkeit der Disziplin-

1183 Sogar der Versuch, die Gewaltursachen in die griechische Antike auszulagern, wurde unternommen, vgl. Fatheuer (1988), S. 7; Zimmermann (2009), S. 21.

1184 Vgl. Pinker (2011).

1185 »Doch bringe über meine Fluren nicht den Drang / zum Blutvergießen, der die jungen Herzen schwer / verwirrt, so daß, auch ohne Wein, vor Wut sie rasen, / und siedle nicht – als reiztest Hähne du zum Zweikampf – / im Kreise meiner Bürger jenen Ares an, / der Söhne eines Volkes aufeinanderhetzt! / *Nach außen nur sei Krieg*, wie er so leicht entbrennt: / In ihm mag Ruhmsucht sich mit vollen Kräften tummeln! / Geflügel eines Hofes soll sich nicht zerfleischen.« Aischylos: Eumeniden V. 858–866 [Übers. Ebener; eig. Hervorh.]. Athena fordert von den Erinyen also zwischenstaatlichen Hass. Durch die innere Hasseinhelligkeit verliert Athen am Ende buchstäblich alles. »Fällt jedoch die Konkurrenzsituation weg, in der Gewalt eingesetzt wird, richtet sich Gewalt gegen außen: die demokratische Polis des 5. Jahrhunderts exterritorialisiert Gewalt tendenziell in die kriegerische Auseinandersetzung mit äußeren Feinden [...]; die Polis selbst wird als gewaltfreier Raum imaginiert.« Stähli (2005), S. 43. Die These an neuzeitlichem Material: Rummel (1993), S. 87.

1186 Vgl. Sofsky (1996), S. 15, 26 u. 86; Zimmermann (2009), S. 20.

1187 »[D]ass einem in der Geschichte nie da gewesenen hohen Grad an politischer und gesellschaftlicher Ablehnung von Gewalt ein historisch einzigartiger quantitativer Höhepunkt an tatsächlicher Gewaltausübung in Form kriegerischer Auseinandersetzungen gegenübersteht.« Ebd., S. 24.

1188 Vgl. Dinges (1995), S. 61.

losigkeit gepriesen, als die der Selbstbeherrschung (*sōphrosynē*).[1189] Dahinter verbirgt sich, was es eigentlich erst im Übergang zur Moderne geben darf – die Kontrolle der Affekte.[1190]

»Mochte man auch in seiner Ehre verletzt sein, so galt es gleichwohl nicht als angemessen, auf jede Provokation sogleich mit Gewalt zu antworten. Der Tugend der Selbstbeherrschung, der *sophrosyne*, wurde hoher Wert beigemessen.«[1191]

Homers Heroen verkörpern formvollendet einen »Zwang zum Selbstzwang«.[1192] Achilles widerfährt das Schlimmste, was einem Krieger widerfahren kann; er wird vor versammelter Mannschaft ›entehrt‹.[1193] Metzelt er deswegen den Heerführer Agamemnon nieder? Achilles schwenkt zwar den Gedanken daran in seiner Brust hin und her: »Ob von der Seite er reiße die schwingende Schneide des Schwertes, / Alle zu Paaren zu treiben und dann den Atriden zu töten / Oder dämpfe das kochende Herz und zähme die Seele.«[1194] Von der personifizierten Vernunft Athene – wie eine Fortuna – hinten am Haar gepackt und handlungsblockiert, tut er aber rein gar nichts.[1195] Der ehrverletzte Achilles hält über mehrere Bücher lang still und ›grollt‹, statt in cholerischer Wut umherzuturnen und seinen ›Peiniger‹ in einem Blutbad niederzustrecken – wie es die Lehre der Affektunkontrolliertheit ›primitiver Völker‹ eigentlich erwarten ließe. Mehrere Helden fordern Achilles sogar auf, seinen Groll endlich affektzukontrollie-

1189 Vgl. Harris (2001), S. 132ff. u. 141. Zu Ursachenhypothesen (Homer als konfliktentschärfender Berater): Nicolai (1993), S. 329 u. 336.

1190 Vgl. Krajczynski/Rapp (2009), S. 50–52.

1191 Krause (2004), S. 31. Krause argumentiert mehr als zwiegespalten in dieser Frage (vgl. Fn. 1104).

1192 Zum Begriff: Elias (1990), S. 312. Was Münkler auf die Neuzeit münzt, gilt ebenso für den Adel bei Homer: »Der eine, überwiegende Teil der Menschen ist zur Selbstbeherrschung nicht fähig, er kann seine Affekte, Triebe und Leidenschaften aus eigener Kraft nicht bezähmen und bedarf darum der Fremddisziplinierung – durch den Staat; der andere, kleinere Teil der Menschen hingegen vermag sich selbst zu disziplinieren, aus eigener Kraft und Einsicht wird er Herr seiner Affekte und Triebe – und dieser Teil der Menschen bildet die neue gesellschaftliche Elite.« Münkler (1987), S. 225.

1193 Zum Vorfall: o. S. 117ff.

1194 Il. I. 190–192 [Übers. Scheffer].

1195 Vgl. Ebd., 188ff. Maier wertet die Epiphanie Athenes (I. 200) als Sieg der Vernunft – Athene als Göttin der Weisheit: Maier (2010), S. 46. Hirschberger geht allgemein von »Externalisierungen innerpsychischer Vorgänge der epischen Personen selbst« aus. Vgl. Hirschberger (2011), S. 287. Zur Handlungsfreiheit homerischer Helden auch und gerade *gegen* Götter (bzw. zur Revision Snells): Sarischoulis (2008), S. 161ff.

ren.[1196] Thersites' Lesart, weshalb Achilles seinen Vorgesetzten nicht öffentlich niederstreckt, verdient Erwähnung: »Aber er hat nicht Galle [*cholos*] im Leibe, der träge Achilleus! / Oder du hättest, Atride, das letzte Mal heute gefrevelt!«[1197]

Aus purer Frömmigkeit will Achilles hingegen Athene gehorchen: »Kochte mir auch im Herzen der Zorn, so ist es wohl besser; / Denn wer den Göttern gehorcht, den werden sie selber erhören.«[1198] Gezügelt haben dürfte ihn aber weniger die Einsicht als die Furcht vor den Rechtsfolgen. Auch Achilles weiß, dass, wer Bürgerkrieg wagt, Geschlecht, Gesetz und Herd verliert.[1199] Die ›Scham‹ (*aidōs*), die Achilles hingegen durch die Schleifung Hektors verloren haben soll,[1200] wird auch mit Ehrgefühl übersetzt.[1201] Bezeichnend ist, wie dieses Gefühl in Erscheinung tritt. Hektor lehrt die Troer:

> »Freunde, seid Männer und faßt euch ein Herz zu tapferem Streite, / Ehrgefühl zeigt [*aideisthe*] voreinander im Toben der heftigen Feldschlacht! / Männer von Ehre gewinnen sich leichter Leben als Sterben, / Fliehende freilich erringen sich weder den Ruhm [*kleos*] noch die / Rettung!«[1202]

Der gefühlskontrollierende Sinn dieser Worte ist zum Greifen nahe. Im vorliegenden Kontext der Verteidigung Troias geht es darum, nicht von den Angstaffekten ›zerschlagen‹ zu werden und undiszipliniert davonzurennen, sondern seine Ängste zu kontrollieren und Ehre und Haltung zu wahren. Nach der Lektüre des homerischen Epos gelangt HARRIS zur Schlussfolgerung: »The Iliad is, amoung other things, a lesson against uncontrolled and unassuaged wrath«.[1203]

1196 Vgl. Il. IX, 255; 496. Dazu: Snell (1986), S. 140.

1197 Vgl. Il. II. 241f. [Übers. Rupé]. Achilles gebraucht die identische Formulierung: »nur nichtige Menschen beherrschst du! / Ja, sonst hättest du wohl zum letztenmal heute gefrevelt!« Ebd., I. 232. Diese Galle steht für (cholerische) Wut, wenn nicht gar für die rechtliche Voraussetzung von Racheansprüchen. Shakespeare übernimmt die Begründung für Hamlet, als dem der ›drive‹ auszugehen scheint, seinen Vater zu rächen. Vgl. Shakespeare: Hamlet II. 2.

1198 Vgl. Il. I. 217f. [Übers. Scheffer].

1199 Vgl. Fn. 1015.

1200 Vgl. Fn. 1330.

1201 Vgl. Wagner-Hasel (2000), S. 168.

1202 Il. V. 529–532 [Übers. Ebener]. Ähnlich: VI. 441ff.; VII. 93; XXII. 75; Fn. 1052.

1203 Harris (2001), S. 153.

Auch auf Vasendarstellungen werden die Griechen zur Mäßigung angehalten.[1204] Perser und Thraker diskreditieren sich in der politischen Ikonographie durch ein *Zuviel* an Emotionen.[1205] Affektdarstellungen werden als bildaktive Strategie eingesetzt, um Unterlegenheit zu präskribieren. Gewalt soll geübt werden »ohne übermäßige Leidenschaft – ganz wie der Grieche, der auf den Bildern des Eretriamalers kurz entschlossen und lässig eine Amazone absticht – die Beischrift lautet: *kalos*«.[1206]

Herodot und Thukydides halten es mit einer gewissen Verachtung für Affektunkontrolliertheit. [1207] In Aristoteles' Behauptung, die Gesetze schrieben »die Werke des Besonnenen, also nicht Ehebruch zu treiben und Gewalttaten zu begehen, und die des Sanftmütigen, also nicht zu schlagen oder zu schimpfen« vor,[1208] klingt eine rechtliche Gewaltlimitierung durch.

1204 Vgl. Neumann (1965), S. 98 (Abb. 44).

1205 Vgl. Wannagat (2001), S. 59 [»Ähnlich wie bei den Klagefrauen in Prothesisszenen wird die Aufhebung der Affektkontrolle einer hierfür besonders disponierten Gruppe zugeordnet.«]; Hutzfeldt (1999), S. 45 [»Auch die ungewöhnlichen Klagelaute [...] drücken eine fremdartige Emotionalität aus.«].

1206 Vgl. Borg (2006), S. 257.

1207 »[...] neigt Herodot dazu, hochstehende Personen [...] unbeherrschter, eifriger und argloser darzustellen als andere Personen. [...] Kennzeichnend für diesen Menschentyp ist der Mangel an *sōphrosynē*. Eine diametral entgegengesetzte Lebenseinstellung vertritt dagegen Solon.« Montgomery (1965), S. 36. Für Thukydides ist es ein Zeichen von Ungebildetheit (»kurze Gedanken«), ohne politische Beratschlagungen drauf loszuschlagen. Wer sich nicht in Reden über die Gefahren seiner Politik aufklären lasse, handle unverständig. Reden (nicht Affekte wie Zorn und Hass) bezeichnet sein Diodotos sogar als »die Schule für das Tun«. Vgl. Thukydides III. 42, 2 [Übers. Landmann].

Isokrates beschreibt Athen als Motor dieser Artikulations- und Denkfähigkeit. Die Wettbewerbe um die beste Rede hätten immer höhere geistige Leistungen hervorgebracht, die Staunen hervorriefen. Die Rhetoren Athens seien die Lehrer Griechenlands. Mit anderen Worten: Reden und Redefähigkeit sind wesentlich mehr als rhetorische Mittel. Es geht um die treffende Rede, die maßgeschneiderten Begriffe, die beste Darstellung. Vgl. Isokrates: Panegyrikos [IV], 45 u. 47. Vgl. Kleons Worte in Fn. 413. Zur vorausschauenden und vorausdenkenden Rhetorik als Voraussetzung politischer Entscheidungen in der *Ilias*: Il. III. 203; XV. 281; Od. VIII. 166ff. Die von Thukydides gepriesenen Kampftugenden passen denn gar nicht ins Bild von Undisziplinierten: »Bereitwilligkeit, Ehrgefühl und Gehorsam gegenüber den Vorgesetzten.« Thukydides V. 9, 9 [Übers. Vretska/Rinner]. Dieses ›Ehrgefühl‹ bewahrt seinen Archidamos im Übrigen auch vor der Verachtung der Gesetze. Vgl. Ebd., I. 84, 3.

1208 Wie Fn. 175.

In Platons *Protagoras* steht die affektunkontrollierte Menschheit vor der Selbstausrottung. Zeus schenkt ihr zwei Gefühle, um den wilden, ungezähmten Menschen in ein *zōon politikon* zu verwandeln: Rechtsgefühl (*dikē*) und Ehrgefühl (*aidōs*). Zeus weist Hermes an, beide unter den Menschen zu verteilen, »damit die Ordnung der Städte auf ihnen beruhe und sie als freundschaftsstiftende Bande dienten.«[1209] Wer an dieser Grundausstattung von Rechts- und Ehrgefühl nicht teilhat, solle »als ein Unheil für die Stadt« hingerichtet werden.[1210]

So geläufig die Kollokation von Ehre mit Affekten und Gewalt auch erscheinen mag, die Ehre dient auffallend häufig dazu, Affekte und Gewalt zu limitieren.[1211] Affektkontrolle liegt nicht *vis-à-vis* von Ehre, sondern wird in ihr mitgedacht. Die *sōphrosynē* ist kein Affekt, sondern eine Tugend und fällt deshalb aus der Diskussion heraus. Aber die kontrollierende Wirkung des Ehrgefühls nimmt Bacons Konzeption der *psychomachia* vorweg. Leidenschaften werden schon in der antiken Philosophie mit stärkeren Leidenschaften bekämpft.[1212] Wie Hektors Ausspruch zeigt, bezwingt *aidōs* die Furcht vor Tod.[1213] Selbst Aristoteles, der sich erbittert gegen die vernünftige Wirkung einer Begierde aus formallogischen Gründen wehrt,[1214] de-

---

1209 Vgl. Platon: Protagoras 322d [Übers. Manuwald]. Die Gefühle reichen aus, um die *polis* herbei- und Menschen in größere Gemeinschaften zu überführen. Hermes baut allerdings einen Widerhaken ein: »Soll ich, wie die fachlichen Fertigkeiten verteilt sind, so auch diese zuteilen?« – »›Sie sind folgendermaßen verteilt: Ein einziger, der die Heilkunst beherrscht, ist genug für viele Nichtfachkundige, und bei den anderen Fachleuten verhält es sich ebenso. Soll ich also auf diese Weise auch rechtliches Verhalten und Respektierung des anderen unter die Menschen bringen, oder soll ich sie unter alle verteilen?‹ ›Unter alle‹, sagte Zeus, ›und alle sollen daran teilhaben‹; es könnten nämlich Städte nicht entstehen, wenn nur wenige daran teilhätten wie an anderen Fähigkeiten.« Ebd., 322c-d.

1210 Vgl. Ebd., 322d.

1211 »Am meisten zieren dich Ehrgefühl, Gerechtigkeit und Selbstbeherrschung. Durch diese Eigenschaften nämlich wird *nach allgemeiner Ansicht* das Verhalten junger Menschen in Schranken gehalten.« Isokrates: Rede an Demonikos [I], 15 [eig. Hervorh.]. Vgl. auch: Hesiod: Werke und Tage 323 [*aidōs*]; Aristoteles: EN 1128 b16 u. b33ff.; 1179 b10; 1180 a4; Rhetorik 1389 b29.

1212 Vgl. auch die platonische Psychologie von *thymos* und *logos* gegen *epithymia*: Fn. 1236.

1213 Fn. 1202.

1214 Für Aristoteles ist der Kampf zwischen zwei Begierden im Dienst der Vernunft eine logische Unmöglichkeit. Wenn er meint, den Begierden (*epithymia*) können nur Gewalt (EN 1179 b28) und Entscheidungen (1111 b17) entgegentreten, liegt das näher an Machiavellis Auffassung, als Bacon und Hobbes. Vgl. Fn. 1230. Der politischen

finiert die hinter *aidōs* steckende ›Scham‹ als »Verlust der Ehre«[1215] und als »Schmerz und Beunruhigung über diejenigen Übel, die einem ein schlechtes Ansehen einzubringen scheinen, seien sie gegenwärtig, vergangen oder zukünftig.«[1216]

2. Menschen ohne Rache

Die Blutevidenz der Rache in den Tragödien

Warum »Ehre und Gewalt untrennbar verbunden sind, warum Ehre oft genug zur Eruption von Gewalt geführt«[1217] haben sollen, wird selten bezweifelt oder als Fragestellung erforscht. Das Gewaltpotenzial der Ehre wird methodisch vorausgesetzt, statt sauber nachgewiesenen zu werden. Um die archaische Gewaltbereitschaft zu untermauern, werden zumeist drei Quellengattungen in den Methodenkapiteln aufgeführt: griechische Tragödien,[1218] das *Nibelungenlied*[1219] oder ethnologische Forschungsergebnisse wie die *vendetta* der sizilianischen Mafia. [1220] Letzterer, selbst

Anthropologie nach Machiavelli (der ›politischen Wissenschaft‹) geht es denn auch weniger um logische Stringenz, als um Erfahrung. Vgl. Fn. 433 u. 2047. Aristoteles qualifiziert daher auch *aidōs* nicht als Tugend, sondern als Affekt. Vgl. EN 1128 b10–15; 1147 a15. Scham aber nicht wenigstens als tugendbildendes, d.h. moralisches Gefühl zu klassifizieren, bleibt aus psychologischer Perspektive schwer zu rechtfertigen. Scham entsteht durch die »Diskrepanzen zwischen den Ist- und Sollzuständen«, d.h. bei peinigenden Defiziten. Vgl. Kersten (2009), S. 36. Scham tritt für Aristoteles in der *Nikomachischen Ethik* erst nach einer Handlung auf, was seine philosophischen Vorbehalte erklären könnte. Aber die konträre Position trägt er in der *Rhetorik* vor: man schäme sich nicht nur für schändliche Dinge, die man bereits getan habe, sondern auch, wenn man sie sagt, begeht oder beabsichtigt. Vgl. Rhetorik 1367 a8. Vgl. Fn. 1216.

1215 Vgl. Rhetorik 1384 a17.

1216 Vgl. Ebd., 1383 b15.

1217 Vgl. Speitkamp (2010), S. 23.

1218 Vgl. Fn. 1649, 1666, 1711f. u. 1742. Zur Methodendiskussion, s.u. S. 238ff.

1219 Vgl. Burkhart (2006), S. 23 u. 213 (Anm. 8).

1220 »Hans van Wees hat die archaischen Gesellschaften Griechenlands m.E. überzeugend mit der Mafia und ihrer Ideologie der Vendetta verglichen.« Borg (2006), S. 231. »Die außerordentliche Fixierung auf die Ehre des Einzelnen und seiner Familie bzw. seiner *philoi*, welche die Notwendigkeit, diese Ehre mit Gewalt zu verteidigen einschließt,

einigermaßen ›mafiös‹ anmutende ›Trick‹, ethnologisch gewonnene Erkenntnisse aus »mediterranen Bauern- und Hirtengesellschaften« als Grundlage in historische Arbeiten einzuschleusen, um sie in antiken Quellen bestätigt zu finden, wurde ausgiebig kritisiert.[1221] Dies ist – um ein Verdikt Wolf LEPENIES' auszuborgen – »Metaphysik auf der Suche nach ihrem empirischen Alibi«.[1222]

Als Beleg der Gewaltbereitschaft werden aber auch Tragödien als Quellen angeführt. Sind ausgerechnet antike Tragödien zur Untermauerung der archaischen Brutalität zitierfähig?[1223] Um diese Frage in ihrer gesamten Breite zu entwickeln, soll der antike Denkhorizont mit einbezogen werden. Antike Autoren bezeichnen die fragliche Gewaltbereitschaft nicht unpräzise als ›Affekte‹. Sie greifen zu einem einzigen – vermeintlichen – Affektbegriff. Das Verhältnis von Ehre und Gewalt lässt sich selbst in einen, dem

---

führt zu Vendetta-artigen Fehden und einem Teufelskreis von Gewalt, welche die Gesellschaft zu sprengen drohen.« Ebd., S. 233.

»Die Verhaltensnorm der Ehre, *das betonen sozialgeschichtlich orientierte Arbeiten*, birgt ein enormes Konfliktpotential.« Brüggenbrock (2006), S. 24 [eig. Hervorh.]. »In the long retreat from uncontrolled vendetta, which characterized human life in its most savage stages«. Jacoby (1983), S. 69.

Dagegen: »Vendetta and feuds of the type familiar in other Mediterranean societies were unknown, and violence relatively rare.« Lanni (2006), S. 26. Zur Grundlage: Peristiany (1965). Eine Übersicht über die ethnologischen Standardwerke findet sich in: Frevert (2013), S. 83f. (Anm. 18).

1221 Vgl. Roodenburg (1998), 366ff., 372 u. 386; Giordano (1994), S. 172ff.; Speitkamp (2010), S. 279. Trotz des beträchtlichen Anteils ethnologischer Materialsammlungen sogar bei Kelsen [vgl. Kelsen (1941)], halte ich die methodische Kritik im Kern für zutreffend. In dieser Arbeit *begründend* auf ethnologische bzw. anthropologische Befunde zu verzichten (Fn. 637 stellt eine phänomenologische, keine ethnologische Erkenntnis dar), ist kein Zufall. Es soll, wie ausführlich dargelegt wurde, die ernsthafte Alternative erwogen und aufgebaut werden, die Macht der Ehre nicht aus der menschlichen *Natur* (oder einer allgemeinen ›Kultur‹), sondern *aus den Rechtsfolgen* zu erklären. Dazu ausführlich, o. S. 42ff. Der Verzicht wie eine dezidierte Kritik der ethnologischen Quellen (vgl. Fn. 328, 357 u. 503) ist die konsequente Umsetzung der methodischen Absicht, aus rechtlichen und rechtsmodellierten Quellen die emotionale Dominanz der Ehre zu erklären, begreiflich und verständlich zu machen.

1222 Vgl. Lepenies (1988), S. 85.

1223 Das ›Nibelungenlied‹ wird nicht eigens durchgesprochen, es sei aber durch die Diskussion der Tragödien mitbehandelt. Es kämen dieselben Argumente zur Anwendung.

Begriff der *timē* nicht gerade entfernt stehenden ›Gefühlsbegriff‹ bringen: *timōria* – Rache.[1224]

Diese Einsicht ist für den Verlauf der Untersuchung fundamental. Auch wenn Rache immer wieder ins Wort- und Beobachtungsfeld des wissenschaftlichen Ehrendiskurses drängt, reift sie selten zu einer eigenständigen, untersuchungswürdigen Kategorie – wie etwa ›Ehre‹, ›Macht‹ oder ›Duelle‹ – heran. Rache wird stattdessen unter dem Etikett der ›verletzten Ehre‹ subsumiert. Stellvertretend für dieses Phänomen sei der Aufsatzband *Verletzte Ehre* genannt, der reichhaltiges Anschauungsmaterial zur Rache versammelt, ohne dass es begrifflich Einfluss auf den Buchtitel nehmen konnte oder durfte.[1225]

Am Augenfälligsten wird die unausgesprochene Unterfütterung von Ehre mit Rache bei BOWMAN, der sie von der ersten Seite an als Rache definiert, ohne das explizit zu machen. Die uneingestandene begriffliche Verzerrung liest sich dann so: »the basis of what used to be called ›honor‹. We seldom call it that anymore [...], but for now it's enough to remember that you can't expect, when you get somebody, that they won't get you back.«[1226] Rache dissimuliert er in ›reflexive honor‹ (man beachte den Vorstellungsrest der empfindlich getroffenen, *reflexhaft* ausschlagenden Patellarsehne[1227]). Nach dem Modell von Natur und überformender Kultur

---

1224 Die Klassifizierung der Rache als Gefühl bezieht sich an dieser Stelle auf moderne Vorstellungen. Für die griechische Antike ist ›Rache‹ *kein* Gefühlsbegriff, wie zu zeigen sein wird. Mein Dank gilt Fabian Bernhardt, der ›Rache‹ lange vor mir als erforschungswürdige Kategorie *erkannte* und im Rahmen des Exzellenzclusters der Freien Universität Berlin *Languages of Emotion* seine eigene, systematisch-philosophisch orientierte Arbeit vorlegen wird. Der Begriff *timōria* wird erst im 5. Jahrhundert v. Chr. gebildet. Vgl. Gehrke (1987), S. 134 (Anm. 82). Zur semantischen Verwandtschaft älterer Begriffe wie *tisis* mit *timē*: Descharmes (2013), S. 48f.

1225 Vgl. Schreiner/Schwerhoff (1995). Die dafür eigentlich notwendige Rezeption von Otto Brunners *Land und Herrschaft* hingegen scheint sich in engen Grenzen gehalten zu haben: »Aber wirklich rezipiert worden sind BRUNNERs Erkenntnisse nicht.« Patschovsky (1997), S. 147. Ein anderes Beispiel formiert Dinges' Untersuchung, die über weite Teile eine Abhandlung zur Rache ist, ohne sich dies wirklich einzugestehen: »Aus all dem muß man schließen, daß die Ehrverletzungen ganz erhebliche Emotionen freisetzen, die sich in kaum durch die Gerichte zu bändigende Rachegelüsten Raum schaffen«. Dinges (1994), S. 155. Mit dem Terminus von »Rachegelüsten« steht es wie mit Leo Strauss' »Rachbegierde«, s.u. S. 232 (Fn. 1238).

1226 Vgl. Bowman (2006), S. 1.

1227 S.o. S. 214f.

grenzt BOWMAN die ›reflexive honor‹ von ›cultural honor‹ ab. [1228] Theoriegerecht sublimiert Kultur gewaltbereite Natur.

Selbst der politischen Philosophie unterläuft die Ineinssetzung von Ehre und Rache.[1229] Um dies zu erläutern, muss etwas ausgeholt werden. Für Machiavelli können drei Dinge die »Feuer« des Ehrgeizes löschen: Gesetze, Gewalt und Gnade.[1230] Die Kostprobe von Machiavellis poetischem Talent[1231] gipfelt in einer für das politische Denken der Neuzeit alles entscheidenden Frage: *»Wäre einer nur bereit von anderen zu lernen, wie den Ehrgeiz zu bemeistern«.*[1232] Was Machiavelli aporetisch meint – die Vorstellung eines Gegenaffektes, der die *ambizione* besiegt, ist ihm durchaus fremd –, verwandelt die politische Philosophie in einen Forschungsauftrag. Nach Gesetzen, Gewalt und Gnade wird gewissermaßen ein vierter Weg zur Beherrschung der menschlichen Natur gesucht – in den Gefühlen.[1233] Zum zentralen Instrument der Bekämpfung der Affekte avanciert der Kampf der Affekte untereinander, die *psychomachia*, welche die Störanfälligkeit des Politischen zum Wohle des Staates überwinden hilft.[1234]

»Die Gesetzgebung betrachtet den Menschen, wie er ist, um von ihm guten Gebrauch in der menschlichen Gesellschaft zu machen; so macht sie aus der Grausamkeit, der Habsucht und dem Ehrgeiz – den drei Lastern, die das ganze

1228 Vgl. Ebd., S. 6 u. 10.

1229 Vgl. Popper (1992), S. 277.

1230 »Ich höre, wie der Ehrgeiz mit jener Schar, die ihm von Anbeginn der Himmel beigegeben, über den Bergen der Toskana fliegt und soviele Feuer schon entfacht hat unter jenen neiderfüllten Menschen, dass er ihre Felder, ihre Städte noch verbrennt, wenn sie nicht Gnade oder bessre Ordnung löscht.« Hoeges (2006), S. 149f. Über die in offenkundiger Nähe zum Ehrgeiz liegende Missgunst: »Jeden stört das Glück des andern, daher ist er wachsam, angespannt und stets auf Übles für den andern aus. Dazu treibt uns natürlicher Instinkt, ureigener Drang, ureigne Leidenschaft, wenn nicht Gesetz und stärkere Macht uns zähmt.« Ebd., S. 147. Der Ehrgeiz Frankreichs hingegen verheere Italien, »da kein Gesetz und Herrscher ihm erlaubt, sich im Innern auszuleben; deshalb weicht das eigene Laster meist, doch pflegt's im Haus des Nächsten zu rumoren, wo seine Wut sich dann enthüllt.«

1231 S.o. S. 212.

1232 Hoeges (2006), S. 149 [eig. Hervorh.].

1233 Vgl. Fn. 424.

1234 »Die wahre Erkenntnis des Guten und Schlechten kann einen Affekt [...] nicht hemmen, sondern allein, sofern sie als Affekt angesehen wird.« Strauss (2001), S. 31 [rekurrierend auf Spinoza: Ethik IV. 7 u. 14]. Vgl. Hirschman (1987), S. 18, 23, 27ff., 34f. u. 38f. Zur Frage, ob eine derart konzipierte Leidenschaft kategorial noch ein Gefühl sein kann: Fn. 443 [Hirschman] u. 1875 [Strauss].

Menschengeschlecht verwirren – das Militär, den Handel und den Hof und damit die Stärke, den Reichtum und die Weisheit der Staaten [...]«[1235]

Diese Idee ist allerdings nicht dem Genie Vicos, Bacons oder Spinozas geschuldet, sondern eine Eigenleistung der platonischen Anthropologie. Platon denkt den Kampf der Vernunft gegen die Begierden in der *Politeia* weder un-, noch antiemotional, sondern *logos* soll sich mit *thymos* verbünden, um die *epithymia* zu kontrollieren.[1236]

Für Leo STRAUSS liegt die ideengeschichtliche Genesis des modernen Denkens in der psychomachischen Überwindung der Eitelkeit und damit in der Abschaffung der Ehre bei Thomas Hobbes. Hobbes identifiziere das eitle Verlangen nach Ehre als bedrohlichsten Feind der politischen Ordnung, als Quelle des *Civill War.*[1237] Um dieses politische Bedrohungspotenzial der Ehre zu begründen, greift STRAUSS aber zur Rache. Die Todesfurcht verwandle »die *Rachbegierde* in Hass«.[1238] Das gewählte Kompositum einer Begierde und die Einkürzung der Rache künden pejorativ davon, dass der damit bezeichnete Affekt auch für STRAUSS nicht zu den untersuchungswürdigen gehört.[1239] Die blutige Evidenz der Rache scheint seinen sonst so detektivischen Fragekatalog kurzerhand zuzuschlagen. Da-

1235 Vico: Scienza Nuova 132 [Übers. Hösle/Jermann].

1236 Vgl. Jaeger (1947), S. 86. Nach der Auffassung Jaegers schafft dies einen »Staat in uns« (Ebd., S. 88), so dass der Mensch nicht länger von Idealstaaten ab- und politischen Utopien nachhängt (die im Desaster endeten). Die *Nomoi* enthalten dagegen eine antiemotionale Lehre, da das goldene Band der Vernunft sich ohne emotionale Gehilfen gegen die »eisernen Drähte[n] der Triebe« Gehör verschaffen soll. Vgl. Ebd., S. 303.

1237 Vgl. Strauss (2001), S. 17, 35, 67 [Ehre und Gerechtigkeit nicht mehr komplementär, sondern *konträr*], 130, 133 [»Indem Hobbes ›Ehre‹ durch ›Gewalt und Betrug‹ ersetzt, gibt er zu verstehen, daß er das, was er bisher als ›Ehre‹ geschätzt hat, nunmehr als von Grund auf ungerecht, als einen Vorwand der Ungerechtigkeit durchschaut hat.«]. Zu den methodischen Voraussetzungen dieser ›Erkenntnis‹ im Werk von Thukydides, s.o. S. 89ff. Strauss etikettiert die Gefühle *aus* Ehre quellengetreu als ›Eitelkeit des Menschen‹, was das Kennzeichnende der neuzeitlichen Vorstellungswelt transportiert (Fn. 14ff.). Zur Identität von Ehre mit anderen Begriffen: »Insbesondere sind ›ehrenhaft‹ alle Affekte oder Handlungen, die aus dem Bewußtsein der eigenen Überlegenheit hervorgehen. Dieses Bewußtsein heißt Ruhm oder Stolz.« Ebd., S. 68. »Daher darf man sagen: der Ruhm oder Stolz ist die Quelle der Ehre.« Ebd. Diese Sichtweise ist (weder für Hobbes, noch für Strauss verwunderlich) rein *aristotelisch*: Fn. 417.

1238 Vgl. Strauss (2001), S. 34 [eig. Hervorh.].

1239 Rache spielt bei ihm denn auch keine Rolle mehr, auch wenn (oder gerade weil) sie das eigentliche anthropologische Bedrohungsszenario bildet.

bei hätte ihm auffallen können, dass Hobbes die Transformation von Rache in Hass *per definitionem* ausschließt.[1240]

Hobbes' Lehre, die HIRSCHMAN als Repressionsvorschlag missversteht,[1241] ist dennoch nach Art einer *psychomachia* konstruiert.[1242] Hobbes setzt auf *fear of death*, um die Macht der Ehre zu überwinden und die Eitelkeit zu kontrollieren. I.S.d. Affektstärken spart STRAUSS aber die entscheidende Frage aus, ob die Todesfurcht überhaupt in der Lage sein kann, die Ehrliebe zu bewältigen?[1243] Homer lässt seinen Hektor unentwegt das Gegenteil behaupten, nämlich dass das Gefühl der Ehre die Furcht vor dem Tod domestiziere.[1244] Die These, dass – negativ ausgedrückt – die Furcht vor Tod die Furcht vor Schande bändigt oder – positiv gewendet – die Liebe zum Leben die Liebe zur Ehre besiegt, bleibt zumindest auf dem Boden der Epen zweifelhaft.

Bei HIRSCHMAN sieht es kaum anders aus. Unter dem Eindruck politischer Unruhen gehe es der neuzeitlichen Philosophie nicht darum, den Menschen besser zu machen – so lautet Aristoteles' Auftrag an die politische Wissenschaft[1245] –, sondern eine Rezeptur gegen den Bellizismus der menschlichen Natur zu finden.[1246] Die Unruhe soll durch die eine ›bestän-

---

1240 »Revengefulness is that passion which ariseth from an expectation or imagination of making him that hath hurt us, to find his own action hurtful to himself, and to acknowledge the same; and this is the height of revenge. [...] *Revenge aimeth not at the death, but at the captivity and subjection of an enemy*; which was well expressed in the exclamation of Tiberius Caesar, concerning one, that, to frustrate his revenge, had killed himself in prison: Hath he escaped me? *To kill is the aim of them that hate*, to rid themselves of fear; revenge aimeth at triumph, *which over the dead is not.*« Hobbes: Human Nature IX. 6 [eig. Hervorh.]. Vgl. auch: Hobbes: Leviathan XV [7th Law of Nature].

1241 Vgl. Hirschman (1987), S. 23.

1242 Hobbes: »this [...] is of special use in moral and civil matters; how, I say, to set affection against affection, and to master one by another«. Zit. n.: Strauss (2001), S. 111. Hobbes steht nicht nur in der Tradition Bacons, sondern greife über sie hinaus: »Er will also nicht bloß wie Bacon die Leidenschaften gegeneinander ausspielen, um so den Weg zur Verwirklichung der schon zuvor feststehenden Normen zu zeigen; sondern er will eine Politik, die von vornherein in Einklang mit den Leidenschaften steht, entwerfen. Das Studium der Leidenschaften [...] soll nunmehr die Grundlage für die Erkenntnis der Normen selbst werden.« Ebd., S. 120.

1243 S.o. S. 95ff.

1244 Vgl. Fn. 1202 u. 1213.

1245 Vgl. EN 1102 a9ff.

1246 Vgl. Hirschman (1987), S. 40, 61 u. 138. Zur Unruhe: Fn. 447.

dige‹ Leidenschaft in *tranquilitas* überführt werden.[1247] Die Aufwertung der Geldliebe verdanke sich der »verzweifelten Suche nach einer Möglichkeit, den Zusammenbruch der Gesellschaft zu verhindern«.[1248] Dass die Geldliebe qualitativ aber nicht affektstärker als die Ehrliebe sein kann, wurde bereits dargestellt.[1249] Der neuzeitlichen Philosophie geht es daher überhaupt nicht um die Entdeckung der beständigsten Leidenschaft, wie HIRSCHMAN behauptet.[1250] Nicht die *Stabilität* des Affekts ist maßgeblich, sondern seine *Friedlichkeit*. Warum aber macht HIRSCHMAN diese Implikation nicht explizit?

Susan JACOBY vertritt die These, dass unser Zeitalter von einem Tabu der Rache regiert werde, das in seinen psychologischen und politischen Folgen mit dem Tabu der Sexualität im Viktorianischen Zeitalter vergleichbar sei.[1251] Rache sei aus dem Kreis der wünschenswerten Emotionen ausgeschlossen worden. Die moderne Gesellschaft sei sogar stolz auf ihre Leistung, den ›Menschen ohne Rache‹. Das klingt auf den ersten Blick nicht bedauernswert, würde sich die Aussperrung des Gefühls nicht ›rächen‹:

»The personal and social price we pay for the pretense that revenge and justice have nothing to do with each other is as high as the one paid by the Victorians for

1247 Zum friedlichen Rechtsverständnis derartiger *tranquilitas*, s.u. S. 258.

1248 Vgl. Hirschman (1987), S. 138. Auch: Ebd., S. 140 [»Ja, sobald einmal die erwünschten Folgen nicht eintreten, sich weigern, Wirklichkeit zu werden, wird die Tatsache, daß man ursprünglich auf sie gezählt hat, meist nicht nur vergessen, sondern aktiv verleugnet.«] u. 141 [»Denn sobald der Kapitalismus gesiegt hatte und die ›Leidenschaften‹ in dem vergleichsweise friedlichen, ruhigen und vorwiegend mit Erwerbstätigkeit beschäftigten Europa in der Zeit nach dem Wiener Kongreß unter Kontrolle gebracht, wenn nicht ausgelöscht waren, erschien die Welt auf einmal leer, trist und langweilig, und damit war die Zeit reif für die romantische Kritik an dieser bürgerlichen Ordnung, die im Vergleich zu früheren Epochen jetzt ungeheuer armselig wirkte: Denn dieser neuen Welt schien es an Adel, Muße, Mysterien, vor allem an Leidenschaft zu fehlen.«]

1249 S.o. S. 95ff.

1250 Wie Fn. 453.

1251 »The taboo attached to revenge in our culture today is not unlike the illegitimate aura associated with sex in the Victorian world.« Jacoby (1983), S. 12. Zum Hintergrund: Fn. 1390.

their conviction that lust was totally alien to the marital love sanctioned by church and state.«[1252]

Auf der Grundlage von Dorothea GALLS Interpretation von Euripides' *Hekabe* lässt sich das Tabu der Rache zu einer politischen Verhaltenslehre *niobischer* und *hekubischer* Gesellschaften (und Staaten) typologisieren.[1253] Für GALL eröffnen sich der gestürzten Königin Hekabe grundsätzlich zwei Handlungsoptionen, wie sie auf die Ermordung ihrer Kinder reagieren kann: »zu resignieren – Herdenvieh, Jagdbeute fremder Willkür zu bleiben, was nach ihrer Ethik tiefste Schande impliziert – oder – metaphorisch gesprochen, als Jagdhündin die Rache selbst in die Hand zu nehmen.«[1254]

Erstere Reaktion sieht GALL bei Euripides in der Figur der Niobe angelegt. Im Angesicht der Gewalt erstarrt Niobe in Trauer und erträgt ihr Schicksal schweigend. Als die Schwächere nimmt sie hin. Die zweite Reaktion verdichtet Euripides für GALL in der Figur der Hekabe. Vom Unrecht erniedrigt, schlägt diese zurück: »Hier liegt die Paradoxie ihres Geschicks: Die Rache – als Auflehnung gegen die Degradierung zur Hilflosigkeit des Opfertiers, der Jagdbeute – stellt ihre Würde als Mensch wieder her«.[1255]

Rachetabuisierende Staaten gehen den Weg Niobes, d.h. sie betrauern Unrecht und söhnen sich mit diesem aus. Sie zeichnen sich durch eine tiefe Friedens*liebe* aus. Frieden wird im Konfliktfall über die Gerechtigkeit gestellt.[1256] Rache, wie die Hekabes, fällt nicht in die »accepted modes of expression«.[1257] Hekabes Reaktion träfe auf Unverständnis, wenn nicht gar Stigmatisierung (Rachetabu). Rache ist etwas, das Niobes Gesellschaften nicht fühlen *wollen*. Allein der Wunsch nach Wiederverletzung wäre beschämend.[1258] Das Tabu der Rache setzt sich selbst gegen die massivsten Formen des Unrechts durch – sei dies wie bei Hekabe (oder Marianne Bach-

---

1252 Ebd., S. 12f. Zu politischen Folgekosten, vgl. die Milliardeninvestitionen in ›Sicherheit‹: Fn. 766.

1253 Handlung und Interpretation müssen strikt getrennt werden. Der Grund wird bei der Darstellung der Handlung ersichtlich, was den Wert von Galls Interpretation nicht schmälert. Zur Analyse der Handlung, s.u. S. 242.

1254 Vgl. Gall (1997), S. 409. Vgl. Kallikles: Fn. 733. Dazu: die theoretische Durchdringung des Zuckergehalts der Rache: u. S. 274.

1255 Gall (1997), S. 410. Gall setzt friedensliebend hinzu: »und vernichtet sie zugleich«.

1256 Zum Zielkonflikt von Frieden und Gerechtigkeit: S. 258.

1257 Vgl. Rosenwein (2006), S. 24. Rosenweins Konzept von ›emotional communities‹ lässt sich auf ›schärfere‹ Gefühle wie Rache übertragen.

1258 Vgl. Bowman (2006), S. 33.

meier[1259]) die Ermordung der eigenen Kinder oder sogar die Erfahrung des Holocaust.[1260]

Hekabes Staaten dagegen wären definiert als Gesellschaften, die Rache nicht nur akzeptieren, sondern als *modus operandi* auf Unrecht regelrecht fordern. Gerechtigkeitsliebe wäre ausgeprägter als Friedensliebe. Gerechtigkeit steht als Ziel über Frieden.[1261] Eine dichte Textur der Ehre (*telam honoris crassiorem*) angesichts von Gewaltverbrechen wäre keine Option.[1262] Unrecht beleidigt und entwürdigt den, der es *annimmt*. Deshalb müssen Verbrechen gerächt und die Würde wiederhergestellt werden.[1263] Diese Staaten nehmen Rache für ihre beleidigte Humanität.

An STRAUSS und HIRSCHMAN – so lehrreich wie fundamental die Untersuchungen sind – lassen sich die erkenntnistheoretischen Folgekosten des Rachetabus ersehen. Nicht, dass die Termini von Hobbes' politischer Wissenschaft in Wirklichkeit »merely smokescreens for the real desire: revenge«[1264] wären. Aber wie ist es möglich, dass STRAUSS die Analyse der Rache unterlässt, obwohl er den Anspruch erhebt, den Dingen auf den (letzten) Grund zu gehen und sein philosophisches Fragen auf die Er-

---

1259 Marianne Bachmeier feuert am 6. März 1981 während der Gerichtsverhandlung auf den Mörder ihrer Tochter acht Schüsse ab. Vgl. Jacoby (1983), S. 214.

1260 Vgl. das Gerichtsverfahren gegen Hermine Braunsteiner-Ryan, eine ehemalige Aufseherin in den Konzentrationslagern Ravensbrück und Majdanek, s.u. S. 257.

1261 S.u. S. 258; Fn. 1402f.

1262 Vgl. Bacon: Über den Zorn (LVII) [= Essays, S. 234].

1263 Zur Phänomenologie des Gewaltnehmens als negativem Gabentausch, s.u. S. 320.

1264 Vgl. Jacoby (1983), S. 279 [dort nicht auf Hobbes bezogen, sondern als allgemeines Prinzip artikuliert]. Für eine derartige Hypothese lässt sich das Indiz anführen, dass John Milton, von Hobbes' *Leviathan* – dem *king of the proud* – beeinflusst, 1667 *Paradise Lost* abfasst: »No writer has ever painted a more terrible portrait of the consequences of revenge motivated by pride than Milton does in Paradise Lost«. Ebd., S. 37. Zu Hobbes' Ableitung von Rache aus der Eitelkeit heraus: Fn. 1876. Oder: »Glory (uses violence) for trifles, as a word, a smile, a different opinion, and any other signe of undervalue.« Hobbes: Leviathan XIII. »Besides, Revenge without respect to the Example, and profit to come, is a triumph, or glorying in the hurt of another, tending to no end; (for the End is alwayes somewhat to Come;) *and glorying to no end, is vain-glory, and contrary to reason*; and to hurt without reason, tendeth to the introduction of Warre; which is against the Law of Nature; and is commonly stiled by the name of Cruelty.« Leviathan XV [7th Law of Nature]. Vgl. Human Nature XVI, 10 [eig. Hervorh.]. Das ist schlicht kopierter Bacon: »Keiner kränkt den andern um der Kränkung willen, sondern um sich dadurch Vorteil oder Vergnügen oder Ruhm oder ähnliches zu verschaffen. Weshalb sollte ich also jemandem zürnen, weil er sich selber mehr liebt als mich?« Vgl. Bacon: Über die Rache (IV) [= Essays, S. 17].

kenntnis zielt, wie es in der menschlichen Seele ›wirklich‹ aussieht? Aus welchen Gründen wird der Rache, die einen senatorischen Rang unter den gewalttätigen, staatszerbrechenden, bellizistischen Affekten einnimmt, die philosophische Analyse verweigert?

Auch für HIRSCHMANS Fragestellung ist weniger das Streben nach Ehre entscheidend, als *das Streben nach Rache* – nicht *philotimia*, sondern, um einen längst überfälligen Neologismus zu prägen: *philotimōria*. Die Liebe zur Rache. Die Hypothese, dass die kontrahonorige Todesfurcht[1265] nicht eigentlich gegen die Gefährlichkeit der Ehre, sondern gegen die Rache in der Arena der Leidenschaften antritt, wäre philosophisch folgenreich. Zunächst und zuerst folgte daraus, dass es ganz allgemein nicht um Affektstärken, sondern, wenn schon, um Affekthabitualisierung im Geiste von Niobe geht. Denn die Affektstärke der Rache gilt – im Gegensatz zur Affektstärke der Ehre[1266] – diachron als unstrittig. Für Aristoteles ist Rache nicht nur süß, sondern vor allem *langlebig*.[1267] Nach Perikles opfert man ihr allen Besitz.[1268] Rache wird von unzähligen Studien als zähe gefühls-, mythen- und erinnerungspolitische Goldader bestätigt, auch wenn die Ehrverletzungen und Demütigungen nicht immer in ihrem *Streben nach Rache* in den Blick geraten (dürfen).[1269] Es ist nicht einzusehen, was die Geldliebe gegen die *philotimōria* im direkten Zweikampf überhaupt ausrichten könnte.[1270]Welche Chancen sollte die Liebe zum Geld in einer *psychomachia* gegen die Liebe zur Rache haben?

1265 Vgl. Strauss (2001), S. 118 (Anm. 66).

1266 S.o. S. 95ff.

1267 Vgl. Aristoteles: EN 1117 a5. Zur theoretischen Reflexion des Zuckergehalts der Rache, vgl. S. 274. Zum Zusammenhang von *chronos* und Rache: Jaeger (1936), S. 217f.; Kelsen (1941), S. 205ff., 227ff. 240ff. u. 253; zu ersten Ansätzen einer Ungleichzeitigkeit der (verspäteten) Rache: Dihle (1962), S. 25; Jacoby (1983), S. 36; Ruch (2010a), S. 136ff.

1268 Vgl. Fn. 2020.

1269 Vgl. Aristoteles: EN 1126 a20ff.; Kelsen (1941), S. 64ff.; Jacoby (1983), S. 1 [»Remembrance is unquestionably a form of revenge«]; Gehrke (1987), S. 147; Moeglin (1995), S. 90; Neubauer (1998), S. 34 u. 119; Bowman (2006), S. 161; Wrede/Carl (2007), S. 7ff.; Münkler (2009), S. 265; Maier (2010), S. 14. Dazu die Hypothese eines Obligationstitels der Rache, der bis zur Einlösung bestehen bleibt, s.u. S. 339. Zu Hassblöcken, die *philotimōria* verstetigen: Fn. 186 u. 188.

1270 Zur Dominanz der Rache gegenüber der ökonomischen Logik an einem dichterisch übermalten Beispiel: die *Gartenlaube* berichtet 1872 von einem Jungen, der 66 Jahre zuvor von einem napoleonischen Söldner geohrfeigt wurde: »Diesen Schlag ins Gesicht

Mit der Einsicht, dass das Tabu der Rache auf die wissenschaftlichen Erkenntnisse in dem Sinne drückt, dass Rache selten je zu einem nicht-evidenten, erklärungsbedürftigen Gegenstand wird,[1271] soll es nochmals zur Frage ›zurückgehen‹, ob antike Tragödien die Gewaltbereitschaft in griechisch-archaischer Zeit beweisen können. GEHRKE wertet Tragödien als zuverlässige Quellen, »weil der Komplex der Rache und Vergeltung, mit all seinen Aspekten und Facetten, nirgends umfassender thematisiert, intensiver durchdrungen und anschaulicher dargestellt wurde«.[1272] Etwas emphatischer weiß es KOHLER im Kolorit seiner Zeit auszudrücken: »weil es in dem Orestesmythus und in dessen dramatischer Verklärung für alle Zeiten eine typische Incarnation der Blutracheidee, ein Nachtbild erhabenen Grausens, hinterlassen hat.«[1273]

Erneut mit dem Blick auf Ehre fixiert, statt quellengetreu auch nur an Rache zu denken, schreibt BORG:

»Insbesondere in der Tragödie scheint *der psychische Zustand, der zu gewalttätigen Reaktionen auf Ehrverletzung und Unrecht führt,* in den Blick zu geraten. Er wird nun häufiger mit Begriffen für Wahnsinn oder auch für Krankheit in Verbindung gebracht [...]«[1274]

Orestes nimmt bei Aischylos tatsächlich »Rache, Blut um Blut, für meinen lieben Vater.«[1275] Der Chor scheint einen sich-verstetigenden[1276] Gewalt-

hat der lebhafte Junge niemals vergessen. Er entzündete in des Knaben Seele eine Flamme des Hasses gegen die fremdländischen Eindringlinge, welche noch heute in dem Greise lebendig brennt«. Speitkamp (2010), S. 54. Bei dem Jungen handelt es sich um Ernst von Bandel, der treibenden Kraft hinter dem Hermannsdenkmal im Teutoburger Wald: »Der Schlag eines deutsch-französischen Söldners in das Gesicht eines Knaben war bestimmt, das ganze große künstlerische Schaffen eines Menschenlebens einer einzigen Idee zuzuwenden, einer Feuerseele, die fast übermenschliche Kraft zu geben, [...] unter gewaltigen Opfern von Arbeit und Geld ein ganz reiches Leben der Verwirklichung eines Plans zu widmen, der die Wurzeln seiner Existenz in jener Ohrfeige hatte.« Ebd., S. 55. Auch wenn der aus der Demütigung geborene Racheplan in der Optik einer national-bürgerlichen Zeitschrift literarisch ver- oder überdichtet wird, unplausibel ist die Episode deswegen nicht. Dazu methodisch Aristoteles' Definition der Poetik als – im Gegensatz zur Historiographie –Gattung des Allgemeingültigen, vgl. Fn. 238.

1271 Die wenigen Ausnahmen finden sich weiter unten aufgeführt, s. S. 269f.

1272 Vgl. Gehrke 1987, S. 125.

1273 Vgl. Kohler (1883), S. 152.

1274 Borg (2006), S. 253 [eig. Hervorh.].

1275 Aischylos: Eumeniden V. 465 [Übers. Ebener].

austausch zu besingen: »Die Tropfen des Blutes, / die einmal zur Erde geflossen, sie fordern / wiederum Blut. Denn ein Mord ruft herbei / den Rachegeist, der im Auftrag der früher / Gemordeten neue Schuld auf die alte häuft.«[1277]

Ein blutspritzender Gewaltexzess, der spiralenförmig »alle Leidenschaften erregt und wie eine Brandfackel unaufhörlich die Geschlechter verzehrt«,[1278] dominiert mehr oder weniger die Interpretationen. Dass Aischylos' Tragödien selbst eindeutige Gewaltgrenzen lehren, die ein Gewaltdomino bis zum *last man standing* verunmöglichen, bleibt ungesehen.[1279] Die aus der *Orestie* herausgebrochenen Passagen sollen vielmehr nachhelfen, die Evidenz von Rache als »mechanische[r] Tötungsanleitung«[1280] zu demonstrieren. Rache soll das »social toxin« der Antike sein.[1281]

Der Bilderkosmos ›archaischer‹ Zeiten wird mittels Figuren wie *Medea*[1282] oder *Michael Kohlhaas,*[1283] also mit blutiger und exzessiver Rache, angelernt. Dadurch schrumpft der Rachebegriff pejorativ zu etwas zusammen, das kategorial Delikte wie Kindstötung (Medea) oder Kannibalismus (Orestes' Großvater Atreus) enthält;[1284] »as if the word ›revenge‹ offered sufficient evidence of the barbarism«.[1285] Genau wie beim antimodernen Ehrbegriff sollen Blutbilder[1286] einerseits das Tabu der Rache, andererseits einen verständlichen Stolz auf die eigenen zivilisatorischen Leistungen begründen, Menschen ohne Rache, d.h. ganz eigentlich ohne Kindstötung und Kannibalismus, hervorgebracht zu haben.

1276 »Blut, von der nährenden Erde getrunken, / *gerinnt zum Mal der Rache, zerfließt nicht mehr*«. Choephoren V. 67f. [Übers. Ebener; eig. Hervorh.].

1277 Ebd., 400–404.

1278 Vgl. Kohler (1883), S. 138 [dort allerdings mit Bezug auf arabische Blutrache].

1279 Zur Widerrechtlichkeit der Tötung des Bluträchers, s.u. S. 313f.

1280 Vgl. Turner/Schlee (2008), S. 7ff. u. 14ff. [die Vorstellung ablehnend]

1281 Vgl. Salvo (2012), S. 255 [affirmativ].

1282 Zur Unverhältnismäßigkeit der Rache Medeas auch und gerade nach antiken Maßstäben: Fn. 1367.

1283 »Kohlhaas is not mistaken about the nature of the original injustice done him; he simply lacks any sense of proportion about the gravity of the injury.« Jacoby (1983), S. 52.

1284 Zur These: Ebd., S. 17 [allerdings ohne sie mit den Direktbezügen auf die Figuren des Mythos zu versehen). Zu Medeas Rache, s.u. S. 242. Zu Atreus' Rache: S. 331. Zur Pathologisierung von Rache allgemein: Maier (2010), S. 284.

1285 Vgl. Jacoby (1983), S. 6.

1286 Zu den septischen *agentes imagines* im Ehrbegriff, s.o. S. 219f.

Die Gegenmeinung, dass Tragödien dem Leser kein sonderlich geputztes Fenster zur sozialen Wirklichkeit des antiken Gewaltumgangs bieten, vertritt FLAIG: »Wären Imaginäres und Ethos kongruent gewesen, dann hätte die hellenische Kultur nicht lange überlebt.«[1287] Rückschlüsse von der medialen Gewaltpräsenz auf die soziale Wirklichkeit verbieten sich auch für Susanne MUTH. Sie stellt eine bedenkenswerte Gegenfrage: Was verrät eine deutsche Filmproduktion wie die *Feuerzangenbowle* über die tatsächlichen Gewaltverhältnisse im Deutschland des Produktionsjahres 1944?[1288] Genaugenommen müssten Kulturkritikern Heile-Welt-Stoffe dann mehr Kopfzerbrechen bereiten als amerikanische Brutalostreifen oder antike Tragödien. Für MUTH, die diese Frage in Richtung der politischen Ikonographie Athens entwickelt,[1289] bieten die antiken Gewaltdarstellungen wenig Fläche, um reale Gewalterfahrungen zu entschlüsseln.[1290]

Die Entdeckungen, die JACOBY in Tragödien macht, stellen diese Diskussion aber auf eine andere Grundlage. JACOBY weist nämlich nach, dass die griechischen Tragödien eine *antizivilisatorische* Rache aufführen. Statt eines antimodernen Ehrbegriffs stilisieren die Tragödiendichter eine antizivilisatorische Rache, die an fremde Völker ausgelagert wird. Bei den Griechen wäre damit nicht Ehre (wie bei uns), sondern Rache *die* Chiffre des Antizivilisatorischen. Dies soll aus denselben Gründen geschehen sein, weswegen Ehre in manchen Staaten an tollwütige Gesellschaften ausgelagert wird:

»In analyzing classics of revenge, successive generations of writers have abandoned common sense and suggested that the Greeks [...] were preoccupied with the theme of vengeance because – bloodthirsty savages that they were! – *they saw nothing wrong with hacking someone to pieces in defense of honor.* Thus, critics in the third century A.D., or in the sixteenth century, or in the pre-Holocaust period of the twentieth century, have been inclined to pat themselves on their backs and thank

1287 Flaig (2006), S. 51 (Anm. 55).

1288 »Filme wie etwa die ›Feuerzangenbowle‹ von Helmut Weiß [...], einem der bezeichnenden Filme aus dem Jahr 1944, entwerfen im Bereich der medialen Fiktion eine gewaltfreie und heitere, geradezu harmlose Welt, die im eklatanten Gegensatz zu den Erfahrungen von Bedrohung und Gewalt im Alltag sowie zum Erleben der blutigen Realität des Krieges steht.« Muth (2009), S. 195.

1289 »Entgegen unseres ersten Eindrucks erweisen sich also die attischen Gewaltbilder keineswegs als ein gutes Beispiel für ein enges und unmittelbares Zusammenspiel von medialer Gewalt und Ereignisgeschichte – im Gegenteil.« Ebd., S. 205.

1290 Vgl. Ebd., S. 228.

the gods (or God) that they were fortunate enough to have been born into a truly civilized world.«[1291]

Diese Glorifizierungsfunktion wurde als transformative Spiegelfunktion eines antimodernen Ehrbegriffs bereits durchgesprochen. Auch die Rache der griechischen Tragödien soll demnach die Superiorität eines Theaterpublikums absichern, das sich auf der Seite ohne tollwütige Rachegestalten sitzen sieht.[1292] JACOBY bringt mit ihren Erkenntnissen die Tragödie ganz allgemein als Quellenfundus für eine in Anarchie versinkende Zeit zu Fall:[1293] Wie die Griechen und Römer die Rache an die rückständigen Barbarenstämme auslagern, lagern elisabethanische und französische Dramatiker die Rache an die Italiener und Spanier – und die italienischen und spanischen Theaterautoren an die Türken – aus. Jedes Theaterpublikum kultiviert sein eigenes, primitiv rächendes ›Barbarenvolk‹, angesichts deren Gewalttätigkeit sich der eigene zivilisatorische Fortschritt, die eigene Modernität, feiern lässt. Gerächt wird stets an barbarischen, feindlichen und exotischen Orten: »The projection of revenge onto geographically or historically distant races [...] was an unbreakable convention of revenge tragedy.«[1294]

Auf die Relevanz der geographischen Grenzen, insbesondere zum feindlichen Machtblock hin, sind auch andere Autoren gestoßen.[1295] Die retroprojektiven Epochengrenzen scheinen dagegen ein Novum zu sein. JACOBYS These trifft nicht auf Aischylos und Sophokles, sondern nur auf

1291 Jacoby (1983), S. 17f. [eig. Hervorh.].

1292 S.o. S. 219f.

1293 »Modern critics who believe that blood revenge was a ›given‹ for audiences four hundred years ago are simply mistaken, in the usual fashion of those who wish to assert the superior moral vision of their own moment in history.« Jacoby (1983), S. 20. Zu den mit den Theaterstücken provozierten Kontroversen: Ebd., S. 19. »The importance of revenge in human conduct was taken for granted in the Elizabethan era, but many modern thinkers have confused that acknowledgment with approval.« Ebd., S. 40.

1294 Ebd., S. 19.

1295 »Für den Innenraum ist charakteristisch, daß hier über ausgeübte Gewalt, sofern sie für berechtigt gehalten wird, geschwiegen wird. Wer hingegen, wie Barbaren, politische Gegner oder Tyrannen, dem Außenraum zugeordnet wird, dem kann Gewalt in allen nur denkbaren grauenvollen Einzelheiten unterstellt und zugeschrieben werden.« Zimmermann (2009a), S. 191. Zur Trennung von sauberer und schmutziger Gewalt: Fn. 1436 u. 1486.

Euripides zu.[1296] Die Rache fehlt bei ihm, wie GEHRKE herausstellt, »eigentlich in keiner seiner erhaltenen Tragödien und ist in einigen geradezu das zentrale Motiv.«[1297] Aber in welchem Sinn? Medea ist eine von Iason nach Korinth, also in die griechische Kultur importierte Barbarin, die (noch) dank ihrer primitiven Gefühlsstrukturen über »the strength and heartlessness to act as other women do not, *or cannot*« verfügt.[1298] Gedemütigt und entehrt tötet sie ihre Kinder, um sich an Iason zu rächen. Dieser Akt der Rache kostet Medea nicht nur die Weiblichkeit,[1299] sondern vor allem ihre Zugehörigkeit zur griechischen Zivilisation.

Hekabe ist die gestürzte Königin Troias, die in griechischer Kriegsgefangenschaft eben das Schicksal ereilt, das Hektor seiner Frau Andromache vorhersagt. Im Lager der Griechen muss Hekabe »den Tag / der Knechtschaft sehen«.[1300] Hilflos muss sie mitansehen, wie ihre Tochter Polyxena geopfert wird.[1301] Als aus Thrakien die verstümmelte Leiche ihres Sohnes eintrifft, getötet von einem ehemaligen Gastfreund, fordert sie blutige Rache. Agamemnon legt sie dar, dass die Ordnung aus den Fugen geraten sei.[1302] Dieser bezweifelt, dass eine Mutter dem Mörder ihres Sohnes, immerhin der König Thrakiens, gewachsen ist: »Wie werden Frauen über Männer siegen können?« Hekabe: »Stark ist die Menge und, im Bund mit List, unschlagbar!«[1303] Das überzeugt den griechischen Oberbefehlshaber. Hekabe blendet – weiterhin im Status einer griechischen Kriegs-

---

1296 Ausführlich zu Aischylos' Racheverständnis, s.u. S. 311ff. Zur Bewertung von Kreons Rache in Sophokles' *Antigone*, vgl. S. 181 u. 253. Zur Bewertung von Orestes' Rache in der *Elektra*: Fn. 1707.

1297 Vgl. Gehrke (1987), S. 126.

1298 Vgl. Jacoby (1983), S. 25 [eig. Hervorh.]. Zur politischen Funktion der Frauen bei Euripides aus meiner Sicht, s.o. S. 60.

1299 Vgl. Maier (2010), S. 60 [dort für Sophokles' *Elektra* formuliert].

1300 Vgl. Euripides: Hekabe V. 55f. [Übers. Ebener]. Zu Hektors Ausspruch: s.o. S. 190.

1301 Odysseus: »Sieh unsre Macht und deine Schwäche; es ist klug, / im Unglück auch, sich der Notwendigkeit zu beugen.« Euripides: Hekabe V. 227f. [Übers. Ebener]. An der Opferung zu Ehren von Achilles führt zwar aus mythologischen Gründen kein Weg vorbei, aber sie muss umso ungerechter wirken, als Hekabe Odysseus daran erinnert, wie sie ihn einst hätte verraten können. Odysseus reagiert harsch: »Du trag dein Leid!« (326). Zur Hypothese, dass Hekabe die Ermordung ihrer Tochter nicht rächen kann, weil Rache nur in symmetrischen Beziehungen geübt werde (und nicht zwischen Eroberten und Siegern): Descharmes (2013), S. 56.

1302 »Es betrifft ja alle, / den einzelnen sowie den Staat, daß es dem Bösen / auch böse gehe, doch der Gute glücklich sei!« Ebd., 902–904.

1303 Ebd., 883f.

gefangenen – den König Thrakiens und erdolcht seine Söhne, damit es »dem Bösen / auch böse gehe«.[1304]

Die Gewaltevidenz der Rache in Epos und Historiographie

Nachdem der letzte Abschnitt die blutige Evidenz der Rache im Quellenkorpus der Tragödien problematisierte, soll nun geklärt werden, wie es sich mit der Gewaltevidenz der Rache in Epos und Historiographie verhält. Wallt unter der Oberfläche der *Ilias* eine »Rachegluth«, die »zu kräftig in den Gemüthern« glimmt, »als dass es möglich gewesen wäre, seine Triebkraft mit einem Zuge zu brechen«?[1305] Mit einer ›Stammesehre‹ zumindest kann die *Ilias* nichts zu tun haben, denn die tribalen Züge von Clanstrukturen sind bei Homer eine Chimäre.[1306] Zwischen den *oikoi* fehlt jede genealogische Kohäsion.[1307] Die Gefährten (*hetairoi*), die den Adligen (*aristoi*) in den Krieg folgen, sind mit ihnen charakteristischerweise nicht verwandt.[1308] Die *Ilias* vor der Folie von ›Stammesgesellschaften‹ zu konzeptualisieren, ist schlicht »eine moderne Konstruktion auf trügerischen Grundlagen.«[1309] Homers politische Terminologie passe »sehr gut in eine entwickelte Gemeindeverfassung«.[1310] Damit entzieht sich der vielzitierten

---

1304 Vgl. Fn. 1302.

1305 Vgl. Kohler (1883), S. 162.

1306 »In der Terminologie der Entwicklungsgeschichte [...] gesagt, [...] war die Welt der homerischen Epen über den primitiven Zustand hinausgewachsen. Verwandtschaft war nur noch eines von mehreren Ordnungsprinzipien und nicht das mächtigste.« Finley (1968), S. 110. »Die herkömmliche, immer noch vorherrschende Auffassung ist, daß Kleisthenes gegen eine Gesellschaft gekämpft habe, die auf ›Stammesbasis‹ [...] organisiert gewesen sei. Die Aristokraten wären demnach ›Stammesführer‹ gewesen [...] Es ist bemerkenswert, daß es für diese – lange Zeit allgemein akzeptierte – Auffassung keinerlei griechische oder römische Belege gibt, ja daß sie sogar im Widerspruch zum Quellenbefund steht.« Finley (1986), S. 61.

1307 Vgl. Fatheuer (1988), S. 19; Stein-Hölkeskamp (1989), S. 24–26.

1308 Vgl. Ebd., S. 27f., 44, 51ff., 115; Fatheuer (1988), S. 20 u. 33.

1309 Vgl. Gschnitzer (1991), S. 193. Auch in klassischer Zeit findet sich das »Spukbild der Stammesstrukturen« nicht. Vgl. Finley (1986), S. 63. Die Versuche, »die Entstehung der *polis* als Politisierung (ursprünglicher) Verwandtschaftsbeziehungen, als Ersetzung eines verwandtschaftlich vermittelten Gesellschaftszusammenhangs durch einen politisch strukturierten« zu sehen, tragen nicht. Vgl. Fatheuer (1988), S. 32. Dazu auch: Stein-Hölkeskamp (1989), S. 10 u. 231.

1310 Vgl. Gschnitzer (1991), S. 195.

›Blutrache‹ die Grundlage. Achilles rächt mit Patroklos keinen Blutsangehörigen, sondern seinen wagenlenkenden Angestellten (und Freund).[1311] Schon als er dessen Leiche erblickt, domestiziert das augenblicklich seinen ›Groll‹ auf Agamemnon.[1312] Für Patroklos, mit dem er nicht verwandt ist, schwört er zwar tatsächlich blutig Rache. Er will den »gewaltigen Mörder« köpfen und ihn seiner Waffen berauben.[1313] Dass dieses Versprechen aber zur vertragsrechtlichen Selbstbindung dient, wird kaum verstanden.[1314] Seine seltsam kanalisierte, affektkontrollierte Rache gegenüber seinem Entehrer Agamemnon wurde bereits freigelegt.[1315] In weiten Teilen der *Ilias* überkommt Achilles gar kein barbarischer Rachedurst, sondern eher Jammer: »Seine Zähne hörte man knirschen, es flammten die Augen / Ihm wie leuchtende Lohe des Feuers, und Jammer unsäglich / Füllte sein Herz.«[1316]

Dasselbe Bild bietet sich im Lager des Feindes. Paris schwört nicht für einen Vetter Rache, sondern für einen Gastfreund. Dazu schießt er einen »ehernen Pfeil« in den Himmel ab.[1317] Dass der homerischen Zeit eine Blutrache, d.h. letztlich eine Rache, die automatisiert »wie eine Brandfackel unaufhörlich die Geschlechter verzehrt«,[1318] unbekannt ist, verdient als Befund ausführlich behandelt zu werden.[1319]

Aber künden die Ereignisse vor Troia nicht von einer durchaus barbarischen Gewaltbereitschaft? Als Achilles Hektor in seine Gewalt bringt, kommt er auf Heras Wunsch zurück, den Feind »roh zu fressen«:[1320] »Wür-

1311 »War aber Patroklos der Wagenlenker Achills, dann liegt es jedenfalls nahe zu fragen, ob diese Freundschaft nicht eine institutionelle Basis hat.« Krischer (1994), S. 153. Auch Gastfreunde (*proxenoi*) können zum Kreis der Racheverpflichteten gehören (Fn. 220).

1312 »So versetzte auch mich in Zorn der Fürst Agamemnon. / Lassen wir aber Vergangenes ruhen, wie sehr es auch weh tut, / drängen zurück wir, der Not gehorchend, unsre Gefühle! / Jetzt will ich gehen, den Mörder des teuren Hauptes zu treffen, / Hektor; hinnehmen werde ich dann mein eigenes Schicksal, / wollen es Zeus und die andern unsterblichen Götter vollziehen.« Il. XVIII. 111.

1313 Wie Fn. 1599.

1314 Dazu: S. 295f.

1315 S.o. S. 224f.

1316 Il. XIX. 365ff. [Übers. Scheffer].

1317 Vgl. Il. XIII. 660ff. [Übers. Rupé]. Zu den Pfeilen, s.o. S. 73f.

1318 Wie Fn. 1278.

1319 S.u. S. 288ff.; insbes. Fn. 1596.

1320 Vgl. Il. IV. 36 [Übers. Scheffer].

de ich selbst nur so von Grimm *und Rache getrieben, / Roh für dein Tun dein Fleisch zu schneiden und runterzuschlingen*«.[1321] Klingt das nicht nach Medeas Kannibalismus? Will er Hektor in dieser Passage nicht aus Rache roh fressen?

Es handelt sich um Racherhetorik, nicht um Rachehandlung. Was Achilles sagt und was er tut, sind zwei völlig unterschiedliche Dinge.[1322] Gerade in literarischen Texten wie den homerischen Epen muss zwischen Gewaltandrohung und Gewaltanwendung differenziert werden.[1323] Nicht wenige der Passagen, die tiefergelegte Gewaltschwellen belegen sollen, kreisen lediglich um Rachephantasien. Achilles mag ankündigen, Hektors Leichnam roh zu fressen. Aber die Ankündigung soll den Sterbenden zusätzlich demütigen. Bekanntlich verspeist Achilles Hektor *nicht* ungekocht. Was er tut, spottet ganz eigentlich der modernen Definition von physischer Gewaltanwendung. Achilles schleift Hektors toten Körper in einem mehrtägigen Akt symbolischer Dauergewalt im Sand herum, um ihn einer ehrenvollen Bestattung zu entziehen.[1324] Nicht er, sondern Hunde sollen Hektor roh fressen.[1325] Ob das antike Publikum zu dieser Rachetat applaudieren konnte oder ob es sich gerade durch diesen antizivilisatorischen Akt von Achilles distanzierte, diese Frage verdient, geklärt zu werden.

MAIER vertritt die These, Kannibalismus sei das »Symbol für unmäßige Vergeltung«.[1326] Diese Vermutung scheint sich in der Schleifung von Hektors Leiche zu bestätigen. Die antike Götterwelt liefert ernstzunehmende Hinweise. Bei Hektor handelt es sich nicht um irgendeinen Bewohner Troias, sondern um den, der den Göttern »der liebste« und frommste

1321 Ebd., XXII. 346 [eig. Hervorh.]. Zur völkerrechtlichen Bewandtnis dieses Versprechens: S. 72.

1322 Diese Differenz wird tatsächlich übersehen: Stein-Hölkeskamp (1989), S. 30.

1323 »Überprüft man einmal akribisch den empirischen Gehalt solcher Angaben, stellt man schnell eine erhebliche Diskrepanz zwischen der Rhetorik involvierter Akteure und dem tatsächlichen Konfliktgeschehen fest. Oft kommen Vergeltungsverhandlungen nie zu einem wirklichen Abschluss und solange der Dialog fortgesetzt wird, ist das Gewaltpotential der Beteiligten unter Kontrolle.« Turner/Schlee (2008), S. 18 [dort nicht zur *Ilias*].

1324 Vgl. Il. XXII. 396ff. Zum entehrenden Verlust der Bestattungsrechte, s.o. S. 177ff.

1325 Vgl. Il. XXIII. 21.

1326 Vgl. Maier (2010), S. 49.

war.[1327] Achilles montiert den leblosen Körper des Götterlieblings an seinen Wagen und schleift »die Leiche mit seinem Gespann um das Grabmal des Freundes Patroklos«.[1328] Hektor warnt Achilles noch vor seinem Tod vor einem solchen Schritt:

»O, ich erkenne dich wohl, jetzt, wo ich dich sehe: umsonst war / All mein Flehen; dir schlägt ein Herz von Eisen im Busen. / *Hüte dich nun, daß nicht um mich die Götter dir zürnen,* / Wenn der Tag erscheint, wo Paris und Phoibos Apollon / Dich, so tapfer du bist, am skaiischen Tore verderben!«[1329]

Auch wenn Achilles seinen selbstauferlegten Racheschwur befolgt, wird sein wildes Verhalten der Götterwelt am neunten Tag zu bunt. Apollon appelliert an das Ehr- bzw. Schandgefühl seiner Artgenossen, die durch Hektors Gaben zur humanitären Intervention verpflichtet wären. Die Empörung verweist darauf, wie Achilles Verhalten vom Publikum wahrgenommen werden soll:

»Grausame Stifter von Unheil seid ihr! Verbrannte nicht Hektor, / euch zu Ehren, die Schenkel von Rindern und trefflichen Ziegen? / Doch ihn zu retten, als Toten sogar, bekommt ihr nicht fertig, / [...] dem Rohling Achilleus, Götter, wünscht ihr zu helfen, / *ihm, der das Maß überschreitet, sich nie zu Versöhnung und Milde / umstimmen läßt und fürchterlich wütet, als sei er ein Löwe, / der, von verwegener Kraft [...] getrieben, / auf die Herden der Menschen sich stürzt, um Fraß zu erbeuten.* / Derart verschmähte Achilleus das Mitleid, die Scham [*aidōs*] auch verwirft er, / die doch den Menschen zu schwerem Schaden auch Vorteile bietet. / [...] Daß nur wir Götter [...] nicht Haß [*nemessētheōmen*] auf ihn werfen! / Schändet er doch im Wüten sogar die schweigende Erde!«[1330]

Apollon lässt bei seinen schaulustigen Mitgöttern keinen Zweifel daran, wie erbarmungslos, wie herdenreißend, wie unadlig, kurzum: wie barbarisch die Tat dieses Rohlings Achilles sei. Apollons Worte lassen keinen Zweifel daran, dass Achilles' Rache – nach dem Maßstab der Götter – die zulässigen Gewaltgrenzen verlassen hat. Weil er den toten Körper nicht

---

1327 »[N]ie ließ er es fehlen an freundlichen Gaben, / Nicht entbehrte mir je der Altar des gebührenden Teiles, / Nie des Weins und des Rauchs, die uns zur Ehre [*geras*] bestimmt sind.« Il. XXIV. 68–70 [Übers. Ruppé]

1328 Il. XXIV. 16ff.

1329 Il. XXII. 356–360 [Übers. Scheffer; eig. Hervorh.].

1330 Il. XXIV. 33–54 [Übers. Ebener; eig. Hervorh.].

auslösen will, grollen ihm die Götter sogar im Kollektiv.[1331] Nicht die Schändung Hektors ist das eigentliche Problem, sondern die neuntägige Rache von Achilles.

»Daß es auch hier nicht um die grundsätzliche Ablehnung der Schändung des Leichnams geht, sondern um das rechte Maß, zeigt nicht nur das lange Zögern der Götter, überhaupt in das Geschehen einzugreifen, sondern vor allem die Diskussion selbst, in welcher das Maß an Schande, welche Hektor erleidet, gegen das Maß an Ehre aufgerechnet wird, welche Achill verdient.«[1332]

Das Kernproblem besteht darin, das »rechte Maß« zu erkennen und wissenschaftlich fruchtbar zu machen. Wann ist Rache angemessen und wann wird sie übermäßig? Für Homers Epen darf Vorherrschaft des Gewohnheitsrechts angenommen werden, dass also das Rechtsgefühl (›Billigkeit‹) kasuistisch entscheidet.[1333] Die Bestimmung des richtigen Maßes ist für die in Gesetzeserzeugung und -anwendung geübten Griechen weniger willkürlich, als es von heute aus den Anschein haben mag.[1334]

Es lohnt sich, dazu den aus der *Odyssee* bekannten *casus*, das Massaker an Penelopes ›Freiern‹, unter dem Gesichtspunkt der Verhältnismäßigkeit neu aufzurollen. Odysseus metzelt die ›Freier‹ seiner Frau erbarmungslos nieder. Die Forschung ist mehr als zerstritten darüber, ob Odysseus' Rache übermäßig ist.[1335] Um die Verhältnismäßigkeit seiner Handlungen zu prü-

---

1331 Vgl. Ebd., 115 u. 135f. Keine derartige Schicksalsfolge regt sich, als Achilles die zwölf Troer am Grab von Patroklos tötet. Vgl. XXI. 27ff.; Fn. 551. Kalkül, Strenge und die Verschleppung der Geiseln bis an ein Grab (statt sie an Ort und Stelle der Gefangennahme niederzumachen), deuten auf die Erfüllung rechtlicher Bestimmungen hin, welche die Rache zum Recht machen. Achilles scheint ›ritualisiert‹ zu töten: »Dass Achilleus aber nicht aus blossem Rachedurst solchergestalt wüthet, sondern damit eine Freundespflicht zu erfüllen glaubt, zeigen die von ihm an den todten Freund gerichteten Worte«. Eichhoff (1871), S. 10. Ähnlich die Bildanalyse der betreffenden Szene auf einer Vase: »Entscheidend ist, daß auf die Begründung für die Gewaltätigkeit explizit verwiesen wird: durch *eidolon* oder Grabhügel des Patroklos. *Daß also nicht unzivilisierte Raserei Achills Beweggrund ist, wird so offenbar.*« Von den Hoff (2005), S. 227f. [eig. Hervorh.].

1332 Borg (2006), S. 243.

1333 Vgl. Fn. 316.

1334 Zur Rechtskundigkeit, s.o. S. 65.

1335 Zum Forschungsstand der Schuldfrage: Schmitz (2004), S. 322 (Anm. 199 u. 200), 324 u. 327. Schmitz schlägt sich auf die Seite derer, die Odysseus im Recht sehen. Allerdings steht seine Ablehnung der Rache auf hölzernen, gänzlich antihistorischen Füssen. Vgl. Fn. 1443.

fen, müssen i.S.d. Billigkeit die in Frage kommenden Freierdelikte betrachtet werden: [a.] Verletzung des Gastrechts, [b.] Sachbeschädigung (die Vergewaltigung der Dienerinnen), [c.] Hausfriedensbruch, [d.] Ehrverletzung (illegale Brautwerbung), [e.] Anschlag auf Odysseus' Sohn.

Odysseus macht in seiner Anklage sachgerecht die ersten vier Punkte geltend:

»Hunde! ihr meintet, ich komme nicht wieder vom Volke der Troer / Heim und hieher in mein Haus! Ihr habt es mir ausgeplündert, / Seid zu den Weibern ins Bett mit Gewalt gestiegen und habt gar, / Als ich noch lebte, mein Weib mit Werben bedrängt. Ihr kanntet / Keine Furcht vor den Göttern, den Herren im breiten Himmel, / Dachtet an keine Vergeltung [*nemesin*], die Menschen schließlich noch fordern.«[1336]

Dass Odysseus in der eigenen Klageführung Punkt [e.] auslässt, deutet darauf hin, dass Erfolgshaftung gilt, d.h. dass nur der gelungene Anschlag auf Telemachos einklagbar wäre, nicht aber die Planung eines Verbrechens. Gegen Punkt [d.] hätte eine fähige Verteidigung geltend gemacht, dass Penelope mehr als drei Jahre die Geschenke der Freier annimmt, d.h. billigendes Verhalten und stillschweigende Zustimmung vorliegen. Eine Majestätsbeleidigung des Königs von Ithaka scheidet aus, da Telemachos in der Volksversammlung gar nicht bereit ist, die Vergehen als »Sache des Volkes«, als Verbrechen an der Allgemeinheit, anzuklagen.[1337]

Die schiere Zahl von 108 Freiern, die eine einzige, deutlich ältere Frau werben, lässt zweifelhaft erscheinen, dass es bei dem poetisch modellierten Urereignis überhaupt um Brautwerbung ging. SCHMITZ vertritt die These, dass es in der Realvorlage den Jugendlichen oblag, »das Heiratsverhalten der Männer und Frauen zu überwachen und Vergehen gegen die brauchgemäßen Heiratsregeln durch Rügen zu ahnden.«[1338] Penelopes zwanzigjährige Totalverweigerung einer (standes-)gesetzlich vorgeschriebenen Neuverheiratung könnte daher Sanktionsmaßnahmen hervorgerufen haben. Das Recht auf Ithaka könnte die Erosion von Odysseus' Gütern »in

1336 Od. XXII. 35–40 [Übers. Weiher].

1337 »Da ich das Volk hier berief; [...] / Nicht vernahm ich Gerüchte vom Nahn eines Heeres; [...] / Keine andere Sache des Volkes will ich verkünden / Hier in der Sitzung. Nein! Meine eigene Not, die im Haus mir / Doppelte Drangsal schafft.« Ebd., II. 41–46. Telemachos trennt zwischen öffentlich (*dēmios*) und privat (*idios*). Dazu: Fatheuer (1988), S. 75 u. 77; Ulf (2011), S. 270.

1338 Vgl. Schmitz (2004), S. 326.

Form des Heimsuchens und des Ausfressens« als Strafe vorsehen.[1339] Ziel der jugendlichen Sanktionen wäre dann gewesen, nicht Penelope zu freien, sondern das Anwesen »vollkommen auszufressen und den Delinquent an den Bettelstab zu bringen, wenn er sich nicht der Forderung fügte.«[1340] Sollte den Jugendlichen aber von der Volksversammlung die rechtmäßige Sanktionsmacht übertragen worden sein, entfiele die Grundlage des Punktes [a.]. Was darin zur Geltung gebracht wird, wäre selbst legal geübte Strafgewalt gegen die Delinquentin Penelope.

Penelope ist durch Odysseus' Rückkehr allerdings nicht die Witwe, »die zur Heirat gezwungen werden kann, sondern die treue Ehefrau«.[1341] Dieser dichterische *plot point* sollte strafrechtlich nicht überstrapaziert werden.[1342] Gerade aus dem Versehen, dass Odysseus nicht tot ist, sondern seit zwanzig Jahren umherirrt, lassen sich mildernde Umstände für die Punkte [c.] und [d.] ableiten. Als Grundlage einer zweifelsfreien Verurteilung der ›Freier‹ bliebe nur Sachbeschädigung (Punkt [b.]), d.h. das Verbrechen, dass die Jugendlichen »bei den dienenden Frauen« lagen. Dass die Sklavinnen in ihre eigene Verführung einwilligten, so dass Odysseus sie hinrichtet,[1343] macht aber auch diesen Punkt angreifbar.

Es gibt keinen Grund zur Annahme, dass Odysseus und seine 108 Opfer nicht am besten wussten, zumindest besser als der moderne Leser, welches Gewaltmaß die Verbrechen der jugendlichen Adelssöhne vorsahen. Was weiß der Täter, Odysseus, über die Rechtmäßigkeit seiner Rache? Die

---

1339 Vgl. Ebd., S. 325f. Schuldner räumen ihren Gläubigern auch in der Neuzeit vertraglich das Recht ein, Drittpersonen zu entsenden, um die Schulden einzutreiben, die sich zudem in einem Wirtshaus auf Rechnung des Schuldners einmieten und damit den Druck erhöhen. Diese Praktik geht in der Schmausung von Bussgeldern auf.

1340 Vgl. Ebd., S. 326.

1341 Vgl. Ebd., S. 327.

1342 Für Schmitz lehren Dramatisierungen wie diese eine grundsätzliche *Illegalität der Rache*. Das Recht auf Forderungserpressung führe allgemein zu unerwartetem Unrecht. Durch Odysseus' Rückkehr stehen die Freier nicht als Vollstrecker der Sanktion da, »sondern sind plötzlich gewaltsame Eindringlinge im Haus des Odysseus und üben Zwang gegen eine verheiratete Frau aus.« Ebd. Für diese, immerhin eine Kernthese findet er nur eine weitere Belegstelle, was ihn vor Verallgemeinerung nicht zurückschrecken lässt: »Im Mythos und in der Dichtung wurde die Eigenmacht des Einzelnen und der Gemeinschaft also mit Argwohn kommentiert; die unerwartete Wendung der sicher geglaubten Schuld evoziert ein Bedürfnis nach Absicherung und Kontrolle.« Ebd., S. 406. Zu seiner Hypothese von Homer als Rechtskritiker: Ebd., S. 329.

1343 Vgl. Od. XXII. 437ff.

Rechtsfolgen seines geplanten Massenmords, zumal in besonders schweren Fällen – die Opfer sind Söhne der obersten Adelsschicht Ithakas und die angrenzenden Gebiete (Zakynthos, Dulichion und Same) – bereiten Odysseus schlaflose Nächte. Bei Athene erkundigt er sich: »es wiegt ja noch schwerer: / Schlag ich sie tot, weil du und Zeus mir die Gnade verleihen, / *Kann ich dann fliehend mich retten?*«[1344] Bei einer Göttin zu erfragen, ob er den strafrechtlichen Konsequenzen entgehen kann, deutet nicht gerade auf ein Bewusstsein für die Verhältnismäßigkeit seiner Maßnahmen hin. Auch der Königstitel scheint ihn vor den Konsequenzen des geplanten Massenmordes nicht zu bewahren. Nach dem Massaker bestätigt Odysseus nochmals, dass es sich bei den Hingerichteten nicht um Ehrlose, Diebe oder Vergewaltiger handelt, mit denen er nach Belieben hätte verfahren können. Zu Telemachos sagt er unzweideutig: »Wir doch erschlugen von Ithakas Söhnen weitaus die Besten, / *Tragende Stützen der Stadt*«.[1345]

Was wissen die Opfer über ihre Schuld? Als Odysseus den Anführer der Freier tötet, wälzt Eurymachos alle Schuld auf die persönlichen Ambitionen des Darniedergestreckten ab.[1346] Angesichts von Odysseus' Zorn will er aber dessen Ehre mittels Gaben wieder ›herbeiführen‹: pro Person bietet er Schadensersatz im Wert von zwanzig Rindern, zudem Erz und Gold, denn: »Warm soll dir werden ums Herz; deinen Groll [*nemessēton*] jetzt verargt dir ja keiner!«[1347] Die Angebotshöhe spricht zwar durchaus dafür, dass ein Kapitalverbrechen begangen wurde – aber Kollektivschuld?

Nicht nur der 108fache Massenmord, sondern noch ein weiteres Indiz lassen an der Verhältnismäßigkeit von Odysseus' Rache zweifeln. Ithaka scheint in der Rechtsentwicklung so weit fortgeschritten zu sein, dass selbst der König Rache nicht eigenmächtig üben und *ex post* durch Richter oder Volksversammlung bestätigen kann, sondern dass der *body politic* Sanktionen im Vorfeld lizenziert, um sie überhaupt rechtmäßig zu ma-

1344 Od. XX. 41–43 [Übers. Weiher; eig. Hervorh.].

1345 Ebd., XXIII. 121f.

1346 »Tot liegt aber der eine bereits, der alles verschuldet, / dort, Antinoos! Dieser veranlaßte alle Verbrechen, / [...] Er wollte persönlich / König im trefflich bebauten Gebiet von Ithaka werden, / dienen Telemachos aber hinterhältig ermorden!« Od. XXII. 48ff. [Übers. Ebener].

1347 Vgl. Od. XXII. 59 [Übers. Weiher].

chen.[1348] Dieses Prozedere zeigt sich nach dem Blutbad an den adligen Söhnen. Eilends wird eine Volksversammlung einberufen, in der Eupeithes, Vater des erstgetöteten Anführers der Adelssöhne, das Volk weinend auffordert, Odysseus zu bestrafen.[1349] Die Mehrheit stimmt zwar gegen den Vorschlag, indem die Männer aufspringen und weglaufen, aber: »die anderen blieben geschlossen am Platze, / Denn sie wurden im Sinn dieser Rede nicht froh [...] und stürmten daher auch sofort zu den Waffen.«[1350] In der Volksversammlung werden keine Mehrheitsentscheidungen gefällt, die die unterlegene Minderheit binden, sondern zur Rachehilfe kann sich gesellen, wer vom Anliegen überzeugt ist. Es gibt ein geordnetes Racheverfahren und das beginnt nicht auf dem Grundstück Odysseus, sondern in der Versammlung. Womöglich hätte sich keiner bewaffnet, wäre das Attentat auf Odysseus' Sohn geglückt. Aber ohne Telemachos' rachebegründende Leiche lässt die Tötung von 108 *aristoi* – zumindest nach modernem Rechtsgefühl – das ›rechte Maß‹ etwas vermissen. Vielmehr scheint die Rache kyklopenhaft daneben zu langen. Auch auf Ithaka existiert ein Recht. Selbst als König kann man sich nicht wie bei den Kyklopen aufführen. Die Kyklopen verkörpern in der *Odyssee* das Gegenteil der Zivilisation.[1351]

Zur antiken Geschichtsschreibung: DREXLER vermag bei Herodot keinen häufigeren Kriegsgrund zu zählen als die Rache.[1352] Tatsächlich kommen *timōria* auf insgesamt 60 und *tisis* auf 53 Nennungen.[1353] Die historiographische Schadensbilanz, die DREXLER der Rache macht, lautet wie folgt: »Ein

---

1348 Zur Ankündigung der Rache in der attischen Volksversammlung: Koerner (1993), S. 29 u. 38 (Anm. 47); Ruschenbusch (2005), S. 44f.; Schmitz (2008), S. 156. Zur Fehdeerklärung nach mittelalterlichem Recht (mit Fristsetzung von drei Tagen in Brief, Wort oder Bild): Brunner (1984), S. 47, 49, 64ff., 73 u. 76; Conrad (1954), S. 578; Orth (1973), S. 35ff.; Reinle (2003), S. 248–253. Sonst sei die Fehde schlicht ›Überfall‹: Orth (1973), S. 54ff.

1349 Vgl. Od. XXIV. 426ff.

1350 Vgl. Od. XXIV. 464–466 [Übers. Weiher].

1351 »Sie haben auch keine / Rechtliche Ordnung [*themistes*], beraten auch nicht in offner Versammlung. / [...] jeder einzelne schaltet / Dort über Weiber und Kinder und keiner sorgt für den andern.« Ebd., IX, 112–115. Zur zivilisatorischen Definitionsmasse (Ackerbau, Schifffahrt, Politik, Recht und Religion): Od. IX. 273ff.

1352 Vgl. Drexler (1972), S. 123.

1353 Vgl. Scardino (2007), S. 97 (Anm. 82).

geschändeter Leichnam [...]; verstümmelte Leiber, die Opfer von Pheretimes Blutdurst; Städte in Schutt und Asche, Troia, Eretria.«[1354]

Was nach viel klingen soll, ist im Grunde wenig. Für den an die entgrenzte Gewalt des 20. Jahrhunderts gewöhnten Leser klingt diese Aufzählung bescheiden. Mit der vorletzten Anschuldigung muss sogar auf das homerische Epos verwiesen werden, um die Evidenz einer barbarischen Rache noch zu retten. Mit dem Zeitraum, auf den Herodot seine Mühen richtet, hat Troia allerdings wenig zu tun.[1355]

Um das Ergebnis vorwegzuschicken: bei Herodot zeigt sich dasselbe Bild wie im Epos. Nicht jede Rache, sondern übermäßige Rache, die *Gewaltübertretung*, findet wenig Anklang bei der Götterwelt. Herodot gelingt es im Gegensatz zu Homer aber, das dahinterstehende (Sakralrechts-)Prinzip zu artikulieren. Als die von Drexler erwähnte Pheretime allzu ›blind‹ Rache an den Barkaiern übt, wuchern Maden aus ihrem Körper und töten sie. Herodots lakonischer Kommentar dazu: »So leiden die Götter allzu heftige Rache der Menschen nicht.«[1356]

In diesem unscheinbaren Satz drückt Herodot das Rechtsprinzip der Rache aus.[1357] Wer die zulässigen Gewaltgrenzen übertritt, zieht den H a s s der Götter auf sich. Dieser Hass drängt auf Rache.[1358] Pheretime stirbt nicht an Rechts-, sondern an »Schicksalsfolgen«.[1359] Das Rechtsprinzip leitet seine gesamte Geschichtsbetrachtung an. Xerxes flieht wie ein Hase über den Hellespont,[1360] weil seine Rache an Athen nicht satt wird, sondern sich auf ganz Griechenland ausdehnt.[1361] Die Pelasger rächen sich an Athen für ihre Vertreibung, indem sie Athenerinnen entführen und mit ihnen Kinder zeugen. Diese aber lernen »die attische Sprache und die Sitten von Athen.«[1362] Aus racheräventiven Gründen begehen die Pelasger ein lemnisches Verbrechen: sie bringen die Kinder mit ihren Müttern

---

1354 Vgl. Drexler (1972), S. 125. Bezeichnend dazu sein Bekenntnis: »Und wenn die Rachesucht befriedigt ist [...]? Nichts danach. [...] das Motiv ist kurzlebig, unfruchtbar, destruktiv«. Ebd.

1355 Zur Interpretation von Herodots Einschätzung zur Vernichtung Troias: Fn. 1617.

1356 Herodot IV. 205 [Übers. Marg].

1357 Vgl. Dihle (1962), S. 22 (Anm. 1); Harris (2001), S. 135; Borg (2006), S. 245.

1358 Zur Ausarbeitung des systematischen Gedankens, s.u. S. 354ff., insbes. S. 359ff.

1359 Zum Begriff: Kohler (1883), S. 64.

1360 Vgl. Fn. 750.

1361 Vgl. Herodot VII. 138. Zur Differenzierung von Rache und Eroberung, vgl. u. S. 339.

1362 Vgl. Herodot VI. 138 [Übers. Marg].

um.[1363] Daraufhin wird ihr Land unfruchtbar und Hungersnöte und Kinderlosigkeit kommen über sie.[1364] Auch Alyattes Krankheit legt dieselbe Spur. Für das Niederbrennen des Athenetempels lassen die Götter ihn vermutlich nur deshalb nicht sterben, weil Fahrlässigkeit vorliegt.[1365] Stets rächen die Götter mit »hierokratische[r] Gewalt«[1366] nicht jede Form von Rache, sondern unbeherrschte Rache.

Aus dem vorgelegten Material aus Tragödien, Epen und Geschichtsbüchern ergibt sich der Mechanismus von übermäßiger Rache und ihrer sakralrechtlichen Sanktionierung durch Schicksalsfolgen. Wie MAIER bemerkt, würde die Aufarbeitung von Medea vor einem antiken Gericht vielleicht rechtfertigen, »Iason zu kastrieren oder zu töten, sie vielleicht sogar zu dem Mord an Glauke und Kreon berechtigen – aber nicht zu dem an ihren Kindern.«[1367] Mit der Ermordung ihrer beiden Söhne überschreitet Medea das zulässige Rachemaß und gleitet ins Monströse ab. Dafür treffen sie Schicksalsfolgen.

Auch Kreons Rache an Polyneikes ist nicht grundsätzlich mit dem Sakralrecht unvereinbar. Hochverräter werden seit Homer schwer bestraft. Die Strafe der Fisch- und Hundefreiheit geistert nicht ohne Grund durch das kulturelle Imaginarium. Die Derogation der Begräbnisrechte für Hochverräter ist *usus*.[1368] Kreon selbst argumentiert gegenüber Antigone, dass die Götter Strafe für derartige Verbrechen fordern.[1369] Aber Kreon

---

1363 »Seit dieser Tat [...] ist es in ganz Hellas Brauch geworden, alle furchtbaren Taten ›Lemnische‹ zu nennen.« Ebd.

1364 Die Pelasger lassen in Delphi nachfragen, was zu tun sei: »Die Pythia aber befahl ihnen, den Athenern Genugtuung zu geben, und zwar die, die die Athener selber bestimmen würden.« Ebd., 139.

1365 S.u. S. 282.

1366 Weber bezeichnet diese außerstaatlichen Zwangsmittel als ›hierokratische Gewalt‹ (in Abgrenzung zu politischer Gewalt). Vgl. Weber (1960), S. 58. Dazu schreibt er: »Davon, daß ein ›Staat‹ nur dann und da ›bestehe‹, wo die Zwangsmittel der politischen Gemeinschaft faktisch gegenüber jeder anderen die stärkeren sind, weiß die Soziologie nichts.« Ebd.

1367 Vgl. Maier (2010), S. 68. Für Jacoby hingegen exploriert *Medea* die Frage, warum solche Verbrechen geschehen: »In retrospect, the most remarkable aspect of Medea is the fact that Euripides, in raising questions about the social forces that might drive a woman to the horrifying decision to murder her own children, was not a generation or two but twenty-three centuries ahead of his time.« Jacoby (1983), S. 24.

1368 S.o. S. 177.

1369 Vgl. Fn. 966.

will nicht nur Antigone bestrafen, sondern ihre Schwester gleich mit. Aus nichtigen Gründen weitet er seine Rache aus und überzieht sie. Die Schicksalsfolgen treffen ganz Theben. Das Glück der Stadt versiegt.

Achilles überquert mit dem neunten Tag von Hektors Schändung das Maß der Rache. Die Schicksalsfolgen kündigen sich mit dem Grollen der Götter an. Auch Pheretime überzieht ihre Rache. Schicksalsfolgen treffen sie. Dass sie ausgerechnet bei Odysseus außer Kraft gesetzt werden und die Götter gar Vergessen über Ithaka schütten, um Sanktionen für das Massaker zu verhindern, stellt eine durch und durch atypische Ausnahme dar.[1370]

Die blinde Rache von Figuren wie Medea, Kreon, Achilles oder Pheretime beweist keine barbarische Vorzeit. Diese Figuren werden vielmehr von den antiken Autoren eingesetzt, mit transgressiven Handlungen den zulässigen Gewaltraum der Rache und damit die Rachenorm zu visualisieren.[1371] Homer, Aischylos, Sophokles, Herodot und Thukydides grenzen rechtmäßige Rache von unrechtmäßiger ab, die die zulässigen Gewaltgrenzen übertritt. Gewaltkontrolle liegt nicht *vis-à-vis* von Rache, sondern wird poetisch durch die Eskalation mitgedacht. Thukydides kennt das Sakralrechtsprinzip von Racheüberschreitung und Schicksalsfolgen in säkularer Gestalt.[1372] Die Archäologie der Rache aus Thukydides' Werk, der immerhin 54 Mal zum Terminus *timōria* greift,[1373] soll daher im Folgenden unternommen werden.[1374]

Recht und Rache

›Recht‹ und ›Rache‹ treffen im gegenwärtigen Sprachhorizont dichotomisch aufeinander.[1375] Wo Recht ist, kann nicht Rache sein, und umgekehrt: wo

1370 Vom poetischen Standpunkt ist der Fall leichter zu entscheiden: wie stünde der Held der Geschichte da, den die Götter erst bestrafen, indem sie ihn zwanzig Jahre durch die Welt irren lassen und dann am Schluss für seine ›irren‹ Handlungen auch noch hinrichten? Vgl. Fn. 1791.

1371 Zum Gedanken der ›Revitalisierung‹ von Normen: Hahn (2002), S. 452 (Anm. 1) u. 454.

1372 Säkularisierung bedeuten freilich nicht, dass nicht schon Homer Staaten damit betraut, die Schicksalsfolgen durchzusetzen. S.u. S. 298ff. u. 347ff., insbes. Fn. 1888.

1373 Vgl. Scardino (2007), S. 97 (Anm. 82).

1374 Methodisch zur Archäologie, insbes. zum rechtlichen Substrat im Werk: Fn. 235.

1375 Vgl. Fn. 1441–1443 [Schmitz].

Rache regiert, existiert kein Recht. Strafrechtlich wird Rache etwa als »Tötung aus niedrigen Beweggründen« (dis-)qualifiziert,[1376] d.h. man will der Begriffshülle bereits eine niederträchtige Gesinnung ansehen. Rachedelikte erscheinen teilweise strafwürdiger als ›gewöhnliche‹ Verbrechen. Rache ist derart untrennbar mit selbstmächtiger und widerrechtlicher Gewaltanwendung verbunden, dass der Begriff ›Rache‹ das semantische Gravitationsfeld der *iustitia* kaum je erreicht: »Wo *ius* herrscht, kann nicht *vis* sein, und umgekehrt: wo *vis* regiert, existiert kein *ius*.«[1377] Der dahinterstehende Gewaltbegriff ist allerdings selbst relativ neu.[1378]

Die Undenkbarkeit einer rechtmäßigen Rache wird nur in Krisenfällen augenscheinlich, in denen – selbst und gerade nach heutigem Maßstab – Unrecht und Verbrechen gerächt werden. Passend zu einem konventionellen Tabu der Rache schließt SEGESSER im Titel *Recht statt Rache oder Rache durch Recht?* aus, über ein ›Recht durch Rache‹ nur nachzudenken. Der Anschlag auf Reinhard Heydrich wird bei ihm zum »Attentat«,[1379] Hitlers Vernichtungsbefehl an 10.000 Tschechen selbstverständlich zur »Rache«.[1380] SEGESSER weigert sich *partout*, Attentaten, die selbst die ›Attentäter‹ als Rache verstanden und ausgeführt haben, historisch quellengetreu wahrzunehmen.[1381] Überzeugend quellt das rächende Selbstverständnis etwa aus den Schriften der *Weißen Rose*, deren Mitglieder eine deutsche Jugend imaginieren, die: »endlich aufsteht, rächt und sühnt zugleich, ihre Peiniger zerschmettert und ein neues geistiges Europa

1376 Vgl. Karauscheck (2011), S. 11.

1377 Girardet (2005), S. 173. Zu dem Problem auch: Fn. 1399.

1378 »[I]t became necessary to develop the concept of ›violence‹ as a generic application of force without reference to its legality or illegality or right or wrong. So accustomed to this notion have we become over the last thirty years that we forget how odd it would have seemed to people only thirty or forty years before that. For them, ›violence‹ still meant wrong or illegal force«. Bowman (2006), S. 229. Diese Bedeutungsverschiebung knüpft Bowman an den Bedeutungsverlust der Ehre: »In fact, it is because of the decline of cultural honor in the West that the word ›violence‹ itself has come into currency with a new and generic sense.« Ebd., S. 6.

1379 Und das, obwohl die Gewaltwelle nach Heydrichs Tötung gerade verunmöglichen soll, dass derartige Akte »ansonsten Schule machen würden.« Vgl. Segesser (2010), S. 18.

1380 Vgl. Ebd., S. 17.

1381 Am Deutlichsten wird dies bei seiner Behandlung der Tötung Talaat Paschas (s.u. S. 386) in Berlin, die bei ihm eine »Ermordung« bleibt, obwohl sie – nachweislich – Teil der Operation *Nemesis* war. Vgl. Ebd., S. 224.

aufrichtet.«[1382] Die gewalttätige Umsetzung dieser Phantasie am 20. Juli 1944 »[u]m der Ehre willen« wurde bereits gestreift.[1383]

Recht durch Rache tritt daher eher unhistorisch als *contradictio in adjecto* in Erscheinung.[1384] Die Unfähigkeit, Attentate auf Heydrich oder Hitler als ›Rache‹ und somit *vis* als *ius* zu konzipieren, obschon sich dieses Verständnis in den Quellen teilweise aufdrängt, steht symptomatisch für die Vorstellung, dass Gewalt Rache diskreditieren muss.[1385] Wenige haben die Krise eines derartigen Rachebegriffs so gespürt wie Hannah ARENDT, die in *Eichmann in Jerusalem* alttestamentarische Rachevorstellungen zitiert und daruntersetzt:

»[A]ll das sind für uns antiquierte Vorstellungen, die wir als barbarisch ablehnen. Und dennoch, scheint mir, läßt sich kaum leugnen, daß Eichmann auf Grund solcher längst vergessenen Vorstellungen überhaupt vor Gericht kam und daß sie allein schließlich die Todesstrafe rechtfertigen.«[1386]

Der Ausgewogenheit halber muss dazugefügt werden, »that opponents of the death penalty sound as archaic as its supporters when they rely on religious arguments to support their cause.«[1387] Rache und Recht schließen sich nicht aus,[1388] sondern Rache kann Recht – und Gerechtigkeit – durchsetzen.

»›Forgive and forget‹ is, in this view, not only an impossible admonition but an undesirable one; it implies a lack of respect for the profound sense of moral equilibrium impelling us to demand that people pay for the harm they have done to others.«[1389]

JACOBY bringt das Gerichtsverfahren um Hermine Braunsteiner-Ryan, einer Aufseherin der Konzentrationslager Ravensbrück und Majdanek, nicht nur dazu, das Tabu der Rache zu erkennen, sondern das Verhältnis von

1382 Vgl. Scholl (1993), S. 95.

1383 S.o. S. 159.

1384 »Der Akt der R.[ache] für erlittenes Unrecht gehört seit Menschengedenken zur Rechts- und Unrechtsgeschichte.« Probst (1992), Sp. 1.

1385 Vgl. Segesser (2010), S. 19.

1386 Vgl. Arendt (1964), S. 327.

1387 Vgl. Jacoby (1983), S. 253 [in Unkenntnis von Arendt]. Zur Ungewöhnlichkeit des Todesurteils für Eichmann in einem Staat, der Todesurteile nicht verhängte: Fn. 2053.

1388 »We prefer to obscure the nature of these demands by falling back on the formula of ›justice, not revenge.‹« Ebd., S. 355.

1389 Ebd., S. 361.

Recht und Rache neu zu denken.[1390] Von der Verteidigung werden Holocaust-Überlebende vor Gericht gefragt,

»[...] whether they were ›out for revenge‹; all replied in controlled, dispassionate tones that they only wanted justice. They were obviously aware [...] of the cultural convention that makes it unacceptable to acknowledge any form of vengeance as a motivation.«[1391]

Wie sollen Holocaust-Überlebende auf den Vorwurf reagieren, ›nur‹ auf Rache aus zu sein?[1392] JACOBY beklagt ein »tragicomic spectacle«,[1393] in dem Opfer ihre Wut- und Rachegefühle verleugnen, um die Glaubwürdigkeit ihrer Zeugnisse zu wahren, andernfalls aber »leave themselves open to bargain-basement analysis if they allow their disinterested masks to slip in public.«[1394]

Aus den in der Geschichte der Menschheit privat finanzierten Racheoperationen lässt sich eine Grundbedingung für die Akzeptanz des staatlichen Gewaltvorrangs ableiten. Für DINGES liegt die Bereitschaft des Einzelnen, private Racheansprüche an den Staat zu übertragen, in der »Idee, daß die Justiz ihn noch besser rächt, als er es selbst könnte«.[1395] Umgekehrt sieht JACOBY die Unfähigkeit zentraler Institutionen, entweder zu rächen oder sinnvoll vor Gewalt zu schützen, als größte Gefahr binnenstaatlicher Rachehegung.[1396] Die Abwesenheit eines institutionellen

---

1390 »I was one of many reporters assigned by newspapers and magazines to follow the case, but I found myself more fascinated by what the proceedings revealed about contemporary attitudes toward justice and revenge [...]. An assumption that revenge and justice are mutually exclusive was implicit in the interrogation of the witnesses«. Ebd., S. 3. »[T]hat there is, or ought to be, an absolute dichotomy between justice and revenge.« Ebd., S. 8.

1391 Ebd., S. 2.

1392 Vgl. Ebd., S. 53.

1393 Vgl. Ebd., S. 6.

1394 Vgl. Ebd., S. 7. »It is not the survivor per se who is rejected and labeled ›unbalanced‹ but the survivor who insistently raises the issues of accountability and retribution.« Ebd., S. 355.

1395 Vgl. Dinges (1994), S. 161.

1396 »The perception that governmental authority is unable to protect victims of violence [...] poses a serious threat to a social contract in which individuals *agree to restrain their impulses toward revenge for a greater good.*« Jacoby (1983), S. 10 [eig. Hervorh.]. Ganz ähnlich ihre Überzeugung, dass Götter oder deren Repräsentanten die Rache in die Hand nähmen, »as essential to public order today as it was in the more ›primitive‹ universe of our ancestors.« Ebd., S. 41

Weges, Rache in Gerechtigkeit zu überführen, stellt sie als Initialzündung privaten *Strebens nach Rache* heraus.[1397] Deshalb arbeitet sie die Paradoxie eines privaten Rachetabus bei gleichzeitiger Unmöglichkeit öffentlicher Vergeltungsmöglichkeiten heraus.[1398]

Alexander PATSCHOVSKY hält für das mittelalterliche Recht fest, dass der Anspruch auf Rache Teil eines Rechtsverständnisses sei, »in dem Konflikt keine dysfunktionale Negativgröße ist und Friede nicht unbedingt das Fundament menschheitsgeschichtlichen Fortschritts«.[1399] Historisch gesehen gilt in Hekabes Staaten[1400] nie *quietem Italiae, pacem provinciarum, salutem imperii.*[1401] Das Bedürfnis nach *pax* (und Ordnung) kann mit dem Bedürfnis nach Gerechtigkeit kollidieren, da zur Durchsetzung der Gerechtigkeit *tumultus* nicht um jeden Preis vermeidbar ist.[1402] Dass Frieden und Gerechtigkeit antagonistische Ziele sein können, scheint aber eine Erkenntnishöhe zu sein, die allzu friedliebende Gesellschaften in jeder Generation neu erklettern müssen.[1403]

1397 Wo die legalistische Vergeltungsmöglichkeit entfällt, wird private Rache wahrscheinlich. Vgl. Ebd., S. 9, 65, 170f., 181f., 289, 299 u. 362.

1398 »Elizabethans would have been astonished at the idea that it might be possible to restrain private vengeance in the absence of public retribution.« Ebd., S. 40. Einigermaßen lehrreich in dieser Hinsicht ist die Verurteilung eines Mörders zu einer dreijährigen Gefängnisstrafe, worauf die Mutter meint: »I felt as though my girl was killed twice – once by that scum, and once by the judge«. Vgl. Ebd., S. 291.

1399 Vgl. Patschovsky (1997), S. 147.

1400 S.o. S. 235.

1401 Vgl. Caesar: Der Bürgerkrieg III. 57, 4 [Übers. Schönberger: »die Ruhe Italiens, den Frieden der Provinzen und die Rettung des Reiches«].

1402 Den Zusammenhang von *pax*, *concordia* und wirtschaftlicher Prosperität eignet sich Caesar auf seinen Münzbildern an: das Füllhorn steht für das Versprechen von Wirtschaftswachstum. Vgl. Till (2003), S. 42, 44 u. 204ff. »In der formalen Kategorisierung der Kardinaltugenden folgte nun die ›Gerechtigkeit‹ als die drittwichtigste Tugend, denn sie verpflichtete Adelige und Ritter, die Armen und Unterdrückten zu verteidigen.« Keen (1991), S. 242. Dagegen zum Sieg des Friedens in der neuzeitlichen politischen Ikonographie über die Gerechtigkeit: Hofmann (1997), S. 12ff. u. 28ff. [Verschiebung von *iustitia* und *pax* auf *pax* und *securitas* bei Lorenzetti]; Bellabarba (1999), S. 245. Zum ideengeschichtlichen und ökonomischen Hintergrund: Fn. 447 [man beachte die Anspielung auf die *Unruhe* des Politischen]; Münkler (1987), S. 147–149, 155 u. 186; Strauss (2001), S. 173; Hirschman (1987), S. 129.

1403 Vgl. Benda (1983), S. 34. Der Erzbischof von Canterbury verstieß gegen das Gewaltlosigkeitsprinzip: »Als man ihm während des Äthiopienkrieges vorwarf, er habe kraft seines Amtes Sanktionen gefordert, die den Frieden gefährden, erwiderte er: ›*Nicht Frieden: Gerechtigkeit ist mein Ideal.*‹« Ebd.

Abb. 12. Nicht immer war (und ist) die Beziehung zwischen Iustitia und Pax (rechts) so harmonisch und innig, wie sie im Stundenbuch des Kardinals Alessandro Farnese (1546) präsentiert wird.

Die Forderung nach Ruhe ist, wie Helena FLAM über eine zu schreibende Geschichte der Stille notiert, die »Umkehrung des Üblichen, eine Codierung der Stille als etwas grundsätzlich Gutes.«[1404] Nicht nur Caesars Aufstieg, der neuzeitliche Republikanismus oder die Erfahrungen mit dem Totalitarismus des 20. Jahrhunderts veranschaulichen, dass *tranquilitas* über weite Strecken der Geschichte nicht gerade als gutes Zeichen verstanden wurde und werden konnte.

Das unfriedliche Rechtsverständnis, *Recht mittels Rache durchzusetzen,* lässt sich in den Berichten des Strategen im Ruhestand, Thukydides, an vier Konfliktverläufen dokumentieren: (1) Korinth – Athen, (2) Athen – Mytilene, (3) Syrakus – Athen und (4) Sizilien – Athen. Ad (1): der Peloponnesischen Krieg platzt an einer Nahtstelle zwischen Korinth und Athen auf: Kerkyra, eine wohlhabende Kolonie Korinths mit der drittgrößten griechischen Flotte,[1405] verweigert der Mutterstadt die geforderten Ehren.[1406] Die in ihrer Ehre durch das neureiche Kerkyra gekränkten Korinther legen dem attischen Volk detailliert auseinander, weshalb sie ein Recht auf Rache haben – und Athen Kerkyra deshalb nicht beschirmen darf.[1407] Die korinthischen Diplomaten betrachten das Verhältnis von Recht und Frieden kaum als deckungsgleich, wenn sie bemerken, dass die einen sich bei Unrecht stillhalten, die anderen – die Tapferen – aber nicht für die Annehmlichkeit des Friedens Unrecht zu ertragen bereit sind.[1408] In einem

---

1404 Vgl. Flam (2007), S. 217. Bei Flam fehlt bedauerlicherweise das republikanische Gedankengut zum *tumultus*. Sie destilliert die Aktualität rein aus der Gegenwart: »Die Demokratie wird in erster Linie als dezibelstarker Kontrast zum Totalitarismus aufgefasst«. Ebd.

1405 Vgl. Thukydides I. 25; 33; 36.

1406 »[D]enn weder erwiesen sie ihnen bei den gemeinsamen Festen die üblichen Ehren, noch überließen sie einem Korinther den ersten Opferteil, sie behandelten sie vielmehr mit Geringschätzung, da sie dank ihrer Geldmacht den reichsten Griechenstädten ebenbürtig waren, in der Kriegsrüstung sie sogar übertrafen«. Thukydides I. 25, 4 [Übers. Vretska/Rinner].
Vgl. auch: Ebd., 38, 2 [»Aber auch wir sind der Meinung, sie nicht angesiedelt zu haben, um von ihnen verhöhnt zu werden, sondern um ihre Führer zu sein und die gebührende Achtung zu genießen.«]. Dies ereignet sich vor dem Krieg, um 435 v. Chr.: Hornblower (1991), S. 67.

1407 Vgl. Thukydides I. 37–43.

1408 Ebd., 120, 3. Die Ähnlichkeit zur Aussage des Erzbischofs von Canterbury (Fn. 1403) ist sprechend.

Interventionsfalle durch Athen weite sich das Racherecht Korinths auf die Interventionsarmee aus: »aus Vertragspartnern« würden Feinde und Korinth könnte sich gegen Kerkyra und Athen »*gemeinsam* zur Wehr setzen.«[1409]

Ad (2): Der Gegenredner Kleons will zwar Rache an Mytilene verhindern. Aber dass Rache im vorliegenden Fall nicht das Recht Athens wäre, zu dieser Behauptung versteigt sich Diodotos nicht.[1410] Dem Plädoyer des ›Freundes der Rache‹ Kleon, der immerhin die Vernichtung einer ganzen Stadt aus Rache fordert, hält Diodotos entgegen:

»[D]a seine Rede *mehr der Rechtslage entspricht*, könnte sie euch bei eurem Zorn gegen die Mytilener vielleicht eher ansprechen. *Aber wir haben keinen Rechtsstreit gegen sie zu führen, dass wir nach dem Recht fragen müssten,* sondern wir beraten über sie so, wie es uns den größten Nutzen bringen wird.«[1411]

Die Athener sind also selbst nach der Ansicht Diodotos' zu Recht wütend. Frei nach der Strategie von Isokrates, wütenden Menschen erst nachzugeben, um ihnen dann umso größere Vorwürfe zu machen, sobald ihr Zorn verdampft ist,[1412] plädiert Diodotos, »freiwillig auch Unrecht zu ertragen«, weil dies mehr zur attischen Herrschaftskonsolidierung beitrage, als Mytilene »im Gefühl des Rechtes« zu zerstören.[1413] Dabei biegt er die Körperlichkeit des heroischen Todesertragens in einen Heroismus der Unrechtsakzeptanz um.[1414] Das Recht auf Rache entspringt dabei keiner sophistischen »Raubtierphilosophie«.[1415] Der Hochverrat, den die ›Freunde‹ (im völkerrechtlichen Sinne) begangen haben, ist ja sogar für den ›Feind der

1409 Vgl. Thukydides I. 40, 3 [Übers. Vretska/Rinner; eig. Hervorh.]. Der völkervertragsrechtswidrige (mit Blick auf die attisch-korinthischen Verträge) Schutz attischer Schiffe für Kerkyra ist folgerichtig »der erste Kriegsgrund der Korinther, den sie gegen die Athener anführten« (I. 55, 2). Weil die Korinther sich »mit Rachegedanken trugen« (I. 56, 2), interveniert Athen übrigens denn in Poteidaia. Zur Racheprävention in der attischen Politik, s.u. S. 354ff.

1410 Zur völkerrechtlichen Legalität der Vernichtung von Mytilene durch das Kapitalverbrechen des Bündnisabfalls bzw. Hochverrates, vgl. S. 351f.

1411 Thukydides III. 44, 4 [Übers. Vretska/Rinner; eig. Hervorh.].

1412 Vgl. Isokrates: Rede an Demonikos [I], 31.

1413 »Das trägt meiner Meinung nach viel größeren Nutzen für die Behauptung unserer Herrschaft, freiwillig auch Unrecht zu ertragen, statt im Gefühl des Rechtes die Leute zu vernichten, die wir uns erhalten sollten«. Thukydides III. 47, 5 [Übers. Vretska/Rinner].

1414 S.o. S. 142 u. 189.

1415 Vgl. Snell (1986), S. 171

Rache‹ Diodotos Unrecht. Rache (aus Rechtsgefühl) hält bezeichnenderweise Kleons Dialogpartner für legal. Er pocht nur auf den fehlenden Nutzen für Athen, nicht auf die fehlende Legalität der Rache.

Ad (3): In der sizilischen Vollversammlung spricht Hermokrates gegen nicht näher bestimmte ›Freunde der Rache‹. Bemerkenswert sind die Worte, zu denen er dabei greift:

»[...] den von allen übereinstimmend als höchstes Gut gepriesenen Frieden [...] meint ihr, wenn einer irgendwo seinen Vorteil findet oder auch das Gegenteil, wäre da nicht Ruhe eher als Krieg geeignet, das eine zu hemmen, das andere zu fördern, und bietet nicht Ruhm und Ehre der Frieden gefahrloser, und was man sonst noch in ausführlicher Rede darlegen könnte? [...] Wenn jemand zuversichtlich glaubt, *aufgrund seines Rechtes oder mit Gewalt* etwas zu erreichen, so möge er [...] bedenken: Manche wollten sich schon an ihren Beleidigern rächen [...] und dann haben die einen nicht nur ihre Rache verfehlt, ja, sie konnten sich nicht einmal selbst retten [...] Denn Rache muss niemandem *nach einer Art Rechtsgrundsatz* glücken, weil ihm Unrecht widerfährt.«[1416]

Hermokrates verlegt sich nicht auf das eigentlich zu erwartende Argument, dass Rache gegen geltende (Bündnis-)Verträge verstößt. Die Unvereinbarkeit von Recht und Gewalt, *ius* und *vis*, ist seinen Zuhörern unselbstverständlich. Sie meinen ja, aufgrund ihres »Rechtes oder mit Gewalt etwas zu erreichen«. Hermokrates weist lediglich darauf hin, dass Rache aufgrund legaler Gewaltrechte »niemandem [...] glücken« muss. Es gibt kein Naturgesetz, das die Durchsetzung gerechter Rache absichert (»nach einer Art Rechtsgrundsatz«). Aber dass sie widerrechtlich oder zum Scheitern verurteilt wäre, behauptet der sizilische Rachefeind nicht.

Ad (4): Als der spartanische Feldherr Gylippos Athen Rache für die Invasion Siziliens ankündigt, tut er das in der Überzeugung ihrer Legalität: »dass Männer einen *höchst rechtmäßigen Akt begehen, wenn sie Rache an einem Angreifer nehmen* und dass sie *ein Recht* haben, die Wut ihres Herzens zu stillen.«[1417] Selbst Thomas Hobbes übersieht den antiken Standpunkt in seiner Thukydides-Übertragung. Um die *legale* Rache an seine Vorstellungen von

1416 Thukydides IV. 62, 4 [Übers. Vretska/Rinner; eig. Hervorh.].

1417 Thukydides VII. 68, 1 [Übers. u. Hervorh. P.R.]. Die Vretska/Rinner-Übersetzung quillt vor falschen Annahmen förmlich über: »wollen wir mitloderndem Zorn in den Kampf ziehen, in der rechten Überzeugung, dass es recht getan an den Feinden, das erregte Herz mit der Rache an dem Angreifer zu sättigen, und dass es uns doch beschieden ist, den Feinden zu vergelten, was ja, wie man sagt, das süßeste Gefühl ist.«

grundsätzlich illegaler Rache anzupassen, modelliert Hobbes ausgerechnet das angegriffene Sizilien zum Aggressor um.

»[W]ith an opinion, not only that it is most lawful to fulfil our hearts' desire upon those our enemies, that justified their coming hither as a righting of themselves *against an assailant*; but also, that to be revenged on an enemy, is both most natural, and, as is most commonly said, the sweetest thing in the world.«[1418]

Sizilien ist in dem Konflikt nicht Aggressor, sondern Angegriffener.[1419] Diese denkwürdige Fehlleistung seitens eines politischen Philosophen scheint auf gewisse unrechtmäßige Prämissen über das Wesen der Rache zurückzugehen.

Als Kontrastfolie dient eine fünfte Stelle. Keine übersetzte Passage dürfte von den wissensgenerierenden[1420] Fehlleistungen eines pejorativen Rachebegriffs stärker gebrochen und ausgeschlachtet worden sein, als Thukydides' Ergründung des Kerkyra-Konfliktes.[1421] Auf Kerkyra kam es zu Konfiskationen, Standgerichten, Attentaten, Vertreibungen, Deportationen, Internierungen und – mit über 1.500 Toten – zu einem der schlimmsten Massaker des gesamten Krieges.[1422] Was 427 v. Chr. über die korinthische Kolonie hereinbricht, vertritt für Thukydides weniger die Schande des griechischen Bürgerkrieges, als die von den *Gesetzen ›unbemeisterte‹* Natur des Menschen – mit unmittelbarer Bedeutung bis in die Gegenwart.[1423] Aufgrund dieses Anspruchs werden Geschichtsbücher von Hobbes als Quel-

1418 Vgl. Hobbes (1994), S. 296 [eig. Hervorh.].

1419 S.u. S. 376.

1420 Vgl. Fn. 1091.

1421 Die Darstellung, Übersetzung und Analyse dieser Episode bildet einen diachronen ›Teststreifen‹ für Thukydides-Kenner- und Könnerschaft.

1422 Vgl. Gehrke (1985), S. 210–216 u. 235f. Gehrke deutet die experimentellen Verbrechen als Ausdruck einer »machinatorischen Phantasie«. Vgl. Ebd., S. 239. Bis heute macht technologischer Erfindungsreichtum in Kriegszeiten Quantensprünge.

1423 Zur Nichtbemeisterung: Fn. 1433. Zur Bedeutung bis in die Gegenwart: »So brach in ständigem Aufruhr viel Schweres über die Städte herein, *wie es zwar geschieht und immer wieder sein wird, solange Menschenwesen sich gleichbleibt* [...] Denn im Frieden und Wohlstand ist die Denkart der Menschen und der ganzen Völker besser [...] aber der Krieg, der das leichte Leben des Alltags aufhebt, ist ein gewalttätiger Lehrer und stimmt die Leidenschaften [*orgas*] der Menge nach dem Augenblick.« Thukydides III. 82, 2 [Übers. Landmann; eig. Hervorh.]. Zur Gewaltkontrolle durch das Recht: »Denn wie der Mensch, wenn er zur Vollkommenheit gelangt, das beste Lebewesen ist, so ist er ohne Gesetz und Recht auch das schlimmste von allen.« Aristoteles: Politik 1253 a30. Vgl. Ebd., 1287 a28.

len rezipiert, die nicht enthalten, was geschehen sollte, sondern was geschehen ist.[1424]

GEHRKE lastet die Verbrechen, deren »Fieber so ziemlich die ganze hellenische Welt« in der Folge ansteckt,[1425] der Liebe zur Ehre (*philotimia*) an. Wie könnte es anders sein?[1426] Aber die Ehrbegierde hat mit dem Morden weniger zu tun, als es auf den ersten Blick erscheinen mag.[1427] Machia-

---

1424 S.o. S. 89ff.

1425 »[I]n jederlei Gestalt, wie es in solchen Läufen zu gehen pflegt, *nichts, was es nicht gegeben hätte und noch darüber hinaus.* Erschlug doch der Vater den Sohn, manche wurden von den Altären weggezerrt oder dort selbst niedergehauen, einige auch eingemauert im Heiligtum des Dionysos, daß sie verhungerten. So ins Unmenschliche steigerte sich dieser Bürgerkrieg und wurde desto stärker so empfunden, als er der allererste dieser Art war. *Später freilich ergriff das Fieber so ziemlich die ganze hellenische Welt.*« Thukydides III. 81f. [Übers. Landmann; eig. Hervorh.].
Durch Isokrates' Archidamos lässt sich das Endprodukt des Geistes in Augenschein nehmen, der Kerkyra entsteigt: »keine dieser Poleis ist noch unversehrt, jede ist von ihren Nachbarn bedroht, so daß das Land verwüstet daliegt, die Poleis zerstört, die Privathäuser verlassen, die Verfassungen gestürzt und die Gesetze aufgelöst sind – Gesetze, unter denen sie einst die wohlhabendsten unter den Griechen waren.« Isokrates: Rede des Archidamos [VI], 65ff. Das Land sei erfüllt »von Krieg, Aufstand, Morden und unzähligen Leiden.« Kriegsunternehmer töten, rauben und vertreiben. Statt mit Gewalt gegen den persischen Machtblock vorzugehen, entehre Hellas sich selbst. Die Soldaten schändeten »die schönsten Frauen«, zerrißen ihre Kleider, so dass sie gedemütigt und »elend herumziehen.« Isokrates, Brief an Archidamos 10.

1426 Gehrke versteht Thukydides' Liebe zur Ehre (*philotimia*) als aus dem Ruder gelaufenen Sieges- und Übertrumpfungswillen. Der unbedingte und *totale Wille nach der Ehre des Sieges* dränge zur Entgrenzung des Krieges (und Gewalt). Er interpretiert *philotimia* als das, was Städte zerstören, Zivilisten versklaven, Söldner, Sklaven und Frauen zu den Waffen rufen kann, nur um (doch noch) zu siegen. Vgl. Gehrke (1985), S. 258. Kerkyra wird dadurch retrograd zu einem Lehrfall, in dem die ›Liebe zur Ehre‹ nicht friedlich bleiben muss und der Wettstreit um das Politische in Bürgerkrieg umschlagen kann. Vgl. dazu Flaigs Hypothese einer, der griechisch-agonalen Kultur immanenten ›Verliererschulung‹: »Was wäre geschehen, wenn die Verlierer ihre Niederlage als eine unerträgliche Schmach empfunden hätten? Die Wettkämpfe wären jedesmal ausgeartet in Schlägereien oder gar Blutbäder. Bei jeder Preisverleihung wäre es zu Gewaltausbrüchen gekommen.« Flaig (2010), S. 356. Zur (wettkampfsimmanenten) Ausartung agonaler Kämpfe: Fn. 480.

1427 Thukydides präsentiert im Rahmen der Ereignisse auf Kerkyra fünf ›Begierden‹: *philotimia*, Habgier, Missgunst, Hass und Rache (wie Fn. 438). Die *philotimia* leitet die Schilderungen ein- und Missgunst (*phthonos*) sie aus. Zwar lässt sich Aristoteles' Erklärung, Missgunst als Folgewirkung von philotimia abzuleiten, beibringen (»Auch die Ehrgeizigen werden mehr zum Neid neigen als die Ehrgeizlosen. [...] Und überhaupt sind die, die in irgendeiner Sache ruhmsüchtig sind, in dieser Sache auch neidisch.«

velli steht das, von einem Rachetabu und Sekundärliteraturüberflutung noch gänzlich unberührt, klar vor Augen:

»Es ist auch kein Wunder, daß die Völker außerordentliche Rache an denen nehmen, die sie der Freiheit beraubt haben. Von den vielen vorhandenen Beispielen will ich nur eins aus der griechischen Stadt Korkyra anführen.«[1428]

Machiavelli anerkennt die Ereignisse auf der Insel ausdrücklich als exemplarische Revelation der Rache (für den Raub der Freiheit). Welche Rolle spielt Rache bei den Ereignissen auf Kerkyra? Für Thukydides verlässt die Rache den Boden des Rechts und wandert in die Maßlosigkeit der Gefühle aus. Aber keineswegs ist Rache deshalb *per definitionem* widerrechtlich:

»Denn die Führer in den Städten [...] übersteigerten dann noch ihre Rache. Dabei aber hielten sie sich nicht im Rahmen des Rechtes und des Staatswohls, nein, jede Partei fand jeweils ihre Richtschnur nur in ihrer Leidenschaft [*hēdonēn*].«[1429]

Thukydides setzt die Rache keinesfalls dem Recht entgegen, sondern einzig *die übermäßige, blinde Rache.* Angemessene Rache hält sich an die Richtschnur des Rechts. Aber die Rache der Bürgerkriegsparteien auf Kerkyra verlässt den rechtlichen Rahmen und macht die Gelüste – den Zuckergehalt der Rache (›Rache ist süß‹)[1430] – zur Richtschnur des Handelns.

Dass sich die Rache von den Gesetzen ablöst, stellt Thukydides als das eigentliche Problem dar. Die Beschreibung von Kerkyra ist von Anspielungen auf das rechte Maß durchsät. Auf der Insel finde ein »Wettlauf im Erfinden immer der neusten Art ausgeklügelter Anschläge und *maßloser* Rache [*tōn timōriōn atopiai*]« statt.[1431] Die menschliche Natur alleine sei unfähig,

Rhetorik 1387 b29ff.) und die menschliche Natur – laut Thukydides »Feindin jedes Höhergestellten« (vgl. Fn. 1433) – treibt die Einwohner Kerkyras per *phthonos* (Missgunst) schließlich in den Bürgerkrieg. Missgunst und Ehrliebe müssen daher aristotelisch (d.h. für Hobbes und Strauss) wie zwei entgegengesetzte Bewegungen desselben *Strebens* aussehen: *nach Überlegenheit.* Vgl. Fn. 417 u. 476 [Zit. Aristoteles]. Die Missgunst (*phthonos*) lässt sich aber auch als *Unterform der Rache* (für Beschämung durch eine Niederlage) interpretieren. Eine Hypothese, die den Vorteil besitzt, eben *nicht* unausgesprochen mit der Ehrliebe auf Rache zu verweisen: Hirzel (1907), S. 306f. (Anm. 4).

1428 Machiavelli: Discorsi II. 2 [Übers. Oppeln-Bronikowski].

1429 Vgl. Thukydides III. 82, 8 [Übers. Vretska/Rinner].

1430 Vgl. Fn. 1474.

1431 Vgl. Thukydides III. 82, 3 [Übers. n. Landmann; eig. Hervorh.].

ihren Hass (*orgēs*) zu kontrollieren und das Recht zu achten.[1432] Mehrfach betont Thukydides, wie die menschliche Natur gegen die Gesetze sündigt, wo sie »von *unbemeistertem* Zorn [*orgēs*] *maßlos* hingerissen« wird.[1433]

Auch wenn Geschichtswissenschaftler versuchen, aus historiographischen Gewaltdarstellungen implizite »Wunsch- und Wertvorstellungen« abzuleiten,[1434] erfüllen diese dieselbe Funktion wie Blutbilder in den Epen und Tragödien. Die Gewaltepisoden sind nicht normativ, sondern transgressiv gemeint. Nicht nur durch die blinde Rache von Medea oder Pheretime, sondern auch durch die *blinde* Rache auf Kerkyra kann eine Rachenorm visualisiert und »revitalisiert«[1435] werden. Thukydides unterscheidet eine Rache, die sich an der Richtschnur der Gefühle bemißt und eine, die sich an den Rahmen des Rechts hält. Thukydides beschreibt mit der *maßlosen* Rache auf Kerkyra nicht eine grundsätzliche Widerrechtlichkeit der Rache, sondern die Verletzung ihrer Norm.[1436]

1432 Wie nächste Fn.; *psychomachia* hätte Thukydides abgelehnt (vgl. S. 231). Die Stelle will sagen: es braucht *nomos*, genauer: *nomos tyrannos*.

1433 »In Kerkyra nun wurde das meiste davon vorversucht, was manche, mit mehr Frevelsinn [*hybris*] *als Maß* beherrscht, *den zur Rache Gereiften heimzahlten*, andere, der gewohnten Armut überdrüssig, meist aus Leidenschaft, nach fremdem Gute lüstern, *gegen das Recht beschlossen* [...] nicht zur Bereicherung, aber *von unbemeistertem Zorn [orgēs] maßlos* hingerissen, fühllos und unerbittlich vollführten. Und bei der Verwirrung des Lebens im damaligen Staat, da kein Gesetz mehr band, konnte die menschliche Natur, die auch gegen das Gesetz gern sündigt, unbekümmert zeigen, wie sie des Zornes [*orgēs*] nicht Meister ist, des Rechtes Verächterin und Feindin jedes Höhergestellten«. Thukydides III. 84, 1f. [Übers. Landmann; eig. Hervorh.].

1434 Vgl. Althoff (1988), S. 301. Althoff sieht in mündlich überlieferten Geschichten mittelalterlicher Historiographen einen »unmittelbaren« Zugang und eine »Abkürzung in die Einsicht des Volksglaubens«. Einen »Rausch« an Gewaltdarstellungen interpretiert er als heimliche Bewunderung in polykephalen Gesellschaften. Vgl. Ebd., S. 303, 307 u. 310f. Wechsler schränkt diese Hypothese auf Gesellschaften im Kriegszustand ein: Wechsler (1991), S. 147.

1435 Zur Idee bei Hahn: wie Fn. 1371.

1436 Nicht über Kerkyra, sondern über das dahinterliegende Prinzip: »Von besonderem Interesse sind [...] Schilderungen extremer Gewalt, denn sie lassen die Grenzen erkennen, innerhalb derer Gewalt akzeptiert wurde. [...] Daher sind die Berichte, in denen Gewaltakte als Transgression rechtlicher, moralischer oder politisch gesetzter Schranken einer Gesellschaft geschildert werden, durch Ekel, Grauen, Horror und Entsetzen gekennzeichnet. Das subjektive Empfinden des Betrachters oder Berichterstatters, [...] dienen dem Ziel, die Regeln zu vermitteln, die eine Gemeinschaft verbindlich festgelegt hat oder ein Autor [...] propagiert. Eine solche Stigmatisierung spezieller Gewaltakte gewährt Einblick in die Eigenarten der antiken Gemeinschaft«.

Abb. 13. Hendrik Goltzius' Fama und Historia (1586). Fama schwebt als Göttin über dem Buch der Geschichte und bläst in die helle Fanfare als Symbol eines guten Rufs (fama bona). In der Linken hält sie fama mala – Symbol des schlechten Rufs. Moderne Historiker übergehen die ikonographische Differenz der infamierenden Funktion historiographischer Gewaltakte. Verbrechen mögen den Täter »in aller Munde«[1437] *bringen, aber noch lange kein normatives Leitbild postulieren.*

Zimmermann (2009), S. 42. Die Gewaltpräsentationen seien ein Schlüssel zu den Regeln für akzeptierte (saubere) und geächtete (schmutzige) Gewalt. Vgl. Ebd., S. 44. Vgl. Fn. 1486.

1437 Vgl. Althoff (1988), S. 300f. Zum Argument: im Bild die griechische Sarkophag-Inschrift (»unversehrte Tugend«) oder die Fallgeschichte Herostratos.

Dass Recht und Rache im antiken Denkhorizont keine unvereinbaren Größen darstellen, wird als Befund nur unzureichend gewürdigt. STAHL wehrt sich mit FINLEY zwar gegen einen pejorativen Rachebegriff,[1438] dringt aber selbst zu keiner positiven Kernbedeutung vor. Rache bleibt bei ihm eine *emotionale* Batterie hinter den Bürgerkriegen der archaischen Zeit.[1439] SCHMITZ hält zwar fest, dass die Grenze zwischen *vis* und *ius* anders verlaufen sein muss.[1440] Aber statt Rache als *Straf*-Gewalt zu erkennen, stiftet er einen neuen Zwischenbegriff für rechtsförmig geübte Gewalt (›Rügebrauch‹), um Rache weiterhin als widerrechtliche Form vom *ius* abzusetzen.[1441] Rache bleibt *vorrechtlich*, nicht weil die Quellen diese Interpretation nahelegen,[1442] sondern weil Rache als Widerpart des Rechts *a priori* feststeht.[1443]

1438 Vgl. Fn. 1439; Finley (1986), S. 136.

1439 Vgl. Stahl (1987), S. 89 u. 93. Stahl dringt mit der Definition von Rache als ›Strukturmerkmal‹ nicht zur Interpretation als (völker-)rechtlichem *modus operandi* durch. Er denkt Rache weiterhin als *das große Gegenüber des Rechts*.

1440 »Für einen Historiker, der mit volkskundlichem Material nicht vertraut ist, ist es nicht immer einfach, einen Rügebrauch als solchen zu erkennen. [...] Nur so kann der Historiker beurteilen, ob es sich um einen Rügebrauch oder schlicht um eine Gewalttat handelt.« Schmitz (2004), S. 262.

1441 »Dabei ist der Rügebrauch der Rache als Strafmittel überlegen.« Ebd., S. 409. »Der Spannung zwischen Recht und Rache war man sich in der Folgezeit durchaus bewußt«. Ebd. Rügebräuche sind für Schmitz termingebunden (Festtage) und gewaltkontrolliert. Vgl. Ebd., S. 135 u. 302.

1442 Schmitz' Beobachtungen kehren sich sogar gegen seine Hypothesen. Vgl. Ebd., S. 238, 262 (mit Anm. 11), 264 u. 305.

1443 Schmitz konstruiert idealtypisch eine *informelle* Willkür der Sozialkontrolle auf der einen Seite und den *formalisierten* Rechtsverkehr des Staates auf der anderen. Vgl. Ebd., S. 143 u. 406. Man wagt kaum zu fragen, was er von Kelsens Blutrache-Definition gehalten hätte: »Die [...] Blutrache zeigt übrigens deutlich, dass der Tod [...] nicht nur das älteste Delikt, sondern auch die älteste sozial organisierte Strafe ist.« Kelsen (1941), S. 56. Auch Webers Erklärungsansatz in der *Rechtssoziologie* scheint er nicht zur Kenntnis zu nehmen. Vgl. Weber (1960). Im Schlussteil gesteht sich Schmitz die *fictio* der Polarität ein: »In einem – idealtypisch rekonstruiert – anschließenden Stadium der Rechtsentwicklung übernahmen die Institutionen der Stadt den Rügebrauch als Strafinstrument und erkannten ihn gesetzlich als rechtens an. [...] In einem dritten Stadium verbot die Obrigkeit den Rügebrauch als unangemessene Gewaltanwendung gegen einen Missetäter. Erlaubt waren nur noch Prozeßverfahren, die auf eine materielle Entschädigung, eine Buße oder ein Entfernen aus der Gemeinschaft, nicht aber auf eine Gewaltanwendung ausgerichtet waren.« Schmitz (2004), S. 402f. Dieser Konstruktion steht die von ihm, allerdings meisterhaft, präsentierte Materialebene gegenüber. Es gibt entgegen seiner Auffassung einen Katalog vorweg fixierter [1.] Delikten (Ehebruch,

Aber es gibt Ausnahmen, die sich vom Rachetabu freigemacht haben. GEHRKE beobachtet immerhin eine »Rechtshaltigkeit der Rache«,[1444] zeigt sich aber weder an der Rekonstruktion des Gehaltes interessiert, noch ist er gewillt, innerstaatlich Identität zwischen Recht und Rache anzunehmen.[1445] Dennoch gebührt ihm die Ehre, gegen das Tabu der Rache erkannt zu haben, dass es sich um einen »substantielle[n] Faktor« der antiken Politik handelt. Rache sei ein »reales Motiv – nicht bloß die Kaschierung eines anderen«.[1446] Nicht nur Ehre kann als eine Kategorie betrachtet werden, in der und durch die alles geschieht.[1447]

Dass Rache Recht sein kann, anerkennen und entwickeln neben JACOBY[1448] einzig BRUNNER und KELSEN. BRUNNER schreibt: »Die Fehde ist nicht Ausdruck eines ›nativistischen‹ Rache- oder Zerstörungstriebes, sondern Kampf ums Recht«.[1449] Mit dieser Kippfigur eines Rechts, das als

---

Zahlungsschwierigkeiten, Diebstahl; Ebd., S. 266), [2.] Strafen (die Gewaltausübung erfolgt stark formalisiert starren Mustern: Bescheltung, Partialwüstung oder Steinigung; Ebd., S. 320 u. 398) und [3.] Verfahrensregeln (Partialwüstung *vor* Totalwüstung, s.o. S. 176). Die Gemeinde braucht schon deshalb keine »Kontrolle der sozialen Kontrolle« durch die *polis* (Ebd., S. 492; auch: S. 242 u. 270f.), weil die ›Rügebräuche‹ nicht infamatorisch, sondern *auf Beschluss von Priestern* exekutiert werden. Auch dabei wird es darauf angekommen sein, Schuldeingeständnis und Beweiswürdigung zur (Straf-)Gewaltlegalisierung prozessual zu erlangen. Dass sich für die Zeugenschaft von Gerüchten formalisierte Verfahren herausbilden, die dann in Schubladenkategorien (›Rituale‹, ›Verfluchung‹) unverstanden verschwinden, darf als sicher gelten. Vgl. Gschnitzer (1997), S. 6. Zum Stellenwert des Sakralrechts und der Priester bei der Entwicklung des Strafrechts, s.u. S. 300ff. (mit Fn. 1638). Zum Umstand, dass strafrechtliche Gewaltbegrenzung ([2.]) *verfahrensrechtlich* ist: Barta (2010), S. 243. Zur Systematik, dass der Staat den Delinquenten bei Ehrenstrafen auch in klassischer Zeit noch *der Gewalt des Volkes* überlässt, s.o. S. 183ff.

1444 Vgl. Gehrke (1987), S. 130.

1445 »Zu einer vollständigen wird diese tendenzielle Identität von Rache und Recht in der Außenpolitik. Hier, im Bereich des Völkerrechts, gibt es ja keine höhere Instanz, über die Rache vermittelt werden kann, sondern hier geht es darum, sein Recht unmittelbar durchzusetzen, hier ist der Kläger zugleich der Richter und der Vollstrecker.« Gehrke (1987), S. 130.

1446 Vgl. Ebd., S. 123.

1447 Vgl. Fn. 20.

1448 »Revenge and justice were not seen as antipodes but as regions of the same moral territory: one might all too easily move from the permitted to the prohibited zone.« Jacoby (1983), S. 48.

1449 Brunner (1984), S. 95. Zur Rache als Ziel der Fehde, vgl. Fn. 1453.

vorrechtlicher Destruktionstrieb wahrgenommenen wird, [1450] berührt BRUNNER den Bereich des Undenkbaren. Für ihn ist Rache eine rechtsgültige Handlung,[1451] ein Instanzenweg mit Gewaltoption, der Forderungen durchsetzt.[1452] Für BRUNNER impliziert das mittelalterliche Recht keineswegs Friedlichkeit. Frieden herrsche nur, solange Recht nicht gebrochen werde. Dessen Verletzung erfordere Rache.[1453] Auch KELSEN reflektiert im Fußnotenapparat, »[d]ass übrigens die ›Rachsucht‹ der Primitiven gar nicht so gross ist, dass der ›Wilde‹ gar nicht so wild ist, wie man glauben möchte«.[1454] Die Blutrache versucht er folgerichtig aus ihrer gesellschaftlichen, statt affektiven Dimension zu extrapolieren.[1455]

Die Erkenntnis, dass Rache nicht zwangsläufig als Verbrechen klassifiziert ist, sondern von *vis* zu *ius* wandern kann, macht die Idee eines *Rechts auf Rache* möglich. Was BRUNNER für das mittelalterliche Fehderecht entfaltet, wird für die Erforschung der Antike bislang noch gar nicht in Betracht gezogen: die Existenz antiker *Racherechte* – in den *poleis* wie im Völkerrecht. Es gibt nicht nur eine prosaische bzw. tragische Rache, sondern auch eine Rache als Rechtsbegriff. Es ist unvermeidlich, dass Tragödiendichter oder Historiographen *vis* in ›Rache‹ mitverhandeln (im antiken Verständnis: das Übermaß der Rache). Aber daneben gibt es die nicht gewalt-, sondern rechtsförmige Rache.

In welch greifbarer Nähe diese Hypothese die ganze Zeit über schon gerade in der Tragödie vorliegt, soll an Aischylos demonstriert werden. Elektra verhagelt *expressis verbis* die Interpretation, dass der Blutzoll der Rache aus den Affekten stammen kann: »die Mörder sollen, *nach dem Recht* [*dikē*], mit Blut bezahlen!«[1456] Für die Rolle der *dikē* wird in der Regel die geistige Falltüre geöffnet. Zurück bleibt, was dem eigenen

1450 Zur Negation der Vorrechtlichkeit: Ebd., S. 25 u. 28.

1451 Vgl. Ebd., S. 42, 51, 83f., 98 u. 256.

1452 »Aber hier ist innerhalb des Verbandes Fehde möglich: Anwendung von Waffengewalt im Kampf ums Recht, ohne daß diese Fehde die Existenz dieses Verbandes selbst in Frage stellen würde.« Ebd., S. 30. Vgl. Ebd., S. 67 u. 249.

1453 »Vielmehr fordert jede Kränkung des Rechtes, und das heißt der ›Ehre‹, zur Rache heraus. Rache ist das Ziel der Fehde«. Ebd., S. 23.

1454 Vgl. Kelsen (1941), S. 367 (Anm. 8).

1455 »Es ist stets auch ein kollektives und nicht nur individuelles Interesse, das sich in ihr äussert.« Ebd., S. 58. »Wo der Tod gerächt wird, müssen es schon soziale Bedürfnisse sein, die damit befriedigt werden«. Ebd. Allerdings denkt Kelsen Blutrache weiterhin als affektiv – *durch Furcht* verursacht. Vgl. Ebd., S. 177ff. u. 367 (Anm. 8).

1456 Aischylos: Choephoren V. 144 [Übers. Ebener; eig. Hervorh.].

Verständnis entspricht: dass die Mörder mit Blut bezahlen. Der Chor, der den gerechten Weg Dikes umschreiben will, singt:

»›Für feindliche Rede [*echtras glōssēs*] sei feindliche Rede als Lohn gezahlt!‹ ruft Dike laut, / wenn Schulden sie eintreibt. ›Doch für einen Schlag bis aufs Blut sei die Sühne / ein Schlag bis aufs Blut; wer tat, muß leiden!‹ / *Uralt ist der Spruch, der das verlangt.*«[1457]

Er singt nicht: ›Bei Mord sollen die Affekte freien Lauf nehmen!‹ Der Chor singt in vorteilhafter Eindeutigkeit, dass die Rache der Bluttat *»verlangt«* wird, dass sie also nicht freiwillig erfolgt oder erfolgen muss. Der ›Spruch‹, der Talion zwingend vorschreibt, sei uralt. Woher er stammt – letztlich die Frage, wie das ›Blutrecht‹ nach Griechenland gelangt –, wird herauszuarbeiten sein. Überraschenderweise ist das archaische Blut*recht* nicht so uralt, wie Aischylos' Chor annimmt, sondern geht auf das Konto des religiösen Fanatismus der delphischen Epoche.[1458] Ein drittes Versatzstück, das wohl am häufigsten missbrauchte, sei zuletzt problematisiert. Es wurde in Teilen und absichtlich irreführend bereits zitiert,[1459] nach gängigem Muster unter Aussparung des ersten, alles entscheidenden Satzes:

»*Es ist ja Gesetz* [*nomos*]: Die Tropfen des Blutes, / die einmal zur Erde geflossen, sie fordern / wiederum Blut. Denn ein Mord ruft herbei / den Rachegeist, der im Auftrag der früher / Gemordeten neue Schuld auf die alte häuft.«[1460]

Dass die Rache Gesetz und damit eine Forderung des antiken Rechts ist, steht die ganze Zeit über einer der meistzitierten Passagen zum vermeintlich archaischen Blutdurst voran. Aber der Satz verschwindet, genau wie eine Reihe anderer restlos unpoetischer, juristischer Einschübe, auf Nimmerwiedersehen in den Falltüren des modernen Geistes.

Antike Formen der Gewaltkontrolle: im Treppenhaus der Kultur

Dass Rache Recht sein kann, scheint zunächst dem Bild einer archaischen Zeit zu entsprechen, die mit ihrer blutigen Gewaltbereitschaft die Gesetze deformiert und demontiert. Konfrontiert mit der Breite der epistemologi-

1457 Ebd., 309–314 [Übers. n. Ebener; eig. Hervorh.].

1458 S.u. S. 301ff.; Fn. 1624.

1459 Vgl. Fn. 1277.

1460 Aischylos: Choephoren V. 400–404 [Übers. Ebener; eig. Hervorh.].

schen Irrtümer fordert BRUNNER, »ganz prinzipiell nach dem Wesen von Staat, Verfassung und Recht im Mittelalter zu fragen und das Ergebnis dieser Erwägungen nicht bloß in ›geistesgeschichtlichen‹ Einleitungen zu vergraben«.[1461] Diese Forderung kann wortgleich für das Wesen des antiken Staates erhoben werden.

Die private Verfolgung von Strafen wird mit Vorliebe als Indikator ›schwacher Staatlichkeit‹ angesehen.[1462] Die Idee *eines privatrechtlichen Strafanspruchs* gerade für privilegierte Schichten wird heute abgelehnt.[1463] Dessen soziale Ächtung verrät sich im Begriff ›Selbstjustiz‹. Die Ablehnung trägt aber schon deshalb dogmatische Züge,[1464] weil Privatgewalt in der antiken *polis* nicht zwangsläufig Staatsgewalt gefährdet.

Was uns als Ikone des schwachen Staates oder als Zustand von Gesetzlosigkeit (*anomia*) erscheint, ist der Leitgedanke des archaischen Strafrechts. »Privatrache« ist, wie Gustav RADBRUCHS formuliert, ein »Recht dieses Verletzten [...] nicht des Staates«.[1465] Den Täter zu bestrafen und das Unrecht zu rächen, wird als Recht des Geschädigten gedacht.[1466]

1461 Brunner (1984), S. 131. Dem Phänomen der Rückgewinnung eines Gegenstandes, der in Randnotizen über die Forschungsliteratur versprengt liegt, ließen sich ganze Abhandlungen widmen. Vgl. Gschnitzer (2001), S. 213 (Anm. 2): »die überreiche Fachliteratur [...], in der sich Einschlägiges überall, aber im allgemeinen nur vereinzelt und nur am Rande des jeweiligen Themas, finden ließ«.

1462 Vgl. Schmitz (2004), S. 370 (Anm. 188). Auch als Schutz vor institutioneller Überforderung: Barta (2011a), S. 488.

1463 Brunner will darin das erkennen, »was den mittelalterlichen Staat vom modernen Staat am stärksten scheidet.« Vgl. Brunner (1984), S. 108. Allerdings bezeichnet er den *privaten Strafrechtsanspruch* unpräziser als ›Selbsthilfe‹.

1464 Vgl. Fn. 1108 u. 1443. »Dass die Begnadigung sich von dem Willen des Verletzten emancipirt, dass sie über den Schuldigen die versöhnende Hand breitet, während noch der Rachegroll in der Brust der verletzten Familie sitzt, das ist ein Haupttriumph der Staatsgewalt über das Geschlechterwesen, das ist einer der Hauptsiege der staatlichen Ordnung über die von der Flamme der Leidenschaft durchglühte Familienrache.« Kohler (1883), S. 166. »Erst wenn der Staat, erst wenn die sociale Allgemeinheit das sühnende Schwert in die Hand nimmt, wird die Strafe von jeder Beigabe individueller Leidenschaft gelöst. Das Beil des Scharfrichters zittert nicht mehr von der Wuth, welche den Verletzten in seinem Innersten erbeben lässt; die Strafe hat jetzt ihren vollen objectiven Charakter«. Ebd., S. 181.

1465 Vgl. Radbruch (2001), S. 315. Auch er behandelt *das Recht zu Strafen* nur abschätzig.

1466 Dass die Strafe als Recht des Geschädigten betrachtet wird, vermag rechtsgeschichtlich plausibler (als die Kurzformel eines schwachen Staates) zu erhellen, weshalb der Staat Strafen derart lange nicht als seinen Aufgabenbereich ansieht und weshalb selbst (öffentliche) Kerkerhaft aus den privaten Carcerwohnungen hervorgeht. Vgl. Kohler

KOHLER fasst den Gedanken folgendermaßen: »man betrachtete die Strafe als eine dem Verletzten *von Rechtswegen zustehende* Genugthuung, als ein Recht des Betroffenen«.[1467] Der Anspruch auf die Anwendung strafender Gewalt bildet den Kern des Racherechts. BRUNNER bezeichnet ihn schlicht als Ehre.[1468]

Statt Täter und Opfer zu isolieren, werden sie nach älteren Rechtspraktiken miteinander verschränkt.[1469] Die »relevanten Beziehungen« werden nicht »zwischen Staat und Täter konzentriert«,[1470] sondern zwischen Opfer und Täter.[1471] Die Legitimität der Verschränkung von Opfer und Täter entdeckt die Versöhnungsforschung im Angesicht der schwersten Verbrechen derzeit neu.[1472] Aber schon für Aristoteles besteht der Unterschied zwischen Rache und Strafe sprechenderweise darin, dass

(1883), S. 38ff.; Barta (2011a), S. 430. Genau in Frontstellung zu diesem privaten Strafrecht tritt Beccaria. Vgl. Jacoby (1983), S. 116f.

1467 Vgl. Kohler (1883), S. 167 [eig. Hervorh.].

1468 Vgl. Brunner (1984), S. 23, 71f. [»Es muß [...] diese Männer ein Bewußtsein des Rechts zu ihrem Kampf getrieben haben, das neueren Zeiten kaum mehr verständlich ist. [...] Was an ihnen aber verzerrt und übersteigert zutage tritt, ist doch letztlich eine Haltung, die dem Einzelnen den Kampf um sein Recht und damit um seine Ehre als sittliche Pflicht erscheinen läßt.«] u. 235 [»so wird auch der subjektive Rechtsanspruch des Einzelnen zu seiner ›Gerechtigkeit‹, seiner ›Ehre‹.«].

1469 Während in der modernen Praxis Täter und Opfer isoliert werden, findet in außereuropäischen Rechtspraktiken eine *Verschränkung* von Täter und Opfer statt. Der Täter wird bei Mord direkt in die Familie des Opfers eingebunden oder substituiert den Schaden mittels ›Frauen‹. Die Furcht vor einer Gefängniszelle ist nicht die einzige Möglichkeit, effiziente Formen der ›Haft‹ (und Haftung) herzustellen. Die Verheiratung ist keine *Schuldlösung*, sondern die rechtsendgültige Verstetigung einer zumeist vorläufigen Geiselhaft. Vgl. Schlee/Turner (2008a), S. 52f.; Conrad (1954), S. 67; Doblhofer (1994), S. 59ff.; Kohler (1883), S. 142 (Anm. 5). Für Barta ist die Einheiratung dagegen ein den Täter lösender Naturalersatz. Vgl. Barta (2011a), S. 474 (Anm. 2957). Zur Schuldhaft: s.o. S. 181ff. Zu schuldrechtlichen Selbstauslösungsfällen durch Arbeit beim Gläubiger: Kohler (1883), S. 14, 18, 29 u. 153.

1470 Vgl. Albrecht (2008), S. 130.

1471 Es ist mir unmöglich, dies allein aus den Erfordernissen der Rechtsexekution zu erklären, wie Weber es versucht: Weber (1960), S. 61.

1472 »Die Konfrontation mit der Tat, dem Opfer und dessen Familie sowie mit der eigenen Verantwortung wird von den Tätern als härter, unerbittlicher und sehr viel verbindlicher erlebt als eine Verhandlung im Gerichtssaal.« Findeisen (1999), S. 184f. u. 193f. [dort zur Jugendgewalt]. Die Gacaca-Gerichte in Ruanda, die die Täter mit ihren Opfern konfrontieren, bauen auf diese Einsicht.

Strafe an den Täter, Rache an das Opfer denkt.[1473] Der Zuckergehalt der Satisfaktion, »die unangenehmen Gefühle des Beeinträchtigtseins durch die angenehmen Gefühle des Beeinträchtigens« aufzuheben,[1474] sollten nicht als vormoderner Trieb abgetan, sondern können auch als »emotional liberation« gewürdigt werden.[1475]

WEBER bestimmt die private Strafgewalt in seinem aristotelischsten Werk, der *Rechtssoziologie*, noch genauer: »Ein subjektives Recht im staatlichen Sinn des Wortes steht *unter der Garantie der Machtmittel der politischen Gewalt.*«[1476] Das wiederum heißt, dass die Stärke oder Schwäche eines Staates mit der Einräumung legaler Rache- bzw. Gewaltrechte formal nichts zu tun haben muss,[1477] sondern die privatisierte Strafgewalt vielmehr im Dienst des Staates steht. Das Recht auf Rache ist nicht Ausdruck des schwachen Staates, sondern genießt die Mittel, die Signatur, nein: *die Würde* hohheitlicher Gewalt. Im Krisenfall kann der staatstragende Rächer auf die Unterstützung staatlicher Zwangsgewalten setzen (in erster Linie wohl auf Staatssklaven[1478]).

1473 »Aus Wut oder Zorn erfolgen die Handlungen, die auf Vergeltung aus sind. Es gibt aber einen Unterschied zwischen Vergeltung und Bestrafung; das eine Mal nämlich ist die Bestrafung um des Erleidenden willen da, das andere Mal die Vergeltung um dessentwillen, der sie ausführt, damit er Genugtuung erfährt.« Aristoteles: Rhetorik 1369 b12.

1474 Vgl. Steinmetz (1894), S. 100, zit. n.: Kelsen (1941), S. 51. Kelsen unternimmt den Versuch, die psychologischen Grundlagen der ›süßen‹ Rache (Fn. 1267) über Lust und Unlust zu entziffern.

1475 Vgl. Jacoby (1983), S. 14. »Die *timoria* wird als Mittel gesehen, zu einem befriedigenden Gefühl zu gelangen, mit der Wut und Zorn beendet werden.« Descharmes (2013), S. 55. Zu den Gefühlen im Einzelnen: Ebd., S. 118f.

1476 Vgl. Weber (1960), S. 58 [eig. Hervorh.].

1477 Staatsschwäche lässt sich nur aus Fällen ableiten, in denen die Einhaltung des Rechts nicht erzwungen werden kann, sei es, weil der Kläger trotz gerichtlich festgestellter Unrechtmäßigkeit seines Racheanspruchs den vermeintlichen Täter unbeirrbar weiterrächt oder weil Verbrechen ungerächt bleiben.

1478 »The obscurity that surrounds the active involvement of Athens' officials in the execution of monetary penalties destined for the *polis* treasuries [...] has contributed to a widespread impression of Athenian law-enforcement as a rather haphazard, unpredictable process, which depended almost entirely on the initiative taken by volunteers rather than on the initiative of the polis' officials. This impression is to some extent supported by a considerable amount of evidence for individuals who had remained on the registers of public debtors for years (and some families allegeldy for generations).« Rubinstein (2010), S. 194. »It would thus be misleading to state that the ancient *polis* ›never developed a proper police system.‹ It would be more accurate to say that in

Die epistemologischen Probleme erwachsen der Kategorisierung von privater Strafgewalt gegenüber staatlicher Strafgewalt,[1479] weil die privatrechtlich gedeutete Rache mitunter staatsgewaltliches Strafrecht verkörpert.[1480] Die griechische Rache deckt sich mit Strafvorstellungen.[1481] Sie ist nicht nur die »ältere[n] Schwester der Strafe«,[1482] wie HIRZEL glaubt, sondern die Quelle des Strafrechts.

Classical Athens the functions of public administration and policing were not kept separate and assigned to different bodies but carried out by the same officials accompanied by public slaves. [...] We should not think of Athenian officials as modern bureaucrats who sit behind desks and shuffle paper all day long. These officials did not issue orders to a police force, which arrested offenders, but did the policing themselves.« Harris (2007), S. 167.

1479 Rechtsgeschichtlich sind Privat- und Strafrecht selten voneinander zu scheiden; weil »bis tief in sonst sehr entwickelte Rechtszustände hinein ursprünglich schlechthin jede Klage eine Klage *ex delicto* war.« Vgl. Weber (1960), S. 93. »Im übrigen ist bis auf kaum nennenswerte Reste jegliches Privatstrafrecht im öffentlichen Strafrecht aufgegangen«. Probst (1992), Sp. 6. Die Reste sind durchaus erwähnenswert. Vgl. Fn. 1490.

1480 Die private Ahndung von Verbrechen gegen die *polis* konturiert diese These noch in anderer Hinsicht. Vgl. Ruschenbusch (2005), S. 48 u. 78. Der Rache öffentlich-rechtlichen Charakter abzusprechen, ermöglicht erst den Irrtum, rechtmäßig geübte Strafgewalt als ›gesetzlose‹ Rache zu interpretieren. Wie die juristische Verpflichtung des Einzelnen zur Strafverfolgung als ungesetzliche Willkür umgedeutet werden kann, bleibt mir rätselhaft: »In dem Verfahren der *apagoge* liegt ein starkes Element der Selbstjustiz, welche aber durch staatliche Organe und die Öffentlichkeit reglementiert wurde.« Krause (2004), S. 16. Ähnlich: Ebd., S. 21. Es führt zu falschen Schlussfolgerungen, Selbsthilfe *deliktisch* zu denken: Barta (2011a), S. 368. Rache kann der *Grundpfeiler* des öffentlichen Strafvollzugs sein. Vgl. Weber (1967), S. 92ff.
Ich vermeide den Begriff der ›Selbsthilfe‹, weil er unscharf auf Phänomene angewendet wird, die mit privater Gewalt teilweise nichts zu tun haben. Exemplarisch dazu der Fall privater Strafermittlungen der Angehörigen von Euxitheos aus Mytilene, die einen Sklaven foltern, um die Wahrheit über sein Verschwinden zu ermitteln: Krause (2004), S. 15. Die Folterung des Sklaven ist, genauso wie die private Täterfahndung im antiken Rechtsverständnis mit Sicherheit keine illegale Gewalt. Krause argumentiert pauschal und wenig quellengestützt: »Bis in die Spätantike hinein gab es einen weiten Bereich, in dem die Selbsthilfe des Opfers gefordert war.« Ebd., S. 54. Harris stellt anhand der Sklavenverfolgungen dar, dass sie keine illegale Selbsthilfe sein können, sondern vom Eigentumsrecht gedeckt sind: »masters had the power to recover slaves who ran away. In this regard they were acting no differently from a farmer who led back an animal who had wandered off his property.« Harris (2007), S. 161.

1481 Vgl. Burkert (1994), S. 17; Gehrke (1987), S. 129 u. 133; Whitlock Blundell (1989), S. 54f.; Probst (1992), Sp. 1; Harris (2001), S. 167; Descharmes (2013), S. 63.

1482 Vgl. Hirzel (1902), S. 93f.

Im Gegensatz zu den modernen Angstszenarien um zahl-, regel- und maßlose Rache[1483] kennen die antiken Gesetze keine grenzenlose Rache. Die Frage nach dem rechten Maß lässt sich nicht nur kasuistisch,[1484] sondern auch rechtshistorisch entwickeln. Das gesuchte Maß verbirgt sich heute im Begriff Straf*maß*, der sich seine barbarisch-neuzeitliche Gewaltgeschichte nicht anmerken lässt.[1485] Ein aristophanischer Richter hätte die moderne Aporie nach dem verlorenen Maß damit parodiert, der Strafe konsequent einen Trieb zum Strafexzess, zur Strafmaßlosigkeit, zu unterstellen.

Während Gewalt, die den Täter als ›Strafe‹ trifft, sauber und unauffällig bleibt, wird dieselbe Gewalt als ›Rache‹ gegenwärtig schmutzig und auffällig.[1486] Nach unserem Sprachverständnis gehört *vis*, die Strafe ist, zum *ius* und wird in ihrer Gewaltförmigkeit höchstens in Fällen von ungerechten Strafen sichtbar.[1487] – Die »punitiven Katastrophe« des »mittelalterlichen Exklusionsapparat[es]« moderner Staaten mitsamt ihren Gefängnisindustrien[1488] bleibt in der Regel verborgen, während das zweitägige Aufsetzen eines Tamariskenzweiges im antiken Stadtstaat schon als barbarischer Akt geächtet wird.[1489] Ähnlich wie der Begriff ›Notwehr‹ seine Gewalt- und Tö-

1483 »Der Schwerpunkt liegt in der expressiven Funktion. Daher ist Rache zunächst und ›mit Recht‹ maßlos.« Luhmann (1987), S. 155. »Vor allem aus der Überlieferung des frühgriechischen Rechtsdenkens ist ersichtlich, wie sehr das Problem des Übermaßes in den Rechtsinstitutionen angelegt ist und zum Ausdruck drängt – für die Vergeltung in der tiefgreifenden Einsicht, daß schon die Behauptung und Durchsetzung des eigenen Rechts ins Unrecht führt«. Ebd., S. 157. Vgl. auch: Finley (1986), S. 138; Cohen (2005), S. 226 u. 229.

1484 Vgl. o. S. 247ff.

1485 Proportionalität war bis ins 19. Jahrhundert offenbar kein Kriterium für staatliche Strafen: Jacoby (1983), S. 132ff. Jacoby sieht »the concept of proportional punishment« erst mit Beccaria und Voltaire heraufziehen. Vgl. Ebd., S. 137 u. 257 [»the early nineteenth century saw the beginning of a sharp reduction in the number of capital crimes.«]. Ihre Darstellung krankt allerdings daran, diese Strafen allesamt als »containment of revenge« (137) und »domestication of revenge« (139) zu bezeichnen, statt diese Rache präzise als ›public revenge‹ – oder gar: *Rache des Staates* – durchzudenken.

1486 Zur Unterscheidung von sauberer Gewalt, die für die Zeitgenossen unsichtbar bleibt und schmutziger, *sichtbarer* Gewalt: Muth (2009), S. 220; Muth (2006), S. 278. Vgl. Fn. 1183 u. 1436.

1487 Vgl. Fn. 1695.

1488 Vgl. Findeisen (1999), S., S. 161/187.

1489 Vgl. Schmitz (2004), S. 385 u. 407. Kramer sieht in Ehrenstrafen »in ihrer räumlichen Nähe und zeitlichen Begrenzung etwas Menschlicheres als die unheimliche Anony-

tungsrechte schluckt,[1490] gelingt dem Strafbegriff die Invisibilisierung seiner *vis*-Befugnis.[1491]

Weit davon entfernt, Blankoschecks für Vernichtungsorgien auszustellen, wird im antiken Racherecht ein zulässiges Rachemaß – in Anlehnung an den Begriff des Strafmaßes – nach Delikt und Schuldfähigkeit abgestuft. Es existieren absolute Grenzen, an denen die Strafe enden muss. Diese Zonen der Unantastbarkeit, die nur die *polis* in der Ehre derogieren kann, sind der Friedensbereich des *oikos*,[1492] die Körper der Gestorbenen,[1493] die Asyl- und Schutzräume,[1494] die Angehörigen des Täters[1495] und die politischen Versammlungsorte.[1496]

---

mität des Gefängnisses, in die der schuldig Gewordene untertaucht und aus der er plötzlich wieder erscheint.« Vgl. Kramer (1961), S. 152.

1490 Vgl. Berneker (1954), S. 36; Girardet (2005), S. 161; Schünemann (1985), S. 7, 72ff. u. 83ff. dasselbe gilt für die durch Dritte gewährte ›Nothilfe‹.

1491 Das war nicht immer so, wie Solons kontradiktorischer Stolz zeigt, »Recht und Gewalt« zu verfugen. Vgl. Fränkel (1969), S. 260. Dazu: Fn. 1012; Weber (1960), S. 56. Zum Befund auch der Irrtum, den Münkler herausstellt: »Andererseits tendieren machttheoretisch fundierte Politikanalysen dazu, die Regulierung politischen Handelns durch Recht und Verfassung zu unterschätzen, da sie ein unzureichend ausgeprägtes Sensorium dafür haben, daß Recht selbst Macht sein und als solche Macht beschneiden und zügeln kann.« Münkler (1987), S. 75.

1492 S.o. S. 176f.; Punkt [2.]. Vgl. Schmitz (2004), S. 308ff. Über das mittelalterliche Recht: »Aber dieser landrechtlichen Fehde mit aller ihrer Furchtbarkeit ist doch eine Grenze gesetzt, die sie nie überschreiten darf, will sie rechtmäßige Gewalt bleiben: Das Haus des Fehdegegners. [...] Das Haus ist Sonderfriedensbezirk, ist immun [...] Allen diesen Häusern in Land, Stadt und Dorf ist aber gemein, daß mit dem ›Dachtrauf‹, mit der Falllinie des vom Dache rinnenden Regens, ihr Friede beginnt.« Conrad (1954), S. 256.

1493 S.o. S. 177ff., Punkt [3.].

1494 Vgl. Fn. 157; Turner (2004), S. 66, 67 (Anm. 8) u. 81; Dietrich (2007), S. 199ff.; Schlee/Turner (2008a), S. 54f.; Weiss (1923), S. 532. Im mittelalterlichen Recht: »Der Totschläger ist im Norden vor Rache geschützt auf Deichen und Dämmen, auf dem Wege zur Schmiede und zur Mühle, ebenso zum Bergwerk wie zum Weinberg.« Hentig (1954), S. 116. Zum als ›Gottesfrieden‹ bezeichneten Recht für Menschen (Geistliche, Juden, Bauern) wie Kirchen, Ackergerät und sogar Mühlen: Conrad (1954), S. 578; Kohler (1883), S. 185f.

1495 Vgl. Dihle (1962), S. 16 (Anm. 1); Weiss (1923), S. 198f.

1496 Ein Gesetz aus Syrakus verfügt die Todesstrafe für diejenigen, die in Waffen auf der Agora erscheinen. Vgl. Hölkeskamp (1999), S. 243. Gewalt ist parlamentarisch diachron verboten. Das übersehen die Glorifizierer der spätrepublikanischen »Einzelpersönlichkeiten«, die einen missgünstigen Senat zu überwinden hätten. Vgl. Gelzer (1960), S. 71 [»In der Tat war die Opposition, wie sie Cato vertrat, die reine Verneinung, die nichts Besseres verdiente, als daß darüber hinweggegangen wurde.«];

Statt breiter Schneisen der ›Selbsthilfe‹ zu schlagen, sperrt das Racherecht die Gewalt in *enge* Korridore ein.[1497] Statt willkürlicher Selbstjustiz sind die Modalitäten mit *akribia* festgehalten, die Gewalt überhaupt zulässig machen.[1498] Tageszeiten, Gewaltmittel, Gewaltobergrenzen und Gewaltverpflichtete sind exakt festgelegt.[1499] Solon sieht vor, dass bei unvor-

---

Döbler (1999), S. 170 (Anm. 641) [die römischen Gewaltunternehmer sind für ihn allen Ernstes eine Verkörperung »brillanter Reiter- und Feldherrnkünste«, verbunden mit »ziviler Gesittetheit und Sprache«]; Till (2003), S. 209 [Waffengewalt als Mittel »zur gewaltsamen Durchsetzung der durchaus berechtigten Forderungen«]. Bei Meier findet sich Pompeius »mit seinen Anhängern allein und mußte einsehen, daß er anders als durch eine über das übliche Maß hinausgehende Anwendung handgreiflicher Gewalt [...] nicht zum Ziel kommen konnte.« Vgl. Meier (1997), S. 272. Auch bei Raaflaub steht Caesar »plötzlich allein [...] auf einsamer Höhe«. Vgl. Raaflaub (1974), S. 334. Derart ›einsam‹ dürften sich alle fühlen, die den Boden der Legalität verlassen (und mit Gewaltunternehmern wie Titus Annius Milo oder Publius Clodius Pulcher zusammenarbeiten). Vgl. Fest (2006), S. 35. Trotz der ungewöhnlichen Ausrottungsfanfaren gegen einen vermeintlich neidischen Senat (Fn. 821) gehört die Militarisierung des Konflikts auch nach spätrepublikanischem Rechtsverständnis nicht zum Bereich der Legalität. Dazu: Libero (1992), S. 18, 21 u. 88 [Gesetze werden kassiert, wenn die Senatoren mit *vis* an ihren legalen Obstruktionsrechten gehindert werden]. Zu den *legalen* senatorischen Obstruktionsrechten im Einzelnen: Ebd., S. 16 [*longa oratio*], 23ff. [Beschlussverschleppung], 29ff. [*intercessio*], 49ff. [absichtliche Formfehler], 53ff. [*intercalatio*], 69ff. [Streik], 87ff., 90 u. 103 [*cassatio*]. Die Obstruktion des Senats erscheint retrospektiv eher als drehbuchreifes Manöver, jene großen »Einzelpersönlichkeiten« mit ihren brillanten Reiterkünsten zu unbedachten Gewalthandlungen zu provozieren, d.h. ihr wahres Gesicht zu zeigen. Der Fall Bibulus gegen Caesar ist in dieser Hinsicht sprechend. Vgl. Ebd., S. 17, 19, 31 (Anm. 14), 41f. (Anm. 72), 43f., 56ff., 74 u. 78; Dingmann (2007), S. 100. Till will aber daraus eine Ehrverletzung machen; Caesars *dignitas* werde durch den Senat verletzt. Vgl. Till (2003), S. 70, 74 u. 145. Schon bei Raaflaub tritt Caesar aufgrund von unerfüllten Ehrforderungen (denen Korinths gegen Kerkyra nicht unähnlich: Fn. 1406) den römischen Bürgerkrieg los. Vgl. Raaflaub (1974), S. 143, 149–152 u. 184. Und das, obwohl die *dignitas* der Iulier zu diesem Zeitpunkt gerade einmal zwei Konsuln zählt.

1497 Brunner weist die Enge des verregulierten Gewaltkorridors im mittelalterlichen Fehderecht nach: spritzendes Blut sei gänzlich verboten; die Fehde *müsse* mittels Raub und Brand geführt werden. Vgl. Brunner (1984), S. 78f., 88, 91 u. 95. Ähnlich: Orth (1973), S. 3 u. 51.

1498 Die Gesetze Athens »carefully circumscribed their [der Bürger, Anm. P.R.] right to use force«. Vgl. Harris (2007), S. 173. Für Kreta: Koerner (1993), S. 41 u. 449. Allgemein: »The struggle to contain revenge has been conducted at the highest level of moral and civic awareness attained at each stage in the development of civilization.« Jacoby (1983), S. 13.

1499 Ehebrecher und Diebe können nur nachts im eigenen Haus getötet werden: Schöpsdau (2012), S. 6; Schmitz (2004), S. 332 u. 406. Ein Hausherr kann einen ›Ehebrecher‹

sätzlicher Tötung bis zu drei Angehörige des Täters als Geiseln genommen werden, um die Auslieferung des Täters oder Entschädigung zu erzwingen.[1500] Die Ermordung der Geiseln wäre illegal. Mordtaten sind bis auf Fälle gerechtfertigter Tötung innerstaatlich ganz ausgeschlossen.[1501]

Die »furchtbarste Rache, von der man je gehört hat«, besteht für Herodot charakteristischerweise nicht in einem Blutbad, sondern in der Kastration von Panionios durch seine Söhne und umgekehrt.[1502] Noch Montaigne scheint dieses Wissen zu teilen, wenn er sich über den Kurzschluss von ›Rache‹ auf ›Mord‹ bei seinen Zeitgenossen ereifert:

»Woher kommt es denn, daß all unsre Auseinandersetzungen heutzutage tödlich sind? *Und daß, während unsre Väter gewisse Stufen der Vergeltung kannten,* wir gegenwärtig stets mit der letzten beginnen, daß von Anfang an nur vom Töten die Rede ist?«[1503]

Die Rache ist, wenn sie *ius* bleiben will, ihrem Wesen nach eine *kultivierte Form der Gewaltanwendung*. Sie muss den Umweg über das »Treppenhaus der

---

(*moichos*) sonst zwar festsetzen und malträtieren, aber nicht töten. Der Umgang mit dem Messer wird ihm sogar ausdrücklich untersagt. Vgl. Ebd., S. 345 u. 347. Zum antiken Verständnishorizont von ›Ehebruch‹: Fn. 1715. Zu den Racheverpflichteten nach drakontischem Blutrecht bis zu den »Neffen und Großneffen des Opfers«: Koerner (1993), S. 29; Ruschenbusch (2005), S. 39. Zudem die Regularien einer Rache- bzw. Fehdeerklärung, vgl. Fn. 1348. Zu den Regeln, Rechtsgründen, Bedingungen und Vorschriften des Fehderechts: Fn. 1521; Brunner (1984), S. 35 u. 50ff. Zur Trennung von erlaubter und unerlaubter Gewalt: Ebd., S. 7f. u. 75.

1500 »Wenn jemand eines gewaltsamen Todes stirbt, dann dürfen dessen Verwandte seinetwegen Geiseln nehmen, *bis sie (die anderen) entweder Genugtuung für die Tötung leisten oder die Täter herausgeben.* Bis zu drei Geiseln darf man nehmen, mehr aber nicht.« Demosthenes: Gegen Aristokrates [23], 82 [Übers.: Ruschenbusch (2010), S. 40; eig. Hervorh.].

1501 Vgl. Hansen (2002), S. 32ff.; Harris (2007), S. 167; Flaig (2006), S. 38. Zur Gewaltlimitierung im Recht von Gortyn: Thür (2007), S. 80. Barta bezeichnet die Fälle legaler Tötungen als »bunt zusammengewürfelt«. Vgl. Barta (2011a), S. 174. Er erblickt darin Ausnahmen »unsystematischer Normierung«. Vgl. Ebd., S. 175 (Anm. 1008). Aber nach antiker Rechtsauffassung ist die Tötung eines Ehebrechers kein Mord, sondern der *gerechtfertigten Tötung*. Statt unsystematisch zu sein, fallen die Sonderfälle allesamt in die Kategorie ›Unvorsätzlichkeit‹.

1502 Vgl. Herodot VIII. 105f. [Übers. Horneffer]. Periander entsendet ähnlich die Söhne der Oberschicht Kerkyras »zum Verschneiden nach Sardes«. Vgl. Herodot III. 48f. [Übers. Marg].

1503 Montaigne: Essais II. 27 [Übers. Stilett; eig. Hervorh.].

Kultur«[1504] nehmen. Die Gewalt kann sich nicht unkontrolliert ausbreiten, sondern ist durch (geschriebene wie ungeschriebene) Gesetze nach allen Seiten gedeckelt und eingekeilt. Die Schicksalsfolgen bei Gewaltübertretung wurden bereits behandelt.[1505] Durch die Gesetze wird greifbar, dass die Gesetzgeber sich nicht auf hierokratische Gewalt verlassen, sondern die Gewaltübertretung Rechtsfolgen zeitigt. Diese werden zwar nicht mitgenannt, aber wenn ein Gesetz vorschreibt, kein Messer zu benutzen oder einen Dieb nur nachts zu töten,[1506] liegt die Annahme nahe, dass Verstöße dagegen bestraft werden. Dazu bedarf es noch nicht einmal eigens eingerichteter Klagen, sondern die Gewaltübertretung ist dann schlicht *vis*, d.h. die Gesetze, die entsprechende Verstöße wie Körperverletzung oder Hausfriedensbruch regeln, kommen zur Anwendung.[1507]

Neben mögliche Kläger tritt aber noch eine andere Rechtsfolge. Die Überschreitung der Gewaltgrenzen ist nicht nur widerrechtlich und einklagbar.[1508] Die Transgression des Gewaltkorridors kassiert die Ehre. Nur solange die Gewalt innerhalb der legalisierten Grenzen bleibt, *wahrt* der Angreifer seine Ehre. *Timōria* bedeutet schlicht Ehrenaufsicht.[1509] Wie BRUNNER nachweist, meint die Formulierung ›die Ehre wahren‹ nicht die Wiederherstellung der Ehre (*reparatio honoris*), sondern ganz eigentlich *Trotz der Gewalt wahrt* der Rächer seine Ehre und bleibt vom (ehrlosen) Gesetzesbrecher unterscheidbar.[1510]

1504 Vgl. Anders (1994), S. 88 [dort über Liebe]. »Denn Kultur besteht in Umwegen. Und Umwege sind zumeist Umwege um Tabus. [...] wo Ziele erreicht werden, noch ehe man sich reisefertig zu machen braucht, kann es zu ›Geschichten‹ nicht kommen.« Ebd., S. 114.

1505 S.o. S. 251ff.

1506 Vgl. Fn. 1499.

1507 Für Gortyn: Fn. 935. Allerdings ergeben die attischen Privatklagen der klassischen Zeit ein vollkommen anderes Bild: ihre Konstruktion fußt auf dem Grundgedanken, dass die öffentliche Strafgewalt zu privaten Zwecken missbraucht wird. S.u. S. 326.

1508 Vgl. Mossman (1995), S. 177; Brunner (1984), S. 12, 16, 42, 84 u. 253.

1509 Vgl. Gehrke (1987), S. 134.

1510 »Diese Formel will sagen, daß der Fehdeführende durch seine Gewalttaten nicht ehr- und rechtlos, kein ›schädlicher Mann‹, kein ›Räuber‹ wird.« Brunner (1984), S. 74. Zur Ehrenrettung des Rächers gegebenüber dem ehrlosen Verbrecher: Ebd., S. 39 u. 76. »Wenn *unbewart der eren*, bei einem Überfall also, geschadet wurde, bestand die moralische Verpflichtung, Wiedergutmachung zu leisten.« Orth (1973), S. 80. Zur Trennung der Fehde von Überfall: Ebd., S. 54.

KOHLERS Behauptung, der Gedanke sei nicht aufgekommen, »dass der Vollzug der Todesstrafe den Vollziehenden in der gesellschaftlichen Stufe herabsetze, dass der Henker gesellschaftlich tiefer stehe«, ist deshalb so nicht korrekt.[1511] Der Gedanke drängt sich im Angesicht der Gewalt nämlich immer auf.[1512] Der Rächer soll vielmehr trotz seines ›henkerischen‹ Treibens seine Ehre wahren.[1513]

Nur wenn die Menschen »die zwingenden Formen des Rechtswegs einhalten«,[1514] üben sie Gewalt nicht »ohne Gesetz und Recht«,[1515] sondern rechtskonform (als *ius*) aus. Wie KOHLER erklärt, handelt es sich bei legaler Rache um keinen regel- und maßlosen Ausbruch von Leidenschaft, sondern um »eine durch Rechtsgewohnheit geregelte und normirte Rache; eine Rache, bei welcher feststeht, wie weit sie zu gehen hat«.[1516] Was immer der als Trieb missverstandene Handlungsmodus einer Rache ontologisch sein mag,[1517] er exekutiert Recht.

Das gilt umso mehr auf völkerrechtlicher Ebene. Wie Krieg einen rechtlichen *modus operandi* bezeichnen kann, in dem Staaten miteinander in Beziehung treten,[1518] bezeichnet auch die Rache eine Form des vertrags- oder gewohnheitsrechtlichen In-Beziehung-Tretens von Staaten. Ein Vertrag zwischen Knossos und Tylissos etwa räumt Plünderungsrechte ein:

1511 Vgl. Kohler (1883), S. 147. Zur Kontamination durch die Hand des Scharfrichters in der Neuzeit, der außerhalb der Stadtmauern wohnt, einen eigenen Stuhl im Wirtshaus erhält und als letzter zum Abendmahl gehen darf: Roodenburg (1998), S. 377f.; Schwerhoff (1993), S. 165; Stuart (1998), S. 316, 319 u. 342f. Das scheint auch für den antiken Scharfrichter zu gelten: Danckert (1963), S. 24.

1512 S. auch lat. *vindex* von *vindicta* – Zeigen der Gewalt: Burkert (1994), S. 17. Zum Aufdrängen: Text zu Fn. 2058; Maier (2010), S. 14f.; Jacoby (1983), S. 36.

1513 Aus dieser Perspektive wird deutlich, dass Odysseus seine Ehre mit 108fachem Mord ohne göttlichen Beistand niemals wahren kann. Außerhalb des legalen Gewaltkorridors liegt die definitorische Zone des Verbrechens und der illegalen Gewalt. Die Tötung Caesars mit sechzig Beteiligten im Tageslicht einer öffentlichen Senatssitzung erscheint in dieser Beziehung nicht nur als Ausdruck eines allgemeinen Hasses, sondern auch als verzweifelter Versuch, die Ehre unter Einhaltung bestimmter Bedingungen zu wahren. Auch der Tatort, die eigens zur *curia* geweihte Säulenhalle von Pompeius' Steinbau erscheint mit Bedacht für die Rache gewählt. Vgl. Sehlmeyer (1999), S. 220.

1514 Zur Formulierung (nicht zur Idee): Thomas (1997), S. 166.

1515 Vgl. Aristoteles in Fn. 1433.

1516 Vgl. Kohler (1883), S. 131.

1517 Vgl. Appiah (2011), S. 199.

1518 Zum Krieg als völkerrechtlichem Instrument der »Rechtsexekution«: Baltrusch (2008), S. 24.

»das Gebiet der Acharnaier soll dem Tylissier gestattet sein zu plündern«.[1519] Zwei *poleis* vereinbaren in einem völkerrechtlichen Vertrag die Legalität von Delikten.[1520] Das erinnert an das mittelalterliche Recht, das ein sog. »Raub- und Brandrecht« kennt.[1521] Die antike Fassung des mittelalterlichen Fehderechts taucht bei Herodot in einer Episode um den Lyderkönig Alyattes auf. Die Beschreibung von Alyattes' Kriegsstrategie passt nicht gerade zu einem Racheexzess.

»Er zog also aus und belagerte Milet auf folgende Weise: *Sobald die Frucht reif war auf dem Feld,* führte er sein Heer in ihr Land [...]. Waren sie nun in die milesische Gemarkung gekommen, *riß er die Häuser auf dem Land nicht nieder noch verbrannte er sie, und brach auch die Türen nicht auf, sondern ließ alles an seiner Stelle stehen; aber die Frucht der Bäume und die auf den Feldern vernichtete er,* und dann zog er wieder heim. [...] Die Häuser aber zerstörte der Lyder deswegen nicht, damit die Milesier etwas behielten, von wo aus sie darangehen konnten, das Land zu besäen und zu bestellen, *und er selbst, hatten sie es bestellt, auch etwas zum Verwüsten behielte, wenn er einfiel.*«[1522]

Die Gewalt bleibt in engen Grenzen, damit sie auch in Zukunft noch lange zur Forderungserpressung geübt werden kann. Allerdings erkrankt Alyattes, nachdem das Feuer von einem Kornfeld auf einen Athenetempel überspringt. Das delphische Orakel rät dazu, eine neue göttliche Wohnstätte zu errichten, woraufhin er mit Thrasybulos Frieden schließt. Alyattes sendet einen Boten, der wegen der abgebrannten Kornfelder auf eine Hungersnot zu stoßen erwartet. Der listige Thrasybulos aber lässt Korn auf dem Markt aufschütten: »Der Botschafter aus Sardes sollte sehen, was da für ein gewaltiger Kornhaufen aufgeschüttet war und wie die Leute es sich gut gehen ließen«.[1523] Derart getäuscht baut Alyattes »der Athene zwei Tempel statt des einen in Assesos, und er selber genas von seiner Krankheit.«[1524]

Im Peloponnesischen Krieg zwingt Athen Melos durch *fehdeförmige* Plünderungen unter das Kriegsrecht.[1525] Bis zum Inferno von Kerkyra bleibt die Gewalt in einem engen Gewaltkorridor fixiert:[1526] weniger als

1519 Vgl. Brodersen (1992), S. 49 [Stele aus Argos].

1520 Zum Tatbestand, dass – aus heutiger Sicht – ›Unsittliches‹ (aus dem *Vertragsrecht*) nicht von Gesetzesrecht kassiert werden kann, s.o. S. 73.

1521 Vgl. Fn. 1497.

1522 Herodot I. 17 [Übers. Marg; eig. Hervorh.].

1523 Ebd., I. 22.

1524 Ebd.

1525 Vgl. »durch Verwüstungen des Landes« in: Fn. 718.

1526 Vgl. Fn. 1429ff.

zehn Prozent der von GEHRKE[1527] quantifizierten 283 Bürgerkriege und 170 Verfassungswechsel aus dem 5. und 4. Jahrhundert v. Chr. finden vor der Wasserscheide von Kerkyra statt.

Die Gewaltökonomie des hellenischen ›Bürgerkriegs‹ ist dabei zunächst *strukturell fehderechtlich*. Die Kontrahenten achten penibel darauf, sich nicht den Vorwurf der Gewaltübertretung einzuhandeln. Bei den beinahe spielerischen spartanischen Kriegshandlungen[1528] auf attischem Grund geht es nicht darum, möglichst viele Menschen umzubringen, sondern den Leidensdruck auf die *polis* zu erhöhen und Athen zum Einlenken zu bewegen.[1529] Passend »zur Zeit der Kornreife«[1530] fallen die Spartaner über Attika her, richten »die üblichen Verwüstungen« an[1531] und wählen einen anderen Rückzugsweg, »nicht dort, wo sie eingefallen waren«,[1532] um möglichst viele Ackerflächen zu verheeren. Die Spartaner kehren zurück, »wenn etwas nachgewachsen war«.[1533] Die möglichen Gewalthandlungen scheinen für die Kriegsparteien eng reguliert zu sein.

Athen bildet sich in der Tat etwas ein auf seine zivilisatorischen Leistungen des Getreideanbaus.[1534] Thukydides erwähnt zwar die zerstörten

---

1527 Vgl. Gehrke (1985), S. 254ff. u. 261ff.

1528 Vgl. Thukydides I. 82. Den Krieg wollen weder Archidamos, noch die attischen Unterhändler, die in Sparta darauf drängen, »den beschworenen Frieden nicht zu brechen, sondern unseren Streit, wie es im Vertrag vorgesehen ist, durch schiedsrichterliche Entscheidung schlichten zu lassen.« Thukydides I. 78 [Übers. Braun]. Archidamos meint in seiner Rede: »Sie sind ja bereit, sich einem Schiedsgericht zu unterwerfen, und wer das ist, dem darf man nicht ohne weiteres als Friedensbrecher den Krieg erklären.« Ebd., 85.

1529 »Das Ziel antiker Feldzüge bestand in archaischer Zeit meist nicht in der Vernichtung des Gegners, sondern in der Schädigung bzw. der Eroberung von Teilen des Territoriums«. Weber (2010), S. 109; Ps.-Xenophon: Die Verfassung der Athener 4 u. 14ff.; Hentig (1954), S. 114 f.; Conrad (1954), S. 577.

1530 Vgl. Thukydides III. 1, 1 [Übers. Vretska/Rinner].

1531 Vgl. Ebd., II. 19, 2.

1532 Vgl. Ebd., II. 23, 3.

1533 Vgl. Ebd., III. 26.

1534 Isokrates feiert die Landwirtschaft als »die größte, erste und allgemeinste Wohltat« Athens. Vgl. Isokrates: Panegyrikos [IV], 34. »die Feldfrüchte, denen wir es zu verdanken haben, daß wir nicht wie wilde Tiere leben« (28). Weil Athen den Griechen den Ackerbau gebracht habe (29), schicken andere *poleis* »uns Jahr für Jahr als Erinnerung an jene Wohltat aus längst vergangener Zeit die Erstlingsfrüchte des Getreides.« Ebd., 31. Das ist die Säkularisierung sog. Primitialopfern (im Gegensatz zu Votivopfern), bei denen der erste Teil geopfert wird. Vgl. Burkert (1977), S. 116ff.

Sorten nicht, aber der spartanische Zorn dürfte die heiligen Olivenbäume getroffen haben, aus denen eines der wichtigsten Handelsprodukte Athens gewonnen wird.[1535] Wie im mittelalterlichen Racherecht keine Baumwurzeln oder Weinstöcke ausgehauen werden dürfen,[1536] könnte die alljährliche spartanische Wiederkehr bedeuten, dass die Bäume nicht an der Wurzel ausgegraben wurden – damit auch etwas zum alljährlichen Verwüsten übrig bleibt. Halten die Spartaner tatsächlich derartige Feindschafts-, Rache- und Gewaltgrenzen ein?

Das spartanische Heer plant die Plünderung des Umlands,[1537] glaubt aber an eine gütliche Einigung mit Athen, »bevor ihr Land verwüstet wird und sie ihre Habseligkeiten in Rauch aufgehen sehen.«[1538] Die spartanische Kriegstaktik richtet sich zunächst einzig auf das Verheeren des Ackerbodens. Hochdramatisch wartet Archidamos vor Oinoe ab und belässt das Land unzerstört: »Er aber erwartete, wie man sagt, dass die Athener doch ein wenig nachgeben und zurückschrecken würden, ihr Land in völliger Verwüstung zu sehen, so lange es noch unzerstört sei; daher hielt er sich immer wieder noch zurück.«[1539] Die Spartaner wollen Schlachten dergestalt regelrecht erzwingen. Der spartanische Feldherr Archidamos gibt sich gewiss, dass die Plünderungen dazu führen werden, dass die Athener ihm eine Schlacht »anbieten«.[1540] Er hofft immer wieder darauf, dass die Athener »zu seiner Schlacht antreten könnten und die Verwüstung ihres Landes nicht mit ansehen würden.«[1541] Der Krieg bleibt, untypisch für unsere Vorstellungen entgrenzter Gewalt, ganz auf Ackerböden beschränkt.

Als die Spartaner tatsächlich die Felder abbrennen und die Rauchsäulen meterhoch um Athen stehen, rebelliert vor allem eine Schicht: »ganz besonders die jungen Leute meinten, man müsse ausrücken und dürfe

1535 Wo immer die Bäume stehen, ob auf öffentlichem oder privaten Grund, dort sind sie sakralrechtlich geschützt. Vgl. Barta (2011a), S. 349. Zu derartigen *sacra*: Böhme (2006), S. 294.

1536 Vgl. Brunner (1984), S. 7 u. 98 (mit Anm. 3).

1537 Vgl. Thukydides I. 81.

1538 Vgl. Thukydides I. 82 [Übers. Braun].

1539 Thukydides II. 18, 5 [Übers. Vretska/Rinner].

1540 »[E]s ist daher ganz sicher zu erwarten, dass sie uns eine Schlacht anbieten werden, wenn sie auch nicht jetzt ausrücken, da wir noch nicht in ihrer Nähe sind, sondern erst dann, wenn sie uns in ihrem Land sengen und Hab und Gut verwüsten sehen.« Ebd., 11, 6. In einer Schlacht fühlt sich Archidamos sicher: das Feld, die Fläche, behaupte, wer »genug Vertrauen zu sich« habe. Vgl. Ebd., III. 5, 2.

1541 Vgl. Ebd., II. 20.

nicht länger zusehen.«[1542] Durch die Zerstörung der Felder brodelt Athen und entwickelt sich zu einer »Stadt in zorniger Aufregung«.[1543] Aber zur großen Schlacht kommt es dann doch nicht. Athen reagiert auf die spartanische Handlungslogik, indem es Tiere und Hausrat aus ganz Attika hinter die Stadtmauern evakuiert.[1544] Den Spartanern soll sich nur Brachland, aber keine Angriffsfläche mehr bieten. Perikles meint, die Gegner könnten Athen nichts anhaben, solange man sich hinter den Mauern verschanzt halte: »Denken wir also nicht an *Häuser und Felder,* sondern an uns selbst«.[1545] Athens erster Mann im Staat befürchtet sogar, dass die Feinde seinen *agros* verschonen könnten,[1546] was offenbar Gerüchte über private Einigungsverträge mit dem Feind aufkommen lassen könnte. Landbesitzer versuchen (mit Duldung des Volkes) tatsächlich immer wieder, mit den Feinden privatrechtliche Nichtangriffsverträge zu schließen, um ihren Besitz jenseits der Stadtmauern zu schützen.

Auch die Athener entsenden Schiffe, umfahren den Peloponnes und verheeren das Ackerland um Sparta.[1547] Das alles trägt weniger die Züge entgleister Gewalt, als die eines »planmäßigen organisierten Gewaltaustauschs«.[1548] Da aus Rache resultierende Vergehen in der Regel von Schadensersatzansprüchen ausgenommen sind, [1549] übt das fehderechtliche Schadentrachten durch Raub und Plünderung für BRUNNER den Zwang aus, »ein Schiedsgericht anzurufen«, das den Verwüstungen ein Ende setzt.[1550] Spartas Kriegstaktik geht vorläufig auf. Der Leidensdruck wird zu groß und die Athener entsenden Diplomaten, die Sparta um Frieden ersu-

1542 Ebd., II. 21.

1543 Vgl. Ebd.

1544 Vgl. Ebd., II. 15f.

1545 Vgl. Ebd., I. 143 [eig. Hervorh.].

1546 »[...] befürchtet, Archidamos, sein Gastfreund, würde etwa von sich aus ihm zuliebe seine Äcker verschonen und nicht verheeren«. Thukydides II. 13 [Übers. Vretska/Rinner]. Deshalb bietet Perikles seine Äcker als öffentliche Güter an.

1547 Vgl. Ebd., II. 25.

1548 Zur Formulierung: vgl. Turner/Schlee (2008), S. 20 [dort nicht auf die Antike bezogen].

1549 »Wer im Verlauf einer Fehde erschlagen wurde, fiel bußlos. [...] ›Der Tote liege unvergolten‹, sagen spätere Rechtsquellen.« Conrad (1954), S. 66. Auch: Orth (1973), S. 38f. u. 78–80.

1550 Vgl. Brunner (1984), S. 80. Zum Versuch, drei Fehden zu typologisieren: Fehde aus Schaden, Fehde aus Vertragsverletzungen und Fehde aus Rechtsunsicherheit: Orth (1973), S. 60–63.

chen.[1551] Das Friedensangebot wird mit dem Verweis auf die fehlende Schlacht aber abgelehnt. Mit ihren relativ gewaltarmen Kriegshandlungen scheinen die Spartaner eine ehrenwerte Schlacht erzwingen zu wollen.

Tötungen sind in der ersten Phase des Krieges selten. Als attische Soldaten auf Sphakteria 120 Spartaner einkesseln, werden diese nicht hingerichtet, sondern gefangengenommen.[1552] Umgekehrt begehen auch die 120 Spartaner keinen kollektiven Suizid, um der Schande ihrer Gefangennahme zu entfliehen, sondern – Leonidas angstgepeinigtes Vorbildheer um 480 v. Chr. an den Thermopylen hin oder her[1553] – den Elitekriegern gelingt es erstaunlich leicht, sich zu schämen, um zu überleben. Den Tod ziehen die Spartaner einem Leben in Schande nicht vor (soviel zur griechischen Schamkultur[1554]). Der Vorfall hält die Spartaner auch prompt davon ab, weiter Ackerflächen zu verwüsten. Unterhändler eilen nach Athen und werben für einen Friedensvertrag. Feindschaft lege man dadurch bei, dem Feind »wider sein Erwarten einen maßvollen Vergleich« anzubieten. Die vermeintlich so schamkultivierten Spartaner entwickeln sich dabei zu wahrhaftigen Fürsprechern der Bergpredigt:

»Denn wenn der Gegner sich verpflichtet fühlt, Gutes mit Gutem zu vergelten, aber nicht erlittene Gewalt zu rächen, wird er sich bereitwilliger und aus Ehrgefühl an die Verträge halten. [...] Menschenart ist es, bei freiwilligem Nachgeben auch selber sich gern zu fügen, gegen alle überheblichen und maßlosen Forderungen aber wider alle Vernunft auch weiterhin das Äußerste zu wagen. Für uns beide ist jetzt, wenn überhaupt, die beste Gelegenheit zur Versöhnung, ehe Unheilbares zwischen uns tritt und uns völlig beherrscht; das triebe uns dann zu ewigem Hass gegen euch, im staatlichen wie im persönlichen Leben.«[1555]

1551 Vgl. Thukydides II. 64.

1552 Vgl. Thukydides IV. 1ff.

1553 Vgl. Herodot VII. 207.

1554 Wenn Schamideale in der Handelsmetropole Athen kritisch beäugt werden und eher Schamfreiheit lehren, so steht nach dem Paradigma doch zu erwarten, dass wenigstens Sparta das Gefühl der Scham bewirtschaftet. Dieser Fall lehrt das Gegenteil. Zum Schamkultur-Paradigma: Fn. 54. Zur Definition der Schamlosigkeit als »Geringschätzung und Unempfindlichkeit« gegenüber Handlungen, die den Ruf schädigen. Vgl. Aristoteles: Rhetorik 1383 b16f. Die ›Unehre‹ nicht zu fürchten, komme zwar vor, sei aber schamlos. Vgl. EN 1115 a13; 1149 b21.

1555 Thukydides IV. 19f. [Übers. Vretska/Rinner].

Aber immer dann, wenn Sparta Frieden anbietet, sind die Athener von *pleonexia* erfüllt.[1556]

1556 Vgl. Ebd., 21, 2; 41, 4.

V. Die Entwicklung des archaischen Racherechts

1. Das homerische Racherecht

Die Humanität der Rache bei Homer

Die homerischen Rinder als multilaterale Kursbasis sind in den Epen kein Ausdruck bäuerischer Gesinnung,[1557] sondern eine ökonomische Errungenschaft. Die Recheneinheit aller Dinge ist bei Homer das Vieh.[1558] Eine erbeutete Frau, die Weben kann, ist »vier Rinder im Werte.«[1559] Odysseus' Vater kauft Eurykleia, indem er ›zwanzigrindriges‹ gibt.[1560] Die Rinder sind gewissermaßen das antike Äquivalent zu den sprichwörtlichen ›Kamelen‹, nur dass Eurykleia nicht real gegen Vieh getauscht werden muss, sondern gegen etwas im Wert von 20 Rindern. Die Rinder sind eine Maßeinheit, mit der der Tauschwert angegeben werden kann.[1561] Deutlich wird dies etwa, wenn goldene Waffen gegen eiserne getauscht werden und Homer den Wert der Gold- (einhundert Rinder) und Bronzewaffen (neun Rinder) in Vieh beziffert.[1562]

1557 Das meint: Strasburger (1969), S. 106f.

1558 Rinder sind *nicht* die Kursbasis der Ehre, wie Stein-Hölkeskamp annimmt, denn dann müsste nämlich Odysseus mit seinen größten Herden, nicht Agamemnon, oberster Heerführer sein. Vgl. Od. XIV. 96ff.; Stein-Hölkeskamp (1989), S. 44. Zur Kritik der Methode, ökonomische Grundlagen überhaupt mit Ehre gleichzusetzen: Brunner (1984), S. 121; Dinges (1995), S. 37.

1559 Vgl. Il. XXIII. 705 [Übers. Ruppé].

1560 Vgl. Od. I. 431. Der Wert von Frauen liegt teilweise erheblich tiefer als der von Männern. Vgl. den Kaufpreis von Priamos' Sohn: Fn. 1084. Zu weiteren Wertangaben: Weiler (2004), S. 277.

1561 Vgl. Fatheuer (1988), S. 19. Drakons Gesetze rechnen in Rindern, Solons Reformen in Drachmen. In den drakontischen Gesetzen handelt es sich aber mitnichten um ›Viehbußen‹, wie Ruschenbusch meint. Vgl. Ruschenbusch (2005), S. 50. Dagegen: Fn. 1567.

1562 Vgl. Il. VI. 236.

Bei Homer stellt der Gewaltabkauf die primäre Form der Verbrechensbewältigung dar. Der Begriff Ehre (*timê*) bezeichnet in den Epen unter anderem die Kompensation, mittels derer Rache für ein Verbrechen abgekauft wird.[1563] Deliktische Schuld ist in der Regel durch materielle Werte lösbar.[1564] Die Aussicht auf einen finanziellen Vergleich vermag den angeblich so hitzigen Affektapparat homerischer Helden schlagartig und wohltuend zu kühlen. Nicht nur Eurymachos gegenüber Odysseus,[1565] auch Aias buchstabiert diese emotionale Domestizierungsleistung für die Nachwelt in dankenswerter Klarheit durch:

»Und mancher ließ von dem Mörder des Bruders / oder des eignen Sohnes sogar die Buße sich leisten, / und es verblieb der Mörder im Lande nach reichlicher Zahlung, / *und des Geschädigten Zorn und Empörung waren beschwichtigt / nach dem Empfang der Sühne.*«[1566]

Der Täter kauft sich aus Gefühlen wie ›Zorn‹, ›Hass‹, ›Unrecht‹ oder ›Rache‹ heraus. Hinter vermeintlich ›unberechenbarer‹ Rache steckt oftmals eine durchaus kaufmännische Bereitschaft zum Kompromiss, wenn der Täter (materielle) »Buße« in Aussicht stellt. Nach Einführung des Geldes um 600 v. Chr. wird dieser Gefühlsabkauf in Lösegeld abgewickelt, davor in Lösegaben im Wert von 20 Rindern.[1567] Das rationale Ziel von Rache ist

1563 Zur Begriffsdefinition: »1) Bestimmung des Wertes für etwas Geraubtes als Entschädigung; dh. Strafgeld, Buße, Ersatz, Genugthuung, [...] jmdm Ersatz verschaffen [...] 2) Wertschätzung, Ehre, Achtung, insbes. Ehrenstelle, Ehrenamt, Würde der Götter [...] 3) Kaufpreis«. Art. »timē«, in: Capelle (1889), S. 546f.
»*Timē* is regular Greek for ›value‹ or ›price‹ [...] in references to paying *timē* [...] in the form of compensation.« Art. »Timē«, in: Finkelberg (2007), S. 879. Vgl. Fn. 169 u. 1347; Ruschenbusch (2005), S. 84; Barta (2010), S. 223. Zum Oppositionsbegriff: »The word atimos as a legal term originally meant [...] without redemption or compensation.« Youni (2001), S. 124. Vgl. Ruschenbusch (2005), S. 45 u. 81; Weiss (1923), S. 166; Fn. 1563. Zur Fortentwicklung von *timē* in lat. *aestimare*, frz. *estimer* und engl. *estimate*: Kito (1967), S. 336. Zu den Begriffen *apoina* und *poinē*: Wilson (2002), S. 22ff. u. 27 [»Since *poinē* and *timē* are at least semantic and arguably etymological doublets«]. Für die Semantik in posthomerischer Zeit: Descharmes (2013), S.44–47.

1564 Vgl. Carawan (1998), S. 150–155; Wilson (2002), S. 25; Ruschenbusch (2005), S. 38; Barta (2011a), S. 473; Dihle (1962), S. 15. Dazu: Fn. 1591.

1565 Vgl. Fn. 1347.

1566 Il. IX. 632–636 [Übers. Ebener; eig. Hervorh.].

1567 »Während Solon schon in Drachmen rechnet, rechnet Drakon noch wie Homer in Rindern. [...] Setzt man nun mit F 92 ein Rind mit fünf Drachmen an, so ergeben die zwanzig Rinder mit hundert Drachmen einen so hohen Wert, dass es sich dabei nur um ein oder gar das Wergeld handeln kann.« Ruschenbusch (2010), S. 39.

dabei nicht die Tötung (oder Rehabilitierung[1568]) des Verbrechers, sondern der Gewaltabkauf, d.h. die Kompensation der Tat.[1569] Der für unsere Vorstellungswelt zentrale Gewaltausbruch ereignet sich überhaupt nur bei ausbleibenden Kompensationszahlungen.[1570] Das Ziel von Rache ist daher kein ›Hort der Gewalt‹, was aber nicht ausschliesst, dass, solange Kompensation verweigert wird, das Gewaltmaß jede reziproke Gabentauschlogik (legal) sprengt. Das Handlungsziel für den Rächenden ist nicht das Glattstellen von Leiden, sondern der Abkauf seiner Gewaltrechte.

Die vom Gesetzgeber unter die Geschädigten geworfenen Gewaltrechte dienen dazu, den Täter von der Sinnhaftigkeit der ›gütlichen‹ Einigung zu überzeugen. Die *Furcht vor Rache* soll ihn bezwingen.[1571] Rache lässt sich daher im antiken Denkhorizont gar nicht in Rubriken wie ›Gesetzlosigkeit‹ oder ›Parastaatlichkeit‹ unterbringen. Weit davon entfernt, »eine grosse rechtlose Verirrung«[1572] zu sein, dient sie umgekehrt dazu, Gesetzeslosigkeit zu bewältigen.[1573] Gewalt ist kein Resultat der Rache, sondern ihre Ursache.

Die Lösesumme wird je nach Epoche als Ehren-/Wer-/Sühne-/Friedens-/Fehde-/Buß- oder Blutgeld bezeichnet.[1574] Der atavistische Klang dieser Termini sollte nicht darüber hinwegtäuschen, dass es um

---

1568 Zur Idee der Täterrehabilitierung: »Ought rehabilitation, even if it is successful, be allowed to cancel out the need for retribution? From an emotional as well as a legal standpoint, *are not certain forms of retribution an integral part of any process of rehabilitation?*« Jacoby (1983), S. 179 [eig. Hervorh.]. »The sad history of dashed hopes for ›correction‹ through imprisonment has been amply documented«. Ebd., S. 276.

1569 Vgl. Brunner (1984), S. 47 u. 78; Turner (2008), S. 71. Gegen die Hypothese einer Abkaufsunwilligkeit führt Conrad selbst alle nötigen Beweise auf: Conrad (1954), S. 70, 226 u. 580. Zum Einkauf in den Frieden bei ›sühnbaren‹ Verbrechen im mittelalterlichen Recht: Ebd. (1954), S. 70 u. 584. Selbst die Oberacht ist überwindbar. Der Geächtete muss laut Sachsenspiegel »[...] einen Zweikampf zu Pferde mit dem Speer vor des Kaisers Schar kämpfe(n)«. Ebd., S. 583.

1570 Vgl. Fn. 1615; Turner/Schlee (2008), S. 17; Orth (1973), S. 64 u. 66. Dies soll selbst noch für die Vendetta gelten: »So verbirgt sich auch hinter der Vendetta in Furacrabas ein Kodex ungeschriebener Gesetze, die die Gewalt kanalisieren und deren Eskalation zu unterbinden versuchen. [...] Mord und Blutrache sind Höhepunkte von Konflikten, die in der Praxis der Vendetta nur selten eintreten.« Schmidt (1994), S. 203.

1571 S.u. S. 296 u. 331f.

1572 Vgl. Kohler (1883), S. 180.

1573 Vgl. Schuster (1998), S. 45 u. 50 (Anm. 35); Reinle (2003), S. 261.

1574 Vgl. Schumann (2008), Sp. 789ff.; Conrad (1954), S. 228.

Schadensersatz geht. Das vertragsförmige[1575] Auslösen degradiert Gewalt wieder von *ius* zur *vis*. Die Gängigkeit der Kompensationsleistung lässt sich auf Achilles' zweitem Schild ersehen, in den Hephaistos »zwei Städte von sterblichen Menschen, / Schöne«[1576] arbeitet. Eine der Städte befindet sich im Kriegszustand und wird von zwei Heeren belagert,[1577] die andere wird von Frieden und Hochzeit erfüllt. Auf dem Marktplatz der Friedensstadt wird ein Gerichtsfall verhandelt, dessen Hintergrund Homer so beschreibt:

»[...] es hatte ein Hader / Dort sich erhoben, zwei Männer lagen im Streit um die Sühnung [*poinēs*] / Eines getöteten Manns. Es beteuerte dieser dem Volke, / Alles hab' er bezahlt, doch leugnete jener die Zahlung. / Beide heischten, den Streit vor dem kundigen Richter zu enden. / Beiden lärmte die Menge, geteilt sie begünstigend, Beifall. / Herolde hielten indessen das Volk in Ordnung. Die Greise [*gerontes*] / Saßen umher im heiligen Kreis auf geglätteten Steinen, / Hatten in Händen die Stäbe der luftdurchtönenden Boten, / Sprangen mit ihnen dann auf und redeten wechselnd ihr Urteil. / Zwei Talente von Gold aber lagen inmitten des Kreises, / Dem von den Männern bestimmt, der das Recht am geradesten spräche.«[1578]

Ergraut sind die *gerontes*, denen die Rechtspflege obliegt, zwar nicht; es wettkämpfen auch Jüngere um den geradesten Spruch.[1579] Aber neben der Tatsache, dass die staatlichen Institutionen (Herolde) als »Erzwingungsstab«[1580] in der Lage sind, das Volk zu ordnen und damit die hohe Würde des Gerichts räumlich zu sichern[1581] – ein für eine anarchische Zeit bemerkenswerter Vorgang –, belegt die Szene das Unproblematische einer finanziellen Kompensation von Mord in den Epen. Strittig ist in dem Gerichtsfall charakteristischerweise nicht, ob es eine finanzielle Wiedergutmachung für Mord geben kann, sondern ob sie geleistet wurde.

1575 Vgl. Barta (2011a), S. 367f.

1576 Vgl. Il. XVIII. 490f. [Übers. Rupé].

1577 Vgl. Ebd., 509ff.

1578 Ebd., 497–508.

1579 Vgl. Gschnitzer (1981), S. 41 u. 45. Achilles und Diomedes gehören dazu. Vgl. Ulf (2011), S. 260. Zum agonalen Element: Gödde (2012), S. 163f. Wolff macht aus dieser Gerichtsverhandlung ausgerechnet ein Schiedsgericht, in dem der Beklagte das Gold als *depositum* hinterlegt: Wolff (1961), S. 4 u. 85f.

1580 Vgl. Ulf (2011), S. 273.

1581 Dasselbe ordnungspolitische Kunststück gelingt in der Heeresversammlung ganzen neun Herolden, in der Tausende Soldaten lärmen: Il. II. 95ff.

Ist dem Mörder die Kompensation unmöglich, weil er mittellos ist, wird er in der Regel nicht getötet, sondern muss ›weichen‹ (*pheugein*).[1582] Patroklos flieht aus Opus (Lokris) nach Phthia an den *oikos* von Achilles' Vater, nachdem er ›im Affekt‹ (zornig und minderjährig) Amphidamas' Sohn tötete.[1583] Der Bruder von Aias lebt »getrennt von der Heimat, / Fern in Phylake, denn einen Mann von der Stiefmutter Sippe, / Eriopis, hatt' er getötet«.[1584] Der »edle Epeigeus« hat »einen wackeren Vetter getötet / Und bei Peleus Hilfe gesucht«.[1585] Was tut Tlepolemos, als er den Oheim seines Vaters erschlagen hat: »Eilig zimmert‹ er Schiffe und floh mit reichlichem Volke / Über das Meer von dannen; es drohten nämlich die andern Kinder und Kindeskinder der Kraft des Herakles Rache.«[1586]

Die Rache folgt Tlepolemos offenkundig nicht aufs Meer. Der Rächer wird auch ›Vertreiber‹ (*andrēlatēs*) genannt,[1587] weil er den Täter exiliert,

1582 Zur Begriffsgeschichte von ›*pheugein*‹ (von Flucht zu Verbannung): Koerner (1993), S. 32f.; Ruschenbusch (2005), S. 77; Seibert (1979).

1583 »Seit Menoitios mich im kindlichen Alter aus Opus / Hatte zu eurem geführt infolge des schmählichen Mordes, / Damals, als ich den Sohn des Amphidamas hatte getötet, / Unbedacht, gegen mein Wollen, aus Zorn beim Spiele der Knöchel. / Damals empfing mich in seinem Palaste der reisige Peleus; / Sorgsam zog er mich auf und nannte mich deinen Gefährten«. Il. XXIII. 85 [Übers. Rupé].

1584 Ebd., XIII. 696ff.

1585 Ebd., XVI. 573.

1586 Ebd., II. 662ff. An den berichteten Fluchtgeschichten fällt auf, dass Täter und Opfer stets verwandt sind, was auf die juristische Aporie eines verunmöglichten Gewaltabkaufs bei »Blutvergiessen untereinander« [vgl. Kelsen (1941), S. 56] – im familiären Binnenverhältnis also – hindeutet; den Krisenfällen von Zeus' Rache an Kronos oder Orestes' Rache, die formaljuristisch seine Mutter treffen soll, nicht unähnlich. Zu Kronos: Hesiod: Theogonie 170ff. u. 470ff. Eine fünfte Fluchtepisode verweist ebenfalls auf eine unmöglich gewordene *Exit-Option*, da der Mord in einem Heiligtum begangen wurde: »Lykophron, Ajas' Genossen: der war aus Kythere, doch wohnt' er bei jenem. / Seit er erschlug einen Mann auf der heiligen Insel Kythere.« Il. XV. 431 [Übers. Rupé]. Maier meint dagegen, die politische Pollution eines Gemeinwesens durch den Mörder könne weitere Bluttaten auslösen, »die nicht mit ihr in direkter, kausaler Verbindung stehen – eine Art spiritueller Butterfly-Effekt des Mordens.« Vgl. Maier (2010), S. 58. Das aber hätte die Tötung des Mörders nur umso wahrscheinlicher gemacht. Jacoby chronologisiert zurecht die »doctrine of murder as pollution« als posthomerische Idee. Vgl. Jacoby (1983), S. 71. Zu den gänzlich widersprüchlichen Interpretationsversuchen von Befleckung und Reinigung: Gehrke (1987), S. 123; Eichhoff (1871), S. 5 (Anm. 5), 15 u. 17; Thomas (1997), S. 175; Brunner (1984), S. 22–25; Descharmes (2013), S. 152ff.

1587 Vgl. Kohler (1883), S. 152 (Anm. 3).

nicht tötet. Die Gemeinschaft schließt sich nach RUSCHENBUSCH solidarisch gegen den Mörder zusammen: »Folge dieser Solidarität ist es, daß ein Teil aller Streitigkeiten durch die Zahlung einer Ablösungssumme beigelegt wird [...] oder daß der Täter widerstandslos außer Landes geht«.[1588] Der Mörder wird aus dem Gesellschaftsvertrag ausgesperrt, möglicherweise aber auch dies nur zu Fundraising- bzw. Schuldlösungszwecken aus dem Exil heraus.[1589]

Die Beobachtung, dass die homerische Zeit Privat- und Strafrecht nicht unterscheidet, so dass sich privat- bzw. zivilrechtliche Schadensersatzfragen auf dem Boden des Strafrechts ausbreiten können,[1590] trüge wenig zur Erklärung bei. Es gilt vielmehr, den Sinn dieser äußerst ungewöhnlichen homerischen Gewaltakzeptanz, die so gar nicht zu unserer Vorstellung eines blutrünstigen Zeitalters zu passen scheint, zu verstehen: den archimedischen Punkt des homerischen Strafrechts bildet nicht der Täter, sondern die Wiedergutmachung des Verbrechens.[1591]

Da nicht zwischen Vorsatz und Unvorsätzlichkeit unterschieden wird (Erfolgshaftung), wird in der Forschung mit Vorliebe die »imposante me-

---

1588 Ruschenbusch (2005), S. 140. »Der öffentliche Strafanspruch der späteren Zeit ist hier schon deutlich vorgezeichnet. Ursprung dieser Solidarität gegenüber dem Unrechtstäter ist der Wille, den Frieden in der Polis zu erhalten.« Ebd.

1589 Vgl. Schmitz (2004), S. 360.

1590 Schlee/Turner berichten davon in einem instruktiven Fall. Als die Bundeswehr in Somalia einen Einwohner tötet, fordern die Verwandten von den Deutschen ›Blutgeld‹. Die Deutschen glauben, mit einer Zahlung ihre Schuld einzugestehen, während nach somalischem Rechtsverständnis eine Geldzahlung selbst dann anfällt, wenn die Schuld auf der Seite des Getöteten liegt: »Auf eine Forderung nach Ausgleich für einen Schaden und nach Reparatur einer sozialen Beziehung, hatte das deutsche Kommando reagiert wie auf eine Strafanzeige, nämlich mit einem Verteidigungsreflex, mit einem In-Abrede-Stellen von Schuld. [...] man hätte moralische Vorwürfe auch zurückweisen können, ohne deswegen die Kompensationszahlung zu verweigern.« Schlee/Turner (2008a), S. 52.

1591 Vgl. Burkert (1994), S. 8; Fatheuer (1988), S. 56. Nach Kohler gehen die geschlossenen Vergleiche mit der Demütigung des Täters einher. Vgl. Kohler (1883), S. 136. Da Burkert keine Gefängnis- und Todesstrafen zu finden glaubt, stellt er erschüttert die Sinnfrage: »Müssen Strafen sein?« Burkert (1994), S. 10ff. Es gibt drakonische Strafen (wie oben dargelegt), etwa die angedrohte Steinigung von Paris oder Agamemnons Zerstörungsankündigung von Troia. Zudem scheinen die Griechen entgegen Burkerts Meinung in archaischer Zeit Haft- und Haftungsstrafen – in Form der *Schuldnerhaft* – zu kennen. Vgl. Krause (2004), S. 21; MacDowell (1986), S. 149; Ruschenbusch (2005), S. 78; Weber (2010), S. 149; Kohler (1883), S. 12. Zur theoretischen Würdigung und zum Sinn privater Haftanstalten: Fn. 1469.

dusagleiche Starrheit«[1592] der vermeintlich unbarmherzigen Rechtsfolgen für die Fälle unvorsätzlicher oder unverschuldeter Tötung betont, wovon sich eine verminderte Schuldfähigkeitstheorie als Leistung absetzen lässt. Allerdings sollte die homerische Position nicht kampflos aufgegeben werden. Es handelt sich um einen Rechtsgrundsatz objektiver Vergeltung,[1593] für den die *subjektiven* Motive des Täters unerheblich sind. Es mag tragisch klingen, dass der Täter, der an seiner Tat nicht schuld ist, fliehen muss. Aber selten wird die gegenteilige Konsequenz bei Mord vor Augen geführt: Der Tatvorsatz macht einen Mörder nicht schuldiger, geschweige denn todeswürdig. Kein Mörder wird bei Homer per Todesstrafe aus dem Leben komplementiert.[1594] Der vorsätzliche Täter hat ebenfalls die Wahl zwischen *Racheabkauf- und Exit-Option.* Er kann die *timē* des Getöteten erstatten oder sich rituell in die Flucht schlagen lassen. Von einer derartigen Gewaltakzeptanz und Großzügigkeit ist selbst das fortschrittlichste Strafrecht der Gegenwart (noch) weit entfernt.

Wenn die Gewalt mit der Zahlung einer Lösesumme (Geld oder Gabe) endet, handelt es sich um den ersten von vier Vektoren der Rache: *entschädigungsorientierte Rache.* Davon müssen ferner geschieden werden: [2.] *tötungsorientierte Rache,* [3.] *einschüchterungsorientierte Rache* und [4.] *forderungsorientierte Rache.*[1595]

Was Homer nicht kennt, ist Blutrache. Auf die fehlenden tribalen Strukturen in den Epen wurde bereits hingewiesen. Achilles rächt mit Patroklos

1592 Vgl. Maschke (1926), S. 27.

1593 Die Tat zeitigt dieselben, allen einsichtigen Rechtsfolgen. Diese Behandlung ist ›objektiver‹, weil die äußere Tat zählt, nicht seine subjektiven Beweggründe oder Tatmotive: »Man setzt das Bedürfnis nach objektiv gestufter Vergeltung, nach einer möglichst genauen, nachvollziehbaren und gleichbleibenden Relation zwischen Tun und Erleiden im Bewußtsein der Allgemeinheit voraus.« Dihle (1962), S. 18. Vgl. Barta (2011a), S. 265 (Anm. 1518) u. 276. Barta erkennt das als juristische Komplexitätsbewältigung an: Ebd., S. 267 (Anm. 1535).

1594 Die Todesstrafe wird im 6. Jahrhundert v. Chr. (nach Solon; aber vor 508) für Mord *komplementär* zum privatrechtlichen Gewaltkorridor eingeführt. Das Urteil obliegt den Elfmännern. Vgl. Ruschenbusch (2010), S. 19–22. Solon implementiert staatliche Strafen allgemein nur *neben* der privaten Rache: Barta (2011a), S. 445; Schmitz (2004), S. 332.

1595 Entschädigungen sind zwar *Forderungen,* aber es lohnt sich, finanzielle von unentgeltlichen Forderungen (wie der Rückgabe Helenas) getrennt zu typologisieren. Vgl. die spartanische Kriegsstrategie: Fn. 1529; 1550.

keinen Blutsverwandten, sondern einen befreundeten Angestellten.[1596] Aber selbst wenn Blutrache als Rechtsregel definiert wird, die tötungsorientierte Rache nicht nur bei der Ermordung der Blutsverwandten, sondern bei grundsätzlich allen Morddelikten vorschreibt,[1597] bleibt sie der Welt der Epen unbekannt. Achilles *kann* sich vertraglich dazu verpflichten, Hektor zu töten, indem er für Patroklos Rache schwört.[1598] Aber es existiert keine Norm, die ihn dazu verpflichtet. Gewohnheitsrechtlich ist vorgesehen, dass Patroklos' Tod kompensiert wird, was Achilles durch ein selbstbindendes, an den Gefallenen gerichtetes Versprechen zu unterbinden sucht: »Deinem gewaltigen Mörder, mir Kopf und Waffen erobert. / Schlachten wird ich zwölf erlauchte Söhne der Troer / Hier vor den flammenden Scheiten aus Gram über deine / Ermordung.«[1599]

Als Hektor ihn beschwört, sich seine Rache abkaufen zu lassen,[1600] erlegt sich Achilles erneut ein Handelsverbot mit seinen Gewaltrechten auf:

»Niemand soll dir von deinem Kopf die Hunde verscheuchen, / Wenn sie auch zehnmal so viel und zwanzigmal Schätze zur Sühnung / Brächten und stellten hierher und anderes noch mir versprächen, / Nicht, wenn dich selber mit Gold auch aufzuwägen geböte / [...] es werden dich ganz die Hunde und Vögel zerreißen.«[1601]

Treten wir einen Schritt zurück. Stellt das große Bild, die Vernichtung Troias, nicht ›Blutrache‹ dar? Menelaos, der den ›Rachekrieg‹ gegen Troia organisiert, betet tatsächlich dafür, Paris' Verbrechen zu rächen. Er lässt erkennen, dass es sich zumindest um eine Mischform aus tötungs- und einschüchterungsorientierter Rache handelt: »Dass man zurückschaudere noch unter den spätgeborenen Menschen, / Einem Gastgeber Schlimmes zu tun, der einem Freundschaft erwies!«[1602]

1596 S.o. S. 243.

1597 Blutrache sei vorläufig als heilige (d.h. sakralrechtliche) *Pflicht* zu tötungsorientierter Rache bei Morddelikten definiert.

1598 S.o. S. 73 mit Fn. 351.

1599 Il. XVIII. 335ff. [Übers. Scheffer]. Zur Schlachtung der Troer: Fn. 1331.

1600 Vgl. Fn. 342.

1601 Il. XXII. 348ff. [Übers. Rupé]. Sein Racherecht verletzt Achilles eben nicht mit der Durchsetzung dieses Versprechens (immer: gegen Hektor, den *Frommsten* aller Troer), sondern – wie bereits gezeigt – mit der wiederholten, neuntätigen Überdehnung. Vgl. Fn. 1330.

1602 Vgl. Il. III. 353f. [Übers. Schadewaldt].

Die Versuche, Ehrverletzungen kommunikationstheoretisch als wirksame Verhaltenskorrektive zu interpretieren, vermögen zwar nicht zu überzeugen.[1603] Aber *die Furcht vor (legaler) Rache* dürfte ein einleuchtendes Handlungsmotiv darstellen, sich Rechtsbrüche zweimal zu überlegen. Die Antizipation von Racherechten oder einer generationenüberschreitenden Verrechnung der Gewalt in Form von Rachekriegen, Fehden oder Todfeindschaften (zumal auf Nichtverwandte übertragbar), macht die Gewaltbereitschaft nicht erst im mittelalterlichen Rechtsdenken überschaubar.[1604] Menelaos artikuliert in dem Satz die Idee einer *Gewaltkontrolle durch Rache*. Damit das Gastrecht bis in alle Zukunft gewahrt bleibe, will er ein Exempel statuieren, das die Nachwelt erschaudern lässt. Allerdings sollte nicht übersehen werden, dass Menelaos das Exempel zu diesem Zeitpunkt noch nicht an Troia, sondern an einer einzigen Person (Paris) statuieren will. Er plant *einschüchterungsorientierte Rache* und formuliert dabei vollgültig eine Theorie der Verbrechensprävention durch Rache. Verbrechen müssen gerächt werden, damit nicht – um es mit Machiavelli auszudrücken – die Welt »den Verbrechern zur Beute« fällt.[1605] Die Rachegewissheit soll

---

1603 Die Potenz, politische Entscheidungen *qua* Schmähungen wirksam zu beeinflussen wird dabei eher vorausgesetzt, statt nachgewiesen: »Bereits das Weitererzählen von bestimmten Informationen in kritischer Absicht muß ja als eine Form sozialer Kontrolle gesehen werden«. Vgl. Dinges (1994), S. 175. Sein Beispielfall eines Maurermeisters, der seinen adligen Schuldner öffentlich beleidigt, gelingt das Postulierte gerade nicht. Statt den Schuldner zum Einlenken zu bewegen, strengt der eine Klage zur Wiederherstellung seiner Ehre an. Statt des Schuldners landet sein Gläubiger im Gefängnis. Dinges muss eingestehen: »Die Umdefinition eines Schuldverhältnisses in einen Ehrenhandel schafft letztlich das Zahlungsproblem nicht aus der Welt.« Vgl. Ebd., 169. Die Beleidigungen des Maurermeisters, belegen nicht, was Voraussetzung war: den Schuldner wirksam zu disziplinieren. Das Ergebnis entbehrt nicht einer gewissen Ironie. Der Maurermeister, der theoriekonform ›informell‹ disziplinieren sollte, wird zentralstaatlich diszipliniert. Auch Wechslers Absichten, Schmähungen als vorparlamentarisches Herrschaftskorrektiv zu verstehen, werden von ihren Belegfällen desavouiert. Statt die herrschaftlichen Entscheidungen zu beeinflussen, führen die Beleidigungen zur Dezimierung der Kritiker. Statt die Hypothese zu belegen, dass Ehrverletzungen politische Entscheidungen als *soft power* korrigieren, treten sie als Rechtsgründe für den Einsatz von *hard power* hervor. Vgl. Wechsler (1991), S. 197, 200, 211 u. 233. Ähnlich: Schnitzler (1995), S. 302.

1604 Vgl. Dihle (1962), S. 27 (Anm. 2); Fatheuer (1988), S. 65; Turner/Schlee (2008), S. 8.

1605 Wie Fn. 742. Zum strafrechtlichen Gedanken: Platon: Protagoras 324b; Kelsen (1941), S. 52, 58 u. 366 (Anm. 8).

Rechts- und Verhaltenssicherheit schaffen. Soweit das juristische Ideal, das Menelaos zugegebenermaßen schnell wieder vergisst.[1606]

In der *polis* der Feinde zirkuliert nicht gerade die Theorie der eigenen Unschuld. Hektor erkennt implizit die Legalität der strafrechtlichen Tötung von Paris an, als er ihm nachruft, dass er gesteinigt gehörte.[1607] Aber Hektor meint nicht, dass Paris als ›Blutrache‹ für einen toten Stammesangehörigen gesteinigt werden sollte. Paris hat ja überhaupt niemanden umgebracht. Er hat das griechische Gastrecht gebrochen. Paris verdient nicht den halbautomatisierten Brandfackeltod[1608] für die Tötung eines Menschen, sondern – in Hektors Augen – die Steinigung für den Bruch eines instrumentellen, von heute aus gesehen fünftrangigen Rechts, durch dessen Verletzung noch nicht einmal ein Mensch zu Tode gekommen ist.

Nun könnte eingewendet werden, dass nicht der Bruch des Gastrechts selbst, wohl aber die Entführung von Menelaos' Ehefrau eine Ehrverletzung *prima facie* darstellt. Ausgerechnet er, König von Sparta, vergisst aber nicht nur die Pflicht, diese enorme Kränkung zu rächen. Er vergisst auch, dass er exemplarisch und schauderhaft rächen will. Um ein Haar kann Adrestos sich mittels »Erz und Gold« aus seinem Schicksal befreien.[1609] Agamemnon muss den pflichtvergessenen König nach allen Künsten der Rhetorik zurück auf Linie bringen:

»[I]st dir zu Haus von den Troern das Beste geschehen? / Nein, von denen soll keiner entgehen dem jähen Verderben / Und unseren Händen. Auch nicht, wen

1606 Vgl. Fn. 1609.

1607 »[U]nd es wäre viel besser gewesen, / Als eine solche Schande zu sein und verachtet von anderen. / [...] bist zu fremden Völkern gegangen und hast ein schönes Weib entführt / Aus einem fernen Land, die Schwagersfrau von Männern, Lanzenkämpfern? / Deinem Vater zu großem Leid wie auch der Stadt und dem ganzen Volk, / Den Feinden aber zur Freude und zur Beschämung für dich selber! / Willst du jetzt nicht standhalten dem aresgeliebten Menelaos? / Erkennen würdest du, was für eines Mannes blühende Gattin du hast! / Nicht würde dir helfen die Leier und die Gaben der Aphrodite: / Die Mähne und das Aussehen, wenn du mit dem Staub vermengt bist! / Aber sehr furchtsam sind die Troer! *sonst bekleidet dich schon / Ein steinerner Rock für all das Schlimme, das du getan hast!*« Il. III. 41ff. [Übers. Schadewaldt; eig. Hervorh.]. Zur Evolution der (sakralrechtlichen) Steinigung: Fn. 911.

1608 Wie Fn. 1278.

1609 Vgl. Il. VI. 48 [Übers. Schadewaldt].

im Leib die Mutter / Trägt als einen Knaben: auch er soll nicht entrinnen! Sondern allesamt / Sollen sie gänzlich vertilgt sein aus Ilios, unbestattet und spurlos!«[1610]

Spricht es Agamemnon hier nicht selbst aus: Blutrache für die Verletzung der spartanischen Ehre? Diese zugegebenermaßen blutige Rachephantasie entwickelt Agamemnon nicht für die Verletzung von Menelaos' Ehre, geschweige denn für irgendeinen Ermordeten. Die Krieger, die *die Rache der Götter* für den Bruch des Gastrechts auf Erden *treuhänderisch* vollstrecken,[1611] haben überhaupt nicht vor, eine ›Bluttat‹ zu rächen. Die ursprüngliche Kriegshandlung motiviert der Bruch des Gastrechts. Die Griechen wollen zunächst tatsächlich die Verletzung von Menelaos' Ehre ›rächen‹. Deshalb ziehen sie gegen Troia. Allerdings haben sie charakteristischerweise gar nicht vor, die Sache blutig enden zu lassen. Sie verfolgen entschädigungsorientierte Rache. Gegen Menelaos' vermeintliche Ankündigung einer tötungs- oder einschüchterungsorientierten Rache buchstabiert Agamemnon alle möglichen Handlungsoptionen durch, die sich nach der *monomachia* zwischen Paris und Menelaos bieten:

»Schlägt Alexandros im Kampf den Menelaos zu Boden, / Soll er Helena selber und sämtliche Schätze behalten, / Wir aber kehren dann heim in den flutendurchfurchenden Schiffen. / Tötet den Alexandros jedoch Menelaos, der blonde, / Geben die Troer das Weib zurück mit sämtlichen Schätzen, / *Zahlen auch an die Argeier die richtig bemessene Buße, / Wie es in künftiger Zeit ein Vorbild allen Geschlechtern.*«[1612]

Für den *casus* eines Kompensationsausfalles schwört Agamemnon die Rache:

»Weigern sich Priamos aber dann selbst und Priamos' Söhne, / Mir die Buße zu zahlen, auch wenn Alexandros gefallen, / Dann verbleibe ich hier und werde um Rache und Sühne / Kämpfen so lange, bis ich das Ziel des Kampfes erreiche.«[1613]

Mit diesem »Ziel des Kampfes« ist offenkundig nicht die spurlose Vernichtung aller Troer gemeint, sondern die ›Buße‹ und damit der Vektor einer entschädigungsorientierten Rache. Unter den Feinden bestätigen die Worte Antenors dieselbe Systematik. Der Weise scheint zu glauben, mit der Rückgabe von Helena und den Schätzen etwas erreichen zu können:

1610 Ebd., 56ff.

1611 Zum Gedanken, s.u. S. 334ff.

1612 Il. III. 281–287 [Übers. Scheffer].

1613 Ebd., 288–291.

»Auf, die Argeierin Helena nun, und die Schätze mit dieser, / Geben wir Atreus' Söhnen zurück; wir kämpfen ja treulos, / Denn wir zerbrachen den heiligen Bund; nichts Besseres wahrlich / Hoff' ich für uns zu gewinnen, bevor wir nicht also gehandelt.«[1614]

Erst als die Troer die Verträge brechen, schwört Agamemnon blutige, tötungsorientierte Rache.[1615] Mit Blutrache für ermordete Blutsverwandte oder mit der Ehre von Menelaos hat dieser Schwur nichts zu tun – wohl aber mit der Ehre der Troer, wie noch zu zeigen sein wird.[1616] Denn ein Einzelner kann offenbar die ganze Stadt in Unehre reißen.

Herodot deutet den Sinn der Rache, die Troia trifft, als einschüchterungsorientiert: »auf daß die Troer mit ihrem vollständigen Untergang das allen Menschen deutlich machten, daß für großes Unrechttun [*megalōn adikēmatōn*] groß ist auch die Rache [*timōriai*] der Götter.«[1617] Worin genau besteht aber das große Unrechttun? Ein Mörder kann sich freikaufen, während die Verletzung instrumenteller Gastrechte mit Krieg gerächt, der Bruch von Verträgen sogar für eine Stadt tödlich endet?[1618] Selbst Mörder wie Hektor glauben offenkundig, sich aus der drohenden Fischfreiheit auslösen zu können. Einfache ›Betrüger‹ von Vertrags- oder Gastrechten aber sollen die Hunde zerreißen? In der Sprache der Epen ist dem genau so: Den Mörder von Patroklos dürfen die »achaiischen Hunde« nicht zerreißen (so behauptet dieser zumindest[1619]), den Brecher der heiligen Eide aber sollen »gewiß die Geier zerfleischen« (so Agamemnon).[1620]

Daraus folgt, *dass Delikte wie Gastrecht- oder Vertragsbruchs in der Welt der Epen ungleich schwerer wiegen als Mord.* Es handelt sich um Kapitaldelikte, deren Bedeutsamkeit aus der Gegenwart auf den ersten Blick nicht so recht einzuleuchten vermag. Die strafrechtliche Legalität der Vernichtung Mytilenes (für einen völkerrechtlichen Vertragsbruch) dokumentiert denselben

1614 Il. VII. 350–353 [Übers. Ruppé].

1615 Vgl. Fn. 1888.

1616 S.u. S. 358f.

1617 Herodot II. 120, 5 [Übers. n. Marg].

1618 »Wohin verfliegen denn uns Verträge und heilige Schwüre? / Werft doch ins Feuer den Rat und alle Beschlüsse der Männer, / Handschlag und Spende des lauteren Weins, die Zeichen der Treue!« Il. II. 339–441 [Übers. Ebener]. Die moderne Gesellschaft basiert nicht minder auf eben diesen Vertragseinhaltungen. Zu den methodischen Vorüberlegungen: Fn. 339.

1619 Vgl. Fn. 342.

1620 Vgl. Fn. 1980.

Sachverhalt.[1621] Den Tod für Eidbruch zu finden, hält selbst Xenophon für nichts Ungewöhnliches.[1622] Bei Mord aber ist Wiedergutmachung das oberste Gebot.[1623]

2. Das posthomerische Racherecht

Handelsverbote mit der Rache: die Entstehung des archaischen Blutrechts

Geld ist weder in homerischer, noch in archaischer Zeit die Rache der Schwachen, sondern das rational durchkalkulierte Ziel. Um die griechische Straf-, nein: Racherechtsentwicklung nachzuzeichnen, soll die Genesis des archaischen Blutrechts beleuchtet werden. Da Blutrache der homerischen Zeit unbekannt ist, muss dieser Typus *tötungsorientierter Rache* für Morddelikte entweder später eingeführt, von Homer verschwiegen oder in homerischer Zeit dispensiert worden sein. Woher stammt die Blutrache?

In den Quellen taucht sie als »fromme«[1624] oder ›heilige *Pflicht zur Rache*‹ in Erscheinung,[1625] was gleich zwei entscheidende Hinweise lie-

---

1621 Vgl. S. 351ff. Dazu die Überlegungen zum (Gesellschafts-)Vertrag *mit dem Recht*: S. 188f.

1622 Vgl. Xenophon: Anabasis II. 5, 38 u. 41.

1623 Die *Odyssee* zeigt ein ähnliches Bild. Die meistzitierten Stellen, durch die der *Odyssee* die Existenz von Blutrache untergeschoben werden soll, behandeln keine Morde oder ›Bluttaten‹: wenn Penelope (Od. I. 380), Telemachos (II. 145) oder Laertes (XXIV. 350) für Rache der Freier-›Verbrechen‹ beten, kann es nicht um Blutrache gehen: keiner der Adelssöhne hat einen Mord begangen. S.o. S. 247. Eine Passage, die als Reinigungsszene von Blutrache interpretiert wird (Od. XI. 50), schildert das Opfern *für* Tote. Der Opfernde verantwortet dort nicht einmal bei oberflächlicher Lektüre den Tod der Toten. Die Passagen um Odysseus' (Fn. 1344f.) und Laertes' Befürchtungen (XXIV. 353) verraten kein Bewusstsein für Blutrache, sondern für Schuld: es geht nicht um Blutrachegewissheit, sondern um Gewaltübertretung durch Racheexzess. Auch Athenes parteiisches Versprechen, die Freier zu bestrafen (»Spritzen bald Blut und Gehirn auf den endlosen Boden.« Od. XIII. 396 [Übers. Weiher]), sagt nichts über die Rechtmässigkeit der Rache selbst aus.
Orestes erntet für die Tötung von Aigisthos nicht Rache, sondern *Ehre* (I. 299f.). Die einzig tragfähige Stelle ist Eupeithes' Aufruf, das Massaker zu rächen (XXIV. 430ff.). Ihm liegt explizit daran, Odysseus nicht entkommen zu lassen. Eine feste Norm kann aber auch diese Stelle kaum repräsentieren, da die Götter den Versuch vereiteln. Vgl. Fn. 1791.

fert: die ›Pflicht‹ deutet auf Gewaltzwänge hin, zu denen das Recht verpflichtet (*nomos tyrannos*), das Adjektivum auf das Sakralrecht als Entstehungsquelle. Entgegen SCHMITZ' Annahme, dass Gewohnheitsrecht nicht dekretiert oder auf Institutionen zurückgeführt werden könne,[1626] lässt sich die Einführung des griechischen Blutrechts nach Delphi zurückverfolgen.[1627] Dort bricht das an, was als ›delphische Epoche‹ der Rache bezeichnet werden soll.

Delphi ist ein religiöser Ort, der als Mittelpunkt der Welt gilt und dessen Einwohner ihre Stadtgründung auf Wölfe zurückführen. [1628] Die rechtliche Autorität Delphis wird schon in den Epen manifest.[1629] Die Archonten Athens schwören bei Amtsantritt auf »den pythischen Gott [...], den Gesetzen Treue zu halten oder im Falle des Eidbruchs eine lebensgrosse Statue aus Gold nach Delphi zu stiften.«[1630] Gyges lässt sich seine Herrschaft durch Götterspruch aus Delphi bestätigen und spendet dafür seinen Schatz.[1631] Die Wahrheit des Orakels wird immer wieder auf die Probe gestellt. Nachdem Pythia weiß, dass Kroisos eine Schildkröte mit Lamm gekocht hat, lässt dieser sichtlich beeindruckt 3.000 Opfertiere für

1624 Elektra fragt, ob die Götter Rache »als fromme Pflicht« erwarten. Vgl. Aischylos: Choephoren V. 122 [Übers. Ebener].

1625 Vgl. Eichhoff (1871), S. 5 [»eine sittliche Berechtigung [...], durch die religiöse Weihe, welche ihr als einer von der Gottheit gebotenen Pflicht ertheilt wird«]; Hentig (1954), S. 110ff. [»Lange, ehe Blutrache zu einem bloßen Recht herabsank (und später zu einem Delikt degenerierte), war sie heilige Pflicht.«]; Kohler (1883), S. 140 [»Rachetrieb ist nicht blinde Leidenschaft: er wird getragen durch ein eminentes Pflichtgefühl: der Bluträcher findet nicht Ruhe, nicht Erholung, er enthält sich aller Genüsse, er schwört den Umgang mit Weibern, er schwört Wein und Wohlgerüche ab, so lange er nicht dem furchtbaren Rächeramte Genüge geleistet hat.«]. Zu der Vorstellung kann sich Kohler selbst nicht ganz durchringen, weshalb sein Rachebegriff zwischen veredelter Leidenschaft und ritueller Pflichtethik oszilliert. Vgl. S. 181 [»aber ein Gefühl socialer Ehre, ein Gefühl ethischer Pflicht durchdringt und erhebt die Leidenschaft«].

1626 »Es gibt zwar ein alle Lebensbereiche umfassendes System von Normen und Werten, aber niemand könnte jemanden nennen, der diese ›erlassen‹ hat. In den ›im Volk umlaufenden‹ Sprüchen sind sie zeitlos festgehalten.« Schmitz (2004), S. 143.

1627 Vgl. Fn. 1689 u. 1706; Barta (2010), S. 223.

1628 Zu den Wölfen: Burkert (1972), S. 137. Zur geographischen Schlüssellage Delphis aus militärischer und handelsorganisatorischer Sicht: Wagner-Hasel (2000), S. 267. Allgemein zur auffälligen Schlüssellage der griechischen Tempelorte entlang Handels- und Militärrouten: Ebd., S. 267ff. u. 278f.

1629 Vgl. Il. IX. 405; Od. VIII. 79.

1630 Vgl. Hirzel (1902), S. 29

1631 Vgl. Herodot I. 14.

Delphi schlachten, um gegen die Perser in den Krieg ziehen zu können.[1632] Weil der Herrscher Gold und andere Schätze hergibt,[1633] stellt ihn Delphi rechtlich besser: »Dafür verliehen die Delpher Kroisos und den Lydern Vorrang bei der Befragung, Abgabefreiheit, Ehrensitz bei den Spielen und das Recht für jeden, delphischer Bürger zu werden, wann es ihm beliebte, auf ewige Zeiten.«[1634] Selbst im Nikiasfriedensvertrag wird laut Thukydides noch die Gewaltenteilung und Unabhängigkeit der delphischen Judikative zugesichert.[1635]

In Tempeln werden allgemein Verträge deponiert[1636] und Recht publiziert.[1637] Sakralrecht ist in archaischer Zeit die »Keimzelle öffentlichen Rechts«.[1638] Die Verbreitungsrouten der Gesetze nehmen von religiösen Herzkammern mit transnationaler Autorität ihren Weg in die einzelnen *poleis*.[1639] Männer wie ›Drakon‹ tragen den Geist dieser Gesetze in die griechischen Städte wie Athen.[1640] Tyrtaios erwähnt, dass auch die spartanischen Gesetze aus Delphi stammen.[1641] Da Python, der unter Delphi gehaust haben soll, eine Schlange ist, wirft das ein anderes Licht auf die Historizität eines Gesetzgebers ausgerechnet mit Namen Drakon: »Die Be-

1632 Vgl. Ebd., 48.

1633 Vgl. Fn. 559.

1634 Herodot I. 54 [Übers. Marg].

1635 »Das Heiligtum und der Tempel des Apollon in Delphi und die Bewohner Delphis sollen unter eigenem Gesetz stehen, an niemanden anderen Steuern zahlen und eigene Gerichtsbarkeit haben«. Thukydides V. 18, 2 [Übers. Vretska/Rinner].

1636 Vgl. Barta (2011a), S. 64; Barta (2010), S. 273f. u. 328.

1637 Vgl. Ebd., S. 226, 339 u. 539. Zu Kreta als Ideenumschlagsplatz: Ebd., S. 242 [Bußreisen für Mörder]; Barta (2011a), S. 62 u. 278.

1638 Vgl. Barta (2011b), S. 63. Vgl. Barta (2010), S. 262, 275 [»Kreislauf normativer Werte«], 332 (Anm. 1596) u. 334; Latte (1920), S. 59 (Anm. 27). Jacoby datiert »the first systematic assaults on theocratically based criminal law« auf das 18. Jahrhundert. Vgl. Jacoby (1983), S. 253.

1639 »Delphi war einmal die überstaatliche Autorität, deren eine Zeit unfertiger Staatsbildung bedurfte. [...] Jede auch nur oberflächliche Aufzeichnung ihrer historischen Figur, besonders, was die Phase der letzten beiden Jahrhunderte betrifft, wäre ohne Delphi unvollständig und fehlerhaft.« Heuß (1969), S. 93.

1640 Vgl. Barta (2010), S. 225.

1641 Vgl. Barta (2011a), S. 457. Für Xenophon war schon Lykurg vor Einführung seiner Gesetze in Delphi. Xenophon deutet das zur Segnung der Gesetze um. Vgl. Xenophon: Die Verfassung der Spartaner VIII. 5.

zeichnung thesmos Drakontos ist ein Gattungsname für Blutgesetz, kein Personenname«.[1642]

Das Verbot des Gewaltabkaufs verdankt sich nicht einer abgeschafften Erfolgshaftung,[1643] sondern einer gewandelten und radikalisierten Theorie der menschlichen Schuldigkeit. Nach BARTAS Darstellung stoßen die delphischen Priester bei der Erkundung der Schuldfragen auf die Granitebene des Tatvorsatzes, den sie für unverzeihlich halten. Die Priester differenzieren Vorsätzlichkeit von Unvorsätzlichkeit[1644] und verschärfen für ersteren Typus die Rechtsfolgen. Man schämt sich der homerischen Praxis einer Strafvernachlässigung.[1645] Da der Mörder Rache bislang abkaufen kann, müssen folgerichtig *Handelsverbote für die Rache*[1646] bei Tötungsdelikten erlassen werden. Die alten Racheabkaufs- und Exit-Optionen werden auf die unvorsätzliche Tötung beschränkt.

1642 Maschke (1926), S. 36. »Der Name Drakon ist im Zusammenhange des Mordrechts ein Kollektivbegriff, er ist schon für Demosthenes keine Individualität.« Ebd., S. 37. Zur Beobachtung, dass Schlangen auch in anderen Kulturen den Kulminationspunkt des Rechtes auf Rache verkörpern: Kelsen (1941), S. 76 u. 222.

1643 »Der Rachedurstige fragt nicht nach dem subjektiven Motiv, sondern nach dem sein Gefühl beherrschenden objektiven Erfolg des sein Rachebedürfnis erregenden fremden Handelns.« Weber (1960), S. 93. Ich stimme Kohler zu, dass unabsichtliche Fehlhandlung *per definitionem* geeignet wären, derartige Emotionen abzukühlen: »bricht sich die Wuth der Rache zuerst an Fällen, wo die Schuldlosigkeit offen zu Tage tritt«. Kohler (1883), S. 161.

1644 Vgl. Barta (2011b), S. 155. Umgekehrt wird Vorsätzlichkeit etwa durch den homerischen Begriff für geistigen Blackout, ›göttlicher Verblendung‹ (*ate*), nivelliert. Wie Nicolai hervorhebt, *entkriminalisiert* der Verweis auf *ate* ein Verbrechen: »Sie ermöglicht dem Täter, sich von seiner Schuld nachträglich als einem persönlichkeitsfremden Akt zu distanzieren, und schafft damit für Täter und Opfer (als Voraussetzung für eine Versöhnung) wieder eine gemeinsame Basis«. Nicolai (1993), S. 333. Auch umgekehrt wird hinter scheinbaren ›Zufällen‹ das *Walten der Götter* gesehen. Kroisos deutet eine Tötung als göttliche Intervention: Herodot I. 45. Dazu: Nicolai (1986), S. 43–46; Gould (1989), S. 71. Menschen haften für und *an* allen Taten. Vgl. Barta (2011a), S. 176ff. mit 141 (Anm. 836) u. 147. Mit den Losverfahren werden sogar bewusst politische Interventionsräume für die Götter geschaffen.

1645 »Gegenüber einer laxeren Praxis in der Behandlung namentlich des Mordes [...] machte dieser Satz wieder Ernst mit der Vergeltung und hielt aus der blutigen Rache das fest was in dieser natürlich und heilig zu sein schien.« Hirzel (1902), S. 92 [Hirzel glaubt, dass die Ehre dafür Rhadamanthys gebühre].

1646 Zur Grundlage dieser Idee, s. die Lösegeldszene zwischen dem Herzog von Suffolk und Seyfart Wittmer: »Drum, wenn ich mit der Rache Handel treibe, / Zerbreche man mein Schwert, mein Wappenschild / Und ruf' als Memme durch die Welt mich aus!« Shakespeare: Heinrich VI, Zweiter Teil. IV. Akt. 1. Teil [Übers. Schlegel/Tiek].

Wie diese Theorie in die Praxis umgesetzt wurde, lässt sich am attischen Recht nachvollziehen. Die alten Gewaltabkaufs- und Exit-Optionen bei Mord werden *gesetzlich verboten*. Für das drakontische Recht lässt sich das aufgrund der Überlieferungslücken zwar nicht zweifelsfrei nachweisen.[1647] Aber Solon verbietet rund dreißig Jahre nach Drakon bei Mord das Lösegeld *expressis verbis* in einem Zusatz, der beinahe überlesen werden könnte: »Die Blutschuldigen darf man auf athenischem Boden töten und abführen, wie es (das Gesetz) im Axon sagt. *Doch ist es verboten, [...] (von den Abgeführten) ein Lösegeld zu fordern*«.[1648] Das bezeugt, dass dies möglich war und möglicherweise auch gängig, um verboten zu werden.

Um die Verbrechenskategorie Mord unsühnbar zu machen, werden Racheabkauf und Tätervertreibung verboten. Der Mörder soll weder ›weichen‹, noch sich finanziell auslösen können. Die Verbote der Racheabkaufs- und Exit-Optionen allein bestrafen aber keinen Täter. Sie werden durch diese Regelungen nur von zwei Seiten eingekesselt. Dass sie sich mit ihrer Schuld nirgends hinbewegen können, ist an sich keine Straferhöhung. Um die Strafe zu verschärfen, wird etwas erforderlich, das endgültig mit unseren konventionellen Annahmen zum Verhältnis von Staat und Rache bricht.

In der Regel wird in der Forschung davon ausgegangen, dass der Prozess der Polisbildung die Rache ›zurückdrängte‹: »Und das Zurückdrängen der Blutrache verläuft – nicht zu übersehen – parallel zum Erstarken der

---

1647 Aufgrund der Überlieferungslücken ist nicht beweisbar, dass Drakons Gesetze Mord geregelt haben: »Obwohl der Stein weitgehend erhalten ist, läßt sich von der Inschrift, die er trug, nur ein geringer Teil noch lesen.« Koerner (1993), S. 29. Ruschenbusch setzt voraus, dass die drakontischen Gesetze auch Mord regelten: »Das *und* am Anfang bedeutet also, dass davor etwas weggefallen ist, nämlich die Regelung der vorsätzlichen Tötung«. Ruschenbusch (2010), S. 33. Barta lehnt diese Interpretation ab: Barta (2011a), S. 77. Ruschenbusch scheint mir aus zwei Gründen Recht zu behalten: [1.] Behandelten die drakontischen Gesetze vorsätzliche Tötung nicht, hätten sie ausgerechnet den Kern des delphischen Blutrechts nicht nach Athen importiert und stattdessen Gewaltabkauf und Flucht weiterhin erlaubt. [2.] Sollten drakontische Gesetze Lösegeld und Flucht bei vorsätzlicher Tötung nicht geregelt haben, hätten wir zudem erstmalig den Fall, dass Solon Drakon in einem Punkt *verschärft*. Aber Solon perpetuiert oder schwächt auch nach Bartas Meinung nur ab, was Drakon ›drakonisch‹ regelt. Vgl. Ebd., S. 189.

1648 Vgl. Ruschenbusch (2010), S. 45 [eig. Hervorh.]. Zur zeitlichen Verortung von Drakon (624/3 bzw. 621/20) und Solon (594/3): Barta (2010), S. 78.

Polis.«[1649] Diese Übersichtlichkeit wird allerdings weniger aus den Indizien gewonnen, als aus den Vorstellungen über einen unilinearen Entwicklungsverlauf, deren Grundidee Bacon am besten ausformuliert: »Die Rache ist eine Art von wildwachsender Gerichtsbarkeit, die das Gesetz, je mehr die menschliche Natur dazu hinneigt, um so dringender ausrotten sollte.«[1650]

Aus den Quellen nicht zu übersehen ist (zumindest im Übergang zum 6. Jahrhundert in Athen) das Gegenstück dieser unilinearen Entwicklungsrichtung.[1651] Da Strafansprüche privat delegiert werden, kann Strafverschärfung nur eines bedeuten: Racheverschärfung. Um die Strafen für Morddelikte zu erhöhen, müssen am Körper des Täters Gewaltrechte eingeräumt werden, die über das traditionelle In-die-Flucht-Schlagen hinausgehen.[1652] Die Angehörigen müssen auf tötungsorientierte Rache (›Blutrache‹) verpflichtet werden – eine Pflicht, deren erwartungsstörende Konsequenzen im nächsten Abschnitt weiter ausgeführt werden.[1653]

Drakon und Solon erlassen keine Gesetze, mit denen sie die Blutrache zurückdrängen, wie es die geltende Lehrmeinung von der Racheverdrängung als *causa finalis* des Staatsbildungsprozesses will. Sie erlassen Gesetze, mit denen sie die Bürger *zur Rache verpflichten*. Das attische Recht – unverkennbar im Dienste eines religiösen Fanatismus seitens Delphi – zwingt zu einem Mehr an Unversöhnlichkeit, Gewaltbereitschaft und Rache.[1654] Kei-

---

1649 Barta (2011a), S. 479.

1650 Bacon: Über die Rache (IV) [= Essays, S. 17]. Im Original schöner: »a kind of wild justice; which the more man's nature runs to, the more ought law to weed it out«.

1651 Zu unilinearen Vorstellungen sozialen Wandels: Böhme (2011), S. 27.

1652 »Mit dem Namen der *dikē* wurde sie auch an deren Formen gebunden, so dass nun zwischen Thun [...] und Leiden [...] ein Obligationsverhältniss stattfand ähnlich wie zwischen Nehmen [...] und Geben [...] in Contracten vor Gericht. Der Verletzende wurde zum Schuldner des Verletzten, sei es einer Person oder des Gesetzes«. Hirzel (1907), S. 191. Dies expliziert Hirzel sogar für Ehrverletzungen: »in den Augen des beleidigten Achill erscheint die Beleidigung als das Eingehen einer Schuld«. Ebd., S. 192 (Anm. 3). »Nach altem Recht galt, daß, wer ein Privatunrecht begangen hatte, aus seiner Tat der Rache des Verletzten verfallen war. Der Verletzte gewann aus der Tat ein Zugriffsrecht auf den Körper des Täters, ein Herrschaftsrecht, dessen Inhalt sich in der Befugnis zum Vollzug der Rache, d.h. der eigenmächtig vollzogenen Vergeltung ‚erschöpfte.« Kaser (1989), S. 150.

1653 S.u. S. 311ff.

1654 Das sei insbesondere gegen die Lehrmeinung eingewendet, die griechischen Nomotheten schrieben nur die alte Ordnung fest und lieferten wenig Neues, was im vorliegen-

ner erkannte das so klar und mit der ihm eigentümlichen Bewertung wie MASCHKE:

»Es war eine von den Großtaten des delphischen Apollon, dass er das *Verbot des Wergeldes* beim Mord als religiöse Forderung aufstellte und durchsetzte und zwar in der damaligen Zeit entsprechenden Form als Zwang zur Blutrache. [...] Der Zwang zur Blutrache – ein scheinbarer Rückschritt!«[1655]

Die Wertschätzung eines Gelehrten für den delphischen Extremismus ist zwar erschreckend; das Verbot des Gewaltabkaufs vermag schwerlich als Großtat einzuleuchten. Aber mit dem »Zwang zur Blutrache« als Rückschritt hat MASCHKE das Wesen der delphischen Reformen schärfer erkannt als alle anderen. *Vor* Einführung der sakralrechtlichen Rachepflicht steht die Entschädigungspraxis der homerischen Zeit, die MASCHKE – mit erkennbar eigener Zielsetzung – als Ausfluss einer *»irreligiösen und pietätlosen«* Institution verunglimpft.[1656] Mord abkaufbar zu gestalten, findet einzig seine Verachtung. HIRZEL steckt zwischen demselben Denkgeländer fest, wenn er der homerischen Zeit einen »unwürdigen Abkauf der Rache durch das Wergeld« vorhält.[1657]

An der Bewertung der Anomalie brechen sich die meisten anderen Gelehrten aber die Knochen. RUSCHENBUSCH scheint seinen Augen nicht zu trauen: »Wenn die Strafe vor Einführung der Todesstrafe nur das Exil war, dann hätte der Übergang zur Todesstrafe eine erhebliche Strafverschärfung bedeutet, möglich, aber unwahrscheinlich.«[1658] Die Einsicht wird nach Morgensterns Motto bereinigt. Die Wahrscheinlichkeiten spricht er gar nicht erst eigens durch. GÖDDE praktiziert dieselbe Form des Wegsehens:

»[...] Errungenschaften der Drakonischen Gesetzgebung, den Täter im Falle des nicht vorsätzlichen Mordes anstatt mit der Todesstrafe mit Verbannung zu bestrafen – eine Maßnahme, die nicht zuletzt dem Schutz vor Blutrache und ihrer Eindämmung diente.«[1659]

den Fall unmöglich ist (s. homerisches Racherecht). Vgl. Scheibelreiter (2012), S. 32f.; Schmitz (2004), S. 154.

1655 Maschke (1926), S. 40 [eig. Hervorh.].

1656 Vgl. Ebd., S. 41 [eig. Hervorh.].

1657 Vgl. Hirzel (1902), S. 91

1658 Ruschenbusch (2010), S. 34.

1659 Vgl. Gödde (2012), S. 173.

Inwiefern kann die Verbannung zur Errungenschaft werden, wenn das homerische Recht – lange vor Drakon – alle Mörder entweder auskaufen oder exilieren lässt? Auch andere bringen die Zweifel mit ihrem Glauben an eine kontinuierliche Verlaufsgeschichte zum Schweigen. KELSEN, der erkennen will, »dass bei Homer die Blutrache *nicht mehr* als religiöse Pflicht erscheint«, [1660] übergeht die drakonische Radikalität als »einfach der rechtstechnische Fortschritt zur Offizialmaxime im staatlichen Strafverfahren, eine typische Phase in der Entwicklung von der Blutrache zur zentralen Gerichtsbarkeit des Staates«.[1661] Auch HIRZEL fühlt sich seiner Sache sicher: »Der frische Rachetrieb geht dem Mörder gegenüber auf Tödtung, und diese Art der Vergeltung [...] liess sich *ursprünglich gewiss nicht mit Geld abkaufen*.«[1662] Worauf diese Gewissheit quellenmäßig beruhen soll, darüber kann nur gemutmaßt werden.

Dass nicht der Schadensersatz das archaische Blutrecht humanisiert, sondern archaisches Blutrecht das homerische Racherecht radikalisiert, diese Anomalie versucht BARTA mit einem Dreistadiengesetz zu glätten. – Entwicklungsgeschichte als epistemologisches Hindernis: ursprünglich soll das Gesetz der Blutrache gegolten haben, dann sei die homerische Zeit mit der schroffen, kaufmännischen »Antithese« gefolgt und schließlich habe Delphi den »Kompromiss zwischen den vorangehenden Entwicklungsstufen« gewagt.[1663] Auch JACOBY will in Drakon den Verfasser eines Kompromisses sehen.[1664]

Diese, dem delphischen Sakralrecht äußerst gewogenen Konstruktionen müssen mit zwei Problemen leben: [1.] Für den vorhomerischen

1660 Vgl. Kelsen (1941), S. 223 [eig. Hervorh.].

1661 Vgl. Ebd., S. 457 (Anm. 183).

1662 Vgl. Hirzel (1902), S. 91 (Anm. 4) [eig. Hervorh.].

1663 »Die Delphische Lösung bildete danach – und das erklärt manches – einen Kompromiss zwischen den vorangehenden Entwicklungsstufen! Dem ›Rückschritt‹ im Bereich der vorsätzlichen Tötung gegenüber der Lösung der homerischen Zeit [...] steht ein ›Fortschritt‹ im Bereich der – viel häufigeren (!) – unvorsätzlichen Tötung gegenüber, für die nun keine Rachepflicht mehr besteht, vielmehr Sühne und sakrale Reinigung treten.« Barta (2011a), S. 479. Im *signum citationis* drückt sich immerhin das Problembewusstsein aus, dass der »Fortschritt« in der Weise logisch eigentlich gar nicht konstruierbar wird. Die homerische Zeit genießt die Segnungen dieses Fortschrittes von Sühnezahlungen ja bereits. Auch die Bewertung im mittleren Aussagenteil ist nicht haltbar, weil Drakon die Hürden für den Racheabkauf erhöht, statt sie abzusenken. Vgl. Fn. 1674ff.

1664 Vgl. Jacoby (1983), S. 251.

Blutrache-Zustand muss auf die Evidenz des Naturzustandes im *Leviathan* verwiesen werden,[1665] denn es mangelt an andersgearteten, dokumentierbaren Belegen. Die Konstruktionen der griechischen Rechtsentwicklung fallen regelmäßig unter KOHLERS offen aufgeschriebenes Diktum: »gerade die Rohheit ist der Wahrheitsstempel für die Denkart der Urzeit.«[1666] Die Quellen verweisen in die Gegenrichtung. [2.] Aber selbst falls Homer ein Blutrache-Zeitalter vorangegangen sein sollte, wie soll die Fraktur[1667] zwischen absoluter barbarischer Blutrache in vorhomerischer und absoluter kaufmännischer, historisch bis heute niemals wiedererlangter[1668] Kompensationsbereitschaft möglich geworden sein? Konsequenter wäre da die Hypothese, dass Homer die Blutrache in seinen Werken dichterisch verzerrt und dispensiert, weil er eine in Wahrheit bluttriefende Wirklichkeit für seine Hörer nicht mehr darstellen will.

Naheliegend ist die Annahme, dass Delphi rechtsgeschichtlich keine Synthese darstellt, sondern – um in BARTAS Gleichnis zu bleiben – die Antithese zur homerischen Strafpraxis. Blutrache ist *nicht* »die älteste Norm der Gemeinschaft«, wie KELSEN behauptet.[1669] Die Narration von Fort- und Rückschritten übergeht jedenfalls, dass die Blutrache zu Beginn des griechischen Staatsbildungsprozesses nicht eingehegt oder zurückgedrängt, sondern im Rahmen eines religiös motivierten Strafverschärfungsprogramms eingeführt wird.[1670]

1665 Vgl. Hobbes: Leviathan XIII.

1666 Vgl. Kohler (1883), S. 31.

1667 »Bei vorurteilsloser Betrachtung stellt die Regel des Delphischen Apollon einen [...] Kompromiss dar zwischen altem Nomologischem Wissen (Gewohnheitsrecht), das für jede Tötung die Blutrache forderte und der in homerischen Zeit praktizierten Lösung, wonach jede Tötung durch Bußgeldzahlung beizulegen war.« Barta (2011a), S. 478. Bei vorurteilsloser Betrachtung ist die Abfolge zweier derart schroff gegensätzlicher Strafrechtspraktiken äußerst unplausibel.

1668 Zur beispiellosen Gewaltakzeptanz: Fn. 1591.

1669 Vgl. Kelsen (1941), S. 56.

1670 Man beachte, mit welchen Argumenten Diodotos Kleons Abschreckungstheorie zu entlarven versucht: »In der Natur, sei es von Einzelnen oder von Staaten, liegt nun einmal der Hang zum Verbrechen, und es gibt kein Gesetz, das sie davon abhält; denn *die Menschen haben es doch schon mit allen Strafen versucht, sie immer mehr verschärfend*, um so vielleicht weniger unter den Verbrechen leiden zu müssen. *Es ist daher wahrscheinlich, dass in ältesten Zeiten auch auf die schwersten Verbrechen mildere Strafen standen, durch die Übertretung sind aber mit der Zeit die meisten in Todesstrafen umgewandelt worden;* und dennoch übertritt man weiter.« Thukydides III. 45, 3 [Übers. Vretska/Rinner; eig. Hervorh.].

Die Entwicklung des Racherechts ist keine »Geschichte der Domestizierung physischer Gewalt«.[1671] Die Rohheit – KOHLERS »Wahrheitsstempel für die Denkart der Urzeit« – folgt erst auf ein un- wie außergewöhnlich mildes Strafrecht in Sachen Mord. Die griechische *polis*-Bildung trägt am Ende des 7. Jahrhunderts nichts zur Humanisierung des Strafrechts, sondern – unter dem Einfluss der delphischen ›Ayatollas‹ – zu seiner Verschärfung bei. Nicht die Ermöglichung der finanziellen Kompensation,[1672] sondern ihre Beschränkung stellt die sekundäre Rechtsentwicklung dar. Nicht die gesetzliche Verankerung von Lösegeldern, sondern *Handelsverbote mit der Rache* gehen mit der *polis*-Bildung einher.[1673]

Die Intention der Racheverschärfung lässt sich auch im erhaltenen drakontischen Gesetzesteil für Tötungen nachweisen. Entgegen der zahllosen Versuche, seinen Namen wissenschaftlich reinzuwaschen,[1674] macht Drakon, wenn es ihn denn gab, den sprichwörtlichen drakonischen Strafen (auch dort) alle Ehre. Statt das Racherecht abzumildern, weht durch die erhaltenen Klauseln der Geist des *nomos tyrannos*.[1675] Drakon *verschärft* nämlich auch die Gewaltabkaufsoption bei unvorsätzlicher Tötung, indem er Einhelligkeit unter den Racheverpflichteten vorschreibt. Spricht sich ein einziger der Angehörigen gegen Entschädigung aus, kann der Vertrag mit dem Täter nicht zustandekommen.[1676] Drakon erschwert mit dieser Verfügung – entgegen der einhelligen Forschungsmeinung[1677] – den Gewaltabkauf.

1671 Vgl. Luhmann (1987), S. 110. Der Gedanke von *nomos tyrannos* scheint Luhmann fremd zu sein.

1672 »Im Laufe der Entwicklung des Strafrechtsgedankens trat an die Stelle der R.[ache] mehr und mehr die Sühne durch eine Bußleistung an den Verletzten (*compositio*).« Probst (1992), Sp. 5.

1673 Zum symbiotischen Verhältnis von Religion und Politik zur Zeit der Polisbildung: Barta (2010), S. 223 u. 225f.; Barta (2011a), S. 65.

1674 Vgl. Ebd., S. 133, 167 u. 214; Ruschenbusch (2005), S. 51 (Anm. 120).

1675 Vgl. Fn. 202.

1676 »Eine Versöhnung (mit dem Täter) kann erfolgen durch den Vater oder den Bruder oder die Söhne, aber nur einhellig. Wenn einer dagegen ist, gilt dessen Entscheidung.« Ruschenbusch (2010), S. 31. Vgl. Koerner (1993), S. 36; Barta (2011a), S. 93 (Anm. 545).

1677 Barta deutet die Gesetze als ›Abhilfe‹ gegen bürgerkriegsähnliche Wirkungen des kylonischen Frevels: Ebd., S. 592f. Zur Kritik an der Methode, in der Umkehrung eines Gesetzes die soziale Wirklichkeit zu erblicken: »Es ist aber nicht gerechtfertigt,

Statt den Weg der Versöhnung zu beschreiten und Privatgewalt zurückzudrängen, zwingt die Klausel den Angehörigen *bei einer einzigen Gegenstimme* die Blutrache auf –wohlgemerkt bei Unvorsätzlichkeit. Aristoteles' Urteil über Drakon als unverhältnismäßig hartem Nomotheten entbehrt deshalb keineswegs seiner Grundlage: »In seinen Gesetzen gibt es nichts Erwähnenswertes, was nur ihm eigen wäre, außer der Grausamkeit in der Schwere der Strafzumessung.«[1678] Wäre Rache nur ein Gefühl, hätte Drakon gehörig Gefühlsmanagement betrieben. Die Rechtsentwicklung wird also nicht von Rache getrieben, sondern das Recht versucht, Rache instrumentell herzustellen.

Solon fällt dreißig Jahre später in dieser Frage am Deutlichsten von Drakon ab und fährt die Regelung wohl auch unter das homerische Niveau, indem der Wille eines einzigen Angehörigen alle anderen mitverpflichtet.[1679] Erst die Zeit von Drakon zu Solon, nicht aber die von Homer zu Drakon spielen der These der Humanisierung des Strafrechts durch Kodifizierung in die Hände.[1680]

Der homerische Gewaltabkauf wird unterhalb der vorsätzlichen Morddelikte nicht ›neu‹ eingeführt, sondern überwintert dort. Nach Solon muss der unvorsätzliche Täter seinen Angehörigen drei Tage lang zur Auslösung angeboten werden. Nur wenn die Frist ungenutzt verstreicht, wird Gewalt an Eigentum und Körper legal.[1681] Im Recht von Gortyn müssen Ehebrecher ihren Angehörigen fünf Tage »zur Auslösung« angeboten werden. Sogar die Höhe des Lösegelds regelt das Gesetz: 100 Statere, wenn sie im Haus des Vaters, Bruders bzw. Ehemannes ergriffen werden, die Hälfte

---

bei jedem einzelnen Gesetz stets auf entsprechende Defizite und Mißstände zurückzuschließen. Nicht jedes Gesetz ist ein Unterbinden von vorher Gebräuchlichem.« Schmitz (2004), S. 155. Ähnlich: Thür (2007), S. 84.

1678 Aristoteles: Politik 1274 b16.

1679 »Wer wegen unvorsätzlicher Tötung verurteilt worden ist, soll innerhalb einer bestimmten Zeit auf einem festgelegten Weg außer Landes gehen und dort bleiben, bis irgendeiner aus der Familie des Getöteten sich mit ihm versöhnt. Dann aber erlaubt ihm das Gesetz zurückzukehren«. Ruschenbusch (2010), S. 37. Solon begrenzt die Verbannungszeit bei unvorsätzlicher Tötung auf höchstens fünf Jahre – was im Übrigen dem modernen Strafmaß bei Unvorsätzlichkeit entspricht – und schützt den Mörder in der Ferne vor Rachemaßnahmen. Vgl. Ebd., S. 46f.; Ruschenbusch (2005), S. 211; Barta (2011a), S. 290; Eichhoff (1871), S. 29.

1680 Vgl. Barta (2011b), S. 35. Lykurg soll Verschriftung verboten haben, weil Gewohnheitsrecht veränderungsresistenter sei. Vgl. Camassa (1994), S. 108.

1681 Vgl. Ruschenbusch (2010), S. 83.

in jedem anderen.[1682] Verstreicht die Frist, kann der Täter verstümmelt (wohl: *partis secanto*)[1683] oder öffentlich auktioniert werden.[1684]

Gewaltuntertretung: die Kippfigur[1685] von Gewaltbereitschaft in Rachezwang

Blutrache gehört in archaischer Zeit nicht der menschlichen Natur an, sondern zum *Widernatürlichsten*,[1686] was *gesetzlich* in der gesamten Antike geschaffen und verankert wurde. Aischylos setzt der Widernatürlichkeit dieser Gewaltzwänge mit der *Orestie* ein furchterregendes Denkmal. Das muss bereits in der Anlage auffallen. Die Erzählung kreist um Orestes, der der ›Pflicht zur Rache‹ für seinen ermordeten Vater (Agamemnon) nachkommen will. Als Mörderin des mächtigen griechischen Heerführers entpuppt sich niemand Geringeres als seine Gattin, d.h. Orestes Mutter. Die absurde Konstellation, dieser *plot point*, verlangt vom ›Bluträcher‹ Orestes, dass er, will er pflichtethisch seinen Vater rächen, die Mutter absticht.[1687]

Diese Ausgangslage spottet an sich schon der Prämisse einer menschlichen Natur, die darauf drängt, gewalttätig zu werden. Selbst in den äußersten Ringen der psychoanalytischen Theorie verspürt der Sohn keine

1682 Vgl. Schmitz (2004), S. 351. Die Schadensersatztaxen sind festgesetzt, um konfliktreiche Verhandlungen zu unterbinden: Thür (2007), S. 81.

1683 »[...] so hat der Gläubiger das Recht, ihm ein Stück vom Leibe zu hauen, wo er will, oben oder unten«. Vgl. Kohler (1883), S. 30 [zum römischen Zwölftafelrecht]. Zur Taxierung der Glieder bei Schadenersatz und Schuldforderung: »war ein Auge, ein Ohr, eine Hand zu einem bestimmten Geldwerth taxirt, so lag der Gedanke nicht fern, dass die Gläubiger dem insolventen Schuldner den Schuldbetrag in Hand, Ohr oder Auge ausschlagen können«. Ebd., S. 31. Mit derartigen Gewaltkorridoren sollte ursprünglich der Racheabkauf (d.h. Schadensersatzsanspruch) erzwungen werden. Vgl. Fn. 1570.

1684 Das Recht von Gortyn gewichtet danach, wer den Delinquenten vor Gericht zieht. Dem Opfer des Ehebruchs werden andere Gewaltrechte an der ›Geisel‹ eingeräumt als einem Unbeteiligten. Vgl. Schmitz (2004), S. 353.

1685 S.o. S. 13.

1686 Das Paradigma, dass Blutrache in den Bereich der menschlichen Natur gehört, vertreten: Weber (Fn. 1643), Barta (Fn. 1649), Bacon (Fn. 1650), Kohler (Fn. 1666), Cohen (Fn. 1712), sowie die in Fn. 1711 u. 1742 zitierten Autoren. Auch die hintergründige Zivilisierungsthese nährt sich daraus. Vgl. S. 208f.

1687 »Hier bedarf es der Klärung, ob Orest dazu berechtigt war oder nicht. Darf ein Sohn sich an seiner eigenen Mutter rächen, wenn sie die Mörderin des Vaters ist?« Dietrich (2007), S. 203.

natürliche Neigung, seine Mutter zu töten (nach der These eines ›Ödipuskomplexes‹ räumt der Sohn ›natürlicherweise‹ allerhöchstens seinen Vater aus dem Weg). Auch für die Antike darf davon ausgegangen werden, dass Söhne für gewöhnlich wenig Neigung verspüren, ihre Mütter ausgerechnet aus Rache umzubringen. Genau deshalb wird der Rächer zu seinen Taten gezwungen – und davon handelt ganz eigentlich Aischylos' *Orestie*. Ein geeigneteres Szenario, die Un- bzw. Widernatürlichkeit der Blutrache darzustellen, hätte – Zufall oder nicht – einem Tragödiendichter nicht einfallen können. Ein besseres Sinnbild für die Widernatürlichkeit des Blutrechts ist auch philosophisch und politisch kaum imaginierbar. Orestes handelt nicht aus rachsüchtigen Gefühlen, sondern er ist »fully aware of the human cost of *elevating duty over emotion*«.[1688] Als religiöser Fundamentalist im Namen des delphischen Orakels[1689] befolgt Orestes (sakrale) Gesetze, um seinen Vater zu rächen. Vor dessen Grab sagt er: »*Der Befehl Apollons* führt mich her [...] die Schmach, die dich getroffen hat, *mit Blut zu tilgen*.«[1690] Nicht weniger als an vier Stellen behauptet Orestes, seine Mutter »mit vollem Recht« zu töten.[1691] Wer sich auf der Seite krimineller Machenschaften wähnt, redet anders.

Der delphische Seher Pythos »sicherte für diese Tat mir Freiheit zu von jeder Schuld«.[1692] Apollon »reinigt [*katharsios*] anderen das Haus von jeder Schuld.«[1693] Als er seine Mutter tötet, sagt er zu ihr: »Du selber bist es, die

1688 Jacoby (1983), S. 32 [eig. Hervorh.].

1689 Vgl. Aischylos: Choephoren V. 900. Zum Urteil: Fn. 1700.

1690 Ebd., 8f. [Übers. Ebener; eig. Hervorh.].

1691 Vgl. Choephoren V. 988f. [Übers. Ebener]. Ähnlich: 935ff. u. 1027; Eumeniden 610. Auch Elektra fordert: »Recht verlange ich gegen erlittenes Unrecht!« Choephoren V. 398 [Übers. Ebener].

1692 Ebd., 1029f.

1693 Eumeniden V. 60 [Übers. Ebener]. Nach der Tötung legt Orestes *die Rechtsgründe* dar und verspricht, nach Delphi zu pilgern (Bußreise). Dort soll er von Apollon berührt werden, was ihn offenkundig von der Bluttat reinigt. Vorher aber darf er sich »keinem Herd« nähern. Vgl. Choephoren V. 1035f u. 1059f. Die delphische Prophetin treibt er bei seinem Anblick vor Schrecken aus dem eigenen Tempel (Eumeniden V. 34). Die Entsühnung *kann* aber nicht voraussetzungslos möglich gewesen sein. Ich vermute, dass die Person des Entsühnenden *zum Bürgen des Täters* wird, d.h. selbst der Rache verfallen (und: sie abkaufen) kann: »nach alter Sitte hat, wer Blut vergoß, zu schweigen, / bis ihn ein andrer, zur Entsühnung von der Schuld, / mit frischem Blut von jungem Opfertier besprengte.« Eumeniden V. 447f. [Übers. Ebener].

dich tödlich trifft, nicht ich.«[1694] Das ist keine dramatisierende Übertreibung oder Verblendung, sondern die juristisch korrekte Sicht auf die Tötung Blutschuldiger. Oder wie KOHLER akzentuiert: »vom Blutrachestandpunkt aus gilt die Uebung der Rache ebensowenig als Mord, als bei uns die staatliche Hinrichtung«.[1695]

Die *vis* gegen blutschuldige Mörder ist *ius*. Deshalb ist Klytaimnestras Tod auch kein ›Ehrenmord‹. Zwar soll ihre sexuelle Lust sie durchaus in ein verunehrendes Licht rücken. Aber die juristische Begründung für ihre Tötung bleibt für den Sohn die Ermordung des Vaters Agamemnon. Allein deshalb, nicht aufgrund des außerehelichen Sexualverkehrs mit Aigisthos, stellt Klytaimnestras Tötung keinen Mord, sondern gerechtfertigte Tötung dar. Wegen seines toten Vaters zieht Orestes – *nach dem Willen Delphis*[1696] – keinen neuen Mörder auf sich. KOHLERS Brandfackel, die »unaufhörlich die Geschlechter verzehrt«,[1697] wird durch dieses Rechtsprinzip schlicht ausgeblasen.

Sophokles bezeugt denselben Grundsatz: »Niemandem wird eine Strafe vom Schicksal zuteil, der vergilt, was er litt«.[1698] Euripides' Tyndareos holt weit aus, um Menelaos diesen Sachverhalt darzulegen und ihm die Gefahr des *last man standing* auszureden:

> »Gesetzt den Fall, sein Eheweib erschlüge ihn, / sein Sohn dann wieder brächte seine Mutter um / und dessen Sohn auch sühnte weiter Blut durch Blut – / zu welchem Grad von Unheil soll das schließlich führen? / *Vortrefflich haben unsre Ahnen es geregelt;* / sie ließen den, der Blut vergossen, keinem vor / die Augen kommen, keinem auch begegnen, ließen / durch Bann ihn reinigen, *verboten Sühnemord! / Sonst wäre ja der eine stets verstrickt in Blutschuld,* / der jeweils sich zuletzt die Hand mit Blut befleckt!«[1699]

Bei Aischylos bewerten vor Gericht in Athen Orestes' juristische Gegner – die Erinyen – die Schuldfrage zwar umgekehrt, aber auch sie versteigen sich nicht zu der These, dass Orestes aus einem natürlichen Rachetrieb gehandelt habe. Es ist aufschlussreich, was die Erinyen Apollon genau

1694 Choephoren V. 923 [Übers. Ebener].
1695 Kohler (1883), S. 183 (Anm. 2).
1696 Nicht so der Rechtsstandpunkt der Erinyen: Fn. 1780.
1697 Wie Fn. 1278.
1698 Vgl. Sophokles: Ödipus auf Kolonos V. 229f. [Übers. Willige].
1699 Euripides: Orestes V. 507–517 [Übers. Ebener; eig. Hervorh.].

vorwerfen: »Dein Seherspruch *befahl* dem Mann den Muttermord.«[1700] Sogar Apollons eigene Prophetin gibt das in Delphi ausdrücklich wieder: »War ich es doch, der dir den Muttermord *befahl*.«[1701]

Aischylos' *Orestie* ist für die Katastrophen des 20. Jahrhunderts von ungeahnter Kraft und Aktualität. Der juristischen Aufarbeitung der Befehle für den Holocaust nicht unähnlich, beruft sich Orestes nämlich bei der Legitimation seiner schändlichen Tat (Muttermord) darauf, *seine Befehle zu haben*. Zwar fehlt bei Aischylos die Formulierung, dass jeder Grieche eine ›gute Mutter‹ kennt, man den mordenden Gattinnen aber ein Ende setzen müsse.[1702] Unter der poetischen Modellierung geht es aber genau um diese, dem modernen Rechtsstaat nach 1945 gänzlich fremde Erscheinung: das juristische Aufzwingen der Gewalt.

Die vorsitzende Richterin (Athene) will es genau wissen mit diesem unnatürlichen Gewaltzwang und stellt die Frage, die den modernen Leser in Bezug auf antike Blutrache am meisten interessieren dürfte*: Will Orestes etwa behaupten, zum Muttermord gezwungen worden zu sein?*[1703] Seine Ankläger machen sich, kaum ist die Frage ausgesprochen, darüber lustig: »Wo wirkt ein Zwang, der bis zum Muttermorde führt?«[1704] Die Erinyen ahnen noch nicht, dass die Wahl Athenes als Richterin dem rationalen Kalkül folgt, das patrimoniale Band gegenüber dem von Mutter und Sohn zu stärken.[1705]

1700 Aischylos: Eumeniden V. 202 [Übers. Ebener; eig. Hervorh.]. Daraufhin korrigiert Apollon, denn er will mit Muttermord nicht unmittelbar etwas zu tun haben: »Mein Spruch befahl, den Vatermord zu rächen, ja!« (203). Ähnlich lautet Orestes' Verteidigung: »Die Sprüche des Gottes [*thesphatoisi*] hier« (594). Der Spruch ist eine Generalklausel, d.h. nicht individuell für Orestes gesprochen worden: »Der Spruch, den Loxias vom Parnaß / aus tiefer Erdschlucht laut verkündete, / nimmt offen den Kampf auf gegen das Übel«. Choephoren V. 953f. [Übers. Ebener]. Zum Charakter derartiger Sprüche: Demosthenes: Gegen Euergos [47], 68ff.; Latte (1920), S. 45–47. Zur Qualifizierung der Nichtbefolgung religiöser Orakelsprüche als Hochverrat: Weiss (1923), S. 166.

1701 Eumeniden V. 84 [Übers. Ebener; eig. Hervorh.].

1702 Vgl. Heinrich Himmlers Formulierung des »sehr schweren Befehl[s]« des Führers: Fn. 1178 [Longerich]. Zur Struktur religiöser Befehle, vgl. Fn. 1700.

1703 Vgl. Ebd., 426.

1704 Ebd., 427.

1705 »Wir werden Richter [*dikastas*] für die Tat dort finden und, / mit durchschlagenden Worten, auch die Möglichkeit, / von deinen Qualen dich für immer zu befreien.« Ebd., 81. Zur Kohäsion von Vater und Sohn: Ebd., 658ff. u. 735ff. Zu einer ähnlichen rechtlichen Aporie um Althaia, die den Tod ihres Bruders gerächt sehen will, was *de*

Athene, geboren aus dem Kopfe ihres Vaters, hat keine Mutter und schuldet einer Frau nicht ihr Leben.

Im für die vorliegende Hypothese vielleicht erhellendsten Moment fragt Orestes seinen Freund Pylades, ob er seine Mutter verschonen darf. Darauf antwortet der nicht, er solle seinen aggressiven Leidenschaften frönen und seine Mutter endlich blutig niedermetzeln. Pylades antwortet: »Wo bleiben künftig dann die delphischen Orakel / Apollons? Wo die Eidestreue? Mache dir / die ganze Welt zum Feinde, doch die Götter nicht!«[1706] Deutlicher lässt sich dem Publikum (ganz gleich, ob aus *les anciens* oder *les modernes* zusammengewürfelt) nicht auf die Nase binden, dass der Muttermord die Befolgung eines sakralen Gesetzes, Befehls und ›Spruchs‹ aus Delphi ist.[1707]

Das antike Racherecht ahndet nicht nur ein *Zuviel* an Gewalt (die vermeintlich fehlende Affekt- und Gewaltkontrolle) durch Schicksals- und Rechtsfolgen,[1708] sondern auch ein *Zuwenig*. Nicht nur die unkontrollierte Rachewilligkeit, die Gewaltübertretung einer Medea, ist problematisch, sondern – verständlicherweise – auch die *Racheunwilligkeit*. Dieser Phänomenbereich der Untertretung der Gewalt stellt die Sichtverhältnisse zwischen Moderne und Antike auf den Kopf. Er enthält alle für den Gestaltwandel nötigen Anomalien,[1709] die den »›zurechtmachende[n]‹ Energie[n]«[1710] von Retroprojektionen entgegenwirken.

Die Sanktionierung Racheunwilliger stört unsere Erwartungen. In der Regel wird erwartet, dass ›der archaische Mensch‹ aufgrund seiner Gewaltbereitschaft überschäumt und sich nicht lange bitten lässt, wenn er Rache üben *›darf‹*. Gewalt wird nach konventioneller Darstellung gesetzlich entweder verboten oder ›genehmigt‹ (*permitted*).[1711] Die Erwartung einer ar-

---

facto ihren Sohn Meleagros treffen muss: Salvo (2012), S. 235. Zur Deutung auch: Kelsen (1941), S. 220.

1706 Choephoren V. 900–902 [Übers. Ebener].

1707 Auch in Sophokles' Fassung, der dieselbe Geschichte in der *Elektra* verarbeitet, tritt der Muttermord nicht als archaische Gewaltlizenz, sondern als *Befehl* des delphischen Orakels in Erscheinung. Vgl. Sophokles: Elektra V. 32.

1708 Zu den Schicksalsfolgen bei Gewaltübertretung, s.o. S. 251ff. Zu den Rechtsfolgen, vgl. S. 280.

1709 Vgl. Fn. 2.

1710 Vgl. Böhme (2011), S. 12.

1711 »*The interest of the family in prosecuting homicide is apparent* here, but so are the limitations that the *polis* places on the family's role in recasting private vengeance as public punishment. All that remains of the duty of kin to avenge blood with blood is *that they*

chaisch-natürlichen Aggressivität verrät sich in Sprachregelungen wie: »*the natural impulse* of the husband is to avenge adultery with blood«.[1712] Oder auch: »Im allmählichen Übergang zum staatlichen Strafen findet sich teilweise noch die sog. ›öffentliche R.[ache]‹, bei der dem Ankläger *gestattet* wurde, das Urteil selbst zu vollstrecken«.[1713] Den Gedanken eines *rechtlichen Gewaltzwanges* hält die Mehrheit der Autoren offenbar für abwegig.[1714]

Nun ist es aber einigermaßen kontraintuitiv, dass für einen vermeintlich natürlichen Impuls, Ehebruch ›mit Blut‹ zu rächen, Gesetze erlassen werden, die derartige Taten vorschreiben. Wozu benötigen antike *poleis* Gesetze für etwas, das die menschliche Natur von selbst regelt? Der Gesetzesinhalt liefert einen Anhaltspunkt. Unter Ehebruch fallen nach antiker Vorstellung nicht nur der außereheliche, sondern auch der voreheliche Verkehr, also die Entjungferung der Tochter, und nicht nur der freiwillige, sondern auch der unfreiwillige Akt, d.h. die Vergewaltigung.[1715] Während die Tötung des Ehebrechers oder Vergewaltigers noch durchaus einzuleuchten vermag, entspricht das, was da verfügt und vorgeschrieben wird, nicht ganz der filmreifen Vorstellung eines archaischen Kosmos. Ein überliefertes Ehebruchgesetz aus Tenedos schreibt nicht nur die Tötung des Ehebrechers vor, sondern auch die der betroffenen Frau.[1716] Das Gesetz verlangt – wohlgemerkt vom Ehemann oder Vater – um wenigstens einmal zu dem aufgeladenen *terminus* zu greifen, einen ›Ehrenmord‹. Ob es sich um eine Soll- oder Muss-Vorschrift handelt, wird aus dem Textinhalt nicht ersichtlich. Aber sogar die zu gebrauchende Waffe ist mitgeregelt: eine Axt.

Selbst in der gewaltbereitesten Gesellschaft dürfte dieser Extremismus, neben dem Täter die eigene Frau oder Tochter mit einer Axt öffentlich zu köpfen, auf eine stattliche Zahl von Unwilligen stoßen. Auch hartgesottenen Rächern dürfte bei dieser Anleitung das Blut eher gefrieren als kochen.

---

are permitted to observe the execution being carried out.« Cohen (2005), S. 229 [eig. Hervorh.]. Ähnlich: Salvo (2012), S. 251. Vgl. die obligatorische Vorschrift (Dig. XLVIII.5.24), die Harris in ein »permitted to kill her too« verwandelt: Harris (2001), S. 219.

1712 Vgl. Cohen (1991), S. 118 [eig. Hervorh.].

1713 Probst (1992), Sp. 6 [eig. Hervorh.].

1714 Selbst Jacoby zählt zu diesen Autoren. Vgl. »an aggressive drive« und »a powerful human impulse« in: Jacoby (1983), S. 163/280. Dazu: Fn. 1220.

1715 Vgl. Doblhofer (1994), S. 76 u. 78; Schmitz (2004), S. 331 (Anm. 5).

1716 Vgl. Ebd., S. 348; Doblhofer (1994), S. 64ff. u. 79.

In Athen wird als Strafe auf Ehebruch statt der Axt übrigens ein Schwert vorgeschrieben.[1717] Ein Euripides-Fragment weist jedoch darauf hin, dass es sich dort nicht um eine Muss-Vorschrift handelt. Manche Männer töteten ihre Ehefrauen nicht. Der Grund für die Schonung ist bedeutsam: um der Kinder und Angehörigen willen.[1718]

In dem erhaltenen Gesetz aus Tenedos schreibt keine schwammige ›Ehrennorm‹,[1719] sondern *kodifiziertes Recht* die Gewalt vor, die retrograd zum archaischen ›Trieb‹[1720] umgedeutet werden kann:

»Wie sehr dieses Institut [Blutrache, Anm. P.R.] in den Gemüthern Wurzel gefasst hat, sieht man an den ungeheueren Schwierigkeiten, mit welchen die staatliche Gesetzgebung zu kämpfen hatte, um sich seiner im Laufe der Jahrhunderte einigermassen zu erwehren.«[1721]

Die Ehebruch-Gesetze deuten eher darauf hin, wie sehr die Humanität »in den Gemüthern Wurzel gefasst« hat, die es durch staatliche Gesetzgebung auszurotten galt. Was immer der Gedanke hinter der Verabschiedung eines Gesetzes zur Tötung der eigenen Ehefrau (oder Tochter) gewesen sein mag,[1722] es zeigt etwas, das an der griechischen ›Blutrache‹ ganz allgemein zu beobachten ist. Das Recht ›genehmigt‹ keine Gewalt. *Es presst sie ab.* Gewalt muss nach antikem Rechtsverständnis nicht ›ungesetzlich‹ oder ›vorrechtlich‹ sein.[1723] Das Recht, zumal als Blut-Recht, kann Gewalt erwarten, vorschreiben oder obligatorisch machen. Die Entwicklung der Rache kann nicht einzig als »Geschichte der Domestizierung physischer Gewalt« (Niklas LUHMANN) erzählt werden,[1724] für den Übergang von der homerischen zur archaischen Zeit handelt es sich vielmehr um die Geschichte der Evozierung physischer Gewalt *durch das Recht.*

1717 Vgl. Harrison (1998), S. 33.

1718 Vgl. Euripides fr. 497 [Nauck], zit. n.: Schmitz (2004), S. 408.

1719 Vgl. Fn. 1109.

1720 Vgl. Fn. 1711f. Eine beeindruckende anthropologische Verklärung enthält auch: »Durch die eigenständige Vollstreckung der harten Strafe sicherte sich Euphiletos die Achtung im Dorf«. Schmitz (2004), S. 334.

1721 Kohler (1883), S. 179.

1722 Schmitz sieht das Gesetz als Rechtsschutz gegen das Vortäuschen falscher Tatsachen an: damit ein unschuldiger Täter nicht vorsätzlich beseitigt und seine Ermordung nachträglich als Ehebruch ausgegeben werden kann, muss der Betroffene als Beglaubigungsakt seine eigene Frau mittöten. Vgl. Schmitz (2004), S. 336.

1723 Zur Unfriedlichkeit des Rechts, s.o. S. 258 (bes. Fn. 1399).

1724 Vgl. Luhmann (1987), S. 110.

Als Gebot wissenschaftlicher Skepsis sollte zunächst methodisch davon ausgegangen werden, dass die Menschen ›vormoderner‹ Gesellschaften sich in ihrer Gewaltbereitschaft nicht grundsätzlich von den gegenwärtigen unterscheiden.[1725] Der Zwang zur Gewalt kündigt sich in den Quellen als ›Pflicht zur Rache‹ *coram publico* an. Durch das Gebot tritt überhaupt erst hervor, wie schwer die *Pflicht zur Blutrache* zu vermitteln gewesen sein muss. Gesetze werden erlassen, um eine Phalanx der Barmherzigen und Racheunwilligen zu brechen. Dem angeblich natürlichen ›Rachedurst‹ wird über die ›Sanktionsbewehrtheit‹ des Nichträchens gehörig auf die Sprünge geholfen. In der *Orestie* treten die Rechtsfolgen in gewöhnungsbedürftiger Terminologie in Erscheinung. Orestes umschreibt einen »mächtigen Orakelspruch« Apollons, der eine zu entschlüsselnde Paraphrase der Strafen auf Racheverweigerung ist:

»Solch einem Manne sei der Trunk vom Mischkrug nicht / Vergönnt noch teilzuhaben an Trankopfers Guß. / Von Altären scheuch ihn fort, unsichtbar ihm, der Zorn / Des Vaters; Gast nicht, Hausgenoß nicht dürf er sein. / Allwärts verunehrt [*atimon*], ohne Freund, sterb endlich er, / Vom Unheil ausgedörrt, den jammervollsten Tod.«[1726]

In unsere Worte übersetzt: Racheverweigerer werden exkommuniziert, sie verlieren ihre Gastrechte und werden aus der Gemeinschaft ausgestoßen und für todeswürdig erklärt.[1727] Allgemein dürften sie wegen Gottlosigkeit und Götterfrevel (*asebeia*) vor Gericht gestellt und hingerichtet worden sein. Mehr noch – auch Schicksalsfolgen zählt Aischylos auf. Orestes lässt keinen Zweifel daran, welche Gefühle juristisch von ihm als Sohn erwartet werden:

»[F]alls ich den Mördern meines Vaters nicht den Lohn / mit gleicher Münze zahlte, Blut um Blut, wild wie / ein Stier [...] ich müßte selbst, sprach er, in eigener Person / die Weigerung mit vielem bittrem Leide büßen. / Er zeigte, wie ein Mensch den Groll der Unterwelt / zu stillen hat, und nannte diese Plagen uns, / den Aussatz, der am Fleische nagt mit wildem Biß / und Kraft und Leib verschlingt, die einst gesund gewesen; / das Haar erbleiche bei dem Wüten dieser

1725 Vgl. Fn. 1150.

1726 Aischylos: Choephoren V. 291–296 [Übers. Werner].

1727 Zu den Konsequenzen verlorener Tischgenossenschaft anhand von Hektors Sohn: Il. XXII. 487ff.

Pest. / Und weiter sprach er von dem Ansturm der Erinyen, / der aus dem Mord am Vater mir erwächst [...]«[1728]

Falls er nicht »wild wie / ein Stier« werde, müsse er selbst »mit vielem bittrem Leide« rechnen, mit Schwäche, Plagen und Pest. Es erscheint ratsam, die Gefühlsnorm einer gewissen Wildheit nicht zu *untertreten*. Die Schicksalsfolgen scheinen ihm viel später ganz eigentlich unaussprechlich, denn: »für eine Weigerung – ich nenne nicht die Strafe«.[1729] Die weltliche Wirkung derartiger Schicksalsfolgen wird gerne heruntergespielt.[1730] Inwiefern sie rechtlich vom Himmel geholt und innerweltlich durchgesetzt werden können, wird in einer Fallstudie nachzuweisen sein.[1731] Schicksalsfolgen münden mindestens im Ausschluss aus der Gemeinschaft, durchgesetzt von Beamten.[1732]

Platon lässt in seiner Konzeption die Schuld für Mord vom Mörder auf die Racheunterlassenden übergehen, so dass diese strafrechtlich als die Mörder betrachtet werden.[1733] Die Grundidee ist die, dass die Racheverpflichteten selbst für das Verbrechen *haften*, um sie zum Äußersten zu mobilisieren, letztlich also, »dass der Bestohlene den Dieb selbst hängen muss, ansonst er von dem Dieb gehängt werden darf.«[1734]

In erster Linie verlieren Racheverweigerer aber durch Pflichtverletzung etwas, das in seinen derogativen Komponenten – in all seinen Rechtsfol-

1728 Choephoren V. 273–284 [Übers. Ebener].

1729 Ebd., 1032f.

1730 Vgl. Fn. 1882–1885.

1731 S.u. S. 351f.

1732 Vgl. Gschnitzer (2003), S. 145 [Z. 17].

1733 »Unterläßt aber der nächste Verwandte die gerichtliche Verfolgung, so soll es so angesehen werden als ob die Befleckung mit auf ihn überging und als ob der Getötete die Schuld seines Todes mit auf ihn übertrüge, und es soll ihn daher Jeder wer will vor Gericht ziehen und ihn dergestalt nötigen die Strafe fünfjähriger Verbannung [...] auf sich zu nehmen.« Platon: Nomoi 866b [Übers. Schleiermacher/Susemihl]. »[U]nd ebenso soll der nächste Anverwandte des Ermordeten [...], dem die gesetzliche Verpflichtung obliegen soll den Mörder zu verfolgen und jene Ausschließung von allem menschlichen Verkehr gegen ihn auszusprechen, falls er das Eine oder das Andere verabsäumt, zuvörderst selber für einen mit Blutschuld Befleckten und den Göttern Verfeindeten vor der öffentlichen Stimme gelten, wie diese durch den Fluch des Gesetzes erzeugt wird«. Ebd., 871b. Diese Idee gleicht der aus späteren Rechtszuständen: »Solange der Verpflichtete nicht durch die gebotene Rachehandlung die Befleckung von sich abgewaschen hatte, galt er als verpestet wie der Totschläger selbst.« Hentig (1954), S. 111. Auch im schwedischen Recht: Burkhart (2006), S. 23.

1734 Vgl. Kohler (1883), S. 146 [über einen Passus aus dem polnischen Recht].

gen – bereits herausgearbeitet wurde: *ihre Ehre.*[1735] Die Erfüllung der Rachepflichten wird über die drastischen Konsequenzen eines Ehrverlustes erzwungen. Rache wird zu einer Sache der Ehre. Die soziale Regel dahinter lautet: *Wer nicht rächt, unterliegt.* Diese Regel gilt nicht nur für den negativen Gabentausch des Gewaltnehmens,[1736] wie Kallikles in drastischen Worten formuliert:

»[...] dies zu erleiden, nämlich sich Unrecht zufügen zu lassen, ist auch nicht Art eines Mannes, sondern eines Sklaven, für den es besser ist tot zu sein als zu leben, der, wenn er ungerecht behandelt und in den Dreck getreten wird, sich selbst nicht helfen kann und auch keinem anderen, der ihm nahesteht.«[1737]

Die soziale Regel gilt auch umgekehrt beim Gabennehmen: nichtvergeltbares Gabennehmen beschämt und demütigt den Nehmer.[1738] Marcel Mauss formuliert das mit einer seltenen Bestimmtheit:

»Geben heißt seine Überlegenheit beweisen, zeigen, daß man mehr ist und höher steht, *magister* ist: annehmen, ohne zu erwidern oder mehr zurückzugeben, heißt sich unterordnen, Gefolge und Knecht werden, tiefer sinken, *minister* werden.«[1739]

Warum aber müssen notorisch überhitzte Stammeskrieger, die nur auf die Gelegenheit zum Blutbad warten, zur Gewalt verpflichtet werden? Warum sollte die Nichtbefolgung eines nativistischen Rachetriebs überhaupt mit drastischen Sanktionen belegt werden? Dies wäre gänzlich unplausibel, gehörte nicht die Verweigerung der Rache (verständlicherweise), um einen passenden Terminus von Weber zu entleihen, zum Kreis der »normwidrigen Gelüste«,[1740] gegen die offensichtlich Handlungs- und Sanktionsbedarf bestand.

1735 Vgl. Dihle (1962), S. 33. Zu den Rechtsfolgen staatlicher Entehrungen, s.o. S. 170ff.

1736 Nicht nur Gaben oder Verträge, sondern auch Verbrechen konstruieren Obligationsverhältnisse. Zur Unterscheidung von *obligationes ex contractu* und *ex delicto*: Barta (2011b), S. 69. Vgl. auch: Barta (2011a), S. 364, 366 u. 399ff.

1737 Wie Fn. 733.

1738 Gaben werden nach antikem Verständnis denn auch ›gerächt‹: Archilochos 126 W = 66 D; Aristoteles: EN 1124 b11; 1132 b34; 1133 a1; 1168 a18; Rhetorik 1367 a6; 1383 b22–84a5; 1398 a25 [Sokrates wird kaum Wohltaten vom Makedonier erwarten]. Zur möglichen phänomenologischen Ununterscheidbarkeit von Dankbarkeit und Rache bei Gaben: Kelsen (1941), S. 64. Man beachte die japanischen Dankesformeln für Geschenke: Albrecht (2011), S. 181 [*katajikenai* – »Gesichtsverlust«]; Benedict (2006), S. 96 [*ki no doku* – »Oh, dieses giftige Gefühl«].

1739 Mauss (1975), S. 133.

1740 Vgl. Weber (1960) S. 69.

In der ihm eigentümlichen begnadeten Artikulationskunst bezeichnet KOHLER den Eingriff der Gesetze in die soziale Wirklichkeit, um sie in ihrer Gewalt herunterzuregeln und abzuschwächen, als Griff der Jurisprudenz »in die Speichen des Rades der Kulturgeschichte«.[1741] Dass Triebe und Instinkte die Rechtsentwicklung vor sich hertreiben, ist die klassische Konzeptualisierung des Verhältnisses von Recht und Gewalt.[1742] Gewalt ist demnach immer schon da. Den Gesetzen fällt die ehrwürdige Aufgabe zu, diese zu dämpfen. Von Delphi aus vollzieht sich in der griechischen Geschichte das Gegenteil: Gewalt wird nicht gebändigt oder kanalisiert, sondern präskribiert. Das Recht zwingt als *nomos tyrannos*[1743] Gewalt auf. Um KOHLERS Metapher geradezubiegen: die Hände werden *in den Speichen des (drakontischen) Rechts* blutig geschlagen. Das Recht schafft erst die Gefühle, denen eigentlich die Rolle zufallen sollte, die Rechtsentwicklung vor sich herzutreiben.

Bei der Ausleuchtung dieses toten Winkels lässt sich noch ein Vorurteil beseitigen. In der Regel wird nämlich derartige Gewalt als Indiz für eine schwache Staatlichkeit gewertet. JAEGER, der den *nomos tyrannos* der antiken *polis* zwar sieht, ihn aber in seinem Wesen als Rechtsstaat im heutigen Sinne missversteht, charakterisiert das antike Staatsrecht folgendermaßen:

> »Mit gewaltiger Rücksichtslosigkeit setzt sie [die Polis, Anm. P.R.] sich gegenüber den Individuen durch und prägt ihnen ihren Stempel auf. [...] im Gesetz schmiedet sich der Mensch eine neue strenge Fessel, die die auseinanderstrebenden Kräfte weit fester zusammenhält und zentralisiert als die alte Gesellschaftsordnung es jemals vermocht hatte.«[1744]

JAEGER befasst sich nicht mit der Blutrache. Vermutlich wäre er erschrocken, wie genau diese formale Charakterisierung des antiken *nomos*, der er

1741 Vgl. Kohler (1883), S. 87.

1742 »[...] als entstanden durch *die auf Trieben und Instinkten ruhende Einübung* eines den gegebenen Lebensnotwenigkeiten ›angepaßten‹ Sichverhaltens, welches zunächst jedenfalls nicht durch eine gesatzte Ordnung bedingt war und auch nicht durch eine solche verändert wurde.« Weber (1960), S. 78 [eig. Hervorh.]. Dieses Paradigma auf Rache angewendet: Fn. 1643. Vgl. auch Fn. 1649, 1650, 1666, 1711 u. 1712; S. 208f.; Brunners Erkenntnis, *dass Gesetze Rache hervorbringen*, stellen eine absolute Ausnahme dar. Vgl. Brunner (1984), S. 25 u. 28. »In den Rechtsbüchern finden wir zwar diese Wildheit nicht mehr in ihrer Nacktheit, sie ist mehr oder weniger verhüllt; allein aus der Verhüllung treten uns deutliche Spuren hervor.« Kohler (1883), S. 172.

1743 Vgl. Fn. 202.

1744 Jaeger (1936), S. 152.

sich für die Abschaffung der Gewalt bedient, zur Verpflichtung von Gewalt passt. Die »neue strenge Fessel« kann nicht nur für ein Zurückdrängen, sondern auch für das Evozieren (und Kultivieren) der Gewalt benutzt werden. Das Blutrecht ist überhaupt nicht Ausdruck des schwachen, sondern gerade des starken, seine Bürger in strenge Fesseln legenden, Staates! Die Rechtsfolgen für Racheverweigerung werden drakonisch-drückend durchgesetzt, damit in der homerischen Zivilität von Gewaltabkauf- und Exit-Option sozialisierte Bürger den delphischen Fanatismus der Blutrache übernehmen.

Blutrache ist in archaischer Zeit kein Affekt, im Grunde genommen auch kein (Gewalt-)Recht, sondern Zwang. Der vermeintlich archaischen ›Affektivität‹ liegen Gesetze und Sanktionen zugrunde. Hinter dem terminologischen Vorurteil eines gesetzlichen ›Dürfens‹ und ›Erlaubens‹ ragt die eigentliche *Tragik des Müssens* hervor. Die *Pflicht* zur Blutrache stellt keine Soll-, sondern eine Muss-Vorschrift dar. Auf Gewaltverweigerung stehen drakonische Strafen, die – um die aus anderen Bezügen vertraute Formulierung zu borgen, die mir in diesem Zusammenhang antiker Herrschaftstechnologie mehr als angebracht erscheint – aus ›gewöhnlichen Familienvätern‹ bzw. Söhnen bluträchende Muttermörder machen.

Das Klage über die drückende Wirkung dieses *nomos tyrannos*[1745] findet sich in Herodikes' Ausspruch, dass Drakons Gesetze so schwer zu ertragen seien wie die eines Drachens.[1746] Die heilige oder drakontische Pflicht zur Blutrache spiegelt keinen anthropologischen Urzustand, sondern das Endprodukt eines instrumentell hergestellten, *blutrechtsbedingten* Fremdzwangs, der sich von Delphi aus über die griechischen *poleis* ausbreitet. *Der vermeintlich innere Rachetrieb erweist sich bei genauerem Hinsehen als äußerer Fremdzwang.*[1747] Damit soll nicht behauptet werden, dass nicht der eine oder an-

1745 Vgl. Fn. 202.

1746 Vgl. Aristoteles: Rhetorik 1400 b22.

1747 Montgomery ist in einer Fußnote nicht weit von dieser Erkenntnis entfernt, nur dass es eben um das antike Recht, nicht um Ethik geht: »Nach späterer Auffassung wäre der Gedanke der Rache ein Gefühl, bei Herodot ist er indessen rein intellektuell, was mit seiner ethischen Wertung zusammenhängt.« Montgomery (1965), S. 31 (Anm. 2). Vergleichbar wäre ein derartiger Gestaltwandel mit dem Wort ›Triumph‹, das heute ebenfalls automatisch den zuckerhaltigen Gefühlen zugeschlagen (›Triumphgefühl‹; zum Zucker: Fn. 1474) wird, statt den Horizont des römischen Rechts zu eröffnen. Zu den rechtlichen Voraussetzungen eines Triumphzuges (5.000 Feinde, Volksbeschluss): Flaig (1995), S. 118; Zimmermann (2009), S. 10ff.; Till (2003), S. 77f.

dere in archaischer Zeit auch affektiv an der Ausübung der Rache beteiligt gewesen sein kann. In klassischer Zeit differenziert Thukydides für die Ereignisse auf Kerkyra eine Rache, die sich nicht an den »Rahmen des Rechtes« hält, sondern die »Richtschnur nur in ihrer Leidenschaft« findet.[1748] Die Existenz emotionaler Rache zu leugnen, wäre unsinnig. Aber diese Richtschnur – gegenwärtig die alles überlagernde Begriffsbedeutung – ist nicht alles. Es gibt auch eine Realität des Rechtsrahmens, die in archaischer Zeit deutlich zwingender ist als in klassischer, die Thukydides beobachtet. Entsprechend der bereits dargelegten Dekadenztheorie eines ›Brauchs‹ scheint mir die Rache eher vom Gesetz zum Gefühl herabzusinken als umgekehrt.[1749] Gesetze machen Gefühle.

Aufgrund des tyrannischen Gewaltzwangs eines starken Staates muss aber auch die Einführung der staatlich vollstreckten Todesstrafe im 6. Jahrhundert v. Chr. in Athen[1750] anders bewertet werden: nicht als Rechtsbeschneidung, sondern als Pflichtentbindung, als Entschärfung der ›Tragik des Müssens‹. Die Bürger *müssen* nicht länger eigenhändig töten: »When the burden of revenge is assigned to lawful authority, [...] avengers themselves are protected from a weight that frequently proves too great for the more gentle side of human nature.«[1751]

Goethes Charakterisierung von Shakespeares *Hamlet* – einem Stück, das mehr als nur an der Oberfläche der *Orestie* nachempfunden ist – trifft vollumfänglich auch auf Aischylos' Orestes zu:

»Und da der Geist verschwunden ist, wen sehen wir vor uns stehen? Einen jungen Helden, der nach Rache schnaubt? [...] Nein! Staunen und Trübsinn überfällt den Einsamen; er wird bitter gegen die lächelnden Bösewichter, schwört, den Abge-

1748 Vgl. Fn. 1429.

1749 S.o. S. 68f., insbes. Fn. 324.

1750 Vgl. Fn. 1594.

1751 Jacoby (1983), S. 43. Jacoby nimmt die Rache-›Ladehemmungen‹ bedauerlicherweise nur für die Moderne in den Blick: »although the proportion prepared to assume personal responsibility for administering a lethal injection or pulling the switch on the electric chair is equally small.« Ebd., S. 256. Sie thematisiert die *Unfähigkeit zur Rache* anhand der Todesstrafe in den USA (Ebd., S. 269f. u. 288) und bei KZ-Überlebenden, die nach der Befreiung ihre Wächter schlagen sollen (»I have heard people say that when they saw Nazis stripped of their power, they lost their hatred«. Ebd., S. 354): »Most reported that they were unable to do so – not because their desire for vengeance had been replaced by forgiveness but out of ethical restraints that had survived the camps.« Ebd., 354. Dazu auch die von Nadezhda Mandelstam berichtete ›Anekdote‹; Ebd., S. 158f.

schiedenen nicht zu vergessen, und schließt mit dem bedeutenden Seufzer: ›Die Zeit ist aus dem Gelenke; wehe mir, daß ich geboren ward, sie wieder einzurichten.‹ In diesen Worten, dünkt mich, liegt der Schlüssel zu Hamlets ganzem Betragen, und mir ist deutlich, daß Shakespeare habe schildern wollen: eine große Tat auf eine Seele gelegt, die der Tat nicht gewachsen ist. Und in diesem Sinne find ich das Stück durchgängig gearbeitet. Hier wird ein Eichbaum in ein köstliches Gefäß gepflanzt, das nur liebliche Blumen in seinen Schoß hätte aufnehmen sollen; die Wurzeln dehnen aus, das Gefäß wird zernichtet.«[1752]

Aischylos' Orestes wird von seiner eigenen Tat angegriffen. Das Wurzelwerk droht das Gefäß zu sprengen. Auch Orestes gelingt es nicht gerade, aus sich heraus die Wunden der Rachepflichten zu behandeln. Er wird bis nach Athen verjagt, wo man ihn als unschuldig entlässt. Bereits die Konstellation eines Sohnes, der seine Mutter umbringt, wie auch seine Frage an Pylades zeigen,[1753] dass Aischylos als Erkunder der Strenge der Rechtspflichten, als Entdecker dieser *Tragödie* des Müssens, gelten kann.[1754]

Zur Rechtskollision in der *Orestie*

KELSENS Interpretation der *Orestie* als Tragödie, in der Blutrache »von einer objektiven Instanz auszuübenden Vergeltung als ein höheres Rechtsprinzip des über die Blutsgemeinschaft hinausgehenden Staates« abgelöst wird,[1755] macht es sich zu einfach. Der Bluträcher Orestes plant an keiner Stelle, die Urteilsgewalt über seine Rache von den delphischen Priestern auf den Staat zu übertragen.[1756] Die staatliche Gerichtsbarkeit entscheidet

1752 Goethe: Wilhelm Meister IV. 13.

1753 Vgl. Fn. 1706.

1754 Für Jacoby, der ich den Hinweis auf Goethes Hamlet-Auslegung verdanke, entfaltet *erst* Shakespeare die innere Tragödie der Gewaltpflichten. Jacoby (1983), S. 44. Maier glaubt gar, dass erst Pierre Corneilles *Der Cid* im 17. Jahrhundert und Theodor Fontanes *Effi Briest* im 19. Jahrhundert die eiserne Strenge reflektieren und kritisieren: »eine an einen strengen Ehrbegriff gekoppelte, gesellschaftlich verlangte Art der Vergeltung, deren Zerstörungskraft, Unmenschlichkeit und Inhaltslosigkeit erst in den realistischen und naturalistischen Romanen des 19. Jahrhunderts voll erkannt und angeprangert wird.« Maier (2010), S. 123.

1755 Vgl. Kelsen (1941), S. 200.

1756 Übertragen wird die Definitionshoheit über Fälle gerechtfertigter Tötung (auf den Aeropag), was immer das für den Entstehungszeitraum als politische Botschaft des Stückes zu bedeuten haben mag. Zum Sinn der exoterischen mythologischen Verschlüsselung: Fn. 245. Über die zeitgenössischen politischen Probleme, die Aischylos

ex post über die Legalität der Rache. Im archaischen Recht folgt die Strafe nicht auf das Verfahren, sondern das Verfahren auf die (vereitelte) Strafe. Bis zu Solons Reformen muss der ›Kläger‹ direkt zur Strafe übergehen, wenn er jemanden für schuldig hält.[1757] Die Gewalt ist nicht rechtswidrig, sondern *rechtsinduzierend*: mit ihr wird der ›Klageweg‹ beschritten. Wer sich als Eigentümer einer Sache sieht, muss sich gewaltsam in den Besitz des Objekts setzen.[1758] Private Gewalt ist dabei nicht affektiv, sondern verfahrensnotwendig.[1759] Nur die Strafhandlung führt zu einem Verfahren, das die Rechtmäßigkeit der Strafe (*ius* oder *vis*) prüft. Das archaische Recht geht aber *prinzipiell von der Legalität der Strafe* aus bzw. lässt sich von der Annahme leiten, dass nur Gewalt anwendet, wer dazu auch befugt ist, also die einem Gerichtsverfahren standhaltenden Rechtsgründe auch besitzt.[1760] Ein Verfolgter setzt Gewalt gegen sich außer Kraft, indem er in einen Tempel flüchtet. Asylrecht unterbricht die Gewalthandlungen und führt zur juristischen Revision der Rechtsgründe.[1761] Richter befinden über die Recht- oder Unrechtmäßigkeit der Rache/Strafe. Ihr Urteil räumt entweder Gewaltrechte an der Habe (bis hin zur Habe des Körpers) des Täters ein oder verfügt die Entschädigung des zu Unrecht Bestraften.[1762]

---

andeutet und bewältigt, spekuliert: Barta (2014), S. 49ff. u. 93ff. Ich kann dem nur die Bemerkung anfügen, dass Orestes bei Aischylos wirken muss wie ein ideologisch verblendeter Fanatiker und Befehlsempfänger – ein Schuldigkeitsthema mit politischer Relevanz weit über die Antike hinaus. Vgl. Fn. 1178.

1757 Vgl. Ruschenbusch (2010), S. 77; Schmitz (2008), S. 157.

1758 »Wenn zwei Bürger dezidiert um das Recht an einer Sache streiten wollten, mußten sie vorher Akte formeller oder symbolischer Gewalt setzen, welche dann die Bußklage und somit die inzidente Eigentumsfeststellung nach sich zogen.« Thür (2007), S. 79.

1759 »[D]ie Einleitung des Rechtsstreits durch einen Akt außergerichtlicher Selbsthilfe ist in der Tat ein so universeller Zug primitiver Selbsthilfe«. Wolff (1961), S. 24.

1760 Diese Hypothese vermag die bei Weiss enthaltenen Eigenheiten zu erklären: Weiss (1923), S. 456f.

1761 »Gerade wie es gegen schädliches Getier und Gewürm Gesetze gibt, so müßte man meines Erachtens auch gegenüber Menschen verfahren. Nach den Gesetzen der Väter sollte man unter jeder Verfassung, wo es das Gesetz nicht (ausdrücklich) verbietet, den Staatsfeind totschlagen dürfen. Eine solche außergesetzliche Tötung verbieten aber einzelne Landesheiligtümer, wie auch Verträge und Eide.« Demokrit 244 fr. 259. Zit. n.: Capelle (2008), S. 381. Vgl. Conrad (1954), S. 227; Wolff (1961), S. 23; Ruschenbusch (2005), S. 138ff.; Barta (2011a), S. 431; Fn. 157. Zur Unterscheidung von innerstaatlichem Asyl- und exterritorialem Exilrecht: Dietrich (2007), S. 194 u. 202.

1762 Vgl. Ruschenbusch (2005), S. 211; Schuller (2008), S. 94; Barta (2011a), S. 348. Bei Vorsatz wird der Asylsuchende aus dem Heiligtum vertrieben und schutzlos ausge-

Noch den privatrechtlichen Einzelklagen Athens ist anzusehen, dass sie gegen missbrauchte Strafgewalt konstruiert sind.[1763] Da der rechtmäßige Eigentümer sich gewaltsam in den Besitz des entwendeten Gegenstands setzt,[1764] klagt der zu Unrecht Geschädigte auf gewaltsame Entwendung (*dike biaion*). Da der rechtmäßige Gläubiger seine Schuldner vertreibt, um das Grundstück zu pfänden,[1765] klagen widerrechtlich Vertriebene gegen illegale Vertreibung (*dike exoules*). Da Ehebrecher festgehalten und gequält werden, existiert – selbstverständlich – eine »Klage wegen unrechtmäßigen Festhaltens als *moichos*«.[1766] Da der Ehrlose an einer Bannstätte straffrei erschlagen werden kann, klagen Personen, die widerrechtlich in diesen Stätten der Ehrlosigkeit bezichtigt werden, auf ›üble Nachrede‹ (*dike kakegorias*).[1767] Die attischen Einzelklagen sind ein einziges Spiegelbild der unrechtmäßig gekaperten Strafgewalt. Die Privatklagen erklären sich erst aus dem Gedanken an den Missbrauch einer prinzipiell als legal gedachten Ra-

---

liefert. Vgl. Schmitz (2008), S. 156. Bei Unvorsätzlichkeit bleibt der Täter asylrechtlich geschützt (sicherer Abzug und Eigentumsrechte werden zuerkannt). Vgl. Barta (2011a), S. 104f.

1763 S.o. S. 272f.

1764 Vgl. Fn. 1758.

1765 Das griechische Pfändungsrecht enthält Bestimmungen über nichtpfändbare Objekte, fixierte Pfändungstage, Rechtsgründe und Verfahren (Anwesenheit des Demarchen, Überschussregelungen der Pfandobjekte). Vgl. Barta (2011a), S. 432ff. Zur Verwandtschaft von Fehde und Pfändung: Orth (1973), S. 52f. Bei Klageerfolg werden sie mit dem *duplum* des Grundstückswertes entschädigt.

1766 Vgl. Schmitz (2004), S. 333.

1767 Vgl. Fn. 158. Die Klage gilt nur in Räumen, in denen *atimoi* keinen Rechtsschutz genießen und damit straffrei getötet werden können. Vgl. Ruschenbusch (2005), S. 86. Es genügt die metonymische Bezichtigung eines Verbrechens, auf das *atimia* steht. Die Klage ahndet strafrechtlich relevante Signalwörter, die den Kläger *ohne Rechtsgrund* in Lebensgefahr gebracht haben. Ruschenbusch hält es deshalb für unzulässig, die Klage als Ehrverletzungsklage anzusehen: »Wenn Solon [...] aber nicht jeden Angriff auf die Ehre unter Strafe stellt, so deshalb, weil ihm nicht der Angriff auf die Ehre, die Beleidigung, sondern der Vorwurf des Bannbruches und damit die Gefährdung von Leib und Leben [...] strafwürdig erschien.« Ebd., S. 87. Auf die Verurteilung steht eine Geldstrafe von 500 Drachmen (vgl. Lysias: Gegen Theomnestos [X], 12). Da aber für den Diebstahl von 50 Drachmen Todesurteile gefällt werden, kann es nicht um Ehrverletzungen, sondern nur um den Schutz vor Missbrauch der *atimia*-Bestimmungen gehen. Zu den Geldstrafen: Krause (2004), S. 25 u. 35. Zu den solonischen Strafsätzen, die im Zuge des griechischen Wirtschaftswachstums im 4. Jahrhundert auf das Hundertfache erhöht werden: Ruschenbusch (2005), S. 38 (Anm. 31), 70 u. 73 (mit Anm. 37).

che. Strafenden steht wiederum zu, auf die Behinderung ihrer Gewalt- und Racherechte zu klagen.[1768]

Die mythischen Vorzeiten, in denen Aischylos die Handlung spielen lässt, wird das Publikum analog verstanden haben. Erst wird ›gerächt‹ (gestraft) und nur bei Zweifeln an der Rechtmäßigkeit der Rache (Strafe) überhaupt zu Gericht gesessen. Im Zweifelsfall ist der Blutschuldige zu diesem Zeitpunkt längst tot und der Bluträcher muss sich gegenüber den Angehörigen verantworten. Damit entpuppt sich aber die politische Kernbotschaft, die KELSEN in die *Orestie* hineinliest, dass Blutrache an staatliche Stellen delegiert oder erst nach einem Gerichtsurteil vollstreckt wird, als unmöglich. Gerade Orestes gibt gar nichts von seinen Gewaltrechten ab, sondern geht zur Strafung seiner Mutter über.

Worum aber geht es in der *Orestie* dann? Die entscheidende Konfliktlinie zieht Aischylos zwischen alten und neuen, chthonischen und olympischen Göttern. Die Erinyen geben das zu verstehen, als sie beinahe melancholisch begründen, was der *neue* Gott Apollon damit anrichtet, dass er Orestes in seiner radikalen Auslegung des delphischen Blutgesetzes protegiert: »Und das altgehegte Glück / von einst sieht er am *Riff des Rechts noch scheitern / und geht unter*«.[1769]

Das Glück der alten Ordnung zerschellt am Riff des Rechts eines stark fesselnden Staates. Apollons Macht und seine *drakonischen* Gesetze sind ein *nomos tyrannos*,[1770] der die alte Ordnung ins Unglück stürzt. Diese Ordnung hat eine formale Seite – das »altgehegte Glück« – und eine inhaltliche. Die formale Seite besteht im Glück der Prävention von Verbrechen durch die *Furcht vor Rache*. Aischylos sieht diese Furcht nicht nur,[1771] in die Ecke gedrängt, er lässt die Erinyen Glück und Segen dieser Rechtsordnung auch völkerrechtlich artikulieren:

»Oftmals wirkt, was Furcht weckt, Heil; / Und, des Herzens Wächtrin, soll / Sie dort wahren ihren Sitz. / Segen bringt's, / Klug zu werden durch die Not. / Wer, der nicht im Glanz des Glücks / *Tief im Herzen Angst verspürt, / Gleich, ob Stadt, ob Mensch* es sei, *hegte sonst noch Scheu / [vorm Recht]*?«[1772]

1768 Vgl. Ebd., S. 77; Barta (2011a), S. 432–434.

1769 Aischylos: Eumeniden V. 564f. [Übers. Ebener; eig. Hervorh.].

1770 Vgl. Fn. 202.

1771 »Der Spruch, den Loxias vom Parnaß / aus tiefer Erdschlucht laut verkündete, / nimmt offen den Kampf auf gegen das Übel«. Choephoren V. 953f. [Übers. Ebener].

1772 Eumeniden V. 517–524 [Übers. Werner; eig. Hervorh.].

Die Furcht vor Rache kann innerstaatlich wie völkerrechtlich zu den rechtmäßigen Handlungen erziehen.[1773] Für die Erinyen vermag selbst noch »im Glanz des Glücks« die *Furcht vor Rache* den Sieger in Schach zu halten. Im Moment des süßen Triumphes besorge sie die Gewaltkontrolle des Triumphators. Was dagegen geschieht, wenn ihr Racherecht wegbricht, drücken die Erinyen als düstere Prophezeiung aus: »*Es wird ja nicht mehr unser Groll,* der Groll / der Rasenden, die das menschliche Tun überwachen, / *an solche Verbrechen sich heften;* / ich werde jeden Mord geschehen lassen.«[1774] Es ist das Kernargument, den Geschädigten zur einschüchterungsorientierten Rache zu verpflichten: wenn das Unrecht nicht gerächt wird, potenzieren sich die Verbrechen und die Welt fiele »Verbrechern zur Beute« (Machiavelli).[1775]

Abb. 14. Schlafende Erinys aus späthellenistischem Marmorrelief nach älterer Vorlage (2./1. Jh. v. Chr.). Üblicherweise werden Erinyen durch Verbrechen (unter Blutsverwandten) aus ihrem Schlummer gerissen. Sie jagen Mörder wie Orestes. Der Freispruch des Muttermörders antiquiert die ihnen eigene Rechtslehre.

1773 S.o. S. 296f.

1774 Aischylos: Eumeniden V. 499f. [Übers. Ebener; eig. Hervorh.]. Dazu die methodischen Bemerkungen zum Begriff des Grolls (als ›Hass‹): Fn. 1917.

1775 Vgl. Fn. 742.

Inhaltlich gebietet die alte Rechtsordnung unter Blutsverwandten (wie Mutter und Sohn) die Nichttötung.[1776] Orestes sticht, von Apollon beschützt, auf das engste aller Familienbande ein. Aischylos bringt die daraus resultierende Rechtskollision zur Aufführung. An Delphis über Drakon kodifizierten Gewaltrechten zerschellt das alte, gewohnheitsrechtliche, innerfamiliäre Nichttötungsgebot. Das offenbart sich im Schlagabtausch zwischen Apollon und den Erinyen. Apollon macht den Erinyen nämlich einen Vorwurf, der es buchstäblich in sich hat: »Denn ein Verbrechen, weiß ich, nimmst du äußerst ernst, / das andre, offensichtlich, ahndest du recht mild. / Doch Pallas wird den Rechtsstandpunkt der Gegner prüfen.«[1777]

Die Erinyen verfolgen laut Apollon den Mord von Frauen an ihren Männern nicht. Aber es geht nicht allgemein um Mord, sondern um den einen Mord an Agamemnon. Der Vorwurf ist eine verklausulierte Nachfrage, ob die Erinyen ernsthaft vorhaben, den Mord einer Gattin an ihrem Ehemann ungestraft zu lassen? Das ist eine durchaus berechtigte Frage. Wo sind die Erinyen beim Mord an Orestes Vater? Für den begriffsstutzigen Zuschauer tritt Orestes sicherheitshalber noch einmal nach: »Warum hast du sie [Orestes' Mutter Klytaimnestra, Anm. P.R.] nicht gehetzt, als sie noch lebte?«[1778]

Dabei ist wichtig zu verstehen, dass die Erinyen keine Bluträcher sind. Orestes ist ein Bluträcher. Die Erinyen sind Jagdhunde, »Schergen der Dike«[1779] oder um Shakespeare abzuwandeln: ›der Rache Hunde‹. Orestes fragt also, weshalb die Erinyen seinen Henkersjob nicht erledigt haben, dann hätte er nie zum Muttermörder werden müssen. Darauf geben die Erinyen eine alles entscheidende Antwort, die zeigt, dass ihr Handeln festen Gesetzen folgt und gerade keine Rechtswillkür vorliegt: *»Sie war mit ihrem Opfer ja nicht blutsverwandt.«*[1780]

Agamemnon und Klytaimnestra teilen nicht dasselbe Blut. Die Erinyen werden durch die Blutsverwandtschaft zwischen Täter und Opfer geweckt (innerfamiliäres Tötungsverbot). Da Klytaimnestra als Täterin nicht ihr eigenes Blut vergießt, werden die Rachehunde nicht von der Kette gelassen. Der Rechtsgrundsatz steht in bemerkenswerter Konkordanz mit den

1776 Vgl. Eumeniden V. 725 u. 810.
1777 Ebd., 222f. [Übers. Ebener].
1778 Ebd., 604.
1779 Vgl. Heraklit fr. 94 [Diels].
1780 Eumeniden V. 605 [Übers. Ebener; eig. Hervorh.].

aus den Epen bekannten Erinyen.[1781] Hätte Klytaimnestra nicht ihren Gatten, sondern beispielsweise ihre Schwester Helena getötet, wären der Hunde Rache durchaus auf sie losgebrochen. Sie hätten sie gehetzt, bis sie nur noch »Schatten, blutleer, nur ein Fraß für die Daimonen« gewesen wäre.[1782] Für die Mörderin eines Gatten aber interessieren sich die Erinyen nicht. Dem religiösen Fanatismus eines Sohnes, der aus Pflichtethik seine Mutter umbringt, können sie hingegen unmöglich untätig zuschauen.

Aischylos' *Orestie*, die nach übereinstimmender Lehrmeinung die binnenstaatliche Abschaffung der Blutrache zum Inhalt hat, verhandelt in gewisser Weise sogar das Gegenteil. Die Erinyen kämpfen als letzte Bastion gegen Apollons tyrannisches Blutrecht. Sie ahnden bei Blutsverwandtschaft zwischen Täter und Opfer. Ihr Standpunkt ist, dass die Tötung der Mutter durch den Sohn die schlimmste Form von Mord darstellt, ein durch nichts zu rechtfertigendes Verbrechen. Nach Apollons denkwürdiger Rechtsauffassung ist Klytaimnestras Tötung dagegen legal, weil sie eine Mörderin ist. Orestes kann sich mit seiner eisernen Blutrachekonzeption dank des Urteilssteins der Athene am Ende der *Orestie* sogar durchsetzen. Dieser Freispruch kann schon allein deshalb kein Urteil *gegen Blutrache* sein, weil er den Bluträcher Orestes gerade legalisiert.

Der Tod von Agamemnon wäre, das trägt Aischylos im dritten Teil nicht eigens vor, da es seinem Publikum allzu geläufig ist, nach der alten Rechtslehre der Erinyen ein Akt *gerechtfertigter Tötung*. Wie Orestes ist auch Klytaimnestra bei ihrer Tat davon überzeugt, Agamemnons Leiche sei »ein Werk, das ein gerechter Meister schuf.«[1783] Sie beruft sich auf »Ate und / Erinys, denen ich den Mann hier opferte«.[1784] Ihr neuer Liebhaber Aigisthos sieht Agamemnon »in dem Gewand, das *die / Erinyen* webten, liegen«.[1785]

Wie kommt es dazu? Das zeigt der erste der drei Delikte, die nach Klytaimnestras Aussagen ihre Rache begründen. Sie exekutiere die Tötung nämlich als Mutter, als Ehefrau und als ein gesamtes Geschlecht. Da ist *erstens* die Ermordung ihrer Tochter Iphigenie. Agamemnon opfert die eigene

1781 Althaia ruft die Erinyen gegen ihren Sohn. Vgl. Il. IX. 571; XV. 204. Zum uralten Grundsatz: Platon: Nomoi 872d-873a.

1782 Vgl. Eumeniden V. 302 [Übers. Ebener].

1783 Vgl. Aischylos: Agamemnon V. 1406 [Übers. Ebener].

1784 Ebd., 1431f.

1785 Ebd., 1482f. [eig. Hervorh.].

Tochter, um günstigen Fahrtwind von den Göttern zu erwirken und die Zerstörung der griechischen Flotte zu verhindern.[1786] *Zweitens* sei da ihre Kränkung als Ehefrau durch die Beutestücke Chryseis und Kassandra:

»Hier liegt, / entseelt, der Mann, der seine Gattin schwer gekränkt, / vor Troja einst umschwärmt von Chrysestöchtern – hier / die Kriegsgefangene, Prophetin und zugleich / Genossin seines Lagers, die orakelnde / getreue Hure, die des Schiffes Planken mit / ihm drückte! [...] er hat sie zu mir gebracht als Nachtisch, / der meine Rache für den Ehebruch mir würzt!«[1787]

Drittens behauptet sie, nicht (nur) auf eigene Rechnung zu handeln, sondern treuhänderisch die Rache für einen Frevel zu verwalten, den sog. Atridenfluch, der auf dem Hause Agamemnons laste.[1788] Weil Agamemnons Vater Atreus die Brüder von Aigisthos kocht und seinem Vater Thyestes vorgesetzt hat (die größtmögliche Pervertierung des Gastrechts), handelt in Klytaimnestra nicht nur eine Gattin oder Mutter: »Wirf mir ja nicht vor, / ich sei Agamemnons Gemahlin! / In der Gestalt der Gattin des Toten / hat der uralte wütende Rachegeist / des furchtbaren Gastgebers Atreus / ihn hier gestraft«.[1789] Diese offene Rechnung in Form eines Fluches rechtfertige Agamemnons Tötung.

1786 Im Zwiegespräch mit dem Chor fragt sie: »doch diesem Manne hier habt ihr nichts vorzuwerfen, / der ohne Rücksicht seine Tochter hingeschlachtet, / so wie ein Stück aus seinen Herden«? Ebd., 1417ff. Und weiterhin trägt sie zu ihrer Rechtfertigung vor: »Laß dir auch meiner Eideshelfer Urteil künden! / Bei Dike, die *mein Kind gerächt*, bei Ate und / Erinys, denen ich den Mann hier opferte«. Ebd., 1431f. [eig. Hervorh.]. Wütend ruft sie aus: »Doch beim Anblick meiner Tat / gefallt ihr euch als strenge Richter.« Ebd., 1423f. »Nimmt man die Textstelle der Klytaimnestra ernst, leitete Iphigenies Opferung in Aulis das Ende der Beziehung zwischen Klytaimnestra und Agamemnon ein. Ab diesem Zeitpunkt herrschte ›Krieg‹ und Haß zwischen dem Paar und die von Klytaimnestra geschworene Rache erscheint nicht mehr irrational.« Barta (2014), S. 113.

1787 Agamemnon 1437ff. [Übers. Ebener].

1788 »Doch ich möchte gern / mit dem Daimon des Pleisthenesstamms / unter Eid ein Abkommen schließen: Er soll / mit dem, was geschah, zufrieden sich geben, [...] ein andres Geschlecht / durch Morde am eigenen Blut vernichten! / Ein winziges Teil meiner Habe / reicht völlig mir aus, ist es mir vergönnt, / mein Haus zu erlösen vom Wahn / des wechselseitigen Mordens.« Ebd., 1568ff. [Übers. Ebener]. Zur Systematik: »Oft gebiert ein Frevel aus alter Zeit / einen neuen Frevel / im elenden Dasein der Menschen / am vorbestimmten Tag / und beschwört einen Daimon herauf, / der unbezwinglich, unbekämpfbar, unheilig ist«. Ebd., 765ff. [Übers. Ebener]. Zum Modell einer Rache-Treuhand, s.u. S. 334ff.

1789 Ebd., 1498ff. [Übers. Ebener].

Der erste dieser drei Delikte tangiert und weckt die Erinyen: in Vater und Tochter pocht dasselbe Blut. Die Blutsverwandtschaft von Täter und Opfer muss die Erinyen hochscheuchen. Deshalb kann Klytaimnestra sich berechtigte Hoffnungen machen, vor einem archaischen Gericht für die Tötung mit Verweis auf die *ältere* Rechtslehre freigesprochen zu werden. Klytaimnestra ahnt nicht, dass den Erinyen die Abschaffung droht, ausgelöst ausgerechnet durch die Tat ihres ideologisierten Sohnes.[1790] Am Ende wird Orestes für seinen *religiösen Muttermord* freigesprochen. Seiner Rache wird die göttliche Absolution erteilt, während Odysseus' Rache – aufschlussreich genug – am Ende der *Odyssee* durch dieselbe Göttin verschleiert, nicht lizenziert wird.[1791] Von der Abschaffung der Erinyen-Rechtslehre, nicht von der Abschaffung der Blutrache handelt Aischylos' Tragödie. Den altehrwürdigen Erinyen, am Riff des Rechts schiffbrüchig gegangen, bleibt, Athens Bürgern die Abwesenheit der allespackenden *Eris*[1792] zu wünschen:

»Niemals möge in dieser Stadt / der Bürgerzwist toben, an Leid unersättlich, / das wünsche ich ihr. / Und hat der Staub schon getrunken / das dunkle Blut ihrer Bürger, / dann fordre er niemals, erbittert, / neues Blut als Vergeltung / zum Schaden der Stadt. / Freuden sollen sie spenden einander, / bedacht auf das Wohl

---

1790 Jacoby deutet das Stück hingegen als Legalisierung der Rache der Männer und als Illegalisierung der Rache von Frauen; ein »deeply ingrained double standard of morality [...] Under the double standard, it is scarcely surprising that any act of revenge by a woman looms larger, in myth and in reality, than a comparable act by a man.« Jacoby (1983), S. 187. »When the double standard decrees that adultery is a grave insult to a husband but not to a wife, it is natural that adultery will be considered a woman's weapon. How can it be considered a man's weapon if it is regarded as a man's right, rather than as a forbidden form of assault?« Ebd.

1791 Eupeithes ruft dazu auf, das von Odysseus angerichtete Massaker zu rächen (Od. XXIV. 430ff.) bzw. den Täter nicht entkommen zu lassen. Dieser Racheversuch wird aber bekanntlich von der Götterwelt *vereitelt*, d.h. *Sakralrecht* ist gerade nicht deckungsgleich mit *Blutrecht*. Im Gegenteil: die Götter und hier insbesondere Zeus und Athene schütten Vergessen über Ithaka. Statt Rache zu fordern, lässt Athene Freund und Feind einen Eid schwören, um Bürgerkrieg abzuwenden. Vgl. Od. XXIV. 443ff.; 529ff. Zum Verhältnis von Rache und Amnesie: Jacoby (1983), S. 330ff.; Meier (2010). Bei Aischylos dagegen erteilen dieselben Götter Orestes' Blutrache die göttliche Absolution. Athene macht seine Gewalt nicht vergessen, sondern lizenziert sie und verhilft dem ›neuen Recht‹ zur Durchsetzung. Nicht Orestes' Gewalttat wird dissimuliert, um einen Bürgerkrieg zu verhindern, sondern das alte Recht der Erinyen.

1792 Vgl. Böhme (2009), S. 159–162 u. 164.

der Gesamtheit, / einträchtig auch im Haß! Manches Leid / wird unter den Menschen dadurch vermieden.«[1793]

Mitnichten besagen diese vielzitierten Zeilen, dass die Bürger nie wieder Blutrache für jeden Mord schwören sollen. Sie besagen vielmehr, dass es nicht zum Schaden der Stadt geschehen solle. Der Bluträcher Orestes dürfte kaum geglaubt haben, den obersten griechischen Heerführer zum Schaden der *polis* gerächt zu haben. Genaugenommen geht es daher im dritten Teil der *Orestie* nicht um die Abschaffung, sondern um die Durchsetzung der Blutrache. Abgeschafft wird das Tabu, Blutsverwandte zu töten.

1793 Aischylos: Eumeniden V. 978–987 [Übers. Ebener]. Zur Theorie der Hassblöcke: Fn. 188.

VI. Das zwischenstaatliche Racherecht

1. Fallbeispiele zum Zielkonflikt von Geld und Rache

Treuhänder der Rache: das Schwert des antiken Völkerrechts

Es lohnt sich, auch im 5. Jahrhundert v. Chr. nicht nach dem ›Zurückdrängen der Rache‹, sondern nach delphisch beeinflussten Gewaltabkaufsverboten zu suchen.[1794] Der spartanische Politiker Chilon schreibt in einem Rechtsspruch vor: *adikoumenos diallassou, hybrizomenos timorou.*[1795] Aus drei Gründen geht die herkömmliche Übersetzung »Versöhne dich mit dem, der Unrecht tut, räche dich an dem, der dich beleidigt«[1796] an Chilons Intention vorbei: [1.] ›Unrecht‹ überwiegt nach deutschem Sprachgefühl die ›Beleidigung‹. Chilon gewichtet aber umgekehrt: Weil *hybris* Unrecht übertrifft, soll und muss sie gerächt werden. [2.] ›Beleidigungen‹ bilden nicht die Strafbarkeit von *hybris* ab.[1797] [3.] Der Versöhnungsimperativ blendet aus, dass Chilon einen Vergleich, d.h. ein kontraktuelles Rechtsgeschäft bei *adikia* vorschreibt (der deutsche ›Vertrag‹ wäre mit der Etymologie aus ›Vertragen‹ passend). Die getreue Übersetzung der Rechtsregel lautet daher: *Entschädigung für Unrecht, Rache für hybris.*

Da Chilon im Fall von *hybris* Schadensersatz unter Verbot stellt, ist sein Rachebegriff mitnichten entschädigungsorientiert.[1798] Der spartanische Gelehrte will keinen alten Deliktbereich schadensersatzpflichtig, sondern *einen neuen rachepflichtig machen.* Statt in Richtung verminderter Schuldfähig-

1794 S.o. S. 302ff.

1795 Vgl. fr. 10, 3 [DK I 63, 34]. Zum Status der Rechtssprüche aus methodischer Sicht: Fn. 312 u. 1700.

1796 Vgl. Burkert (1994), S. 19. Capelle übersetzt: »Erleidest du Unrecht, versöhne dich. Wirst du aber mißhandelt, so wehre dich.« Vgl. Capelle (2008), S. 37.

1797 Das Problem wäre eher getroffen mit einer ›Ehrverletzung‹. Vgl. Burkert (1994), S. 19.

1798 Zum homerischen Racherecht, s.o. S. 288ff. Zu den sekundären Gewaltabkaufs*verboten*: S. 301ff.

keit auszudifferenzieren, interessiert Chilon umgekehrt der Bereich der erhöhten Schuldfähigkeit. Chilon konstruiert einen strafverschärfenden Schuldtatbestand, den er *hybris* nennt.[1799] Der Gewaltabkauf wird für *adikia* nicht möglich, sondern für *hybris* unmöglich.[1800] Geld soll *adikia*, (tötungsorientierte) Rache *hybris* ausgleichen.

Diese Forderung enthält *in nuce* das relevante Rechtsdenken des 5. Jahrhundert v. Chr.; der Geist des Gebots entfesselt einen Zielkonflikt zwischen *Reichtum und Rache*, der sich bei Herodot und Thukydides wiederholt abzeichnet. Auf der Folie von Chilons Rechtssatz werden die völkerrechtlichen Vorgänge neu und anders verständlich.

Zunächst zu Herodot: Als die persische Invasion auf Attika vorrückt,[1801] werden die Athener auf ihrem Heimatboden von Xerxes' Truppen entehrt und ›in‹ Schande gezwungen. Wie selbstverständlich schildert Isokrates: »Sie mußten ja den Anblick ertragen, wie ihre Polis entvölkert, ihr Land verwüstet wurde, ihre Heiligtümer ausgeraubt und ihre Tempel niedergebrannt wurden«.[1802] Was tun die Athener? Aus ihrem Schammanagement lassen sich die Gegenargumente aufbauen, weshalb das antike Griechenland keine Schamkultur im engeren Sinn gewesen sein *kann*.[1803] Blenden sich die Athener nach der literarischen Vorlage des Ödipus aus Scham die Augen, um ihre Schande nicht mitansehen zu müssen?[1804] Ruft

---

1799 Zur Begriffsgeschichte von *hybris* seit Homer (dort nur Gewalt): Hooker (1975), S. 125ff. Zur *hybris* als Rechtsbegriff: Dihle (1962), S. 42. Zum aktuellen Stand: Fn. 1976. Mit Blick auf die Gewaltgeschichte des 20. Jahrhunderts könnte spekuliert werden, ob sich die Erfahrungen wiederholen mussten, die in die griechischen Gesetzgebung gegen *hybris* eingeflossen sind. Mit dem Unterschied, dass die Verbrechen im 20. Jahrhundert nicht zur Ausdifferenzierung *erhöhter* Schuldigkeit, sondern zu einem Reigen neuer Verbrechenskategorien geführt haben (Genozide, Angriffskriege, Verbrechen an der Menschheit).

1800 Vgl. Dihle (1962), S. 42.

1801 Vgl. Herodot VIII. 53. Zu den Ereignissen – aus Herodots Sicht wollen die Perser den Brand von Sardes rächen: S. 371.

1802 Isokrates: Panegyrikos [IV], 96.

1803 Zum Paradigma: Fn. 54.

1804 Die Scham wird in den Augen lokalisiert: »Auch (schämt man sich) mehr für das, was in der Öffentlichkeit und vor aller Augen geschieht, woher auch das Sprichwort kommt, dass in den Augen die Scham wohnt.« Aristoteles: Rhetorik 1384 a35. »Wenn du Sehnsucht nach Anständigem oder Schönem hättest, und deine Zunge nicht Verwerfliches aufrühren würde, um es zu sagen, würde Scham nicht *deine Augen angefüllt* haben, sondern du hättest über Rechtes gesprochen.« Rhetorik 1385 a9 [eig. Hervorh.]. Die Sichtbarkeitslogik liegt den schamlosen Taten des unsichtbaren Gyges zugrunde.

Themistokles wie Shakespeares Herzog von Bourbon aus: »O Schand' und ew'ge Schande, nichts als Schande! / Laßt uns in Ehren sterben drin!«[1805]

Sofern die persische Heeresleitung erwartete, mit der apokalyptischen Pyromanie die Athener wie Lemminge in den kollektiven Selbstmord zu treiben, wird sie enttäuscht. Im Gegensatz zu neuzeitlichen Vorgaben[1806] wird die Ehre der Athener im Angesicht der Schande nicht vernichtet. Bei Herodot gilt etwas anderes: *›honte oblige‹* – Scham verpflichtet.[1807] Statt sich ins Meer zu stürzen, wird Schande erlitten und geatmet,[1808] um sie bei nächster Gelegenheit zu zertrümmern.[1809] Was Athen noch Jahrzehnte

---

Vgl. Platon: Politeia 359d ff.; die Unsichtbarkeit durch den Ring schützt ihn vor Scham. Isokrates formuliert aus dieser Sichtbarkeit einen kategorischen Imperativ: »Gib dich niemals der trügerischen Hoffnung hin, nach einer schändlichen Tat unentdeckt bleiben zu können. Denn selbst wenn die anderen nichts merken, so wirst du dir zumindest immer der Tat bewußt sein.« Isokrates: Rede an Demonikos [I], 15. »Nimm dir zum Vorsatz, alles so zu tun, als ob du vor keinem verborgen bleiben könntest.« Ebd. 17. Der Teufel macht noch neuzeitlich blind, um seinen Opfern die Scham zu rauben: Meyer (2011), S. 96. Aus phänomenologischer Perspektive senkt, wer sich schämt, den Blick: Appiah (2011), S. 16.

1805 Shakespeare: Heinrich V, 4. Akt, 5. Szene [Übers. Schlegel/Tiek].

1806 Vgl. Meyer (2011), S. 95; Disselkamp (2002), S. 64; Sterchi (2005), S. 243f. [»fear of reproach is paramount«]; Vogt (1997), S. 169.

1807 Als Kandaules' Frau Gyges erblickt, schreit sie weder »in ihrer verletzten Ehre« auf, noch begeht sie Selbstmord. Vgl. Herodot I. 10 [Übers. Marg]. Gyges meint: »Legt eine Frau mit ihren Kleidern doch auch den Respekt ab, der sie schützt.« Ebd., I. 8. Obschon es sich um persisches Verhalten handelt, dient die Reaktion der Gemahlin gerade nicht dazu, sie zu diskreditieren. Bringt sich die Frau von Kandaules für diese Scham um? Nein. Sie heckt einen Racheplan aus.

1808 Aristoteles hält es gar für lobenswert, Schande *auszuhalten*, »um eines Großen und Schönen willen«. Vgl. EN 1110 a20. Schande dagegen zu dulden, »ohne Hinblick auf ein Edles oder Angemessenes zeigt niedrige Gesinnung.« (a23).

1809 Isokrates berichtet, wie der persische Großkönig mit der Ratifizierung des Königsfriedens im Jahre 387 v. Chr., durch den die griechischen *poleis* formal der persischen Herrschaft unterworfen werden, auch ein größeres Zeichen seiner Ehre ersinnt: »Er hat uns außerdem gezwungen, diesen Vertrag (mit ihm) auf Marmorstelen einzumeißeln und in den allen Griechen gemeinsamen Heiligtümern aufzustellen, was für den Perserkönig ein viel ruhmreicheres Denkmal ist als die auf den Schlachtfeldern errichteten Siegeszeichen.« Isokrates: Panegyrikos [IV], 180. Norlin bezeichnete den Königsfrieden als »sacrifice of their pride«. Vgl. Norlin (1966), S. 116. Der Extremfall dieser Wundentransformation ist der verspottete Amasis, der ein goldenes Fußwaschbecken, »in das die Ägypter früher gebrochen und ihr Wasser gelassen und in dem sie ihre Füße gewaschen hätten«, in eine Götterstatue montieren lässt, dem sie nun »große Verehrung« bezeugen: »Nun stehe es, fuhr er fort, mit ihm selber genauso wie mit dem Becken.« Herodot II. 172 [Übers. Marg]. Vgl. Aristoteles: Politik 1259 b9; Schütrumpf

später politisch verfolgt, ist Rache für die persische *hybris*.[1810] Beim Spezialisten für offene Rechnungen, Herodot,[1811] drängt der persische Großkönig darauf, sich mit den Athenern zu vergleichen. Ein Vertrag soll regeln, die verwüsteten Tempel mit persischen Geldern neu aufzubauen: »Und die Heiligtümer – *sofern sie daraufhin bereit sind, mit mir einen Vertrag abzuschließen* – richte ihnen alle wieder her, soweit ich sie niedergebrannt habe«.[1812]

Die Perser versuchen, den attischen Gewaltanspruch abzukaufen. Die Athener lehnen den Gewaltabkauf ganz nach dem klassischen Rechtsgrundsatz einer nichtkompensierbaren, zu rächenden *hybris* ab. Sie schwören das Gegenteil dessen, was die Perser fordern: »Solange die Sonne auf derselben Bahn wandelt, auf der sie jetzt dort oben dahinzieht, werden wir niemals einen Vertrag abschließen mit Xerxes«.[1813]

Athen wertet die persischen Verbrechen nicht als *adikia*, sondern als *hybris*, für die sie Unversöhnlichkeit schwört. Im *Zielkonflikt zwischen Geld und Rache* optiert Athen für Rache. Das erklären die Athener auch ausdrücklich den spartanischen Unterhändlern, die nach Athen eilen, als sie befürchten müssen, dass sich die Stadt mit den Barbaren verbündet und gemeinsam gegen den Peloponnes ziehen könnte. Die Athener erklären etwas beleidigt,

»[...] daß es nirgendwo auf der Erde soviel Gold gibt noch ein Land, welches an Schönheit und Ertragsreichtum so hervorragte, daß wir bereit wären, das anzunehmen, um dafür den Medern zu helfen, ganz Hellas zu unterjochen. Denn da ist Vieles und Großes, das uns abhält, so zu handeln, selbst wenn wir es wollten: ers-

---

(1991), S. 367. Ähnlich: Schnitzler (1995), S. 282 u. 285 [der Herzog von Ferrara lässt eine Bronze des Papstes Julius II. in eine Kanone namens Giulia umschmelzen]; Münkler (2009), S. 257 u. 268 [das Eiserne Kreuz wird auf die Schändung von Königin Luise durch Napoleon gestiftet]; Cullen (1995), S. 244 [der Weihspruch des Deutschen Bundestages wird aus zwei erbeuteten Kanonen der Befreiungskriege von 1813 gegossen]. Aus der jüngsten Zeit ist die kollektive Zerklopfung der als »Schandmauer« apostrophierten Berliner Mauer in Millionen Steinbrocken zu nennen, die einen in jedem Haushalt präsenten Gründungsstolz der deutschen Wiedervereinigung exemplifiziert. Oder das Umschmelzen der Stahlreste des World Trade Centers – darunter des meistpublizierten Ruinenfotos, der kathedralartigen Stahlscherbe – in einen Flugzeugträger. Vgl. Behr (2005), S. 220f.

1810 Vgl. Fn. 1814; Herodot VIII. 109, 3.

1811 Vgl. Fn. 1820 [Montgomery].

1812 Herodot VIII. 140a [Übers. Marg; eig. Hervorh.].

1813 Ebd., 143.

tens und weit voran die Bilder und Tempel der Götter, niedergebrannt und verschüttet, *für die Rache bis zum Letzten zu verlangen wir viel eher verpflichtet sind als etwa einen Vertrag zu schließen* mit dem, der solches getan hat.«[1814]

Nach der spartanischen Aufkündigung des Hellenenbundes 478 v. Chr. gründet Athen den delischen Seebund, um die *hybris* der Perser zu rächen und seine Racheansprüche institutionell auf Dauer zu stellen. In der offiziellen Kriegsbegründung gegen die Perser kehrt ein Heroe wieder, der als erste ›Frucht‹[1815] des troianischen Krieges auf Seiten der Griechen fiel: Protesilaos. Herodot schildert den zugrundeliegenden Schadensfall auf eine Weise, die zunächst entschädigungsorientierte Rache im Rechtsverständnis des Übeltäters nahelegt.

Protesilaos tritt in der Geschichte über den persischen Befehlshaber Artayktes auf, »der Frauen in das Heiligtum des Protesilaos nach Elaius geführt und andere Ruchlosigkeiten begangen hat.«[1816] Vom Schicksal in Bedrängnis gebracht und vom attischen Heer gefangen genommen, ereignet sich ein Wunder. Tote Fische springen aus einer Bratpfanne, woraufhin Artayktes seine Umgebung zu beruhigen versucht:

»Freund aus Athen! Wegen des Wunders sei unbesorgt. Es gilt nicht dir, sondern mir. Protesilaos von Elaius will mir zu verstehen geben, daß er noch als ausgetrockneter Leichnam mit göttlicher Macht begabt ist, sich an seinen Beleidigern zu rächen. Darum will ich Reugeld für meinen Frevel zahlen: hundert Talente will ich der Gottheit für das, was ich aus dem Tempel genommen habe, weihen und zweihundert Talente den Athenern geben, wenn sie mich und meinen Sohn am Leben lassen.«[1817]

Ob es Artayktes gelingen kann, die Schicksalsfolgen für die Gewaltübertretung des Heiligen mit einhundert Talenten abzuwenden, spielt völkerrecht-

1814 Ebd., 144 [Übers. n. Marg; eig. Hervorh.].

1815 Der Krieg ›mäht‹ die schönen und hohen Keimlinge (wie Euphorbos, Achilles, Hektor) in voller Blüte nieder: Il. XVII. 53ff.; XVIII. 56ff.; XIX. 221–224. Zur Deutung: »Die Ernte [...] bezeichnet, wenn man nahe am Bild bleiben will, die Waffen und Rüstungen, welche die Sieger den Verlierern abnehmen, läßt sich aber auch als der Ertrag im allgemeinen verstehen, etwa als die Ehren, die dem Sieger zukommen.« Grethlein (2005), S. 271.

1816 Vgl. Herodot VII. 33 [Übers. Horneffer].

1817 Vgl. Ebd., IX. 120. Zur Personifikation von Naturphänomenen und zur Verletzung sozialer Normen: Kelsen (1941), S. 45. Zu Normtransgression und Vergeltung: Ebd., S. 59. Zur Trockenheitssemantik eines Toten womöglich als ›Regenzauber‹: Ebd., S. 379.

lich die zentrale Rolle. Nach homerischer Rechtsauffassung wäre das zu erwarten. Aber wer sagt, dass Heroen wie Protesilaos sich ihre Rache mit einhundert Talenten abkaufen lassen *dürfen*?

Die Historiographie spricht eine eigene Sprache. Perikles' Vater Xanthippos vollzieht Rache für Protesilaos und lässt Artayktes spektakulär kreuzigen.[1818] Das Rechtsverständnis wandelt sich, ganz wie in Chilons Spruch dokumentiert, von entschädigungs- zu tötungsorientierter Rache. Die »Ruchlosigkeiten« im Protesilaos-Tempel werden zu einem sakralen Schadensereignis, für das die Rache nicht mehr abgekauft werden kann. Um sie, zusammen mit jener für die abgebrannten attischen Tempel zu verfolgen, wird ein folgenträchtiges Bündnis gegründet, das die griechische Welt fortan in zwei Lager teilt: der delische Seebund.

Unter Perikles kommt es 449 v. Chr. zwar zum Kallias-Vertrag und die zerstörten Tempel Athens werden schöner und epochaler neu aufgebaut. Aber die Restaurierung erfolgt *ohne Vertrag* oder persische Kriegsreparationen, weshalb Makedonien über ein Jahrhundert später die Rache für die persische *hybris* noch treuhänderisch verwalten und verfolgen kann.[1819] Rache soll dabei das Recht (der Götter) nicht brechen, sondern durchsetzen.

Dass zwischen Verbrechen und Strafe ein ganzes Jahrhundert liegen kann, macht die Rache nicht zu einem Vorwand. Sie ist ein *Schuld- bzw. Obligationstitel*, der bis zur Ein- bzw. Auslösung bestehen bleibt.[1820] Die Stellen, an denen Herodot die Rache explizit als persischen Vorwand zur Eroberung Griechenlands durchschaut,[1821] schließen die Möglichkeit einer legalen Rache nicht aus, sondern differenzieren zwischen Rache und übermäßiger Rache. Wenn Sparta den kylonischen Frevel rächt, ist das nicht Propaganda, sondern die Erfüllung des ›Rechts der Götter‹. Die Spartaner kommen damit reichlich spät ihren sakralrechtlicher Rachepflichten nach.[1822]

1818 Vgl. Herodot IX. 116.

1819 Vgl. Bellen (1997), S. 5f.

1820 Vgl. Baltrusch (2008), S. 28. Montgomery sieht darin die eigentliche Leistung von Herodots Geschichtsschreibung: »Die Ganzheit, der sich alles unterordnen muss, ist [...] der Kampf zwischen Asien und Europa. Wie dieser entstanden ist, hat Herodot erklärt, indem er ein verwickeltes Schuldverhältnis zeichnet.« Montgomery (1965), S. 43.

1821 Vgl. Herodot IV. 167, 3; VI. 44, 1 u. 94; VII. 138. Zur Offenlassung des Obligationentitels durch Xerxes: VII. 136, 2. Zum Verhältnis von Rache und Eroberung: Montgomery (1965), S. 5 u. 12.

1822 Vgl. Thukydides I. 127f.

Verbrechen und Gelegenheiten zur Rache müssen dabei grundsätzlich auseinandergehalten werden.[1823] Beschämung (bzw. Racheanspruch) und ›Rachefenster‹ sind selten identisch.[1824] Die Thessaler wollen sich an den Phokern rächen. Aber erst als die Perser einmarschieren, bietet sich die Gelegenheit dazu. Die Thessaler stellen den Phokern ein letztes Mal frei, sich aus ihrem »Groll« für fünfzig Talente Silber freizukaufen. Als die Phoker sich weigern, diese entschädigungsorientierte Rache zu erfüllen, »da machten denn die Thessaler, erbittert über die Phoker, dem Barbaren den Wegweiser.«[1825] Die Perser bekommen die Feinde in der angezeigten Richtung zwar nicht zu fassen, brennen auf ihrem Durchmarsch aber alles nieder.

Die Verfolgung der Rache hängt von Machtkoalitionen ab.[1826] Kleinere *poleis* dürften selten in der Lage gewesen sein, an ihnen begangene *hybris* zu rächen. Deshalb treten sie ihre Straf- bzw. Racherechte (formal durch Bündnisschluss) an stärkere Staaten ab. Hegemonialstaaten werden dadurch zu *Treuhändern der Rache.*[1827]

Derartige Rachebündnisse kommen in klassischer Zeit mitunter auf Vermittlung Delphis zustande. Die Thebaner, die sich an Athen rächen wollen, senden Boten nach Delphi und erhalten den Spruch, sie sollten die Sache »vor die ›Vielstimmige‹ bringen und bei den ›Nächsten‹ um Unterstützung bitten.«[1828] Nach reiflicher Überlegung gelangt in der einberufenen Volksversammlung ein Bürger zum Schluss: »wir sollten die Aigineten bitten, unsere *Rachehelfer* zu sein.«[1829] Das Bündnis kommt zustande und die Aigineten verheeren Attikas Küsten. Delphi erteilt in der

1823 Vgl. die spartanische Forderung nach Rache für Leonidas (Herodot VIII. 114) und die Gelegenheit zu ihrer Verwirklichung (IX. 79, 2).

1824 S.o. S. 336.

1825 Vgl. Herodot VIII. 31 [Übers. Marg]. Zum Groll: Ebd., 29.

1826 Vgl. Seibert (1979), S. 13.

1827 Die Treuhand-Hypothese sei gegen Kelsens Erklärung gehalten: »So wenn z.B. der Primitive den [...] Tod eines Menschen als von einer übermenschlichen Instanz verhängte Strafe oder als durch Zauberei begangenes Delikt interpretiert und im letzten Falle zu einer Racheaktion schreitet, die eben durch diese Interpretation gerechtfertigt wird.« Kelsen (1941), S. 10. Die Athener haben mit der Gründung des delischen Seebundes längst erkannt, – um Kelsens Formulierung zu borgen – »dass sogar Gott nur ein Werkzeug des Menschen ist.« Ebd., S. 14.

1828 Herodot V. 79 [Übers. Marg].

1829 Ebd., 80 [eig. Hervorh.].

Folge sogar ungefragt Ratschläge. Als Athen gegen die Aigineten zum Vergeltungsschlag rüstet,

»[...] gerade da kam ein Spruch aus Delphi, sie sollten nach der Unbill von den Aigineten dreißig Jahre warten und im einunddreißigsten dem Aiakos einen heiligen Bezirk zuweisen und dann den Krieg gegen Aigina beginnen.«[1830]

Athen weist Aiakos zwar den Bezirk zu. Aber die dreißig Jahre wartet es nicht ab. Der Fall zeigt, dass Racheobligationstitel mit langen Fristen kein Vorwand zum Krieg sein müssen, sondern als handlungsblockierende Weisheit delphischer Appeasement-Diplomatie (in klassischer Zeit) betrachtet werden können. Delphi spricht Recht. Waage und Augenbinde der *iustitia* liegen dort.

Nicht nur Delphi bindet die Akteure. Es gibt noch einen ganz anderen Grund, weshalb die einzelnen *poleis* nicht freie Hand bei völkerrechtlichen Handlungen haben, wie etwa Simon BLACKBURN behauptet.[1831] Völkerrechtsbrüche können gerade nicht nur mit Ansehensverlust oder Isolation geahndet werden, wie BALTRUSCH meint.[1832] Das antike Völkerrecht ist mit der sakralrechtlich besicherten (Delphi), treuhänderischen Delegierung von Sanktionsgewalten an Rachebündnisse (delischer Seebund) alles andere als zahnlos. Das Recht mag zwar nicht selbst in Waffen sein. Dennoch existiert ein rechtsdurchsetzendes und -erzwingendes S c h w e r t – bei den Griechen charakteristischerweise das Emblem der Rache.[1833]

1830 Ebd., 89.

1831 »Es gibt keinen Gerichtshof, vor den sie gezogen werden könnten, so dass die Klarsichtigen, die Manager und Machtmenschen, sich nicht von der Illusion eines solchen Gerichtshofs abschrecken lassen sollten.« Blackburn (2007), S. 45. Ähnlich das Urteil von: Baltrusch (2008), S. 23.

1832 »Die Bindung des Vertragsrechts an die Religion erhält ihre eigentliche Bedeutung *in ihrer Verbindung mit der öffentlichen Meinung*. Das Einhalten völkerrechtlich eingegangener Verpflichtungen hing ja wesentlich von der zu erwartenden Strafe bei Vertragsbruch ab, und diese lag in dem Ausschluß des Delinquenten aus der Völkerrechtsgemeinschaft, in der Isolation als Folge seiner Verletzung der göttlichen Ordnung.« Baltrusch (1994), S. 196f. [eig. Hervorh.].

1833 Vgl. Hirzel (1907), S. 80f. (Anm. 1). Diesem Gedanken folgend wartet die Einrichtung eines schwertlosen internationalen Strafgerichtshofes mit einer zweiten, unerwarteten Pointe auf. Dem Völkerrecht wird nicht nur die nötige *vis* verwehrt, sondern auch eine auf die dezentrale Ordnung passende *Rechtsordnung*. Die Rechtsordnung schweigt sich über *ein Recht auf Rache* für die Verbrechen aus, die seine Gründung rechtfertigten: Genozid, Angriffskriege, Verbrechen *an* der Menschheit (*crimes against humanity*).

Die Rechtsfolgen von Völkerrechtsbrüchen werden im Rahmen von ›Rachekongressen‹ erörtert, die RAAFLAUB für Thukydides nachweist.[1834] Nach mehreren Verstößen Athens, insbesondere der widerrechtlichen Belagerung Poteidaias, die im Winter 430/429 tatsächlich glückt,[1835] lädt Korinth[1836] zur Generalversammlung mit dem Ziel, die völkerrechtswidrige Belagerung zu rächen: da »beriefen sie eilig die Verbündeten nach Sparta und verschrien dort die Athener, sie hätten den Vertrag gebrochen und verletzten die Rechte der Peloponnesier.«[1837]

Nachdem Athen erneut geltendes Völkerrecht bricht, indem es die Verbindungswege peloponnesischer Handelsstädte zu ihren Kolonien kappt[1838] und nachdem Schiffe aus Megara nur noch ›fischfrei‹ ins attisch-delische Bündnisgebiet einsegeln können sollen,[1839] lädt Sparta selbst zum Kongress ein.[1840] Alle Staaten werden zur Teilnahme aufgerufen, die meinen, dass sie durch Athen Unrecht erlitten haben.[1841] Nachdem die korinthischen Diplomaten erläutert haben, dass es sich bei Athens Vergehen um *hybris*, nicht um *adikia* handelt,[1842] sagen sie:

»Mit Müh und Not sind wir jetzt endlich zusammengekommen, und nicht einmal jetzt mit einer klar ausgesprochenen Absicht. Denn es ist wohl nicht unsere Aufgabe, zu überlegen, ob uns Unrecht geschieht, sondern wie wir uns zur Wehr setzen können.«[1843]

Der korinthische Racheplan ist äußerst schlicht gehalten: Sparta soll völkerrechtskonform in Attika einfallen: »Ein Unrecht [*adikon*] würden wir damit nicht begehen – weder vor den Göttern, die wir im Schwur angerufen, noch vor den Menschen, die es bemerken«.[1844] Rache für die attische *hybris* wäre rechtskonform. Die Korinther argumentieren ganz i.S.d. Un-

1834 Vgl. Raaflaub (1979), S. 19ff.

1835 Vgl. Thukydides I. 67.

1836 Korinth sinnt wieder und wieder auf Rache. Vgl. S. 260 [Punkt [1.]; Thukydides I. 56.

1837 Vgl. Thukydides I. 67, 1 [Übers. Landmann].

1838 Vgl. Baltrusch (1994), S. 193f.

1839 »Die Ägäis wurde regelrecht zum athenischen Binnenmeer erklärt.« Baltrusch (2008), S. 51. Zur homerischen Fischfreiheit: Fn. 948.

1840 Wie Fn. 1834.

1841 Vgl. Thukydides I. 67, 3. Der Aufruf erfolgt wohl im Rahmen der Olympischen Spiele 432 v. Chr., die Thukydides unerwähnt lässt. Vgl. Hornblower (1991), S. 110.

1842 Vgl. Thukydides I. 68 u. 70.

1843 Thukydides I. 69, 2 [Übers. Vretska/Rinner].

1844 Ebd., 71, 5 [Übers. Landmann].

rechtsausdifferenzierung von Chilon, nämlich dass ein Angriff auf Athen noch nicht einmal die Voraussetzung der unteren Unrechtskategorie *adikia* erfüllen würde, weil er eine Strafmaßnahme darstellt.

Die ›zufällig‹ anwesenden attischen Unterhändler geben unumwunden zu, ihren Machtbereich tyrannisch, d.h. gewalttätig und verbrecherisch, zu regieren.[1845] Ob sie damit auch zugestehen, *hybris* verübt zu haben, bleibt zunächst im Dunkeln. Dass die Einberufung des Kongresses anerkannten Prozeduren folgt, geben aber auch die Athener zu. In den Augen Spartas habe Athen sich bislang seiner Herrschaft als würdig erwiesen, »bis ihr jetzt, euren Vorteil berechnend, mit der Gerechtigkeit [*dikaioteroi*] kommt«.[1846]

Das System dezentraler Sanktionsgewalten ist dem gegenwärtigen Stand des Völkerrechts näher, als es zunächst den Anschein machen mag.[1847] Auch das moderne Völkerrecht ist nicht in Waffen. Der Internationale Strafgerichtshof *spricht* nur Recht.

»Geklärt wird die Berechtigung von Ansprüchen. Man kriegt hier zwar Recht gesprochen, aber diese Instanzen erzwingen nicht die Umsetzung ihrer Urteile. [...] Im Falle von Den Haag ist gar kein Erzwingungsstab vorhanden. [...] *Selbst wenn eine Aktion durch die UNO oder den Internationalen Gerichtshof legitimiert ist, wird sie also noch lange nicht ausgeführt.*«[1848]

Das moderne Völkerrecht ist gewissermaßen mit Waage und Augenbinde ausgestattet, nicht aber mit dem Schwert der *iustitia*: »Das Völkerrecht hat kein eigenes Schwert. [...] Unter ihrer Augenbinde hindurch wird sie immer auf die Interessen dessen schielen, der ihr vielleicht ein Schwert leiht.«[1849] Wie beinahe jeder *political body* der Vereinten Nationen besitzt auch der Ge-

---

1845 »Und dann zwang uns die Natur der Dinge selbst, unsere Herrschaft in der jetzigen Form auszubauen, hauptsächlich Furcht, dann die Ehre, schließlich auch unser Vorteil«. Ebd., 75, 3. Auch: I. 76, 2. Man beachte die durchgehende Bezeichnung des attischen Bündnissystems als Gewaltherrschaft (*tyrannis*): Thukydides I. 122, 3; II. 63, 2; III. 37, 2; VI. 85, 1.

1846 Vgl. Thukydides I. 76, 2 [Übers. Landmann].

1847 »Dennoch ist heute – und wohl auch in Zukunft – der Schwerpunkt der Rechtssetzung und –durchsetzung im Völkerrecht dezentral.« Vöneky (2008), S. 150.

1848 Schlee/Turner (2008a), S. 59 [eig. Hervorh.].

1849 Ebd., S. 59f. So wünschenswert die Einrichtung des Internationalen Strafgerichtshofs erscheinen mag, er verfügt weder über polizeiliche und forensische Ermittlungsrechte, noch ist er für Völkerrechtsbrüche auf Staatsgebieten, die das Rom-Statut nicht ratifiziert haben, überhaupt zuständig.

richtshof keinerlei Mittel, die Rechte der Menschheit zu erzwingen. Das *Schwert des Völkerrechts* liegt bei den Ratifizierungsstaaten des Rom-Statuts, die treuhänderisch tätig werden können, aber gerade nicht müssen. Zur Durchsetzung des (Völker-)Rechts müssen Staaten erst umständlich gesucht und verpflichtet werden. Diese Ungeregeltheit ist neben der Gewaltperhorreszierung westlicher Mitgliedsstaaten die Hauptursache dafür, dass die Durchsetzung des (Menschen-)Rechts in Genozidgebieten wie Bosnien-Herzegowina oder Ruanda in die Krise geraten konnte und bis in die Gegenwart geraten kann.[1850]

1850 Die notwehrrechtlich inspirierte Debatte um die Legalität der Tötung von Politikern, »die unter Bruch der Menschenrechte herrschen und möglicherweise Völkermord begehen, [verläuft] weitgehend orientierungslos«. Vgl. Girardet (2005), S. 180f. Immerhin wird Rache inzwischen als Instrument untersucht, das Recht durchzusetzen vermag: Vöneky (2008), S. 149. Auch Brunners Leitgedanken einer *forderungsorientierten Rache* (Fn. 1550) sollte keine Gemeinsamkeit zu den nationalsozialistischen Ideen unterstellt werden. Gerade seine Analysen kommen menschenrechtlichen Vorstellungen entgegen, weil sie in der Lage wären, die Menschenrechte auf ungewohnten Wegen zu erzwingen. Vgl. Reinle (2003), S. 11 u. 20f. Zentrale Institutionen sind nie die einzige Möglichkeit zur Konfliktregulierung. Ein *Recht auf Rache* böte einen Ausweg zur Durchsetzung von Völkerrechtsnormen. Was unter gewaltmonopolisierten Bedingungen Recht bricht, ermag es in akephalen Räumen zu ›wahren‹. Vgl. Turner/Schlee (2008), S. 27f.; Schuster (1998), S. 40ff.

Abb. 15. Seltene Einblicke in das Rechtsdenken einer Zeit, in der die Gerechtigkeit noch nicht mit dem Schwert kämpft: Dike erschlägt das Unrecht (Adikia) mit dem Hammer (um 520 v. Chr.).

Aristoteles erzählt die treuhänderische Abtretung von Racherechten als warnenden Witz vor Machtpolitik. Ein Pferd grase auf einer Weide. Da kommt ein Hirsch und zerstört den Boden. Das Pferd sinnt auf Rache und wendet sich an den Menschen:

»[O]b er mit ihm zusammen an dem Hirsch Vergeltung üben wolle. Der stimmte zu, wenn es (das Pferd) einen Zügel annehmen und er selbst es mit einem Speer in der Hand besteigen könne. Nachdem sich aber das Pferd damit einverstanden erklärt hatte und der Mensch aufgestiegen war, diente es selbst, anstatt Vergeltung zu üben, dem Menschen.«[1851]

In derselben Weise hätten die Einwohner von Himera einen Mann namens Phalaris zum Alleinherrscher bestimmt. Als er noch eine Leibwache verlangt, habe Stesichoros geraten:

»So aber schaut auch ihr zu [...] dass ihr nicht, weil ihr an den Feinden Vergeltung üben wollt, dasselbe erleidet wie das Pferd; den Zügel nämlich habt ihr schon, weil ihr einen Anführer mit uneingeschränkter Machtbefugnis gewählt habt; wenn ihr ihm aber die Leibwache gebt und euch besteigen lasst, werdet ihr schon dem Phalaris dienen.«[1852]

Das Volk will sich (mit der Richtschnur der Leidenschaften in Händen) rächen und ein Anführer verspricht Rache. Ihm werden unbeschränkte Gewalten eingeräumt. Aber statt diese Gewalten ihrem Zwecke zuzuführen, Rache zu üben, werden sie zweckentfremdet und zur Unterdrückung der Rachewilligen missbraucht. Genau derart lautet Thukydides' Verdikt über den attisch-delischen Seebund. Dessen Mitgliedsstaaten fänden sich nämlich in der Rolle des von den Athenern ›bestiegenen‹ Pferdes wieder:

»Denn als sie Führer der Ionier und aller von ihnen abstammenden Verbündeten nach deren eigenem Willen geworden waren – wie es hieß, zur Rache an dem Perser –, da warfen sie den einen Verweigerung der Heeresfolge vor, den anderen, gegenseitig Krieg zu führen, [...] und unterjochten sie alle.«[1853]

1851 Rhetorik 1393 b13ff.

1852 Ebd., b20ff.

1853 Thukydides VI. 76, 3 [Übers. Vretska/Rinner].

Die Annektierung von Schicksalsfolgen: Mytilenes Urteil

428 v. Chr. fällt die lesbische Inselstadt Mytilene vom Bündnis mit Athen ab und greift den ehemaligen Bündnispartner an, kann aber zurückerobert werden. Statt sich gesetzlos an der Bevölkerung zu vergehen, legen die attischen Generäle die Frage nach dem richtigen Straf- und Rachemaß dem attischen Volk zur Abstimmung vor. In den attischen Gerichtshöfen[1854] kommt es zu einem Rednerduell zwischen Kleon und Diodotos. Kleon, »der *gewalttätigste* aller Bürger« Athens,[1855] plädiert auf Kollektivschuld und fordert die Hinrichtung aller Mytilener. Sein Gegenredner Diodotos vertritt die Individualschuldthese und fordert die Bestrafung der verantwortlichen ›Verräter‹. Der strittige Punkt zwischen beiden ist die Auslegung von Chilons Rechtssatz. Es geht um die Frage, ob Mytilenes Verbrechen den Tatbestand von *hybris* erfüllt oder ob – strafmildernd – *adikia* vorliegt.[1856]

Für Diodotos handelt es sich bei Mytilenes Verrat nicht um *hybris*, die tötungsorientiert gerächt werden muss, sondern um Unrecht, das (finanziell) zu ›ertragen‹ sei.[1857] Es solle nicht um die Vernichtung Mytilenes (immerhin: »im Gefühl des Rechtes«[1858]) gehen, »sondern wir beraten über sie so, wie es uns den größten Nutzen bringen wird.«[1859] Der Zielkonflikt, der die Hintergrundvorstellung dominiert, ist unverkennbar. Diodotos macht die Vernichtung Mytilenes zu einer Frage von: Geld oder Rache.

Kleon, der seinem Publikum schon mal Hörlust und Verantwortungslosigkeit vorwirft,[1860] entsetzt sich über die schiefe Bahn, auf die Mytilene

1854 Da die attische Volksversammlung seit 454 v. Chr. die politische und richterliche Gewalt über den Bund innehält, ist sie konstitutionell berechtigt, über Sanktionen auf Hochverrat zu entscheiden. Vgl. Fn. 294. »[E]s ist bezeichnend, daß gerade die offensten und rücksichtslosesten Bekenner des Machtstandpunktes, die Athener, im Innern ihres Reiches das Recht als die höchste Norm anerkennen und stolz darauf sind, keinen Despotismus im orientalischen Sinne zu kennen, sondern ein moderner Rechtsstaat zu sein.« Jaeger (1936), S. 500.

1855 Thukydides III. 36, 6 [Übers. Vretska/Rinner; eig. Hervorh.]. Zum Wortspiel von *bia* und *peitho* bei der Charakterisierung Kleons: Flaig (2006), S. 52ff.

1856 Die moderne Position, dass Rache an Mytilene an sich widerrechtlich sei, wird von Beiden nicht vertreten. Zu dieser Position ausführlich, o. S. 261f. [Punkt 2.]

1857 Vgl. Fn. 1795.

1858 Vgl. Fn. 1413.

1859 Wie Fn. 1411.

1860 Vgl. Fn. 413.

geraten sei: »Aber so pflegt es zu gehen: Städte, die in kurzer Zeit und unvermutet zu Wohlstand kommen, verfallen in Unmaß [*hybrin*]«.[1861] Die Insel, von Athen »aufs höchste geehrt«,[1862] habe statt Dankbarkeit, Liebe und Bindungsenergien[1863] Undank, Hass und Bündnisabfall an die Athener retourniert: »in dem Augenblick, da sie sich überlegen dünkten, griffen sie uns an, ohne Unrecht erlitten zu haben.«[1864] Die politisch-rechtliche Gleichstellung Mytilenes und der hehre Glanz gleicher Ehren (*isotimê*) produziert in Kleons Darstellung thersitische Unterlegene,[1865] die bereit sind, *hybris* zu begehen. Statt Treue ernten die Athener Bündnisabfall. Dabei überrascht Kleons politische Anthropologie, weshalb Ehre nicht zu Loyalität, sondern zu *hybris* führen muss:

»Die Mytilener hätten schon längst nicht mehr in höherem Maße als die anderen von uns geehrt werden dürfen, dann hätten sie sich auch nicht zu solchem Übermut verstiegen. Der Mensch ist nun einmal dazu geboren, was ihm schmeichelt, zu verachten, was nicht vor ihm zurückweicht, zu bewundern.«[1866]

Diese anthropologische Logik lässt sich selbst in den verborgensten Winkeln des Peloponnesischen Krieges noch finden. Der Einsatz von *hard power* schützt vor *hybris*, *soft power* ernährt sie.[1867] Der ehemalige Gerber Kleon votiert für die ›gelehrsame‹ Form von *hard power*. Er will Mytilene vernichten, um weitere Austrittskandidaten gewaltkommunikativ vom Bündnisbruch abzuschrecken.[1868] Schenkt man den mytilenischen Diplomaten Glauben, die kurz nach den olympischen Siegesfeiern ihr Schicksal vorbringen (»Von Recht und Ehre wollen wir zuerst reden«), war es

1861 Thukydides III. 39, 4 [Übers. Vretska/Rinner].

1862 Vgl. Ebd., III. 39, 2.

1863 Zur Loyalität aus Ehrgeschenken: Fn. 777.

1864 Vgl. Ebd., III. 39, 3.

1865 Vgl. Il. II. 211ff.

1866 Thukydides III. 39, 5 [Übers. Vretska/Rinner]. Weniger hart, aber den Nukleus der fatalen Wirkung von Nachgiebigkeit auf Herrschaftsgelüste konservierend, äußert sich Hermokrates: »und ich tadle an niemandem den Willen zu herrschen, wohl aber allzu rasche Bereitschaft, sich zu ducken; *denn so ist nun einmal Menschenart: zu herrschen über alles, was nachgibt*, aber sich abzusichern gegen alles, was angreift.« Ebd., IV. 61, 5 [eig. Hervorh.].

1867 Vgl. Thukydides I. 76; 121f. u. 140, 5.

1868 »Überlegt doch, wenn ihr von euren Bundesgenossen die unter feindlichem Druck und die aus freien Stücken Abgefallenen in gleicher Weise bestraft, wer, glaubt ihr, wird nicht unter dem nichtigsten Vorwand abfallen, wenn auf Erfolg Freiheit steht, auf Misserfolg aber keine unheilbare Strafe?« Ebd., III. 39, 7.

allerdings gerade der übermäßige Gebrauch attischer *hard power*, der sie zum Hochverrat trieb.[1869] Die Gewalt will Mytilene also nicht eingeschüchtert, sondern überhaupt erst zum Austritt motiviert haben.

Zwei eindrückliche, politiktheoretische Begründungen erfährt die Handlungsmaxime von *hard power* gegen *hybris* bei Isokrates: [1.] Der persische Großkönig denke schlecht von den Griechen, obwohl sie als einzige nichts unversucht ließen, seine Gunst zu erlangen. Mit wem er sich dagegen gutstellt, verdient Erwähnung: »er versucht, mit seinen Widersachern und Verächtern seiner Macht auf alle erdenkliche Art und Weise Feindschaften beizulegen.«[1870] Der Großkönig denkt gering von denen, die ihn umschmeicheln und respektiert die, die ihm widerstehen. Nachgiebigkeit päppelt *hybris* hoch, während sie sich vor »Widersachern und Verächtern seiner Macht« versteckt.[1871] Genau das meint auch Kleon. [2.] Eindringlicher ist die *enargeia* der *hybris* aber in Isokrates' *Rede des Archidamos*. Der antike Rhetoriklehrer, dem es zu Lebzeiten ironischerweise an einer starken Stimme und Selbstbewusstsein gefehlt haben soll, um vor Menschenmassen zu sprechen,[1872] hinterlässt mit dieser verschrifteten Rede ein eindrucksvolles Dokument seines Talents. Den politischen Hintergrund bildet Theben, das Sparta Territorien streitig macht.[1873] Die zur Verzweiflung gereichende spartanische Unterlegenheit zermürbt offenbar einen linken Flügel, der gewillt ist, Gebiete unaufgefordert an Theben abzutreten. Das taktische Kalkül dahinter lässt sich folgendermaßen beschreiben: die Sanftmut des Feindes durch größtmögliche Nachgiebigkeit zu erringen. Gegen diese Taktik rollt Archidamos seine Kenntnisse der menschlichen Natur aus:

»Sollten wir aber aus Furcht vor den herannahenden Gefahren irgend etwas von unserem Besitz preisgeben, dann werden wir dem Hochmut der Thebaner wei-

1869 Vgl. Ebd., III. 10 u. 12. Sie zeichnen das Bild einer Macht, die die Bündnispartner durch Verträge knebelt, an Macht wächst und Bündnisstaaten dann zwingt, ganz Hellas zu verwüsten, d.h. Verbrechen zu verüben.

1870 Isokrates: Panathenaikos [XII], 160.

1871 Vgl. Fn. 1870.

1872 Vgl. Norlin (1966), S. XLV.

1873 Vgl. Isokrates: Rede des Archidamos [VI], 74.

tere Nahrung geben und sie werden ein noch anmaßenderes und augenfälligeres Siegeszeichen über uns aufstellen, als es bereits bei Leuktra geschehen ist.«[1874]

Die Furcht sei, so heißt es in der politischen Philosophie, die Initialzündung des Denkens.[1875] Archidamos malt den Albtraum einer allzu nachgiebigen Appeasement-Politik an die Wand. Die Gebietsverluste der Spartaner besänftigen den Feind nicht, sondern verwandeln sich zum *appetizer*. Der Landbesitz, den Sparta abtritt, sättigt Theben nicht, sondern gewöhnt es erst an den ganz großen Hunger. In all diesen Bildern wird *hybris* zu einer seelischen Instanz, die durch Zugeständnisse überhaupt erst heranwächst. Das spartanische Appeasement schafft das Monster, das es eigentlich beseitigen soll.

Isokrates' Bild liefert eine substanzielle Begründung für Chilons Spruch. Da nichts so verheerend ist wie die Geringschätzung des Feindes – politisch wie psychologisch[1876] –, muss *hybris* gerächt und nicht vergeben werden. Cicero münzt diesen Zwang zur Gewalt zum Bonmot um: »Mögen sie mich hassen, solange sie mich nur fürchten!«[1877]

Im Fall Mytilenes ergeht im Namen des Volkes zunächst ein Urteil in Kleons Sinne. Nachdem die Vernichtung aller Männer, zusammen mit der Versklavung von Frauen und Kindern, als Rache angeordnet wurde, packt die Athener aber die Reue. Es kommt zu einer Neuverhandlung, in der

---

1874 Rede des Archidamos [VI], 9f. [Isokrates bezeichnet das nicht ausdrücklich als *hybris*, aber der Sinn ist sachlich gegeben].

1875 Vgl. Aristoteles: Rhetorik 1383 a6f. (mit 1380 a23); Strauss (2001), S. 31f., 36, 75 (mit Anm. 59b), 131, 150f. u. 170 (Anm. 81); Engelken-Jorge (2011), S. 17. Die Abwesenheit von Furcht mache dagegen übermütig: »Notwendigerweise also fürchten sich diejenigen, die etwas zu erleiden meinen [...] Es meinen aber diejenigen, nichts zu erleiden, die sich entweder in großem Glück befinden oder zu befinden scheinen – deswegen sind sie übermütig, herablassend und frech«. Rhetorik 1382 b34–83a2.

1876 »Verachtet zu werden ist aber die größte ›*animi molestia*‹, und aus dem Gefühl, verachtet zu werden, entspringt der größte Wille zu verletzen.« Strauss (2001), S. 33. Vgl. Bacons Zorninterpretation: »Die nächste Ursache liegt in der ängstlichen Vorstellung, daß die begleitenden Umstände einer Beleidigung Verachtung ausdrücken. Denn Verachtung schärft den Zorn ebensosehr oder noch mehr als die Verletzung selbst.« Bacon: Über den Zorn (LVII) [= Essays, S. 234].

1877 Vgl. Cicero: Erste Philippische Rede 34. Caligula übernimmt die Formulierung von Cicero.

sich das Volk zur Nutzlosigkeit jeder Einschüchterungsstrafe bereitwillig von Diodotos überreden lässt.[1878]

Weder die Konservierung Mytilenes, noch Kleons Überlegungen zum Massaker als Instrument der politischen Kommunikation dürfen allerdings über *die grundsätzliche Legalität* der Auslöschung Mytilenes hinwegtäuschen. Die sakrale Rechtslage bleibt eindeutig: Bündnisabfall wird als Kapitalverbrechen, als Hochverrat, qualifiziert, wenn auch nicht immer in gleicher Weise gerächt.[1879] Die Legalität der Sanktion gründet juristisch dabei auf der Annektierung von *Schicksalsfolgen.* Mytilene ist ein paradigmatischer Lehrfall dafür, wie die Schicksalsfolgen formaljuristisch vom Himmel geholt und innerweltlich durchgesetzt werden.

Der delische Seebund, der gegründet wurde, um die Rache für die *hybris* der Perser zu institutionalisieren und an den sich Mytilene vertragsrechtlich bindet, wird in Form eines promissorischen Eides geschlossen. Die Unterzeichnerstaaten versenken heiße Metallklumpen im Meer.[1880] SCHEIBELREITER vermutet, dass der Wurf ins Meer einen symbolischen Selbstverfluchungsakt darstellt, der den Untergang des Eidbrechers besiegelt:

»Da der Seebund vor allem mit einer alliierten Flotte operieren würde, machte das symbolhafte ›Versenken der Verräter im Meer‹, die ›Bestrafung‹ durch das dann rächende Meer zu einer besonders plastisch scheinenden Drohung.«[1881]

Was geschieht rechtssystematisch bei Vertrags- bzw. Eidbruch? SCHEIBELREITER erkennt »die Rache der Schwurgötter« in polysemen Sanktionser-

---

1878 Vgl. Fn. 1670.

1879 Zu den Rechtsfolgen für Torone und Skione, die ebenfalls vertragsbrüchig sind: Scheibelreiter (2008), S. 187. Dass in den 470er Jahren die ›ausscherenden‹ Inseln Naxos und Thasos ins Bündnis zurückgezwungen werden, kann zwar als Beleg für das Unzeitgemäße des mytilenischen Urteils gelten, ebenso gut aber verfahrensrechtliches ›Gutdünken‹ belegen. Laut den korinthischen Diplomaten war der Peloponnes im Falle der attischen Sanktionen gegen Samos »geteilter Meinung«. Die Korinther wollen dagegen laut und deutlich erklärt haben: »jeder müsse bei der Bestrafung der eigenen Bundesgenossen freie Hand haben.« Vgl. Thukydides I. 40, 5 [Übers. Vretska/Rinner]. Baltrusch konstruiert aus den Sanktionen Athens gegen Naxos den Augenblick, in dem das antike Völkerrecht von Gleichberechtigung auf Asymmetrie umstelle. Vgl. Baltrusch (1994), S. 193. Im Licht der Schwüre des Amphiktyonenbundes ist das aber unwahrscheinlich. Vgl. Fn. 1893.

1880 Vgl. Scheibelreiter (2008), S. 172ff. Zur Unterscheidung von assertorischen und promissorischen Eiden: Hirzel (1902), S. 2f. Die Praktik könnte ein Sinnbild für die eiserne Aushärtung der ewigen Verbundenheit unter den Bündnispartnern sein.

1881 Vgl. Scheibelreiter (2008), S. 185.

eignissen wie Pest oder Unfruchtbarkeit.[1882] Auch KELSEN meint, dass Götter durch Leid erziehen.[1883] KOHLER sieht allgemein in Schicksalsfolgen einen rechtlichen, aber naiven Gedanken am Werke: »Aber immerhin ist es eine juristische Idee, dass man glaubte, durch Vertragsclauseln das Schicksal an seine Ferse heften zu können.«[1884]

Selbstverfluchungen bei Vertragsunterzeichnung sind eine Selbstverständlichkeit – aber keine Formalität.[1885] Eidbrecher verfallen nicht nur der Rache des Meeres. Bei den Schicksalsfolgen, die (vor-)geschworen werden, geht es rechtssystematisch um die Legalisierung von Rache in Form von Sanktionen. Der Vertragspartner des delisch-attischen Seebundes Mytilene *schwört* sich für den Fall des Vertragsbruchs präventiv aus der Staatenwelt *aus*.[1886] Die Selbstverfluchungsformeln treten zwar formal den Hass an Götter ab und überlassen Zeus das Urteil über die Schicksalsfolgen.[1887] Aber: dieser transzendentalen Hassmasse kann und soll sich unter gewissen Voraussetzungen jeder Staat bedienen können, der zur Durchsetzung des Rechts in der Lage ist. Sakralrechtlich gesehen sind Staaten nicht nur berechtigt, sondern verpflichtet, das Recht der Götter aus dem Himmel auf die Erde zu holen und zu vollstrecken.

Agamemnon denkt bei Vertragsschluss mit den Troern den Fall des Eidbruchs voraus und nennt die Sanktionen mit. Äußerst atheistisch zieht er ins Kalkül, dass es nicht die Götter sein werden, die den Vertragsbruch rächen, sondern dass die Griechen treuhänderisch einspringen müssten:

»Doch niemals ist nichtig der Eidschwur [*horkion*] und das Blut der Lämmer / Und die Spenden des ungemischten Weines und die Handschläge, auf die wir / vertrauten! *Denn wenn es auch nicht sogleich der Olympier vollendet:* / Vollenden werden wir es, wenn auch spät, und mit Großem werden sie es büßen: / Mit ihren eigenen Häuptern und den Frauen und den Kindern.«[1888]

1882 Vgl. Ebd., S. 171 u. 186.

1883 Vgl. Kelsen (1941), S. 409 (Anm. 271). Dazu: Ebd., S. 95ff. Zu Naturkatastrophen als Rache: Ebd., S. 108ff. u. 159ff.

1884 Kohler (1883), S. 64.

1885 Vgl. Thür (2007), S. 83; Latte (1920), S. 65ff.

1886 Vgl. Barta (2010), S. 367.

1887 Am Deutlichsten: Fn. 1920.

1888 Il. IV. 157–162 [Übers. Schadewaldt; eig. Hervorh.].

Der darauffolgende Eid- bzw. Vertragsbruch Troias bildet die ›Lizenz zur Rache‹, Troia zu zerstören.[1889] Agamemnons kretischer Bündnispartner Idomeneus bekräftigt nochmals, dass die Griechen treuhänderisch die Rache der Götter für den Vertragsbruch der Troer verwalten:

»Immer, wie ich es einstens dir zugesagt und beteuert. / Treibe nur aber die anderen lockigen Helden Achaias, / Schnellstens den Kampf zu beginnen, weil eben die Troer das Bündnis / Brachen! Es möge dafür sie Tod und Jammer in Zukunft / Treffen, dieweil sie zuerst das heilige Bündnis verletzten!«[1890]

Die Rache wird vom Olymp auf die Erde zurückholt und Schicksalsfolgen für den heiligen Bündnisbruch vollstreckt. Idomeneus will als Teil eines Treuhandmodells das Recht der Götter exekutieren. Durch Eidbruch verlieren Staaten wie Troia oder Mytilene ihre Ehre. Mit ihnen kann dann im Modus von Ehrlosen verfahren werden. Die Versenkung ganzer Städte – von Troia bis Mytilene – ist strafrechtlich legal. Mit Eidbrechern kann wie mit ›Fischfreien‹ nach Belieben verfahren werden. HIRZEL liefert ein Puzzleteil zum Rechtsverständnis dieser drakonischen Bestrafung von Eidbruch. Einerseits erscheinen die Götter als düpierte Zeugen (oder Bürgen) des Eidbrechers.[1891] Andererseits begrenzt HIRZEL den Eid selbst als Pfandsetzung: »Ich bedinge mir den Glauben aus und setze dafür mich selber, meine ganze Persönlichkeit oder mein Leben, ein«.[1892]

Genau das haben die Mytilener getan, als sie sich an den delischen Seebund banden. Athen hätte mit ihrer Vernichtung als Treuhänder das Recht der Götter exekutiert. Auch diese bündnisinterne Gewaltverpflichtung verrät im Übrigen einen delphischen Einfluss; die Mitglieder des delphischen Amphiktyonenbundes schwören als erste einen »Vernichtungskrieg« gegen rechtsbrechende Mitgliedsstaaten.[1893]

1889 S.o. S. 298.

1890 Il. IV. 266ff. [Übers. Rupé].

1891 »Sie bestätigen als solche nicht bloss eine Aussage, sondern treten mit ihrer ganzen Persönlichkeit für das Thun des Menschen ein und nehmen dessen Folgen auf sich.« Hirzel (1902), S. 27.

1892 Ebd., S. 28.

1893 Vgl. Barta (2010), S. 447.

Die Kosten der Gewalt: der Flächenbrand der Rache

Als Kleon den Vernichtungsbefehl für Mytilene rechtfertigt, treibt ihn die Gefahr allzu friedfertiger Gefühlsbewegungen um:

»Schon oft [...] habe ich erkannt, dass die Demokratie unfähig ist, über andere zu herrschen [...]. Denn da ihr ohne Furcht und Tücke im täglichen Leben miteinander verkehrt, betragt ihr euch ebenso gegenüber euren Verbündeten; und wann immer ihr, verleitet von ihren Worten, Fehler begeht oder aus Mitleid nachgebt, da erkennt ihr nicht, *dass diese Schwäche euch nur Gefahr,* aber nicht den Dank der Verbündeten bringt, und seht nicht ein, dass ihr eure Herrschaft als Tyrannis ausübt, und zwar über lauernde und widerwillige Untertanen, die euch nicht wegen eurer Wohltaten, die ihr ihnen zu eurem eigenen Nachteil erweist, gehorchen, sondern nur insoweit ihr durch eure Macht, nicht dank ihres guten Willens, die Herrschaft errungen habt.«[1894]

Nach Kleon schaden drei emotionale Fehler der Macht Athens: »Mitleid, Freude an schönen Reden und Großzügigkeit.«[1895] Aber er unterlässt jede Ausführung darüber, warum diese Schwächen gegenüber abtrünnigen Bündnisstaaten gefährlich sein sollen. Im Jahr zuvor rückt Perikles dieser Gefahr in seiner letzten Rede auf den Leib und trägt dabei ein ansehnliches Stück politischer Gefühlstheorie vor:

»Und wenn unsere Stadt in Ehren steht wegen ihrer Herrschaft und ihr doch auch alle darauf stolz seid, so gebührt es sich jetzt, ihr zu Hilfe zu eilen [...] *euch drohen* auch der Verlust eures Reiches und *die Gefahren des Hasses*, der euch aus der Herrschaft erwuchs. [...] denn die Herrschaft, die ihr übt, ist jetzt schon Tyrannis; sie aufzurichten mag ungerecht sein, sie aufzugeben ist gefährlich.«[1896]

Perikles, der 429 v. Chr. im dichtgedrängten Athen[1897] an der grassierenden Pest stirbt, skizziert einen *point of no return.* Gewalt befestigt die Herrschaft und hält das Bündnissystem zusammen.[1898] Athens Herrschaft ist ihrem Wesen nach Tyrannis.[1899] Von ihr abzurücken, stehe Athen nicht mehr

---

1894 Thukydides III. 37, 1 [Übers. Vretska/Rinner; eig. Hervorh.].

1895 Ebd., 40, 2.

1896 Thukydides II. 63, 1f. [Übers. Landmann; eig. Hervorh.].

1897 Zur attischen Evakuierungsreaktion auf die fehdeförmige Gewalt Spartas: S. 285f.

1898 Dabei scheint viel Hass anzufallen, wie die Feinde meinen: »Ganz Hellas blickt in gespannter Erregung auf unseren Zug, uns wohlgeneigt aus Hass [*echthos*] gegen Athen erwartet es Erfolg unseres Planes.« Thukydides II. 11, 2: [Übers. Vretska/Rinner].

1899 Athens Diplomaten fechten den Vorwurf nicht an (vgl. Fn. 1845). Isokrates Behauptung, dass *hegemonia* durch die Ehre, nicht durch Gewalt erlangt wurde, ist Propaganda.

frei. Während Kleon die Gefahr aus Tyrannis unbestimmt lässt, spezifiziert Perikles sie – immerhin – als »Gefahren des *Hasses*«. Auch Isokrates bestätigt dieses emotionale Endprodukt der imperialen Herrschaft: »Keine unserer Hoffnungen hat sich bisher erfüllt, im Gegenteil: Haß, Krieg und hohe Kosten sind das Ergebnis unseres Handelns«.[1900]

Aber ist das die gesuchte Erklärung? Warum sollte Hass eine Gefahr für den politischen Vorruhestand sein? Kleon und Perikles halten die Antwort für offensichtlich, jedenfalls führen sie die Bedrohung nicht weiter aus. Das tun hingegen ihre neuen Feinde. Die Melier enthüllen, mit dem Rücken zur Wand, das Wesen dieser Gefahr: »denn stürztet ihr je, ihr möchtet noch für andre zum Beispiel werden gewaltiger Rache [*timōria*]«.[1901]

Die Athener sind also nicht die einzigen, die zu den Verhandlungen mit Drohungen angereist sind. Die Melier klären die vagen Warnungen zweier attischer Politiker auf. Kleons unbestimmte Gefahr und Perikles' Gefahren des Hasses bestehen substanziell in *Furcht vor Rache*. Nach einem Sturz oder Rückzug würde Athen, wie die Melier es formulieren, »zum Beispiel werden gewaltiger Rache«. Aus dieser Rache wird erst begründbar, weshalb beide Politiker den Verlust der Macht oder die Preisgabe der Herrschaft für gefährlich halten. Nach dem Sturz des Tyrannen würden Gegner den reziproken Gewaltaustausch organisieren und sich für das erlittene Unrecht, den Raub der Freiheit und die Schäden eigensinnig ›bedanken‹. Machiavelli erkennt das in aller Deutlichkeit:

> »[...] aus vielen Beispielen ersieht man, welchen Gefahren sie sich zur Behauptung oder Wiedererlangung ihrer Freiheit aussetzten, und wie grausam sie sich an denen rächten, die sie ihnen geraubt hatten.«[1902]

Es gibt nicht nur die *hybris* der Schwachen (Mytilene), sondern auch die der Starken, die nicht ertragen wird, sondern tötungsorientiert gerächt werden muss. Aus diesem Obligationstitel kommt Athen für Perikles nicht mehr heraus. Der Verdacht erhärtet sich in Xenophons Geschichtsdarstellung. Nach dem Zusammenbruch der attischen Verteidigungslinien habe der

---

Vgl. Isokrates: Rede über den Frieden [VIII], 135. Kleon dekonstruiert diese Behauptung im letzten Satz, s. Fn. 1894.

1900 Isokrates: Rede über den Frieden [VIII], 28f.

1901 Thukydides V. 90 [Übers. Landmann]. Die Athener kontern lakonisch: Freundschaft sei ein Zeichen von Schwäche, *Hass* von Stärke (95).

1902 Machiavelli: Discorsi II. 2 [Übers. Oppeln-Bronikowski]. Vgl. Fn. 1428.

Gedanke den Bürgern den Schlaf geraubt, dass ihnen das widerfahren könne, was sie den Meliern angetan haben.[1903]

MÜNKLER expliziert daraus eine letzte zweckrationale Grenze, hinter der die Verteidigung der Macht ihre eigenen Grundlagen aufzehrt. Die Verbrennung der Macht deutet er als »autokatalytischen Prozeß«.[1904] Thukydides lehrt aber die Vernichtung der Macht zunächst als affektdynamischen Prozess. Die Gewalt führt zu Hass, der Hass drängt auf Aktion. Bei Wehr- und Schutzunfähigkeit würde Athen durch einen Brand der Rache versengt. Staaten würden Kongresse einberufen, um Rachehelfer für die attische *hybris* zu finden und den Tyrannen zu töten. Das Imperium löst sich nicht autokatalytisch auf, sondern durch rachenehmende Feinde, womöglich sogar unter Federführung enttäuschter, beleidigter Freunde.[1905]

1903 Vgl. Xenophon: Hellenika II. 2, 3.

1904 Vgl. Münkler (1987), S. 36 u. 39. Nicolas Stockhammer präzisiert die Grenzlinie als ›Thukydideische Schwelle‹ und koppelt sie an die Geringschätzung des Feindes zurück. Vgl. Stockhammer (2009), S. 79ff. u. 100. Der Prozess an sich ist autokatalytisch wahrnehmbar. Das bezeugt Isokrates an der spartanische Herrschaftsüberdehnung: Sparta türme zur Herrschaftsabsicherung Verbrechen auf Verbrechen, plündere und entrechte Unterstützer, verbanne den Adel, stürze ganze Staaten und verbreite »überall Aufruhr und Krieg«. Vgl. Isokrates: Rede über den Frieden [VIII], 99. Das hätten sie auf dem engen dorischen Raum gelernt. Vgl. Panathenaikos [XII], 179–181. Was auf dem dorischen Mutterboden funktioniert, führe bei imperialer Expansion aber zur Kernschmelze: »Bei den Lakedaimoniern nämlich zeigte diese Macht viel schneller ihr wahres Wesen. Sie hatte dort ja folgende Wirkung: *Die Polis der Lakedaimonier, die in siebenhundert Jahren nach allgemeiner Kenntnis nie von Gefahren oder Unglücksfällen erschüttert werden konnte, geriet schon in kurzer Zeit ins Schwanken und wäre beinahe untergegangen.*« Rede über den Frieden [VIII], 95 [eig. Hervorh.]. Noch für Polybios ist *der Hass* der Bündnispartner dann der eigentliche Grund für Spartas Sturz durch Theben: »Denn den Thebanern gelang ihr Schlag gegen die Spartaner infolge deren unverständiger Politik und des *Hasses der Bundesgenossen* gegen sie«. Polybios VI. 43 [Übers. Drexler].

1905 Kleons und Perikles' Aussagen beziehen sich auf Bündnispartner. Es ist nicht abwegig, unter terrorisierten Bündnispartner ungleich höhere Rachepotenziale anzunehmen. Vgl. Cosimos de Medicis Wort bei Bacon: »Ihr lest wohl, [...] daß es uns anbefohlen worden, unsern Feinden zu vergeben, allein ihr werdet nimmer lesen, da es uns befohlen ist, unsern Freunden zu vergeben.« Bacon: Über die Rache (IV) [= Essays, S. 18]. Sokrates' Behauptung, dass es besser sei, Unrecht zu leiden als Unrecht zu tun, entstammt dagegen kaum der Feindberührung. Vgl. Platon: Gorgias 469b [dazu Kallikles' Aussage in: Fn. 733]. Um die attischen Kriegsverbrechen zu rechtfertigen, kehrt Isokrates den Satz bezeichnenderweise um. Vgl. Isokrates: Panathenaikos [XII], 117. Isokrates ist eine wahre Fundgrube für das Trauma der ›Dämonie der Macht‹, die dazu zwinge, die eigenen Freunde zu misshandeln. In einem Brief an die Kinder des thessalischen Tyrannen Jason warnt er die Thronfolger vor Beratern, die zur

Wie fest die Außenpolitik Athens während des Peloponnesischen Krieges mit Anhängerstaaten Chilons kalkuliert, lässt sich an Perikles' Aussage ablesen. Athen steckt aus seiner Sicht merklich in der Klemme. Solange die griechische Staatenwelt der klassischen Lehre anhängt, Unrecht zu entschädigen und *hybris* zu rächen, muss Athen immer größere Machtressourcen aufwenden, um tötungsorientierte Rache zu vereiteln.Das lässt sich als Doktrin der attischen Gefühlspolitik ausdrücken: *der Hass der Untergebenen darf nicht zur Rache werden.* Perikles und Kleon sprechen sich zum Zweck der Prävention von Rache für immer drastischere und ungerechtere Gewaltmittel aus. Statt zu Gewaltkontrolle zwingt die Furcht vor Rache Athen zur Gewaltmaximierung.[1906] Ohne Gewalt stürzt das Reich, denn die Herrschaft erstreckt sich, wie Kleon meint, auf »lauernde und widerwillige Untertanen«, die den Sturz Athens betreiben, wo sie nur können. Chilons Racherecht, dessen Latenz ins klassische Völkerrecht reicht, verstellt Athens Fluchtwege in eine ›unpolitische‹ Zukunft.

Dabei erweisen sich Perikles und Kleon als getreue Anhänger einer Lehre, die Aristoteles – passenderweise – als ›tyrannische Regierungsweise‹ bezeichnet. Als zentrale Maßnahme tyrannischer Politik identifiziert der die

Alleinherrschaft raten. Der Grund, weshalb sich die Berater täuschen sollen, verdient Beachtung: »Sie sehen zwar die Möglichkeiten, Vorteile und Vergnügen und erwarten, diese genießen zu können, die Verwirrung, Ängste und Feindschaften, die *Herrschern und ihren Freunden* erwachsen, erkennen sie freilich nicht«. Isokrates: Brief an die Kinder Jasons 12 [eig. Hervorh.]. Herrschaft zwinge zu den »schändlichsten und gesetzwidrigsten Handlungen«. Aber die Verbrechen treffen diejenigen Personen, die sie am allerwenigsten verdienen: Angehörige und Freunde. Könige würden daher ermordet, »gerade durch die, durch die es am allerwenigsten hätte geschehen dürfen«. Isokrates: Rede an Nikokles [II], 5. Zu den herrschaftsinhärenten Gewaltzwängen auch: Isokrates: Rede über den Frieden [VIII], 94, 103 u. 112). Ihrer Natur nach sei Macht mit Hetären zu vergleichen, »die zunächst zur Liebe anregen, dann aber diejenigen, die sich auf sie eingelassen haben, zugrunde richten.« Ebd., 103. Während für die griechischen Prostituierten gilt, dass »niemand so völlig von Sinnen« sei, »daß er eine Heirat mit einer von ihnen auf sich nähme«, wollen offenbar nicht wenige die *hegemonia* ehelichen. Vgl. Anekdoten und Aussprüche 11. Isokrates rühmt sich daher seines zölibatären, nämlich unpolitischen Lebensstils. Das Leben eines Privatmannes sei aufgrund der Gewaltzwänge besser als das eines Königs. Vgl. Brief an die Kinder Jasons 11. Für Aristoteles dagegen stehen Charakterschädlichkeit und Macht in keinem Kausalverhältnis. Er will sogar den Fall kennen, in dem Menschen durch Macht besser und versöhnlicher werden. Vgl. Rhetorik 1367 b17.

1906 Vgl. S. 296 u. 330f.

Zerstörung des Ehrgefühls.[1907] Der Herrschaft am gefährlichsten seien Leute,

»[...] denen ihre Ehre viel bedeutet; denn wie Menschen, die Geld lieben, Mißachtung ihrer Besitz(interessen) nur schwer ertragen, so nehmen die, denen ihre Ehre viel bedeutet, [...] nicht leicht rücksichtsloses Verhalten, das ihr Ansehen schädigt, hin.«[1908]

Wenn diese Männer »von politischen Rechten ausgeschlossen oder wenn sie Opfer von Unrecht oder erniedrigenden Angriffen sind«, bedeute ihnen ihr Leben wenig. Sie »zetteln politische Unruhen an und stürzen die Verfassung«.[1909] Aristoteles dokumentiert damit seine Meinung zur Affektstärke der Ehre. Sie opferten ihr Leben, »wenn sie nur zuerst das des Tyrannen genommen haben [...]. Denn wer aus Zorn angreift, schont nicht sein Leben«.[1910] Deshalb operierten Tyrannen das Ehrgefühl ihrer Untertanen heraus, »denn ein Mann, der gering von sich selber denkt [*mikropsychia*], wird keinen Anschlag gegen irgendjemand verüben«.[1911]

Wie diese *mikropsychia* durchgesetzt wird, erläutert Aristoteles am Beispiel der persischen Oberschicht. Die dazu nötigen ›barbarischen Sitten‹ eines demütigenden Zu-Boden-Werfens wurden bereits erläutert.[1912] Dadurch gewöhnte sich der Adel an, »gering von sich selber zu denken, da sie sich ständig servil aufführen müssen.«[1913] Sogar das Problem imperialer Tyrannis – das Perikles und Kleon umtreibt – gerät Aristoteles dabei in den Blick. Der persische Großkönig erniedrige »häufig die Meder, Babylonier und die anderen Völker, *die starkes Selbstbewußtsein besaßen*, weil sie einmal große Macht ausgeübt hatten.«[1914]

1907 »[D]enn alle tyrannischen Maßnahmen könnte man auf die folgenden Grundsätze zurückführen: entweder, daß die Untertanen einander mißtrauen oder daß sie ohnmächtig sind oder daß sie kein Selbstvertrauen besitzen.« Aristoteles: Politik 1314 a26.

1908 Vgl. Ebd., 1315 a18.

1909 Vgl. Ebd., 1316 b22f. [dort in umgekehrter Abfolge].

1910 Vgl. Ebd., 1315 a25–30. »Ehrlosigkeit und Benachteiligung« führten, wie das Streben (Gleicher) nach öffentlicher Ehre, in den Bürgerkrieg: Politik 1302 a33f.

1911 Vgl. Ebd., 1314 a16.

1912 S.o. S. 136ff.

1913 Vgl. Politik 1313 b8.

1914 Vgl. Politik 1284 b1ff. [eig. Hervorh.]. Die Lektüre von Aristoteles' *Politik* muss rückwärts erfolgen, um die Brisanz gewisser Stellen zu offenbaren. Die Perser erobern in der zweiten Hälfte des 6. Jahrhunderts das medische Heimatland. Für die Griechen werden die Völker synonym: Hutzfeldt (1999), S. 14. Zum Problem der gesamtheit-

Diese Doktrin der Racheprävention entwickelt sich nicht erst im Laufe des Peloponnesischen Krieges. Die attischen Unterhändler tragen sie auf dem spartanischen Rachekongress schon vor dem Krieg formvollendet vor:

»[S]päter hätten wir uns nicht mehr sicher gefühlt, nachdem wir bei den meisten verhaßt waren, schon einige Abtrünnige unterworfen hatten, auch ihr uns nicht mehr die gleiche Freundschaft zeigtet, sondern Argwohn und Entzweiung, wenn wir da durch Nachgiebigkeit uns selbst gefährdet hätten [...] wärt ihr damals dabeigeblieben bis zum Ende und hättet euch durch die Führung Haß erworben wie wir, so wissen wir genau, ihr wäret nicht minder streng mit euren Verbündeten verfahren und wäret auch gezwungen gewesen, mit Härte zu herrschen oder euch selbst zu gefährden.«[1915]

Vor dem Krieg begründen die Diplomaten also die Notwendigkeit, den Hass der Bündnisstaaten in seiner Handlung zu blockieren. Der Hass soll vor dem Überschwappen in Rache zurückgehalten werden. Unter Hass ist daher der handlungsblockierte Aggregatszustand der (tötungsorientierten) Rache zu verstehen.[1916] Diese Idee ist zwar nicht immer semantisch, aber sachlich-systematisch aus den Quellen greifbar.[1917] Achilles bittet Thetis

lichen Wahrnehmung: Wiesehöfer (2004), S. 297f. Die angedeuteten Gewalthandlungen finden sich bei Herodot: Dareios lässt die Mauern schleifen, die Tore niederreißen und »die Ersten der Bürger an den Pfahl, gegen dreitausend« schlagen. Vgl. Herodot: III. 159 [Übers. Marg].

1915 Thukydides I. 75, 4ff. [Übers. Landmann].

1916 Um das definitorische Novum zu verstehen, sei erneut auf Hobbes' systematische Trennung von Hass und Rache verwiesen: Fn. 1240.

1917 Den Begriff ›Hass‹ für *orgē* wähle ich strategisch zur Ausarbeitung des systematischen Gedankens. Vgl. Fn. 188. Als Alternativen böten sich ›Wut‹, ›Groll‹ oder ›Zorn‹ an, für die sich die Hypothese auch sachlich aus dem griechischen Original nachweisen lässt (vgl. *cholos* in Fn. 1920); *orgē* wird nicht nur mit Hass, sondern auch mit ›Zorn‹ (Fn. 1922) oder ›Empörung‹ (Fn. 1928) übersetzt. Thukydides kennt neben *orgē* und *misos* auch *echtrai* (Fn. 1926). Aristoteles will zwischen *orgē* und *misos* (wie immer) trennen können, wobei Letzteres für gewöhnlich mit Hass übersetzt wird. Vgl. EN 1105 b21; Rhetorik 1382 a12. Beobachtungen über Unschärfe und Uneinigkeit der antiken Gefühlskataloge rechtfertigen einen weiten Gefühlsbegriff wie ›Hass‹, der als Oberbegriff sachlich andere (Unter-)Begriffe ›schluckt‹, um das Systematische offenzulegen. Zum Problem der sachlichen Trennunschärfe von *orgē*, *phthonos* und *misos*: Sanders (2012), S. 363. Zu *orgē*: Konstan (2006), S. 41ff. Zu *cholos*, *mēnis* u. *thymos*: Descharmes (2013), S. 107ff. Ob Wut, Groll oder Hass zur Rache drängen, der Gedanke eines handlungsblockierten Gefühls bleibt sachlich derselbe. Bei Hobbes ist es für Strauss nicht Hand-

um Rache, die wiederum bei Zeus zum ›Hass‹ ihres Sohnes vorspricht.[1918] Wenn Sophokles' *Elektra* ihre stumme Schwester Chrysothemis auffordert, ihren Hass zu ›zeigen‹, wünscht sie nichts anderes als: Rachehilfe.[1919] Der Chor rät ausdrücklich, den Hass (*cholos*) in die Hände der Götter zu legen:

»Vertrau', vertraue, / Kind! Denn im Himmel ist mächtig noch / Zeus: Er überwacht alles und gebietet. / Ihm stelle den Groll [*cholon*] heim, den allzu bittren! / Hasse nicht zu sehr deine Feinde / noch auch vergiß sie!«[1920]

Die Menschen können den Göttern ihren Hass überantworten. Die Götterwelt soll über die gerechten Strafen urteilen und gegebenenfalls ›cholerisch‹ werden. Auch Aischylos' ungerächte Toten enthüllen ihren »Groll« (*orgas*).[1921] Die *hybris* verursacht bei Aristoteles *orgē*, die auf Rache drängt.[1922] Die Erinyen wünschen den Bürgern Athens, aus ein- und demselben Sinn zu hassen, damit der Boden der Stadt niemals »[i]m Zorn der Rachegier (*di'organ poinas*) wechselnden Mords Blutrausch« untergehe.[1923] Zumindest einer der beiden attischen Tyrannentöter, Aristogeiton, übt Rache aus Hass.[1924] Korinth nimmt aufgrund der Rechtslage (*nomizontes*) wie »aus

---

lungsblockade, sondern *Furcht*, welche »die Rachbegierde in Haß« zurückverwandelt. Vgl. Fn. 1238.

1918 Vgl. Il. I. 351ff.; 500ff.

1919 »Schlimm ist's, daß du den Vater, dessen Kind du bist, / vergessen hast, doch hältst zu der, die dich gebar! / [...] eben sagst du, würde dir die Macht zuteil, / du machtest deinen Haß [*misos*] auf jene offenbar. / Doch wenn ich Rache [*timōroumenēs*] für den Vater nehmen will, / tust du nicht mit und rätst mir ab von meinem Tun.« Sopohkles: Elektra V. 341ff. [Übers. Willige].

1920 Ebd., 176. Derselben Praktik bedient sich Althaia, als sie die Rache für ihren Bruder an die Götter übergibt. Mörder ist ihr Sohn Meleagros: Salvo (2012), S. 235. Salvo deutet die Rachegebete gefühlspolitisch als »a way to soothe and cool the feelings behind a wish for revenge.« Ebd., S. 237. Zum Hintergrund derartiger Praktiken gerade bei der *Nichtermittelbarkeit* der Täter: Kelsen (1941), S. 39f. u. 368.

1921 Aischylos: Choephoren V. 326 [Übers. Werner].

1922 Vgl. Fn. 1965 bzw. Rhetorik 1369 b12; 1378 a31; 1379 a30. Hass lässt sich dadurch umschiffen, dass Rache als *Strafe* angekündigt wird: »Deswegen muss man zuerst durch Worte strafen; denn selbst die Sklaven sind dann weniger unwillig, wenn sie bestraft werden.« Ebd., 1380 b15.

1923 Vgl. Aischylos: Eumeniden V. 981 [Übers. Werner].

1924 Vgl. Thukydides VI. 57, 3. Zu den Tyrannentötern, vgl. o. S. 40.

Hass [*misei*]« Rache.[1925] Thukydides dokumentiert immer wieder, wie der Bruch des Rechts zu Hass und Rache führt.[1926]

Es gibt zwei Belegstellen, die darauf hindeuten, dass die attische Diplomatie versucht, Freunden wie Feinden ihren Hass gekonnt auszureden. Auf dem spartanischen Rachekongress tragen die attischen Unterhändler eine eigenartige Hypothese vor. Zunächst skizzieren sie die Gleichstellung aller Bündnispartner im attisch-delischen Seebund.[1927] Bei dieser Gleichbehandlung konnten sie in Sachen politischer Anthropologie etwas lernen:

»Über erlittenes Unrecht [*adikoumenoi*] aber, so scheint es, empören [*orgizontai*] sich die Menschen mehr als über Gewalttat [*biazomenoi*], das eine erscheint ihnen nämlich als Übergriff eines Gleichgestellten, das andere aber als Zwang eines Mächtigeren. Vom Perser jedenfalls haben sie Schlimmeres als dieses erduldet – und ertragen!«[1928]

Zu erwarten stünde, dass zwischen Unrecht und Gewalt nicht unterschieden wird. Gewalttat *ist* Unrecht. Aber die attischen Unterhändler behaupten, solange der gewaltanwendende Staat überlegen sei, erscheine die Gewalt nicht als Unrecht, sondern als ein Zwang. Der Starke setzt »das Mögliche« durch, der Schwache duldet den »Zwang«.[1929] Durch den Verkehr mit den vertragsrechtlich gleichgestellten Unterzeichnerstaaten des Seebundes erkennen sie, dass Gewalt von Unrecht rechtsdogmatisch getrennt zu werden verdient. Unrecht sei der »Übergriff eines Gleichgestellten« und fällt nur bei Symmetrie der Kräfte mit Gewalt zusammenfallen. Aus dem Verkehr mit Nichtunterzeichnerstaaten (bzw. dem Geschichtsunterricht über das Verhältnis Griechen – Perser) wollen sie aber gelernt haben, dass Gewalt nicht voraussetzungslos als Unrecht wahrgenommen wird. In der Aussage steckt mehr als eine juristische Revision des Unrechtsbegriffs durch Überlegenheitsverhältnisse. Es geht nicht um Empörung, sondern um Hass (*orgê*). Die Menschen empören sich nicht über Unrecht – *sie hassen es.* Der implizite Lehrsatz dieser attisch-imperialen Gefühlslehre lautet: *Gleichrangigkeit bringt den Hass hervor, den Unterlegenheit annulliert.*

1925 Vgl. Thukydides I. 25, 3 [Übers. Vretska/Rinner].

1926 Vgl. Fn. 1409; S. 206ff.; Thukydides IV. 122, 5; 123, 2; V. 28, 3; 42, 2; 46, 5; 62, 2; VI. 88, 1. Ähnlich auch V. 27, 2 [*misos*]; IV. 24, 2; 57, 4; VII. 57, 9 [*echtrai*].

1927 Vgl. Fn. 232 u. 1879.

1928 Thukydides I. 77 [Übers. Vretska/Rinner].

1929 Vgl. Thukydides V. 89 [Übers. Landmann].

Eine zweite Belegstelle gegenüber den Meliern verrät die Systematisierung dieses Gedankens. Was die Unterhändler den Spartanern negativ darlegen, *dass Unrecht nur unter Gleichgestellten existieren kann,* drücken sie den Meliern gegenüber positiv aus: »da ihr so gut wißt wie wir, daß im menschlichen Verhältnis Recht gilt bei Gleichheit der Kräfte, doch das Mögliche der Überlegene durchsetzt, der Schwache hinnimmt.«[1930]

Recht gilt nach dieser Lehre also nur bei einer Symmetrie der Kräfte. Im Verhältnis von Über- und Unterlegenheit setzt der Stärkere durch, der Schwächere nimmt hin. Die Lehre ist unverhältnismäßig kohärent: Recht (gegenüber Melos) und Unrecht (gegenüber Sparta) seien Begriffe, die nur unter Gleichgestellten gelten. Gleichrangigkeit bringe das hervor, was Unterlegenheit annulliert: Recht, Unrecht und Hass. Unterlegene hätten demnach keinen Grund, attisches Unrecht zu hassen, sondern Gewalt als Zwang hinzunehmen.

Exkurs: In der Gärtnerei der Macht. Ein Lehrstück antiker Staatsräson

Hybris ist nicht anthropologisch gegeben,[1931] sondern sie ›wächst‹ aus Saturiertheit,[1932] Machtfülle,[1933] Ehre,[1934] Schönheit, Kraft oder hoher Ge-

---

1930 Ebd.

1931 Vgl. Fn. 1874 [Isokrates] u. 1933 [Herodot].

1932 Solon: »Denn die Sattheit gebiert dann Überhebung, wenn Menschen ohne gefügen Verstand allzu behäbig gedeihn.« Fränkel (1969), S. 258. Es geht dabei um das Wohlstandsniveau: Ebd., S. 253 u. 255. Aristoteles meint, wenn die Reichen Macht eingeräumt bekommen, »dann sind diese darauf aus [...], anderen Unrecht zuzufügen, um sie zu erniedrigen, oder darauf, sich einen Vorteil zu verschaffen.« Politik 1307 a19.

1933 »Denn gelangte *auch der beste* aller Menschen zu solcher Macht, sie stellte ihn außerhalb alles gewohnten Denkens. Denn *in ihm wächst Überhebung, aus der Fülle, in der er steht, die Mißgunst aber ist von Anbeginn dem Menschen eingepflanzt.* Hat er aber diese zwei, hat er alles Schlimme miteinander. [...] Denn er mißgönnt es den Besten, daß sie wohl und am Leben sind, und hat seinen Gefallen an den Schlechtesten im Volk, Verleumdungen aber zu glauben, darin ist er der Beste.« Herodot III. 80 [Übers. Marg; eig. Hervorh.]. Aristoteles bezeichnet die Macht (und Rechte) mit ›Ämtern‹. Vgl. Politik 1278 a37; 1279 a17; 1295 b13. Er rät, geringe Ämter (mit wenig Macht) lang zu gestalten und große Ämter (mit viel Macht) auf sechs Monate zu begrenzen. Vgl. Ebd., 1308 a20–b12. Das trägt Züge eines Dilemmas: Der Staat sei darauf angewiesen, Einzelnen die Ausübung der Herrschaft zu übertragen. Aber die Machtfülle ziehe in den Betroffenen einen Widerstand gegen Gesetze, Beschlüsse und Befehle hoch. Die Mächtigen würden unwillig, »die Stellung von Sklaven einzunehmen.« 1311 a20.

burt empor.[1935] Deshalb muss sie mit *hard power* – buchstäblich – gekappt werden. Solon rät: »beschwichtigt die Sattheit und *kappt Überhebung*, läßt die Verblendung, die hoch wuchert, verdorrn und vergehn, richtet gerade verbogenes Recht, und die Taten des Hochmuts, sänftigt sie«.[1936] Bei Hesiod erweist sich Zeus als Garant der Gleichheit unter den Menschen: »leicht wie er Ragende stutzt, so hebt er empor die Verborgnen, / leicht macht den Krummen er grad und läßt den / Geschwollenen schrumpfen«.[1937] Bei Herodot hält Solon Kroisos' vermeintlichem Glück entgegen: »Denn schon so manchem hat der Gott das Glück gezeigt und ihn dann *mit seinen Wurzeln umgestürzt*.«[1938] Artabanos legt dem persischen Großkönig Xerxes in den Kriegsberatungen dar:

»Du siehst, wie der Gott *überragende* Lebewesen mit seinem Blitz erschlägt und nicht duldet, daß sie auffallen, *die kleinen* aber jucken ihn nicht. Du siehst, wie er immer auf *die größten Häuser und die höchsten Bäume* seine Geschosse schleudert. Denn dem Gott gefällt es, *alles, was herausragt, zu stutzen*. Und so wird wohl auch ein großes Heer [...] vernichtet, [...] wenn der Gott an der Größe Anstoß nahm und unter sie einen Schrecken warf oder einen Donnerschlag, durch welchen sie verdarben auf eine ihrer unwürdige Art. Denn der Gott duldet nicht, daß einer sich groß dünkt, außer ihm selber.«[1939]

1934 Zu *hybris* aus Ehre: Fn. 1406 u. 1866. Mit dem Leitgedanken, dass Ehrungen beim Geehrten keine Dankbarkeit, sondern *hybris* erzeugen. Zur empirischen Evidenz der Entpflichtungsdynamik: Fn. 781. Die Überlegung, dass Ehre *hybris* erzeugt findet sich in unsystematischer Form bei Xenophon. Wenn Alkibiades wegen seiner Schönheit von Frauen verfolgt, vom Volk geehrt, vom Reichtum hochgetragen, von Macht berauscht und von Bewunderern umschmeichelt wird: »wie sollte es da zu verwundern sein, wenn sie übermütig wurden?« Xenophon: Erinnerungen an Sokrates I. 2, 25 [Übers. Jaerisch].

1935 Für Aristoteles mutieren Menschen *qua* Schönheit (!) zu »Verbrechern großen Stiles«: »die zuerst genannten entwickeln sich zu Menschen, die Unrecht zufügen, um andere zu erniedrigen, und zu Verbrechern großen Stiles [...] Unrecht begeht man ja entweder aus Übermut, um andere zu erniedrigen, oder um zu übervorteilen.« Aristoteles: Politik 1295 b9f. Zu den anderen Faktoren: 1315 a3f.; Rhetorik 1390 b32. In der Nennung von *kalos* bei Aristoteles drückt sich erneut die systematische Umkodierung von Ehre auf *kalos* aus. Vgl. Fn. 418.

1936 Fränkel (1969), S. 255 [eig. Hervorh.].

1937 Hesiod: Werke und Tage 6f. [Übers. Schirnding].

1938 Herodot I. 32 [Übers. Marg; eig. Hervorh.].

1939 Ebd., VII. 10d-e [eig. Hervorh.]. Die Götter zu ehren, geschieht ebenfalls aus Furcht vor Missgunst. Vgl. Drexler (1967), S. 448. Amasis rät Polykrates, das Teuerste fortzuschleudern, »dessen Verlust dir am meisten wehtut [...] denn ich weiß, daß das Gött-

Obschon diese Beschreibungen von einer pflanzlichen Metaphernwelt durchrankt sind – Entwurzelung, Beschneidung, Herausreißen –, handelt es sich nicht um machtorganische Vorstellungen, wie SNELL glaubt,[1940] sondern um Bildscherben der antiken Staatsräsonlehre.[1941] BURKERT fasst das dahinterliegende Prinzip pointiert als »Praxis der Heckenschere«.[1942]

Diese Praxis verdichtet sich in einer Schlüsselepisode zwischen zwei Tyrannen, Periander und Thrasybulos, die mit erheblichen Übertragungsdifferenzen, modifiziert wohl durch historische Erfahrungen,[1943] in unterschiedlichen Fassungen vorliegt. Über beide Tyrannen existiert eine »reiche, vorwiegend novellenartige Überlieferung«.[1944] Im Folgenden seien ausschließlich die Varianten Herodots und Aristoteles' behandelt.[1945]

Bei Herodot benutzt ein Korinther die Geschichte, um Sparta von der Verhässlichung Athens durch die Einrichtung einer Tyrannis abzuhalten. Der Gewaltherrscher Periander schickt einen Boten zu Thrasybulos, um sich zu erkundigen, »welches die sicherste und die schönste Art wäre, die Angelegenheiten so zu regeln, daß man die Stadt am besten in der Hand behalte.«[1946] Thrasybulos geht im Feld umher, köpft die herausragenden Ähren, wirft sie fort, »bis er *das Beste und Höchste* vom Saatfeld auf diese

liche neidisch ist. [...] noch habe ich von keinem gehört und weiß von niemand, der nicht schließlich ein schlimmes Ende fand, wenn ihm alles geglückt war.« III. 40. Polykrates wirft seinen Siegelring ins Meer, erhält ihn auf Umwegen aber zurück, weshalb er einen Tod stirbt, den Herodot »nicht erzählen mag« (41) und seine Leiche noch gepfählt wird. Zu einer plastischen Beschreibung des Pfählungsvorgangs: Jacobs (2009), S. 137.

1940 Vgl. Snell (1986), S. 149.

1941 Die Suche nach den Mitteln, dem Staate ›Dauer zu verleihen‹, ist kein originär neuzeitliches Projekt: »Denn man muß verstehen, aus was für einer Einstellung heraus und für welches Ziel man politische Auseinandersetzungen anzettelt, und [...] was die Unruhen unter Bürgern und Kämpfe gegeneinander auslöst.« Aristoteles: Politik 1302 a20. An diesem Leitfaden nordet Aristoteles seine Untersuchung immer wieder aufs Neue: 1264 b8ff.; 1284 b16; 1296 a7.

1942 Vgl. Burkert (1994), S. 17.

1943 Vgl. Forsdyke (1999), S. 364 (Anm. 11) u. 366.

1944 Vgl. Strasburger (1984), S. 345.

1945 Zu den römischen Mutationen: Livius I. 53, 4ff.; Val. Max. VII. 4, 2; Ovid: Festkalender II. 701ff.; Felton (1998); Münkler (1987), S. 200. Die Geschichte scheint mir gewohnheitsrechtliches Substrat weniger zu enthalten als auszuwerten. Vgl. Fn. 312.

1946 Herodot V. 92f. [Übers. n. Marg]. Zur Logik der Hand: Kroisos hält alle Völker »in seiner Hand«. Ebd., I. 28; 89.

Weise zunichte gemacht hatte.«[1947] Die Betonung liegt auf dem Besten und Höchsten, das der Tyrann herausreißt. Die Hand des Gewaltherrschers stutzt das Beste zurück: »Periandros aber [...] verstand, daß Thrasybulos ihm riet, die *hervorragenden* Bürger umzubringen, und da ließ er denn jegliche Schlechtigkeit an seinen Landsleuten aus.«[1948] Dem korinthischen Erzähler bleibt nur der Stoßseufzer: »So ist eben die Tyrannis, Lakedaimonier, und solche Taten bringt sie hervor.«[1949] Da Periander sich nach der sichersten *und* schönsten Politik erkundigt, Thrasybulos aber nonverbal das Schönste vernichtet, liegt eine Pointe der Erzählung in der Kollision von Schönheits- und Sicherheitspolitik.[1950] Das Streben nach Sicherheit ruiniert *kalos* und das Streben nach Schönheit die Stabilität.

Aristoteles wiederholt die Geschichte mit Variationen. Bei ihm ist es Thrasybulos, der bei Periander erfragen lässt, wie er herrschen soll:

»Man berichtet nämlich, Periander habe sich zwar gegenüber dem zu ihm gesandten Herold nicht zu dem (erbetenen) Rat geäußert, er habe jedoch die Ähren, die über die anderen hinausragten, abgerissen und so das Getreidefeld auf eine gleichmäßige Höhe gebracht. Der Bote habe den Grund für dieses Verhalten nicht durchschaut, den Vorgang aber gleichwohl berichtet; Thrasybul habe jedoch verstanden, daß er die mächtigen Männer beseitigen müsse.«[1951]

Diese Passage, genauso wie die daran anschließenden Überlegungen zur tyrannischen Machtrationalität,[1952] haben Aristoteles den Vorwurf eingetragen, ein »Theoretiker des Totalitarismus« zu sein.[1953] Ein Demütigungsplädoyer, eine Zeittaxierung, nach der die als unsicher und kurzlebig geltenden Gewaltregime *en passant* zur dauerhaftesten Staatsform avan-

1947 Vgl. Ebd., V. 92f [Übers. Marg; eig. Hervorh.].

1948 Ebd., 92g.

1949 Ebd.; für Herodot setzt der Sturz der attischen Tyrannis die Energien frei, die Feigheit, Trägheit und Unterwürfigkeit besiegen und die *polis* modernisieren. Die Konstitution des Politischen bedingt also nicht erst bei Platon die psychologische Verfassung. Vgl. Herodot V. 78. Zum schlechten Image der Tyrannis allgemein: Isokrates: Helena [X], 33 [Theseus ekelt sich vor den Tyrannen, weil sie »die besten unter den Bürgern« töten]. Vgl. Fn. 139, 861 u. 1168.

1950 Vgl. Felton (1998), S. 43.

1951 Aristoteles: Politik 1284 a28ff.

1952 Vgl. Fn. 1907.

1953 Vgl. Heuß (1971), S. 1ff. u. 25ff.

cieren[1954] und ein windschiefes Proportionsplädoyer[1955] stützen diesen Eindruck zusätzlich.

Das Bewusstsein, dass auf Perianders Kornfeld etwas *Schönes* vernichtet wird, lässt sich dennoch auch Aristoteles nicht absprechen. Perianders erklärtes Ziel ist es, »*die überragenden Männer* zu erniedrigen und die selbstbewußten zu beseitigen«.[1956] Die *differentia specifica* zwischen diesen beiden Fassungen besteht aber nicht darin, dass der Verfasser der *Politik* totalitaristisch, sondern dass Herodot anti-totalitär argumentiert und Aristoteles radikal-egalitär, aber nicht totalitär.[1957]

1954 Die numerische Auszählung der Amtszeiten von Tyrannen ist bei Aristoteles tatsächlich wenig geeignet, die konventionelle Meinung, dass die Tyrannis aufgrund der politischen Verbrechensrate unter allen Verfassungen »am kurzlebigsten« sei, zu unterfüttern. I.S.d. esoterischen Lehre präsentiert Aristoteles absichtsvoll epische Haltbarkeitsdaten: die Tyrannis von Orthagoras kommt mitsamt Nachkommen auf einhundert Jahre, Periander auf »vierzig einhalb« und Kypselos auf dreißig Jahre. Vgl. Politik 1315 b25.

1955 Den fünf Analogien, die Gewalt gegen die Herausragenden rechtfertigen sollen, fehlen die für Aristoteles typischen Einwände. Fünfmal setzt Aristoteles Überproportionalität mit Deformation und Autodestruktion gleich: [1.] »kein Maler dürfte zulassen, daß ein Lebewesen einen Fuß hat, der durch seine Größe die Symmetrie stört, auch nicht dann, wenn dieser besonders schön ist«, [2.] Kein Schiffszimmermann dürfe ein überproportional großes oder schönes Heck zimmern, [3.] »gewiß wird derjenige, der den Chor einstudiert, nicht dulden, daß einer im Chor mitwirkt, dessen Stimme an Kraft und Schönheit den gesamten Chor übertrifft« (alle: Politik 1284 b8ff.), [4.] Ins Extrem gesteigerte Nasen entstellen ein Gesicht (1309 b23ff.), [5.] »Zum Verfassungswandel kommt es aber auch wegen eines Machtzuwachses, der die Verhältnisse sprengt. Dies läßt sich an einem Körper verdeutlichen: er ist aus Teilen zusammengesetzt und muß (überall) im gleichen Verhältnis wachsen, damit die Symmetrie erhalten bleibt; andernfalls geht er zugrunde, (z.B.) wenn der Fuß vier Ellen, aber der Rest des Körpers nur zwei Spannen groß ist«. (1302 b35). Einwände könnten sein: der experimentelle Umgang mit Anomalien, die Leistung eines vergrößerten Schiffshecks, der Verdienst der Herausragenden oder die Potenziale der Asymmetrie. Die Begründung, dass Symmetrieverluste (überproportionale Größe, Stärke oder Schönheit) stets nachteilig sind und deshalb beseitigt werden müssen, klingt eigenartig deklarativ. Ein Bestandteil sei von Natur *nicht dazu bestimmt*, das Ganze zu überragen. Der Bestandteil habe die Wahl, sich einzufügen (deshalb heiße er »Teil«) oder aber das Ganze zu verkörpern. Vgl. Ebd., 1288 a27. Nicht länger ein Glied des *body politic* zu sein, sondern das Ganze zu verkörpern, dürfte der Plan hinter den meisten Aufstandsbewegungen sein.

1956 Vgl. Politik 1313 a40 [eig. Hervorh.].

1957 Die Tyrannis werde errichtet, damit die Menge von den Geehrten nicht unterdrückt wird. Vgl. Politik 1310 b13. Über die Beobachtung, dass der *phthonos theōn* bei Herodot die Alleinherrscher trifft, gelangt auch Kelsen zur Einschätzung, dass dieser die

Wieder und wieder zeigt Aristoteles Einfühlungsvermögen für egalitäre Probleme. Die Überlegenen, die wie Löwen nur gleich sein dürfen, stiften Aufruhr, »weil sie (nur) gleiche Rechte haben, obwohl sie nicht gleich seien.«[1958] Gleiche Rechte zu besitzen, obwohl man herausragt, bringt für Aristoteles neue Ungerechtigkeiten hervor, die die politische Stabilität gefährden. Um Instabilität zu vermeiden, werden die Überlegenen kurzerhand herausgerissen und das Feld gärtnerisch auf perfekte Höhensymmetrie getrimmt. Deutet man diese Einheitshöhe als Wahrung der rechtlichen Gleichheit, bedeutet der gärtnerische Eingriff nicht zwingend eine totalitäre Neigung, sondern das rigorose Vorgehen gegen die Feinde der Gleichheit. Der blinde Fleck dieser radikal-egalitären Ansicht ist jedoch, dass der Gärtner selbst außerhalb der Einheitshöhe des Feldes liegen muss.

Der Angriff Schuldloser: *hybris* im antiken Völkerrecht

Bei den Verbrechen von Persern, Athenern oder Mytilenern schwingt mit, wie verhandelbar die Klassifikation von Delikten als *adikia* oder *hybris* ist. Welcher Gesichtspunkt entscheidet darüber, wann *hybris* vorliegt? Douglas CAIRNS Minimaldefinition eines »thinking big«[1959] und RIEẞ' »excessive attitude that transgressed the flexibly defined domain of good behavior« vermögen aufgrund der Undeterminiertheit wenig zu überzeugen.[1960] MAIERS Kriterium einer »Anmaßung, sich dem Göttlichen gleich zu glauben oder sich sogar an dessen Stelle zu setzen«, krankt ebenso an rechtspraktischer Beweisbarkeit.[1961] SCHMITZ Interpretation, *hybris* als einen Verbrechenskreis zu definieren, der die Schwere der Rechtsordnung – und damit vorstellbare und geregelte Verbrechen – ganz eigentlich übersteigt,[1962] beruht auf Fehlannahmen.[1963]

---

demokratische »Ideologie des diese Staatsform bestimmenden Gleichheitsprinzips« sei. Vgl. Kelsen (1941), S. 484. Allgemein zur Deutung des *phthonos theōn* als anthropomorpher Projektion der Tyrannenerfahrung: Hirzel (1907), S. 303f. u. 307 (Anm. 2).

1958 Vgl. Politik 1303 b6.

1959 Vgl. Cairns (1996), S. 1.

1960 Vgl. Rieß (2012), S. 121/125.

1961 Vgl. Maier (2010), S. 23.

1962 Vgl. Schmitz (2004), S. 246.

1963 Wie Ruschenbusch darlegt, geht es bei der Formulierung *paranomos* in Perikles *hybris*-Gesetz um »ein Freveln, ohne daß die Gesetze etwas darüber bestimmen«, d.h. einer

FLAIGS Hypothese einer gewalttätigen Willensdurchsetzung[1964] wird von Aristoteles *hybris*-Darstellung sogar ausgeschlossen: Aristoteles trennt *hybris* gerade von der Willens- und Interessensdurchsetzung ab.[1965] Bei dieser Verbrechenskategorie gehe es vielmehr um die ›uninteressierte‹ Demütigung abseits materieller Vorteile und Interessen. In der *Politik* zeichnet er das Bild eines Täters, der, weil er sein Opfer beschämen und demütigen *kann* (Könnensbewusstsein), in den rauschhaften Zustand seiner Superiorität gerät.[1966] Das Opfer wird in eine Zellophanhülle der Ohnmächtigkeit eingewickelt und die Schande *verdoppelt*: einmal werde das Opfer durch die Tat selbst entehrt, ein zweites Mal von der Wirkungslosigkeit des eigenen Hasses (*orgê*) bloßgestellt. An diesem Hass droht das Opfer gar zu ersticken, weil er, nach außen in seiner Handlung (Rache) blockiert, umso drastischer nach innen wirke. GEHRKE sieht vor der Folie dieser Hassvergiftung die Ereignisse des Peloponnesischen Krieges. Die Gesetze würden *um des Hasses willen* gebrochen, d.h. um toxische Erinnerungen zu produzieren und Schande und Erbitterung der Gegner zu potenzieren.[1967] Gegen das im Kampf um Kerkyra angehäufte *mémoire toxique* helfen keine Tri-

---

Bestimmung, die dem Grundsatz *nulla poena sine lege* vorbeugt. Vgl. Ruschenbusch (2005), S. 71.

1964 Vgl. Flaig (2006), S. 33f. Gewaltverbrechen können Unrecht sein, ohne *hybris* zu konstruieren: Fn. 1972.

1965 »Es ist nämlich eine übermütige Misshandlung [*hybris*], wenn man das tut und sagt, was für den Erleidenden eine Schande darstellt, *und zwar nicht, damit einem etwas anderes zugute kommt* oder weil etwas geschehen ist, *sondern damit man sich daran freut* [...] Der Grund für die Lust, die die übermütig Misshandelnden haben, ist, dass sie meinen, durch die schlechte Behandlung selbst noch in höherem Maße überlegen zu sein.« Rhetorik 1378 b23ff. [eig. Hervorh.]. Wie immer steht jedes Wort als Ausdruck tiefgreifender Diskussionen, Probleme und Reflexionen an der richtigen Stelle. Nicht die realen Machtverhältnisse sind gemeint, sondern *das Selbstverständnis des Täters* (*doxa*). Die Wendung »sie meinen« bezeichnet nicht Subjektivität, sondern die Macht der Phantasie. Es reicht aus, dass der Täter an die Vorstellung seiner Überlegenheit *glaubt*. Während Aristoteles' ›Freude‹ und ›Lust‹ – *also der Zuckergehalt der Rache* (vgl. Fn. 1474) – an der Demütigung explanatorisch zu dünn sind, genügt ihm das *Interesse an Überlegenheit*. Vgl. Fn. 1922; 1965; Rhetorik 1385 b23. Nach der »Vorstellung von Überlegenheit« seien alle Menschen »entweder in geringem oder in stärkerem Maße begierig«. Vgl. Ebd., 1370 b33. Vgl. Bacons (das »Vergnügen« in Fn. 1264) und Hobbes' Analyse (Fn. 1240). Bacon differenziert edlen (Reue des Gegners) und hässlichen ›Zucker‹ (Schaden des Gegners).

1966 Vgl. Politik 1311 a34ff.

1967 Vgl. Gehrke (1985), S. 243. S.o. S. 266ff.

bunale oder Versöhnungskommissionen, sondern nur noch Deukalionische Flut. So interessant diese Interpretation erscheinen mag, der totale Gewalteinsatz zielt nach Aussage der Kriegsparteien nicht auf Demütigung, Hass oder Erbitterung, sondern auf Racheprävention, entweder durch die Handlungsblockade des Hasses[1968] oder durch ›lemnische Verbrechen‹, d.h. die feige Vernichtung der Rächer.[1969] Um die Evokation von Hass geht es zumindest auf der Quellenaussagenebene nicht.

BARTA deutet die attische Klage gegen *hybris* als gesetzlich verankerten Schutz gegen die Verletzung der Gleichheit,[1970] der die »Keimzelle [...] der späteren Menschenrechte« darstellt.[1971] Der *nomos hybreos* setzt, das sei am Rande bemerkt, Chilons Vorgaben schon der Form nach. Geschädigte müssen sich im Vorfeld entscheiden, was sie zur Anklage bringen wollen: die Schädigung oder die *hybris* des Schädigers.[1972] Erstere Delikte sind als

---

1968 S.o. S. 355.

1969 Vgl. Fn. 1363 u. 1992. Das Handlungsziel, den Gewalteinsatz total zu machen, um Rache für alle Zukunft zu unterbinden, ist insbesondere aus dem armenischen Genozid, dem Holocaust und Ruanda, aber auch für Chiles Pinochet bekannt. Vgl. Maier (2010), S. 228. Sind die Verbrechen nur groß genug, scheint der Hass zu entgleiten und der Wunsch nach Rache zu vergilben. Oder: je tiefschneidender die Wunde der Ehre ist, desto wahrscheinlicher ihr Tod i.S.v. ausbleibenden Handlungsfolgen. Zur Beurteilung als Feigheit: »Da Philipp ihm nun unter anderm sagte, es handle sich um einen feigen und furchtsamen Menschen, schloß der Kaiser hieraus ohne Zögern, daß Phokas mordlüstern und grausam sein müsse. Was macht denn die Tyrannen so blutdürstig? Es ist die Sorge um ihre Sicherheit und die Tatsache, daß sie zu gewinnen ihr feiges Herz kein anderes Mittel weiß, als alle auszurotten, die ihnen auf den Leib rücken könnten, selbst Frauen. Die Tyrannen haben schon Angst vor einem Kratzer! Weil ihn ständig alle schrecken, / will er alle niederstrecken.« Montaigne: Essais II. 28 [Alles zu seiner Zeit!].

1970 Vgl. Barta (2011b), S. 159–163. Zum Gesetz als Gewaltverbot: Barta (2011a), S. 357. In *hybris* scheint sich allgemein wiederzufinden, was *superbia* für die römische Republik ist: ein dezidierter *»anti-value«*. Vgl. Baraz (2008), S. 367. *hybris* disponiert zu Verbrechen – wie Tarquinius' *superbia* zu *regnum* und *crimen regni* drängt. Vgl. Baraz (2008), S. 366f., 380, 382f. u. 387. Erst unter der Alleinherrschaft Oktavians entdeckt die Dichtung eine *iure superba*. Die legale *superbia* bleibt bis zum Ende der römischen Republik semantische Unmöglichkeit: Ebd., S. 389. Zum Schwur, in Rom keine Könige zu dulden: Till (2003), S. 196 (Anm. 17) u. 209; Girardet (2005), S. 170f.

1971 Vgl. Barta (2010), S. 336.

1972 Vgl. Konons Bedenken, auf *hybris* zu klagen: Krause (2004), S. 27. Wenn er kein Fünftel der Richterstimmen gegen den Angeklagten zusammenbekommt, müsste er 1.000 Drachmen Strafe zahlen. Vgl. Fn. 976. Ruschenbusch übersieht die Klagevorauswahl durch den Kläger, wenn er ›Rechtskannibalismus‹ befürchtet. Vgl. Ruschenbusch (2005), S. 68.

Privatklagen konstruiert und werden bei Verurteilung entschädigt. Die Klage auf der Basis von Perikles' *hybris*-Gesetz hingegen ist öffentlich. Wie bei allen Popularklagen erhält der Geschädigte dann keine Kompensation,[1973] sondern entweder Rache (Tötung des Schuldigen) oder die Strafzahlung fällt an die *polis*. Verbrechen aus *hybris* können in Athen *de facto* nur gerächt, nicht aber entschädigt werden.

Die Entscheidung zwischen bloßem Unrecht und *hybris* – d.h. zwischen *Entschädigung und Rache* – wird für BARTA über den Zweck konstruiert. Stellt der Täter auf Kosten des Opfers seine Überlegenheit her? Die Überhebung hat körperlich zu erfolgen, indem der Täter den Kläger zu Boden drückt und seinen Fuß auf ihn aufsetzt.[1974] Der Täter stellt den Fuß damit nicht nur auf den Körper des Klägers, sondern auf den politischen Körper der *polis*.[1975] Diese Hypothese vermag vielleicht im *polis*-Recht zu überzeugen. Aber wie sollen derartige Nachweise extremer Missachtung völkerrechtlich geführt werden? Wenn *hybris* durch die gezielte und vorteilslose Demütigung eines Staates zur Herstellung der eigenen Überlegenheit konstruiert wird, hätte Kleon schwerlich einen Weg gefunden, Mytilenes Verbrechen überhaupt als *hybris* zu geißeln. Inwiefern sollte Mytilene mit einem Austritt aus dem Bündnissystem oder einer militärischen Aggression Überlegenheit auf Kosten Athens herstellen?

Der Kurzabriss scheint zunächst RIEß' Eindruck zu bestärken: »For generations, scholars have tried to pin down the definition of *hubris*, but so far they have not come to an agreement.«[1976] – Das zentrale Kriterium, das völkerrechtlich wie innerstaatlich *hybris* (mit Chilon: die Pflicht zur Rache) konstruiert, ist ein anderes: die Schuldlosigkeit des Opfers bei *unprovozierter* Gewalthandlung.[1977]

Schon Homer interessiert, wer das Recht zuerst bricht. Vor dem Zweikampf zwischen Paris und Menelaos beten die Umstehenden, dass derjenige sterben möge, der den Konflikt verursacht habe.[1978] Auch Menelaos

1973 Vgl. Fn. 2036.

1974 Vgl. Barta (2011b), S. 167.

1975 Vgl. Ebd., S. 154 u. 179; Ruschenbusch (2005), S. 53; Thür (1998), Sp. 771f. Zur Metonymie von Geschädigten und Bürgerschaft in Popularklagen, s.u. S. 381.

1976 Rieß (2012), S. 120.

1977 Dihle qualifiziert *hybris* als Akt »unprovozierter, ungerechtfertigter Kränkung«. Vgl. Dihle (1962), S. 42. Da *adikia* allerdings *per definitionem* ungerechtfertigt ist, schwächt diese Formulierung noch die Kraft einer Definition.

1978 Vgl. Il. III. 320–323.

bittet Zeus: »gib, daß ich ihm vergelte, *der mir als erster* Schlimmes getan hat: / Dem göttlichen Alexandros [Paris, Anm. P.R.], und bezwinge ihn unter meinen Händen!«[1979]

Agamemnon ermutigt sein Heer mit den Worten: »Nimmer wird Vater Zeus Betrügern Schutz doch gewähren, / Sondern sie, *die zuerst das heilige Bündnis verletzten,* / Deren Leiber werden gewiß die Geier zerfleischen«.[1980] Auch der Führer der kretischen Bündnispartner, Idomeneus, führt an, dass die Troer »zuerst das heilige Bündnis verletzten!«[1981]

Bei Hesiod ist Gaias Racheaufruf an ihre Kinder von dieser Fragestellung geprägt.[1982] Auch Herodot registriert akribisch, ob Perser oder Griechen mit einem Unrecht begonnen haben. Seine historischen Ermittlungen werfen kein günstiges Licht auf Athens Kriegshandlungen. Dareios schießt nach den Nachrichten aus Sardes einen Pfeil in die Luft: »Gib mir, Zeus, daß ich Rache nehmen kann an den Athenern«.[1983] Zeus gewährt ihm die Möglichkeit nicht. Er stirbt und sein Sohn Xerxes übernimmt, nach anfänglichem Zögern,[1984] den Rache-Obligationentitel.

»[E]s war ihm [seinem Vater Dareios, Anm. P.R.] nicht mehr vergönnt, die Strafe zu vollstrecken [*timōrēsasthai*]. Ich aber will, an seiner Stelle und der aller andern Perser, nicht eher rasten als bis ich Athen genommen und niedergebrannt habe, *wo sie doch angefangen haben,* mir und meinem Vater Unrecht zu tun.«[1985]

Xerxes' Invasion Griechenlands betrachtet Herodot als Rache für Sardes und die Unterstützung des Aufstands in Milet. Die Entsendung jener zwanzig Schiffe zur Unterstützung des Aufstandes leitet der Geschichtsschreiber mit den Worten ein: »Diese Schiffe waren *der Anfang* von all dem Unheil für Hellenen wie Barbaren.«[1986] Bei Thukydides ist es im Fall der

---

1979 Vgl. Il. III. 351f. [Übers. Schadewaldt; eig. Hervorh.].

1980 Il. IV. 235–237 [Übers. Rupé; eig. Hervorh.].

1981 Wie Fn. 1890.

1982 »Büßen soll uns der euch gemeinsame Vater den argen / Frevel! Er ist ja *zuerst* auf grausige Taten verfallen.« Hesiod: Theogonie 165f. [Übers. Schirnding; eig. Hervorh.]. Kronos antwortet: »*Zuerst* ja verfiel er auf grausige Taten.« (172).

1983 Vgl. Herodot V. 105 [Übers. Marg].

1984 Mardonios trägt Xerxes die Pflicht zur Rache auf. Vgl. Herodot VII. 5.

1985 Herodot VII. 8b, 3 [Übers. Marg; eig. Hervorh.]. Auch: VII. 11 [»womit sie *den Anfang gemacht* haben, sie, die Sardes niederbrannten und hineinzogen nach Asien.«]. Zum Obligationstitel der Rache: o. S. 339.

1986 Herodot V. 97 [Übers. Marg; eig. Hervorh.]. Zur Aggressionsfrage: Raaflaub (1979), S. 21; Bellen (1997), S. 3. Zum Rachemotiv bei Herodot, vgl. Fn. 1352.

Eroberung Plataias zwar unglaubwürdig, aber strafrechtlich bezeichnend, wie Archidamos die Götter zu beschwören versucht:

»Und wenn wir jetzt eingreifen, begehen wir kein Unrecht; denn wir haben viele billige Vorschläge gemacht – ohne Erfolg; so gewährt denn, dass *die zuerst Schuldbeladenen ihr Unrecht büßen, die Rächer die gerechte Genugtuung finden.*«[1987]

Die Melier behaupten, dass die Götter den zu Unrecht Angegriffenen beistünden.[1988] Sparta erklärt Athen den Krieg und will »mit den Göttern gegen die Rechtsbrecher vorgehen!«[1989] Die Strafwürdigkeit des Anfangens dokumentieren aber auch Gesetze.[1990]

Der zentrale Gesichtspunkt für die völkerstrafrechtliche Konstruktion von *hybris* ist, wer den ersten widerrechtlichen Schlag führt (*archōn cheirōn adikōn*). Das Angreifen *Schuldloser* konstruiert nicht nur Tatvorsatz,[1991] sondern *hybris* als ausdifferenzierte oberste Form von Vorsätzlichkeit. Dies vermag Kleons Plädoyer gegen Mytilene zu stützen. Ganz gleichgültig, wie es um die realen Chancen des Angriffs der Mytilener auf Athen bestellt gewesen sein mag, Kleon zufolge sind die Bürger Athens »gerade noch davongekommen«. Wegweisend für den Grund, der völkerrechtlich *hybris* konstruiert, ist das darauffolgende Argument, ein Lehrstück schwarzer Anthropologie:

»Bedenkt, wie sie als Sieger wahrscheinlich mit euch verfahren wären, *zumal sie mit dem Unrecht anfingen.* Gerade wer einen andern ohne rechten Grund angreift, verfolgt ihn bis zum Untergang, weil er die Gefahr sieht, die vom überlebenden Feind droht. *Ein ohne Not Angegriffener ist, gerettet, mitleidloser als ein Feind, der gleiche Schuld trägt.*«[1992]

1987 Thukydides II. 74 [Übers. Vretska/Rinner; eig. Hervorh.].

1988 Vgl. Ebd., V. 104. Die attischen Unterhändler antworten, dass die Götter Zeugen des Rechts des Stärkeren sind (105).

1989 Vgl. Ebd., I. 86, 5. Dazu: »Vom Göttlichen aber nimmt man an, dass es denen hilft, denen Unrecht getan wird.« Aristoteles: Rhetorik 1383 b8.

1990 Vgl. Koerner (1993), S. 343, 345 u. 347.

1991 Vgl. Ruschenbusch (2010), S. 18 u. 20.

1992 Thukydides III. 40, 5f. [Übers. Vretska/Rinner; eig. Hervorh.]. Ähnlich referiert Isokrates die spartanische Lehrmeinung, die nicht auf Gesellschaftsintegration der Feinde, sondern auf ihrer Vernichtung basiert: »daß, wer glaube, er könne die Polis sicher regieren, wenn man mit Menschen zusammenlebe, gegen die man am meisten gefehlt habe, falsch denke.« Isokrates: Panathenaikos [XII], 178. Tacitus überliefert dieselbe Handlungslogik: »Es ist der menschlichen Natur eigen, den, welchen man beleidigt hat, auch zu hassen«. Tacitus: Agricola 42 [Übers. Bötticher/Schaefer].

Erneut spricht Kleon unbestimmt von einer Gefahr, »die vom überlebenden Feind droht«, die bereits als Gefahr der Rache herausgearbeitet wurde.[1993] Wer nicht den Anfang mit Kriegshandlungen macht, muss sich mitleidlos am Angreifer rächen. John GOULD hält das dominierende Interesse am Erstschlag für kindisch: »For us, ›he started it; no, I didn't, he did‹ is essentially a childish exchange (except in the context of international relations), just as the assertion of an obligation to return wrong for wrong is immoral.«[1994]

Wieder soll der Versuch unternommen werden, aus einer trügerischen Interpretation eine tiefere Wahrheit abzuleiten. Dass eine einschiebende Klammer die gesamte Sichtweise zunichte macht, besitzt einigermaßen Seltenheitswert. Sie drückt zumindest ein Bewusstsein dafür aus, dass sowohl die Gleichsetzung von ›Ursache‹ mit ›Schuld‹,[1995] wie auch das Vergeltungsprinzip[1996] im modernen Völkerrecht bis in die Gegenwart überwintern. Wer mit Gewalt beginnt, ist keine kindische, sondern *die* völkerstrafrechtlich relevante Frage.

Wichtiger aber ist die Korrektur einer anderen Behauptung, die GOULD aufstellt. Die Unrechtsobligationen werden nicht »wrong for wrong« zurückgegeben. Nichts ist lehrreicher als dieser von der Talionslehre beeinflusster Irrtum.[1997] Auch wenn Kleon im letzten Satz den charakteristischen Gedanken in die Gefühlsterminologie der ›Mitleidlosigkeit‹ kleidet,[1998] gemeint ist das *surplus* an Gewaltrechten, das einem schuldlos An-

---

1993 S.o. S. 355f.

1994 Gould (1989), S. 84f.

1995 Vgl. Kelsen (1941), S. 256.

1996 Vgl. Bowman (2006), S. 31; Kelsen (1941), S. 59.

1997 Die *lex talionis* wird gemeinhin als abgemildertes Racherecht betrachtet: Eder (1995), S. 54f.; Jacoby (1983), S. 80; Dihle (1962), S. 13ff. u. 35. Für Hesiod muss der verbale oder tätliche Erstschlag doppelt zurückgezahlt werden: »doch wenn er als erster / dir ein häßliches Wort sagt, vielleicht sogar etwas antut, / doppelt laß ihn dann büßen, das merk dir!« Hesiod: Werke und Tage 708–710 [Übers. Schirnding]. Das ist im Vergleich zu Antiphons Rechtslehre eine exaktere Maßangabe, aber eben nicht Talion, sondern *duplum*. In Lokroi gibt es sie, aber über die Vor- oder Nachrangigkeit von Lösesummen ist bei Demosthenes nichts gesagt: »Dort aber gab es ein Gesetz, wenn einer ein Auge ausschlägt, solle er erleiden, dass sein Auge ausgeschlagen werde, *und es gab keine Geldbuße stattdessen*«. Demosthenes 24, 139ff. [eig. Hervorh.]. Das Gesetz sei durch einen wagemutigen Einäugigen abgeändert worden.

1998 Vgl. Aristoteles' Voraussetzung eines positiven Menschenbildes für Mitleid: »Auch (empfindet man Mitleid), wenn man meint, dass bestimmte Personen zu den Tugend-

gegriffenen zusteht: »Ein ohne Not Angegriffener ist, gerettet, mitleidloser als ein Feind, der gleiche Schuld trägt.«

Um die rechtliche Bedeutung dieses Gewaltkorridors zu verstehen, muss auf Rechtfertigungen des griechischen Privatrechts zurückgegriffen werden. Antiphon behandelt einen Lehrfall, in dem der Angegriffene einen Angriff abwehrt und nebenher verrät: »die Wiedervergeltung soll *von Rechtswegen viel größer und stärker sein.*«[1999] Der Anfangende verdient nicht dasselbe Maß an Gewalt, sondern mehr und stärkere. Von Talion (»wrong for wrong«) kann daher überhaupt nicht die Rede sein. Vielmehr sollen, wie Thukydides' Archidamos sich ausdrückt, die »zuerst Schuldbeladenen«[2000] prinzipiell dafür leiden, *dass sie angefangen haben.*

Die Griechen erweisen sich dabei gemeinhin als Anhänger einer wohlverstandenen Reziprozität.[2001] Das Anfangen selbst wiegt phänomenologisch mitunter schwerer als die verübte Gewalttat. Der Rechtsbrecher verursacht durch das Brechen des Rechts eine gravierende Form des affektiven Getroffenseins (›Hass‹), die selbst nach einer »gerechte[n] Genugtuung« (Archidamos) verlangt. Der Schrecken über einen Angriff muss durch Gewalt-*surplus* ausgeglichen werden, sonst herrscht keine Reziprozität. Wohlverstandenes reziprokes Strafen bedeutet nicht den Ausgleich von Gewalt und Strafe, sondern die Berücksichtigung des Rechts- und Friedensbruchs, den Vertrauensverlust, der in einem unerwarteten Erstschlag liegt: »Jede ungerechtfertigte Gewalttat zerreißt in gewisser Weise das Gefüge der Welt, schlägt ihr eine metaphysische Wunde.«[2002] Einem Täter nur dieselbe Anzahl Schläge heimzuzahlen, ließe den friedensbrechenden Moment ungestraft.

---

haften gehören; wer nämlich meint, dass niemand dazugehört, der wird der Ansicht sein, dass alle das Übel verdient haben.« Rhetorik 1385 b34.

1999 Antiphon III. B 2. Zit. n.: Barta (2011a), S. 193 [Übers. Kohm; eig. Hervorh.]. Die aus Abwehrhandlungen hervorgehende Gewalt werde nie Unrecht – auch nicht beim Einsatz von Steinen oder Werkzeugen –, sondern stets ›Eigenverschulden‹ des Angreifers. Vgl. Ebd., S. 190f.

2000 Vgl. Fn. 1987.

2001 Rhadamanthys' Rechtssatz lautet: »Wenn er leidet, was er getan hat, so ist gerades Recht geschehen.« Aristoteles: EN 1132 b25. Unter der Tat wird aber mehr als nur der physische Gewaltakt verstanden.

2002 Maier (2010), S. 14.

Der Zielkonflikt zwischen Reichtum und Rache nach der Sizilischen Expedition

415 v. Chr. greifen die Athener unprovoziert Sizilien an. Der spartanische Feldherr Gylippos erklärt im Angesicht der unerhörten Widerrechtlichkeit des Angriffs formaljuristisch *das Recht auf Rache*[2003] – eine Deklaration, die im Vorfeld eine Entschädigung ausschließen und das Unrecht zur *hybris* erklären soll, für die es Kompensation nicht geben darf. Nach den großen und verlustreichen Schlachten wollen 40.000 Soldaten der attischen Armee und seiner Bündnispartner sich in zwei Heereseinheiten auf dem Landweg nach Attika durchschlagen.[2004] Das eine Heer von Demosthenes mit etwa 6.000 Mann wird vom Restkörper abgetrennt und eingekesselt. Dabei kommt, wie Thukydides berichtet, »ein Abkommen zustande: Sie sollten die Waffen abliefern und keiner sollte sterben, weder eines gewaltsamen Todes noch in Gefangenschaft noch aus Mangel am nötigsten Lebensunterhalt.«[2005] Von Entschädigung ist nicht die Rede. Der Vertragsinhalt – Demobilisierung, Nahrungsversorgung und Existenzrecht – deutet jedoch auf eine Kurzfristigkeit der Abmachung als Übergangsregelung hin. Die Männer werfen ihr Geld in die Schilde »und füllten damit vier Schilde.« Die historiographische Symbolik der Schande verlorener Schilde, in die die Reste der Kriegskasse geworfen werden, ist unüberbietbar.

Als die zweite Einheit unter Führung von Nikias die Nachricht von Demosthenes' Kapitulation ereilt, ist dieser bereit, »im Namen des athenischen Volkes einen Vertrag zu schließen«. Beim aufgesetzten Vertragsentwurf handelt es sich um den Versuch eines vertragsrechtlichen Racheabkaufs. Nikias' Gewaltabkaufsangebot soll – im Gegensatz zu Demosthenes' Kapitulationsvertrag – das Schicksal aller Athener auf sizilischem Boden (langfristig) regeln. Nikias schlägt dazu vor: »Sie würden alles Geld, das die Syrakusaner für den Krieg aufgewendet hätten, ersetzen, jene dafür sein Heer abziehen lassen; bis das Geld bezahlt sei, würde er Athener als Geiseln stellen, einen für 1 Talent.«[2006]

Selten bietet sich ein derart gestochen scharfer Blick auf einen Rachehandel. Die unterlegene *polis* wird zu Kriegsreparationen verpflichtet,

---

2003 Vgl. Fn. 1417.

2004 Vgl. Thukydides VII. 75.

2005 Ebd., 82, 2 [Übers. Vretska/Rinner].

2006 Ebd., 83, 2.

sofern sie ihre Truppen käuflich ›zurückerwerben‹ will. Nikias will die Zahlungsmodalitäten als Kreditvertrag aushandeln. Als Bürgschaft soll ein Athener pro Talent ›hinterlegt‹ werden.[2007] Sollte die Kriegsrüstung Siziliens tatsächlich 2.000 Talente verschlungen haben,[2008] könnte mindestens die Hälfte aller Athener abziehen und das Geschäft der Schuldentilgung von der Heimat aus organisieren, um die Kriegsgefangenen allmählich aus ihrer Schuld zu lösen.

Völkerrechtlich betrachtet haben die Athener unprovoziert die territoriale Integrität eines Staates verletzt und damit nicht nur den *casus belli*, sondern auch unstrittig *hybris* konstruiert. Athen steht als Remus, zumal unter Anwendung von Gewalt, nicht nur widerrechtlich auf fremdem Boden, sondern einigermaßen unverschämt mit beiden Beinen auch auf Syrakus' Ehre.[2009] Derart tief und illegal in einen feindlichen Machtblock eingedrungen, geht es bei den Vertragsverhandlungen als letztem Mittel darum, der bereits erklärten Rache der Feinde doch noch auszuweichen. Die Truppen verfielen, einmal zerschlagen, rechtlos der Rache der Feinde.

2007 Zur Körperhaftung von Schulden nach archaischem Recht. vgl. S. 182. Es kann sich schon deshalb nicht um eine Latenz des archaischen Rechts handeln, weil das klassische Staatsrecht diese Form von Schuldhaftung übernimmt. Kallet wehrt sich gegen diese Interpretation. Ohne die zahllosen Beispiele darauf abzuklopfen, ob *poleis* bei Thukydides versklavt werden, um Geld zu lösen, schreibt sie: »an offer on the part of those defeated to pay an indemnity and provide hostages as security was not at all common.« Kallet (2001), S. 177. Kalet sieht zudem eine Abneigung von Thukydides gegen Nikias' Finanzgebaren am Werk. Allerdings trifft schon ihre Einschätzung nicht zu, Nikias habe die Kapitulation ausgeschlagen, weil er denke: »the Syracusans would be persuaded by money, because his mind was so focused on the financial element – that is, his proposal is significant because it shows how he is thinking, namely, first and foremost about a financial strategy.« Ebd., S. 177f. – Nikias verfolgt aber nicht gerade eine Finanzstrategie, im Gegenteil: mit einem Heer von 40.000 Männern und 60 Schiffen (gegenüber 50 der Gegner) fühlt er sich auch mitten im Feindesland trotz des Völkerrechtsbruchs ziemlich sicher und denkt nicht an Gewaltabkauf. Er diffamiert vielmehr die Finanzstrategie des Gegners. Vgl. Thukydides VII. 48.

2008 Vgl. Thukydides VII. 48. Die Klausel kann nur sinnvoll sein, solange die Gesamtzahl der Kriegsgefangenen die Lösungssumme der Geiseln übersteigt und es Freizulassende gibt. Nikias muss daher implizit mit Kriegsschäden (weit) *unter* 7.000 Talenten gerechnet haben.

2009 Burkert *anthropologisiert* den Zusammenhang von territorialer Übertretung und Gewaltbereitschaft: »daß im allgemeinen die Fluchtbereitschaft mit der Entfernung von der Heimatbasis steigt, die Aggressionsbereitschaft mit der Nähe der Heimatbasis zunimmt.« Vgl. Burkert (1994), S. 13.

Statt aber in den Gewaltabkauf einzuschlagen, bestehen die feindlichen Verhandlungsführer auf dem von Gylippos angekündigten Gewaltabkaufsverbot. Statt in hehrer Freiwilligkeit einen Unterwerfungsvertrag schließen zu dürfen, sollen die Athener gewalttätig in ihre Abhängigkeit gezwungen werden: »Die Syrakusaner und Gylippos nahmen aber die Vorschläge nicht an, stürmten vor, umstellten sie und beschossen auch sie von allen Seiten bis spät am Abend.«[2010]

An den Steilhängen des Asinaros gibt die Einheit von Nikias schließlich auf. Die Männer trinken, dem Verdursten nahe, das »mit Schlamm und Blut« gemischte Flusswasser.[2011] Sie denken nicht einmal daran, Bestattungsrechte für ihre Gefallenen antigonisch vorzubringen.[2012] Der Besitz des Heeres von Nikias wird heimlich verscherbelt. Die Begründung dafür ist für einen vermeintlichen Theoretiker der Macht ungewöhnlich: »ganz Sizilien war von ihnen voll, weil sie nicht aufgrund eines Vertrages wie die des Demosthenes gefangen worden waren.«[2013] Die Syrakusaner schaffen sogar attische Soldaten teilweise »heimlich für sich zur Seite«.[2014]

Korinth setzt gegen den spartanischen Anführer aus Furcht vor einem späteren Gewaltabkauf durch, dass die attischen Generäle Demosthenes und Nikias unverzüglich hingerichtet werden.[2015] Mehr noch: Während den attischen Bündnispartnern gestattet wird, sich auszukaufen, werden mindestens 7.000 überlebende Athener in die Steinbrüche südlich von Syrakus verschleppt, wo sie buchstäblich in einer Rachehölle aus Elend, Krankheit und Tod schmoren. Die Männer werden schutzlos den Gewalten der Natur überlassen und sterben qualvoll.[2016] Die Beschreibungen lassen an die Steinbrüche von Omarska im Völkermord Bosnien-Herzegowinas denken,[2017] nur dass auf Sizilien der Aggressor schmort. Statt sizili(ani)schen

2010 Thukydides VII. 83, 3 [Übers. Vretska/Rinner].

2011 Ebd., 84, 5.

2012 Vgl. Ebd., 72.

2013 Ebd., 85, 3.

2014 Ebd., 85, 2.

2015 Gylippos hingegen will die Feldherren als »herrlichsten Siegespreis« nach Sparta führen. Gerade bei Nikias fürchten die Korinther, dass er sich aus der Gefangenschaft auslöst. Korinth ahnt also die Auskaufsoption, dass die Spartaner ihre Trophäen für Geld nach Athen verkaufen könnten. Vgl. Ebd., II. 86.

2016 Vgl. Ebd., VII. 85f.

2017 Vgl. Gutman (1994), S. 93ff.

Rachedurst zu verkörpern, der ohnehin einmal mehr von Korinth ausgeht,[2018] entspricht die Schwere der Reaktion der Schwere der Schuld.

Sizilien entscheidet sich gegen Reichtum und für Rache. Es lohnt sich, diese Entscheidung erneut ins rechte Licht zu rücken.[2019] Die attischen Truppen bieten viel Geld für ihr Überleben an. Dennoch gilt:

»Die Rache an den Feinden war ihnen begehrenswerter als all dies [Reichtum, Anm. P.R.], und weil sie von allen Gefahren diese als die Schönste erachteten, waren sie entschlossen, unter Gefahr sich an ihnen zu rächen, das andere aufzugeben.«[2020]

Siegerstaaten haben die Möglichkeit, reicher zu werden. Sie können den Reichtum aber auch ausschlagen für ein ›schöneres Ziel‹., für eine Pflicht, die schon einmal den Besitz, wenn nicht gar die Selbsterhaltung, kosten kann. Den zitierten Gedanken formuliert allerdings kein korinthischer oder spartanischer Feldherr, sondern der Mann, dessen ›Erstsein‹ für Thukydides den Namen einer eigenen Regierungsform (*protokratia*) verdiente.[2021] Perikles' Beschreibung eines Zielkonflikts zwischen Geld- und Racheliebe passt maßgeschneidert auf die Ereignisse, die Athen endgültig stürzen: Korinth und Syrakus verzichten freiwillig auf Reichtum, um »von allen Gefahren diese als die Schönste« zu ›leiden‹. Die Liebe zur Rache – *philotimōria* – ist ihnen wichtiger als die *hybris* zu vergolden. Es ist schlagend, wie perikleische Vorstellungen auf Sizilien die Albträume Athens und die Prophezeiungen der Melier erfüllen: »stürztet ihr je, ihr möchtet noch für andre zum Beispiel werden gewaltiger Rache«.[2022]

2018 Vgl. Fn. 622, 1406, 1409 u. 2015.

2019 Vgl. Fn. 728f.

2020 Thukydides II. 42, 4 [Übers. Vretska/Rinner].

2021 Vgl. Thukydides II. 65, 9.

2022 Wie Fn. 1901.

VII. Ausblick

1. Petrischalen des Rechts

Die Demontage der Ehre und die Kultivierung der Würde

Wenn sich die These für den Leser als plausibel erwiesen haben sollte, dass das Recht die *conditio* des Ehrgefühls sei,[2023] dass Ehre letztlich nicht anthropologisch-, sondern rechtsbedingt ist, dann wäre auch die Annahme geboten, dass Gesetze die Ehre nicht nur ermöglichen, sondern auch verunmöglichen. Lässt sich ihre Bedeutung in Rechtsordnungen ein- und ausbauen? Ist das Ehrgefühl wie in einer *Petrischale des Rechts* unter modernen Bedingungen denk- und herstellbar?[2024]

Eine Deregulierung der Ehre könnte den Boden für die Ehrvergessenheit, Ehrunbedürftigkeit oder Ehrimmunität gelegt haben. Diese Deregulierung könnte zweigleisig stattgefunden haben: [1.] durch den schrittweisen Rückbau der Ehre aus der Rechtsordnung, [2.] durch die semantische Substitution von Ehre durch den Begriff ›Würde‹.[2025]

Ad [1.]: Das deutsche Grundgesetz hat die Ehre zwar nicht aufgelöst, aber auf das Persönlichkeitsrecht beschränkt, um sie gegen andere Rechtsgüter wie Meinungs-, Kunst- und Pressefreiheit abwägen zu können.[2026] Nach dem Wortlaut des Grundgesetzes soll die Ehre zwar die Meinungs-

---

2023 S.o. S. 42ff.

2024 Diese Hypothese und die mit dem Ergebnis zusammenhängende Schlussfolgerung, dass die Aktualisierung der Ehre in modernen Gesellschaften *möglich* sein muss, wirkte sich gravierend auf meine Ausgangshypothese aus, nämlich die Existenz eines *anthropologisch* erodierten Ehrgefühls.

2025 Vgl. Erbil (2008), S. 107 u. 111. Zum konstitutionellen ›Recht auf Ehre‹: Burkhart (2006), S. 121.

2026 Vgl. Ebd., S. 120 u. 123; Karauscheck (2011), S. 14f.

und Pressefreiheit einschränken,[2027] aber die Rechtsprechung weist in die entgegengesetzte Richtung.[2028] Der Schutz der Ehre unterliegt regelmäßig der Presse-, Kunst- und Meinungsfreiheit.

Die Alternative zu dieser persönlichkeitsrechtlichen Beschränkung lässt sich aus antiken Gesetzestexten herauslesen.[2029] Die Mauer von Eltynia auf Kreta behandelt Beleidigungen und Körperverletzungen in derselben Klage.[2030] Dabei handelt es sich nicht um unterschiedliche Sachverhalte, die der Einfachheit halber von einem Gesetz kasuistisch zusammengezogen werden, sondern sachlich dürften Beleidigung und Körperverletzung für den oder die Autoren in Verbindung gestanden haben. Aus der Neuzeit ist dieses Phänomen ebenfalls bekannt, wo die Rechtsfolgen auf Beleidigungen nicht einfach nur an die auf Körperverletzung angenähert werden, sondern die Körperverletzung selbst – in ultimativer Konsequenz – als Form der Beleidigung – der ›Beleidigung durch Aktion‹ – konstruiert wird. Phänomenologisch können Körperverletzungen als Missachtungen, Entehrungen oder Entwürdigungen erlebt werden [2031] (wie umgekehrt Schimpfwörter gefühlte dingliche Qualitäten annehmen, Blessuren verursachen oder wie Gegenstände »geworfen« werden können[2032]). Strafrechtlich

---

2027 »Diese Rechte finden ihre Schranken in den Vorschriften der allgemeinen Gesetze, den gesetzlichen Bestimmungen zum Schutze der Jugend und *in dem Recht der persönlichen Ehre*.« GG Art. 5, Abs. 2 [eig. Hervorh.].

2028 »Das Spannungsverhältnis zwischen freier Meinungsäußerung und dem Schutz der persönlichen Ehre wird vom Bundesverfassungsgericht in seiner Judikatur in Fällen politischer oder politisch motivierter Meinungsäußerungen regelmäßig zu Lasten der persönlichen Ehre aufgelöst.« Krüger (1996), S. 91.

2029 Zur Grundlegung einer die kulturellen Vorannahmen aufschließenden Rechtsarchäologie: Kramer (1974), S. 139ff.; Barta (2010), S. 29ff. u. 557–561.

2030 Vgl. Hölkeskamp (1999), S. 107; Davies (2005), S. 305 (Anm. 1).

2031 Erlebt – nicht geahndet. Den Straftatbestand ›tätlicher Beleidigung‹ glaubt Fischer nämlich folgendermaßen kommentieren zu müssen: »es kann also nicht etwa jede Missachtung der körperlichen Integrität [...] in ein Beleidigungsdelikt umgedeutet werden.« Fischer (2008), S. 1321. Zur Ahndung etwa Montesquieu, der unter »Ursprung der Ehrauffassung« folgende Beobachtung anstellt: »Das Gesetz der Langobarden schreibt vor, daß einer, der [...] einem Nichtsahnenden auflauert und ihn schlägt, um ihn zu verhöhnen und lächerlich zu machen, die Hälfte des Schmerzensgeldes bezahle, die auf Totschlag steht. Wenn er ihn in derselben Absicht in Fesseln legt, zahlt er dreiviertel des gleichen Schmerzensgeldes. Wir wollen also zugeben, daß unsere Altvorderen für Ehrenkränkungen äußerst empfindlich waren.« Montesquieu: Vom Geist der Gesetze XXVIII. 20 [Übers. Weigand].

2032 Vgl. Kramer (1961), S. 297.

wird in der Auslegung des kretischen Gesetzestextes also die Tat eines verletzenden Wortes mit der körperlichen Versehrung eines Armbruchs gleichgestellt, wohingegen das deutsche Strafrecht heute die körperliche Unversehrtheit gerade als eigenständiges Rechtsgut vom Persönlichkeitsrecht separiert.[2033]

Beschimpfungen können aber nicht nur als Körperverletzung verstanden und geahndet werden, sondern sie wurden noch mit ganz anderen Delikten gleichgesetzt, etwa dem Hausfriedensbruch. Beleidigungen müssen nicht zwingend als eigenständiges Rechtsgut von Einbrüchen – in die Ehre und den Frieden eines *oikos* – geschieden werden.[2034] Der Straftatbestand der Majestätsbeleidigung verweist darauf, dass Beleidigungen gar als Angriff auf den politischen Körper konzipiert werden können.[2035] Die Einschmelzung oder Trennung von Rechtsgütern hat dabei nichts mit einer Fortschrittlichkeit oder Rückschrittlichkeit der Rechtsentwicklung zu tun, sondern sie muss absichtsvoll so konzipiert und verstanden werden. In Athen kann jeder rechtsfähige Bürger auf *hybris* klagen. Der Angeklagte sitzt dann wegen eines Verbrechens gegen den Staat – nicht gegen den Geschädigten – auf der Anklagebank. Jeder Bürger kann die darunter gefassten Verbrechen zur Anklage bringen, weil jeder sie als der *polis* zugefügtes Unrecht verstehen soll: »Solon habe damit erreichen wollen, daß sich alle Bürger als Glieder eines Körpers fühlten und miteinander empfanden.«[2036]

2033 Vgl. Dinges (1994), S. 156 u. 157 (Anm. 76); Gerstner (2008), S. 205.

2034 Vgl. Brückner (1966), S. 222; Kramer (1961), S. 140; Schmitz (2004), S. 377. Schmitz gibt zu bedenken, dass nicht alle Zeiten über Gentests verfügten, um etwa die mit einer Beleidigung bezichtigte Abstammung von einer Prostituierten beweiskräftig ausschließen zu können. Vgl. Ebd., S. 273ff. u. 332.

2035 Zur Beleidigung des ›Türkentums‹ nach türkischem Strafrecht: »Das eigentlich Besondere [...] ist aber, dass neben den benannten staatlichen Institutionen das Türkentum als schutzfähiges und -würdiges Rechtsgut erachtet wird. Unter dem Türkentum ist die Gesamtheit von Merkmalen zu verstehen, welche im unmittelbaren Zusammenhang mit der Nation des türkischen Volkes steht und das Nationalgefühl ausmacht. [...] Prinzipiell unterhält der Türke an sich ein sehr inniges Verhältnis zu seiner Nation und nationalen Identität und empfindet jeglichen Angriff auf diese als persönlich und herabwürdigend. Das Türkentum stellt für ihn somit etwas Unantastbares und ein Tabu dar.« Erbil (2008), S. 129.

2036 Schmitz (2004), S. 243 [dort nur auf die *hybris*-Klage bezogen]. Die Aussage scheint mir aber etwas Grundsätzliches *aller* Schrift- bzw. Popularklagen zu treffen. Zur Unterscheidung von Privatrecht (*dikai*) und öffentlichem Recht (*graphai*): Bonner (1970), S.

Wäre die Verbrennung der Nationalflagge nicht von der Meinungsfreiheit gedeckt,[2037] würde die Weigerung eines Dorfvorstehers, die Büste des Staatsgründers zu säubern, als Beleidigung der Nation bestraft[2038] oder würden zivilrechtlichen Schmerzensgelder für Beschimpfungen auf sechzigtausend Euro angehoben,[2039] könnte sich die Ehrempfindlichkeit rasend schnell auch in der heutigen Bundesrepublik ausbreiten.

Ad [2.]: Während Ehre durch den menschlichen Körper angegriffen und vernichtet werden kann, wird die Würde gegenwärtig als unverlier- und unverwirkbar gedacht.[2040] Da der zweite Satz des Grundgesetzes seine Plausibilität und Dringlichkeit aus der Entwürdigungs- und Vernichtungspolitik des Zweiten Weltkrieges gewinnt,[2041] geht es im ersten Satz nicht darum, die Unantastbarkeit zu attestieren, sondern die Würde für den Staat unantastbar zu machen.[2042] Nicht mit dem Gebot der Unantastbarkeit, sondern mit dem Postulat der Unverlierbarkeit wird aber eine Verständnisschwelle zur Ehre eingezogen. Da die Würde als *unverlierbar* gedacht wird, bedarf es formallogisch – im Unterschied zur Ehre – keiner Wiederherstellung. Was den Begriff der ›Würde‹ daher am Deutlichsten von der Ehre

44; Fatheuer (1988), S. 151; Cohen (2005), S. 212; Ruschenbusch (2005), S. 100; Barta (2011b), S. 34.

2037 Vgl. Vogt (1997), S. 48.

2038 Vgl. Erbil (2008), S. 131f. Zum griechischen Pendant aus meiner Sicht: Fn. 896.

2039 1667 werden vor Gericht 1.000 Reichstaler für die Wiederherstellung der Ehre gefordert. Das Urteil lautet auf 200 Reichstaler, was »dem Jahresgehalt eines leitenden Beamten« entspricht. Vgl. Speitkamp (2010), S. 36. StGB § 185 [Beleidigung] sieht zwar Freiheitsstrafen bis zu einem Jahr, § 187 [Verleumdung] bis zu fünf Jahre, aber entsprechende Urteile dürften in der Rechtssprechung Seltenheitswert besitzen.

2040 »Die Würde des Menschen ist nicht verwirkbar und nicht verzichtbar, über sie kann nicht verfügt werden«. Antoni (2007), S. 47. Rechtsunkundige Kommentatoren betrachten die Würde allerdings als durch eigene Handlungen verlierbar: Burkhart (2006), S. 85; Bassenge (1937), S. 8. Zur philosophischen Beleuchtung eines daraus resultierenden *›Gefühls der Unwürdigkeit‹*: Taylor (1996), S. 892. Rechtlich wird auch zwischen Geltungswert und Achtungsanspruch unterschieden, wobei der Geltungswert als unverletzlich bzw. *unverlierbar* gedacht wird, der Achtungsanspruch hingegen verletzt werden kann. Vgl. Erbil (2008), S. 112; Burkhart (2006), S. 17. Dieses Postulat scheint den Nivellierungsbestrebungen zwischen Bürgerlichen und Adel zu entspringen. Vgl. Ebd., S. 83f.

2041 Vgl. Koselleck (2002), S. 25. Zu einer alternativen Herleitungsmöglichkeit des ersten Satzes über das *Antasten* des Henkers: Stuart (1998), S. 319 u. 343.

2042 »Mit dem Begriff unantastbar in Satz 1 soll die Menschenwürde negativ gegen Angriffe abgeschirmt werden«. Antoni (2007), S. 50.

trennt, ist die *Abstraktion der Legitimität von Gewaltrechten*.[2043] Dass die Würde unverlierbar wäre, ist nicht nur angesichts der augenscheinlichsten Fälle faktischer Ent-Würdigung und Misshandlung eine gewagte Behauptung.

Für Machiavelli markiert der Verlust der Ehre noch die rote Linie: »Denn solange man den Menschen Gut und Ehre nicht raubt, sind sie zufrieden«.[2044] Öffentlich Entehrte haben nichts zu verlieren, weshalb sie, wie Aristoteles notiert, die Verfassung schon mal stürzen.[2045] In einer eigentümlichen Mischung aus Konkordanz und Dissonanz schließt die Menschenrechtscharta der Vereinten Nationen Notwehrrechte mit der Begründung aus, dass die Durchsetzung der Menschenrechte das Recht auf »Aufstand gegen Tyrannei und Unterdrückung als letztem Mittel« antiquiert.[2046] Dass die Achtung der Menschenrechte die Möglichkeit legaler Gewaltrechte zu ihrer Verteidigung abschafft, weil diese Achtung Gewaltherrschaft prinzipiell verunmögliche, mag der logischen Stringenz entspringen, nicht jedoch der menschlichen Erfahrung.[2047] Jeder Geschichtsunterricht weiß mehr über die Verlierbarkeit und Unverlierbarkeit der menschlichen Würde zu berichten. Das Unverlierbarkeitspostulat verschafft einem Menschen, der seine Würde in der Gewalt von Verbrechern verloren hat, wenig Erleichterung, geschweige denn bringt es ihm Verständnis entgegen. Dass die Würde des Menschen verlierbar ist, muss gerade durch die genozidale Kriegsführung des 20. Jahrhunderts ein verfassungsrechtliches Problem aufwerfen.

Die Behauptung einer unverlierbaren menschlichen Würde steckt auch in Begriffen wie ›Verbrechen gegen die Menschlichkeit‹ oder ›Menschenrechtsverletzung‹. Dass die Nazis, wie Hannah ARENDT kritisiert, es an Menschlichkeit hätten fehlen lassen, ist »wahrhaftig das Understatement des Jahrhunderts.«[2048] Die problembewusste Übersetzung lautet nach wie vor: Verbrechen *an* der Menschheit.[2049] Auch das Narkotikum ›Menschen-

2043 Mit Ausnahme – wie so oft – des Notwehrrechts (Fn. 1490).

2044 Machiavelli: Der Fürst XIX. [Übers. Oppeln-Bronikowski].

2045 Wie Fn. 1909.

2046 Vgl. Girardet (2005), S. 178.

2047 Zum Gegensatz von Vorstellung und Erfahrung, Theorie und Phänomen: Aristoteles: EN 1145 b27. Ebenfalls unerreicht in der Formulierung derartiger Thesenbildungen: »Nevertheless what he said runs counter to our notions. It does not run counter to our experience.« Strauss (1978), S. 46.

2048 Arendt (1964), S. 324.

2049 Vgl. Ebd.

rechtsverletzung‹ suggeriert eine Verletzung technokratischer Rechte, wo es zumeist um den grundlegenden Bruch geht, also die totale Verachtung, Entwürdigung und Entrechtung von Menschen. Nicht nur Rechte, sondern die Würde, der Körper, die Seele und die Zukunft der Betroffenen werden zerstört.

Dass die Möglichkeit einer Reparation der Würde – im Gegensatz zur Reparation der Ehre – nicht mitgedacht wird, zeigen die Debatten nach Genoziden, in denen kaum je von einer *Wiederherstellung der Dignität* der Geschädigten die Rede ist, sondern zumeist voreilig von der Versöhnung der Opfer mit ihren Schlächtern.[2050] Das Postulat einer unverlierbaren Würde bleibt selbst in Fällen der oberste Richtwert, wo die Würde *de facto* tausendfach zerstört und vernichtet wurde, was zumeist weniger auf Kosten der Täter geht, als zulasten der Opfer. Dabei wird selbst die ›Würde‹ des größtmöglichen strafrechtlichen Albtraums – eines Völkermörders[2051] – als schutzwürdig erachtet und eisern ihre Unverlierbarkeit behauptet.[2052] Weder den Gerichtsverfahren vor dem Internationalen Strafgerichtshof oder seinen Sondertribunalen für das ehemalige Jugoslawien und Ruanda, noch den verhängten Strafen kommt in irgendeiner Weise die Aufgabe zu, die Ehre von Verurteilten zu vernichten oder die Würde ihrer Opfer wiederherzustellen. Während selbst persönlichkeitsrechtlich in Fällen von Beleidigung den Geschädigten ein Gegendarstellungs- bzw. Widerrufsrecht zugestanden wird, existiert nichts Vergleichbares im Bereich der vollzogenen Entwürdigung.

Hinter dem Verlust der Würde des Menschen verbirgt sich ein nichterschlossenes Reservoir rechtlicher wie psychologischer Praktiken, die Be-

---

2050 Zu Ausnahmen: Turner/Schlee (2008); Cairns/Roe (2003); Hamber/Wilson (2002); Alexander (2000).

2051 Jacoby hält Eichmann für »the classic ›worst-case‹ possibility« des Strafrechts: »If the execution of anyone can ever be justified, Eichmann's certainly qualifies. And if the state ought never to put human beings to death, Eichmann strains the principle to its outermost limit.« Vgl. Jacoby (1983), S. 284f.

2052 »Um überzeugend und wirksam zu sein, darf das Argument für die Abschaffung der Todesstrafe absolut keine Ausnahme zulassen, nicht einmal [...] für Adolf Hitler.« Evans (2001), S. 1086. »Die Todesstrafe muß ausgeschlossen sein.« Ostendorf (1999), S. 272. Ohne Bezug auf Völkermord die Argumentation teilend: »Dadurch erlangt jeder einen unverlierbaren Status, auch wenn er [...] selbst in gröblichster Weise gegen die Rechts- oder Sozialordnung verstoßen hat. Ein Mensch kann nie völlig ehrlos sein.« Tilch (1992), S. 1063. »Die Menschenwürde verliert auch nicht, wer sich ›unwürdig‹ verhält«. Antoni (2007), S. 48.

troffenen Erleichterung verschaffen könnten, weil sie darauf zielen, die Würde eines Menschen wiederherzustellen. – Für das Grundgesetz war sie nie weg. Wie Palmström nach seinem Unfall die Gesetzesbücher durchforstet, gelangt auch das Grundgesetz zur Erkenntnis, dass nicht sein kann, was nicht sein darf. Nirgends tritt die Rechtskollision zwischen Unverlierbarkeitsgebot und Racheansprüchen von Entwürdigten offener zutage als in den Fällen, die vor dem Internationalen Strafgerichtshof verhandelt werden müssen. Strenggenommen *können* die Opfer von Verbrechen an der Menschheit ihre Würde verlieren – die Täter verwirken sie in jedem Fall. Die Todesstrafe als Maximalstrafmaß für Völkermörder ist in der Rechtsordnung des Internationalen Strafgerichtshofs aber nicht vorgesehen. Was nach dem Zweiten Weltkrieg in Nürnberg oder im Eichmann-Prozess noch nicht zur Debatte stand,[2053] wird Überlebenden der jüngeren Völkermorde diskussionslos und von der Öffentlichkeit unbeachtet erbarmungslos zugemutet: der nichtverhandelbare Schutz der Würde von *hostes humani generis*.[2054] Die Abschaffung der Todesstrafe gilt unter deutschen Juristen als konsequente Umsetzung des Schutzes der ›Menschenwürde‹.[2055]

2053 Statt Nürnberg soll Stalin pauschal die Erschießung von 50.000 Kriegsverbrechern gefordert haben. Vgl. Butterweck (2005), S. 47. Ähnlich dachte Churchill offen über die Erschießung von *outlaws* nach. Roosevelt verlangt noch im September 1944 Standgerichte mit Erschießungen. Vgl. Kettenacker (1999), S. 23. In Israel galt zum Zeitpunkt des Eichmann-Prozesses das Verbot der Todesstrafe. Das Problem wurde pragmatisch gelöst: der Staat machte sich einmalig zum ›Herren‹ über Leben und Tod seines Gefangenen – wohl weil er *hostis humani generis* war (Fn. 2054) und eine als gerecht akzeptierbare Strafe erforderte. Vgl. Jacoby (1983), S. 247 u. 252. Martin Buber soll gefordert haben, dass Eichmann »useful labor« in einem israelischen Gefängnis verrichte. Vgl. Ebd., S. 286. Mit Abschreckung hatte dieses Urteil nichts zu tun, wie Jacoby herausarbeitet: »Even if one accepts the dubious premise that fear of death deters ›ordinary‹ murderers, it is hardly possible to imagine that the murderers of Aldo Moro or of the Israeli athletes at the Munich Olympics could have been deterred by any penalty [...]. It was seldom suggested that Eichmann's death, or the earlier judgments at Nuremberg, would ›deter‹ any future Nazis from devising plans for mass murder.« Ebd., S. 247. Vielmehr schließen sich gerade Gerechtigkeit und Rache, ob privat oder staatlich, als Normen des Strafrechts keineswegs kategorisch aus.

2054 Vgl. Arendt (1964), S. 326 [dort im Singular].

2055 Vgl. Tilch (1992a), S. 995. Der amerikanische *Supreme Court* hingegen beschreibt in einer Entscheidung aus dem Jahre 1976 die Todesstrafe als »expression of a deep emotional need for retribution that is ›neither a forbidden objective nor one inconsistent with our respect for the dignity of men.‹« Vgl. Jacoby (1983), S. 5f. Zur Rache als Ziel des Strafrechts: Ebd., S. 248.

Die These einer unverlierbaren Würde von Massenmördern wird auch dann durchgehalten, wenn diese die Würde ihrer Opfer in den grausamsten Formen vernichtet und die Rechtsfähigkeit Hunderttausender außer Kraft gesetzt haben. Ein derartiger moralischer Extremismus ist zumindest diskussionswürdig. Es ist mehr als eine Frage der Logik, ob die Würde eines Völkermörders unverlierbar ist. Selbst heute ist die Vorstellung schwer zu ertragen, dass die Nürnberger Kriegsverbrecherprozesse mit dem Schutz von Görings Würde geendet hätten und er mit Büchern und Interviews aus dem Gefängnis heraus auch Jahrzehnte später seine Opfer noch hätte verhöhnen und verachten können. Oder wie JACOBY es ausdrückt: »[O]nly a small proportion is prepared to face the implications of allowing an Eichmann [...] to live«.[2056] Diese Implikationen haben etwas mit der Verachtung der von den Verbrechen Betroffenen zu tun. Die Opfer ernst zu nehmen, bedeutete, sie in die Strafordnung eines Verfahrens am Internationalen Strafgerichtshof einzubinden. Ihnen von vornherein jede Aussicht zu nehmen, dass ihre Peiniger für ihre Verbrechen sterben werden, da ihre Würde unserer Auffassung nach unverlierbar ist, stellt hohe Anforderungen an den Umgang mit moralischem Rigorismus und strafrechtlicher Überheblichkeit.

Die fortschreitende Schutzumsetzung ist auch dafür verantwortlich, dass Verfahren *in absentia* vor dem Internationalen Strafgerichtshof verboten sind,[2057] um gar nicht erst in die unangenehme Lage zu kommen, dass Urteile eigenmächtig oder dezentral vollstreckt werden könnten. Der völkerrechtliche Präzedenzfall dafür ist die Erschießung Talaat Paschas auf offener Straße in Berlin. Pascha wurde als einer der Hauptorganisatoren des armenischen Genozids in der Türkei in Abwesenheit zum Tode verurteilt. Sein ›Henker‹ Soghomon Tehlirian lässt polizeilich protokollieren, dass er damit in der Lage gewesen sei, den Mord an einer Million Menschen zu rächen.[2058] Dass er die armenische Ehre wiederhergestellt habe, lautete das Verdikt der deutschen Presse.[2059]

Vor einem Geschworenengericht stilisieren seine mit Shakespeare vertrauten Verteidiger die von langer Hand geplante Rache zu einer affekti-

2056 Jacoby (1983), S. 256.

2057 Dass Anwesenheit im Gerichtsverfahren als Schutz der Menschenwürde betrachtet wird: Tilch (1992a), S. 995.

2058 Vgl. Alexander (2000), S. 19.

2059 Vgl. Ebd., S. 188.

ven und spontanen Affekthandlung um.[2060] In Wirklichkeit verbirgt sich hinter dem Vorfall die von dem Dichter Shahan Natalie organisierte Operation Nemesis. Natalie beschließt aufgrund der Untätigkeit Amerikas, die Suche nach den Völkermördern aus privaten Mitteln zu finanzieren.[2061] Die Geschworenen im Gerichtssaal, in dem auch Robert M.W. Kempner, späterer Ankläger in den Nürnberger Kriegsverbrecherprozessen, als angehender Jurist sitzt, sprechen den Attentäter nach zwei Verhandlungstagen frei.

2060 Vgl. das ›living well‹ der Balkonszene mit Talaat Pascha, dem die Berliner Sonne ins Gesicht scheint, während die Angehörigen (von ihr abgeschnitten) unter der Erde liegen. Vgl. Ebd., S. 19. Diese Szene verläuft passgenau in den Grenzen von Aristoteles' Nemesis-Definition als Entrüstung über Personen, denen es *unverdientermaßen* gut geht. Vgl. Rhetorik 1386 b10.

2061 Vgl. Alexander (2000), S. 47.

Schluss

Im vierjährigen Entstehungszeitraum der Arbeit mussten viele konventionelle Auffassungen über das Wesen von Ehre und Rache über Bord geworfen werden. Wissenschaft kann eine abenteuerliche Reise bedeuten. Im vorgelegten Fall setzte diese bei den Prämissen zur Geschichtlichkeit der Gefühle an und bahnte sich ihren Weg durch den Berg an Quellen. Zu Beginn, bei der Auswahl der Methodik wird in den Geisteswissenschaften mitunter so getan, als herrsche völlige Wahlfreiheit. Es herrscht der Eindruck, dass man sich aus den Beständen eine Methode herausgreifen und seinen Gegenstand auf die Vorgaben hin untersuchen könne. Ehre lässt sich methodisch etwa nach den Vorgaben der Staatsbildung (Anarchie – Gewaltmonopol), dem Demokratisierungsgrad einer Gesellschaft (Hierarchie – Egalität), der Ökonomisierung (Siegeszug des Geldes über den Adel und seine Ehre), der Christianisierung (Ritterehre, Bergpredigt – Rache) oder der Individualisierung (Kollektive, Schamkulturen) auswerten.[2062] Die übliche Herangehensweise besteht darin, eine Methodik auszusuchen und den Gegenstand daraufhin abzutasten. Methodisch kann in der Ehre i.S.d. »Ehrennorm« ein kontrastaatlicher Ehrenkodex gesehen werden, der für die erfolgreiche Staatsbildung überwunden werden muss. Aber die vermeintliche Freiheit bei der Vorauswahl entpuppt sich im Fortgang als der größte Zwang. Was zumeist eher unbeschwert ausgewählt wird, enthält die Anlage zu tieferer Unfreiheit, die das eigentliche Abenteuer Wissenschaft verunmöglichen kann. Eine Methodik trifft die relevanten Vorannahmen über das, was ein Untersuchungsgegenstand eigentlich ist. Was geschieht, wenn während der Forschungszeit ein vollkommen anderes Bild vom Wesen des Gegenstands entsteht und – nach der üblichen Phase hartnäckiger Verweigerung – am Ende die Erkenntnis entsteht, dass es sich dabei um etwas völlig anderes handelt als das, was die Methodik suggerierte? Man

2062 Vgl. Fn. 50–57.

kann jedem Forscher nur wünschen, dass die Frage nach dem Status seines Forschungsgegenstands im Vorfeld abschließend geklärt wurde und im Verlauf der Untersuchungszeit nicht aufbirst. Genau das geschah im Verlauf dieser Arbeit: die Erkenntnisse rüttelten am ungeklärten Status der Phänomene. Ehre und Rache sollten zunächst als Gefühle untersucht werden. Der Verfasser begab sich dazu in ein weitverzweigtes Stollensystem der Forschungslandschaft, kam aber an einem ganz anderen Ende wieder hervor – einem Ort, den er nicht gesucht hatte.

Dort tummelten sich Rechtsphilosophen und -historiker, die über Paragraphen, Dogmen und Systematiken nachdachten, mit denen der Autor bis dahin wenig zu schaffen hatte. Ihm wurde schmerzlich bewusst, dass er methodisch umsatteln musste, wenn ihm die Erkenntnis des Gegenstands mehr am Herzen lag als die Anwendung einer Methode. Das macht aber auch den Dienst an der Wissenschaft aus: über die Grenzen eigener Kenntnisse hinauszutreten. Mit der Geschichte der Gefühle zu beginnen, um bei einer Geschichte des Rechts zu landen, dürfte einen denkwürdigen Salto markieren, zu dem einen die Geisteswissenschaft antreiben kann.

Nicht wenige Arbeiten dürften sich Lepenies' Vorwurf zuziehen, durch das blinde Überstülpen einer Methode Metaphysik – oder auch Geschichtsphilosophie – »auf der Suche nach ihrem empirischen Alibi« zu treiben.[2063] Die eigentliche Wissenschaft fängt dort an, wo die Quellen nicht als Stützen für geschichtsphilosophische Thesen ausgeweidet werden, sondern wo sie in ihrer Widerständigkeit gegen die eigenen Anschauungen ernst genommen, untersucht und stark gemacht werden. Das fordert die Bereitschaft heraus, vermeintliche Gewissheiten über Bord zu werfen. Die Wahl der Methodik ist wenig geeignet, den Kern eines Phänomens zu erfassen, wohl aber, diesen in Frage zu stellen. Methodik kann zu einer Schablone werden, in deren Ausstanzungen die Umrisse des Untersuchungsgegenstandes gar nicht erst sichtbar werden. Legt man die Schablone eines Gegenstands auf ein Blatt Papier, wird alles auf dem Papier abgedeckt, was nicht zur Stanzform gehört.

Der Quellenwiderstand, d.h. die Fälle, in denen schriftlich überlieferte Aussagen die eigenen Vorstellungen und Erwartungen erschüttern, birgt den Kern des Abenteuers. Man muss schon bereit sein, sich in seinen Erwartungen tüchtig durcheinanderbringen zu lassen, um die Zwänge,

2063 Wie Fn. 1222.

Schwächen und Deformationskräfte einer gewählten Methode zu erfahren. Für die vorliegende Untersuchung wurde alles herangezogen, was an Abeiten zur Ehre und Rache existiert. Der Leser dürfte sich gefragt haben: Zu welchem Zweck bleiben Quellen und Forschungsarbeiten zu Ehre und Rache aus Mittelalter, Neuzeit und Moderne in einer Arbeit über die griechische Antike dauerpräsent? Neben den dramatischen Lücken in der Überlieferung der Antike[2064] gibt es dafür einen ganz anderen, wichtigen Grund. Das gescheiterte Unterfangen, eine diachrone Gesamtzusammenschau der Ehre zu schreiben und die Langzeitentwicklung des Ehrgefühls in den Blick zu nehmen, ermöglichte erst die Einsicht in die Natur des Untersuchungsgegenstands.

Man treibt Stollen in einen Berg aus Quellen und die Glücklichsten landen dort, wo sie hinwollten. Die anderen werden weniger von der Methode als von den Quellen gezwungen, sich auf Unwägbarkeiten einzulassen und, anstatt vorgefasste Annahmen zu applizieren, dem Untersuchungsgegenstand in seiner Gestalt und seinen Ausformungen *näher* zu kommen. Die verstreuten Hinweise auf spätere Epochen frmieren eine Erkenntnis, die den Quellen nicht übergestülpt, sondern die aus ihnen heraus entwickelt wurde. Eine Theorie über das Wesen von Ehre und Rache ist für alle Zeiten relevant, nicht nur für den hier vorgelegten Abschnitt der Antike. Bei der Theorie geht es nicht um die Bezüge der Ehre zur Gegenwart oder um den Aktualisierungshorizont der Rache.[2065]

Die Erkenntnis, dass es sich bei der Rechtsgeschichte um die geeignetste Methode handelt, dem Untersuchungsgegenstand und nicht den eigenen Vorstellungen näher zu kommen, war nicht nur zeitraubend. Im Tageslicht wissenschaftlicher Anforderungen und Kräfte war sie geradezu unverantwortlich und kündet in der Drucklegung weniger von der Wahlfreiheit unter den wissenschaftlichen Methoden, als von deren Überwindung. Der vorliegende Fall ist eine Modellstudie anhand der frühgriechischen Antike, die offenbart, wieviel mehr die Rechtsgeschichte über die Phänomene Ehre und Rache zu entschlüsseln vermag, als die konkurrierenden Ansätze. Gegen die Wahlfreiheit einer Methode sollte der Maßstab der Quellentreue oder Nähe zum Untersuchungsgegenstand gehalten werden.

2064 S.o. S. 30.

2065 Zum vierten Kreis des Ehrgefühls – der Menschheit: s.o. S. 149ff., insbes. S. 158f. Zur Aktualität der Rache im Völkerrecht: s.o. S. 343ff. u. 382ff.

Bei der Formulierung des Zielpunkts, den vier Jahre Quellenarbeit hinterlassen haben, muss der Verfasser grundsätzlicher werden. Diese Arbeit ist ein Beitrag zur Gewalttätigkeit des Menschen. Im Hintergrund schwingt gerade bei den diachron präsent gehaltenen Erkenntnissen die Frage mit: *Wie gewalttätig ist der Mensch?* In der Regel wird eine Fortschrittsgeschichte von der Rache zum Recht geschrieben. Zweifel an dieser Perspektive sind schon länger geboten.[2066] In den Quellen wird eine ganz andere, gegenläufige Entwicklung greifbar. Die vorliegende Arbeit fügt der Gewaltgeschichte des Menschen einen unerwarteten Abschnitt hinzu. Nach der gängigen Vorstellung mussten Recht und Staat die wilden Ehrgefühle (aus »Ehrverletzungen« oder »Rachegelüsten«) erst bändigen und in ihrer Macht brechen. Humanität sei im Prozess der Zivilisierung erst langsam und spät hervorgetreten.

Das hier zusammengetragene Material kann belegen, um nur ein Beispiel herauszugreifen, dass Rache im archaischen Griechenland nicht vom Recht abgelöst wurde, sondern dass eine – und das zäunt das eigentliche Ergebnis ein – *Vorgängigkeit des Rechts* vor der Rache wie vor der Ehre bestand. Das Recht – sei es gesatztes, Vertrags- oder ungeschriebenes Recht[2067] – bringt die Gefühle um Ehre und Rache erst hervor, die es nach heutiger Ansicht eigentlich bändigen soll. Ehre und Rache werden aber selbst nur als hochorganisierte Formen des Rechts verständlich. Der Rechtsstaat entsteht nicht durch die Zivilisierung einer archaischen Gefühlsnatur des Menschen, sondern das, was wir – vom Boden der Moderne aus – allzu gerne als nativistische Brutalität des Menschen missdeuten, erfüllt selbst den Anforderungskatalog einer als hochmodern geltenden Funktionalität.

Ehre und Rache sind nicht widerrechtlich oder rechtskonkurrierend, sondern rechtsförmig, wenn nicht gar rechtsvollziehend. Das Recht wird in den Quellen als Instrument greifbar, um Menschen anzuleinen. Es wird sogar versucht, im Laufe der sog. *polis*-Bildung die humaneren Rechtszustände loszuwerden.[2068] Die Gefühlsgeschichte der Ehre ist ein Beitrag zur politischen Wirksamkeit des Rechts, der grundsätzlich Zweifel an der Vorstellung einer Gewaltnatur des Menschen wecken muss. Die Gefühlsmäch-

2066 Vgl. S. 311ff.

2067 Vgl. S. 71ff.

2068 Das Recht der *polis* verschärft die *atimia*, vgl. Fn. 905. Zur rechtlichen Entwicklung der Blutrache: o. S. 301ff.

tigkeit von Ehre und Rache seien dabei kaum bestritten. Aber die – unter dem Eindruck der Archaisierung dieser Begriffe in der Moderne stehende – Fragestellung nach ihrer Möglichkeit, nach ihren *conditiones*, lässt vieles in anderem Licht erscheinen.

Die Arbeit endet mit dem Befund, dass das Recht Gefühle organisieren, in manchen Fällen sogar schaffen kann. Gesetze machen Gefühle. Von daher darf der Prämisse der Geschichtlichkeit der Gefühle – d.h. dass Gefühle kultur- und zeitgebunden sind – die Einsicht hinzugesellt werden, dass sie *rechtsgebunden* sind.

Literatur

1. Griechische Autoren

Aeschines' Reden. Griechisch u. Deutsch. Übers. v. Gustav Eduard Benseler, Leipzig 1855.
Aesopica. Hrsg. v. Ben Edwin Perry, Baltimore 1952.
Aischylos: Tragödien und Fragmente. Übers. v. Oskar Werner, München/Zürich 1988.
Aischylos: Werke in einem Band. Übers. v. Dietrich Ebener, Berlin/Weimar 1976.
Archilochos: Gedichte. Hrsg. u. übers. v. Rainer Nickel, Düsseldorf/Zürich 2003.
Archilochos: Gedichte. Hrsg. u. übers. v. Rainer Nickel, Düsseldorf/Zürich 2003.
Aristophanes: Sämtliche Komödien. Übers. v. Ludwig Seeger, Zürich 1968.
Aristoteles: Die Nikomachische Ethik. Übers. v. Olof Gigon, Zürich/München 1967.
Aristoteles: Nikomachische Ethik. Übers. v. Franz Dirlmeier, Berlin 1991.
Aristoteles: Poetik. Übers. v. Arbogast Schmitt, Berlin 2008.
Aristoteles: Politik. Buch I. Übers. v. Eckart Schütrumpf, Berlin 1991.
Aristoteles: Politik. Buch II u. III. Übers. v. Eckart Schütrumpf, Berlin 1991.
Aristoteles: Politik. Buch IV–VI. Übers. v. Eckart Schütrumpf, Berlin 1996.
Aristoteles: Politik. Buch VII/VIII. Übers. v. Eckart Schütrumpf, Berlin 2005.
Aristoteles: Rhetorik. Übers. v. Christof Rapp, Berlin 2002.
Aristoteles: Staat der Athener. Übers. v. Mortimer Chambers, Berlin 1990.
Demosthenes: Against Meidias, Androtion, Aristocrates, Timocrates, Aristogeiton. XXI-XXVI. Bd. III. Übers. v. J.H. Vince, Massachusetts/London 1986.
Demosthenes: De Corona, De falsa Legatione. XVIII, XIX. Bd. II. Übers. v. J.H. Vince, Massachusetts/London 1992.
Demosthenes: Politische Reden. Griechisch/Deutsch. Übers. v. Wolfhart Unte, Stuttgart 2002.
Demosthenes: Private Orations. XXVII-XL. Bd. IV. Übers. v. A.T. Murray, Massachusetts/London 1984.
Demosthenes: Rede für Ktesiphon über den Kranz. Übers. v. Walter Zürcher, Darmstadt 1983.
Demosthenes: Speeches 18 and 19. Übers. v. Harvey Yunis, Austin 2005.
Euripides: Tragödien. Zweiter Teil. Alkestis, Hippolytos, Hekabe, Andromache. Übers. v. Dietrich Ebener, Berlin 1990.

Euripides: Tragödien. Dritter Teil. Herakles. Die Kinder des Herakles. Die Hlfeflehenden. Übers. v. Dietrich Ebener, Berlin 1976.

Euripides: Tragödien. Fünfter Teil. Die Troerinnen. Die Phoinikerinnen. Orestes. Übers. v. Dietrich Ebener, Berlin 1979.

Euripides: Tragödien. Sechster Teil. Iphigenie in Aulis. Die Bakchen. Der Kyklop. Übers. v. Dietrich Ebener, Berlin 1980.

Herodot: Geschichten und Geschichte. Buch 1–4. Übers. v. Walter Marg, Zürich/München 1990.

Herodot: Geschichten und Geschichte. Buch 5–9. Übers. v. Walter Marg, Zürich/München 1983.

Herodot: Historien. Deutsche Gesamtausgabe. Übers. v. A. Horneffer, Stuttgart 1971.

Hesiod: Theogonie. Werke und Tage. Griechisch und deutsch. Hrsg. und übers. v. Albert von Schirnding, München 1991.

Homer: Ilias. Übers. v. Thassilo von Scheffer, Leipzig 1938.

Homer: Ilias. Übers. v. Wolfgang Schadewaldt, Frankfurt/M. 1975.

Homer: Ilias. Übers. v. Hans Rupé, Düsseldorf/Zürich 2001.

Homer: Odyssee. Übers. v. Anton Weiher, Düsseldorf/Zürich 2000.

Homer: Werke in zwei Bänden. Zweiter Band. Odyssee. Übers. v. Dietrich Ebener, Berlin/Weimar 1971.

Isokrates: Sämtliche Werke. Band I. Reden I–VIII. Übers. v. Christine Ley-Hutton, Stuttgart 1993.

Isokrates: Sämtliche Werke. Band II. Reden IX–XXI. Briefe. Fragmente. Übers. v. Christine Ley-Hutton, Stuttgart 1997.

Lykurg: Rede gegen Leokrates. Hrsg. u. übers. v. Johannes Engels, Darmstadt 2008.

Lysias: Der Rächer seiner Ehre. Gerichtsreden. Übers. v. Ursula Treu, Leipzig 1983.

Philo von Alexandria: Die Werke in deutscher Übersetzung. Hrsg. v. Leopold Cohn, Isaak Heinemann, Maximilian Adler u. Willy Theiler. Band VII, Berlin 1964.

Platon: Apologie des Sokrates. Übers. v. Ernst Heitsch, Göttingen 2002.

Platon: Der Staat [= Politeia], Stuttgart 2000.

Platon: Gorgias. Übers. v. Joachim Dalfen, Göttingen 2004.

Platon: Nomoi. Griechisch und Deutsch, Frankfurt a.M./Leipzig 1991.

Platon: Protagoras. Werke. Band VI. Übers. v. Bernd Manuwald, Göttingen 2006.

Platon: Staatsschriften. Übers. v. Wilhelm Andreae, Jena 1925.

Pseudo-Xenophon: Die Verfassung der Athener [= Die pseudoxenophontische Athenaion politeia. Einleitung, Übersetzung und Erklärung]. Übers. v. Ernst Kalinka, Berlin/Leipzig 1913.

Sophokles: Dramen. Griechisch und deutsch. Übers. v. Wilhelm Willige, München/Zürich 1985.

Thukydides: Der Peloponnesische Krieg. Übers. u. hrsg. v. Helmuth Vretska u. Werner Rinner, Stuttgart 2004.

Thukydides: Geschichte des Peloponnesischen Krieges. 1. Teil. Buch I-IV. Übers. v. Georg Peter Landmann, München 1993.

Thukydides: Geschichte des Peloponnesischen Krieges. 2. Teil. Buch V-VIII. Übers. v. Georg Peter Landmann, München 1993.

Xenophon: Anabasis. Der Zug der Zehntausend. Übers. v. Walter Müri, München/Zürich 1990.

Xenophon: Die Verfassung der Spartaner. Übers. v. Stefan Rebenich, Darmstadt 1998.

Xenophon: Erinnerungen an Sokrates. Übers. v. Peter Jaerisch, München/Zürich 1987.

Xenophon: Hellenika I – II.3.10. Übers. v. Peter Krentz, Warminster 1989.

Xenophon: Hellenika II.3.11 – IV.2.8. Übers. v. Peter Krentz, Warminster 1995.

Xenophon: In Seven Volumes. V. Cyropaedia. In Two Volumes. I. Books I-IV. Übers. v. Walter Miller, Cambridge/London 1983.

Xenophon: In Seven Volumes. VI. Cyropaedia. In Two Volumes. II. Books V-VIII. Übers. v. Walter Miller, Cambridge/London 1989.

Xenophon: Ökonomische Schriften. Übers. v. Gert Audring, Berlin 1992.

2. Römische Autoren

Augustinus, Aurelius: Der Gottesstaat. De Civitate Dei. Erster Band. Buch I–XIV. Übers. v. Carl Johann Perl, Paderborn/München/Wien/Zürich 1979.

Caesar: Der Bürgerkrieg. Lateinisch–deutsch. Übers. v. Otto Schönberger, München/Zürich 1990.

Cicero: Die politischen Reden. Band III. Lateinisch – deutsch. Hrsg. u. übers. v. Manfred Fuhrmann, München 1993.

Cicero: Staatsreden. Erster Teil. Lateinisch u. Deutsch. Übers. v. Helmut Kasten, Berlin 1969.

Ovid: Metamorphosen. Lateinisch – deutsch. Übers. v. Erich Rösch, München 1992.

Plutarch: Grosse Griechen und Römer. Band II. Übers. v. Konrat Ziegler, Zürich/Stuttgart 1955.

Plutarch: Grosse Griechen und Römer. Band III. Übers. v. Konrat Ziegler, Zürich/Stuttgart 1955.

Plutarch: Grosse Griechen und Römer. Band V. Übers. v. Konrat Ziegler, Zürich/Stuttgart 1960.

Plutarchs ausgewählte Biographien. Übers. v. Ed. Eyth. Sechstes Bändchen. 1. Lykurg. 2. Solon, Stuttgart 1857.

Polybios: Geschichte. Gesamtausgabe in zwei Bänden. Erster Band. Übers. v. Hans Drexler, Zürich/München 1978.

Polybios: Geschichte. Gesamtausgabe in zwei Bänden. Zweiter Band. Übers. v. Hans Drexler, Zürich/München 1979.

Publius Ovidius Naso: Fasti. Festkalender. Lateinisch – Deutsch. Auf der Grundlage der Ausgabe von Wolfgang Gerlach neu übers. und hrsg. v. Niklas Holzberg, Zürich 1995.

Tacitus, Cornelius: Sämtliche erhaltene Werke. Unter Zugrundelegung der Übertragung von Wilhelm Bötticher neu bearb. v. Andreas Schaefer, Essen 1984.

3. Neuzeitliche Autoren

Bacon, Francis: Essays. Hrsg. v. Levin L. Schücking, Leipzig 1967.

Beccaria, Caesare: Über Verbrechen und Strafen. Übers. v. Wilhelm Alff, Frankfurt/M. 1988.

Hobbes, Thomas: Leviathan. Hrsg. v. Richard Tuck, Cambridge 1996.

Hobbes, Thomas: The English Works of Thomas Hobbes of Malmesbury. Hrsg. v. William Molesworth. Vol. IX, London 1994.

Hobbes, Thomas: The English Works of Thomas Hobbes of Malmesbury. Hrsg. v. William Molesworth. Vol. X, London 1994.

Machiavelli: Der Fürst. Übers. v. Friedrich von Oppeln-Bronikowski, Frankfurt a.M./Leipzig 1990.

Machiavelli: Discorsi. Staat und Politik. Übers. v. Friedrich von Oppeln-Bronikowski, Frankfurt a.M./Leipzig 2000.

Mandeville, Bernard: Die Bienenfabel. Übers. v. Otto Bobertag, Dorothea Bassenge u. Friedrich Bassenge, Berlin 1957.

Montaigne, Michel de: Essais. Übers. v. Hans Stilett, Frankfurt/M. 1998.

Montesquieu: Vom Geist der Gesetze. Übers. v. Kurt Weigand, Stuttgart 1965.

Pepys, Samuel: Die geheimen Tagebücher. Hrsg. v. Volker Kriegel u. Roger Willemsen, Frankfurt/M. 2004.

Shakespeare, William: Sämtliche Werke in einem Band. Übers. v. August Wilhelm von Schlegel u. Ludwig Tiek, St. Gallen 2006.

Vico, Giovanni Battista: Prinzipien einer neuen Wissenschaft über die gemeinsame Natur der Völker. Teilband 1. Übers. v. Vittorio Hösle u. Christoph Jermann, Hamburg 1990.

4. Sekundärliteratur

Albrecht (2008) Albrecht, Hans-Jörg: Strafrecht und Strafe. Belastung oder Entlastung? In: Schlee, Günther u. Turner, Bertram (Hrsg.): Vergeltung. Eine interdisziplinäre Betrachtung der Rechtfertigung und Regulation von Gewalt, Frankfurt/New York 2008, S. 127–148.

Albrecht (2011) Albrecht, Clemens: Anthropologie der Verschiedenheit, Anthropologie der Gemeinsamkeit, in: Bauks, Michaela/Meyer, Martin F. (Hrsg.): Zur Kulturgeschichte der Scham, Hamburg 2011, S. 177–193.

Alexander (2000) Alexander, Edward: A Crime of Vengeance. An Armenian Struggle for Justice, New York 2000.

Alexiou (1995) Alexiou, Evangelos: Ruhm und Ehre. Studien zu Begriffen, Werten und Motivierungen bei Isokrates, Heidelberg 1995.

Alonso (2007) Alonso, Victor: War, Peace, and International Law in Ancient Greece, in: Raaflaub, Kurt A. (Hrsg.): War and Peace in the Ancient World, Oxford 2007.

Althoff (1988) Althoff, Gerd: Gloria et nomen perpetuum. Wodurch wurde man im Mittelalter berühmt? In: ders./Geuenich, Dieter/Oexle, Otto Gerhard/Wollasch, Joachim (Hrsg.): Person und Gemeinschaft im Mittelalter. Karl Schmid zum fünfundsechzigsten Geburtstag, Sigmaringen 1988, S. 297–313.

Althoff (1995) Althoff, Gerd: *Compositio.* Wiederherstellung verletzter Ehre im Rahmen gütlicher Konfliktbeendigung, in: Schreiner, Klaus u. Schwerhoff, Gerd (Hrsg.): Verletzte Ehre. Ehrkonflikte in Gesellschaften des Mittelalters und der Frühen Neuzeit, Köln/Weimar/Wien 1995, S. 63–76.

Althoff (1997) Althoff, Gerd: Das Privileg der ›Deditio‹. Formen gütlicher Konfliktbeendigung in der mittelalterlichen Adelsgesellschaft, in: Oexle, Otto Gerhard (Hrsg.): Nobilitas. Funktion und Repräsentation des Adels in Alteuropa, Göttingen 1997, S. 27–52.

Althoff (2000) Althoff, Gerd: Gefühle in der öffentlichen Kommunikation des Mittelalters, in: Benthien, Claudia/Kasten, Ingrid (Hrsg.): Emotionalität. Zur Geschichte der Gefühle, Köln/Weimar/Wien 2000, S. 82–99.

Althoff (2003) Althoff, Gerd: Die Macht der Rituale. Symbolik und Herrschaft im Mittelalter, Darmstadt 2003.

Althoff (2006) Althoff, Jochen u. Zeller, Dieter (Hrsg.): Die Worte der Sieben Weisen, Darmstadt 2006.

Anders (1980) Anders, Günther: Die Antiquiertheit des Menschen. Band 2. Über die Zerstörung des Lebens im Zeitalter der dritten industriellen Revolution, München 1980.

Anders (1986) Anders, Günther: Lieben gestern. Notizen zur Geschichte des Fühlens, München 1986.

Anders (1994) Anders, Günther: Die Antiquiertheit des Menschen. Band 1. Über die Seele im Zeitalter der zweiten industriellen Revolution, München 1994.

Antenhofer (2007) Antenhofer, Christina: Emotionale Argumentationsmuster oder Gefühle als Pflicht? Ein Fallbeispiel aus dem 15. Jahrhundert, in: Neumayr, Agnes (Hrsg.): Kritik der Gefühle. Feministische Positionen, Wien 2007, S. 254–274.

Antoni (2007) Antoni, Michael: Art. »Artikel 1 [Menschenwürde, Rechtsverbindlichkeit der Grundrechte]«, in: Hömig, Dieter (Hrsg.): Grundgesetz für die Bundesrepublik Deutschland, Baden-Baden 2007.

Appiah (2011) Appiah, Kwame Anthony: Eine Frage der Ehre. Oder wie es zu moralischen Revolutionen kommt, München 2011.

Arendt (1964) Arendt, Hannah: Eichmann in Jerusalem. Ein Bericht von der Banalität des Bösen, München 1964.

Arndt (2001) Arndt, Johannes: Zwischen kollegialer Solidarität und persönlichem Aufstiegsstreben. Die Reichsgrafen im 17. und 18. Jahrhundert, in: Asch, Ronald G.: Der europäische Adel im Ancien Régime. Von der Krise der ständischen Monarchien bis zur Revolution (1600–1789), Köln [u.a.] 2001, S. 105–128.

Aschmann (2005) Aschmann, Birgit: Vom Nutzen und Nachteil der Emotionen in der Geschichte. Eine Einführung, in: dies. (Hrsg.): Gefühl und Kalkül. Der Einfluss von Emotionen auf die Politik des 19. und 20. Jahrhunderts, Stuttgart 2005, S. 9–32.

Aschmann (2005a) Aschmann, Birgit: Ehre – das verletzte Gefühl als Grund für den Krieg. Der Kriegsausbruch 1870, in: dies. (Hrsg.): Gefühl und Kalkül. Der Einfluss von Emotionen auf die Politik des 19. und 20. Jahrhunderts, Stuttgart 2005, S. 151–174.

Aschmann (2010) Aschmann, Birgit: Heiße Gefühle und kaltes Blut. Nationale Ehrverletzung als Kriegsmotiv für den preußischen Feldzug 1806, in: Brunner, José (Hrsg.): Politische Leidenschaften. Zur Verknüpfung von Macht, Emotion und Vernunft in Deutschland, Göttingen 2010, S. 23–44.

Assmann (1994) Assmann, Jan: Zur Verschriftung rechtlicher und sozialer Normen im Alten Ägypten, in: Gehrke, Hans-Joachim (Hrsg.): Rechtskodifizierung und soziale Normen im interkulturellen Vergleich, Tübingen 1994, S. 61–86.

Bailey (2010) Bailey, Christian: Honor Bestowed and Felt? Verdienstorden in the Federal Republic after 1945, in: Brunner, José (Hrsg.): Politische Leidenschaften. Zur Verknüpfung von Macht, Emotion und Vernunft in Deutschland, Göttingen 2010, S. 61–78.

Baltrusch (1994) Baltrusch, Ernst: Symmachie und Spondai. Untersuchungen zum griechischen Völkerrecht der archaischen und klassischen Zeit, Berlin/New York 1994.

Baltrusch (2008) Baltrusch, Ernst: Außenpolitik, Bünde und Reichsbildung in der Antike, München 2008.

Baraz (2008) Baraz, Yelena: Superbia in ancient Rome, in: Sluiter, xIneke/Rosen, Ralph M. (Hrsg.): Kakos. Badness and Anti-Value in Classical Antiquity, Leiden/Boston 2008, S. 365–397.

Barta (2010) Barta, Heinz: ›Graeca non leguntur‹? Zu den Ursprüngen des europäischen Rechts im antiken Griechenland. Band 1, Wiesbaden 2010.

Barta (2011a) Barta, Heinz: ›Graeca non leguntur‹? Zu den Ursprüngen des europäischen Rechts im antiken Griechenland. Band 2. Archaische Grundlagen, Teil 1, Wiesbaden 2011.

Barta (2011b) Barta, Heinz: ›Graeca non leguntur‹? Zu den Ursprüngen des europäischen Rechts im antiken Griechenland. Band 2. Archaische Grundlagen, Teil 2, Wiesbaden 2011.

Barta (2014) Barta, Heinz: ›Graeca non leguntur‹? Zu den Ursprüngen des europäischen Rechts im antiken Griechenland. Band 3, Teil 1. Das griechische Recht in seinem kulturhistorischen Umfeld – Beispiele aus Dichtung, Geschichtsschreibung, Philosophie und (Kautelar)Jurisprudenz, Wiesbaden 2014.

Bassenge (1937) Bassenge, Friedrich: Ehre und Beleidigung, Berlin 1937.

Behr (1993) Behr, Holger: Die Selbstdarstellung Sullas. Ein aristokratischer Politiker zwischen persönlichem Führungsanspruch und Standessolidarität, Frankfurt/M. [u.a.] 1993.

Behr (2005) Behr, Manfred: Argumentation durch Bilder. Ein Aspekt politischer Ikonographie, in: Sachs-Hombach, Klaus (Hrsg.): Bildwissenschaften zwischen Reflexion und Anwendung, Köln 2005, S. 212–229.

Bellabarba (1999) Bellabarba, Marco: Honor Discipline and the State, in: Schilling, Heinz (Hrsg.): Institutionen, Instrumente und Akteure sozialer Kontrolle und Disziplinierung im frühneuzeitlichen Europa, Frankfurt/M. 1999, S. 225–250.

Bellen (1997) Bellen, Heinz: Politik – Recht – Gesellschaft. Studien zur alten Geschichte, Stuttgart 1997.

Benda (1983) Benda, Julien: Der Verrat der Intellektuellen, Frankfurt/M. [u.a.] 1983.

Bender (1938) Bender, Georg Friedrich: Der Begriff des Staatsmannes bei Thukydides, Würzburg 1938.

Benedict (2006) Benedict, Ruth: Chrysantheme und Schwert. Formen der japanischen Kultur, Frankfurt/M. 2006.

Bentz (2005) Bentz, Martin: Spiel um Leben und Tod? Gewalt und Athletik in klassischer Zeit, in: Fischer, Günter u. Moraw, Susanne (Hrsg.): Die andere Seite der Klassik. Gewalt im 5. und 4. Jahrhundert v. Chr., Stuttgart 2005, S. 129–142.

Bentz/Mann (2001) Bentz, Martin u. Mann, Christian: Zur Heroisierung von Athleten, in: von den Hoff, Ralf u. Schmidt, Stefan (Hrsg.): Konstruktionen von Wirklichkeit. Bilder im Griechenland des 5. und 4. Jahrhunderts v. Chr., Stuttgart 2001, S. 225–240.

Bergemann (1992) Bergemann, Claudia: Politik und Religion im spätrepublikanischen Rom, Stuttgart 1992.

Bergemann [u.a.] (2011) Bergemann, Lutz/Dönike, Martin/Schirrmeister, Albert/Toepfer, Georg/Walter, Marco/Weitbrecht, Julia: Transformation. Ein Konzept zur Erforschung kulturellen Wandels, in: Böhme, Hartmut/dies.

(Hrsg.): Transformation. Ein Konzept zur Erforschung kulturellen Wandels, München 2011, S. 39–56.

Berger/Kellner (1987) Berger, Peter/Berger, Brigitte/Kellner, Hansfried: Das Unbehagen in der Modernität, Frankfurt a.M./New York 1987.

Bernard/Raulff (2005) Bernard, Andreas u. Raulff, Ulrich (Hrsg.): Briefe aus dem 20. Jahrhundert, Frankfurt/M. 2005.

Berneker (1954) Berneker, Erich: Der Versuch im griechischen Recht, in: Kunkel, Wolfgang u. Wolff, Hans Julius (Hrsg.): Festschrift für Ernst Rabel. Band II, Tübingen 1954.

Bernhardt (2003) Bernhardt, Rainer: Luxuskritik und Aufwandsbeschränkungen in der griechischen Welt, Stuttgart 2003.

Beyme (1995) Beyme, Klaus von: Die Reichstagsverhüllung. Staatsrepräsentation und Repräsentation von Gegenmacht, in: Klein, Ansgar/Braun, Ingo/Schroeder, Christiane/Hellmann, Kai-Uwe (Hrsg.): Kunst, Symbolik und Politik. Die Reichstagsverhüllung als Denkanstoß, Opladen 1995, S. 307–316.

Beyme (1998) Beyme, Klaus von: Die Kunst der Macht und die Gegenmacht der Kunst. Studien zum Spannungsverhältnis von Kunst und Politik, Frankfurt/M. 1998.

Bickerman (1969) Bickerman, Elias: Bemerkungen über das Völkerrecht im klassischen Griechenland, in: Gschnitzer, Fritz (Hrsg.): Zur griechischen Staatskunde, Darmstadt 1969, S. 474–502.

Blackburn (2007) Blackburn, Simon: Platon. Der Staat. München 2007.

Blech (1982) Blech, Michael: Studien zum Kranz bei den Griechen, Berlin/New York 1982.

Bloom (1987) Bloom, Allan: The Closing of the American Mind. How higher Education has failed Democracy and impoverished the Souls of today's Students, New York 1987.

Bloom (1990) Bloom, Allan: Giants and Dwarfs. Essays 1960–1990, New York 1990.

Bloom (1993) Bloom, Allan: Love and Friendship, New York 1993.

Bluhm (2002) Bluhm, Harald: Die Ordnung der Ordnung. Das politische Philosophieren von Leo Strauss, Berlin 2002.

Blumenberg (1970) Blumenberg, Hans: Selbsterhaltung und Beharrung. Zur Konstitution der neuzeitlichen Rationalität, Mainz 1970.

Boehringer (1996) Boehringer, David: Zur Heroisierung historischer Persönlichkeiten bei den Griechen, in: Flashar, Martin/Gehrke, Hans-Joachim/Heinrich, Ernst (Hrsg.): Retrospektive. Konzepte von Vergangenheit in der griechisch-römischen Antike, München 1996.

Boehringer (2001) Boehringer, David: Heroenkulte in Griechenland von der geometrischen bis zur klassischen Zeit, Berlin 2001.

Böhme (1997) Böhme, Hartmut: Gefühl, in: Wulf, Christoph (Hrsg.): Vom Menschen. Handbuch Historische Anthropologie, Weinheim/Basel 1997.

Böhme (2006) Böhme, Hartmut: Fetischismus und Kultur. Eine andere Theorie der Moderne, Reinbek b. Hamburg 2006.

Böhme (2009) Böhme, Hartmut: Vom *phobos* zur Angst. Zur Transformations- und Kulturgeschichte der Angst, in: Harbsmeier, Martin u. Möckel, Sebastian (Hrsg.): Pathos, Affekt, Emotion. Transformationen der Antike, Frankfurt/M. 2009, S. 154–184.

Böhme (2011) Böhme, Hartmut: Einladung zur Transformation, in: ders./Bergemann, Lutz/Dönike, Martin/Schirrmeister, Albert/Toepfer, Georg/Walter, Marco/Weitbrecht, Julia (Hrsg.): Transformation. Ein Konzept zur Erforschung kulturellen Wandels, München 2011, S. 7–38.

Bonner (1970) Bonner, Robert J.: Lawyers and Litigants in Ancient Athens. The Genesis of the Legal Profession, Rom 1970.

Borg (2006) Borg, Barbara E.: Gefährliche Bilder? Gewalt und Leidenschaft in der archaischen und klassischen Kunst, in: Seidensticker, Bernd u. Vöhler, Martin (Hrsg.): Gewalt und Ästhetik. Zur Gewalt und ihrer Darstellung in der griechischen Klassik, Berlin/New York 2006, S. 223–258.

Bowman (2006) Bowman, James: Honor. A History, New York 2006.

Brakensiek (2006) Brakensiek, Stephan: Das gedruckte Herz. Kunstgeschichtliche Anmerkungen zum Motiv des Herzens in der frühneuzeitlichen Druckgraphik Mitteleuropas, in: Geerlings, Wilhelm u. Mügge, Andreas (Hrsg.): Das Herz. Organ und Metapher, Paderborn/München/Wien/Zürich 2006.

Braun (1990) Braun, Rudolf: Konzeptionelle Bemerkungen zum Obenbleiben. Adel im 19. Jahrhundert, in: Hans-Ulrich Wehler (Hrsg.): Europäischer Adel. 1750 – 1950, Göttingen 1990, S. 87–95.

Bredekamp (1995) Bredekamp, Horst: Eine Laudatio. Das Werk von Christo und Jeanne-Claude als Beitrag zur Zusammenführung von Kunst und Wissenschaft, in: Klein, Ansgar [u.a.] (Hrsg.): Kunst, Symbolik und Politik. Die Reichstagsverhüllung als Denkanstoß, Opladen 1995, S. 133–140.

Bremer (1996) Bremer, Jan N.: Götter, Mythen und Heiligtümer im antiken Griechenland, Darmstadt 1996.

Brenne (2002) Brenne, Stefan: T1/147, in: Siewert, Peter (Hrsg.): Ostrakismos-Testimonien I. Die Zeugnisse antiker Autoren, der Inschriften und Ostraka über das athenische Scherbengericht aus vorhellenistischer Zeit (487–322 v. Chr.), Stuttgart 2002.

Brink (1998) Brink, Cornelia: Ikonen der Vernichtung. Öffentlicher Gebrauch von Fotografien aus nationalsozialistischen Konzentrationslagern nach 1945, Berlin 1998.

Brodersen (1992) Brodersen, Kai/Günther, Wolfgang/Schmitt, Hatto H. (Hrsg.): Historische griechische Inschriften in Übersetzung. Band I. Die archaische und klassische Zeit, Darmstadt 1992.

Brodersen (1993) Brodersen, Kai: Einführung, in: Isokrates: Sämtliche Werke. Band 1. Reden I – VIII, Stuttgart 1993.

Brodersen (1996) Brodersen, Kai/Günther, Wolfgang/Schmitt, Hatto H. (Hrsg.): Historische griechische Inschriften in Übersetzung. Band II. Spätklassik und früher Hellenismus (400–250 v. Chr.), Darmstadt 1996.

Brodersen (2006) Brodersen, Kai u. Zimmermann, Bernhard (Hrsg.): Metzler-Lexikon Antike, Stuttgart/Weimar 2006.

Brückner (1966) Brückner, Wolfgang: Bildnis und Brauch. Studien zur Bildfunktion der Effigies, Berlin 1966.

Brüggenbrock (2006) Brüggenbrock, Christel: Die Ehre in den Zeiten der Demokratie. Das Verhältnis von athenischer Polis und Ehre in klassischer Zeit, Göttingen 2006.

Brunner (1984) Brunner, Otto: Land und Herrschaft. Grundfragen der territorialen Verfassungsgeschichte Österreichs im Mittelalter, Darmstadt 1984.

Brunner [u.a.] (2012) Brunner, Markus/Lohl, Jan/Pohl, Rolf/Schwietring, Marc/Winter, Sebastian (Hrsg.): Politische Psychologie heute? Themen, Theorien und Perspektiven der psychoanalytischen Sozialforschung, Gießen 2012.

Buchholz (2012) Buchholz, Hans-Günter: Erkennungs-, Rang- und Würdezeichen, Göttingen 2012.

Bumke (1994) Bumke, Joachim: Höfischer Körper – Höfische Kultur, in: Joachim Heinzle (Hrsg.): Modernes Mittelalter. Neue Bilder einer populären Epoche, Frankfurt/M. u. Leipzig 1994, S. 67–102.

Burckhardt (1964) Burckhardt, Jacob: Griechische Kulturgeschichte. Dritter Band. Der griechische Mensch, Leipzig 1964.

Burckhardt (1982) Burckhardt, Jacob: Griechische Kulturgeschichte. Vierter Band. Der hellenische Mensch in seiner zeitlichen Entwicklung, München 1982.

Burckhardt [u.a.] (2007) Burckhardt, Leonhard/Seybold, Klaus/Ungern-Sternberg, Jürgen (Hrsg.): Gesetzgebung in antiken Gesellschaften. Israel, Griechenland, Rom. Berlin/New York 2007.

Burkert (1972) Burkert, Walter: Homo Necans. Interpretationen altgriechischer Opferriten und Mythen, Berlin/New York 1972.

Burkert (1977) Burkert, Walter: Griechische Religion der archaischen und klassischen Epoche, Stuttgart/Köln/Mainz 1977.

Burkert (1994) Burkert, Walter: ›Vergeltung‹ zwischen Ethologie und Ethik. Reflexe und Reflexionen in Texten und Mythologien des Altertums, München 1994.

Burkert (1998) Burkert, Walter: Kulte des Altertums. Biologische Grundlagen der Religion, München 1998.

Burkhart (2006) Burkhart, Dagmar: Eine Geschichte der Ehre, Darmstadt 2006.

Buschmann/Murr (2008) Buschmann, Nikolaus/Murr, Karl Borromäus (Hrsg.): Treue. Politische Loyalität und militärische Gefolgschaft in der Moderne, Göttingen 2008, S. 36–74.

Butterweck (2005) Butterweck, Hellmut: Der Nürnberger Prozess. Eine Entmystifizierung, Wien 2005.

Cairns (1996) Cairns, Douglas L.: Hybris, Dishonour, and Thinking Big, in: The Journal of Hellenic Studies, 116 (1996), S. 1–32.

Cairns/Roe (2003) Cairns, Ed u. Roe, Micheál (Hrsg.): The Role of Memory in Ethnic Conflict, New York 2003.

Camassa (1994) Camassa, Giorgio: Verschriftung und Veränderung der Gesetze, in: Gehrke, Hans-Joachim (Hrsg.): Rechtskodifizierung und soziale Normen im interkulturellen Vergleich, Tübingen 1994, S. 97–112.

Capelle (1889) Capelle, C.: Vollständiges Wörterbuch über die Gedichte des Homeros und der Homeriden, Leipzig 1889.

Capelle (2008) Capelle, Wilhelm: Die Vorsokratiker. Die Fragmente und Quellenberichte. Übers. u. eingel. v. Wilhelm Capelle, Stuttgart 2008.

Carawan (1998) Carawan, Edwin: Rhetoric and the Law of Draco, Oxford 1998.

Cercas (2011) Cercas, Javier: Anatomie eines Augenblicks. Die Nacht, in der Spaniens Demokratie gerettet wurde, Frankfurt/M. 2011.

Chaniotis (2007) Chaniotis, Angelos: Die Entwicklung der griechischen Asylie. Ritualdynamik und die Grenzen des Rechtsvergleichs, in: Burckhardt, Leonhard/Seybold, Klaus/Ungern-Sternberg, Jürgen (Hrsg.): Gesetzgebung in antiken Gesellschaften. Israel, Griechenland, Rom. Berlin/New York 2007, S. 233–246.

Chaniotis (2012) Chaniotis, Angelos: Introduction, in: ders. (Hrsg.): Unveiling Emotions. Sources and Methods for the Study of Emotions in the Greek World, Stuttgart 2012, S. 11–36.

Chaniotis (2012a) Chaniotis, Angelos: Moving stones. The Study of emotions in Greek inscriptions, in: ders. (Hrsg.): Unveiling Emotions. Sources and Methods for the Study of Emotions in the Greek World, Stuttgart 2012, S. 91–130.

Coffey (2007) Coffey, Alexandra: Höllischer Ehrgeiz und himmlische Macht. Herrschafts- und Magiediskurse im Theater der englischen Renaissance, München 2007.

Cohen (1991) Cohen, David: The Augustan Law on Adultery. The Social and Cultural Context, in: Kertzer, David I. u. Saller, Richard P. (Hrsg.): The Family in Italy from Antiquity to the Present, Ann Arbor 1991, S. 109–126.

Cohen (1995) Cohen, David: Law, Violence, and Community in Classical Athens, Cambridge 1995.

Cohen (2005) Cohen, David: Crime, Punishment, and the Rule of Law in Classical Athens, in: ders./Gagarin, Michael (Hrsg.): Ancient Greek Law, Cambridge [u.a.] 2005, S. 211–235.

Coli (2006) Coli, Daniela: Hobbes's Revolution, in: Kahn, Victoria/Saccamano, Neil/dies. (Hrsg.): Politics and the Passions. 1500 – 1850, Princeton/Oxford 2006, S. 75–92.

Conrad (1954) Conrad, Hermann: Deutsche Rechtsgeschichte. Band I. Frühzeit und Mittelalter. Ein Lehrbuch, Karlsruhe 1954.

Conze (2007) Conze, Eckart: Helden und Verräter. Zur Wahrnehmung politischer Aktivität im deutschen Adel des 19. und 20. Jahrhunderts, in: Wrede, Martin u. Carl, Horst (Hrsg.): Zwischen Schande und Ehre. Erinnerungsbrüche und die Kontinuität des Hauses. Legitimationsmuster und Traditionsverständnis des frühneuzeitlichen Adels in Umbruch und Krise, Mainz 2007, S. 367–384.

Cordes (2008) Cordes, Albrecht: Art. »Blutrache«, in: ders./Lück, Heiner/Werkmüller, Dieter/Schmidt-Wiegand, Ruth (Hrsg.): Handwörterbuch zur deutschen Rechtsgeschichte. Band 1, Berlin 2008.

Cullen (1995) Cullen, Michael S.: Das Reichstagsgebäude. Ein Baugeschichtlicher Überblick, in: Klein, Ansgar/Braun, Ingo/Schroeder, Christiane/Hellmann, Kai-Uwe (Hrsg.): Kunst, Symbolik und Politik. Die Reichstagsverhüllung als Denkanstoß, Opladen 1995, S. 231–248.

Dabag (2002) Dabag, Mihran: Der Genozid an den Armeniern im Osmanischen Reich, in: Knigge, Volkhard/Frei, Norbert: Verbrechen erinnern. Die Auseinandersetzung mit Holocaust und Völkermord, München 2002, S. 33–55.

Damasio (1994) Damasio, Antonio R.: Descartes' Error. Emotion, Reason, and the Human Brain, New York 1994.

Danckert (1963) Danckert, Werner: Unehrliche Leute. Die verfemten Berufe, Bern/München 1963.

Dausend (2011) Dausend, Peter: »Beruf: Töten«, in: Die Zeit, Nr. 21, 19. Mai 2011, S. 4.

Davies (2005) Davies, John: The Gortyn Laws, in: Gagarin, Michael/Cohen, David (Hrsg.): Ancient Greek Law, Cambridge [u.a.] 2005.

De Coulanges (1981) De Coulanges, Numa D.F.: Der antike Staat. Kult, Recht und Institutionen Griechenlands und Roms, Stuttgart 1981.

Debrunner Hall (1996) Debrunner Hall, Margaretha: Even Dogs have Erinyes. Sanctions in Athenian Practice and Thinking, in: Foxhall, Lin/Lewis, Andrew (Hrsg.): Greek Law in its Political Setting. Justifications not Justice, Oxford 1996, S. 73–89.

Dejean (1997) Dejean, Joan: Ancients Against Moderns. Culture Wars and the Making of a Fin de Siecle, Chicago 1997.

Demandt (1995) Demandt, Alexander: Antike Staatsformen. Eine vergleichende Verfassungsgeschichte der Alten Welt, Berlin 1995.

Demandt (2003) Demandt, Philipp: Luisenkult. Die Unsterblichkeit der Königin von Preußen, Köln [u.a.] 2003.

Demel (2005) Demel, Walter: Der europäische Adel. Vom Mittelalter bis zur Gegenwart, München 2005.

Demisch (1910) Demisch, Edwin: Die Schuldenerbfolge im attischen Recht. Ein Beitrag zur Entwicklungsgeschichte der Universalsukzession, Leipzig 1910.

Descharmes (2013) Descharmes, Bernadette: Rächer und Gerächte. Konzeptionen, Praktiken und Loyalitäten der Rache im Spiegel der attischen Tragödie, Göttingen 2013.

Deutsch (2008) Deutsch, Andreas: Art. »Ehre«, in: Cordes, Albrecht/Lück, Heiner/Werkmüller, Dieter/Schmidt-Wiegand, Ruth (Hrsg.): Handwörterbuch zur deutschen Rechtsgeschichte. Band 1, Berlin 2008.

Diderot (1961) Diderot, Denis: Philosophische Schriften. Erster Band, Berlin 1961.

Diehl (2012) Diehl, Paula: Über Emotion, Affekt und Affizierung in der Politik, in: Heidenreich, Felix/Schaal, Gary S. (Hrsg.): Politische Theorie und Emotionen, Baden-Baden 2012, S. 155–176.

Dietrich (2007) Dietrich, Christine: Asylgesetzgebung in antiken Gesellschaften, in: Burckhardt, Leonhard/Seybold, Klaus/Ungern-Sternberg, Jürgen (Hrsg.): Gesetzgebung in antiken Gesellschaften. Israel, Griechenland, Rom. Berlin/New York 2007, S. 193–220.

Dihle (1962) Dihle, Albrecht: Die goldene Regel. Eine Einführung in die Geschichte der antiken und frühchristlichen Vulgärethik, Göttingen 1962.

Dinges (1989) Dinges, Martin: Die Ehre als Thema der Stadtgeschichte. Eine Semantik im Übergang vom Ancien Régime zur Moderne, in: Kunisch, Johannes [u.a.] (Hrsg.): Zeitschrift für Historische Forschung. Band 16, Berlin 1989, S. 409–440.

Dinges (1994) Dinges, Martin: Der Maurermeister und der Finanzrichter. Ehre, Geld und soziale Kontrolle im Paris des 18. Jahrhunderts, Göttingen 1994.

Dinges (1995) Dinges, Martin: Die Ehre als Thema der historischen Anthropologie. Bemerkungen zur Wissenschaftsgeschichte und zur Konzeptualisierung, in: Schreiner, Klaus u. Schwerhoff, Gerd (Hrsg.): Verletzte Ehre. Ehrkonflikte in Gesellschaften des Mittelalters und der Frühen Neuzeit, Köln/Weimar/Wien 1995, S. 29–62.

Dingmann (2007) Dingmann, Matthias: Pompeius Magnus. Machtgrundlagen eines spätrepublikanischen Politikers, Rahden 2007.

Dirlmeier (1991) Dirlmeier, Franz: Kommentar, in: Aristoteles: Nikomachische Ethik, Berlin 1991.

Disselkamp (2002) Disselkamp, Martin: Barockheroismus. Konzeptionen ›politischer‹ Größe in Literatur und Traktatistik des 17. Jahrhunderts, Tübingen 2002.

Dixon (2003) Dixon, Thomas: From Passions to Emotions. The Creation of a Secular Psychological Category, Cambridge 2003.

Döbler (1999) Döbler, Christine: Politische Agitation und Öffentlichkeit in der späten Republik, Frankfurt/M. 1999.

Doblhofer (1994) Doblhofer, Georg: Vergewaltigung in der Antike, Stuttgart/Leipzig 1994.

Dodds (1951) Dodds, Eric: The Greeks and the Irrational, Berkeley 1951.

Dönhoff (1994) Dönhoff, Marion: ›Um der Ehre Willen‹. Erinnerungen an die Freunde vom 20. Juli, Berlin 1994.

Dörner (1994) Dörner, Andreas: Die symbolische Politik der Ehre. Zur Konstruktion der nationalen Ehre in den Diskursen der Befreiungskriege, in: Vogt, Ludgera/Zingerle, Arnold (Hrsg.): Ehre. Archaische Momente in der Moderne, Frankfurt/M. 1994, S. 78–95.

Drexler (1967) Drexler, Hans: Honos, in: Oppermann, Hans (Hrsg.): Römische Wertbegriffe, Darmstadt 1967, S. 446–467.

Drexler (1972) Drexler, Hans: Herodot-Studien, Hildesheim/New York 1972.

Duden (1991) Duden, Barbara: Geschichte unter der Haut. Ein Eisenacher Arzt und seine Patientinnen um 1730, Stuttgart 1991.

Dülmen (1999) Dülmen, Richard van: Der ehrlose Mensch. Unehrlichkeit und soziale Ausgrenzung in der Frühen Neuzeit, Köln/Weimar/Wien 1999.

Dülmen (2001) Dülmen, Richard van (Hrsg.): Entdeckung des Ich. Die Geschichte der Individualisierung vom Mittelalter bis zur Gegenwart, Darmstadt 2001.

Eck (2006) Eck, Werner: Herrschaft und Kommunikation in antiken Gesellschaften. Das Beispiel Rom, in: Peter, Ulrike/Seidlmayer, Stephan J. (Hrsg.): Mediengesellschaft Antike? Information und Kommunikation vom Alten Ägypten bis Byzanz, Berlin 2006, S. 11–34.

Ehrenberg (1968) Ehrenberg, Victor: Aristophanes und das Volk von Athen. Eine Soziologie der altattischen Komödie, Zürich/Stuttgart 1968.

Eichhoff (1871) Eichhoff, Karl: Über die Blutrache bei den Griechen, Duisburg 1871.

Elias (1990) Elias, Norbert: Über den Prozeß der Zivilisation. Soziogenetische und psychogenetische Untersuchungen. Band 2. Wandlungen der Gesellschaft. Entwurf zu einer Theorie der Zivilisation, Frankfurt/M. 1990.

Elias (1997) Elias, Norbert: Über den Prozeß der Zivilisation. Soziogenetische und psychogenetische Untersuchungen. Band 1. Wandlungen des Verhaltens in den weltlichen Oberschichten des Abendlandes, Frankfurt/M. 1997.

Engelken-Jorge (2011) Engelken-Jorge, Marcos: Politics & Emotions. An Overview, in: ders./Güell, Pedro Ibarra/del Río, Carmelo Moreno (Hrsg.): Politics and Emotions. The Obama Phenomenon, Wiesbaden 2011, S. 7–28.

Engels (2003) Engels, Johannes: Antike Überlieferungen über die Schüler des Isokrates, in: Orth, Wolfgang (Hrsg.): Isokrates. Neue Ansätze zur Bewertung eines politischen Schriftstellers, Trier 2003, S. 175–194.

Erbil (2008) Erbil, Bahar: Toleranz für Ehrenmörder? Soziokulturelle Motive im Strafrecht unter besonderer Berücksichtigung des türkischen Ehrbegriffs, Berlin 2008.

Erkelenz (2003) Erkelenz, Dirk: Rechtsregelungen zur Verleihung von Ehrungen in Republik und Kaiserzeit, in: Hermes. Zeitschrift für klassische Philologie. Band 131. Heft 1, Stuttgart 2003, S. 67–89.

Eucken (2003) Eucken, Christoph: Zum Konzept der *politikoi logoi* bei Isokrates, in: Orth, Wolfgang (Hrsg.): Isokrates. Neue Ansätze zur Bewertung eines politischen Schriftstellers, Trier 2003, S. 34–42.

Evans (2001) Evans, Richard J.: Rituale der Vergeltung. Die Todesstrafe in der deutschen Geschichte. 1532 – 1987, Berlin 2001.

Fadinger (1993) Fadinger, Volker: Griechische Tyrannis und Alter Orient, in: Raaflaub, Kurt/Müller-Luckner, Elisabeth (Hrsg.): Anfänge des politischen Denkens in der Antike. Die nahöstlichen Kulturen und die Griechen, München 1993, S. 263–316.

Fatheuer (1988) Fatheuer, Thomas: Ehre und Gerechtigkeit. Studien zur gesellschaftlichen Ordnung im frühen Griechenland, Münster 1988.

Febvre (1977) Febvre, Lucien: Sensibilität und Geschichte. Zugänge zum Gefühlsleben früherer Epochen, in: ders./Bloch, Marc/Braudel, Fernand [u.a.]: Schrift und Materie der Geschichte. Vorschläge zur systematischen Aneignung historischer Prozesse. Hrsg. v. Claudia Honegger, Frankfurt/M. 1977, S. 313–334.

Felton (1998) Felton, Debbie: Advice to Tyrants. The Motif of ›Enigmatic Counsel‹ in Greek and Roman Texts, in: Phoenix. Band 52. Heft 1/2 (1998), S. 42–54.

Ferla (1996) Ferla, Kleopatra: Von Homers Achill zur Hekabe des Euripides. Das Phänomen der Transgression in der griechischen Kultur, Freiburg 1996.

Fest (2006) Fest, Joachim: Hitler. Eine Biographie, München/Berlin 2006.

Fetscher (1991) Fetscher, Iring: Was heißt ›Ehre des Demokraten‹? Ehrgefühl und Politik von Montesquieu bis heute, in: Erk, Wolfgang (Hrsg.): Das Plateau. Die Zeitschrift im Radius-Verlag. Zweiter Jahrgang. Heft 6, Stuttgart 1991, S. 4–19.

Findeisen (1999) Findeisen, Hans-Volkmar/Kersten, Joachim: Der Kick und die Ehre. Vom Sinn jugendlicher Gewalt, München 1999.

Fink (1969) Fink, Hanno: Die Sieben Todsünden in der mittelenglischen erbaulichen Literatur, Hamburg 1969.

Finkelberg (2007) Finkelberg, Margalit (Hrsg.): The Homer Encyclopedia. Volume III, Chichester 2007.

Finley (1968) Finley, Moses I: Die Welt des Odysseus, Darmstadt 1968.

Finley (1986) Finley Finley, Moses I.: Das politische Leben in der antiken Welt, München 1986.

Fischer (2008) Fischer, Thomas: Strafgesetzbuch und Nebengesetze, München 2008.

Fischer/Moraw (2005) Fischer, Günter/Moraw, Susanne: Einleitung, in: dies. (Hrsg.): Die andere Seite der Klassik. Gewalt im 5. und 4. Jahrhundert v. Chr., Stuttgart 2005, S. 1–18.

Fisher (1992) Fisher, N.R.E.: Hybris. A study in the values of honour and shame in ancient Greece, Warminster 1992.

Fitzgerald (2008) Fitzgerald, John T.: The passions and moral progress. An introduction, in: ders. (Hrsg.): Passions and Moral Progress in Greco-Roman Thought, London/New York 2008, S. 1–26.

Flaig (1994) Flaig, Egon: Das Konsensprinzip im Homerischen Olymp. Überlegungen zum Göttlichen Entscheidungsprozess Ilias 4. 1–72, in: Hermes. Zeitschrift für klassische Philologie. Band 122. Heft 1, Stuttgart 1994, S. 13–31.

Flaig (1995) Flaig, Egon: Die Pompa Funebris. Adlige Konkurrenz und annalistische Erinnerung in der Römischen Republik, in: Otto Gerhard Oexle (Hrsg.): Memoria als Kultur, Göttingen 1995, S. 115–148.

Flaig (2001) Flaig, Egon: Den Untermenschen konstruieren. Wie die griechische Klassik den Sklaven von Natur erfand, in: von den Hoff, Ralf/Schmidt, Stefan (Hrsg.): Konstruktionen von Wirklichkeit. Bilder im Griechenland des 5. und 4. Jahrhunderts v. Chr., Stuttgart 2001, S. 27–50.

Flaig (2004) Flaig Flaig, Egon: Ritualisierte Politik. Zeichen, Gesten und Herrschaft im Alten Rom, Göttingen 2004.

Flaig (2006) Flaig, Egon: Gewalt als präsente und als diskursive Obsession in der griechischen Klassik, in: Seidensticker, Bernd/Vöhler, Martin (Hrsg.): Gewalt und Ästhetik. Zur Gewalt und ihrer Darstellung in der griechischen Klassik, Berlin/New York 2006, S. 29–58.

Flaig (2010) Flaig, Egon: Olympiaden und andere Spiele – ›immer der Beste sein‹, in: Stein-Hölkeskamp, Elke/Hölkeskamp, Karl-Joachim: Die griechische Welt. Erinnerungsorte der Antike, München 2010, S. 353–369.

Flam (2007) Flam, Helena: Protest – Schweigen – Emotion. Über die risikoreiche und risikolose Empörung, in: Neumayr, Agnes (Hrsg.): Kritik der Gefühle. Feministische Positionen, Wien 2007, S. 216–235.

Forsdyke (1999) Forsdyke, Sara: From Aristocratic to Democratic Ideology and Back Again: The Thrasybulus Anecdote in Herodotus' Histories and Aristotle's Politics, in: Slatkin, Laura M. [u.a.] (Hrsg.): Classical Philology. Band 94. Heft 4, Chicago 1999, S. 361–372.

Fortenbaugh (2008) Fortenbaugh, William W.: Aristotle and Theophrastus on the Emotions, in: Fitzgerald, John T. (Hrsg.): Passions and Moral Progress in Greco-Roman Thought, London/New York 2008, S. 29–47.

Fränkel (1969) Fränkel, Hermann: Dichtung und Philosophie des frühen Griechentums. Eine Geschichte der griechischen Epik, Lyrik und Prosa bis zur Mitte des fünften Jahrhunderts, München 1969.

Frateantonio (2002) Frateantonio, Christa, Art. »Weihung, Weihgeschenk«, in: Cancik, Hubert/Schneider, Helmuth: Der neue Pauly. Enzyklopädie der Antike. Band 12/2, Stuttgart/Weimar 2002.

Freedberg (1989) Freedberg, David: The Power of Images. Studies in the History and Theory of Response, Chicago/London 1989.

Frevert (1991) Frevert, Ute: Ehrenmänner. Das Duell in der bürgerlichen Gesellschaft, München 1991.

Frevert (2000) Frevert, Ute: Angst vor Gefühlen? Die Geschichtsmächtigkeit von Emotionen im 20. Jahrhundert, in: P. Nolte [u.a.] (Hrsg.): Perspektiven der Gesellschaftsgeschichte, München 2000, S. 95–111.

Frevert (2011) Frevert, Ute [u.a.] (Hrsg.): Gefühlswissen. Eine lexikalische Spurensuche in der Moderne, Frankfurt/New York 2011.

Frevert (2011a) Frevert, Ute: Gefühle definieren. Begriffe und Debatten aus drei Jahrhunderten, in: dies. [u.a.] (Hrsg.): Gefühlswissen. Eine lexikalische Spurensuche in der Moderne, Frankfurt/New York 2011, S. 9–40.

Frevert (2011b) Frevert, Ute: Gefühlswissen in der Moderne – Entwicklungen und Ergebnisse, in: dies. [u.a.] (Hrsg.): Gefühlswissen. Eine lexikalische Spurensuche in der Moderne, Frankfurt/New York 2011, S. 263–278.

Frevert (2012) Frevert, Ute: Gefühlspolitik. Friedrich II. als Herr über die Herzen? Göttingen 2012.

Frevert (2013) Frevert, Ute: Vergängliche Gefühle, Göttingen 2013.

Frevert/Schmidt (2011) Frevert, Ute/Schmidt, Anne: (2011), in: dies. (Hrsg.): Geschichte und Gesellschaft 37. Heft 1, Göttingen 2011, S. 5–25.

Frisone (2011) Frisone, Flavia: Construction of Consensus. Norms and Change in Greek Funerary Rituals, in: Chaniotis, Angelos (Hrsg.): Ritual Dynamics in the Ancient Mediterranean. Agency, Emotion, Gender, Representation, Stuttgart 2011, S. 179–202.

Frost (1981) Frost, Frank J.: Politics in early Athens, in: Shrimpton, Gordon Spencer u. McCargar, David Joseph (Hrsg.): Classical Contributions, New York 1981.

Fuhrmann (1979) Fuhrmann, Manfred: Art. »Proscriptio«, in: Ziegler, Konrat (Hrsg.): Der kleine Pauly. Lexikon der Antike. Band 4, München 1979.

Fukuyama (1992) Fukuyama, Francis: Das Ende der Geschichte. Wo stehen wir? München 1992.

Fukuyama (2002) Fukuyama, Francis: Das Ende des Menschen, Stuttgart/München 2002.

Gall (1997) Gall, Dorothea: Menschen, die zu Tieren Werden: Die Metamorphose in der ›Hekabe‹ des Euripides, in: Hermes. Zeitschrift für klassische Philologie. Band 125. Heft 4, Stuttgart 1997, S. 396–412.

Gehrke (1985) Gehrke, Hans-Joachim: Stasis. Untersuchungen zu den inneren Kriegen in den griechischen Staaten des 5. und 4. Jahrhunderts v. Chr., München 1985.

Gehrke (1987) Gehrke, Hans-Joachim: Die Griechen und die Rache. Ein Versuch in historischer Psychologie, in: Franke, Herbert [u.a.] (Hrsg.): Saeculum. Jahrbuch für Universalgeschichte. Band 38, Freiburg/München 1987, S. 121–149.

Gehrke (1994) Gehrke, Hans-Joachim (Hrsg.): Rechtskodifizierung und soziale Normen im interkulturellen Vergleich, Tübingen 1994.

Gehrke (1997) Gehrke, Hans-Joachim: Gewalt und Gesetz. Die soziale und politische Ordnung Kretas in der Archaischen und Klassischen Zeit, in: Klio. Beiträge zur alten Geschichte. Band 79, München 1997, S. 23–68.

Gerstner (2008) Gerstner, Alexandra: Neuer Adel. Aristokratische Elitekonzeptionen zwischen Jahrhundertwende und Nationalsozialismus, Darmstadt 2008.

Geske (2005) Geske, Norbert: Nikias und das Volk von Athen im Archidamischen Krieg, Stuttgart 2005.

Giordano (1994) Giordano, Christian: Der Ehrkomplex im Mittelmeerraum. Sozialanthropologische Konstruktion oder Grundstruktur mediterraner Lebensformen? In: Vogt, Ludgera/Zingerle, Arnold (Hrsg.): Ehre. Archaische Momente in der Moderne, Frankfurt/M. 1994, S. 172–192.

Girardet (2005) Girardet, Klaus M.: Vis contra vim. Notwehr – Widerstand – ›Tyrannenmord‹. Zu Geschichte, Aktualität und Grenzen eines antiken Paradigmas, in: ders./Nortmann, Ulrich (Hrsg.): Menschenrechte und europäische Identität. Die antiken Grundlagen, Stuttgart 2005, S. 161–182.

Girtler (1994) Girtler, Roland: Ehre bei Vaganten, Ganoven, Häftlingen, Dirnen und Schmugglern, in: Vogt, Ludgera/Zingerle, Arnold (Hrsg.): Ehre. Archaische Momente in der Moderne, Frankfurt/M. 1994, S. 212–229.

Gödde (2001) Gödde, Susanne: *schêmata.* Körperbilder in der griechischen Tragödie, in: von den Hoff, Ralf/Schmidt, Stefan (Hrsg.): Konstruktionen von Wirklichkeit. Bilder im Griechenland des 5. und 4. Jahrhunderts v. Chr., Stuttgart 2001, S. 241–260.

Gödde (2012) Gödde, Susanne: Recht ohne Gesetz? Szenarien der Rechtssprechung bei Homer, Hesiod und Aischylos, in: Adam, Klaus-Peter/Avemarie, Friedrich/Wazana, Nili (Hrsg.): Law and Narrative in the Bible and in Neighbouring Ancient Cultures, Tübingen 2012, S. 157–185.

Gomme [u.a.] (1998) Gomme, A.W./Andrewes, A./Dover, K.J.: A Historical Commentary on Thucydides. Band V. Book VIII, Oxford 1998.

Görich (2001) Görich, Knut: Die Ehre Friedrich Barbarossas. Kommunikation, Konflikt und politisches Handeln im 12. Jahrhundert, Darmstadt 2001.

Gould (1989) Gould, John: Herodotus, London 1989.

Graf (2005) Graf, Klaus: Art. »Adelsehre«, in: Jaeger, Friedrich (Hrsg.): Enzyklopädie der Neuzeit. Band 1, Stuttgart 2005.

Grant (1964) Grant, Michael (Hrsg.): Die Welt der Antike. Kulturgeschichte Griechenlands und Roms, München/Zürich 1964.

Grethlein (2005) Grethlein, Jonas: Der Essensstreit in der ›Ilias‹ und die Erntemetapher in Il. 19, 221–224, in: Hermes. Zeitschrift für klassische Philologie. Band 133. Heft 3, Stuttgart 2005, S. 257–279.

Groebner (2004) Groebner, Valentin: Das Gesicht wahren. Abgeschnittene Nasen, abgeschnittene Ehre in der spätmittelalterlichen Stadt, in: Schreiner, Klaus u. Schwerhoff, Gerd (Hrsg.): Verletzte Ehre. Ehrkonflikte in Gesellschaften des Mittelalters und der Frühen Neuzeit, Köln/Weimar/Wien 1995, S. 361–380.

Grünewald (1999) Grünewald, Thomas: Räuber, Rebellen, Rivalen, Rächer. Studien zu *latrones* im römischen Reich, Stuttgart 1999.

Grütter (1997) Grütter, Heinrich-Theodor: Die athenische Demokratie als Denkmal und Monument. Überlegungen zur politischen Ikonographie im 5. Jh. v. Chr., in: Eder, Walter/Hölkeskamp, Karl-Joachim (Hrsg.): Volk und Verfassung im vorhellenistischen Griechenland, Stuttgart 1997, S. 113–132.

Gschnitzer (1969) Gschnitzer, Fritz: Stammes- und Ortsgemeinden im alten Griechenland, in: ders. (Hrsg.): Zur griechischen Staatskunde, Darmstadt 1969, S. 271–297.

Gschnitzer (1981) Gschnitzer, Fritz: Griechische Sozialgeschichte von der mykenischen bis zum Ausgang der klassischen Zeit, Wiesbaden 1981.

Gschnitzer (1991) Gschnitzer, Fritz: Zur homerischen Staats- und Gesellschaftsordnung. Grundcharakter und geschichtliche Stellung, in: Latacz, Joachim (Hrsg.): Zweihundert Jahre Homer-Forschung. Rückblick und Ausblick, Stuttgart/Leipzig 1991, S. 182–204.

Gschnitzer (1997) Gschnitzer, Fritz: Zur Terminologie von ›Gesetz‹ und ›Recht‹ im frühen Griechisch, in: Thür, Gerhard/Vélissaropoulos-Karakostas, Julie (Hrsg.): Symposion 1995. Vorträge zur griechischen und hellenistischen Rechtsgeschichte, Köln [u.a.] 1997, S. 3–10.

Gschnitzer (2001) Gschnitzer, Fritz: Politische Leidenschaft im homerischen Epos, in: ders.: Kleine Schriften zum griechischen und römischen Altertum. Band 1. Frühes Griechentum. Historische und Sprachwissenschaftliche Beiträge. Hrsg. v. Catherine Trümpy u. Tassilo Schmitt, Stuttgart 2001, S. 212–232.

Gschnitzer (2003) Gschnitzer, Fritz: Bemerkungen zum Zusammenwirken von Magistraten und Priestern in der griechischen Welt, in: ders.: Kleine Schriften zum griechischen und römischen Altertum. Band II. Historische und epigraphische Studien zur Alten Geschichte seit den Perserkriegen. Hrsg. v. Catherine Trümpy u. Tassilo Schmitt, Stuttgart 2003, S. 145–147.

Gutman (1994) Gutman, Roy: Augenzeuge des Völkermords. Reportagen aus Bosnien, Göttingen 1994.

Hahn (2002) Hahn, Alois: Transgression und Innovation, in: Helmich, Werner/Meter, Helmut/Poier-Bernhard, Astrid (Hrsg.): Poetologische Umbrüche. Romanistische Studien zu Ehren von Ulrich Schulz-Buschhaus, München 2002, S. 452–465.

Hamber/Wilson (2002) Hamber Brandon u. Wilson Richard: Symbolic Closure through Memory, Reparation and Revenge in Post-conflict Societies, in: Journal of Human Rights. Band 1. Heft 1, 2002, URL: http://www.brandonhamber.com/publications/jour-symbolicclosure.htm [Stand: 13.12.16].

Hansen (1995) Hansen, Mogens Herman: Die Athenische Demokratie im Zeitalter des Demosthenes. Struktur, Prinzipien und Selbstverständnis, Berlin 1995.

Hansen (2002) Hansen, Mogens, Herman: Was the *Polis* a State or a Stateless Society?, in: Nielsen, Thomas Heine (Hrsg.): Even more studies in the ancient Greek *polis*, Stuttgart 2002, S. 17–48.

Hanson (2001) Hanson, Victor Davis: Die Kriege in der griechischen Antike, Berlin 2001.

Harris (2001) Harris, William V.: Restraining Rage. The Ideology of Anger Control in Classical Antiquity, Cambridge/London 2001.

Harris (2007) Harris, Edward: Who enforced the Law in Classical Athens? in: Cantarella, Eva (Hrsg.): Symposion 2005. Vorträge zur griechischen und hellenistischen Rechtsgeschichte, Wien 2007, S. 159–176.

Harris (2008) Harris, Whitney, R.: Tyrannen vor Gericht. Das Verfahren gegen die deutschen Hauptkriegsverbrecher nach dem Zweiten Weltkrieg in Nürnberg. 1945 – 1946, Berlin 2008.

Harrison (1998) Harrison, A.R.W.: The Law of Athens. Band I. The family and property, London 1998.

Hartmann (1990) Hartmann, Jürgen: Staatszeremoniell, Köln [u.a.] 1990.

Hastedt (2007) Hastedt, Heiner: Kultur, Natur und Innerlichkeit in der Philosophie der Gefühle. Eine Auseinandersetzung mit der Neurobiologie, in: Neumayr, Agnes (Hrsg.): Kritik der Gefühle. Feministische Positionen, Wien 2007, S. 45–62.

Hechberger (2004) Hechberger, Werner: Adel, Ministerialität und Rittertum im Mittelalter, München 2004.

Hegel (1967) Hegel, Georg Wilhelm Friedrich: System der Sittlichkeit, Hamburg 1967 [1802/3].

Hegel (1986) Hegel, Georg Wilhelm Friedrich: Vorlesungen über die Philosophie der Geschichte, Frankfurt/M. 1986.

Heidenreich (2012) Heidenreich, Felix: Versuch eines Überblicks. Politische Theorie und Emotionen, in: ders./Schaal, Gary S. (Hrsg.): Politische Theorie und Emotionen, Baden-Baden 2012, S. 9–28.

Heine (1995) Heine, Peter: Der Ehre-Schande-Komplex aus islamwissenschaftlicher Sicht, in: Zentrum für Türkeistudien (Hrsg.): Ehre‹ – Veraltetes Konzept oder Schlüsselbegriff der multikulturellen Gesellschaft, Köln 1995, S. 37–42.

Heins (2010) Heins, Volker: Die Erziehung der Gefühle in Deutschland – Weber und Adorno, in: Brunner, José (Hrsg.): Politische Leidenschaften. Zur Verknüpfung von Macht, Emotion und Vernunft in Deutschland, Göttingen 2010, S. 115–130.

Hentig (1954) Hentig, Hans v.: Die Strafe. Frühformen und kulturgeschichtliche Zusammenhänge. Band 1, Berlin [u.a.] 1954.

Heringer (1999) Heringer, Hans Jürgen: Das höchste der Gefühle. Empirische Studien zur distributiven Semantik, Tübingen 1999.

Herman (1995) Herman, Gabriel: Honour, Revenge and the State in Fourth-Century Athens, in: Eder, Walter (Hrsg.): Die athenische Demokratie im 4. Jahrhundert v. Chr. Vollendung oder Verfall einer Verfassungsform? Stuttgart 1995, S. 43–60.

Heubeck (1949) Heubeck, Alfred: Homerica, in: Haas, Hans u. Hommel/Hildebrecht (Hrsg.): Gymnasium. Vierteljahrsschrift für humanistische Bildung. 56. Jahrgang, Heidelberg 1949, S. 242–254.

Heuß (1969) Heuß, Alfred: Die archaische Zeit Griechenlands als geschichtliche Epoche, in: Gschnitzer, Fritz (Hrsg.): Zur griechischen Staatskunde, Darmstadt 1969.

Heuß (1971) Heuß, Alfred: Aristoteles als Theoretiker des Totalitarismus, in: Antike und Abendland. Beiträge zum Verständnis der Griechen und Römer und ihres Nachlebens. Band 17. Berlin 1971, S. 1–44.

Hilberg (1994) Hilberg, Raul: Die Vernichtung der europäischen Juden. Band 2, Frankfurt/M. 1994.

Hinz (2002) Hinz, Michael: Der Zivilisationsprozess. Mythos oder Realität? Wissenschaftssoziologische Untersuchungen zur Elias-Duerr-Kontroverse, Opladen 2002.

Hirschberger (2011) Hirschberger, Martina: Götter, in: Rengakos, Antonios u. Zimmermann, Bernhard (Hrsg.): Homer-Handbuch. Leben – Werk – Wirkung, Stuttgart/Weimar 2011, S. 278–291.

Hirschman (1987) Hirschman, Albert O.: Leidenschaften und Interessen. Politische Begründungen des Kapitalismus vor seinem Sieg, Frankfurt/M. 1987.

Hirzel (1902) Hirzel, Rudolf: Der Eid. Ein Beitrag zu seiner Geschichte, Leipzig 1902.

Hirzel (1907) Hirzel, Rudolf: Themis, Dike und Verwandtes. Ein Beitrag zur Geschichte der Rechtsidee bei den Griechen, Leipzig 1907.

Hoeges (2006) Hoeges, Dirk: Niccolò Machiavelli. Dichter – Poeta, Frankfurt/M. 2006.

Hoffmann (1969) Hoffmann, Wilhelm: Die Polis bei Homer, in: Gschnitzer, Fritz (Hrsg.): Zur griechischen Staatskunde, Darmstadt 1969, S. 123–138.

Hofmann (1997) Hofmann, Hasso: Bilder des Friedens oder Die vergessene Gerechtigkeit. Drei anschauliche Kapitel der Staatsphilosophie, München 1997.

Hölkeskamp (1994) Hölkeskamp, Karl-Joachim: Tempel, Agora und Alphabet. Die Entstehungsbedingungen von Gesetzgebung in der archaischen Polis, in: Gehrke, Hans-Joachim (Hrsg.): Rechtskodifizierung und soziale Normen im interkulturellen Vergleich, Tübingen 1994, S. 135–164.

Hölkeskamp (1999) Hölkeskamp, Karl-Joachim: Schiedsrichter, Gesetzgeber und Gesetzgebung im archaischen Griechenland, Stuttgart 1999.

Hölscher (2010) Hölscher, Fernande: Die Tyrannenmörder – ein Denkmal der Demokratie, in: Stein-Hölkeskamp, Elke/Hölkeskamp, Karl-Joachim: Die griechische Welt. Erinnerungsorte der Antike, München 2010, S. 244–258.

Hölscher (2010a) Hölscher, Tonio: Athen – die Polis als Raum der Erinnerung, in: Stein-Hölkeskamp, Elke/Hölkeskamp, Karl-Joachim: Die griechische Welt. Erinnerungsorte der Antike, München 2010, S. 128–149.

Honegger (1991) Honegger, Claudia: Die Ordnung der Geschlechter. Die Wissenschaften vom Menschen und das Weib. 1750–1850, Frankfurt a.M./New York 1991.

Honneth (2003) Honneth, Axel: Kampf um Anerkennung. Zur moralischen Grammatik sozialer Konflikte, Frankfurt/M. 2003.

Hooker (1975) Hooker, J.T.: The Original Meaning of Hybris, in: Gadamer, Hans-Georg [u.a.] (Hrsg.): Archiv für Begriffsgeschichte. Bausteine zu einem historischen Wörterbuch der Philosophie. Band 19, Hamburg 1975, S. 125–135.

Horn (2010) Horn, Eva: Arbeit am Charisma. Macht und Affekt in Joachim Fests und Ian Kershaws Hitler-Biographien, in: Brunner, José (Hrsg.): Politische Leidenschaften. Zur Verknüpfung von Macht, Emotion und Vernunft in Deutschland, Göttingen 2010, S. 45–60.

Hornblower (1991) Hornblower, Simon: A Commentary on Thucydides, Oxford 1991.

Hornblower (1996) Hornblower, Simon: A Commentary on Thucydides. Vol. II, Oxford 1996.

Hornblower (2008) Hornblower, Simon: A Commentary on Thucydides. Vol. III, Oxford 2008.

Hübsch (1999) Hübsch, Stefan: Vom Affekt zum Gefühl, in: ders./Kaegi, Dominic (Hrsg.): Affekte. Philosophische Beiträge zur Theorie der Emotionen, Heidelberg 1999, S. 137–150.

Huizinga (2006) Huizinga, Johan: Herbst des Mittelalters. Studien über Lebens- und Geistesformen des 14. und 15. Jahrhunderts in Frankreich und den Niederlanden. Hrsg. v. Kurt Köster, Stuttgart 2006.

Hupp (1930) Hupp, Otto: Scheltbriefe und Schandbilder. Ein Rechtsbehelf aus dem 15. und 16. Jahrhundert, München/Regensburg 1930.

Hurschmann (2002) Hurschmann, Rolf, Art. »Tropaion«, in: Cancik, Hubert/Schneider, Helmuth: Der neue Pauly. Enzyklopädie der Antike. Band 12/1, Stuttgart/Weimar 2002.

Huttner (2009) Huttner, Ulrich: Sterben wie ein Philosoph. Zur Inszenierung des Todes in der Antike, in: Zimmermann, Martin (Hrsg.): Extreme Formen von Gewalt in Bild und Text des Altertums, München 2009, S. 295–320.

Hutzfeldt (1999) Hutzfeldt, Birger: Das Bild der Perser in der griechischen Dichtung des 5. vorchristlichen Jahrhunderts, Wiesbaden 1999.

Ignatieff (2000) Ignatieff, Michael: Die Zivilisierung des Krieges. Ethnische Konflikte, Menschenrechte, Medien, Hamburg 2000.

Immerwahr (1960) Immerwahr, Henry R.: Ergon. History as a Monument in Herodotus and Thucydides, in: The American Journal of Philology. Band 81, Heft 3, Baltimore 1960, S. 261–290.

Jacobs (2009) Jacobs, Bruno: Grausame Hinrichtungen – friedliche Bilder. Zum Verhältnis der politischen Realität zu den Darstellungsszenarien der achämenidischen Kunst, in: Zimmermann, Martin (Hrsg.): Extreme Formen von Gewalt in Bild und Text des Altertums, München 2009, S. 121–154.

Jacoby (1983) Jacoby, Susan: Wild Justice. The Evolution of Revenge, New York 1983.

Jaeger (1936) Jaeger, Werner: Paideia. Die Formung des griechischen Menschen. Erster Band, Berlin/Leipzig 1936.

Jaeger (1947) Jaeger, Werner: Paideia. Die Formung des griechischen Menschen. Dritter Band, Berlin 1947.

Jaeger (1972) Jaeger, Werner: Tyrtaios. Über die wahre *aretē* [1932], in: Pfohl, Gerhardt (Hrsg.): Die griechische Elegie, Darmstadt 1972, S. 103–145.

Jäger (1988) Jäger, Ludwig: Zur historischen Semantik des deutschen Gefühlswortschatzes, Aachen 1988.

Janell (1906) Janell, Walther (Hrsg.): Ausgewählte Inschriften. Griechisch und Deutsch, Berlin 1906.

Jehne (1995) Jehne, Martin: Die Beeinflussung von Entscheidungen durch ›Bestechung‹. Zur Funktion des *ambitus* in der römischen Republik, in: ders. (Hrsg.): Demokratie in Rom? Die Rolle des Volkes in der Politik der römischen Republik, Stuttgart 1995, S. 51–76.

Jehne (2009) Jehne, Martin: Der große Trend, der kleine Sachzwang und das handelnde Individuum. Caesars Entscheidungen, München 2009.

Jensen (2008) Jensen, Uffa: Freuds unheimliche Gefühle. Zur Rolle von Emotionen in der Freudschen Psychoanalyse, in: dies./Morat, Daniel (Hrsg.): Rationalisierung des Gefühls. Zum Verhältnis von Wissenschaft und Emotionen 1880 – 1930, München 2008, S. 135–152.

Jensen/Morat (2008) Jensen, Uffa/Morat, Daniel: Die Verwissenschaftlichung des Emotionalen in der langen Jahrhundertwende (1880–1930), in: dies. (Hrsg.): Rationalisierung des Gefühls. Zum Verhältnis von Wissenschaft und Emotionen 1880 – 1930, München 2008, S. 11–34.

Jordović (2005) Jordović, Ivan: Anfänge der Jüngeren Tyrannis. Vorläufer und erste Repräsentanten von Gewaltherrschaft im späten 5. Jahrhundert v. Chr., Frankfurt/M. [u.a.], 2005.

Kallet (2001) Kallet, Lisa: Money and the Corrosion of Power in Thucydides. The Sicilian Expedition and its Aftermath, Berkeley [u.a.] 2001.

Karauscheck (2011) Karauscheck, Erich René: Fehde und Blutrache als Beispiele nichtstaatlicher Konfliktlösung. Rechtshistorisch und rechtsanthropologisch, Kiel 2011.

Kaser (1989) Kaser, Max: Römisches Privatrecht. Ein Studienbuch, München 1989.

Kaster (2005) Kaster, Robert A.: Emotion, Restraint, and Community in Ancient Rome, New York 2005.

Kauffmann (2000) Kauffmann, Clemens: Strauss und Rawls. Das philosophische Dilemma der Politik, Berlin 2000.

Keen (1991) Keen, Maurice: Das Rittertum, Hamburg 1991.

Kelsen (1941) Kelsen, Hans: Vergeltung und Kausalität. Eine soziologische Untersuchung, Den Haag/Chicago 1941.

Kessel (2000) Kessel, Martina: Das Trauma der Affektkontrolle. Zur Sehnsucht nach Gefühlen im 19. Jahrhundert, in: Benthien, Claudia/Kasten, Ingrid (Hrsg.): Emotionalität. Zur Geschichte der Gefühle, Köln/Weimar/Wien 2000, S. 156–177.

Kettenacker (1999) Kettenacker, Lothar: Die Behandlung der Kriegsverbrecher als anglo-amerikanisches Rechtsproblem, in: Ueberschär, Gerd R. (Hrsg.): Der Nationalsozialismus vor Gericht. Die alliierten Prozesse gegen Kriegsverbrecher und Soldaten. 1943 – 1952, Frankfurt/M. 1999.

Kiechle (1969) Kiechle, Franz: Zur Humanität in der Kriegführung der griechischen Staaten, in: Gschnitzer, Fritz (Hrsg.): Zur griechischen Staatskunde, Darmstadt 1969, S. 528–578.

Kingston (2008) Kingston, Rebecca: The Political Relevance of the Emotions from Descartes to Smith, in: dies./Ferry, Leonard (Hrsg.): Bringing the Passions Back In. The Emotions in Political Philosophy, Vancouver/Toronto 2008, S. 108–125.

Kingston/Ferry (2008) Kingston, Rebecca/Ferry, Leonard: Introduction. The Emotions and the History of Political Thought, in: dies. (Hrsg.): Bringing the Passions Back In. The Emotions in Political Philosophy, Vancouver/Toronto 2008, S. 3–18.

Kitayama/Markus (1994) Kitayama, S./Markus, H.R. (Hrsg.): Emotion and Culture. Empirical Studies of Mutual Influence, Washington 1994.

Kito (1967) Kito, Humphrey Davey Findley: Die Griechen. Von der Wirklichkeit eines geschichtlichen Vorbilds, Berlin [u.a.] 1967.

Klingemann (1981) Klingemann, Hans-Dieter/Kaase, Max (Hrsg.): Politische Psychologie, Opladen 1981.

Kloosterhuis (2006) Kloosterhuis, Jürgen: Art. »Ehre«, in: Jaeger, Friedrich (Hrsg.): Enzyklopädie der Neuzeit. Band 3, Stuttgart 2006.

Kloosterhuis (2006a) Kloosterhuis, Jürgen: Art. »Ehrenzeichen«, in: Jaeger, Friedrich (Hrsg.): Enzyklopädie der Neuzeit. Band 3, Stuttgart 2006.

Knippschild (2002) Knippschild, Silke: Drum bietet zum Bunde die Hände. Rechtssymbolische Akte in zwischenstaatlichen Beziehungen im orientalischen und griechisch-römischen Altertum, Stuttgart 2002.

Knoche (1967) Knoche, Ulrich: Der römische Ruhmesgedanke [1934/1962], in: Oppermann, Hans (Hrsg.): Römische Wertbegriffe, Darmstadt 1967, S. 420–445.

Koerner (1993) Koerner, Reinhard: Inschriftliche Gesetzestexte der frühen griechischen Polis. Hrsg. v. Klaus Hallof, Köln [u.a.] 1993.

Kohler (1883) Kohler, Josef: Shakespeare vor dem Forum der Jurisprudenz, Würzburg 1883.

Konstan (2006) Konstan, David: The Emotions of the Ancient Greeks. Studies in Aristotle and Classical Literature, Toronto [u.a.] 2006.

Konstan (2009) Konstan, David: Haben Gefühle eine Geschichte? in: Harbsmeier, Martin/Möckel, Sebastian (Hrsg.): Pathos, Affekt, Emotion. Transformationen der Antike, Frankfurt/M. 2009, S. 27–46.

Koselleck (2002) Koselleck, Reinhart: Formen und Traditionen des negativen Gedächtnisses, in: Knigge, Volkhard/Frei, Norbert: Verbrechen erinnern. Die Auseinandersetzung mit Holocaust und Völkermord, München 2002, S. 21–32.

Krajczynski/Rapp (2009) Krajczynski, Jakub/Rapp, Christof: Emotionen in der antiken Philosophie. Definitionen und Kataloge, in: Harbsmeier, Martin/Möckel, Sebastian (Hrsg.): Pathos, Affekt, Emotion. Transformationen der Antike, Frankfurt/M. 2009, S. 47–78.

Kramer (1957) Kramer, Karl-Sigismund: Bauern und Bürger im nachmittelalterlichen Unterfranken. Eine Volkskunde auf Grund archivalischer Quellen, Würzburg 1957.

Kramer (1961) Kramer, Karl-Sigismund: Volksleben im Fürstentum Ansbach und seinen Nachbargebieten (1500–1800). Eine Volkskunde auf Grund archivalischer Quellen, Würzburg 1961.

Kramer (1974) Kramer, Karl-Sigismund: Grundriss einer rechtlichen Volkskunde, Göttingen 1974.

Krause (2004) Krause, Jens-Uwe: Kriminalgeschichte der Antike, München 2004.

Kremmydas (2012) Kremmydas, Christos: Commentary on Demosthenes ›Against Leptines‹, Oxford/New York 2012.

Krischer (1994) Krischer, Tilman: Patroklos, Antilochos und die Ilias, in: Mnemosyne. Fourth Series. Band 47. Heft 2, 1994, S. 152–165.

Krovoza (1996) Krovoza, Albert (Hrsg.): Politische Psychologie. Ein Arbeitsfeld der Psychoanalyse, Stuttgart 1996.

Krug (1965) Krug, Paul-Eberhard: Ehre und Beleidigungsfähigkeit von Verbänden, Berlin 1965.

Krüger (1996) Krüger, Hartmut: Wissenschaftsfreiheit und Ehrenschutz, in: Kraetzer, Jakob (Hrsg.): Das Menschenbild des Grundgesetzes. Philosophische, juristische und theologische Aspekte, Berlin 1996, S. 88–146.

Küchenhoff (2006) Küchenhoff, Barbara Handwerker: Spinozas Theorie der Affekte. Kohärenz und Konflikt, Würzburg 2006.

Kuhn (1973) Kuhn, Thomas S.: Die Struktur wissenschaftlicher Revolutionen, Frankfurt/M. 1973.

Landweer/Newmark (2009) Landweer, Hilge/Newmark, Catherine: Seelenruhe oder Langeweile, Tiefe der Gefühle oder bedrohliche Exzesse? Zur Rhetorik von Emotionsdebatten, in: Harbsmeier, Martin/Möckel, Sebastian (Hrsg.): Pathos, Affekt, Emotion. Transformationen der Antike, Frankfurt/M. 2009, S. 79–106.

Landweer/Renz (2012) Landweer, Hilge/Renz, Ursula (Hrsg.): Handbuch Klassische Emotionstheorien. Von Platon bis Wittgenstein, Berlin/Boston 2012.

Landweer/Renz (2012a) Landweer, Hilge/Renz, Ursula: Zur Geschichte philosophischer Emotionstheorien, in: dies. (Hrsg.): Handbuch Klassische Emotionstheorien. Von Platon bis Wittgenstein, Berlin/Boston 2012, S. 1–17.

Langewiesche (2012) Langewiesche, Dieter: Gefühlsraum Nation. Eine Emotionsgeschichte der Nation, die Grenzen zwischen öffentlichem und privatem Gefühlsraum nicht einebnet, in: Frevert, Ute/Wulf, Christoph (Hrsg.): Die Bildung der Gefühle, Wiesbaden 2012 (= Zeitschrift für Erziehungswissenschaft, Sonderheft 16), S. 195–216.

Lanni (2006) Lanni, Adriaan: Law and Justice in the Courts of Classical Athens, Cambridge [u.a.] 2006.

Latte (1920) Latte, Kurt: Heiliges Recht. Untersuchungen zur Geschichte der sakralen Rechtsformen in Griechenland, Tübingen 1920.

Latte (1933) Latte, Kurt: Art. »Mord«, in: Kroll, Wilhelm (Hrsg.): Pauls Real-Encyclopädie der classischen Altertumswissenschaft. Band 31, Stuttgart 1933.

Laxander (2000) Laxander, Heike: Individuum und Gemeinschaft im Fest. Untersuchungen zu attischen Darstellungen von Festgeschehen im 6. und frühen 5. Jahrhundert v. Chr., Münster 2000.

Lembke (2007) Lembke, Birgit: Konflikt, Gewalt, Ehre. Ursachen und Zusammenhänge, Ludwigsfelde 2007.

Lepenies (1972) Lepenies, Wolf: Melancholie und Gesellschaft, Frankfurt/M. 1972.

Libero (1992) Libero, Loretana de: Obstruktion. Politische Praktiken im Senat und in der Volksversammlung der ausgehenden römischen Republik (70–49 v. Chr.), Stuttgart 1992.

Linke (2004) Linke, Angelika: Das Unbeschreibliche. Zur Sozialsemiotik adeligen Körperverhaltens im 18. und 19. Jahrhundert, in: Eckart Conze u. Monika Wienfort (Hrsg.): Adel und Moderne. Deutschland im europäischen Vergleich im 19. und 20. Jahrhundert, Köln [u.a.] 2004, S. 247–273.

Lipowatz (1998) Lipowatz, Thanos: Politik der Psyche. Eine Einführung in die Psychopathologie des Politischen, Wien 1998.

Llanque (2012) Llanque, Marcus: Liebe in der Politik und der Liberalismus, in: Heidenreich, Felix/Schaal, Gary S. (Hrsg.): Politische Theorie und Emotionen, Baden-Baden 2012, S. 105–136.

Longerich (2004) Longerich, Peter: Der ungeschriebene Befehl, in: Aust, Stefan/Spörl, Gerhard (Hrsg.): Die Gegenwart der Vergangenheit. Der lange Schatten des Dritten Reichs, München 2004, S. 138–151.

Luhmann (1987) Luhmann, Niklas: Rechtssoziologie, Opladen 1987.

Lüthe (2011) Lüthe, Rudolf: Der diskrete Charme der Scham. Rhapsodishe Anmerkungen zu Humes Lehre von ›Pride‹ und ›Humility‹ im ›Treatise on Human Nature‹, in: Bauks, Michaela/Meyer, Martin F. (Hrsg.): Zur Kulturgeschichte der Scham, Hamburg 2011, S. 73–84.

Lutzeier (1995) Lutzeier, Peter Rolf: Lexikologie. Ein Arbeitsbuch, Heidelberg 1995.

Maass (2010) Maass, Michael: Delphi ›monumental‹ – Prozessionsstraße, Schatzhäuser, Tempel, in: Stein-Hölkeskamp, Elke/Hölkeskamp, Karl-Joachim: Die griechische Welt. Erinnerungsorte der Antike, München 2010, S. 61–78.

MacDowell (1986) MacDowell, Douglas M.: Spartan Law, Edinburgh/London 1986.

Maier (2010) Maier, Katharina: Rache ist eine Speise, die man kalt genießt, Wiesbaden 2010.

Maiz (2011) Maiz, Ramón: The Political Mind and its Other. Rethinking the Non-Place of Passions in Modern Political Theory, in: Engelken-Jorge, Marcos/Güell, Pedro Ibarra/del Río, Carmelo Moreno (Hrsg.): Politics and Emotions. The Obama Phenomenon, Wiesbaden 2011, S. 29–72.

Malitz (1975) Malitz, Jürgen: Ambitio mala. Studien zur politischen Biographie des Sallust, Bonn 1975.

Mandeville (1957) Mandeville, Bernard: Die Bienenfabel. Übers. v. Otto Bobertag, Dorothea Bassenge u. Friedrich Bassenge, Berlin 1957.

Marciano (2007) Marciano, M. Laura Gemelli: Die Vorsokratiker. Band 1, Düsseldorf 2007.

Maschke (1926) Maschke, Richard: Die Willenslehre im griechischen Recht. Zugleich ein Beitrag zur Frage der Interpolationen in den griechischen Rechtsquellen, Berlin 1926.

Matthäus (1993) Matthäus, Hartmut: Zur Rezeption orientalischer Kunst-, Kultur- und Lebensformen in Griechenland, in: Raaflaub, Kurt/Müller-Luckner, Elisabeth (Hrsg.): Anfänge des politischen Denkens in der Antike. Die nahöstlichen Kulturen und die Griechen, München 1993, S. 165–186.

Mauss (1975) Mauss, Marcel: Die Gabe. Form und Funktion des Austauschs in archaischen Gesellschaften, in: ders.: Soziologie und Anthropologie. Band II. Gabentausch. Soziologie und Psychologie. Todesvorstellung. Körpertechniken. Begriff der Person. Hrsg. v. Wolf Lepenies, Wolf u. Henning Ritter, Wien/München 1975, S. 9–144.

Meier (1983) Meier, Christian: Die Entstehung des Politischen bei den Griechen, Frankfurt/M. 1983.

Meier (1997) Meier, Christian: Res publica amissa. Eine Studie zu Verfassung und Geschichte der späten römischen Republik, Frankfurt/M. 1997.

Meier (2010) Meier, Christian: Das Gebot zu vergessen und die Unabweisbarkeit des Erinnerns. Vom öffentlichen Umgang mit schlimmer Vergangenheit, München 2010.

Meyer (1995) Meyer, Thomas: Repräsentativästhetik und politische Kultur, in: Klein, Ansgar/Braun, Ingo/Schroeder, Christiane/Hellmann, Kai-Uwe (Hrsg.): Kunst, Symbolik und Politik. Die Reichstagsverhüllung als Denkanstoß, Opladen 1995, S. 317–324.

Meyer (2011) Meyer, Michael: Scham und Schande in der Frühen Neuzeit Englands, in: Bauks, Michaela/Meyer, Martin F. (Hrsg.): Zur Kulturgeschichte der Scham, Hamburg 2011, S. 85–104.

Meyer (2011a) Meyer, Martin F.: Scham im klassischen griechischen Denken, in: ders. u. Bauks, Michaela (Hrsg.): Zur Kulturgeschichte der Scham, Hamburg 2011, S. 35–54.

Mittag (2008) Mittag, Achim: Art. »Kotau«, in: Friedrich Jaeger (Hrsg.): Enzyklopädie der Neuzeit. Band 7, Stuttgart 2008.

Moeglin (1995) Moeglin, Jean-Marie: Fürstliche Ehre und verletzte Ehre der Fürsten im spätmittelalterlichen deutschen Reich, in: Schreiner, Klaus u. Schwerhoff, Gerd (Hrsg.): Verletzte Ehre. Ehrkonflikte in Gesellschaften des Mittelalters und der Frühen Neuzeit, Köln/Weimar/Wien 1995, S. 77–91.

Montgomery (1965) Montgomery, Hugo: Gedanke und Tat. Zur Erzählungstechnik bei Herodot, Thukydides, Xenophon und Arrian, Stockholm 1965.

Mossman (1995) Mossman, Judith: Wild Justice. A Study of Euripides' Hecuba, Oxford 1995.

Münkler (1987) Münkler, Herfried: Im Namen des Staates. Die Begründung der Staatsraison in der Frühen Neuzeit, Frankfurt/M. 1987.

Münkler (2009) Münkler, Herfried: Die Deutschen und ihre Mythen, Berlin 2009.

Muth (2006) Muth, Susanne: Als die Gewaltbilder zu ihrem Wirkungspotential fanden, in: Seidensticker, Bernd/Vöhler, Martin (Hrsg.): Gewalt und Ästhetik. Zur Gewalt und ihrer Darstellung in der griechischen Klassik, Berlin/New York 2006, S. 259–294.

Muth (2009) Muth, Susanne: Zur historischen Interpretation medialer Gewalt. Darstellungen von Leiden und Sterben im Athen des späten 6. und frühen 5. Jahrhundert v. Chr., in: Zimmermann, Martin (Hrsg.): Extreme Formen von Gewalt in Bild und Text des Altertums, München 2009, S. 193–230.

Neubauer (1998) Neubauer, Hans-Joachim: Fama. Eine Geschichte des Gerüchts, Berlin 1998.

Neugebauer (2001) Neugebauer, Wolfgang: Der Adel in Preußen im 18. Jahrhundert, in: Asch, Ronald G. (Hrsg.): Der europäische Adel im Ancien Régime. Von der Krise der ständischen Monarchien bis zur Revolution (1600–1789), Köln [u.a.] 2001, S. 49–76.

Neumann (1965) Neumann, Gerhard: Gesten und Gebärden in der griechischen Kunst, Berlin 1965.

Newmark (2008) Newmark, Catherine: Passion, Affekt, Gefühl. Philosophische Theorien der Emotionen zwischen Aristoteles und Kant, Hamburg 2008.

Newmark (2010) Newmark, Catherine: Vernünftige Gefühle? Männliche Rationalität und Emotionalität von der frühneuzeitlichen Moralphilosophie bis zum bürgerlichen Zeitalter, in: Borutta, Manuel/Verheyen, Nina (Hrsg.): Die Präsenz der Gefühle. Männlichkeit und Emotion in der Moderne, Bielefeld 2010, S. 41–56.

Nicolai (1986) Nicolai, Walter: Versuch über Herodots Geschichtsphilosophie, Heidelberg 1986.

Nicolai (1993) Nicolai, Walter: Gefolgschaftsverweigerung als politisches Druckmittel in der Ilias, in: Raaflaub, Kurt/Müller-Luckner, Elisabeth (Hrsg.): Anfänge des politischen Denkens in der Antike. Die nahöstlichen Kulturen und die Griechen, München 1993, S. 317–342.

Norlin (1966) Norlin, George: Introduction, in: Isocrates. In three Volumes. Band 1, London 1966.

Nullmeier (2006) Nullmeier, Frank: Politik und Emotion, in: Schützeichel, Rainer (Hrsg.): Emotionen und Sozialtheorie. Disziplinäre Ansätze, Frankfurt a. M./New York 2006, S. 84–103.

Nullmeier (2010) Nullmeier, Frank: Vom Neid zur Gier? Über den Wandel deutscher Sozialstaatsdebatten, in: Brunner, José (Hrsg.): Politische Leidenschaften. Zur Verknüpfung von Macht, Emotion und Vernunft in Deutschland, Göttingen (2010), S. 270–288.

Nussbaum (2001) Nussbaum, Martha: Upheavals of Thought. The Intelligence of Emotions, Cambridge 2001.

Ober (2003) Ober, Josiah: Tyrant Killing as Therapeutic Stasis. A Political Debate in Images and Texts, in: Morgan, Kathryn A. (Hrsg.): Popular Tyranny. Sovereignty and its discontents in ancient Greece, Austin 2003, S. 215–250.

Orth (1973) Orth, Elsbet: Die Fehden der Reichsstadt Frankfurt am Main im Spätmittelalter. Fehderecht und Fehdepraxis im 14. und 15. Jahrhundert, Wiesbaden 1973.

Orth (2003) Orth, Wolfgang: Perspektiven der gegenwärtigen Isokrates-Rezeption, in: ders. (Hrsg.): Isokrates. Neue Ansätze zur Bewertung eines politischen Schriftstellers, Trier 2003, S. 1–6.

Orwell (2001) Orwell, George: 1984, Frankfurt/M. 2001.

Osman (1997) Osman, Nabil: Kleines Lexikon untergegangener Wörter. Wortuntergang seit dem Ende des 18. Jahrhunderts, München 1997.

Ostendorf (1999) Ostendorf, Heribert: Die Bedeutung der Nürnberger Prozesse für die Strafverfolgung von Kriegsverbrechen durch die UN, in: Ueberschär, Gerd R. (Hrsg.): Der Nationalsozialismus vor Gericht. Die alliierten Prozesse gegen Kriegsverbrecher und Soldaten. 1943 – 1952, Frankfurt/M. 1999.

Patschovsky (1997) Patschovsky, Alexander: Fehde im Recht. Eine Problemskizze, in: Recht und Reich im Zeitalter der Reformation. Festschrift für Horst Rabe. Hrsg. v. Christine Roll, Frankfurt am Main [u.a.] 1997, S. 145–178.

Pepys (2004) Pepys, Samuel: Die geheimen Tagebücher. Hrsg. v. Volker Kriegel u. Roger Willemsen, Frankfurt/M. 2004.

Peristiany (1965) Peristiany, John G. (Hrsg.): Honour and Shame. The values of Mediterranean society, London 1965.

Perler (2011) Perler, Dominik: Transformationen der Gefühle. Philosophische Emotionstheorien 1270–1670, Frankfurt/M. 2011.

Pfeiff (1997) Pfeiff, Karl Arno: Pindar. Übertragung, Einführung und Erläuterungen, Tübingen 1997.

Pfohl (1980) Pfohl, Gerhard (Hrsg.): Griechische Inschriften als Zeugnisse des privaten und öffentlichen Lebens, Tübingen 1980.

Pinker (2011) Pinker, Steven: Gewalt. Eine neue Geschichte der Menschheit, Frankfurt/M. 2011.

Plamper (2012) Plamper, Jan: Geschichte und Gefühl. Grundlagen der Emotionsgeschichte, München 2012.

Pleister/Schild (1988) Pleister, Wolfgang u. Schild, Wolfgang (Hrsg.): Recht und Gerechtigkeit im Spiegel der europäischen Kunst, Köln 1988.

Popper (1992) Popper, Karl Raimund: Die offene Gesellschaft und ihre Feinde. Band II. Falsche Propheten. Hegel, Marx und die Folgen, Tübingen 1992.

Powis (1986) Powis, Jonathan: Der Adel, Paderborn [u.a.] 1986.

Probst (1992) Probst, P.: Art. »Rache«, in: Ritter, Joachim/Gründer, Karlfried (Hrsg.): Historisches Wörterbuch der Philosophie. Band 8. R – Sc, Basel 1992.

Raaflaub (1974) Raaflaub, Kurt: Dignitatis contentio. Studien zur Motivation und politischen Taktik im Bürgerkrieg zwischen Caesar und Pompeius, München 1974.

Raaflaub (1979) Raaflaub, Kurt: Beute, Vergeltung, Freiheit? Zur Zielsetzung des Delisch-Attischen Seebundes, in: Chiron. Band 9, München 1979.

Raaflaub (1980) Raaflaub, Kurt: Des freien Bürgers Recht der freien Rede, in: Eck, Werner/Galsterer, Hartmut/Wolff, Hartmut (Hrsg.): Studien zur antiken Sozialgeschichte. Festschrift Friedrich Vittinghoff, Köln/Wien 1980, S. 7–58.

Raaflaub (1988) Raaflaub, Kurt: Politisches Denken im Zeitalter Athens, in: Fetscher, Iring/Münkler, Herfried (Hrsg.): Pipers Handbuch der politischen Ideen. Band 1, Frühe Hochkulturen und europäische Antike, München/Zürich 1988, S. 273–368.

Race (1997) Race, William H.: Kommentar, in: Pindar: Nemean Odes. Isthmian Odes. Fragments, Cambridge/London 1997.

Radbruch (2001) Radbruch, Gustav: Gesamtausgabe. Band 11. Strafrechtsgeschichte. Hrsg. v. Arthur Kaufmann, Heidelberg 2001.

Radkau (2005) Radkau, Joachim: Max Weber. Die Leidenschaft des Denkens, München 2005.

Rapp (2002) Rapp, Christof: Aristoteles. Rhetorik. Band 2, Berlin 2002.

Raubitschek (1980) Raubitschek, Antony E.: Zum Ursprung und Wesen der Agonistik, in: Eck, Werner/Galsterer, Hartmut/Wolff, Hartmut (Hrsg.): Studien zur antiken Sozialgeschichte. Festschrift Friedrich Vittinghoff, Köln/Wien 1980, S. 1–6.

Reinhard (2005) Reinhard, Wolfgang: Historische Anthropologie politischer Architektur, in: Brandt, Peter/Schlegelmilch, Arthur/Wendt, Reinhard (Hrsg.): Symbolische Macht und inszenierte Staatlichkeit. ›Verfassungskultur‹ als Element der Verfassungsgeschichte, Bonn 2005, S. 17–40.

Reinle (2003) Reinle, Christine: Bauernfehden. Studien zur Fehdeführung Nichtadliger im spätmittelalterlichen römisch-deutschen Reich, besonders in den bayrischen Herzogtümern, Stuttgart 2003.

Reiser/Schnapp (2007) Reiser, Marion/Schnapp, Kai-Uwe: Jenseits der Linearität – konzeptionelle Grundlagen für die Beschreibung diskontinuierlicher Entwicklungsprozesse, in: Nève, Dorothée de/dies. (Hrsg.): Herausforderung – Akteur – Reaktion. Diskontinuierlicher sozialer Wandel aus theoretischer und empirischer Perspektive, Baden-Baden 2007, S. 25–51.

Ricoeur (2006) Ricoeur, Paul: Wege der Anerkennung. Erkennen, Wiedererkennen, Anerkanntsein, Frankfurt/M. 2006.

Rieß (2002) Rieß, Werner: Die historische Entwicklung der römischen Folter- und Hinrichtungspraxis in kulturvergleichender, in: Historia. Zeitschrift für Alte Geschichte. Band 51. Heft 2, Wiesbaden 2002, S. 206–226.

Rieß (2012) Riess, Werner: Performing Interpersonal Violence. Court, Curse, and Comedy in Fourth-Century BCE Athens, Berlin/Boston 2012.

Rogge (1995) Rogge, Jörg: Ehrverletzungen und Entehrungen in politischen Konflikten in spätmittelalterlichen Städten, in: Schreiner, Klaus u. Schwerhoff, Gerd (Hrsg.): Verletzte Ehre. Ehrkonflikte in Gesellschaften des Mittelalters und der Frühen Neuzeit, Köln/Weimar/Wien 1995, S. 110–143.

Rollinger (2004) Rollinger, Robert: Die Verschriftlichung von Normen. Einflüsse und Elemente orientalischer Kulturtechnik in den homerischen Epen, dargestellt am Beispiel des Vertragswesens, in: ders./Ulf, Christoph (Hrsg.): Griechische Archaik. Interne Entwicklungen – Externe Impulse, Berlin 2004, S. 369–426.

Roodenburg (1998) Roodenburg, Herman: Ehre in einer pluralistischen Gesellschaft. Die Republik der Vereinigten Niederlande, in: Backmann, Sibylle [u.a.] (Hrsg.): Ehrkonzepte in der frühen Neuzeit. Identitäten und Abgrenzungen, Berlin 1998, S. 366–387.

Rosenberger (1998) Rosenberger, Veit: Wer machte aus Alexander ›den Großen‹?, in: Historia. Zeitschrift für Alte Geschichte. Band 47. Heft 4 Wiesbaden 1998, S. 485–489.

Rösler (2011) Rösler, Wolfgang: Mündlichkeit und Schriftlichkeit, in: Rengakos, Antonios u. Zimmermann, Bernhard (Hrsg.): Homer-Handbuch. Leben – Werk – Wirkung, Stuttgart/Weimar 2011, S. 201–213.

Rotermund (1968) Rotermund, Erwin: Der Affekt als literarischer Gegenstand. Zur Theorie und Darstellung der Passiones im 17. Jahrhundert, in: Jauß, Hans Robert (Hrsg.): Die nicht mehr schönen Künste. Grenzphänomene des Ästhetischen, München 1968.

Roth (1981) Roth, Oskar: Die Gesellschaft der *honnêtes gens*. Zur sozialethischen Grundlegung des *honnêteté*-Ideals bei La Rochefoucauld, Heidelberg 1981.

Rubinstein (2000) Rubinstein, Lene: Litigation and Cooperation. Supporting Speakers in the Courts of Classical Athens, Stuttgart 2000.

Rubinstein (2010) Rubinstein, Lene: Praxis. The Enforcement of Penalties in the Late Classical and Early Hellenistic Periods, in: Thür, Gerhard (Hrsg.): Symposion 2009. Vorträge zur griechischen und hellenistischen Rechtsgeschichte, Wien 2010, S. 193–215.

Ruch (2009) Ruch, Philipp: Der homerische Brustkasten in der Philosophie der Antike. Eine Studie zu den Körperkonzeptionen von Homer bis Chrysipp, Magisterarbeit an der Humboldt-Universität zu Berlin, Berlin 2009 [unveröffentlicht].

Ruch (2010) Ruch, Philipp: Die UNO und der Völkermord von Srebrenica: Hintergründe eines gebrochenen Versprechens. Podiumsdiskussion mit Prof. Dr. Herfried Münkler, Dr. Axel Hagedorn, General Manfred Eisele, Marieluise Beck, Huub Jaspers und Ralf Fücks für die Heinrich-Böll-Stiftung [15. Jahrestag von Srebrenica], 5. Juli 2010. Video abrufbar unter:
http://www.youtube.com/watch?v=HiG7MhCAh_k [Stand: 13.12.16]

Ruch (2010a) Ruch, Philipp: Die Laboratorien der Weltgeschichte. Politische Rache, die Wiederherstellung der Ehre und Antworten auf Genozide, in: Rathfelder, Erich u. Bethke, Carl (Hrsg.): Bosnien im Fokus. Die zweite politische Herausforderung des Christian Schwarz-Schilling, Berlin/Tübingen 2010, S. 136–144.

Ruch (2012) Ruch, Philipp: Die Ehre im Leib. Raum und Körper als Kampfzonen politischer Superiorität, in: Feist, Ulrike/Rath, Markus (Hrsg.): Et in imagine ego, Facetten von Bildakt und Verkörperung. Festgabe für Horst Bredekamp, Berlin 2012, S. 199–220.

Ruch (2012a) Ruch, Philipp: Die Zukunft eines Verbrechens. Zur Gefühls-, Begriffs- und Imagebildung von Genoziden, in: Ismail, Nadia/Schuhmacher-Chilla, Doris (Hrsg.): Töten. Darstellbarkeit eines Prozesses?, Oberhausen 2012, S. 65–86.

Ruch (2012b) Ruch, Philipp: Beauty in the Political Sciences. The Insufficiency of contemporary Accounts and the premature Death of a Category, in: Cuffe, James / Horvath, Agnes (Hrsg.): Reclaiming Beauty: Collected Essays in Political Anthropology. Band I, Florenz 2012 (= Journal of International Political Anthropology), S. 211–236.

Ruch (2013) Ruch, Philipp: Rachedesign. Vom äußeren Fremdzwang zum inneren Gefühl, in: Milev, Yana (Hrsg.): Design Kulturen. Der erweiterte Designbegriff im Entwurfsfeld der Kulturwissenschaft, München 2013 [im Erscheinen].

Rummel (1993) Rummel, Walter: Verletzung von Körper, Ehre und Eigentum. Varianten im Umgang mit Gewalt in Dörfern des 17. Jahrhunderts, in: Blauert, Andreas u. Schwerhoff, Gerd (Hrsg.): Mit den Waffen der Justiz. Zur Kriminalitätsgeschichte des Spätmittelalters und der Frühen Neuzeit, Frankfurt/M. 1993, S. 86–114.

Ruschenbusch (2005) Ruschenbusch, Eberhard: Kleine Schriften zur griechischen Rechtsgeschichte, Wiesbaden 2005.

Ruschenbusch (2010) Ruschenbusch, Eberhard: Solon. Das Gesetzeswerk. Fragmente. Hrsg. v. Klaus Bringmann, Stuttgart 2010.

Salewski (2005) Salewski, Michael: Von Ehre zur Schande – und Schande zu Ehre. Zum historischen Selbstverständnis der Deutschen nach 1945, in: Aschmann, Birgit (Hrsg.): Gefühl und Kalkül. Der Einfluss von Emotionen auf die Politik des 19. und 20. Jahrhunderts, Stuttgart 2005, S. 175–183.

Salvo (2012) Salvo, Irene: Sweet Revenge. Emotional factors in ›prayers for justice‹, in: Chaniotis, Angelos (Hrsg.): Unveiling Emotions. Sources and Methods for the Study of Emotions in the Greek World, Stuttgart 2012, S. 235–266.

Sanders (2012) Sanders, Ed: ›He is a liar, a bounder, and a cad‹. The arousal of hostile emotions in Attic forensic oratory, in: Chaniotis, Angelos (Hrsg.): Unveiling Emotions. Sources and Methods for the Study of Emotions in the Greek World, Stuttgart 2012, S. 359–388.

Sanders (2012a) Sanders, Ed: Beyond the usual suspects. Literary sources and the historian of emotions, in: Chaniotis, Angelos (Hrsg.): Unveiling Emotions. Sources and Methods for the Study of Emotions in the Greek World, Stuttgart 2012, S. 151–174.

Sarischoulis (2008) Sarischoulis, Efstratios: Schicksal, Götter und Handlungsfreiheit in den Epen Homers, Stuttgart 2008.

Scardino (2007) Scardino, Carlo: Gestaltung und Funktion der Reden bei Herodot und Thukydides, Berlin/New York 2007.

Scheer (2011) Scheer, Monique: Topografie des Gefühls, in: Frevert, Ute [u.a.] (Hrsg.): Gefühlswissen. Eine lexikalische Spurensuche in der Moderne, Frankfurt/New York 2011, S. 41–64.

Scheffer (1935) Scheffer, Thassilo v.: Die Kultur der Griechen, Wien 1935.

Scheibelreiter (2008) Scheibelreiter, Philipp: Rechtspraktiken im Kontext des delisch-attischen Seebundes. Die Besicherung des Seebundvertrages – *mudroi*, in: Barta, Heinz/Rollinger, Robert/Lang, Martin (Hrsg.): Recht und Religion. Menschliche und göttliche Gerechtigkeitsvorstellungen in den antiken Welten, Wiesbaden 2008, S. 169–190.

Scheibelreiter (2011) Scheibelreiter, Philipp: Völkerrecht bei Thukydides. Rechtsquelle und völkerrechtliche Begrifflichkeiten, in: Baltrusch, Ernst/Wendt, Christian (Hrsg.): Ein Besitz für immer? Geschichte, Polis und Völkerrecht bei Thukydides, Baden-Baden 2011, S. 153–172.

Scheibelreiter (2012) Scheibelreiter, Philipp: Pharmakos, aries und talio. Rechtsvergleichende Überlegungen zum frühen römischen und griechischen Strafrecht, in: Rollinger, Robert/Lang, Martin/Barta, Heinz (Hrsg.): Strafe und Strafrecht in den antiken Welten. Unter Berücksichtigung von Todesstrafe, Hinrichtung und peinlicher Befragung, Wiesbaden 2012, S. 23–48.

Scheidel (2002) Scheidel, Walter: Aussagen der Testimonien über die Institution des Ostrakismos, in: Siewert, Peter (Hrsg.): Ostrakismos-Testimonien I. Die Zeugnisse antiker Autoren, der Inschriften und Ostraka über das athenische Scherbengericht aus vorhellenistischer Zeit (487–322 v. Chr.), Stuttgart 2002, S. 483–494.

Schiller (1962) Schiller, Friedrich: Sämtliche Werke. Band 1, München 1962.

Schiller (2007) Schiller, Friedrich: Der Spaziergang, in: ders.: Sämtliche Werke in 5 Bänden. Gedichte, Dramen. Band 1. Hrsg. v. Peter-André Alt, Albert Meier u. Wolfgang Riedel,, München 2007, S. 228–234.

Schiller (2009) Schiller, Friedrich: Über die ästhetische Erziehung des Menschen, Frankfurt/M. 2009.

Schippan (1992) Schippan, Thea: Lexikologie der deutschen Gegenwartssprache, Tübingen 1992.

Schirren/Zinsmaier (2003) Schirren, Thomas u. Zinsmaier, Thomas (Hrsg.): Die Sophisten. Ausgewählte Texte. Griechisch / Deutsch, Stuttgart 2003.

Schlee (2006) Schlee, Günther: Wie Feindbilder entstehen. Eine Theorie religiöser und ethnischer Konflikte, München 2006.

Schlee/Turner (2008a) Schlee, Günther u. Turner, Bertram: Rache, Wiedergutmachung und Strafe. Ein Überblick, in: dies. (Hrsg.): Vergeltung. Eine interdisziplinäre Betrachtung der Rechtfertigung und Regulation von Gewalt, Frankfurt/New York 2008, S. 49–68.

Schmidt (1994) Schmidt, Axel: ›Wo die Männer sind, gibt es Streit‹. Ehre und Ehrgefühl im ländlichen Sardinien, in: Vogt, Ludgera/Zingerle, Arnold (Hrsg.): Ehre. Archaische Momente in der Moderne, Frankfurt/M. 1994, S. 193–211.

Schmitt (1993) Schmitt, Hatto H.: Art. »Ehrungen«, in: ders. (Hrsg.): Kleines Lexikon des Hellenismus, Wiesbaden 1993.

Schmitz (1981) Schmitz, Hermann: System der Philosophie. Dritter Band. Der Raum. Zweiter Teil. Der Gefühlsraum, Bonn 1981.

Schmitz (2000) Schmitz, Hermann: Die Verwaltung der Gefühle in Theorie, Macht und Phantasie, in: Benthien, Claudia/Kasten, Ingrid (Hrsg.): Emotionalität. Zur Geschichte der Gefühle, Köln/Weimar/Wien 2000, S. 42–59.

Schmitz (2004) Schmitz, Winfried: Nachbarschaft und Dorfgemeinschaft im archaischen und klassischen Griechenland, Berlin 2004.

Schmitz (2008) Schmitz, Winfried: Menschliche und göttliche Gerechtigkeitsvorstellungen im archaischen und klassischen Griechenland, in: Barta, Heinz/ Rollinger, Robert/Lang, Martin (Hrsg.): Recht und Religion. Menschliche und göttliche Gerechtigkeitsvorstellungen in den antiken Welten, Wiesbaden 2008, S. 155–168.

Schnitzler (1995) Schnitzler, Norbert: Geschmähte Symbole, in: Schreiner, Klaus u. Schwerhoff, Gerd (Hrsg.): Verletzte Ehre. Ehrkonflikte in Gesellschaften des Mittelalters und der Frühen Neuzeit, Köln/Weimar/Wien 1995, S. 279–302.

Schnitzler (1996) Schnitzler, Norbert: Ikonoklasmus – Bildersturm. Theologischer Bilderstreit und ikonoklastisches Handeln während des 15. und 16. Jahrhunderts, München 1996.

Schoeps (1951) Schoeps, Hans Joachim: Die Ehre Preußens, Stuttgart 1951.

Scholl (1993) Scholl, Inge: Die Weiße Rose, Frankfurt/M. 1993.

Scholten (2003) Scholten, Helga: Die Sophistik. Eine Bedrohung für die Religion und Politik der Polis? Berlin 2003.

Schopenhauer (1994) Schopenhauer, Arthur: Sämtliche Werke. Bd. IV. Parerga und Paralipomena. Kleine philosophische Schriften I, Frankfurt/M. 1994.

Schöpsdau (2012) Schöpsdau, Klaus: Strafen und Strafrecht bei griechischen Denkern des 5. und 4. Jahrhunderts, in: Rollinger, Robert/Lang, Martin/Barta, Heinz (Hrsg.): Strafe und Strafrecht in den antiken Welten. Unter Berücksichtigung von Todesstrafe, Hinrichtung und peinlicher Befragung, Wiesbaden 2012, S. 1–22.

Schreiner/Schwerhoff (1995) Schreiner, Klaus, u. Schwerhoff, Gerd: Verletzte Ehre. Überlegungen zu einem Forschungskonzept, in: dies. (Hrsg.): Verletzte Ehre. Ehrkonflikte in Gesellschaften des Mittelalters und der Frühen Neuzeit, Köln/Weimar/Wien 1995, S. 1–28.

Schubert (2012) Schubert, Charlotte: Eine Liebesgeschichte als Gründungsmythos. Vom Umgang mit historischen Texten, in: Heidenreich, Felix/Schaal, Gary S. (Hrsg.): Politische Theorie und Emotionen, Baden-Baden 2012, S. 45–60.

Schuller (2008) Schuller, Wolfgang: Griechische Geschichte, München 2008.

Schumann (2008) Schumann, Eva: Art. »Buße«, in: Cordes, Albrecht/Lück, Heiner/Werkmüller, Dieter/Schmidt-Wiegand, Ruth (Hrsg.): Handwörterbuch zur deutschen Rechtsgeschichte. Band 1, Berlin 2008.

Schünemann (1985) Schünemann, Wolfgang B.: Selbsthilfe im Rechtssystem. Eine dogmatische Studie am Beispiel der §§ 227, 229 ff. BGB, Tübingen 1985.

Schuster (1998) Schuster, Peter: Ehre und Recht. Überlegungen zu einer Begriffs- und Sozialgeschichte zweier Grundbegriffe der mittelalterlichen Gesellschaft, in: Backmann, Sibylle [u.a.] (Hrsg.): Ehrkonzepte in der frühen Neuzeit. Identitäten und Abgrenzungen, Berlin 1998, S. 44–66.

Schütrumpf (1991) Schütrumpf, Eckart: Anmerkungen, in: Aristoteles: Werke. In deutscher Übersetzung. Band 9. Politik. Teil 1. Buch I. Über die Hausverwaltung und die Herrschaft des Herrn über Sklaven. Hrsg. v. Hellmut Flashar, Berlin 1991, S. 171–384.

Schützeichel (2004) Schützeichel, Rainer: Historische Soziologie, Bielefeld 2004.

Schützeichel (2010) Schützeichel, Rainer: Der Wert der politischen Leidenschaft. Über Max Webers ›Affektenlehre‹, in: Brunner, José (Hrsg.): Politische Leidenschaften. Zur Verknüpfung von Macht, Emotion und Vernunft in Deutschland, Göttingen 2010, S. 101–114.

Schwerhoff (1993) Schwerhoff, Gerd: Verordnete Schande? Spätmittelalterliche und frühneuzeitliche Ehrenstrafen zwischen Rechtsakt und sozialer Sanktion, in: ders./Blauert, Andreas (Hrsg.): Mit den Waffen der Justiz. Zur Kriminalitätsgeschichte des Spätmittelalters und der Frühen Neuzeit, Frankfurt/M. 1993, S. 158–188.

Schwerhoff (1995) Schwerhoff, Gerd: *Blasphemare, dehonestare et maledicere deum.* Über die Verletzung der göttlichen Ehre im Spätmittelalter, in: ders./Klaus Schreiner (Hrsg.): Verletzte Ehre. Ehrkonflikte in Gesellschaften des Mittelalters und der Frühen Neuzeit, Köln/Weimar/Wien 1995, S. 252–278.

Segesser (2010) Segesser, Daniel Marc: Recht statt Rache oder Rache durch Recht? Die Ahndung von Kriegsverbrechen in der internationalen wissenschaftlichen Debatte 1872 – 1945, Paderborn [u.a.] 2010.

Sehlmeyer (1999) Sehlmeyer, Markus: Stadtrömische Ehrenstatuen der republikanischen Zeit. Historizität und Kontext von Symbolen nobilitären Standesbewußtseins, Stuttgart 1999.

Seibert (1979) Seibert, Jakob: Die politischen Flüchtlinge und Verbannten in der griechischen Geschichte. Von den Anfängen bis zur Unterwerfung durch die Römer. Textteil, Darmstadt 1979.

Seibert (1979a) Seibert, Jakob: Die politischen Flüchtlinge und Verbannten in der griechischen Geschichte. Von den Anfängen bis zur Unterwerfung durch die Römer. Anmerkungsteil und Register, Darmstadt 1979.

Shapin (1998) Shapin, Steven: Die wissenschaftliche Revolution, Frankfurt/M. 1998.

Sier (2002) Sier, Kurt: Der Körper als Zeichen in der griechischen Philosophie, in: Corbineau-Hoffmann, Angelika/Nicklas, Pascal (Hrsg.): Körper / Sprache.

Ausdrucksformen der Leiblichkeit in Kunst und Wissenschaft, Hildesheim/Zürich/New York 2002, S. 63–94.

Siewert (2002) Siewert, Peter (Hrsg.): Ostrakismos-Testimonien I. Die Zeugnisse antiker Autoren, der Inschriften und Ostraka über das athenische Scherbengericht aus vorhellenistischer Zeit (487–322 v. Chr.), Stuttgart 2002.

Siggelkow (1994) Siggelkow, Ingeborg: Vergeltung. Zeit und Regel als soziologische Kategorien, Frankfurt/M. [u.a.] 1994, S. 58.

Simmel (1989) Simmel, Georg: Einleitung in die Moralwissenschaft. Eine Kritik der ethischen Grundbegriffe. Erster Band. Hrsg. v. Klaus Christian Köhnke, Frankfurt/M. 1989.

Simmel (1992) Simmel, Georg: Soziologie. Untersuchungen über die Formen der Vergesellschaftung. Hrsg. v. Otthein Rammstedt, Frankfurt/M. 1992.

Sinn (2004) Sinn, Ulrich: Das antike Olympia. Götter, Spiel und Kunst, München 2004.

Sissakis (2005) Sissakis, Manuela: Bei Hof zu Tisch – Inszenierter Überfluss und Sparzwang am Fürstenhof um 1600, in: Brandt, Peter/Schlegelmilch, Arthur/ Wendt, Reinhard (Hrsg.): Symbolische Macht und inszenierte Staatlichkeit. ›Verfassungskultur‹ als Element der Verfassungsgeschichte 2005, S. 41–64.

Sloterdijk (2006) Sloterdijk, Peter: Zorn und Zeit. Politisch-psychologischer Versuch, Frankfurt/M. 2006.

Snell (1986) Snell, Bruno: Die Entdeckung des Geistes. Studien zur Entstehung des europäischen Denkens bei den Griechen, Göttingen 1986.

Sofsky (1996) Sofsky, Wolfgang: Traktat über die Gewalt, Frankfurt/M. 1996.

Speitkamp (2010) Speitkamp, Winfried: Ohrfeige, Duell und Ehrenmord. Eine Geschichte der Ehre, Stuttgart 2010.

Stahl (1987) Stahl, Michael: Aristokraten und Tyrannen im archaischen Athen. Untersuchungen zur Überlieferung, zur Sozialstruktur und zur Entstehung des Staates, Stuttgart 1987.

Stahl (2003) Stahl, Michael: Gesellschaft und Staat bei den Griechen. Archaische Zeit, Paderborn [u.a.] 2003.

Stähli (2005) Stähli, Adrian: Die Rhetorik der Gewalt in Bildern des archaischen und klassischen Griechenland, in: Fischer, Günter/Moraw, Susanne (Hrsg.): Die andere Seite der Klassik. Gewalt im 5. und 4. Jahrhundert v. Chr., Stuttgart 2005, S. 19–44.

Starn (1994) Starn, Randolph: Ambrogio Lorenzetti. The Palazzuo Pubblico, Siena, New York 1994.

Stein-Hölkeskamp (1989) Stein-Hölkeskamp, Elke: Adelskultur und Polisgesellschaft. Studien zum griechischen Adel in archaischer und klassischer Zeit, Stuttgart 1989.

Steinkopf (1937) Steinkopf, Gerhard: Untersuchungen zur Geschichte des Ruhmes bei den Griechen, Halle 1937.

Steinmetz (1894) Steinmetz, Sebald Rudolf: Ethnologische Studien zur ersten Entwicklung der Strafe. Nebst einer psychologischen Abhandlung über Grausamkeit und Rachsucht. Band 1, Leiden 1894.

Sterchi (2005) Sterchi, Bernhard: Über den Umgang mit Lob und Tadel. Normative Adelsliteratur und politische Kommunikation im burgundischen Hofadel. 1430–1506, Turnhout 2005.

Stockhammer (2009) Stockhammer, Nicolas: Das Prinzip Macht. Die Rationalität politischer Macht bei Thukydides, Machiavelli und Michel Foucault, Baden-Baden 2009.

Stollberg-Rilinger (1997) Stollberg-Rilinger, Barbara: Zeremoniell als politisches Verfahren. Rangordnung und Rangstreit als Strukturmerkmal des frühneuzeitlichen Reichstags, in: Kunisch, Johannes (Hrsg.): Neue Studien zur frühneuzeitlichen Reichstagsgeschichte, Berlin 1997, S. 91–132.

Stollberg-Rilinger (2004) Stollberg-Rilinger, Barbara: Knien vor Gott – Knien vor dem Kaiser. Zum Ritualwandel im Konfessionskonflikt, in: Althoff, Gerd (Hrsg.): Zeichen – Rituale – Werte. Symbolische Kommunikation vom Mittelalter bis zur Französischen Revolution, Münster 2004, S. 501–533.

Stolle (1999) Stolle, Renate: Ambitus et Invidia. Römische Politiker im Spannungsfeld zwischen persönlichem Ehrgeiz und Forderungen der Standesloyalität. 200 – 133 v. Chr., Frankfurt a. M. [u.a.] 1999.

Strasburger (1956) Strasburger, Hermann: Herodots Zeitrechnung, in: Historia. Zeitschrift für Alte Geschichte. Band 5, Heft 2, Wiesbaden 1956.

Strasburger (1969) Strasburger, Hermann: Der Einzelne und die Gemeinschaft im Denken der Griechen, in: Gschnitzer, Fritz (Hrsg.): Zur griechischen Staatskunde, Darmstadt 1969, S. 97–122.

Strasburger (1984) Strasburger, Gisela: Lexikon zur frühgriechischen Geschichte, Zürich/München 1984.

Strauss (2001) Strauss, Leo: Gesammelte Schriften. Band 3. Hobbes politische Wissenschaft und zugehörige Schriften – Briefe, Stuttgart 2001.

Stuart (1998) Stuart, Kathy: Des Scharfrichters heilende Hand – Medizin und Ehre in der Frühen Neuzeit, in: Backmann, Sibylle [u.a.] (Hrsg.): Ehrkonzepte in der frühen Neuzeit. Identitäten und Abgrenzungen, Berlin 1998, S. 316–348.

Taylor (1996) Taylor, Charles: Quellen des Selbst. Die Entstehung der neuzeitlichen Identität, Frankfurt/M. 1996.

Thalheim (1896) Thalheim, Th.: Art. »Atimia«, in: Wissowa, Georg (Hrsg.): Paulys Real-Encyclopädie der classischen Altertumswissenschaft. Band 2, Stuttgart 1896.

Thomas (1997) Thomas, Yan: Sich rächen auf dem Forum. Familiäre Solidarität und Kriminalprozeß in Rom, in: Historische Anthropologie. Band 5. Heft 2, Köln [u.a.] 1997, S. 161–186.

Thür (1998) Thür, Gerhard: Art. »Hybris«, in: Cancik, Hubert/Schneider, Helmuth (Hrsg.): Der neue Pauly. Enzyklopädie der Antike. Band 5. Altertum, Stuttgart/Weimar 1998.

Thür (2007) Thür, Gerhard: Elemente der Vergleichbarkeit von Gesetzgebung. Bemerkungen zur Großen Gesetzesinschrift von Gortyn, in: Burckhardt, Leonhard/Seybold, Klaus/Ungern-Sternberg, Jürgen (Hrsg.): Gesetzgebung in antiken Gesellschaften. Israel, Griechenland, Rom. Berlin/New York 2007, S. 77–86.

Thür (2010) Thür, Gerhard (Hrsg.): Symposion 2009. Vorträge zur griechischen und hellenistischen Rechtsgeschichte, Wien 2010.

Tilch (1992) Tilch, Horst (Hrsg.): Deutsches Rechts-Lexikon. Band 1. A – F, München 1992.

Tilch (1992a) Tilch, Horst (Hrsg.): Deutsches Rechts-Lexikon. Band 2. G – Q, München 1992.

Till (2003) Till, Cornelia: Die republikanischen Grundlagen der Ehrungen und der Selbstdarstellung Caesars, Göttingen 2003.

Tóth (2004) Tóth, József: Quo vadis Wortfeldforschung? Frankfurt/M. [u.a.] 2004.

Trampedach (2005) Trampedach, Kai: Hierosylia. Gewalt in Heiligtümern, in: Fischer, Günter/Moraw, Susanne (Hrsg.): Die andere Seite der Klassik. Gewalt im 5. und 4. Jahrhundert v. Chr., Stuttgart 2005, S. 143–166.

Trexler (1995) Trexler, Richard C.: Den Rücken beugen. Gebetsgebärden und Geschlechtsgebärden im frühmodernen Europa und Amerika, in: Schreiner, Klaus u. Schwerhoff, Gerd (Hrsg.): Verletzte Ehre. Ehrkonflikte in Gesellschaften des Mittelalters und der Frühen Neuzeit, Köln/Weimar/Wien 1995, S. 235–251.

Turner (2005) Turner, Bertram: Asyl und Konflikt von der Antike bis heute. Rechtsethnologische Untersuchungen, Berlin 2005.

Turner (2008) Turner, Bertram: Recht auf Vergeltung? Soziale Konfigurationen und die prägende Macht der Gewaltoption, in: ders. u. Schlee, Günther (Hrsg.): Vergeltung. Eine interdisziplinäre Betrachtung der Rechtfertigung und Regulation von Gewalt, Frankfurt/New York 2008, S. 69–104.

Turner/Schlee (2008) Schlee, Günther u. Turner, Bertram (Hrsg.): Vergeltung. Eine interdisziplinäre Betrachtung der Rechtfertigung und Regulation von Gewalt, Frankfurt/New York 2008.

Turner/Schlee (2008a) Schlee, Günther u. Turner, Bertram: Einleitung. Wirkungskontexte des Vergeltungsprinzips in der Konfliktregulierung, in: dies. (Hrsg.): Vergeltung. Eine interdisziplinäre Betrachtung der Rechtfertigung und Regulation von Gewalt, Frankfurt/New York 2008, S. 7–48.

Ulf (2011) Ulf, Christoph: Homerische Strukturen. Status – Wirtschaft – Politik, in: Rengakos, Antonios u. Zimmermann, Bernhard (Hrsg.): Homer-Handbuch. Leben – Werk – Wirkung, Stuttgart/Weimar 2011, S. 257–278.

Van Hook (1961) Van Hook, LaRue: Introduction Helen, in: Norlin, George (Hrsg.): Isocrates. In three Volumes. Band III, London 1961.

Veyne (1992) Veyne, Paul: Brot und Spiele. Gesellschaftliche Macht und politische Herrschaft in der Antike, Frankfurt a.M./New York 1992.

Vogt (1997) Vogt, Ludgera: Zur Logik der Ehre in der Gegenwartsgesellschaft. Differenzierung, Macht, Integration, Frankfurt/M. 1997.

Vogt/Zingerle (1994) Vogt, Ludgera/Zingerle, Arnold: Einleitung. Zur Aktualität des Themas Ehre und zu seinem Stellenwert in der Theorie, in: dies. (Hrsg.): Ehre. Archaische Momente in der Moderne, Frankfurt/M. 1994, S. 9–34.

Von den Hoff (2001) Von den Hoff, Ralf: Die Posen des Siegers. Die Konstruktion von Überlegenheit in attischen Theseusbildern des 5. Jahrhunderts v. Chr., in: ders./Schmidt, Stefan (Hrsg.): Konstruktionen von Wirklichkeit. Bilder im Griechenland des 5. und 4. Jahrhunderts v. Chr., Stuttgart 2001, S. 73–88.

Von den Hoff (2005) Von den Hoff, Ralf: ›Achill, das Vieh‹? Zur Problematisierung transgressiver Gewalt in klassischen Vasenbildern, in: Fischer, Günter/ Moraw, Susanne (Hrsg.): Die andere Seite der Klassik. Gewalt im 5. und 4. Jahrhundert v. Chr., Stuttgart 2005, S. 225–246.

Vöneky (2008) Vöneky, Silja: Reaktionsformen auf abweichendes Verhalten aus der Sicht des Völkerrechts, in: Schlee, Günther u. Turner, Bertram (Hrsg.): Vergeltung. Eine interdisziplinäre Betrachtung der Rechtfertigung und Regulation von Gewalt, Frankfurt/New York 2008, S. 149–172.

Voss (2009) Voss, Christiane: Die narrative Transformation aristotelischer und moderner Emotionstheorien, in: Harbsmeier, Martin/Möckel, Sebastian (Hrsg.): Pathos, Affekt, Emotion. Transformationen der Antike, Frankfurt/M. 2009, S. 107–132.

Wagner-Hasel (2000) Wagner-Hasel, Beate: Der Stoff der Gaben. Kultur und Politik des Schenkens und Tauschens im archaischen Griechenland, Frankfurt/M. 2000.

Walter (2003) Walter, Uwe: Traditionen athenischer Kriegs- und Außenpolitik bei Isokrates, in: Orth, Wolfgang (Hrsg.): Isokrates. Neue Ansätze zur Bewertung eines politischen Schriftstellers, Trier 2003, S. 78–94.

Walther (2006) Walther, Gerrit: Art. »Ehrgeiz«, in: Jaeger, Friedrich (Hrsg.): Enzyklopädie der Neuzeit. Band 3, Stuttgart 2006.

Wannagat (2001) Wannagat, Detlev: ›Eurymedon eimi‹. Zeichen ethnischer, sozialer und physischer Differenz in der Vasenmalerei des 5. Jahrhunderts v. Chr., in: von den Hoff, Ralf/Schmidt, Stefan (Hrsg.): Konstruktionen von Wirklichkeit. Bilder im Griechenland des 5. und 4. Jahrhunderts v. Chr., Stuttgart 2001, S. 51–72.

Wassmann (2002) Wassmann, Claudia: Die Macht der Emotionen. Wie Gefühle unser Denken und Handeln beeinflussen, Darmstadt 2002.

Weber (1960) Weber, Max: Rechtssoziologie, Neuwied 1960.

Weber (1988) Weber, Max: Deutschland unter den europäischen Weltmächten [1916], in: ders.: Gesammelte Politische Schriften. Hrsg. v. Johannes Winckelmann, Tübingen 1988, S. 157–177.

Weber (1998) Weber, Wolfgang: Honor, fama, gloria. Wahrnehmungen und Funktionszuschreibungen der Ehre in der Herrschaftslehre des 17. Jahrhunderts, in:

Backmann, Sibylle [u.a.] (Hrsg.): Ehrkonzepte in der frühen Neuzeit. Identitäten und Abgrenzungen, Berlin 1998, S. 70–98.

Weber (2005) Weber, Max: Wirtschaft und Gesellschaft. Grundriss der verstehenden Soziologie, Frankfurt/M. 2005.

Weber (2010) Weber, Gregor: Kommentar, in: Pseudo-Xenophon: Die Verfassung der Athener. Hrsg. v. Gregor Weber, Darmstadt 2010.

Wechsler (1991) Wechsler, Elisabeth: Ehre und Politik. Ein Beitrag zur Erfassung politischer Verhaltensweisen in der Eidgenossenschaft (1440–1500) unter historisch-anthropologischen Aspekten, Zürich 1991.

Weiler (2003) Weiler, Ingomar: Die Beendigung des Sklavenstatus im Altertum. Ein Beitrag zur vergleichenden Sozialgeschichte, Stuttgart 2003.

Weiler (2004) Weiler, Ingomar: Sklaverei in der homerischen und altorientalischen Welt. Vergleichende Betrachtungen, in: Rollinger, Robert/Ulf, Christoph (Hrsg.): Commerce and Monetary Systems in the Ancient World. Means of Transmission and Cultural Interaction, Stuttgart 2004, S. 270–294.

Weiss (1923) Weiss, Egon: Griechisches Privatrecht auf rechtsvergleichender Grundlage. Allgemeine Lehren, Leipzig 1923.

Weller (2006) Weller, Thomas: Theatrum Praecedentiae. Zeremonieller Rang und gesellschaftliche Ordnung in der frühneuzeitlichen Stadt. Leipzig 1500 – 1800, Darmstadt 2006.

Weller (2008) Weller, Thomas: Kein Schauplatz der Eitelkeiten. Das frühneuzeitliche Theatrum Praecedentiae zwischen gelehrtem Diskurs und sozialer Praxis, in: Oswald Bauer/Ariane Koller/Flemming Schock (Hrsg.): Ordnung und Repräsentation von Wissen. Dimensionen der Theatrum-Metapher in der frühen Neuzeit (metaphorik.de 14/08), Hannover 2008, S. 379–403.

Welzer (1995) Welzer, Harald: Die Bilder der Macht und die Ohnmacht der Bilder. Über Besetzung und Auslöschung von Erinnerung, in: ders. (Hrsg.): Das Gedächtnis der Bilder. Ästhetik und Nationalsozialismus, Tübingen 1995, S. 165–194.

Wendt (2011) Wendt, Christian: Eine Völkerrechtsgeschichte ohne Thukydides? in: Baltrusch, Ernst/Wendt, Christian (Hrsg.): Ein Besitz für immer? Geschichte, Polis und Völkerrecht bei Thukydides, Baden-Baden 2011, S. 215–228.

Wéry (1979) Wéry, Louise-Marie: Die Arbeitsweise der Diplomatie in Homerischer Zeit, in: Olshausen, Eckart/Biller, Hildegard (Hrsg.): Antike Diplomatie, Darmstadt 1979, S. 13–59.

Whitlock Blundell (1989) Whitlock Blundell, Mary: Helping Friends and Harming Enemies. A Study in Sophocles and Greek Ethics, New York [u.a.] 1989.

Wickert-Micknat (1983) Wickert-Micknat, Gisela: Unfreiheit im Zeitalter der homerischen Epen. 2 Teile in 1 Bd., Wiesbaden 1983.

Wiedenmann (2008) Wiedenmann, Rainer E.: Treue und Loyalität im Prozess gesellschaftlichen Wandels. Eine soziologische Skizze, in: Buschmann, Nikolaus/Murr, Karl Borromäus (Hrsg.): Treue. Politische Loyalität und militärische Gefolgschaft in der Moderne, Göttingen 2008, S. 36–74.

Wiemer (2005) Wiemer, Hans-Ulrich: Alexander der Große, München 2005.

Wiesehöfer (2004) Wiesehöfer, Josef: ›Persien, der faszinierende Feind der Griechen‹. Güteraustausch und Kulturtransfer in achaimendischer Zeit, in: Rollinger, Robert/Ulf, Christoph (Hrsg.): Commerce and Monetary Systems in the Ancient World. Means of Transmission and Cultural Interaction, Stuttgart 2004, S. 295–310.

Wigand (1825) Wigand, Paul: Das Femgericht Westphalens. Ein Beitrag zur deutschen Staats- und Rechtsgeschichte, Hamm 1825.

Wildt (2003) Wildt, Michael: Generation des Unbedingten. Das Führungskorps des Reichsicherheitshauptamtes, Hamburg 2003.

Wilson (2002) Wilson, Donna F.: Ransom, Revenge, and Heroic Identity in the Iliad, Cambridge 2002.

Wißmann (1997) Wißmann, Jessica: Motivation und Schmähung. Feigheit in der Ilias und in der griechischen Tragödie, Stuttgart 1997.

Wittgenstein (1984) Wittgenstein, Ludwig: Tractatus logico-philosophicus. Werkausgabe. Band 1, Frankfurt/M. 1984.

Wolff (1961) Wolff, Hans Julius: Beiträge zur Rechtsgeschichte Altgriechenlands und des hellenistisch-römischen Ägypten, Weimar 1961.

Worthington (1992) Worthington, Ian: A Historical Commentary on Dinarchus. Rhetoric and Conspiracy in Later Fourth-Century Athens, Ann Arbor 1992.

Wrede/Carl (2007) Wrede, Martin u. Carl, Horst: Einleitung. Adel zwischen Schande und Ehre, Tradition und Traditionsbruch, Erinnerung und Vergessen, in: dies. (Hrsg.): Zwischen Schande und Ehre. Erinnerungsbrüche und die Kontinuität des Hauses. Legitimationsmuster und Traditionsverständnis des frühneuzeitlichen Adels in Umbruch und Krise, Mainz 2007, S. 1–26.

Wyss (1966) Wyss, Walter: Edmund Burke. Denker, Redner und Warner, München 1966.

Youni (2001) Youni, Maria: The Different Categories of Unpunished Killing and the Term *atimos* in Ancient Greek Law, in: Cantarella, Eva/Thür, Gerhard (Hrsg.): Symposion 1997. Vorträge zur griechischen und hellenistischen Rechtsgeschichte, Köln/Weimar/Wien 2001, S. 117–137.

Zimmerer (2010) Zimmerer, Jürgen: Das Zeitalter des Völkermordes. Politische Gewalt im 20. Jahrhundert, Teil 4, dradio.de (29.08.2010), URL: http://www.dradio.de/dlf/sendungen/essayunddiskurs/1258733 [Stand: 13.12.16].

Zimmermann (2009) Zimmermann, Martin: Zur Deutung von Gewaltdarstellungen, in: ders. (Hrsg.): Extreme Formen von Gewalt in Bild und Text des Altertums, München 2009, S. 7–46.

Zimmermann (2009a) Zimmermann, Martin: Extreme Formen physischer Gewalt in der antiken Überlieferung, in: ders. (Hrsg.): Extreme Formen von Gewalt in Bild und Text des Altertums, München 2009, S. 155–192.

Zmora (1995) Zmora, Hillay: Adelige Ehre und ritterliche Fehde. Franken im Spätmittelalter, in: Schreiner, Klaus u. Schwerhoff, Gerd (Hrsg.): Verletzte Ehre. Ehrkonflikte in Gesellschaften des Mittelalters und der Frühen Neuzeit, Köln/Weimar/Wien 1995, S. 92–109.

Zuckert (2006) Zuckert, Catherine u. Zuckert, Michael: The Truth about Leo Strauss. Political Philosophy and American Democracy, Chicago/London 2006.

Zunkel (1975) Zunkel, Friedrich: Art. »Ehre«, in: Brunner, Otto/Conze, Werner/Koselleck, Reinhart (Hrsg.): Geschichtliche Grundbegriffe. Historisches Lexikon zur politisch-sozialen Sprache in Deutschland. Band 2, Stuttgart 1975.

Abbildungsverzeichnis

Abb. 1. Ambrogio Lorenzetti: Allegorie der Guten Regierung (1338–1340), Rathaus von Siena. © Scala/ Art Resource, NY.

Abb. 2. Rekonstruktionszeichnung von Paionios' Nike in Olympia. Olympisches Weihgeschenk; Ulrich Sinn. Ursprünglich gefunden in: Sinn (2004), S. 65, (Abb. 21).

Abb. 3. Bronzekopie einer Siegerstatue (5. Jh. v. Chr.), Glyptothek München. Foto: Renate Kühling. © Staatliche Antikensammlungen und Glyptothek München.

Abb. 4. Dreifuß auf Rädern, Ithaka Museum. © British School at Athens.

Abb. 5. Ehrensitz des Dionysos-Priesters im Theater des Dionysos, Athen (4. Jh. v. Chr.). Aufnahme: Frank Penfold; in: Grant (1964), S. 88, (Abb. 15).

Abb. 6. Dirck Volkertsz: Die Unterwerfung des Landgrafen Philipp von Hessen (1556). Coornheert nach Maarten van Heemskerck, Staatliche Kunstsammlung, Kupfer-Kabinett Dresden, Foto: Dirk Gedlich.

Abb. 7. Vincent van Gogh: Peasant Woman Stooping and Gleaning (Juli 1885), schwarze Kreide, Kröller-Müller Museum. © Bridgeman Images.

Abb. 8/9. Zwei Standbilder aus der Fernsehaufzeichnung vom 23. Februar 1981 des spanischen Parlaments. URL: http://www.rtve.es/alacarta/videos/television/asalto-tejero-congreso-23-f-1981/392929 [Stand: 13.12.16].

Abb. 10. Tod des Aktaion. Attisch-rotfigurige Amphora (um 490–480 v. Chr.), Museum für Abgüsse Klassischer Bildwerke, München; Foto: Maria Thrun. © Museum für Kunst und Gewerbe Hamburg.

Abb. 11. Schale des Aison (um 440/430 v. Chr.). Attisch-rotfigurige Schale, Museo Archeológico National, Spain, Photographic Archive.

Abb. 12. Justitia und Pax umarmen sich. Ausschnitt aus dem Stundenbuch des Kardinals Alessandro Farnese (1546). © The Morgan Library & Museum.

Abb. 13. Hendrik Goltzius: Fama und Historia (1586); Hans-Joachim Neubauer. Ursprünglich gefunden in: Neubauer (1998), S. 79.

Abb. 14. Schlafende Erinys (Medusa Ludovisi) aus einem späthellenistischen Relieffragment (2./1. Jh. v. Chr.). Foto: Alinari (Florenz), Thermenmuseum Rom. © Fotosar MIBAC Soprintendenza Speciale per il Colosseo, il Museo Nazionale Romano e l'Area Archologica di Roma.

Abb. 15. Dike erschlägt Adikia. Ausschnitt einer attischen Bandhenkel- Amphore (um 520 v. Chr.). Kunsthistorisches Museum Wien. © KHM Museumsverband.

Dank

Die Ausarbeitung der vorgelegten Untersuchung wäre nicht möglich gewesen ohne den Anstoß und die Einwände meiner akademischen Lehrer, insbesondere Prof. Herfried Münkler und Prof. Hartmut Böhme. Sie verstanden es, einen rastlosen Geist nicht in Fesseln zu legen, sondern mit Geschick in die Winkel der Archive zu lenken, in denen Erwartungen und Überzeugungen gefährlich zu schwanken beginnen. Es dürfte nicht leicht gewesen sein, das ausgearbeitete Projekt als Dissertationsschrift zu begutachten. Ihrer Gelehrsamkeit, Wertschätzung und Kritik ist es zu verdanken, dass die Ergebnisse in der vorliegenden Form publiziert werden konnten.

Prof. Volker Gerhardt und Prof. John Michael Krois zeigten einem jungen Studenten, dass es sich bei den Beständen der politischen Ideen- und Gefühlsgeschichte um aufregende Traditionen der Philosophie handelt, die es mehr als andere verdienen, studiert, verteidigt und erweitert zu werden. Prof. Ute Frevert danke ich für ihr Beispiel, mit dem sie den Satz Thomas Kuhns aufs Neue bewahrheitet: dass es den Glauben braucht, neue Paradigmen könnten alte wissenschaftliche Probleme und Blindheiten auflösen. Ohne die bahnbrechenden Arbeiten von Prof. Heinz Barta, die noch lange nicht abgeschlossen sind, wäre die übergeordnete Fragestellung zur Wirkmächtigkeit des Rechts nicht vorangekommen. Bei aller Kritik von Althistorikern ist hier ein Forschungsstrang im Entstehen, der einen radikal veränderten Blick auf die Quellen zulässt und der Forschung einmal mehr zeigt, wie wenig wir über die Antike wissen, obschon sich seit Jahrhunderten die klügsten Köpfe an ihr abarbeiten.

Ein Geisteswissenschaftler verdient besondere Erwähnung, weil er mit seiner unbändigen Kraft das Vorbild eines Wissenschaftlers verkörpert: Prof. Horst Bredekamp förderte meine Forschungen mit der ihm eigentümlichen, äußerst raren Mischung aus Vertrautheit und Großzügigkeit, von der die meisten Geisteswissenschaftler nur träumen können. Auch

Prof. Jürgen Trabant und dem Forscherkolleg *Bildakt und Verkörperung*, das meine Arbeiten über vier Jahre förderte, schulde ich großen Dank.

Da zu jedem schwachen Geist eine starke Frau gehört, sei dieses Buch Cesy Leonard in Dankbarkeit gewidmet. Ihrer Radikalität, Liebe und Anziehungskraft ist es zu verdanken, dass am Ende des selbstverschuldeten akademischen Tunnelgrabens das Licht stets hell weiterleuchtete.